Ulrike Hinrichs (Hrsg.)
Praxishandbuch Mediationsgesetz
De Gruyter Praxishandbuch

Praxishandbuch Mediationsgesetz

Herausgegeben von
Ulrike Hinrichs (M.B.A.), Rechtsanwältin
und Mediatorin (BMWA/BM)

Bearbeitet von
Franziska Geier (M.A. phil., Ass. jur.), Mediatorin/Lehrtrainerin BMWA;
Ulrike Hinrichs, (M.B.A.), Rechtsanwältin und Mediatorin (BMWA/BM);
Lutz Ropeter (LL.M.), Rechtsanwalt und Mediator;
Martina Stoldt (LL.M.), Rechtsanwältin und Wirtschaftsmediatorin;
Dr. Felix Wittern, Rechtsanwalt (Fachanwalt für IT-Recht) und Mediator;
Sebastian Zukunft, Rechtsanwalt und Mediator (BM)

DE GRUYTER

Zitiervorschlag: Hinrichs/*Bearbeiter* Praxishandbuch MedG, Kap. A Rn. 23

ISBN 978-3-11-029875-8
e-ISBN 978-3-11-029878-9

Bibliografische Information der Deutschen Nationalbibliothek
Die Deutsche Nationalbibliothek verzeichnet diese Publikation in der Deutschen Nationalbibliografie; detaillierte bibliografische Daten sind im Internet über http://dnb.dnb.de abrufbar.

Einbandabbildung: Siri Stafford/Photodisc/thinkstock
Datenkonvertierung/Satz: jürgen ullrich typosatz, 86720 Nördlingen
Druck: CPI buch bücher.de GmbH, Birkach
♾ Gedruckt auf säurefreiem Papier
Printed in Germany

www.degruyter.com

Vorwort

„Die Wahrheit ist die Erfindung eines Lügners“
Heinz von Foerster
(Philosoph und Physiker, 1911–2002)

Lange stand für die Lösung von rechtlich relevanten Konflikten den Konfliktparteien nur der Gang zum Anwalt und Gericht offen. Die Mediation, die sich in Deutschland in den 1990er Jahren auf dem Dienstleistungsmarkt als alteratives Angebot präsentierte, öffnete den Blick für eine ganzheitliche Betrachtung von Konflikten. Nicht die Suche nach Recht und Unrecht, sondern der Ausgleich subjektiver Wahrheiten rückte bei der Konfliktlösung in den Fokus.

Die gesellschaftliche Entwicklung hin zu einer konsensualen Streitkultur rief auch den Gesetzgeber auf den Plan. Denn die sich zunehmend etablierende multidisziplinäre Mediationspraxis hatte zu einem Flickenteppich unterschiedlicher Regelungen je nach Ursprungsberuf des Mediators geführt. Auch taten sich zahlreiche Regelungslücken auf. Am 26.7.2012 trat nach langen Verhandlungen sodann das Gesetz zur Förderung der Mediation und anderer Verfahren der außergerichtlichen Konfliktbeilegung in Kraft.

Ausdrücklich weist die Gesetzesbegründung darauf hin, dass das Mediationsgesetz einen Rahmen für die außergerichtliche Mediation schaffen will, ohne das noch in der Entwicklung befindliche Verfahren zu sehr zu reglementieren.

Mit dem Gesetz wurden verbindliche Regeln zur Struktur des Verfahrens, zu seinem Ablauf und zur Rolle des Mediators geschaffen. Die Verschwiegenheitspflichten und -rechte der Mediatoren aus unterschiedlichen Berufsgruppen wurden vereinheitlicht. Das Mediationsgesetz setzte erstmals Standards für die Aus- und Fortbildung des Mediators, um das Berufsbild des Mediators zu schärfen. Im Zuge der Neuregelungen wurde die Gerichtsmediation durch die Einführung eines Güterichterverfahrens ersetzt und folgerichtig Änderungen in der ZPO und anderen Verfahrensvorschriften vorgenommen. Das Praxishandbuch greift diese Regelungen klärend auf, geht aber noch vertiefend auf praxisrelevante Themen ein und liefert an geeigneter Stelle praxistaugliche Formulare und Muster.

Der Grundhaltung der Mediation folgend wurden kontrovers diskutierte Standpunkte und unterschiedliche Sichtweisen der sechs Autoren – etwa auf relevante Themen wie die Frage der aktiven Beteiligung des Mediators durch Erörterung der Rechtslage in der Mediation – im Praxishandbuch bewusst stehen gelassen. Dem Leser wird damit eine breite Auslegung der gesetzlichen Grundlagen geboten.

Es bleibt spannend zu beobachten, wie sich die Mediation und damit auch das Mediationsgesetz weiter entwickelt. Dazu wird nunmehr durch Auslegung des Mediationsgesetzes auch die Rechtsprechung vermehrt beitragen.

Hamburg, November 2013 Ulrike Hinrichs

Inhaltsübersicht

Inhaltsverzeichnis

Abkürzungsverzeichnis

a.A.	andere Ansicht
a.a.O.	am angegebenen Ort
ADR	Alternativ Disput Resulution
AG	Amtsgericht
AGB	Allgemeine Geschäftsbedingungen
AGH	Anwaltsgerichtshof
Anh	Anhang
AnwBl.	Anwaltsblatt
ArbGG	Arbeitsgerichtsgesetz
BAFM	Bundesarbeitsgemeinschaft für Familien-Mediation e.V
BATNA	**b**est **a**lternative **t**o a **n**egotiation **a**greement
BayObLG	Bayrisches Oberstes Landesgericht
BB	Betriebs-Berater
BDDP	Berufsverband Deutscher Diplom-Pädagogen und Diplom-Pädagoginnen e.V.
Bde	Bände
BDSG	Bundesdatenschutzgesetz
BerHG	Beratungshilfegesetz
BerlAnwbl.	Berliner Anwaltsblatt
BGB	Bürgerliches Gesetzbuch
BGH	Bundesgerichtshof
BGHSt	Bundesgerichtshof in Strafsachen
BGHZ	Entscheidungen des Bundesgerichtshofs in Zivilsachen
BM	Bundesverband Mediation
BMJ	Bundesministerium der Justiz
BMWA	Bundesverband Mediation in Wirtschaft und Arbeitswelt
BORA	Berufsordnung der Rechtsanwälte
BRAK-Mitt	Bundesrechtsanwaltskammer Mitteilungen
BRAO	Bundesrechtsanwaltsordnung
BR-Drs.	Bundesratsdrucksache
BT-Drs.	Bundestagsdrucksache
BVerfG	Bundesverfassungsgericht
BVerwG	Bundesverwaltungsgericht
DB	Der Betrieb
DBSH	Berufsethischen Prinzipien des Deutschen Berufsverbandes für soziale Arbeit e.V.
Dipl.	Diplom
Diss.	Dissertation
DNotZ	Deutsche Notar-Zeitschrift
DRiZ	Deutsche Richterzeitung
DStR	Deutsches Steuerrecht
e.V.	eingetragener Verein
EU	Europäische Union
f.	folgende
FamRB	Der Familien-Rechts-Berater

FamRZ	Zeitschrift für das gesamte Familienrecht
FAO	Fachanwaltsordnung
ff.	fortfolgende
FF.	Forum Familienrecht
GE BMJ	Gesetzesentwurf des Bundesministeriums der Justiz
gem.	gemäß
GG	Grundgesetz
ggf.	gegebenenfalls
GKG	Gerichtskostengesetz
GVG	Gerichtsverfassungsgesetz
GWR	Gesellschafts- und Wirtschaftsrecht
Hrsg.	Herausgeber
HS	Halbsatz
i.V.m.	in Verbindung mit
JR	Juristische Rundschau
JZ	juristische Zeitung
K&S	Kommunikation & Seminar
LG	Landgericht
LMK	Lindenmaier-Möhring, Kommentierte BGH-Rechtsprechung, Hrsg.: Hirsch u.a., in Zusammenarbeit mit der Neuen Juristischen Wochenschrift
LSG	Landessozialgericht
m.w.N.	mit weiteren Nachweisen
MDK	Medizinischer Dienst der Krankenversicherung
MDR	Monatsschrift für Deutsches Recht
MediationsG	Gesetz zur Förderung der Mediation und anderer Verfahren der außergerichtlichen Konfliktbeilegung
MedR	Medizinrecht
MittBayNot	Mitteilungen des Bayerischen Notarvereins, der Notarkasse und der Landesnotarkammer Bayern
MüKo	Münchener Kommentar
NJW	Neue Juristische Wochenschrift
NJW-RR	Neue Juristische Wochenschrift Rechtsprechungsreport
NLP	Neurolinguistisches Programmieren
Nr.	Nummer
NVwZ	Neue Zeitschrift für Verwaltungsrecht
o.ä.	oder ähnliches
OLG	Oberlandesgericht
OLGR	OLG-Report
ÖRA	Öffentliche Rechtsauskunft

pm Perspektive Mediation
PsychThG Psychotherapeutengesetz

RDG Rechtsdienstleistungsgesetz
RGZ Entscheidungssammlungen des Reichsgericht
Rn. Randnummer

S. Seite
SchiedsVZ Zeitschrift für Schiedsverfahren
SdM Spektrum der Mediation
SGB Sozialgesetzbuch
SGG Sozialgerichtsgesetz
SMART S (specific/spezifisch) M (Measurable/messbar) A (Achievable/attraktiv, erreichbar, annehmbar) R (realistic/realistisch) T (timed/terminiert)
StGB Strafgesetzbuch
StPO Strafprozessordnung
SVM Schweizerischer Verein für Mediation

u.a. unter anderem

VersR Zeitschrift für Versicherungsrecht, Haftungs- und Schadensrecht
vgl. vergleiche
VwGO Verwaltungsgerichtsordnung

WATNA **w**orst **a**lternative **t**o a **n**egotiation **a**greement
WM Wertpapier-Mitteilungen

z.B. zum Beispiel
ZEV Zeitschrift für Erbrecht und Vermögensnachfolge
ZKM Zeitschrift für Konfliktmanagement
ZPO Zivilprozessordnung
ZRP Zeitschrift für Rechtspolitik
ZZPInt Zeitschrift für Zivilprozess International

Literaturverzeichnis

Ahrens Mediationsgesetz und Güterichter – Neue gesetzliche Regelungen der gerichtlichen und außergerichtlichen Mediation, NJW 2012, 2465 ff.

Beck/Cowan Spiral Dynamics, Leadership, Werte und Wandel, 2007

BeckOK-BGB/*Bearbeiter* Beck'scher Online-Kommentar BGB, Stand Nov. 2013

Bergmann/Möhrle/Herb Datenschutzrecht, Stand: 45. Ergänzungslieferung Juli 2012

Berning/Schwammberger Wirtschaftsmediation für Steuerberater: Mediation als neues Beratungsfeld, 2008

Berning Stellung organisationsintern tätiger MediatorInnen aus rechtlicher Sicht, SdM 47/2012, 23 ff.

Berning Mediationsgesetz und Wirtschaftsmediation SdM 47/2012 34 ff.

Besemer Mediation, Vermittlung in Konflikten, 12. Auflage 2007

Brambring/Jerschke (Hrsg.) Beck'sches Notar-Handbuch, 5. Auflage 2009 (zit.: Brambring/Jerschke/*Bearbeiter* Notar-Handbuch)

Breidenbach/Henssler/*Bearbeiter* Mediation für Juristen, 1997

Büchting/Heussen/*Bearbeiter* Beck'sches Rechtsanwaltshandbuch, 10. Auflage 2011

Blöse Mediationsgesetz: Konsequenzen für die anwaltliche Tätigkeit, Doknr. HI 3289272, Deutsches Anwalt Office Premium (Online-Datenbank)

Calkins The Use of Caucussing in Mediation, ZKM 2007, 176 ff.

Däubler/Klebe/Wedde/Weichert Bundesdatenschutzgesetz, Kompaktkommentar, 4. Auflage 2013

Dendorfer In Medias Res Juris – Vorsicht Falle: Abschlussvereinbarung im Mediationsverfahren (Urteilsbesprechung), Konfliktdynamik 1/2012, 92 ff.

Dendorfer-Ditges Mediationsgesetz – Orchidee oder doch Stachelblume im Paragrafenwald? Konfliktdynamik 1/2013, 86 ff.

Dendorfer/Krebs Arbeitsrecht und Mediation, Konfliktdynamik 3/2012, 212 ff.

Dörflinger-Kashmann Modelle von Mediation: Orientierung beim Navigieren in unbekannten Gewässern, pm 2011/1, 14 ff.

Duss-von Werdt homo mediator: Geschichte und Menschenbild der Mediation, 2005

Duve/Eidenmüller/Hacke Mediation in der Wirtschaft, 2003

Englert Das neue Mediationsgesetz, SdM 45/2012, 59 ff.

Englert/Franke/Grieger Streitlösung ohne Gericht, 2006

Erb Tendenz zur Entkriminalisierung: Parteiverrat und anwaltliche Beratung bei „einverständlicher" Ehescheidungen, NJW 2003, 730 ff.

Fechler Auftragsklärung – Konfliktcoaching – Strategieberatung: Über die Einbindung des de jure Auftraggebers in der Organisationsmediation, SdM 47/2012, 8 ff.

Feuerich/Weyland Bundesrechtsanwaltsordnung, 8. Auflage 2012

Fischer Strafgesetzbuch und Nebengesetze, 61. Auflage 2013

Fischer/Unberath Das Neue Mediationsgesetz, 2013

Fisher/Ury/Patton Das Harvardkonzept: Der Klassiker der Verhandlungstechnik, 23. Auflage 2009

Fritz/Pielsticker Mediationsgesetz, Kommentar, 2013

Geier Zur Mediation als Rechtsbesorgung im Sinne des Rechtsberatungsgesetzes, ZKM Heft 2, 2001, S. 100 f.

Gläßer/Kublik Lehrmodul 17: Einzelgespräche in der Mediation, ZKM 2001, 89 ff.

Glasl Konfliktmanagement, Ein Handbuch für Führungskräfte, Beraterinnen und Berater, 2011

Glenewinkel Mediation – Handwerk, Kunst oder Wissenschaft? ZKM 2007, 91 f.

Gola/Schomerus BDSG, 11. Auflage 2012 (zit.: Gola/Schomerus/*Bearbeiter* BDSG)

Greger Mediation im Gerichtsverfahren, AnwBl. 2008, 570 ff.

Greger/Unberath Mediationsgesetz, Kommentar, 2012
Greger/von Münchhausen Verhandlungs- und Konfliktmanagement für Anwälte, 2010
Grunewald Die Vertretung mehrerer Miterben durch einen Rechtsanwalt, ZEV 2006, 386 ff.
Grunewald/Römermann (Hrsg.) Rechtsdienstleistungsgesetz, Kommentar, 2008
Gullo Das neue Mediationsgesetz: Anwendung in der wirtschaftsrechtlichen Praxis, GWR 2012, 385 ff.
Habermas Theorie des kommunikativen Handelns, 2 Bde., 1981
Haft Verhandlung und Mediation. Die Alternative zum Rechtsstreit, 2. Auflage 2000
Haft/von Schlieffen/*Bearbeiter* Handbuch Mediation, 2. Auflage 2009
Hartung Berufs- und Fachanwaltsordnung: BORA/FAO, 5. Auflage 2012
Hartung Die einverständliche Ehescheidung aus berufsrechtlicher Sicht – zugleich Stellungnahme zu OLG Karlsruhe, FF 2003, 156 f.
Helfrich Afrikanische Renaissance und traditionelle Konfliktlösung: Das Beispiel der Duala in Kamerun, 2005
Henssler Mediation und Rechtsdienstleistungsrecht, ZKM 2006, 132 ff.
Henssler Anwaltliches Berufsrecht und Mediation, AnwBl. 1997, 129 f.
Henssler Das Verbot der Vertretung widerstreitender Interessen, NJW 2001, 1521 f.
Henssler/Deckenbrock Das neue Mediationsgesetz: Mediation ist und bleibt Anwaltssache! DB 2012, 159 ff.
Henssler/Deckenbrock Einverständliche Ehescheidung und anwaltlicher Parteiverrat – ein auflösbares Spannungsverhältnis? MDR 2003, 1085 f.
Henssler/Koch/*Bearbeiter* Mediation in der Anwaltspraxis, 2. Auflage 2004
Henssler/Prütting BRAO, Kommentar, 4. Auflage 2014
Henssler/Schwackenberg Mediation – Kein Fall der Interessenkollision, FF 1998, 77 f.
Herrmann Standesrechtliche Fragen des „gemeinsamen Scheidungsanwalts", BRAK Mitt 1985, 65
Hilger Alternative Konfliktbewältigung – Early Neutral Evaluation und das selbstständige Beweisverfahren gemäß §§ 485 ff. ZPO, BB Beilage Mediation & Recht 2001, 22 ff.
Himstedt Rollenklarheit entwickeln, SdM 50/2013, 58 ff.
Hinrichs Blau ist reif für mehr Grün! Recht und Mediation auf den Graves-Stufen, K&S 5/2006, 41 ff.
Hinrichs Das Graves Modell in der Mediation, SdM 32/2008, 11 ff.
Hinrichs Der ressourcen- und zielorientierte Mediationsprozess mit NLP, ZKM 1/2006, 1 ff.
Hinrichs Ein Plädoyer für die gerichtliche Mediation aus der Sicht einer anwaltlichen Mediatorin, BerlAnwbl. 2007, 402 f.
Hinrichs Konfliktmanagement in global agierenden Unternehmen – interkulturelle Konfliktanker, ZKM 6/2003, 257 f.
Hinrichs Mobbing am Arbeitsplatz – Schnittstelle zwischen Recht und Mediation, pm 2007/2, 73 ff.
Hinrichs Oder könnte es doch anders gewesen sein? Perspektivwechsel durch Auflösung behindernder Glaubenssätze, K&S 4/2006, 38 ff.
Hirtz Das Mediationsgesetz – ein rechtsstaatlicher Gewinn? FF 01/2013, 9 ff. zitiert aus: Doknr. HI 3556058, Deutsches Anwalt Office Premium (Online-Datenbank)
Hobbes Leviathan or the Matter, Forme and Power of a Commonwealth Ecclesiastical and Civil, 1651
Hösl Die Wesensverschiedenheit von Mediation und Recht, pm 1/2012, 17 ff.
Hoffmann, Peter Anmerkung – Deckt die Prozesskostenhilfe auch die Kosten einer vom Gericht angeregten Mediation? OLG Dresden, Beschluss vom 9.10.2006, 20 WF 0739/06, 20 WF 739/06, jurisPR-FamR 26/2006 Anm. 5
Hofmann, Franz Vertraulichkeit in der Mediation – Möglichkeiten und Grenzen vertraglicher Beweisverwertungsverbote, SchiedsVZ 2011, 148 f.
Hohmann Mediation ist beim Bundesjustizministerium angelangt! SdM 32/2008, 35 ff.
Hohmann Notizen zum Harvard-Konzept, ZKM 2003, 48 ff.

Horstmeier Umsetzung der Mediationsrichtlinie durch ein neues Mediationsgesetz – der große Wurf für die Mediation? JR 2012, 1ff.
Hüther Bedienungsanleitung für ein menschliches Gehirn, 5. Auflage 2005
Jost Das Mediationsgesetz und die Haftungsfrage, ZKM 2011, 168ff.
Jost Mediation per Gesetz? Konfliktdynamik 3/2012, 204ff.
Joussen/Unberath Mediation im Arbeitsrecht, 2009
Kerntke Perspektivenwechsel als Erkenntnisquelle, Theorie und Praxis der Sozialpädagogik 2000, 188f.
Kerntke Mediation als Organisationsentwicklung, 2. Auflage 2009
Keydel Ein Pro und Kontra für Vorgespräche, ZKM 2007, 46ff.
Kilian/Offermann-Burckart/vom Stein Praxishandbuch Anwaltsrecht, 2. Auflage 2010
Klappenbach Diversity Kompetenz in der Erziehungswissenschaft, 2009
Klappenbach Mediation und Coaching, SdM 46/2012, S. 18ff.
Kleine-Cosack BRAO, Kommentar, 6. Auflage 2010
Krenzler/*Bearbeiter* Rechtsdienstleistungsgesetz, Handkommentar, 2010
Koch Kostenhilfe für außergerichtliche Streitbeilegung, ZKM 2007, 71ff.
Kröll/Mallmann Anmerkung zu OLG Naumburg Beschluss v. 19.12.2001, SchiedsVZ 2003, 138f.
Lack-Strecker Supervision und Selbstreflexion in der (Familien-)Mediation, pm 3/2011, 136ff.
Lehman Interpersonale Kommunikation in der Mediation und Konfliktmanagement, ZKM 2006, 164ff.
Leiss Einzelgespräche – ein probates Mittel in der Mediation, ZKM 2006, 74ff.
Locke John Locke: Versuch über den Menschlichen Verstand, 2006 (Originalausgabe: An Essay Concerning Humane Understanding, 1690)
Lotermann/Hagel/Klowait/Levien Das neue Mediationsgesetz aus Unternehmersicht, SchiedsVZ 2012, 299ff.
Mähler/Mähler Cooperative Praxis, eine neue Form der Konfliktregelung, Wirtschaftspsychologie aktuell 2/2010, 17ff.
Mähler/Mähler/Duss-von Werdt Mediation: Die andere Scheidung, 1995
Maier/Denzer Klassiker des politischen Denkens, 2 Bde., 3. Auflage 2007
Marx Das Prinzip der Freiwilligkeit, ZKM 2010, 132ff.
Maslow Motivation und Persönlichkeit, 21. Auflage 2002
Metzger Klärungshilfe und innerbetriebliche Mediation, Teil III, SdM 47/2012 57ff.
Meyer-Goßner Kommentar zur Strafprozessordnung, 56. Auflage 2013
Meyer/Schmitz-Vornmoor Das neue Mediationsgesetz in der notariellen Praxis, DNotZ 2012, 895ff.
Migge Handbuch Coaching und Beratung, 2. Auflage 2007
Montada/Kals Mediation – Ein Lehrbuch auf psychologischer Grundlage, 2. Auflage 2007
Morre The Mediation Process, 2nd Edition 1996
MüKo-BGB/*Bearbeiter* Münchener Kommentar zum Bürgerlichen Gesetzbuch, 5. Auflage 2009, 6. Auflage 2012ff.
MüKo-ZPO/*Bearbeiter* Münchener Kommentar zur Zivilprozessordnung mit Gerichtsverfassungsgesetz und Nebengesetzen, 4. Auflage 2012ff.
Musielak/*Bearbeiter* Kommentar zur ZPO, 10. Auflage 2013
Musielak/*Bearbeiter* FamG, Familiengerichtliches Verfahren (Kommentar zum FamFG), 4. Auflage 2013
Nickel VKH-Beschwerde der Staatskasse, FamRB 2007, 43f.
Nideostadek Praxishandbuch Mediation – Ansätze und Impulse für den öffentlichen Bereich, 2010
Novak Mythen der Mediation in Organisationen, SdM 47/2012 4f.
Oboth/Seils Mediation in Gruppen und Teams. Praxis- und Methodenhandbuch, 4. Auflage 2008
Offermann-Burckart Interessenkollision, NJW 2010, 2489ff.

Palandt/*Bearbeiter* Bürgerliches Gesetzbuch (Kommentar), 72. Auflage 2013
Paul/Roberts Einzelsitzung in der Familien-Mediation, ZKM 2005, 22ff.
Piekenbrock BGH: Vermutung aufklärungsrichtigen Verhaltens, LMK 2012, Nr. 339608 (Beck-Online).
Plassmann Bekenntnis zur Justiz: Abschied von der Gerichtsmediation, AnwBl. 2012, 151f.
Plassmann Das Mediationsgesetz – Eine Steilvorlage für die gesamte Anwaltschaft, BRAK-Mitt. 2012, 194ff.
Prütting Ethos anwaltlicher Berufsausübung, AnwBl. 1994, 315f.
Pühl (Hrsg.) Mediation in Organisationen, 2003
Radatz Beratung ohne Ratschlag – Systemisches Coaching für Führungskräfte und BeraterInnen, 4. Auflage 2006
H. Redeker Datenschutz auch bei Anwälten – aber gegenüber Datenschutzkontrollinstanzen gilt das Berufsgeheimnis, NJW 2009, 554
Redlich Konfliktmoderation in Gruppen, 7. Auflage 2009
Riehl-Emde Die Seele folgt ihren eigenen Gesetzen, Paardynamik bei Trennung und Scheidung, ZKM 2009, 55ff.
Risse Das Mediationsgesetz – eine Kommentierung, SchiedsVZ 2012, 244ff.
Risse/Bach Wie frei muss Mediation sein? – Von Politik, Ideologien, Gesetzgebern und Gerichten, SchiedsVZ 2011, 14ff.
Römermann Das Mediationsgesetz ante portas, GmbHReport 10/2012 R 121f.
Rosenberg Gewaltfreie Kommunikation, 7. Auflage 2007
Roßnagel (Hrsg.) Handbuch Datenschutzrecht, 2003 (zit.: Roßnagel/*Bearbeiter* Handbuch)
Ruhnau Systemische Aufstellungen in der Mediation, 2012
Rüpke Mehr Rechtssicherheit für anwaltliche Datenverarbeitung – Ein Vorschlag zur informationsrechtlichen Ergänzung der Bundesrechtsanwaltsordnung, ZRP 2008, 87
Rüpke Datenschutz, Mandatsgeheimnis und anwaltliche Kommunikationsfreiheit, NJW 2008, 1121
Saenger/*Bearbeiter* ZPO, Handkommentar, 5. Auflage 2013
Sander/Hatlapa Mediation mit Stellvertretung in: Lange u. a. (Hrsg.), Frischer Wind für Mediation, Schriftenreihe Bd. 3, Bundesverband Mediation, S. 86
Schlosser Anwaltsrechtliches Verbot der Vertretung widerstreitender Interessen, NJW 2002, 1376ff.
Schmidt, G. Liebesaffären zwischen Problem und Lösung, Hypnosystemisches Arbeiten in schwierigen Kontexten, 2. Auflage 2007
Schmidt/Lapp/Monßen/*Bearbeiter* Mediation in der Praxis des Anwalts, 2012
Schönke/Schröder StGB, Kommentar, 28. Auflage 2010
Schulz von Thun Miteinander reden, Band 1: Störungen und Klärungen, 48. Auflage 2010
Schütze Schiedsgericht und Schiedsverfahren, 5. Auflage 2012
Schwartz/Geier Externe Experten im Mediationsverfahren, ZKM 2000, 196f.
Seyfarth/Rößler Zur Vermutung aufklärungsrichtigen Verhaltens bei Aufklärungspflichtverletzungen durch Anlageberater und durch Rechtsanwälte und Steuerberater, VersR 2013, 837ff.
Simitis Bundesdatenschutzgesetz, 7. Auflage 2011 (zit.: Simitis/*Bearbeiter* BDSG)
Sparrer Lösung und System, Lösungsfokussierte systemische Strukturaufstellung für Theraie und Organisationsberatung, 2004
Specht/Walter Wer als Werkzeug nur den Hammer kennt, sieht auch nur Nägel, pm 4/2012, 241f.
Spindler/Schuster (Hrsg.) Recht der elektronischen Medien, 2. Auflage 2011 (zit.: Spindler/Schuster/*Bearbeiter*)
Splinter/Wüstehube Perspektivwechsel: Der Weg auf den Stufen der Anerkennung, pm 2/2005, 66f.
Stoldt Mediation mit Stellvertretung, pm 2/2009, 92.
Taeger/Gabel (Hrsg.) Kommentar zum BDSG, 2. Auflage 2014 (zit.: Taeger/Gabel/*Bearbeiter* BDSG)

Therstappen Mediationsgesetz: Kein Freibrief für Anwälte beim Vergleichsabschluss, AnwBl. 2013, 288 ff.
Thomann Klärungshilfe 2 – Konflikte im Beruf: Methoden und Modelle klärender Gespräche, 2004
Thomann/Prior Vorgespräche – mit wem und mit wem nicht? ZKM 2006, 136 ff.
Thomann/Prior Klärungshilfe 3 – Das Praxisbuch, 2007
Thomas/Wendler Das neue Mediationsgesetz, Wesentliche Inhalte und Folgen für die Mediation im Steuerrecht, DStR 2012, 1881 ff.
Tochtermann Verhandlungsverträge, ZZPInt 2006, 429 ff.
Tochtermann Die Unabhängigkeit und Unparteilichkeit des Mediators, 2008
Trenczek Mediation im Strafrecht, ZKM 2003, 104 ff.
Trenczek/Berning/Lenz Mediation und Konfliktmanagement, 2013
Unberath Mediationsklauseln in der Vertragsgestaltung, NJW 2011, 1320 ff.
Unberath Eckpunkte der rechtlichen Gestaltung des Mediationsverfahrens, ZKM 2012, 12 ff.
van Kaldenkerken, Wo Supervision drauf steht, sollte auch Supervision drin sein, SdM 46/2012, 44 ff.
von Heintschel-Heinegg/Klein-Büte Handbuch des Fachanwalts Familienrecht, 8. Auflage 2011
von Schlieffen/Ponschab/Rüssel/Harms Mediation und Streitbeilegung - Verhandlungstechnik und Rhetorik, 2006
von Schlipp Zwischen Ökonomie und Psychologie: Konflikte in Familienunternehmen, ZKM 2009, 17 ff.
Wagner Beratung und Mediation als Beitrag des Notariats zur Streitverhütung, Bericht der deutschen Delegation zum XXIII. Internationalen Kongress des lateinischen Notariats
Wagner Sicherung der Vertraulichkeit von Mediationsverfahren durch Vertrag, NJW 2001, 1398 ff.
Wagner Heuristiken und Mediation, ZKM 2007, 172 ff.
Wagner Vertraulichkeit der Mediation, ZKM 2001, 164 f.
Walz Vertraulichkeit in der Mediation, MittBayNot 2001, 53 ff.
Walz Formularbuch Außergerichtliche Streitschlichtung, 2006
Watzlawick/Beavin/Jackson Menschliche Kommunikation – Formen, Störungen, Paradoxien, 12. Auflage 2011
Weichert Datenschutz auch bei Anwälten? NJW 2009, 550
Weiler/Schlickum Praxisbuch Mediation, Falldokumentation und Methodik zur Konfliktlösung, 2008
Wenzel Konfliktbewältigung durch Mediation aus berufspädagogischer Sicht, Diss. Kassel 2008
Will Mediation und Wissenschaft, SdM 44/2011, 5 f.
Wüstehube „Einmal angenommen ...“ – Das Sprungbrett: Systemisch-lösungsfokussierter Einstieg in die Mediation, pm 2/2010, 57 f.
Wüstehube Mediation im interkulturellen Kontext: Erhöhte Aufmerksamkeit auf Gerechtigkeitsempfinden und kontextuelle Gerechtigkeit, Forum Mediation, Zeitschrift des SVM/ASM, Schweizerischer Verein für Mediation, 2/2002, 22 ff.
Zehle Wirtschaftsmediation. Chancen und Auswirkungen des Mediationsgesetzes, 2012
Zenetti Konfliktlösung auf Augenhöhe, Personal Nr. 9/2010, 48 ff.
Zenk Mediation im Rahmen des Rechts, Diss. Hannover 2008
Zukunft Das Vorbefassungsverbot im Mediationsgesetz, SdM, 48/2012, 55 ff.
Zukunft Der Anwalt als Einigungsmanager, WfR 2009, 10 ff.

A. Einleitung

„Die Lösungen von gestern sind die Probleme von heute, die Lösungen von heute sind die Probleme von morgen“ konstatiert auf den Punkt gebracht *Clare Graves (1914–1986),* Professor für Psychologie und Begründer der Theorie zur Entstehung menschlicher Existenzebenen.[1] Diese Erkenntnis trifft nicht nur auf die Lösung zwischenmenschlicher Konflikte zu, sondern auch auf Lösungen durch gesellschaftlichen Wandel bedingter Probleme, die mit der Schaffung neuer Gesetze einhergehen. So schaffte das am 26.7.2012 in Kraft getretene Gesetz zur Förderung der Mediation und anderer Verfahren der außergerichtlichen Konfliktbeilegung – kurz Mediationsgesetz – endlich einen längst überfälligen gesetzlichen Rahmen für die Mediation, andererseits muss sich das in vielen Regelungspunkten offene Gesetz auf seine Wirksamkeit hin noch beweisen. 1

Zwar ist die Vermittlung durch neutrale Dritte im Konflikt alles andere als neu, sie geht zurück auf eine Jahrtausende alte Weltgeschichte.[2] In der klar strukturierten Form des Mediationsverfahrens, wie wir es heute kennen und es nunmehr im Mediationsgesetz definiert ist (§ 1 I MediationsG), hat sich die Mediation allerdings erst Anfang der 1990er Jahre in Deutschland durchgesetzt (B Rn. 78). Vor Einführung des Mediationsgesetz zeichnete sich bereits über viele Jahrzehnte ein wenn auch sanfter so doch deutlicher **gesellschaftlicher Wandel** in Richtung einer zunehmenden konsensualen Streitschlichtung ab. 2

In Deutschland gründeten sich in den 1990er Jahren die heute wichtigsten **Fachverbände**. Der interdisziplinäre Fachverband für Mediation „Bundesverband Mediation“ sowie die „Bundes-Arbeitsgemeinschaft für Familien-Mediation e.V.“ etablierten sich 1992. Der Bundesverband Mediation in Wirtschaft und Arbeitswelt“ konstituierte sich vier Jahre später im Jahre 1996. Die Mediation hielt nun auch zunehmend im Bereich der Anwaltschaft Einzug. Der erste Kongress zum Thema „Mediation für Juristen – Konfliktbeilegung ohne gerichtliche Entscheidung“ wurde im Jahre 1996 vom Kölner Institut für Anwaltsrecht veranstaltet.[3] Die „Centrale für Mediation“, eine „fachübergreifende Mediationsvereinigung[4]“ mit anwaltlichem/juristischem Schwerpunkt gründete sich 1998. 3

---

1 Heute besser bekannt unter dem Begriff „Spiral Dynamics, siehe dazu Beck, Cowan, Spiral Dynamics, Leadership, Werte und Wandel; *Hinrichs* Blau ist reif für mehr Grün! Recht und Mediation auf den Graves-Stufen, K & S 2006, 41 ff.; Haft/von Schlieffen/*Schweizer* § 14, Rn. 3 f.; *Hinrichs* Das Graves Modell in der Mediation Spektrum Mediation Fachzeitschrift des Bundesverband Mediation 2008, 11 ff.

2 Vgl Haft/von Schlieffen/*Hehn* § 8 Rn. 3 ff.

3 Kongress vom 27. und 28.9.1996. Die Referate und Ergebnisse sind veröffentlicht in: *Breidenbach/Henssler* Mediation für Juristen.

4 So die Information auf der Webseite http://www.centrale-fuer-mediation.de.

4 Auf dem Markt tummelten sich vermehrt die unterschiedlichsten Berufsgruppen, die Mediation in ihrem Portfolio anboten wie etwa die Anwaltschaft, bei Psychologen, Soz.-Pädagogen, Diplom-Pädagogen um nur einige zu nennen.[5] Mit der Mediation als multidisziplinäres Verfahren[6] wurde die Zuordnung des Mediators zu herkömmlich bekannten Berufsgruppen immer schwieriger. Zur Qualitätssicherung wurde eine gesetzliche Konturierung der Ausbildungsstandards sowie der Rolle und Funktion des Mediators notwendig.

5 In der Praxis taten sich Grabenkämpfe zwischen den Quellberufsgruppen für die bessere Eignung als Mediator auf.[7] Jeder der Berufsgruppen reklamierte die Vermittlung von Konflikten für sich. Die Richterschaft beispielsweise betrachtet es als originäre Aufgabe der Gerichte, nicht nur zu richten, sondern auch zu schlichten.[8] Auch Rechtsanwälte agieren berufstypisch als Mittler widerstreitender Interessen. Die außergerichtliche wie gerichtliche Vermittlung, die einen Verhandlungserfolg zum Ziel hat, reduziert sich allerdings auf den Ausgleich von Rechtspositionen, die sich auf gesetzliche oder auch vertragliche Regelungen stützen. Die Psychologen wiederum beanspruchen die Kommunikation und Gestaltung zwischenmenschlicher Beziehungen – wesensgebende Aufgaben der Konfliktvermittlung – für sich.[9] Dabei bleiben allerdings rechtliche Aspekte außer Acht. Mediationsverfahren variieren erheblich in Bezug auf den jeweiligen Konflikt und seinen Kontext (B Rn. 56), die Konfliktparteien und den beruflichen Hintergrund des Mediators.

Die in alten Schubladen denkenden Sichtweisen, die den Mediator und das Verfahren bestimmten Berufsgruppen zuordnen, lassen außer Acht, dass gerade die Multidisziplinarität der Mediation nicht ein ausgrenzendes Gegeneinander, sondern ein professionelles Miteinander der Berufsgruppen erforderte. Das **Berufsbild** der Ursprungsberufe ebenso wie das des Mediators war und ist daher auch im kontinuierlichen Wandel.

6 Ein weiterer Entwicklungsimpuls hin zu konsensualer Konfliktvermittlung ergab sich aus der zunehmend überbelasteten Justiz, so dass auch justizintern nach alternativen Lösungen zur Streitschlichtung gesucht wurde. Im Jahre 2002 zog die Mediation bei den staatlichen Gerichten ein.[10] Es wurden bundesweit verschiedene Modelle für die gerichtliche Mediation implementiert. Sie dienten dem Ziel, die Me-

---

5 Siehe auch: *Fritz/Pielsticker* § 1 Rn. 48.

6 Siehe dazu beispielsweise: Haft/von Schlieffen/*Spörer/Frese* § 3 Rn. 1ff.; Haft/von Schlieffen/*Duss-von-Werdt* § 11 Rn. 8.

7 Zum Beispiel Haft/von Schlieffen/*Kempf* § 35 Rn. 6ff.; *Henssler/Deckenbrock* Das neue Mediationsgesetz: Mediation ist und bleibt Anwaltssache! DB 2012, 159 f.

8 Neue Richtervereinigung, Wenning-Morgenhaler, http://www.nrv-net.de/downloads_publikationen/548.pdf, 8.8.2012.

9 Haft/von Schlieffen/*Kempf* § 35 Rn. 55ff.; *Montada/Kals* Kap. 2, 2.3., S. 37.

10 *Bercher/Engel* JZ 2010, 226, 227; *Heister/Neumann* DRiZ 2007, 137 f.

diation bekannter zu machen und sie zu fördern. Gleichzeitig sollte aber vor allem die Justiz entlastet werden.

Mit dieser zunehmenden Etablierung der Mediation in der **Gesellschaft** und der **Justiz** war über die Jahre ein Flickenteppich an vereinzelt zu findenden Regelungen zur Durchführung von Mediationen entstanden. Überwiegend blieb die von zahlreichen verschiedenen Ursprungsberufsgruppen angebotene Mediation allerdings ungeregelt. Gleiches galt für die gerichtsinterne Mediation. 7

Dem Mediationsgesetz gingen – der Entwicklung folgend – einige gesetzliche Änderungen voraus, die Ausdruck der zunehmenden Praxis der Mediation waren. Für Rechtsanwälte etwa wurde im Jahre 1999 die Mediation als anwaltliche Tätigkeit in der **Berufsordnung** in § 18 BORA verankert, womit die Tätigkeit des Mediators explizit vom Berufsbild des Anwaltes erfasst wurde.

In 2008 wurde eine Änderung des Rechtsberatungsgesetzes u.a. wegen der Mediationspraxis auch durch nichtanwaltliche Mediatoren nötig. Vor Einführung des am 1.7.2008 das Rechtsberatungsgesetz ablösenden **Rechtsdienstleistungsgesetzes** war es hoch streitig gewesen, ob nichtanwaltliche Mediatoren überhaupt über Rechtspositionen verhandeln und eine Abschlussvereinbarung in der Mediation aufnehmen durften ohne dabei gegen das Rechtsberatungsgesetz zu verstoßen, soweit in der Vereinbarung rechtliche Positionen geregelt wurden. Das Oberlandesgericht Rostock[11] konstatierte in seiner wegweisenden Entscheidung im Jahre 2001, dass Mediation in Form der Hilfe bei außergerichtlicher Streitbeilegung unter Berücksichtigung rechtlicher Gesichtspunkte unter das Rechtsberatungsgesetz falle. Auch das Abfassen einer Abschlussvereinbarung sei Besorgung fremder Rechtsangelegenheiten und unterläge dem **Anwaltsprivileg**, soweit Rechtspositionen streitig seien. Es bestehe daher ein Unterlassungsanspruch gemäß § 1 UWG, da ein Verstoß gegen den Erlaubniszwang nach dem (damals geltenden) Rechtsberatungsgesetz sittenwidrig sei.[12] 8

Erst das Rechtsdienstleistungsgesetz stellte klar, dass das bloße Verhandeln über Rechtspositionen auch dem nichtanwaltlichen Mediator erlaubt ist. Damit wurde auf die Mediation als alternatives außergerichtliches Verfahren der Streitbeilegung unter Anerkennung der Beteiligung unterschiedlicher Disziplinen gesetzlich reagiert.

---

11 OLG Rostock MDR 2001, 1197 ff., auch Urteil des LG Leipzig 5. Zivilkammer vom 19.6.2004, 5 O 1899/04 (juris) Leitsatz: „Erarbeitet ein Diplom-Psychologe als Mediator ohne die dafür erforderliche behördliche Rechtsberatungserlaubnis mit vor der Scheidung stehenden Eheleuten als Medianten auf deren individuelle Bedürfnisse zugeschnittene Entwürfe für die Vereinbarung von Scheidungsfolgen (nämlich zu Zugewinn, Versorgungsausgleich, Unterhalt, Sorgerecht u.a.m.) so handelt es sich bei dieser Tätigkeit um unerlaubte Rechtsberatung. Daran ändert nichts, dass der Mediator die Eheleute darauf hinweist, das Vereinbarte bedürfe der notariellen Beurkundung."

12 OLG Rostock MDR 2001, 1197 ff.

9 Der Bedarf weiterer Regeln insbesondere zur **Qualitätssicherung** durch einheitliche Ausbildungsstandards der Mediatoren sowie zum **Verbraucherschutz**, wie etwa einheitliche Bestimmungen zur Verschwiegenheit der Mediatoren aus unterschiedlichsten Herkunftsberufen, Regelungen zur Interessenkollisionen und von Aufklärungspflichten gegenüber den Parteien, drängten sich mit fortschreitender Etablierung der Mediationspraxis auf. Auch zum Verfahren sowie der Rolle und Funktion des Mediators bestand Regelungsbedarf.

10 Das Mediationsgesetz hat dem Wertewandel in der gesellschaftlichen Auseinandersetzung in Richtung konsensualer und interessengeleiteter Streitbeilegung Rechnung getragen, nachdem es in der Vergangenheit keine echte Alternative zur rechtlichen Auseinandersetzung gegeben hatte. Denn auch privatrechtliche Schieds- und Schlichtungsverfahren konzentrierten sich vorrangig auf die Vermittlung von Rechtspositionen.

Auch wenn die Anwaltschaft von je her eine auch außergerichtliche streitbeilegende Vermittlung zwischen den Parteien verfolgte, musste die Art der Auseinandersetzung auf die Vermittlung von Rechtspostionen beschränkt bleiben. Die Vermittlung des Parteianwaltes konnte schon aus Gründen der Berufspflicht nicht neutral erfolgen, da er zu Gunsten seiner Partei, des Mandanten, verhandeln muss.

11 Sowohl die unterschiedlichen Quellberufszweige der Mediatorenschaft mit ihren unterschiedlichen gesetzlichen Berufsordnungen wie auch die überwiegend ungeregelte Mediationspraxis erforderten gesetzgeberischen Handlungsbedarf. Zudem hatte der Gesetzgeber die **EU-Richtlinie** 2008/52/EG des Europäischen Parlaments und des Rates vom 21. Mai 2008[13] über bestimmte Aspekte der Mediation in Zivil- und Handelssachen umzusetzen.

12 Schon vor der Vorlage des **ersten Gesetzesentwurfs** am 12.1.2011 zeichnete sich ein kontroverses Gesetzgebungsverfahren ab. Streitpunkte bestanden insbesondere in Bezug auf die gerichtsinterne Mediation. Es stand der Vorwurf zahlreicher berufsständischer Vereine und Verbände im Raum, dass der Fokus der gesetzgeberischen Förderung der konsensualen Streitbeilegung durch Mediation auf der gerichtsinternen und nicht außergerichtlichen Mediation läge.[14]

Zudem herrschte außerhalb der Richterschaft schon lange offene und laute Kritik an der gerichtsinternen Mediation als solchen, etwa wegen der fehlenden Haf-

---

13 Amtsblatt Nr. L 136 vom 24/05/2008 S. 0003–0008.

14 Deutscher Anwaltsverein, Stellungnahme Nr. 58/2010 (http://anwaltverein.de/downloads/stellungnahmen/SN-10/SN-58-10.pdf) und der Bundesrechtsanwaltskammer Stellungnahme 27/2010 (http://www.brak.de/w/files/stellungnahmen/Stn27-2010.pdf); Deutscher Notarverein, Schreiben vom 30.9.2010 an BMJ (http://www.dnotv.de/_files/Dokumente/Stellungnahmen/STN-Mediationsgesetz-fin.pdf), Deutscher Steuerberaterverband, Schreiben vom 1.10.2010 an BMJ (http://www.dstv.de/interessenvertretung/beruf/stellungnahmen-beruf/r-09-10), Gesamtverband der Deutschen versicherungswirtschaft, Stellungnahme vom 21.12.2010 (http://www.gdv.de/wp-content/uploads/2010/12/GDV_Stellungnahme_MediationsG.pdf).

tung des Richtermediators für seine Arbeit, sowie seiner fortbestehenden Amtsautorität als Richter, die dem Gedanken einer freien Lösungsfindung durch die Parteien zuwiderlaufe.[15] Auch die Zeitbegrenzung von gerichtsinternen Mediationen sowie die von der außergerichtlichen Mediation abweichende Regelungen zur Verschwiegenheit standen in der Kritik.[16] Zudem wurde die Kostenfreiheit der gerichtsinternen Mediation als wettbewerbsverzerrend moniert.

Die Richterschafft wiederum klammerte sich im Rahmen des Gesetzgebungsverfahrens an die bereits in vielen Ländern fest etablierte gerichtliche Mediation und lehnte eine Beschneidung der gerichtlichen Mediation durch das Güterichtermodell ab.[17]

Zur Vorbereitung des Gesetzgebungsverfahrens hatte das Bundesministerium 13
der Justiz das Max-Planck-Institut für ausländisches und internationales Privatrecht mit einem rechtsvergleichenden Gutachten beauftragt. Zudem war das anstehende Mediationsgesetz intensiv auf dem 67. Deutschen Juristentag 2008 diskutiert und ein umfassender Regelungskatalog vorgeschlagen worden.

Am 5.8.2010 wurde der Referentenentwurf, am 12.1.2011 der erste Gesetzesentwurf vorgelegt. Nach einigen Nachbesserungsvorschläge durch den Rechtsausschuss stimmen am 30.11.2011 alle fünf Fraktionen des Bundestages für den Gesetzesentwurf (BT-Drs. 17/8058). Am 15.12.2011 wurde dieser Gesetzentwurf in zweiter und dritter Lesung beraten und in der Fassung der Beschlussempfehlung des Rechtsausschusses angenommen. Wegen offener Kritikpunkte insbesondere bezüglich der mediationsunfreundlichen Regelungen zum „erweiterten Güterichterverfahren" rief der Bundesrat den Vermittlungsausschuss an.[18]

Nach weiteren Änderungen trat am 26.7.2012 das Mediationsgesetz in Kraft. Ausdrücklich wird in der Gesetzesbegründung darauf hingewiesen, dass das Mediationsgesetz nur einen Rahmen für die außergerichtliche Mediation schaffen will, ohne das noch im Fluss und in der Entwicklung befindliche Verfahren zu sehr zu reglementieren.[19] Klare Abgrenzungen schafft das Gesetz zwischen außergerichtlicher Mediation und dem gerichtlichen **Güterichterverfahren**. Eine gerichtsinterne Mediation wurde mit Auslauf der Übergangsregelungen am 1.8.2013 abgeschafft.

Mit dem Mediationsgesetz verfolgt der Gesetzgeber zwei übergeordnete Ziele, 14
nämlich die außergerichtliche Streitbeilegung zu stärken und die Justiz zu entlasten.[20] Diese Motivation findet sich auch in konkreten Normierungen wieder, wie etwa der Möglichkeit bei einem rechtshängigen Streit den Parteien eine außer-

15 Siehe dazu *Greger* AnwBl. 2008, 570 ff.; *Hinrichs* BerlAnwbl. 2007, 402 f.

16 Siehe dazu *Greger* AnwBl. 2008, 570 ff.; *Hinrichs* BerlAnwbl. 2007, 402 f.

17 Deutscher Richterbund, Stellungnahme Nr. 35/2010 (http://www.drb.de/cms/index.php?id=707).

18 Anrufung des Vermittlungsausschuss durch den Bundesrat: BT-Drs. 10/12.

19 BT-Drs. 60/11, S. 15.

20 BT-Drs. 60/11, S. 1.

gerichtliche Mediation anzudienen (Grundnorm § 278a ZPO, B Rn. 68, 116, 180, K Rn. 18 ff.) und die Kosten für das Gerichtsverfahren bei mediationsbedingter Klagerücknahme über die derzeitigen Kostenreduzierungen hinaus weiter zu reduzieren (§ 69b GKG, B Rn. 191, J Rn. 16, 21, K Rn. 29, 68). Darüber hinaus schafft § 8 MediationsG (V Rn. 28, H Rn. 3, K Rn. 73, J Rn. 21 ff.) die Chance, die neuen Vorschriften des Mediationsgesetzes auf ihre Wirksamkeit hin zu evaluieren, um die Entwicklungen zu überprüfen und nötigenfalls zu korrigieren.

B. Begriffsbestimmungen (§ 1 MediationsG)

I. Vermittlung

Als bekannte Möglichkeiten der Konfliktbewältigung stehen drei **Grundformen** der 1
Auseinandersetzung zur Verfügung: die Machtausübung, der Rückgriff auf Regeln und die Vermittlung.[1] Was genau unter **Vermittlung** zu verstehen ist, darüber besteht allerdings auch unter Vermittlern kein Konsens.[2]

Auch Mediation bedeutet sprachlich abgeleitet aus dem Lateinischen und Griechischen „Vermittlung". „Medius" wird aus dem Lateinischen mit „neutral" oder „in der Mitte stehend" übersetzt. Und im Griechischen bedeutet „medos" „unparteiisch, vermittelnd, neutral, keiner Partei angehörend".[3] Die Idee der Vermittlung durch Einschaltung eines neutralen Dritten zur einvernehmlichen Beilegung eines Streits hat eine über 2000-jährige Geschichte.[4] Es ist sogar davon ausgehen, dass diese Form der Konfliktvermittlung auf Zeiten vor der Entstehung von staatlichen Gebilden und Rechtssystemen zurückgeht.[5]

Aus afrikanischen Stammeskulturen ist das bis heute praktizierte „Palaver" als eine Form der Konfliktvermittlung bekannt.[6] In Japan ist die konsensuale Vermittlung im Konflikt von je her Mittel zur Streitbeilegung.[7] In China lässt sich die Geschichte der Vermittlung im Konflikt auf circa sechs Jahrtausende zurückführen.[8] Aber auch in Europa war der Vermittlungsgedanke stets präsent. Zunächst bis etwa ins 16. Jahrhundert stand der Ausgleichs- und Vermittlungsgedanke bei Konfliktlösungsverfahren sogar im Vordergrund. In einer Zeit des Wandels hin zu einer **Verrechtlichung** und **Institutionalisierung** von Konfliktlösungsverfahren wurde die Bedeutung der Vermittlung im 20. Jahrhundert weniger.[9]

Im Laufe der letzten Jahrzehnte wurde die Mediation als alternatives Konfliktvermittlungsverfahren (wieder-)entdeckt. Die Impulse kamen vor allem aus den USA. Hier hatte sich die Mediation als Alternative zum Rechtsstreit in den

---

1 Dazu ausführlich Techniken des Mediators, Haft/von Schlieffen/*Schweizer* § 14, Rn. 1 ff.

2 Haft/von Schlieffen/*Duss-von Werdt,* § 11 Rn. 2; auch *Greger/Unberath* § 1 Rn. 1.

3 Zum Begriff der Mediation vgl. auch: *Duss-von Werdt* homo mediator, S. 26 ff.

4 So auch Haft/von Schlieffen/*Hehn* § 8 Rn. 3 ff.

5 *Blankenburg* Nutzen und Grenzen eines graduellen Rechtsbegriffs S. 154.

6 Afrikanische Renaissance und traditionelle Konfliktlösung: Das Beispiel der Duala in Kameru *Helfrich* S. 70 ff.

7 *Duss-vonWerdt* homo mediator, S. 20.

8 *Duss-von Werdt* homo mediator, S. 20.

9 Ausführlich Haft/von Schlieffen/*Hehn* § 8 Rn. 27 ff.

1960er- und 1970er-Jahren rasant entwickelt.[10] Eine maßgebliche Rahmensetzung erfuhr die Mediation durch das so genannte Harvard-Konzept.[11]

Aber was genau unter Mediation zu verstehen ist, bleibt weiterhin nicht klar konturiert. So fragt etwa *Will*, ob die Mediation Interventionsform zur Konfliktlösung, eine Methode zur Streitschlichtung, eine Kommunikationstechnik, Philosophie, Handwerk, Kunst, Wissenschaft sei?“[12] Bis heute gibt es unterschiedliche Schulen der Mediation, die von einer nur passiven kommunikativ vermittelnden Rolle bis hin zu einer aktiven – an den Verhandlungsergebnissen mitwirkenden – Rolle des Mediators skalieren (B Rn. 90, C Rn. 183 ff.).[13]

Insbesondere der kulturelle Hintergrund durch länderspezifische Eigenschaften der Mediation[14], die jeweilige Sicht des Ursprungsberufes sowie die vermittelten Inhalte in der Mediationsausbildung prägen das Berufsbild des Mediators und sein Verständnis von der Mediation. Unterschiedliche Quellberufe reklamieren die Vermittlung von Konflikten als ihre ureigenste Pflicht. Die Richterschaft beispielsweise betrachtet es als originäre Aufgabe der Gerichte, nicht nur zu richten, sondern auch zu schlichten.[15] Auch die Anwaltschaft agiert berufstypisch als Mittler widerstreitender Interessen. Die Psychologen wiederum beanspruchen die Kommunikation und Gestaltung zwischenmenschlicher Beziehungen – wesensgebende Aufgaben der Konfliktvermittlung – für sich.[16] Diese in alten Schubladen ordnenden Reklamationen vernachlässigen allerdings die Multidisziplinarität der Mediation.

2 Trotz aller Unterschiede in den Ansätzen bildeten sich im Laufe der Entwicklung übereinstimmende Grundstrukturen für das Mediationsverfahren heraus, die mit dem Mediationsgesetz verfestigt wurden. Der Gesetzgeber hat den Rahmen aber bewusst weit gelassen, da die Mediation auch weiterhin einem kontinuierlichen Wandel unterliegt.[17]

Die Mediation vereint verschiedene Disziplinen zu einer Form der **interessengeleiteten konsensualen Konfliktvermittlung**. Sie will die verschiedenen Kon-

---

10 Siehe zur Entwicklung Haft/von Schlieffen/*Hehn* § 8 Rn. 3; *Englert/Franke/Grieger* S. 238 ff.

11 *Fisher/Ury/Patton* Das Harvard-Konzept; *Fisher* Getting to yes; *Sander* Varieties of dispute processing, 70 F.R.D. 111; *Goldberg/Sander/Rogers* Dispute resolution; zur Geschichte der ADR in den USA vgl. *Barrett* A history of alternative dispute resolution.

12 *Will* Spektrum der Mediation 2011, 5–6, auch: *Glenewinkel* Mediation – Handwerk, Kunst oder Wissenschaft? ZKM 2007, 91 f.

13 Siehe auch: *Schmidt/Lapp/Monßen* S. 462 ff.; *Dörflinger-Kashmann* Perspektive Mediation 2011/1, 14 ff.; Haft/von Schlieffen/*Kempf* § 34 Rn. 37 ff.

14 Siehe etwa zu Mediation in den USA: Haft/von Schlieffen/*Yarn* § 53.

15 Neue Richtervereinigung *Wenning-Morgenhaler* http://www.nrv-net.de/downloads_publikationen/548.pdf, 8.8.2012.

16 Haft/von Schlieffen/*Kempf* § 35 Rn. 55 ff.; *Montada/Kals* Kap. 2, 2.3., S. 37.

17 BT-Drs. 60/11, S. 15.

fliktebenen in die Vermittlung einbeziehen und überlässt den Verfahrensgegenstand unter Ausschluss einer Entscheidungskompetenz des Mediators vollständig der Disposition der Parteien.

II. Das Mediationsverfahren: Definition und Grundsätze (§§ 1, 2 MediationsG)

1. Mediation

Für die Mediation als Konfliktvermittlung haben sich übereinstimmende – wenn auch hinsichtlich der Ausgestaltung streitige – **Grundpfeiler der Mediation** herausgebildet, die in § 1 I MediationsG normiert sind: 3

Die Verfahrensqualität, namentlich:

- strukturiertes Verfahren (§ 1 I MediationsG),
- Prozessführung durch den/die Mediator(en) (§ 1 I MediationsG)
- Vertraulichkeit des Verfahrens (§ 1 I MediationsG).

Die Verfügungsgewalt der Parteien über den Konflikt:

- Freiwilligkeit der Teilnahme (§ 1 I MediationsG),
- Eigenverantwortlichkeit der Parteien für die Lösung (§ 1 I MediationsG),
- Ziel einer konsensualen Konfliktbeilegung (§ 1 I MediationsG).

Neutrale Rolle des Vermittlers ohne Entscheidungskompetenz

- Fehlende Entscheidungsbefugnis des Mediators (§ 1 II MediationsG).
- Unabhängigkeit und Neutralität des Mediators (§ 1 II MediationsG).

§ 1 I MediationsG definiert die Mediation als ein vertrauliches (B Rn. 10) und struktu- 4
riertes (B Rn. 13) Verfahren, bei dem die Parteien (B Rn. 115) mithilfe eines oder mehrerer Mediatoren (B Rn. 77) freiwillig (B Rn. 64 ff.) und eigenverantwortlich (B Rn. 72) eine einvernehmliche Beilegung ihres Konfliktes anstreben (B Rn. 64 ff.). Damit ist der Mediation ein **gesetzlicher Rahmen** gegeben worden, der die Mediation von anderen privatrechtlichen Verfahren zur Konfliktvermittlung wie beispielsweise der Schlichtung (B Rn. 179 ff.) oder Schiedsverfahren (B Rn. 202 ff.) und auch Beratung oder Supervision (B Rn. 140 ff.) klar abgrenzt. Die Teilnahme an der Mediation basiert danach auf der Freiwilligkeit und Eigenverantwortlichkeit der Parteien und der neutralen und unabhängigen Haltung des Mediators, der die Parteien durch den durch Vertraulichkeit geschützten Mediationsprozess führt. Der Mediator hat dabei keine Entscheidungsbefugnis.

Die Begriffsbestimmung des § 1 I MediationsG beschreibt die Mediation als ein 5
strukturiertes Verfahren (B Rn. 13 ff.), womit impliziert ist, dass das Verfahren bestimmten Regeln folgt. Auch diese Struktur macht die Mediation von anderen ADR-

Verfahren[18] unterscheidbar. Die gesetzlichen Vorgaben für die Struktur geben allerdings nur einen groben Rahmen vor. Die konkrete auch methodische Ausgestaltung obliegt dem Mediator und den Parteien (B Rn. 13ff.). Methodisch variieren und mischen sich in der Praxis gefühls- und bedürfnisorientierte Ansätze neben verhandlungsmoderierenden und evaluativen Methoden.[19] Letztere erlauben die Unterstützung der Lösungssuche durch eigene Vorschläge des Mediators, weshalb die Zurechnung solcher Ansätze zur Mediation nicht nur umstritten sondern abzulehnen ist. Denn wertende Vorschläge beeinflussen die Entscheidungsfreiheit der Parteien (ausführlich insbesondere zu rechtlichen Vorschlägen durch Anwaltsmediatoren C Rn. 43ff.).[20]

6 Außerhalb der rechtlichen Vorgaben stützt sich die Mediation auf mehrere **berufsethische Grundannahmen**, die das Menschenbild und die Haltung des Mediators betreffen. Konflikte gehören danach zum Leben dazu, wo immer sich Menschen begegnen. Konflikte sind auch notwendig, damit Menschen sich gemeinsam weiterentwickeln und wachsen können.[21] Jeder Mensch hat seine subjektive Sicht auf die Welt und seine eigene Wahrheit, die es anzuerkennen gilt. Probleme sind Konstruktionen, die zeit- und kontextabhängig nur von den betroffenen Personen aus ihrer subjektiven Wahrnehmung entstehen.[22] Hinter den von den Konfliktparteien verfolgten Standpunkten und (Rechts-)Positionen verbergen sich menschliche Interessen, Gefühle und Bedürfnisse, die im Ungleichgewicht sind. Person und Problem, Position und Bedürfnis sind daher zum Verständnis des Konfliktes voneinander zu trennen.[23] Die **Konflikthintergründe** und Zusammenhänge werden in der Mediation aufgedeckt, um für die Parteien einen Perspektivwechsel zu ermöglichen.[24] So können Konflikte neu definiert und konstruktiv gelöst werden. Die Parteien sind die „Experten ihres Konfliktes“ und finden daher eigenverantwortlich am besten zu einer für sie passenden Lösung, wobei sie durch den neutralen und unabhängigen Mediator in ihrer Kommunikations-, Verhandlungs- und Gestaltungsfähigkeit gestärkt werden.[25] Darüber hinaus steht auch die Festigung und Wandlung der Beziehung zwischen den Parteien im Fokus der Vermittlung,[26] wodurch sich diese Form

18 Alternativ Disput Resulution.

19 *Greger/Unberath* § 1 Rn. 5.

20 Siehe weitergehend: *Greger/Unberath* § 1 Rn. 35.

21 Vgl. *Duss-von Werdt* homo mediator 182f.

22 Vgl. Beratung ohne Ratschlag *Radatz* S. 47; Haft/von Schlieffen/*Duss-von Werdt* § 11 Rn. 2; *G. Schmidt* S. 90.

23 *Fischer/Ury/Patton* Das Harvard Konzept; zusammenfassend *Hohmann* „Notizen zum Harvard-Konzept ZKM 2/2003, 48ff.; *Hinrichs* K&S 4/2006, 38ff.

24 Vgl. *Kerntke* S. 15; *Specht/Walter* Perspektive Mediation 2012, 241.

25 Vgl. *Kerntke* S. 15.

26 So auch *Kerntke* S. 15.

der Konfliktregelung von außergerichtlichen oder gerichtlichen positionsgeleiteten Vergleichen unterscheidet, die sich auf kontradiktorisches Denken stützen.

Im Mediationsverfahren werden Lösungen generiert, die von allen Parteien als gerecht empfunden werden. Im Gegensatz zum Gerichtsverfahren, das die (beweisbare) Wahrheit und die Beurteilung der Rechtslage verfolgt, ist die Mediation ein „**mehrperspektivisches Verfahren**, das Rechtsempfinden und die Wahrnehmung aller Beteiligten mit in den Blick rückt“.[27] 7

Zwar spielt in der Mediation auch die **konkrete Rechtslage** oft eine bedeutende Rolle, allerdings aufgrund des vorrangig interessengeleiteten Verfahrens eher im Sinne der Kenntnis von Nichteinigungsalternativen und vollständiger Informiertheit über die Sachlage (B Rn. 30, 212ff., C Rn. 43ff., 183ff., D Rn. 8ff., 35f.).[28] Die Parteien müssen für ihre Verhandlungen wissen, wie sich bei Scheitern der Mediation für sie die Erfolgsaussichten für eine gerichtliche Auseinandersetzung darstellen. Darüber benötigen sie eine Einschätzung der Rechtslage, um im Hinblick auf eine Einigung ausmachen zu können auf was sie gegebenenfalls verzichten oder an welchem Punkt sie Zugeständnisse machen.

Die Mediation sucht nach nachhaltigen zukunftsorientierten Lösungen, die anders als der Rechtsstreit, insbesondere auch auf die Heilung der **Beziehungsebene** abstellt. Ein typisches Interesse der Parteien in der Mediation, das sich nicht in Rechtsansprüche kleiden lässt, ist das Interesse an einer Gestaltung der Zukunft auf der persönlichen Ebene der Parteien.[29] Das Ziel kann sich sowohl auf eine gemeinsame Zukunft, aber auch auf eine versöhnliche Trennung beziehen. Aber auch Sachthemen werden – anders als in der Regel bei Rechtsstreitigkeiten – zukunftsorientiert gelöst, insbesondere weil auch die Beziehung zwischen den Parteien Berücksichtigung findet. 8

Die Mediation erkennt im Übrigen an, dass aufgrund der unterschiedlichen **Konfliktebenen** eine nachhaltige Lösung nur durch Beachtung der unterschiedlichen Ebenen des Konfliktes wie insbesondere die Beziehungs- und Sachebene möglich ist. Konflikte lassen sich zwar nur schwerlich typisieren. Dennoch kann man unter Beachtung der Vielfältigkeit von Konflikten und ihrer Dynamik Konflikttypen aufzeigen, die sich in der konkreten Konfliktsituation vermischen und überlagern:[30] 9

27 *Wüstehube* Mediation im interkulturellen Kontext: Erhöhte Aufmerksamkeit auf Gerechtigkeitsempfinden und kontextuelle Gerechtigkeit Forum Mediation, Zeitschrift des SVM/ASM, Schweizerischer Verein für Mediation 2/2002, 22ff.

28 Zur Informiertheit auch: *Fritz/Pielsticker* § 2 Rn. 31ff.

29 Duve/Eidenmüller/Hacke/*Hacke* Mediation in der Wirtschaft S. 286.

30 Vgl. *Moore* S. 60f.; auch: Fritz/Pielsticker/*Etscheit* Methodik und Anwendungsbereiche der Mediation Rn. 25ff.

- **Sachverhaltskonflikte**
  Bei Sachkonflikten stehen bestimmte Sachthemen zur Diskussion. Sie können etwa basierend auf: Informationsmangel; unterschiedlicher Beurteilung von Wichtigkeiten oder unterschiedlicher Vorgehensweise der Bewertung (Wertekonflikt); Divergenz in der Auswertung von Informationen und Daten. Hinter den Sachthemen verbergen sich regelmäßig andere Themen, wie die Beurteilung der Wertigkeit der Sache, unterschiedliche Interessen, eine gestörte Beziehung u.v.m.
- **Interessenkonflikte**
  Interessenkonflikte stützen sich auf unterschiedliche insbesondere berufliche oder persönliche Motive und Beweggründe, wie Konkurrenz, Freundschaft, Liebe, Sicherheit, Status, Gesundheit, Macht, Verantwortung, Anerkennung, Respekt, Mitgefühl.
- **Beziehungskonflikte**
  In Beziehungskonflikten stehen starke Emotionen wie Schuldgefühle, Neid, Eifersucht, Angst, Wut im Vordergrund. Die Parteien fühlen sich verletzt und gedemütigt. Auch mangelnde oder fehlende Kommunikation zeichnen diese Konflikte aus.
- **Wertekonflikte**
  Wertekonflikte sind geprägt von unterschiedlichen Einstellungen der Parteien.
  Es divergieren etwa die Kriterien zur Bewertung (von Gerechtigkeit, Gleichheit; unterschiedlichen religiösen oder weltanschaulichen Überzeugungen und Glaubenssätze; unterschiedliche Lebensformen). Hier geht es regelmäßig um „Richtig“ und „Falsch“, „gut“ und „Schlecht“. Auch die Wertung des Rechtssystems[31] spielt an dieser Stelle eine entscheidende Rolle.
- **Strukturkonflikte**
  Strukturkonflikte sind typisch für Unternehmens- und Organisationskonflikte. Sie stehen nicht selten im Kontext mit Mobbingvorwürfen.[32] Diese Strukturkonflikte können aber auch in anderen Kontexten auftreten, etwa bei Familienkonflikten, wie etwa bei der Verteilung der Aufgaben innerhalb der Familie.
  (ungleiche Macht- und Autoritätsverteilung; Kontrolle, unklare Zuständigkeiten und Hierarchien; destruktive Verhaltens- und Interaktionsmuster; Zeitdruck; ungleiche Verteilung von Ressourcen).
- **Rollenkonflikte**
  Rollenkonflikte sind durch unterschiedliche Erwartungen von anderen (etwa Mitarbeiter) an die Rolle (z.B. Vorgesetzter) bzw. an das Ausfüllen der Rolle durch den Rolleninhaber gekennzeichnet.

---

31 Zu Wertekonflikten: *Hinrichs* K&S 5/2006, 41ff.

32 *Hinrichs* Perspektive Mediation 2007/2, 73ff.

a) Vertraulichkeit des Verfahrens

Ausweislich der Begriffsbestimmung ist das Mediationsverfahren ein vertrauliches 10 Verfahren. *Greger* konstatiert zu Recht, dass die Vertraulichkeit des Verfahrens nicht ein rechtlich konstitutives Merkmal für die Mediation sei, da es sich um dispositive Anforderungen handele.[33] Dennoch hat die Vertraulichkeit für die Mediation eine wesensgebende Bedeutung. Die Vertraulichkeit im Verfahren hat im Hinblick auf eine erfolgreiche Mediation erhebliches Gewicht. Die Vertraulichkeit liegt allein in der Dispositionsfreiheit der Parteien. Der Mediator hat sie mit den Parteien ausführlich zu erörtern und auf eine zwischen den Parteien ausgehandelte Vertraulichkeitsabrede hinzuwirken. Die Öffnung der Vertraulichkeit bleibt die Ausnahme und ist daher mit den Parteien bestenfalls schriftlich zu regeln. Im Zweifel bzw. ohne abweichende vertragliche Regelungen bleibt das gesamte Verfahren vertraulich.

Für den Mediator und die in das Verfahren eingebundenen Personen besteht 11 nach § 4 MediationsG ohnehin eine **Verschwiegenheitspflicht** (E Rn. 1ff.), die nur durch eine Entbindung der Schweigepflicht aufgehoben werden kann. Ebenso geregelt sind in § 4 S. 3 MediationsG die engen Ausnahmen der Verpflichtung zur Verschwiegenheit (E Rn. 98ff.). Darüber hinaus werden dem Mediator in § 4 S. 4 MediationsG diesbezügliche **Informationspflichten** gegenüber den Parteien auferlegt. Der Mediator hat daher den Parteien den Umfang seiner Verschwiegenheitsverpflichtung verständlich zu erläutern.

Mit der Verschwiegenheitsverpflichtung des Mediators ist die Vertraulichkeit des Verfahrens seitens des Mediators und seiner Gehilfen abgesichert. Allerdings wurde darauf verzichtet, das Zeugnisverweigerungsrecht des Mediators auch auf den strafprozessualen Bereich auszuweiten.

Für die Parteien besteht dagegen keine gesetzliche Verpflichtung zur Verschwiegenheit. Allerdings können vertragliche Verpflichtungen die Parteien auch rechtlich zur Verschwiegenheit zwingen (Vertraulichkeitsabrede-Formular E Rn. 91, 93, 95). Verletzungen der Pflicht können Schadensersatzansprüche (§ 280 BGB) auslösen.

Besondere Beachtung findet die Gestaltung der Vertraulichkeit bei Verfah- 12 ren, bei denen **de jure Auftraggeber** und **de facto Auftraggeber** auseinanderfallen (etwa bei Schulmediation, in Arbeitsverhältnissen), ausführlich B Rn. 12.

Insbesondere bei **komplexen Mediationsverfahren** in Organisationen,[34] die regelmäßig von einem de jure Auftraggeber eingeleitet werden – wird vertreten den de jure Auftraggeber im Sine eines **entwicklungsorientierten Mediationsverfahrens** mit in die Mediation einzubinden. Ziel ist, den de jure Auftraggeber bzw. das Unternehmen von dem Konflikt und seiner Lösung lernen zu lassen. Der konzeptionelle Ansatz geht zurück auf das **Prozesslinienmodell** in der Organisationsmedia-

33 *Greger/Unberath* § 1 Rn. 2.

34 Siehe zu den Problemfeldern: *Hinrichs* ZKM 2003, 257.

tion nach *Kerntke*.[35] Auf einer ersten Ebene werden bei einer Vielzahl von Konfliktparteien mandatierte Vertreter ausgewählt, die im Verfahren für alle Parteien verhandeln. Die zweite Ebene bezieht Personen und Gruppen – die so genannten „Stakeholder" – mit in die Verhandlungen ein, die mit dem Konflikt bzw. der Lösung etwas gewinnen oder verlieren können. Gleiches gilt für die „Zaungäste", also die Personen, die den Konflikt beobachten. Wie *Kerntke* anschaulich formuliert geht es bei der Einbeziehung der Zaungäste darum, „das Reden über den Konflikt aus dem Treppenhaus in den Konferenzraum zu holen".[36] Die Ergebnisse im Mediationsverfahren werden sodann von den Verhandlern (Vertreter der Konfliktparteien) an die Konfliktparteien, Stakeholder und Zaungäste rückgebunden.[37] Welche Inhalte preisgegeben werden, entscheiden die Parteien bzw. die Verhandler mit Unterstützung des Mediators. Auch der Auftraggeber wird in einer dritten Ebene mit der Frage in den Prozess eingebunden, ob er von dem Impuls des Konfliktes für die Organisation lernen will. Der Mediator stellt dem de jure Auftraggeber dazu im Auftragsgespräch eine dahingehende Frage: *„Mal angenommen, die Konfliktparteien ... finden im Lauf der Mediation heraus, dass die Entstehung ihres Konfliktes durch bestimmte Strukturen im Unternehmen oder der Abteilung begünstigt war, und sie wollten es Ihnen mitteilen – würden Sie das erfahren wollen?"*[38] Diese Feedbackschleife signalisiert zudem den Parteien, dass auch der de jure Auftraggeber an einer nachhaltigen Konfliktlösung interessiert ist.

Die vierte und fünfte Ebene besteht aus der Einbeziehung von Komplexität in die Konfliktbearbeitung, indem der Entwicklungsstand und die Entwicklungsdynamik der Organisation für die Konfliktbearbeitung herangezogen werden. Zu hinterfragen ist, inwieweit das Feedback der Konfliktparteien nach der Mediation in Bezug auf die Entwicklung des Unternehmens als Grundlage für einen Veränderungsprozess nutzbar gemacht werden kann.

Zu klären sind daher im Hinblick auf die genannten Ebenen im Vorfeld der Mediation:

– welche Einbindungs- und Rückbindungsprozesse berücksichtigt werden müssen?
– mit wem gearbeitet wird und wer über was, wann wie informiert werden muss?

Bei dieser Art des Verfahrens besteht wegen der Rückbindung an die genannten Randgruppen des Konfliktes sowie an den de jure Auftraggeber die **Gefahr der Verletzung der Vertraulichkeit**. Es sind daher vom Mediator konkrete Regelungen

35 Dazu *Kerntke* S. 61.
36 Dazu *Kerntke* S. 66.
37 *Fechler* Auftragsklärung – Konfliktcoaching – Strategieberatung: Über die Einbindung des de jure Auftraggebers in der Organisationsmediation Spektrum der Mediation 47/2012, 9 (11 f.).
38 *Kerntke* S. 74.

dazu zu treffen, was von wem wann nach außen gegeben wird. Die Rückbindungsprozesse müssen mit den Konfliktparteien daher detailliert erörtert werden. Ausnahmen zur Vertraulichkeit unter den Konfliktparteien sind unbedingt schriftlich zu fixieren, denn der Mediator hat auf die Vertraulichkeit des Verfahrens zu achten. Von seiner Verschwiegenheit kann er nur mit ausdrücklicher Zustimmung der Konfliktparteien entbunden werden. Das muss für alle Beteiligten, insbesondere auch für den de jure Auftraggeber klar sein.

Problematisch ist die Idee von *Fechler*, dass der de jure Auftraggeber den Mediator gleichzeitig als „Berater" hinsichtlich der Gestaltung der Interaktionen zwischen ihm und seinen Mitarbeiter mandatiert.[39]

Zwar ist uneindeutig, ob bereits § 3 II S. 2 MediationsG dies verbietet, wonach der Mediator nicht während der Mediation in derselben Sache für eine der Parteien tätig werden darf. Denn der de jure Auftraggeber ist bei wortlautgemäßer Auslegung nicht Partei der Mediation. Gleichzeitig stellt die Begründung des Gesetzesentwurf zum Parteibegriff klar (C Rn. 124), dass der Begriff Partei untechnisch zu verstehen ist.[40] Nach Sinn und Zweck der Vorschrift geht es darum, dass der Mediator im Verfahren nicht in ein Geflecht von Verstrickungen zwischen den Beteiligten gerät, das seine Unabhängigkeit und Neutralität gefährdet. Dies dürfte der Fall sein, wenn er gleichzeitig den Parteien dient und den de jure Auftraggeber eben auch in Bezug auf das Konfliktthema berät. Der Mediator dient gegebenenfalls auch widerstreitenden Interessen, nämlich denen des de jure Auftraggebers und denen der Parteien.

Daher ist nach hier vertretener Auffassung bereits das Tätigkeitsverbot des § 3 II S. 2 MediationsG für eine Beratertätigkeit des Mediators in solchen Situationen beachtlich. Selbst wenn man hier aber zu einer anderen Auffassung gelangt, so wäre aber jedenfalls die Unabhängigkeit und Neutralität des Mediators für das Mediationsverfahren gefährdet. Der Mediator hat seine Beraterfunktion sodann den Parteien nach § 3 I MediationsG offenzulegen. Insbesondere aus der Sicht der Parteien – und auf diese kommt es an – dürfte die Unabhängigkeit und Neutralität des Mediators beeinträchtigt sein, wenn dieser den de jure Auftraggeber parallel zur Konfliktvermittlung berät. Es bleibt fraglich, ob die Parteien unter diesen Umständen einer Mediation mit diesem Mediator zustimmen. Zudem müsste sich der Mediator trotz dieser Zwitterstellung auch selbst tatsächlich als unabhängig und neutral einstufen können, um tätig werden zu dürfen.

Unproblematisch hingegen ist die von *Kerntke* in seinem Prozesslinienmodell eingewobene Feedbackschleife an den de jure Auftraggeber, wonach diesem von den Parteien rückgemeldet wird, dass und wie die Entstehung ihres Konfliktes durch bestimmte Strukturen im Unternehmen oder einer Abteilung begünstigt wurden (B Rn. 12).

---

39 *Fechler* Spektrum der Mediation 47/2012, 9 (11 f.).

40 BT-Drs. 60/11, 18.

b) Strukturiertes Verfahren

13 In § 1 I MediationsG wird die Mediation als ein strukturiertes Verfahren definiert. Vorgaben im Sinne einer geregelten **Verfahrensordnung** sind für das Mediationsverfahren nicht vorgesehen. Zum Ablauf des Verfahrens und der Rolle des Mediators gibt § 2 I–VI MediationsG lediglich einen Rahmen vor. Demzufolge heißt dies im Umkehrschluss, dass ein unstrukturiertes etwa moderierendes Vergleichsgespräch nicht den Anforderungen einer Mediation entspricht. Dem Mediator wäre in diesem Fall eine Pflichtverletzung vorzuwerfen. Sollten die Parteien dagegen eine solche beispielsweise nur moderierende unstrukturierte Verhandlung gewollt haben, läge kein Auftrag für eine Mediation vor, so dass insoweit auch das Mediationsgesetz keine Anwendung findet.[41]

14 In der Mediationspraxis wird für die Struktur des Verfahrens das so genannte **Phasenmodell** bemüht (siehe auch unter C Rn. 127 ff.), auch wenn es nicht von jedem Mediator in seiner reinen Form durchgeführt wird und auch die konkrete Zahl der Phasen zwischen in der Regel fünf[42] und sechs Phasen[43] divergiert. Das Phasenmodell geht zurück auf das **Harvard-Konzept** zum sachgerechten Verhandeln.[44] In der konkreten Verhandlungssituation überlappen und ergänzen sich die jeweiligen Phasen. Das tatsächliche Leben und die damit verbundene menschliche Kommunikation lassen sich nur schwerlich in exakt definierbare Abläufe zwängen. Gesetzliche Vorgaben gibt es diesbezüglich nicht.

Die in der Literatur anzutreffenden Phasenmodelle zeigen keine nennenswerten inhaltlichen Unterschiede auf, sie variieren lediglich hinsichtlich der Benennung und Unterteilung der Phasen.

Nach dem hier vertretenen Fünf-Phasenmodell durchläuft die Mediation folgende Phasen, die unterschiedlich betitelt werden können: (0) „Vorphase und Mediationsvertrag“, (1) „Verhandlungsbedingungen“, (2) „Themen- und Informationssammlung“, (3) „Interessenklärung“, (4) „Lösungsoptionen generieren und auswählen“ und (5) „Vereinbarung und Umsetzung“. Die gesetzlichen Vorgaben des § 2 I–VI MediationsG ordnen sich in das Phasenmodell ein.

---

41 So auch: *Greger/Unberath* § 1 Rn. 17 f.

42 Vgl. fünf Phasen: Duve/Eidenmüller/Hacke/*Duve* Kap. 2, S. 71; *Montata/Kals* Kap. 9, 9.1. bis 9.6., S. 220–277; Schmidt/Lapp/Monßen/*Schmidt* § 6 Rn. 579 ff.; Fritz konstatiert je nach Ausbildungsschule 4–8 Phasen, *Fritz/Pielsticker* § 1 Rn. 12 f.

43 Vgl. sechs Phasen etwa: Haft/von Schlieffen/*Kessen/Troja*, § 13 Rn. 3 ff.; *Fritz/Pielsticker* § 2 Rn. 41 ff.

44 *Fischer/Ury/Patton* Das Harvard Konzept; zusammenfassend *Hohmann* Notizen zum Harvard-Konzept ZKM 2/2003, 48 ff.

aa) Vorphase und Mediationsvertrag

Die Vorphase bewegt sich zwischen Vertragsanbahnung und Mediationsvertrag. Die Konfliktparteien haben den Wunsch nach einer Mediation und fragen diese beim Mediator entweder selbst oder durch einen Dritten nach. Auch § 2 I MediationsG stellt insoweit klar, dass die Parteien den Mediator auswählen. Es besteht in dieser Vorphase in der Regel zunächst noch kein rechtlicher Auftrag zur Mediation.[45] Die potentiellen Vertragsparteien befinden sich im Stadium der Vertragsanbahnung. Die Mediationsanfrage ist als „invitatio ad offerendum“[46] zu verstehen. In dieser Vorphase sind die formalen Rahmenbedingungen für die Mediation zu klären.[47] Die Vorgespräche können je nach Konflikt und Partei in Form von **Einzelgesprächen** oder gemeinsamen Gesprächen erfolgen.[48] 15

Neben der Klärung organisatorischer und finanzieller Fragen ist zu prüfen, ob der Konflikt für die Mediation geeignet ist. Daher ist eine kurze inhaltliche Darstellung des Problems nötig, ohne dabei zu sehr in die Tiefe zu gehen, denn die eigentliche Auseinandersetzung mit dem Konfliktthema erfolgt erst in der Verhandlung. Dies gilt erst recht, wenn der Mediator zunächst nur von einer Partei kontaktiert wird und von ihr aus ihrer subjektiven Sicht den Konflikt skizziert bekommt.

Um seine **Neutralität** (C Rn. 29 ff.) im Hinblick auf das Mediationsverfahren zu wahren, ist es für den Mediator angezeigt, die gewonnenen Erkenntnisse aus der Anfrage durch die eine Partei der anderen Partei beim Erstkontakt offen zu legen. 16

Ferner ist zu prüfen, welche Personen in Vorbereitung auf eine Mediation Partei des Verfahrens sein werden und ob alle Parteien freiwillig zur Teilnahme an der Mediation bereit sind.

In komplexen Konfliktsituationen mit vielen Beteiligten kann sich die **Auswahl der Parteien** schwierig gestalten. Der Wahl der an der Mediation zu beteiligenden Personen ist viel Raum zu geben. Mit der Zusammenstellung der Teilnehmer müssen alle Parteien einverstanden sein. In der Regel wird die Auswahl bei solchen Großverfahren bereits Teil einer in Auftrag gegebenen Beratungsleistung sein. 17

Aus rechtlicher Sicht ist wichtig zu unterscheiden, ob bereits ein konkreter Auftrag zur Mediation erteilt wurde oder ob sich der Mediator mit den potentiellen Parteien noch in der Anbahnung auf einen Mediationsvertrag bewegt, da diese Zeitpunkte unterschiedliche rechtliche Folgen auslösen. In der **Vertragsanbahnung** sind etwaige Ansprüche gegen den Mediator vorrangig auf eine vorvertragliche Vertrauenshaftung beschränkt (B Rn. 15). In der vorvertraglichen Phase greift bereits die **Verschwiegenheitspflicht** aus § 4 MediationsG, da sich diese Pflicht auf alles bezieht, was der Mediator „in Ausübung seiner Tätigkeit“ bekannt geworden ist (B Rn. 18). Dazu gehören auch 18

45 So auch *Greger/Unberath* § 2 Rn. 50.
46 Aufforderung zur Abgabe eines (rechtlichen) Angebotes.
47 *Montata/Kals* Kap. 9.2., S. 220; Haft/von Schlieffen/*Kessler/Troja* § 10 Rn. 6.
48 Sie dazu *Keydel* ZKM 2007, 46 ff.; *Thomann/Prior* ZKM 2006, 136 ff.

vertrauliche Informationen, die in der Vertragsanbahnung offengelegt wurden. Ebenso sind in der Anbahnung auf einen Vertrag die **Offenbarungspflichten** des §3 MediationsG zu beachten (B Rn. 18). Danach sind vom Mediator solche Umstände offenzulegen, die seine Unabhängigkeit und Neutralität beeinträchtigen *können* (C Rn. 29, 87, D Rn. 1ff.). Erst nach Offenlegung der Umstände, Zustimmung der Medianten und eigener positiver Beurteilung der Unabhängigkeit[49] und Neutralität des Mediators, darf dieser für die Parteien tätig werden. Solche Umstände können sich insbesondere ergeben aus persönlichen Beziehungen zu eine der Parteien[50], zu Stakeholdern[51], geschäftlichen Verbindungen zu den Parteien[52] oder auch einem finanziellen oder sonstigen eigenen Interesse des Mediators[53] am Ausgang des Mediationsverfahrens (D Rn. 19). Über die Tätigkeitsverbote bei Interessenkollision (§3 II MediationsG) hinaus, kann auch bei einer früheren oder gegenwärtigen Tätigkeit in einer anderen Sache für eine der Parteien ein relatives Tätigkeitsverbot bestehen, so dass die Umstände offenzulegen sind (D Rn. 8). Die Verletzung von solchen Offenbarungs- und Schutzpflichten kann ebenfalls eine Haftung nach sich ziehen.

19 Mit **Vertragsschluss** zur Mediation greifen für den Mediator sämtliche weiteren Pflichten des Mediationsgesetzes. Zu beachten ist, dass für den Abschluss von Mediationsverträgen keine Schriftform erforderlich ist, so dass auch **mündliche Vereinbarungen** den Mediationsvertrag besiegeln können. Nicht immer ist daher die Unterzeichnung des Mediationsvertrages gleichzusetzen mit dem Zeitpunkt des Abschlusses eines Vertrages. Soweit schriftliche Vereinbarungen zur Durchführung eines Mediationsverfahrens geschlossen werden, kann man allerdings in der Regel davon ausgehen, dass damit der Mediationsvertrag besiegelt wird. Dennoch kommt es immer auf den konkreten Einzelfall an (B Rn. 290).

Soweit die Mediation nur von einer der Konfliktparteien angefragt wird, ist zu klären, ob die Teilnahme der anderen Partei(en) bereits feststeht oder, falls nicht, wer diese kontaktiert. Der Mediator sollte nur im Ausnahmefall selbst die andere Partei für

---

49 **A.A.** *Greger/Unberath* § 3 Rn. 12, der nur auf die objektiven Umstände abstellt und die subjektive Beurteilung des Mediators selbst für unerheblich erachtet.

50 So auch BT-Drs. 60/11, 18, ferner Haft/von Schlieffen/*Kracht* § 12 Rn. 38 ff., Bezüglich Richterablehnung Zöller/*Vollkommer* § 42 ZPO Rn. 13 ff., Richterablehnung wegen Besorgnis der Befangenheit aufgrund Bekanntschaft OLG Hamm Beschluss 15.5.2012, I-1 W 20/12, 1 W 20/12 (juris); auch: BGH Beschluss 20.2.2012, KZR 23/11; BGH NJW-RR 2011, 648; OLG Stuttgart MDR 2011, 66–67; Bayerisches LSG Beschluss 22.7.2009, L 5 SF 161/09 AB (juris); Befangenheit eines Schiedsrichters KG Berlin SchiedsVZ 2010, 225–227.

51 Stake aus dem Englischen für „Einsatz im Spiel"; Stakeholder sind damit Personen(gruppen), die durch das Ergebnis der Mediation etwas gewinnen oder verlieren. Dazu *Kerntke* S. 23.

52 *Schütze* Rn. 94; Bezüglich Richterablehnung Zöller/*Vollkommer* § 42 ZPO Rn. 13 ff.

53 Auch *Kerntke* S. 25.
Haft/von Schlieffen/*Kracht* § 12 Rn. 40; bezüglich Richterablehnung Zöller/*Vollkommer* § 42 ZPO Rn. 11.

die Mediation anfragen. Soweit nämlich der Mediator bei der anderen Konfliktpartei das Interesse für die Mediation zu wecken versucht, gerät er leicht in den Verdacht der Parteilichkeit. Die Konfliktpartei könnte den Mediator als „Handlanger" des Kontrahenten bewerten, wenn der Mediator bei ihr um eine Mediation anfragt, und bereits allein deshalb das Verfahren und den Mediator ablehnen.[54] Darüber hinaus stärkt es die Eigenverantwortlichkeit der Parteien für den Konflikt, wenn sie untereinander gemeinsam zu einem Mediationsauftrag gelangen. Die Mediationsabrede zwischen den Parteien sollte daher ohne aktive Beteiligung des Mediators erfolgen.

Für die Vorphase ist es hilfreich ein **persönliches Vorgespräch** mit den Konfliktparteien anzubieten, um Fragen vor dem eigentlichen Mediationsauftrag mit den potentiellen Parteien klären zu können. Dies ermöglicht den an der Mediation interessierten Parteien, den Mediator auch persönlich kennenzulernen und seine Fachkompetenz zu prüfen. Sollten sich in dieser Vorphase die Parteien für das Mediationsverfahren entscheiden, wird ihnen auch der schriftliche **Mediationsvertrag** überreicht. Die Parteien haben Gelegenheit, den Vertrag zu lesen und eventuell aufkommende Fragen vorab zu klären. Auch sind die Örtlichkeiten zur Durchführung des Verfahrens sowie die Zeiten zu besprechen. Der Ort zur Durchführung des Verfahrens unterliegt der Privatautonomie der Parteien. Oft, aber nicht zwingend, wird dieser die Mediationspraxis des Mediators liegen. Bei großen Gruppenmediationen kann auch die Anmietung von Konferenzräumen in Rede stehen. 20

Soweit der **de jure Auftraggeber** (rechtlicher Auftraggeber) und die **de facto Auftraggeber** (Parteien der Mediation) – wie häufig bei Wirtschaftsmediationen – auseinanderfallen, sind Vorgespräche mit allen Auftraggebern angezeigt (B Rn. 15 ff., C Rn. 6, 129, 196, 221).[55] Denn innerer und äußerer (rechtlicher) Auftrag zur Mediation sind nicht identisch, wodurch einige Besonderheiten im Verfahren entstehen. Mit dem de jure Auftraggeber, der den rechtlichen Auftrag zur Mediation für die Konfliktparteien erteilt, muss der finanzielle Rahmen ebenso geklärt werden, wie die Erwartungen an den Mediator, die Parteien und das Mediationsverfahren. Der Mediator hat in diesen Konstellationen besonders auf die Freiwilligkeit der Teilnahme der Konfliktparteien (de facto Auftraggeber) an der Mediation zu achten. Auch ist mit dem de jure Auftraggeber zu klären, inwieweit er mit der Vertraulichkeit des Verfahrens und der jederzeitigen Beendigungsmöglichkeit durch die Parteien sowie der Ergebnisoffenheit einverstanden ist. Insbesondere wenn die Parteien beispielsweise als Arbeitnehmer gegenüber dem Arbeitgeber als de jure Auftraggeber weisungsgebunden sind, besteht eine Gefahr für die Vertraulichkeit, denn arbeitsrechtlich sind die Mitarbeiter als Parteien auskunfts- und berichtspflichtig gegenüber ihrem Vorgesetzten. Dies ergibt sich als vertragliche Nebenpflicht aus dem Arbeitsverhältnis. Nur wenn 21

---

54 Vgl. Haft/von Schlieffen/*Kessen*/*Troja* § 13, Rn. 13.

55 Vgl. Haft/von Schlieffen/*Kessen*/*Troja* § 13, Rn. 11; auch *Berning*/*Schwammberger* Wirtschaftsmediation Für Steuerberater: Mediation Als Neues Beratungsfeld, C.1.a).

der de jure Auftraggeber sämtliche Grundsätze und Regeln des Verfahrens verstanden hat und diesen zustimmt, ist eine Mediation mit den Konfliktparteien möglich.

Berning vertritt die Auffassung, dass im Zweifel die Willenserklärung des Arbeitgebers eine Mediation durchführen zu wollen, inzident dahingehend auszulegen ist, dass er sämtliche Bedingungen für das Mediationsverfahrens nach dem Mediationsgesetz akzeptiert.[56] Dem kann nicht uneingeschränkt gefolgt werden. Diese Auslegung kann nur dann gelten, wenn dem Auftraggeber sämtliche Verfahrensgrundsätze sowie Rechte und Pflichten der Parteien aus dem Mediationsgesetz erläutert wurden und er diese verstanden hat. Stimmt er dann der Mediation zu, so ist er auch an das Verfahren gebunden. Aus Beweisgründen ist anzuraten, dies auch vertraglich abzusichern.

! **Muster: Klausel Anerkennung Mediationsgesetz**

22 Dem de jure Auftraggeber/den Parteien wurden die Grundsätze sowie der Ablauf des Mediationsverfahrens vom Mediator am ...... erläutert,

- insbesondere die Freiwilligkeit der Teilnahme am Mediationsverfahren (§ 1 MediationsG) mit der jederzeitigen sanktionslosen Möglichkeit der Beendigung der Mediation durch die Parteien (§ 2 V S. 1 MediationsG) und die Beendigungsmöglichkeit des Mediators (§ 2 V S. 2 MediationsG),
- die Vertraulichkeit des Verfahrens (§ 1 I MediationsG),
- die Eigenverantwortlichkeit der Parteien für die Lösungsfindung (§ 1 I MediationsG),
- die Verschwiegenheitspflicht des Mediators (§ 4 MediationsG),
- die fehlende Entscheidungsbefugnis des Mediators (§ 1 II MediationsG),
- die Unabhängigkeit und Neutralität des Mediators (§§ 1 II, 2 III S. 1, 3 I MediationsG),
- die Verfahrensleitung (§§ 1 II MediationsG) durch den Mediator mit der von den Parteien erteilten Erlaubnis zum kommunikativen Eingreifen in den Prozess,
- die Offenbarungspflichten aus § 3 MediationsG.

Dem de jure Auftraggeber/den Parteien wurden für den Auftrag zur Mediation die Bedingungen des Mediationsgesetzes sowie die damit verbundenen Rechte und Pflichten der Parteien und des Mediators ausführlich erörtert.

....

Datum/Unterschrift Auftraggeber

....

Datum/Unterschrift Parteien

* Anmerkung: Wegen einer möglichen AGB Kontrolle (B Rn. 241ff.) empfiehlt es sich, diese Klausel hervorzuheben und gesondert unterzeichnen zu lassen, auch wenn in der Regel der de jure Auftraggeber nicht, wohl aber die Parteien Verbraucher im Sinne des § 13 BGB sind.

---

23 Der Mediator hat den **Auftrag abzulehnen**, soweit der de jure Auftraggeber Bedingungen für das Verfahren vorgibt, wie beispielsweise die Erwartung, ein Ergebnis zu erzielen oder vertrauliche Informationen der Parteien zu erhalten. Sollte der Mediator einen mit Bedingungen angedienten Mediationsauftrag annehmen, verliert er

56 So auch *Berning* Spektrum der Mediation 47/2012, 23 (26).

seine Neutralität und Unabhängigkeit (C Rn. 17 ff.). Denn er macht sich zum Werkzeug des Auftraggebers.

Mit den **de facto Auftraggebern**, die den inneren Auftrag für die Mediation erteilen, sind die Voraussetzungen des Mediationsverfahrens zu klären, wie der Ablauf und die Regeln des Verfahrens, die Rolle des Mediators und die Rechte und Pflichten der Parteien und des Mediators. 24

Diese Aufklärung kann auch je nach Einzelfall in die erste Phase fallen, nachdem mit dem de jure Auftraggeber ein Vertrag zur Durchführung der Mediation geschlossen wurde. Den Konfliktparteien sind auch die Absprachen mit dem de jure Auftraggeber transparent zu machen, soweit sie für das Verfahren relevant sind, wie beispielsweise die Akzeptanz der Vertraulichkeitsregelung seitens des de jure Auftraggebers. Die Konfliktparteien sind ferner darauf hinzuweisen, dass der de jure Auftraggeber den jederzeitigen Abbruch der Mediation akzeptiert. Denn nur wenn die Parteien sicher sein können, dass vertraulich, ergebnisoffen und sanktionsfrei verhandelt werden kann, werden sie sich dem Verfahren öffnen. Mit den Konfliktparteien ist darüber hinaus zu erörtern, ob überhaupt und wenn ja welche Meilensteine oder Prozessergebnisse nach außen an den de jure Auftraggeber weitergegeben werden. Es ist in diesen Konstellationen besonders auf die Freiwilligkeit der Teilnahme (siehe auch C Rn. 156) zu achten, da der äußere Auftrag vom de jure Auftraggeber erteilt wird. Die Parteien selbst müssen daher den Wunsch zur Mediation als inneren Auftrag zum Ausdruck bringen.

Checkliste: de jure Auftraggeber !

- Klärung der vertraglichen Grundlagen mit dem de jure Auftraggeber 25
- Klärung der Motive des de jure Auftraggebers für die Mediation
- Klärung der Ernsthaftigkeit des Wunsches nach einer Mediation sowie Akzeptanz der Regeln des Verfahrens:
  - Hintergründe: Motivation des de jure Auftraggebers für die Mediation?
    Worum geht es dem de jure Auftraggeber?
    Hat er ein konkretes Ziel?
    Gibt es ein Ergebniswunsch?
  - Was wurde seitens des de jure Auftraggebers bisher unternommen, um den Konflikt zu lösen?
  - Was sind die Konsequenzen, wenn in der Mediation keine Lösung gefunden wird? Wie geht es dann weiter?
  - Besteht Akzeptanz des de jure Auftraggebers für Selbstverantwortung der Parteien, Ergebnisoffenheit und Vertraulichkeit des Verfahrens?
  - Besteht Bereitschaft, dass de jure Auftraggebers – soweit es die Parteien wünschen – an der Mediation teilnimmt.
  - Besteht Bereitschaft des de jure Auftraggebers aus dem Konflikt zu lernen? (Feedbackfrage Rn. B 12).

In Wirtschaftsmediationen werden häufig auch **Anwälte** für die Parteien direkt mit in die Mediation eingebunden. Die Einbeziehung der Parteivertreter ist auf Wunsch der Parteien und in beiderseitigem Einverständnis möglich, denn die Parteien 26 bestimmen die Verhandlungsmodalitäten (**Vertraulichkeitsabrede Anwälte Formular** E Rn. 95). Bei komplexen juristischen Sachverhalten kann die Einbeziehung der Parteivertreter eine gute Möglichkeit sein, die vollständige Informiertheit der Parteien über rechtliches Hintergrundwissen zu gewährleisten.

Auch hier ist zu klären:

- was ist das Motiv des Anwaltes seinen Mandanten in der Mediation zu vertreten;
- akzeptiert der Anwalt als Parteivertreter seine Rolle im Mediationsverfahren? Dazu gehört, dass er den Verhandlungsprozess den Parteien (seinem Mandanten selbst) überlässt, die Rolle des Mediators zur Leitung respektiert und seine eigene Rolle als Rechtsexperte versteht.

! **Checkliste: Vor der ersten Sitzung zu bedenken**

27
- Co-Mediation? wenn ja, Absprache mit Parteien erfolgt? C Rn. 233
- Nötigenfalls Informationsbeschaffung über Parteien/de jure Auftraggeber (etwa Firmenprofil Internet)
- Ort der Mediationssitzung
- Dauer und Uhrzeit der Sitzung
- Möglichkeit für Einzelgespräche, Einverständnis eingeholt?
- Sitzordnung in der Mediation
- Ausstattung des Mediationsraumes (technisch atmosphärisch)
- Verpflegung, Getränke, Gebäck o.ä.?

Rechtsfolgen bei Durchführung von Einzelgesprächen ohne Zustimmung:

Einzelgespräche ohne Zustimmung aller Parteien stellen eine gravierende Neutralitätsverletzung und mithin eine schwerwiegende Pflichtverletzung dar. Daraus folgen Schadensersatzansprüche der Partei gegen den Mediator aus §§ 280 III, 281 I BGB wegen Pflichtverletzung aus dem Schuldverhältnis. Die Partei kann den Mediationsvertrag auch **außerordentlich kündigen**. Eine Verletzung der Neutralität stellt zudem regelmäßig eine gravierende Vertragsverletzung dar, die der Partei einen „wichtigen Grund" zur außerordentlichen Kündigung im Sinne des § 626 I BGB gibt. Es bestehen auch Schadensersatzansprüche aus § 628 II BGB.

28 bb) Verhandlungsbedingungen

Wie verhandeln wir?

Nach der Vorbereitungsphase stehen die Verhandlungen über das eigentliche Konfliktthema an. Bevor in die Konfliktthematik eingestiegen wird, sind die **Bedingungen der Verhandlungen** zu klären und in einem Verhandlungsvertrag zu gießen.[57] Auch hier sind die Grenzen für die Verortung in der Vorphase oder der erste Phase nicht konturiert. Mit den Parteien sind die Regeln des Verfahrens auszuhan-

---

57 Vgl. *Hohmann* ZKM 2/2003, 48 f.

deln und die Rolles des Mediators sowie der Ablauf des Verfahrens zu besprechen. Oft werden die Verhandlungsbedingungen nicht in einem förmlich schriftlichen Vertragsabschluss aufgenommen, sondern formlos, teilweise auch konkludent und sukzessive vereinbart und auf Flipchart oder Moderationskarten festgehalten (E Rn. 10, 116).[58] Nicht alle Verabredungen für die Verhandlungsbedingungen haben eine rechtliche Bedeutung. Etwa der Umgang untereinander, wie die Verpflichtung der Parteien sich Ausreden zu lassen, ist nur mittelbar rechtserheblich. Sollte einer der Parteien diese Umgangsregeln trotz Selbstverpflichtung beharrlich verletzten, kann der Mediator allerdings zu der Überzeugung gelangen, die Mediation beenden zu müssen (C Rn. 266ff.).

Zu beachten ist, dass diese Verfahrensregeln **rechtlich bindend** sind, soweit damit rechtserhebliche Regeln geschaffen werden, wie etwa die Konkretisierungen der Vertraulichkeit zwischen den Parteien. Es kann sich beispielsweise im Laufe des Verfahrens zeigen, dass die Vereinbarungen zur Vertraulichkeit zu verschärfen oder zu erleichtern sind. Solche rechtserheblichen Vereinbarungen sind aus Beweisgründen bestenfalls schriftlich als Anlage zum Mediationsvertrag abzufassen.

Schon die Verhandlungen über das gemeinsame Miteinander im Mediationsverfahren können viel Konfliktstoff freilegen. Der Mediator sorgt daher durch seine fachlich fundierten kommunikativen Fähigkeiten für eine gute Verhandlungsatmosphäre.

Ferner ist zu klären, wie mit Fach- und Rechtsfragen in der Mediation umge- **29**
gangen wird und welche Rolle der Mediator in diesem Zusammenhang inne hat (ausführlich C Rn. 43ff., 171ff.). Auf die Möglichkeit der **Hinzuziehung externer Berater** wie Rechtsanwälte ist – soweit nötig – hinzuweisen. Dies gilt zwar nach § 2 VI MediationsG erst zwingend bei Parteien ohne fachliche Beratung im Falle einer Einigung, allerdings empfiehlt sich die Möglichkeit der Hinzuziehung externer Berater bereits von Anbeginn klarzustellen, um die vollständige Informiertheit der Parteien zu gewährleisten (C Rn. 41, X Rn. 274ff.). Dahingehende Hinweise im schriftlichen Mediationsvertrag (siehe **Muster Mediationsvertrag** B Rn. 240) hat der Mediator nochmals besonders zu besprechen.

Nach hier vertretener Auffassung ist die Darstellung der Rechtslage nicht nur **30**
dem Mediator ohne juristische Kenntnisse, sondern auch dem Anwaltsmediator oder Mediator mit juristischen Grundberuf grundsätzlich untersagt (C Rn. 43ff.). Der Mediator darf daher, insbesondere wenn er eine rechtliche Unausgewogenheit in den Verhandlungen erkennt, nicht selbst die Fachkenntnisse einbringen, sondern hat die Parteien auf eine externe Beratung hinzuweisen. Zwar muss der Mediator die vollständige Informiertheit gewährleisten. Die dazu notwendigen Fachkenntnisse, insbesondere zur Rechtslage, sind aber von externen Beratern zu erbringen. Für diese Rollenverteilung spricht auch der Wortlaut des § 2 III S. 2 in Verbindung mit

---

58 Vgl. *Greger/Unberath* § 1 Rn. 122f.

§ 2 VI S. 2 MediationsG. Nach § 2 III S. 2 MediationsG fördert der Mediator „die Kommunikation der Parteien und gewährleistet, dass die Parteien in angemessener und fairer weise in die Mediation eingebunden werden". § 2 VI S. 2 MediationsG wiederum verweist darauf, wie der Mediator damit umzugehen hat, wenn Parteien ohne „fachliche Beratung" eine Vereinbarung in der Mediation anpeilen. Aus dem Wortlaut ist zu schließen, dass die fachliche Beratung (welche auch immer, nicht nur eine rechtliche Beratung) von externen Beratern durchzuführen ist. Auch die Verpflichtung des Mediators für Fairness im Verfahren zu sorgen bedeutet nicht, dass er selbst Informationsungleichgewichte durch Lieferung der Information ausgleicht, sondern auf diese Ungleichgewichte durch Verweis auf externe Berater verweist.

31 Sollten noch Fragen aus dem Vorgespräch oder zum **schriftlichen Mediationsvertrag** (**Muster Mediationsvertrag**, B Rn. 240), der spätestens zu Beginn dieser Phase unterzeichnet sein sollte, offen sein, sind auch diese vorab aufzugreifen und zu besprechen. Schriftliche Mediationsverträge (G Rn. 1) sind nicht zwingend vorgeschrieben, aus rechtlicher Sicht allerdings dringend angezeigt. Denn die wesentlichen Grundzüge des Verfahrens, Rechte und Pflichten der Parteien und des Mediators sowie gesetzliche Hinweispflichten sind damit **beweissicher** verankert. Bei **mündlichen Vereinbarungen** läuft der Mediator Gefahr, dass er in Zweifelsfällen Vereinbarungen mit den Parteien sowie die Erfüllung von Hinweispflichten nicht nachweisen kann. Auch mündlich vereinbarte Vertraulichkeitsabreden zwischen den Parteien bieten wenig Rechtssicherheit. Gleiches gilt für Selbstverpflichtungen der Parteien, den Mediator nach einer gescheiterten Mediation in einem anschließenden Gerichts- oder Schiedsverfahren nicht als Zeugen zu benennen.

32 Aber nicht nur aus rechtlicher Sicht sind schriftliche Vereinbarungen zu empfehlen. Zur Verhandlung über den Konflikt bieten schriftliche Vorgaben den Parteien nicht nur rechtliche sondern auch **emotionale Sicherheit**, denn die Abreden haben durch ihre Manifestation mehr Gewicht als mündliche Absprachen. Darüber hinaus vermitteln schriftlich niedergelegte Erklärungen auch eine stärkere Ernsthaftigkeit des Wunsches über den Konflikt nach den vereinbarten Grundsätzen verhandeln zu wollen. Auf die festgeschriebenen Inhalte kann der Mediator in schwierigen Verhandlungssituationen immer wieder Bezug nehmen.

33 Der Mediator klärt in der ersten Phase die Parteien auch nochmals über den **Ablauf** und die **Regeln des Verfahrens** auf und erläutert seine Rolle als Mediator, auch wenn er dies bereits in der Vorphase angesprochen hat. Denn anders als dort sind die Parteien nun am Beginn des konkreten Verhandelns ihres Konfliktes. Ihre Aufmerksamkeit gilt der Konfliktbearbeitung, während sie in der Vorbereitungsphase noch damit beschäftigt waren, ob und unter welchen Bedingungen sie überhaupt eine Mediation durchführen wollen. Wie intensiv er dies zu wiederholen bzw. darzustellen hat, hängt vom Einzelfall ab. Maßgabe ist, ob die Parteien den Ablauf des Verfahrens und die Grundsätze verstanden haben.

34 Darüber hinaus bestehen nach Geltung des Mediationsgesetzes dahingehende gesetzlich vorgegebene Hinweis-, Prüfungs-, und Informationspflichten des Media-

tors (siehe **Checkliste Prüfungs- und Hinweispflichten des Mediators** – B Rn. 37, X Rn. 290) die bei Nichtbeachtung eine Haftung auslösen können (G Rn. 1 ff., E Rn. 118). Selbst wenn sämtliche Grundsätze der Mediation sowie Verschwiegenheits- und Offenbarungspflichten schon in der Vertragsanbahnung erörtert wurden, fanden diese Erläuterungen *vor* Abschluss des eigentlichen rechtlich relevanten Auftrages statt. Hinweise und Erläuterungen die zeitlich vor einem konkreten Auftrag in der Vertragsanbahnung gegeben wurden, sind zur Erfüllung der gesetzlichen Pflichten aber nicht ausreichend.

Eine Ausnahme gilt hier nur für die Offenbarungspflichten nach § 3 Media- 35
tionsG, die den Mediator dazu anhalten bereits vor Abschluss eines Vertrages Umstände offen zu legen, welche seine Neutralität und Unabhängigkeit beeinträchtigen können. Die Offenbarungspflichten nach § 3 MediationsG gelten aber für das gesamte Verfahren fort, da sich auch noch im Laufe des Verfahrens die Gefahr der Beeinträchtigung der Neutralität oder Unabhängigkeit zeigen können (D Rn. 1 ff.).

Nach dem Mediationsgesetz sind folgende Pflichten des Mediators zwingend zu beachten:

Checkliste: Mediationsregeln und Prinzipien des Verfahrens !

- Freiwilligkeit der Teilnahme (§ 1 MediationsG) mit der jederzeitigen Möglichkeit der Beendi- 36
gung der Mediation durch die Parteien (§ 2 V S. 1 MediationsG),
- Vertraulichkeit des Verfahrens (§ 1 I MediationsG),
Eigenverantwortlichkeit der Parteien für die Lösung (§ 1 I MediationsG),
- „Spielregeln" der Parteien (Fairnessverpflichtung)
Selbstverpflichtung der Parteien sich zuzuhören und verstehen zu wollen,
Selbstverpflichtung der Parteien zur Einhaltung von Regeln und Absprachen,
Selbstverpflichtung der Parteien eine für alle Seiten faire Lösung anzustreben,
- Mögliche Einzelgespräche nach Vereinbarung (§ 2 III S. 3 MediationsG)
- Verschwiegenheitspflicht des Mediators (§ 4 MediationsG)
- Unabhängigkeit und Neutralität des Mediators (§§ 1 II, 2 III S. 1, 3 I MediationsG),
- Verfahrensleitung (§ 1 II MediationsG) durch den Mediator mit der von den Parteien erteilten Erlaubnis zum kommunikativen Eingreifen in den Prozess,
- Förderung der Kommunikation und Einbindung der Parteien in die Mediation durch den Mediator (§ 2 III S. 2 MediationsG),
- fehlende Entscheidungsbefugnis des Mediators (§ 1 II MediationsG),
- Entscheidungsfreiheit ob und in welcher Form eine Abschlussvereinbarung geschlossen wird (§ 2 VI MediationsG)

Je nach Einzelfall und Vorinformation der Parteien kann es angezeigt sein, die wesentlichen Aufgaben den Parteien konkret zu erläutern.[59] Denn oft ist den Parteien nicht ganz klar, was ein Mediator in der Konfliktverhandlung genau tut.

59 Ähnlich *Montata/Kals*, Kap. 9.2.5., S. 229.

Checkliste: Pflichten des Mediators zur Prüfung, Offenbarung, Einholung der Zustimmung der Parteien

37 – Überprüfung ob Parteien die Grundsätze und Ablauf des Mediationsverfahrens verstanden haben, **§ 2 II MediationsG,**
– Freiwilligkeit der Teilnahem der Parteien an der Mediation, **§ 2 II MediationsG,**
– Nötigenfalls Einverständnis für Einzelgespräche eingeholt, **§ 2 III S. 3 MediationsG,**
– Nötigenfalls Einverständnis für Einbeziehung Dritter eingeholt, **§ 2 IV MediationsG**),
– soweit erforderlich Hinweis auf externe Berater für vollständige Informiertheit der Parteien im Verfahren, **§ 2 III S. 2 MediationsG,**
– Hinweis im Falle einer Einigung zur Möglichkeit der Prüfung der Vereinbarung auf externe Berater für Partei ohne fachliche Beratung, **§ 2 VI S. 2 MediationsG,**
– Zustimmung der Parteien für Dokumentation der Abschlussvereinbarung, **§ 2 VI S. 3 MediationsG**
– Offenbarungspflichten und Tätigkeitsbeschränkungen des Mediators nach **§ 3 I MediationsG** (sowohl vor Abschluss des Mediationsvertrages, als auch während des gesamten Verfahrens, da sich auch im Laufe des Verfahrens die Gefahr der Beeinträchtigung der Neutralität oder Unabhängigkeit entwickeln kann);
– Auf Verlangen der Parteien Information über fachlichen Hintergrund, Ausbildung und Mediationserfahrungen des Mediators, **§ 3 V MediationsG**
Erläuterung der Verschwiegenheitspflichten und ihrer Ausnahmen **§ 4 MediationsG.**

38 Es bietet sich an, die mit den Parteien für das Verfahren **ausgehandelten Regeln** schriftlich zu fixieren. Darüber hinaus können die wesentlichen Absprachen und Zwischenergebnisse über das Mediationsverfahren in einem **Protokoll** fortgeschrieben werden. Dahingehende gesetzliche Vorgaben gibt es zwar nicht, allerdings kann auf diese Weise der gemeinsame Informationsstand der Beteiligten und die Entwicklung des Verfahrens sichtbar gemacht und gesichert werden. Gleichzeitig erleichtert es dem Mediator bei Nichteinhaltung gemeinsam vereinbarter Regeln und Absprachen, auf diese zurückzukommen. Darüber hinaus können im Protokoll an die Parteien erteilte Hinweise aufgenommen werden. Anwaltsmediatoren haben nach § 50 BRAO auch für die Mediation, die anwaltliche Tätigkeit ist, **Handakten** zu führen.

39 Besondere Beachtung muss der Regelung von **Vertraulichkeitsabsprachen** unter den Parteien geschenkt werden, um ein faires und offenes Verfahren zu gewährleisten (E Rn. 91). Es sollte detailliert geklärt werden, ob und was die jeweilige Partei über das Mediationsverfahren und die Inhalte nach außen geben darf. Je konkreter die Vertraulichkeit und ihre gegebenenfalls vereinbarten Ausnahmen ausgehandelt werden, desto offener kann in der Mediation verhandelt werden. Hinsichtlich der Vertraulichkeitsabsprachen ist die rechtliche Relevanz solcher Vereinbarungen ebenso zu erörtern, wie die für ein faires Verhandeln weitergehende mediative Relevanz solcher Absprachen. Ein Verweis auf eine Vertraulichkeitsabrede im Vertrag allein, genügt aus mediativer Sicht zur Schaffung einer Vertrauensbasis oft nicht. Auch aus rechtlicher Sicht empfiehlt sich eine genaue Erörterung der Vertraulichkeitsabreden, da bei mehrfacher **Verwendung vorformulierter Vertrags-**

klausel eine Kontrolle nach den Vorschriften der §§ 305ff. BGB für Allgemeine Geschäftsbedingungen greifen können (B Rn. 241).

Der Mediator hat sich auch über die **Freiwilligkeit der Teilnahme** der Parteien an der Mediation nochmals zu vergewissern (B Rn. 64). Diese Prüfungspflicht ist in § 2 II S. 1 MediationsG festgeschrieben. Insofern reicht auch diesbezüglich allein eine vorvertragliche Klärung der Freiwilligkeit nicht aus. Ebenso ist die Verschwiegenheitsverpflichtung des Mediators zu erläutern (E Rn. 1ff.). § 4 S. 4 MediationsG verlangt vom Mediator, die Parteien über den Umfang seiner Verschwiegenheitspflicht zu informieren. 40

Der Mediator hat desweiteren die jeweiligen Erwartungen der Parteien an das Verfahren und ihre Eigenverantwortlichkeit für die Lösung des Konfliktes zu klären. Auch die Rolle des Mediators ist zu besprechen. Dies betrifft seine **persönliche Unabhängigkeit und Neutralität** und auch die Abgrenzung zu seiner Rolle in Bezug auf seinen **Ursprungsberuf** (etwa Anwalt, Therapeut). Zur Rolle des Mediators weist § 2 III S. 1 MediationsG („allen Parteien gleichermaßen verpflichtet") darüber hinaus nochmals besonders auf die Neutralitätspflicht des Mediators im Rahmen seiner verfahrensleitenden Funktion hin (C Rn. 274, 275). Auch seine **kommunikationsfördernde Aufgabe** in der Mediation ist in § 2 III S. 2 MediationsG normiert, wonach der Mediator die Kommunikation der Parteien fördert und sicherstellt, dass die Parteien „in angemessener und fairer Weise in die Mediation eingebunden werden". Dazu hat der Mediator auch die Regeln der Kommunikation mit den Parteien zu besprechen und sich die Erlaubnis für sein Eingreifen in die Kommunikation abzuholen. Klarzustellen ist auch, dass der Mediator selbst **keine Entscheidungskompetenz** hat. 41

Soweit der Mediator **Einzelgespräche** führen will (C Rn. 203), verlangt § 2 III S. 3 MediationsG dafür das allseitige Einverständnis der Parteien, so dass sich der Mediator möglichst frühzeitig eine dahingehende Zustimmung der Parteien einholen sollte. Gleiches gilt für die **Einbeziehung Dritter** (§ 2 IV MediationsG). 42

Der Mediator hat seine Aufgaben (Checkliste **Aufgabe des Mediators** B Rn. 84), die Parteien durch die Mediation zu führen (§ 1 II MediationsG) und seine unabhängige und neutrale Haltung konkret zu erläutern. Der Mediator trägt nach der Gesetzesbegründung „die Verantwortung für das Verfahren und insbesondere für eine gelingende Kommunikation zwischen den Parteien".[60] Der Mediator hat dabei „auf die Vereinbarung von Verfahrensregeln und auf deren Einhaltung zu achten und für die Schaffung bzw. Wiederherstellung einer adäquaten Verhandlungsatmosphäre zu sorgen."[61] Die verfahrensleitende und kommunikationsfördernde Aufgabe des Mediators wird in § 2 III S. 2 MediationsG zwar umrissen, wie genau der Mediator diese Aufgabe ausfüllt, dazu gibt es keine gesetzlichen Vorgaben (Checkliste **Mediationsregeln und Prinzipien des Verfahrens** B Rn. 36). Vom Mediator wird nach

60 BT-Drs. 60/11, S. 20.

61 BT-Drs. 60/11, S. 20.

§ 5 MediationsG verlangt, dass er über theoretische Kenntnisse sowie praktische Erfahrungen verfügt, um die Parteien sachkundig durch die Mediation führen zu können. Dafür hat der Mediator insbesondere eine fachlich fundierte Konfliktkompetenz mitzubringen und Fachkenntnisse in Kommunikations- und Verhandlungstechniken nachzuweisen. Auf Verlangen der Parteien hat der Mediator über seinen fachlichen Hintergrund, seine Ausbildung und seine Mediationserfahrungen auch zu informieren (§ 3 V MediationsG).

43 cc) Themen- und Informationssammlung

Worum geht es genau?

Nachdem sämtliche Bedingungen für das gemeinsame Verhandeln geklärt sind, werden die **Verhandlungsthemen** gesammelt und ein **Informationsabgleich** eingeleitet (siehe auch C Rn. 158). Die Parteien stellen dar, was aus ihrer Sicht geklärt werden muss. Die geäußerten Positionen, subjektiven Sichtweisen und Anliegen der Parteien sind durch Übersetzungshilfe des Mediators in Themen im Sinne von bewertungsneutralen Beschreibungen umzuformulieren, in denen sich alle Parteien wiederfinden.[62] Der Mediators hat dafür Sorge zu tragen, dass alle das Konfliktthema betreffenden Themen von den Parteien hervorgebracht und Informationslücken geschlossen werden (Rn. B 45, 53, 117, 167). Keiner Partei kann von der anderen Partei ein Verhandlungsthema aufgedrängt werden. Insofern muss Einigkeit zwischen den Parteien über die Verhandlungsthemen hergestellt werden. Will eine Partei ein bestimmtes Thema aus der Mediation ausblenden, so muss gemeinsam erörtert werden, ob die Mediation auch ohne dieses Thema durchgeführt werden kann und soll.

Der Mediator hat bei der Sammlung der Themen darauf acht zu geben,[63] dass:

! Checkliste: Themensammlung

44
- Verhandlungsthemen und nicht Positionen der Parteien formuliert werden, dabei fungiert der Mediator als kommunikativer Übersetzer,
- die Verhandlungsthemen neutral, also für beide Parteien akzeptabel formuliert sind,
- die Verhandlungsthemen nicht zu weit formuliert werden, da die Konfliktverhandlungen ansonsten zu indifferent geführt und ausufern würden,
- die Verhandlungsthemen auch nicht zu eng formuliert werden.
- Verhandlungsthemen vollständig.

---

45 Nach der Themensammlung sind die Themen wiederum zu **gewichten** und zu sortieren. Die Parteien müssen sich mit Unterstützung des Mediators auf eine Reihenfolge der Bearbeitung einigen.

62 Vgl. Haft BT-Drs. 60/11, 18/Schlieffen *Kessen/Troja*, § 13 Rn. 3 ff.
63 Vgl. *Hohmann* ZKM 2/2003, 58.

Darüber hinaus sind in dieser Phase sämtliche notwendigen Informationen über den Sachverhalt aufzudecken. Erst wenn für die Parteien der Sachverhalt vollumfänglich geklärt, streitige **Sachverhaltsfragen** von unstreitigen Punkten getrennt und **Wissenslücken** geschlossen wurden, können die Parteien in vollständiger Informiertheit verhandeln. An dieser Stelle hat der Mediator nochmals zu prüfen, ob der Hinweis auf externe Berater wie Anwälte oder Sachverständige angeraten wäre (B 50, 54, 95, 111, 218, C. 41, X. 274 ff.). Sollte bei der Ergründung des Sachverhaltes bereits deutlich werden, dass der Konflikt auch mit unterschiedlichen Informationsständen der Parteien oder einem divergierenden Verständnis der einzelnen Informationen einhergeht, hilft dies den Parteien bereits für ein besseres Verstehen und fördert die Beziehungsebene zwischen den Parteien.

Weiterhin sind mit den Parteien die so genannten **Nichteinigungsalternativen** abzuklären (C 42). Die Parteien müssen für ihre Verhandlungen wissen, welche (rechtlichen) Möglichkeiten ihnen außerhalb des Mediationsverfahrens zur Verfügung stehen, um ihren Konflikt zu lösen. Auch müssen sie sich darüber Gedanken machen, wie es für sie weiter geht, wenn der Konflikt nicht durch Verhandlung gelöst wird.

dd) Konfliktanalyse 46

Was ist den Parteien wichtig?

Die dritte Phase dient der **Interessen- und Bedürfnisklärung**. Hinter den von den Parteien eingebrachten Forderungen und Positionen verbergen sich übereinstimmende und widersprechende Interessen und Bedürfnisse. Diese Interessen und Bedürfnisse sind durch die Vermittlung des Mediators herauszufiltern. Diese Phase stellt die **Kernaufgabe** des Mediators dar. Der Mediator unterstützt die Parteien von den wechselseitigen Ansprüchen zu den tieferliegenden – oft auch übereinstimmenden – Bedürfnissen und Interessen zu gelangen. Durch diese tiefergehende Auflösung des Konfliktes unterscheidet sich jede Mediationsverhandlung von positionsgeleiteten Kompromissen und Vergleichsverhandlungen. Wichtiger Meilenstein dieser Phase ist es, dass die Parteien die Sicht des jeweils anderen – soweit nötig unter Beibehaltung der eigenen Sichtweise – überhaupt erst einmal nachvollziehen können.[64] Die Parteien sind darin zu unterstützen, ihre Bedürfnisse und Interessen zu erkennen und auszusprechen und die der anderen Partei anzuerkennen.[65] Die unterschiedlichen Sichtweisen der Parteien sind unter Anerkennung ihrer jeweils subjektiven Wahrnehmungen und Wahrheiten aufzudecken und zu klären. Ziel dieser Phase ist es, dass die Konfliktparteien ein gemeinsames Verständnis der Kon-

64 Duve/Eidenmüller/Hacke/*Duve* Kap 2, S. 72, 73, 118 ff.
65 Vgl. Haft/von Schlieffen/*Kessen*/*Troja* § 13 Rn. 26 ff.

fliktursachen und der Konfliktdynamik bekommen. In diesem Prozess werden die Parteien gestärkt, ihren Konflikt eigenverantwortlich zu regeln und erlangen durch die Freilegung der Tiefenstruktur des Konfliktes Selbsterkenntnis und Selbstbewusstsein. Darüber hinaus verhilft das Öffnen gegenüber den Interessen und Sichtweisen der jeweils anderen Partei zu einer Annäherung auf der Beziehungsebene zwischen den Parteien mit der Folge, dass sich oft neue Perspektiven zur Lösung des Konfliktes aufzeigen.

! **Checkliste: Konfliktanalyse**

47
- Vollständige Ermittlung der Verhandlungsthemen im Rahmen des Mediationsauftrages.
- Neutrale, akzeptable Formulierung der Themen.
- Sachthemen (insbesondere Rechtsauffassungen) gegebenenfalls unter Hinweis auf externe Berater sind geklärt.
- Tiefenstruktur des Konfliktes (Interessen, Bedürfnisse, Anliegen hinter den Positionen) ist für die Parteien deutlich geworden.
- Die Interessen, Bedürfnisse, Anliegen wurden vollständig aufgedeckt.
- Die Parteien haben die Sichtweise der jeweils anderen Partei verstanden und können diese nachvollziehen.
- Die Parteien sind sich ihrer eigenen Anliegen hinter ihren Positionen klar geworden.
- Verantwortungs- und Schuldzuweisungen sind geklärt und aufgelöst worden.
- Bedingungen für die Entstehung und Eskalation des Konfliktes sind offengelegt, wie insbesondere:
  - Bedingungen auf der Sachebene, etwa durch Informationsmangel; unterschiedlicher Beurteilung in der Bewertung und Auswertung von Informationen und Daten. Auch ungünstige strukturelle Bedingungen, wie ungleiche Macht- und Autoritätsverteilung in der Umwelt der Konfliktparteien; unklare Zuständigkeiten und Hierarchien; destruktive Verhaltens- und Interaktionsmuster im Umfeld; ungleiche Verteilung von Ressourcen.
  - Bedingungen auf der persönlichen und emotionalen Ebene der Parteien untereinander und zu ihrem Umfeld wie zu Stakeholdern oder Zaungästen[66] (ungünstige Beziehungsgeflechte und Interessenkonflikte).
  - Bedingungen auf der Werteebene der Parteien und in ihrem Umfeld wie unterschiedliche Einstellungen und Kriterien zur Bewertung von Gerechtigkeit; unterschiedliche Überzeugungen und Glaubenssätze; unterschiedliche Lebensformen.
  - Ungünstige (personenspezifische, soziale, gesellschaftliche, historische) Rahmenbedingungen
  - Bedingungen zur Motivation, zur Beilegung oder zur Förderung des Konfliktes.

48 **ee) Lösungsoptionen generieren und auswählen**

Nachdem die Interessen und Bedürfnisse geklärt wurden, ergeben sich durch die neuen Sichtweisen der Parteien auf den Konflikt und ihr Gegenüber oft ganz von allein Ideen zur Lösung (siehe auch C Rn. 169ff.). Der Mediator unterstützt im Rahmen seiner verfahrensleitenden Funktion die Parteien bei der **Lösungssuche**. Er

66 Dazu *Kerntke* S. 23.

greift Lösungsansätze, die sich in den Verhandlungen zwischen den Parteien zeigen, auf und hält sie fest, indem er sie sichtbar für alle visualisiert. Ferner hilft der Mediator den Parteien ihre Ideen zu artikulieren, indem er die auf eine Lösung zielenden Ausführungen einer Partei offenlegt und nötigenfalls neutral übersetzt. Ziel dieser Phase ist es, eine Vielzahl von Ideen zur Lösung zu generieren. Dies erfolgt zunächst ohne Bewertung der von den Parteien eingebrachten Optionen.

Streitig ist, inwieweit der Mediator mit eigenen Lösungsvorschlägen in die Me- 49
diation eingreifen darf (dazu auch B Rn. 74ff., 90, C Rn. 57ff., 183). Dagegen wird angeführt, dass die Parteien für eine selbst gestaltete nachhaltige Einigung eigenverantwortlich zu einer Lösung finden sollen. Das Einbringen eigener Vorschläge durch den Mediator beeinträchtige die Parteien in ihrer Selbstverantwortung.[67] Deshalb habe sich der Mediator aus der inhaltlichen Verhandlung herauszuhalten. Zudem bestehe die Gefahr der Neutralitätsverletzung des Mediators, wenn er eigene Optionen in die Mediation einbringt.

Überwiegend wird eine vermittelnde und differenzierte Betrachtung vertreten. Danach kommt es weniger darauf an, ob der Mediator eigene Vorschläge in die Verhandlungen einbringt, sondern *wie* er dies gestaltet.[68] Zwar wird die Eigenverantwortlichkeit der Parteien allein durch einen Vorschlag des Mediators nicht ausgehebelt, denn sie müssen diese Angebote nicht annehmen, allerdings ist die Bedeutung solcher Vorschläge eines neutralen Dritten für die Parteien nicht zu unterschätzen. Der Mediator ist Teil des Systems zur Konfliktlösung, wenn er mit den Parteien in seiner Rolle als Mittler verhandelt. Seine Worte haben eine starke Wirkung und ein erhebliches Gewicht, da die Parteien dem Mediator vertrauen und ihn als neutral und unabhängig bewerten. Soweit der Mediator sich im Verfahren empathisch in die Bedürfnisse der Parteien und ihre Sichtweisen einfühlt, werden seine Vorschläge, die während des Prozesses in ihm aufkommen, auch bei den Parteien nicht als Einmischung erlebt werden. Denn die Vorschläge sind Ausfluss eines professionellen Begleitens und Unterstützens des Mediators bei den Verhandlungen der Parteien. Der Mediator hat bei eigenen Vorschlägen allerdings klarzustellen, dass es sich dabei nur um einen Vorschlag von vielen anderen Ideen handelt, der auch wieder verworfen werden kann. Es kann aber für den Verhandlungsverlauf sogar eine hilfreiche Intervention darstellen, wenn der Mediator beispielsweise auch abwegige und unrealistische Optionen vorschlägt.[69] Dies erweiterte den Blick und fördert die Kreativität bei der Lösungssuche. Darüber hinaus ist es hilfreich möglichst viele Optionen zu generieren. Auch das gemeinsame Aussortieren eines

---

67 Siehe zum Meinungsstand *Gaßner/Holznagel/Lahl* S. 21ff.; *Mähler/Mähler/Duss-von Werdt* S. 133; von *Schlieffen* ZKM 2000, 53f.

68 Vgl. *Montada/Kals* 3.2. S. 50; Haft/von Schlieffen/*Kracht* § 12 Rn. 106ff.

69 So auch *Montada/Kals* 3.2., S. 52.

Vorschlages des Mediators seitens der Parteien kann die Beziehung stärken und der Lösungsfindung zuträglich sein.

Die Art der aktiven Einflussnahme durch den Mediator endet dann, wenn er etwa direktiv oder drängend Lösungen einzubringen versucht. Eine solche Einmischung werden die Parteien als Minderung ihrer Eigenverantwortlichkeit und als Neutralitätsverletzung des Mediators empfinden. Daher muss den Parteien stets genug Freiraum bleiben, um sich mit dem Vorschlag des Mediators auseinanderzusetzen.[70] Sie müssen daher darin unterstützt werden, die Option des Mediators auch ohne weiteres wieder verwerfen zu können.

Abzulehnende Formen der Intervention durch den Mediator sind daher beispielsweise,

- suggestive Einflussnahmen auf eine der bereits vorhandenen Lösungsvorschläge etwa durch positive, negative oder skeptische Bewertungen einer der Idee der Partei oder der von den Parteien bevorzugten Lösung,
- eigene direktive oder drängende Lösungsvorschläge.[71]

50 Problematisch ist allerdings das Einbringen von Vorschlägen, die eine fachliche Expertise voraussetzen. Dies gilt insbesondere für das Einbringung **rechtlicher Regelungsvorschläge** seitens des Mediators (ausführlich C Rn. 43 ff.).[72]

Soweit ein nichtanwaltlicher Mediator regelnd oder durch rechtliche Vorschläge in die Gespräche der Mediationsbeteiligten eingreift, sind diese Regelungsvorschläge als Rechtsdienstleistungen zu werten.[73] Auch die durch die Initiative des Mediators verwendeten Formulierungsvorschläge in einer Abschlussvereinbarung können eine Rechtsdienstleistung darstellen.[74]

Damit verstößt der nichtanwaltliche Mediator gegen das **Rechtsdienstleistungsgesetz.** Aber auch Mediatoren mit juristischem Hintergrund dürfen die Rechtslage bzw. rechtliche Vorschläge wegen der Verbotsregeln des Rechtsdienstleistungsgesetzes nach hier vertretener nicht einbringen.

Rechtsfolgen eines Verstoßes für den nichtanwaltlichen Mediator gegen RDG (B Rn. 212 ff.):

- Mediationsvertrag ist nach § 134 BGB nichtig, Mediator verliert Honoraranspruch.
- Zahlungen sind nach bereicherungsrechtlichen Grundsätzen zurückzugewähren.

70 Vgl. Kracht/Schlieffen/*Kracht* § 12 Rn. 107.

71 Vgl. *Montada/Kals* 3.2., S. 51.

72 Vgl. *Kentke* S. 58.

73 Stellungnahme der Bundesrechtsanwaltskammer zum Gesetzentwurf zur Neuregelung des Rechtsberatungsrechts (BT-Drucks. 16/3655).

74 LG Leipzig mit Anmerkungen *Klose* ZKM 2005, 71 (73).

- Schadensersatzansprüche, soweit durch die fehlerhafte Auskunft Schäden entstanden sind.
- Bußgeld (§ 20 RDG).
- Rechtsdienstleistungsgesetz ist Verbraucherschutzgesetz (§ 2 II Nr. 8 UKlaG), Unterlassungsanspruch
- Rechtsanwaltskammer Abmahnung/Unterlassung auf Zivilrechtswege.
- Anwaltlicher Konkurrent kann gegen den Verstoß auf Unterlassung gegen Mediator klagen.

Anwaltliche Mediatoren verstoßen zwar nicht gegen das Rechtsdienstleistungsgesetz, wenn sie rechtlich erhebliche Lösungen vorschlagen. Allerdings besteht die Gefahr gegen das Verbot des § 43a BRAO zu verstoßen, wonach der Anwalt keine **widerstreitenden Interessen** vertreten darf (ausführlich C Rn. 43ff.).

Unabhängig von den berufsrechtlichen Verboten des Rechtsdienstleistungsgesetzes und der Bundesrechtsanwaltsordnung besteht gerade bei rechtlichen Regelungsvorschlägen die Gefahr, dass der Mediator seine **Neutralität** verliert (C Rn. 70). Denn die meisten Rechtsprobleme sind unterschiedlich auslegbar und begründbar, so dass bei einer externen Beratung durch einen Anwalt für die betroffene Partei ein deutlich anderes Ergebnis herauskommen kann als das vorgeschlagene. Spätestens wenn die nachträgliche anwaltliche Beratung zu dem Ergebnis kommt, dass der Vorschlag des Mediators für die Partei ungünstig ist, hat der Mediator seine Neutralität verloren.

Dies zeigt eindringlich die Entscheidung des Amtsgerichts Lübeck aus dem Jahre 2006[75] zur Haftung eines anwaltlichen Mediators, der den Parteien im Mediationsverfahren einen von ihm konkret anhand von Unterlagen der Parteien berechneten Vorschlag für Unterhaltszahlungen unterbreitet hatte (C Rn. 69). Das Gericht kam zu dem nicht haltbaren Ergebnis, dass der Mediator Regelungsvorschläge unterbreiten dürfe und dafür nicht im gleichen Umfang hafte wie ein Anwalt, der Rechtsberatung erteile. Nach einem Beschluss des Bayerischen Verwaltungsgerichtshofs ebenfalls aus dem Jahre 2006 hingegen, lenke der Mediator das Verfahren und den Kommunikationsprozess, schlage aber keine eigenen Lösungen vor.[76] Die Rechtsprechung ist diesbezüglich uneinheitlich. Das mag auch daran liegen, dass über die konkreten Aufgaben des Mediators keine klaren Vorgaben bestehen. Auch das Mediationsgesetz vermeidet hier eine Festlegung. Es bleibt daher der Rechtsentwicklung offen, diese Problematik zu klären.

Die **Lösungsoptionen** werden schlussendlich von den Parteien bewertet und 51
ausgewählt. Über die Bewertungskriterien entscheiden die Parteien selbst. Der Mediator unterstützt sie dabei. Die Optionen werden insbesondere auch auf ihre Auswirkungen auf die Umwelt der Parteien überprüft. Denn nachhaltige Lösungen setz-

75 Amtsgericht Lübeck, Urteil vom 29.9.2006, 24 C 1853/06 (juris).
76 Bayerischer Verwaltungsgerichtshof München, Beschluss vom 17.11.2006, 3 ZB 06.2928 (juris).

ten voraus, dass eine Vereinbarung auch von Menschen im Umfeld der Parteien akzeptiert wird (Ökologiecheck, siehe B Rn. 56f.). Aber auch rechtliche, wirtschaftliche und ethische Auswirkungen sind maßgebliche Kriterien.[77] Soweit die Parteien sich auf eine Lösungsoption einigen, wird diese Option nochmals konkretisiert, um sie in eine tragfähige Vereinbarung zu gießen. Es werden Detailfragen nach Ort, Zeit geklärt und die Handlungs- oder Unterlassungsanweisungen an die Parteien erörtert. Wer tut was wann genau?

Dies ist auch aus rechtlicher Sicht notwendig, denn die Vereinbarung stellt, soweit rechtliche Regelungspunkte enthalten sind, einen Vertrag dar (dazu B Rn. 185).

52 **ff) Vereinbarung und Umsetzung**

Nachdem Lösungsoptionen generiert und ausgewählt wurden, wird das Ergebnis festgehalten. Im Hinblick auf eine Vereinbarung hat der Mediator darauf hinzuwirken, dass die Parteien die Vereinbarung in Kenntnis der Sachlage treffen und ihren Inhalt verstehen (§2VI MediationsG), B Rn. 82, X Rn. 275. Der Mediator hat daher nochmals sorgfältig zu prüfen, dass keine der Parteien aufgrund von Wissens- und/oder Verständnisdefiziten übervorteilt wird (§2 II S. 1 MediationsG).[78] Zwar können und sollen die Parteien eigenverantwortliche Lösungen im Rahmen ihrer Privatautonomie generieren. Im Rahmen des Mediationsverfahrens bestehen aber andere „Umweltbedingungen" als bei Vertragsabschlüssen auf dem freien Wirtschaftsmarkt.

53 Die Parteien sind bei ihrem Zusteuern auf eine Lösung in einer **besonderen schutzwürdigen Situation.** In der Regel sind sie während des Verfahrens emotional sehr aufgewühlt und im Hinblick auf eine Lösung des Konfliktes nicht selten auch übereuphorisch.[79] Dieser besonderen Situation hat der Mediator Rechnung zu tragen, indem er die Informiertheit der Parteien gewährleistet. Nur bei vollständiger Informiertheit (Rn. B 45, 53, 117, 167) und Kenntnis etwaiger Nichteinigungsalternativen (C Rn. 42, 183, 278) können die Parteien sich wirklich frei für eine abschließende Regelung entscheiden.

54 Der Mediator hat in diesem Zusammenhang die Parteien ohne fachliche Beratung auf die Möglichkeit der Hinzuziehung externer Berater, insbesondere **Rechtsanwälte** oder auch **Sachverständige zur Klärung von Sachfragen**, hinzuweisen (§ 2 VI S. 2 MediationsG) (Rn. B 50, 54, 95, 111, 218, C 41). Dem Mediator steht keine Entscheidungskompetenz (§ 1 II MediationsG) zu und er sollte sich grundsätzlich auch bei der inhaltlichen Lösungsfindung der Parteien mit eigenen Vorschlägen zurückhalten (ausführlich B Rn. 90). Inwieweit anwaltliche bzw. juristische Mediatoren selbst eine rechtliche Aufklärung des Sachverhaltes vornehmen dürfen, ist

77 Vgl. *Montada/Kals* S. 267 ff.
78 *Fritz/Pielsticker* § 2 Rn. 17 ff.
79 Dazu auch: *Wagner* ZKM 2007, 172, 173.

umstritten (ausführlich C Rn. 43 ff.). Nichtanwaltliche Mediatoren, auch wenn sie Volljuristen sind, verstoßen bei von ihnen eingebrachten rechtlichen Vorschlägen gegen das Rechtsdienstleistungsgesetz. Daher wird auch vertreten, dass nichtanwaltliche Mediatoren keine **rechtsgestaltende Abschlussvereinbarung** abfassen dürfen, soweit nicht nur ganz einfache Vereinbarungen in Rede stehen,[80] B Rn. 212 ff.

Aber auch anwaltliche Mediatoren können nur in sehr engen Grenzen die Rechtslage in das Mediationsverfahren einbringen, da sie anderenfalls Gefahr laufen ihre Neutralität zu verlieren sowie gegen das Verbot der Vertretung widerstreitender Interessen, § 43a BRAO, zu verstoßen (C Rn. 49 ff.).

Mit **Zustimmung der Parteien** nimmt der Mediator die Einigung in einer Ab- 55 schlussvereinbarung (Rn. B 185) auf (§ 2 VI S. 3 MediationsG). Auch in dieser gesetzlichen Normierung spiegelt sich das Prinzip der Eigenverantwortlichkeit der Parteien auch für die Lösung. Sie entscheiden selbst – nicht der Mediator – ob die Einigung in einer Abschlussvereinbarung dokumentiert wird. Für eine nachhaltige Lösung empfiehlt es sich, die Vereinbarung schriftlich zu fixieren. Dies bietet hinsichtlich der Vereinbarung auch Rechtssicherheit. Denn die Vereinbarung stellt, soweit rechtlich relevante Punkte geregelt werden, einen Vertrag dar. Hinweise zur Prüfung der Vereinbarung durch externe Berater im Hinblick auf eine **Abschlussvereinbarung** (siehe **Muster** B Rn. 226) hat der Mediator nochmals besonders zu erörtern (ausführlich C Rn. 292 ff.).

Für den Bestand der gefundenen Lösung ist es entscheidend, dass die Vereinba- 56 rung möglichst präzise formuliert ist. Zur Vermeidung von Unklarheiten ist es auch aus rechtlicher Sicht maßgeblich, dass die Vereinbarung möglichst klar und eindeutig formuliert ist. Je konkreter und detaillierter die Lösung abgefasst ist, desto wahrscheinlicher ist es, dass sie auch eingehalten wird. In die Vereinbarung einzubeziehen sind auch die Auswirkungen auf die Umwelt der Parteien, also je nach Kontext des Konfliktes etwa auf Familie, Lebenspartner, Arbeitskollegen (Ökologiecheck). Denn wird eine gefundene Lösung vom Umfeld nicht akzeptiert, kann sie zwischen den Parteien nur schwerlich nachhaltig wirken.

Das aus dem NLP[81] bekannte SMART-Modell[82] (siehe auch C Rn. 331) bietet eine wertvolle Unterstützung für den Mediator, um eine möglichst konkrete und nachhaltige Vereinbarung zu generieren. Die Abkürzung SMART steht für eine **s**ituationsspezifische, **m**essbare, **a**ttraktive, **r**ealistische und **t**erminierte Vereinbarung.

---

80 *Greger/Unberath* § 1 Rn. 79.

81 NLP: Neurolinguistisches Programmieren, ist eine Kommunikationsmethode, die verschiedene Elemente aus unterschiedlichen psychotherapeutischen Schulen beinhaltet; vgl. *Montada/Karls* S. 209 f.

82 Aus dem NLP, **S** (specific/spezifisch) **M** (Measurable/messbar) **A** (Achievable/attraktiv, erreichbar, annehmbar) **R** (realistic/realistisch) **T** (timed/terminiert), siehe ähnlich *Haft/von Schlieffen/* Kessen/Troja § 13 Rn. 83 ff.; *Hinrichs* K&S 1/2006, 1 ff.

Das SMART Modell bietet sowohl für juristische wie nichtjuristische Mediatoren eine Hilfe für die Prüfung der durch die Parteien erzielten Vereinbarung auf Umsetzbarkeit und Nachhaltigkeit. Aus rechtlicher Sicht ist es wichtig, soweit rechtliche Regelungspunkte in der Vereinbarung enthalten sind, dass diese konkret und klar formuliert sind. Die Vereinbarung hat daher möglichst keinen rechtlichen Interpretationsspielraum zu lassen.

Aber auch auf der **psychologischen Ebene** der Konfliktregelung ist es angezeigt, konkrete und realistische Vereinbarungen zu generieren.[83] Dabei sind positive Formulierungen zu bevorzugen. Statt *„Herr M. wird nicht mehr zu spät zur Arbeit erscheinen"* → *„Herr M. erscheint bis spätestens 9.00 Uhr an seinem Arbeitsplatz"*.

Auch sollten Vergleiche wie „weniger" und „mehr" in der Formulierung vermieden werden. Statt *„Herr M. wird weniger im Internet surfen"* → *„Herr M. nutzt das Internet ausschließlich für geschäftliche Zwecke. Ausnahmen sind nach Absprache mit und Zustimmung durch Frau B. möglich"*. Darüber hinaus empfehlen sich Formulierungen in der Gegenwartsform. Statt *„Herr M. wird das Internet ... nutzen"* → *„Herr M. nutzt das Internet ..."*

57 Denn ausweislich der Neurowissenschaft denkt das menschliche Gehirn in inneren Bildern.[84] Auch wenn der Mensch kognitiv versteht, was es bedeutet, etwas *nicht* zu tun, so kann das Gehirn dennoch keine Negativformulierungen in entsprechende Bilder umsetzen. Etwa die Aufforderung *„nicht* mehr so viel rauchen zu wollen" bewirkt Bilder, die mit dem Rauchen verknüpft sind. Der kognitive Wunsch auf das Rauchen zu verzichten wird daher von den damit im Gehirn assoziierten Bildern konterkariert. Auch Vergleiche („nicht mehr so viel") sind für innere Bilder des Gehirns schwierig, da der Bezugspunkt fehlt.

Ebenso Formulierungen die auf die Zukunft gerichtet sind („Herr M. wird ...") setzt das menschliche Gehirn in seinen inneren Bildern um, indem es die Vereinbarung auf die Zukunft vertagt.

Auch aus rechtlicher Sicht sind Vergleiche wie „weniger" und „mehr" zu vage. Positive gegenwartsorientierte Formulierungen fördern die Klarheit der rechtlichen Vereinbarung.

Die Vereinbarung muss von den Parteien voll akzeptiert sein, der kleinste innere Widerstand, der unberücksichtigt bleibt, kann eine Vereinbarung scheitern lassen. Auch darf die Vereinbarung nicht im Umfeld der Parteien (Ehepartner, Arbeitgeber, Kinder etc.) auf Widerstand stoßen (Vertragsgerechtigkeit im Außen).

! **Checkliste: SMARTe Abschlussvereinbarung**

58
- Sind die **wesentlichen Anliegen** der Parteien in der Vereinbarung berücksichtigt?
- Ist die Vereinbarung **SMART**?

---

83 *Sparrer* S. 47 f.

84 Siehe beispielsweise der Hirnforscher: *Hüther* S. 103 ff.

S – situationsspezifische Vorgabe:
so konkret wie möglich; wer macht was wann wie zu welcher Zeit genau?
Zur Klarheit positive Formulierungen (nicht „nicht"), Gegenwartsform wählen, keine Vergleiche wie „mehr" oder „weniger"
M – Messbarkeit
Ist die Vereinbarung für die Parteien wirklich erreichbar, umsetzbar, nachprüfbar? Gibt es Zwischenergebnisse, Ziele, Meilensteine, die verifizierbar sind? Sind die Aufgaben klar verteilt?
A – Attraktivität im Sinne von gehirngerechter Anziehungskraft
Haben die Parteien positive Bilder zu der Vereinbarung? Ist die Vereinbarung bei den Parteien voll akzeptiert? Löst sie gute Gefühle bei den Parteien aus?
Keine negativen Formulierungen („er raucht nicht mehr im Büro"), denn solche Bilder fokussieren das Gehirn auf das nicht mehr Gewollte) oder Vergleiche (mehr/weniger als jetzt, z.B. „weniger Essen", die dazu entstehenden Bilder richten sich auf das Essen), Gegenwartsform statt Zukunft
Empfinden die Parteien die Vereinbarung für sich, ihr Umfeld, die andere Partei als gerecht?
R – Realistisch: Ist die Vereinbarung selbst initiierbar (im Bereich der Handlungsmöglichkeiten der Parteien) und selbst aufrecht zu erhalten? Sind alle Schwierigkeiten bedacht? Sind nötige Zustimmungen Dritter eingeholt? (etwa wenn der Arbeitgeber einer Regelung der Mitarbeiter zustimmen muss)
T – Terminierbar:
Gibt es einen konkreten Zeitplan? Bis zu welchem Zeitpunkt ist was von wem wie umzusetzen?

– **Ökologiecheck:** Überprüfung der inneren Zustimmung der Parteien zur Vereinbarung (keine Widerstände mehr vorhanden). Auswirkungen der Vereinbarung auf das Umfeld der Parteien berücksichtigt (Vertragsgerechtigkeit im Außen).

– **Evaluation der Vereinbarung** (B Rn. 62 Checkliste_Evaluation)

Spätestens mit der Abschlussvereinbarung ist zu klären, ob, wann und wie die getroffene **Vereinbarung** vom Mediator oder einem unabhängigen Dritten evaluiert werden soll. Zur Klarstellung: nicht das Ergebnis der Mediation wird im Sinne einer Überprüfung der Vereinbarung vom Mediator evaluiert, sondern die *Umsetzung* der Lösung kann nach Vereinbarung mit den Parteien anhand der von den Parteien entwickelten Kriterien. 59

Die **Evaluation** kann auch auf einen von den Parteien zu bestimmenden Dritten übertragen werden.

Nach der Deutschen Gesellschaft für Evaluation e.V. (DeGEval), die insbesondere die Professionalisierung von Evaluation in sämtlichen Tätigkeitsfeldern insbesondere in der Forschung anstrebt, hat die Evaluation vier grundlegende Eigenschaften aufzuweisen, nämlich Nützlichkeit, Durchführbarkeit, Fairness und Genauigkeit.[85] Die Nützlichkeitsstandards sollen nach den Richtlinien der DeGEval sicherstellen, dass die Evaluation sich an den geklärten Evaluationszwecken sowie 60

85 Zu den Standards der Evaluation siehe http://www.degeval.de/degeval-standards, 13.9.2012.

am Informationsbedarf der vorgesehenen Nutzer (im Rahmen der Mediation sind dies vornehmlich die Parteien der Mediation) ausrichtet. Die Durchführbarkeitsstandards verlangen insbesondere, dass eine Evaluation realistisch und gut durchdacht wird. Die Fairness-Standards setzten voraus, dass in einer Evaluation respektvoll und fair mit den betroffenen Personen (Parteien der Mediation) und Gruppen (etwa Auftraggeber B Rn. 12, Stakeholder, Zaungäste) umgegangen wird. Die Genauigkeitsstandards gewährleisten, dass eine Evaluation gültige Informationen und Ergebnisse zu dem jeweiligen Evaluationsgegenstand und den Evaluationsfragestellungen hervorbringen und vermitteln kann. An diesen von der DeGEval aufgestellten Mindeststandards sollte sich auch eine Evaluation der Mediation orientieren.

61 Ziel einer **Evaluation des Mediationsergebnisses** ist es, dass die getroffene Vereinbarung auch tatsächlich in der Praxis *umgesetzt* wird. Damit trägt die Evaluation der Nachhaltigkeit der Lösung Rechnung. Ob die Parteien eine Evaluation wünschen und vereinbaren, unterliegt ihrer **Vertragsfreiheit**. Die Kriterien zur Evaluation werden vom Mediator mit den Parteien festgelegt. Je komplexer und weitreichender eine Vereinbarung ist, desto wichtiger dürfte die nachträgliche Begleitung der Vereinbarung durch den Mediator sein. Bei der Planung der Evaluation ist die Auswahl des Evaluationsbereiches sorgfältig zu bestimmen. Denn eine Evaluation erfordert finanzielle, zeitliche und personelle Ressourcen. Soweit eine Evaluation zu umfangreich geplant wird, kommt es möglicherweise zu einem Abbruch. Ist sie hingegen zu wage geplant und formuliert, macht die Evaluation keinen Sinn. Sie kann nur Wirkung für die Parteien zeigen, wenn aus ihr die Umsetzung der Lösung abgelesen und Konsequenzen für das eigene Handeln der Beteiligten gezogen werden können. Bei der Evaluation sind die Ziele zu bestimmen, also zu klären was genau überprüft werden soll, etwa ob der Ablauf der Umsetzung der Vereinbarung oder etwaige (Zwischen-)Ergebnisse kotrolliert werden sollen. Für die Evaluation ist daher genau zu klären ***was, wann wie anhand welcher Kriterien und Indikatoren*** **überprüft wird**. Es ist festzuhalten woran die Parteien und der Mediator erkennen, dass Zwischenschritte auf dem Weg zur Umsetzung der Abschlussvereinbarung erreicht wurden bzw. die Vereinbarung endgültig erfüllt ist. Kriterien können „harte Fakten" aber auch „weiche" Merkmale (wie Gefühle, Befindlichkeiten, Interessen) sein. Gleichzeitig sind auch verifizierbare Indikatoren zu benennen, die es ermöglichen, die Umsetzung der Vereinbarung in der Praxis von außen beobachtbar und überprüfbar zu machen. Falls Daten erhobenen werden, ist zu bestimmen, wie diese gesammelt, analysiert und bewertet bzw. interpretiert werden. In diesem Zusammenhang ist auch zu klären, wem wann und wie ein Evaluationsergebnis mitgeteilt wird.

Checkliste: Evaluation !

1. **Evaluation planen** 62
   Was wird wann wie anhand welcher Kriterien und Indikatoren überprüft?
   - **Evaluationsgegenstand = Vereinbarung der Parteien**, Soll der Ablauf der Umsetzung evaluiert werden und/oder (Zwischen-)Ergebnisse?
   - **Ziele in Bezug auf die Umsetzung der Vereinbarung formulieren**; Was wollen die Parteien wann wie genau erreicht haben (Meilensteine)?
   - **Kriterien bestimmen**; An welchen Merkmalen erkennen die Parteien, dass die Vereinbarung oder ein Zwischenschritt erreicht wurde?
   - **Verifizierbare Indikatoren formulieren**, Inwieweit wurden Ziele tatsächlich erreicht? Mit welchen Instrumenten können für die Indikatoren Daten erhoben werden?
   - **Wer evaluiert** (Mediator, Dritte) und wem wird das Evaluationsergebnis mitgeteilt?

2. **Informationen und Daten sammeln, analysieren und bewerten**
   Wie werden die Daten erhoben, analysiert und ausgewertet?
   - Gemeinsame Auswertung der Informationen und Daten, Vergleich mit der Vereinbarung und dem Evaluationsplan.
   - Gemeinsame Interpretation und Bewertung.
   - Schlussfolgerungen, nötigenfalls notwendige Maßnahmen planen und neuerliche Evaluation vereinbaren.

Checkliste: Begriffe !

Mediationsvertrag 63
Mediationsvertrag bezeichnet die Vereinbarungen zwischen Mediator und den Parteien zur Durchführung einer Mediation (Dienstvertrag mit Geschäftsbesorgungscharakter), B Rn. 239

Mediationsabrede
Unter einer Mediationsabrede (B Rn. 254) versteht man die Vereinbarung zwischen den Parteien, eine Mediation durchführen zu wollen. Denn das Mediationsverfahren beruht auf der Initiative der Parteien. Solche Abreden können im Sinne eines präventiv regelnden Konfliktmanagements sich als Mediationsklauseln in Verträgen zwischen den Parteien finden. Auch in Betriebsvereinbarungen können solche Abreden getroffen werden.

Mediationsklausel
Eine Mediationsklausel ist eine in einem Vertrag (bei vorformulierten Verträgen AGB) festgehaltene Vereinbarung, wonach die Vertragspartner im Falle eines Konfliktes die Durchführung einer Mediation vereinbaren (B Rn. 250). Diese Klauseln können als zwingende Vorschriften zur Vorschaltung einer Mediation vor einer gerichtlichen Auseinandersetzung formuliert werden oder auch nur als mögliche Option eingebracht werden.

Verfahrensregeln/Verhandlungsvertrag
Mit dem Verhandlungsvertrag bezeichnet man die Vereinbarung über die Verhandlungsregeln (B Rn. 28) in der Mediation.

Vereinbarung/Abschlussvereinbarung
Mit der Vereinbarung bzw. Abschlussvereinbarung wird die Übereinkunft der Parteien in der Mediation über die Regelung des Konfliktthemas verstanden. Das Mediationsgesetz verwendet den Be-

griff Abschlussvereinbarung für dokumentierte Ergebnisse der Mediation. Allerdings stellt auch eine mündliche Vereinbarung – soweit rechtliche Regelungen getroffen werden – bereits ein Vertrag dar (B Rn. 185).

c) Freiwilligkeit

64 Ein in § 1 I MediationsG verankertes wesensgebendes Merkmal der Mediation ist die Freiwilligkeit der Teilnahme am Verfahren. Sie wird durch das Mediationsgesetz mehrfach abgesichert, und zwar

- mit der Begriffsdefinition in § 1 I Mediationsgesetz, wonach die Parteien freiwillig die einvernehmliche Regelung ihres Konfliktes anstreben,
- mit der Pflicht zur Prüfung der Freiwilligkeit der Teilnahme durch den Mediator (§ 2 II MediationsG),
- mit der jederzeitigen Beendigungsmöglichkeit des Verfahrens durch die Parteien (§ 2 V S. 1 MediationsG).

Die Freiwilligkeit der Teilnahme setzt ausweislich der Gesetzesbegründung voraus, dass die Parteien grundsätzlich selbst entscheiden, ob sie eine Mediation durchführen möchten oder nicht.[86] Hierbei geht es um die rechtliche Freiheit im Sinne von **Privatautonomie.** Eine Partei kann nicht zur Durchführung des Mediationsverfahrens gezwungen werden. Der Freiwilligkeit im Sinne von Selbstbestimmtheit immanent ist die jederzeitige sanktionslose Beendigungsmöglichkeit durch die Parteien. Vertragliche Regelungen, die Vertragsstrafen für eine vorzeitige Beendigung vorsehen, sind unzulässig.

65 In der Praxis sind die Grenzen der Freiwilligkeit oft schwer zu definieren. Welche Partei kommt schon wirklich „freiwillig“ in die Mediation? Sich dem Konflikt zu stellen, bedeutet für die Parteien regelmäßig große Hürden zu überwinden und Mut und Kraft aufzubringen. Die Freiwilligkeit der Teilnahme setzt voraus, dass die Parteien übereinstimmend daran interessiert sind, den Konflikt durch die Vermittlung des Mediators eigenverantwortlich lösen zu wollen. Man mag hier von einer „Zahnarztfreiwilligkeit“ in dem Sinne sprechen, dass die Parteien die Notwendigkeit einer konstruktiven Konfliktauseinandersetzung anerkennen und eine Lösung des Konfliktes anstreben. Allerdings werden die Parteien nicht selten von Dritten (wie etwa Arbeitgebern oder Ehepartnern) unter Druck gesetzt. Ist die Teilnahme an einer Mediation also wirklich freiwillig, wenn die Mitarbeiter vom Arbeitgeber geschickt, die Schüler vom Lehrer zur Mediation aufgefordert werden oder etwa das Familiengericht eine Mediation andient?

66 Freiwilligkeit ist ein dialektischer Begriff, der im Spannungsverhältnis zu seinem Gegenteil, dem Zwang, zu verstehen ist. Der Freiwilligkeit steht nicht per se

86 BT-Drs. 17/5335 S. 18.

entgegen, dass den Parteien eine Mediation auferlegt wird (C Rn. 15). Maßgebend ist, dass die Parteien die Mediation ***freiwillig durchführen*** wollen. Die letztendliche Entscheidung muss daher von den Parteien wirklich selbstverantwortlich und ohne Entscheidungsdruck, also auch ohne mögliche Sanktionen, erfolgen.

§ 2 II MediationsG verlangt vom Mediator insoweit, dass er sich über die Freiwilligkeit der Teilnahme an der Mediation vergewissert (C Rn. 10). Fehlende Freiwilligkeit kann insbesondere bei einem starken **Machtgefälle** zwischen den Parteien vorliegen, so dass eine Partei die Verhandlungsbedingungen faktisch vorgeben kann.[87] Solche Umstände können dann indiziert sein, wenn beispielsweise **Minderjährige** im Rahmen einer Familien- oder Schulmediation Partei des Verfahrens sind. Auch wenn ansonsten der Auftraggeber – **de jure Auftraggeber** – und die an der Mediation teilnehmenden Parteien – **de facto Auftraggeber** – auseinanderfallen (B Rn. 12), wie beispielsweise in arbeitsrechtlichen Konflikten, wenn der Arbeitgeber seinen Mitarbeitern eine Mediation andient. Aber etwa auch bei schulischen Konfliktfällen, bei denen der Lehrer für seine Schüler eine Mediation anfragt, muss der Mediator besonders auf die Freiwilligkeit der Teilnahme der Schüler achten. Die Freiwilligkeit der Teilnahme ist auch dann besonders zu beachten, wenn **Abhängigkeiten** zwischen den Parteien oder zu in den Konflikt involvierten Personen bestehen. Auch Beziehungen der Parteien zu Personen, die mit dem Ergebnis der Mediation etwas gewinnen oder verlieren können, lassen die Freiwilligkeit der Teilnahme auf den Prüfstand stellen. Etwa in Wirtschaftskonflikten mit vielen verschiedenen Parteien können sich Machtgefälle und Verflechtungen zwischen den Parteien und/oder zu **Stakeholdern**[88], also Personen, die mit der Mediation etwas gewinnen oder verlieren können, sowie anderen indirekt beteiligten Personen, zeigen. 67

Der Freiwilligkeit steht nicht entgegen, dass die Mediation von einem **Gericht vorgeschlagen** oder **angeordnet** oder gesetzlich **vorgeschrieben** wird.[89] Die Freiwilligkeit der Durchführung der Mediation wird dadurch gewährleistet, dass die Parteien das Verfahren jederzeit beenden können. So ermöglicht etwa § 278a ZPO dem Gericht den Parteien eine Mediation oder ein anderes Verfahren der außergerichtlichen Konfliktbeilegung vorzuschlagen. Entscheiden sich die Parteien dazu, ordnet das Gericht das Ruhen des Verfahrens an (X Rn. 18). 68

Das Familiengericht soll nach § 156 FamFG in Kindschaftssachen, die die elterliche Sorge bei Trennung und Scheidung, den Aufenthalt des Kindes, das Umgangsrecht oder die Herausgabe des Kindes betreffen, in jeder Lage des Verfahrens auf ein Einvernehmen der Beteiligten hinwirken, wenn dies dem Kindeswohl nicht wider- 69

---

87 Vgl. Haft/Schieffen/*Haft* § 12 Rn. 100; *Schmidt/Lapp/Monßen* S. 143 f.

88 Stake aus dem Englischen für „Einsatz im Spiel"; Satkeholder sind damit Personen(gruppen), die durch das Ergebnis der Mediation etwas gewinnen oder verlieren. Dazu *Kerntke* S. 23.

89 BT-Drs. 60/11, S. 18; *Greger/Unberath* § 1 Rn. 32; **a.A.** *Hohmann* Spektrum der Mediation 32/2008, 35, (37); Zu den Erfolgen angeordneter Mediationen in den USA: *Marx* ZKM 2010, 132 ff.

spricht. Nach § 135 FamFG kann das **Gericht anordnen**, dass die scheidungswilligen Ehegatten und den damit verbundenen Folgesachen an einem kostenfreien Informationsgespräch über Mediation oder eine sonstige Möglichkeit der außergerichtlichen Konfliktbeilegung teilnehmen und eine Bestätigung hierüber vorlegen. Die Anordnung ist nicht selbständig anfechtbar und nicht mit Zwangsmitteln durchsetzbar. Allerdings kann das Gericht nach § 150 IV S. 2 FamFG im Rahmen seiner Kostenentscheidung eine Weigerung der Teilnahme berücksichtigen. Insofern besteht durchaus ein gewisser Druck, der Anordnung auch nachzukommen.

70 Nach einhelliger Meinung ist aber die Anordnung einer Familientherapie oder die Verpflichtung der Eltern zu psychologisch-pädagogischer Beratung oder Mediation im Rahmen der möglichen Maßnahmen zur Durchführung und Sicherung des Umgangsrechts des § 1684 BGB nicht zulässig.[90] Allerdings kann es die Parteien nicht zur Teilnahme an der Mediation zwingen. Gewisse Druckmöglichkeiten hat das Gericht aber mittelbar, es kann nach § 150 IV S. 2 FamFG im Rahmen seiner Kostenentscheidung eine Weigerung der Teilnahme berücksichtigen. Nach einhelliger Meinung ist aber die Anordnung einer Mediation im Rahmen der möglichen Maßnahmen zur Durchführung und Sicherung des Umgangsrechts des § 1684 BGB nicht zulässig.[91]Allerdings besteht auch hier bei einem Vorschlag zur Mediation durch das Gericht ein Druck auf die Erziehungsberechtigten. Denn ein Elternteil, das sich ohne berechtigte Gründe der Wahrnehmung eines Mediationstermins entzieht, kann sich der Vermutung ausgesetzt sehen, das Wohl des Kindes zu missachten (§ 1666 BGB).

71 Der Freiwilligkeit steht auch die Verpflichtung zur Einleitung einer Mediation durch entsprechende **Vertragsklauseln** (B Rn. 252) – die wiederum der Vertragsfreiheit unterliegen – nicht entgegen. Es ist auch zulässig durch Gesetz Rechtsfolgen an die Nichteinleitung eines Mediationsverfahrens zu knüpfen, wie etwa die Unzulässigkeit der Klageerhebung. Die Parteien können auch in diesen Fällen die Mediation jederzeit beenden (§ 2 V S. 1 MediationsG). Damit wird der Freiwilligkeit der Teilnahme Rechnung getragen.

d) Eigenverantwortlichkeit

72 Die in § 1 I MediationsG festgelegte **Eigenverantwortlichkeit der Parteien** zeigt im Mediationsgesetz einige Spiegelungen und Konkretisierungen, wie bei
- der Wahl des Mediators durch die Parteien, (§ 2 I MediationsG),
- der Freiwilligkeit der Teilnahme (§ 1 I MediationsG),

90 OLG Hamm, Beschluss vom 19.3.2012, II-8 UF 43/12, 8 UF 43/12 (juris); Palandt/*Diederichsen* § 1684 BGB Rn. 40; von Heintschel-Heinegg/*Klein-Büte* 4. Kapitel, Rn. 610 m.w.N.

91 OLG Hamm, Beschluss vom 19.3.2012, II-8 UF 43/12, 8 UF 43/12 (juris); Palandt/*Diederichsen* § 1684 BGB Rn. 40; von Heintschel-Heinegg/*Klein-Büte* 4. Kapitel, Rn. 610 m.w.N.

- dem notwendigen Einverständnis der Parteien für Einzelgespräche (§ 2 III S. 2 MediationsG) und der Einbeziehung Dritter (§ 2 IV MediationsG),
- der fehlenden Entscheidungskompetenz des Mediators (§ 1 II MediationsG),
- der Möglichkeit der jederzeitigen Beendigung der Mediation durch die Parteien (§ 2 V MediationsG).

Dem Mediator werden diesbezüglich **Prüfungspflichten** auferlegt, indem er sich zu 73
vergewissern hat, ob die Parteien die Grundsätze und den Ablauf des Verfahrens verstanden haben und freiwillig an der Mediation teilnehmen (§ 2 II MediationsG), C Rn. 41, G Rn. 16. Damit wird gewährleistet, dass die Parteien in einem fairen Prozess eigenverantwortlich zu einer Lösung finden. Auch die Verpflichtung des Mediators dafür Sorge zu tragen, dass die Parteien voll informiert und in Kenntnis der Sachlage verhandeln, stützt die Eigenverantwortlichkeit.

Die Eigenverantwortlichkeit unterstreicht die Bedeutung der Autonomie der Parteien in der Mediation.[92] Von der Einleitung des Verfahrens bis zur Beendigung liegt das Ob und Wie in der Hand der Parteien. Die Parteien sind während des gesamten Verfahrens für die Maßnahmen und Absprachen sowie für den Inhalt der Vereinbarung verantwortlich. Eine Übertragung der Entscheidungsbefugnis auf den Mediator ist nicht möglich.

Hinsichtlich der Eigenverantwortlichkeit der Parteien spielt allerdings die **Rol- 74
le des Mediators** eine entscheidende Rolle. Der Mediator greift durch seine Gesprächsführung und Interventionen in den Mediationsprozess ein. Er lenkt das Verfahren, was seine originäre Aufgabe ist. Damit verhält er sich – wie auch immer er diese Rolle ausübt – einflussnehmend. Dazu wurde er von den Parteien auch bestellt.

Wie also kann und muss er sich einbringen, ohne die Eigenverantwortlichkeit der Parteien einzuschränken oder zu gefährden? Die Parteien sind im Mediationsprozess in einer oft emotional sehr aufgewühlten und damit auch besonderen schutzwürdigen Situation. Der Mediator spielt als neutraler Vermittler eine wichtige und ausschlaggebende Rolle. Seine Worte haben ein erhebliches Gewicht. Die Verhandlungen in der Mediation sind daher keinesfalls mit Vertragsverhandlungen im alltäglichen Geschäftsverkehr vergleichbar. Daher ist durchaus zu bedenken, ob bzw. wann die Eigenverantwortlichkeit der Parteien beeinträchtigt durch Interventionen des Mediators beeinflusst wird.

Die Bandbreite der in der Praxis vorzufindenden Mediationsstile reicht von einer reinen **passiven Rolle** des Mediators, bis hin zur **aktiven Mitgestaltung** der Lösung durch Einbringen eigener Vorschläge und/oder von eigenem (etwa rechtlichem) Fachwissen durch den Mediator. Bei einer passiven Intervention konzentriert

92 BT-Drs. 60/11, S. 21.

sich der Mediator allein auf die Gesprächsführung. Er steht als Katalysator zur Lösung bereit, indem er etwa Fragen stellt und den Prozess lenkt, ohne dass er sich aktiv in die Verhandlungen durch Vorschläge zur Lösung einbringt.[93] Dabei ist nicht außer Acht zu lassen, dass gerade auch eine gut gesetzte Frage eine lenkende Wirkung auf die Parteien hat und haben soll. Ziel der Mediation ist es im Prozess eine Veränderte bzw. erweiterte Wahrnehmung für das Ganze bei den Parteien hervorzubringen, um so auf neue Lösungen zu kommen. Das ist die Aufgabe des Mediators.

75 Viele halten diese rein passive Rolle allerdings als zu eng. In Bezug auf **rechtlich relevante Themen** ist sie für nichtanwaltliche Mediatoren allerdings zwingend geboten (siehe B Rn. 215ff.) und auch für anwaltliche Mediatoren dringend anzuraten (siehe C Rn. 43ff.).

76 Überwiegend wird eine vermittelnde und differenzierte Betrachtung vertreten. Danach kommt es weniger darauf an, *ob* der Mediator eigene Vorschläge in die Verhandlungen einbringt, sondern *wie.*[94] Soweit der Mediator sich im Verfahren empathisch in die Bedürfnisse der Parteien und ihre Sichtweisen einfühlt, werden seine Vorschläge, die während des Prozesses in ihm aufkommen, bei den Parteien nicht als Einmischung erlebt werden. Denn die Vorschläge sind Ergebnisse eines professionellen Begleitens und Unterstützens des Mediators bei den Verhandlungen der Parteien. Der Mediator hat bei eigenen Vorschlägen allerdings klarzustellen, dass es sich dabei nur um einen Vorschlag von vielen anderen Ideen handelt, der auch wieder verworfen werden kann. Die Art der aktiven Einflussnahme durch den Mediator endet dann, wenn er etwa direktiv oder drängend Lösungen einzubringen versucht. Es muss den Parteien stets genug Freiraum bleiben, um sich mit dem Vorschlag des Mediators auseinanderzusetzen.[95] Sie müssen daher darin unterstützt werden, die Option des Mediators auch ohne weiteres wieder verwerfen zu können.

Abzulehnende Formen der Intervention durch den Mediator sind daher beispielsweise,

- suggestive Einflussnahmen auf eine der bereits vorhandenen Lösungsvorschläge etwa durch positive, negative oder skeptische Bewertungen einer der Idee der Partei oder der von den Parteien bevorzugten Lösung,
- eigene direktive oder drängende Lösungsvorschläge.[96]

---

93 Siehe zum Meinungsstand *Gaßner/Holznagel/Lahl* S. 21ff.

94 Vgl. *Montada/Kals* 3.2., S. 50; Haft/von Schlieffen/*Kracht* § 12 Rn. 106ff.

95 Vgl. Haft/von Schlieffen/*Kracht* § 12 Rn. 107.

96 Vgl. *Montada/Kals*, 3.2., S. 51.

2. Mediator

Die mit dem Mediationsgesetz umgesetzte Mediationsrichtlinie der europäischen Union, definiert den Mediator (siehe auch C Rn. 125) in Art. 3b) als „eine dritte Person, die ersucht wird, eine Mediation auf wirksame, unparteiische und sachkundige Weise durchzuführen, unabhängig von ihrer Beziehung oder ihrem Beruf in dem betreffenden Mitgliedsstaat und der Art und Weise, in der sie für die Durchführung der Mediation benannt oder mit dieser beauftragt wurde.“[97] In der Begriffsbestimmung des § 1 II MediationsG wird der Mediator vereinfacht als eine unabhängige und neutrale Person ohne Entscheidungsbefugnis beschrieben, die die Parteien durch die Mediation führt. Damit definiert das Gesetz die Grundbedingungen an die Person des Mediators. Die Verpflichtung zur **Neutralität** wird in § 2 III MediationsG (C Rn. 17ff.), die zur **Unabhängigkeit** in § 3 MediationsG auch mit Offenbarungspflichten und Tätigkeitsverboten konkretisiert (D Rn. 4ff.). 77

Die Gesetzesbegründung zu § 1 II 2 MediationsG stellt klar, dass bewusst auf eine abschließende Regelung eines klar umgrenzten **Berufsbildes** verzichtet wurde, um der dynamischen Entwicklung des noch relativ neuen Verfahrens Rechnung zu tragen.[98] Zwar ist die Vermittlung durch neutrale Dritte im Konflikt alles andere als neu, sie geht zurück auf eine Jahrtausende alte Weltgeschichte,[99] in der klar strukturierten Form des Mediationsverfahrens, wie wir es heute kennen und es nunmehr im Mediationsgesetz definiert ist (§ 1 I MediationsG), hat sich die Mediation allerdings erst Anfang der 1990er Jahre in Deutschland durchgesetzt (Einl. Rn. 2). Das Mediationsgesetz will zur Sicherung einer Fortentwicklung des Berufsbildes nur soweit wie nötig rahmengebende Voraussetzungen für die multidisziplinäre Mediationslandschaft schaffen. Auch wurde auf eine letztgültige Regelung des Berufsbildes verzichtet, da viele Mediatoren einen anderen Grundberuf ausüben und die Mediation nebenberuflich bzw. nicht ausschließlich betreiben.[100] Auf dem Mediationsmarkt finden sich zahlreiche verschiedene Berufsgruppen wie Rechtsanwälte, Notare, Richter, Steuerberater, Psychotherapeuten, Sozialarbeiter, Ärzte, Pastoren u.v.m. Berufsrechtliche Regelungen aus dem Grundberuf sind neben dem Mediationsgesetz anwendbar, soweit sie sich auch auf die mediatorische Tätigkeit erstrecken, wie dies beispielsweise für Rechtsanwälte der Fall ist (§ 18 BORA). Im Rahmen der dynamischen Entwicklung des Berufsbildes des Mediators, könnten auch zukünftig andere Grundberufe die mediatorische Tätigkeit dem Grundberuf zurechnen. Das Mediationsgesetz ist zum jeweiligen Berufsrecht des Grundberufes lex specialis an- 78

97 EU-Richtlinie 2008/52/EG des Europäischen Parlaments und des Rates vom 21. Mai 2008 über bestimmte Aspekte der Mediation in Zivil- und Handelssachen.

98 BT-Drs. 60/11, S. 15.

99 Vgl Haft/von Schlieffen/*Hehn* § 8 Rn. 3ff.

100 BT-Drs. 60/11, S. 19.

zuwenden (E Rn. 21).[101] Es verdrängt die für den Grundberuf geltenden berufsrechtlichen Vorschriften nur dann, wenn zwischen ihnen ein Widerspruch auftritt.[102]

a) Unabhängigkeit und Neutralität

79 Durch die gesetzliche Vorgabe zur Unabhängigkeit (ausführlich C Rn. 81 ff.) und Neutralität (ausführlich C Rn. 17 ff.) des Mediators in § 1 II MediationsG greift die Norm eine der wesentlichen Anforderungen an die Person des Mediators auf. Die Unabhängigkeit des Mediators bezieht sich auf seine Beziehung zu den Parteien und zum Verfahrensgegenstand. Mediatoren dürfen insbesondere keinen Weisungen einer Mediationspartei unterliegen.[103] Fraglich ist auch, inwieweit die Unabhängigkeit des Mediators bei unternehmensintern tätigen Mediatoren gewährleistet ist. Sind sie Angestellte des Unternehmens, so unterliegen sie dem Direktionsrecht des Arbeitsgebers. Insoweit muss zwischen Arbeitgeber und intern tätigen Mediator vertraglich geklärt werden, dass der Mediator wirklich frei und unabhängig agieren kann. Nicht ausreichend für die Anforderungen an die Unabhängigkeit ist – wie aber Berning konstatiert[104] – dass der Mediator gemäß § 3 I MediationsG gegenüber den Parteien die Umstände offenlegt, die seine Unabhängigkeit gefährden könnten (Abhängigkeit vom Arbeitgeber) und auf die ausdrückliche Zustimmung der Parteien setzt. Nach der hier vertretenen Auffassung reicht nicht allein die Zustimmung zum Tätigwerden durch die Parteien. Vielmehr ist unabdingbare Voraussetzung, dass sich der Mediator selbst als unabhängig einstuft (D Rn. 4 ff.).

80 Darüber hinaus dürfen seitens des Mediators aber auch keine zu engen **Bindungen** in Bezug auf das Konfliktthema der Mediation bestehen (D Rn. 4 ff.).[105] Der Mediator hat sicherzustellen, dass es weder persönliche Verflechtungen zu den Parteien noch eine persönliche Verwicklung in den Vertragsgegenstand gibt. Die Pflicht zur Unabhängigkeit wird durch Hinweis- und Informationspflichten, D Rn. 12 (§ 3 I MediationsG), sowie einem relativen Tätigkeitsverbot, D Rn. 4 (§ 3 I S. 2 MediationsG), und bei Interessenkollision, D Rn. 28 (§ 3 II–IV MediationsG) mit einem absoluten Tätigkeitsverbot untermauert.

81 Eine wesensgebende Bedeutung für die Rolle des Mediatoren kommt auch seiner Neutralität zu (ausführlich C Rn. 17 ff.). Die **Neutralität** des Mediators bezieht sich auf seine Haltung zu den Parteien und die Art und Weise der Verfahrensleitung. Die Neutralität verlangt vom Mediator, dass er allen Parteien aktiv zur Seite steht und sie unterstützt. Er hat ihnen ausweislich der Gesetzesbegründung gleicherma-

101 *Fritz/Pielsticker* § 2 Rn. 3.
102 BT-Drs. 60/11, S. 19.
103 BT-Drs. 60/11, S. 19; siehe auch *Berning* Spektrum der Mediation 47/2012, 23 (24).
104 *Berning* Spektrum der Mediation 47/2012, 23 (24).
105 Vgl. BT-Drs. 60/11, S. 19.

ßen zu dienen.[106] Der Mediator fördert die Kommunikation (§ 2 III S. 2 MediationsG) unter den Parteien und bindet alle Parteien in die Mediation ein (§ 2 III S. 3 MediationsG). Der Mediator garantiert durch seine neutrale Haltung gegenüber den Parteien und durch seine Verfahrensneutralität ein faires Verfahren.

Die **Verfahrensneutralität** (C Rn. 34) verpflichtet ihn zu einer unparteilichen Verhandlungsführung und zur Gleichbehandlung der Parteien (§ 2 III S. 2 und 3 MediationsG). Dazu gehört die ungeteilte Teilhabe aller Medianten an Informationen und Fachwissen des Mediators (C Rn. 40). Der Mediator hat darauf hinzuwirken, dass die Parteien die Vereinbarung in Kenntnis der Sachlage treffen und ihren Inhalt verstehen (§ 2 VI S. 1 MediationsG (C Rn. 41)). Soweit seine Neutralität gefährdet ist bestehen **Hinweis- und Informationspflichten** (§ 3 I S. 1 MediationsG) des Mediators an die Parteien mit einem relativen Tätigkeitsverbot (D Rn. 4ff., 22). Danach muss der Mediator Umstände, die seine Neutralität beeinträchtigen könnten, offenlegen und darf nur als Mediator tätig werden, soweit die Parteien ausdrücklich zustimmen und der Mediator sich selbst als neutral einschätzt (§ 3 I S. 2 MediationsG). Umstritten ist im Hinblick auf seine Unabhängigkeit und Neutralitätsverpflichtung, ob der Mediator aktiv durch eigene (auch rechtliche) Vorschläge in die Vermittlung eingreifen darf oder ob ihm eine nur passive Rolle zukommt (ausführlich B Rn. 74, C Rn. 43ff., 57, D Rn. 35ff.). 82

Für die Unabhängigkeit des **Anwaltsmediators** gelten die über das Mediationsgesetz hinausgehenden Anforderungen des § 43a I BRAO (C Rn. 49). Unabhängigkeit bedeutet für den Rechtsanwalt sowohl Staatsunabhängigkeit, als auch wirtschaftliche sowie gesellschaftliche Unabhängigkeit.[107] Ferner bezieht sich die berufliche Unabhängigkeit des Rechtsanwalts auch auf die Unabhängigkeit von der Partei.[108] Die Pflicht zur Unabhängigkeit verlangt vom Anwalt, abhängigkeitsbegründende Bindungen von vornherein zu vermeiden. Dies gilt auch für solche Bindungen, die die Unabhängigkeit des Rechtsanwalts auch nur gefährden könnten.[109] Zwar können die genannten Kriterien auch im Sinne eines Tätigkeitsverbotes des § 3 MediationsG beachtlich sein, wenn es um die Beurteilung der Unabhängigkeit des Mediators im konkreten Einzelfall geht. Die Verpflichtung des § 43a I BRAO geht aber weit darüber hinaus, denn diese Norm betrifft die gesamte Berufsausübung als Anwalt bzw. Anwaltsmediator. Möchte der Anwalt beispielsweise in einem Angestelltenverhältnis einen Zweit- oder Nebenberuf ausüben, so bedarf es einer dahingehenden Freistellungserklärung des Arbeitgebers, die gewährleistet, dass der Anwaltsberuf stets vorrangig ausgeübt werden kann. Es muss eine Ausübungsmöglichkeit in tatsächlicher und rechtlicher Hinsicht bestehen. 83

106 Vgl. BT-Drs. 60/11, S. 21.

107 *Feuerich/Weyland* § 1 BRAO Rn. 16 und § 43a Rn. 4; *Hartung/Römermann* § 2 BORA Rn. 34.

108 *Feuerich/Weyland* § 1 BRAO Rn. 16 und § 43a Rn. 4; *Prütting* AnwBl. 1994, 315.

109 BGH BRAK-Mitt. 1998, 15.

Checkliste: Aufgabe des Mediators

84 **§ 1 II MediationsG** „durch die Mediation führen“

§ 2 III S. 2 MediationsG „Förderung der Kommunikation und Einbindung der Parteien in die Mediation“

- Verantwortung für das Verfahren
- Unterstützung beim Aufdecken der Tiefenstruktur des Konfliktes (Interessen, Bedürfnisse, Anliegen hinter den Positionen herausarbeiten),
- Intervention bei problematischen Kommunikationsmustern,
- Intervention bei drohender Eskalation des Konfliktes,
- Kommunikative Vermittlung der unterschiedlichen Sichtweisen der Parteien mit dem Ziel gegenseitiges Verständnis zu schaffen,
- Machtungleichgewichte offenlegen,
- Sicherstellung der umfassenden Informiertheit der Parteien (nötigenfalls Hinweis auf externe Berater wie Rechtsanwälte),
- Kommunikative Unterstützung bei der Suche nach einer fairen Lösung unter Einbeziehung der Auswirkungen einer Lösung auf das Umfeld der Parteien („Ökologie-Check“[110]).

Checkliste: „Durch die Mediation führen“, gängige Methoden, C Rn. 134

85 Beispielhafte gängige Methoden der Prozessführung

- Aktives Zuhören, Verbalisieren,
- Paraphrasieren (Zusammenfassen),
- Umformulieren (Reframing),
- Doppeln,
- Perspektivwechsel,
- Trennung von Sach- und Beziehungsebene,
- Kreativtechniken
- Nichteinigungsalternativen, BATNA WATNA
- Fragetechniken, die auch aus der Therapie und dem Coaching bekannt sind, wie systemisches Fragen, zirkuläres Fragen, Skalenfragen.

b) Fehlende Entscheidungskompetenz des Mediators

86 Es gehört zu einer der Besonderheiten des Mediationsverfahrens, dass der Mediator keine Entscheidungskompetenz in Bezug auf den Streitgegenstand oder die Streitgegenstände hat.[111]

87 Dieser Grundsatz findet sich im Mediationsgesetz wieder. Bereits die Formulierung „eigenverantwortlich“ in § 1 Abs. 1 MediationsG weist darauf hin, dass die Verantwortung bei den Parteien liegt. Ausdrücklich heißt es dann in Abs. 2 der Vorschrift: „Ein Mediator ist eine unabhängige und neutrale Person ohne Entscheidungsbefugnis, (...).“

---

110 *Ökologie Check:* Überprüfung der Verträglichkeit der Lösung mit dem inneren und äußeren System der Parteien, insbesondere auch dem sozialem Umfeld.

111 *Besemer* S. 14, 18; *Haft* S. 244 f.; *Kerntke* (2009), S. 15 f.; Trenczek/Berning/Lenz/*Carl* S. 490.

Gemeint ist mit „ohne Entscheidungsbefugnis" die fehlende Sachentscheidungsbefugnis des Mediators. Über den Konfliktgegenstand und seine Lösung entscheiden ausschließlich die Parteien. Die Grundidee der Mediation lautet: die Konfliktparteien sind die Konfliktlösungsexperten,[112] sie tragen den Schlüssel zur Lösung ihres Konfliktes in sich, das Mediationsverfahren dient dazu, ihnen zu helfen, den Schlüssel zu finden und zu nutzen. 88

Typischerweise können in diesem Zusammenhang während einer Mediation folgende kritische Situationen entstehen: 89

- die Parteien fragen den Mediator nach einer Lösung
- der Mediator meint eine gute Lösung zu kennen und möchte sie den Parteien vermitteln
- die Parteien haben eine Lösung gefunden und der Mediator bewertet diese Lösung als unpassend.

Wenn die Parteien den Mediator ausdrücklich nach einer Entscheidung fragen, sollte der Mediator grundsätzlich freundlich ablehnen, eine eigene Entscheidung anzubieten,[113] und statt dessen die Parteien darin unterstützen, entscheidungsfähig zu werden. Beispielsweise kann es helfen, systemisch zu fragen: was brauchen Sie, um selbst zu einer Entscheidung kommen zu können? Auch ist zu klären, ob den Parteien Expertenwissen fehlt. Oder die Parteien benötigen eine Unterstützung externer Art wie zum Beispiel Coaching, um entscheidungsfähig zu werden. Natürlich sollte der Mediator auch überprüfen, ob er den Parteien ausreichend Unterstützung zum Entwickeln von Lösungsoptionen geboten hat, wie es seine Aufgabe ist. Denn vorschnell eine Lösung zu wählen, kann einen der maßgeblichen Vorteile des Mediationsverfahrens, das Blickfeld zu erweitern, verhindern.[114] 90

Hat der Mediator eine Idee vor Augen, die die Parteien offenkundig nicht sehen, sollte diese Idee grundsätzlich nicht,[115] und wenn, dann nur präsentiert werden, wenn die Parteien sämtlich damit einverstanden sind. Beispielsweise kann der Mediator fragen: „Mögen Sie dazu eine (weitere) Idee von mir hören?" Das Präsentieren einer Idee ist kein Entscheiden in der Sache – hier besteht bei einem umsichtigen Vorgehen keine Gefahr, dass der Gedanke des Gesetzes oder der Mediation verletzt wird. Besonderes Augenmerk ist aber darauf zu richten, dass der Kreativitätsprozess der Parteien ungestört laufen kann, weshalb sich der Mediator mit eigenen Ideen zurücknehmen und darauf achten soll, dass die eigene Idee lediglich neben den Ideen der Parteien steht.[116] 91

112 *Hösl* Perspektive Mediation 1/2012, 17; *Oboth/Seils* S. 12.
113 So auch *Haft* S. 252.
114 *Haft* S. 252 f.
115 *Oboth/Seils* S. 19; Trenczek/Berning/Lenz/*Trenczek* S. 186 f.
116 *Besemer* S. 18.

92 Neben der Zurückhaltung mit eigenen Ideen aus mediativen Erwägungen ist auch aus rechtlichen Gründen Vorsicht geboten: Ein Mediator, der rechtliche Regelungsvorschläge unterbreitet, gerät möglicherweise in Konflikt mit den Regelungen im Rechtsdienstleistungsgesetz (B Rn. 212ff., 217).[117]

93 Findet der Mediator die Entscheidung der Parteien unpassend, stellt sich die Frage, ob die fehlende Entscheidungskompetenz beinhaltet, dass eine von den Parteien beabsichtigte oder bereits gewählte Entscheidung unantastbar ist – aufgrund der ausschließlichen Entscheidungskompetenz auf Parteienseite. Wie also verhält sich der Mediator, wenn er bei einer geplanten oder getroffenen Einigung eine Schieflage sieht oder als Anwaltsmediator positiv weiß, dass die Regelung eine einseitige Aufgabe von Rechtspositionen beinhaltet?

94 Nach dem Mediationsgesetz ist vom Mediator zu gewährleisten, „dass die Parteien in angemessener und fairer Weise in die Mediation eingebunden sind" (§ 2 Abs. 3 Satz 2). Im Falle einer Einigung hat der Mediator darauf hinzuwirken, „dass die Parteien die Vereinbarung in Kenntnis der Sachlage treffen" (§ 2 Abs. 6 Satz 1 MediationsG). Demnach ist es gerade Aufgabe des Mediators, eine erkennbare Schieflage anzusprechen. Wenn der Mediator zu der Einschätzung gelangt, dass eine Partei ihre Ansprüche einseitig aufgibt, ist zumindest zu überprüfen, ob dieses der Partei bewusst ist, die Vereinbarung also in Kenntnis der Sachlage getroffen wird.

95 Weiter ist in § 2 Abs. 6 Satz 2 MediationsG geregelt: Der Mediator „hat die Parteien, die ohne fachliche Beratung an der Mediation teilnehmen, auf die Möglichkeit hinzuweisen, die Vereinbarung bei Bedarf durch externe Berater überprüfen zu lassen." Dieser Hinweis muss jeweils erfolgen, bevor die Vereinbarung getroffen wird.[118] Die ursprüngliche Formulierung im Gesetzentwurf zum Mediationsgesetz hatte die weichere Formulierung „soll" und wurde im Laufe der Gesetzgebung zu einer Verpflichtung ausgestaltet.[119] Bei einer erkennbaren Schieflage kann, ja muss der Mediator also darauf hinweisen, dass eine fachliche Überprüfung ratsam wäre.

96 Vorrangig wurde im Gesetzgebungsverfahren an die rechtliche Beratung gedacht.[120] Entsprechend wurde diese Vorschrift bereits als „Steilvorlage für alle Anwälte" bezeichnet.[121] Die Hinweispflicht gilt jedoch gleichermaßen für alle weiteren fachlichen Einschätzungen[122] und unabhängig davon, ob der Mediator selbst über diese fachliche Kompetenz verfügt oder nicht: Es ist Aufgabe des Mediators, die Par-

117 GE BMJ 8.12.2010 S. 24; *Plassmann* BRAK-Mitt. 2012, 194, 199; Trenczek/Berning/Lenz/*Carl* S. 492.

118 BR-Drs. 60/11 (Beschluss) S. 3.

119 Vgl. BT-Drs. 17/8058 S. 5 (Synopse), S. 18 (Begründung).

120 GE BMJ 8.12.2010 S. 23; BT-Drs. 17/8085 S. 18.

121 *Plassmann* BRAK-Mitt. 2012, 194, 199.

122 GE BMJ 8.12.2010 S. 23.

teien darauf hinzuweisen, dass nach seiner Einschätzung ein Bedarf für eine fachliche Beratung bestehen könnte und dass es für die Parteien empfehlenswert ist, sich dieses Fachwissen zu holen.

Typischerweise kann es in der Mediation schwierig werden, wenn sich eine sol- 97
che Empfehlung offenkundig nur an eine Partei richtet, weil alle anderen Parteien gut informiert sind oder wirken. Es könnte dann die Gefahr bestehen, dass das Vertrauen der bereits gut informierten Parteien in die Allparteilichkeit des Mediators verloren geht. Unabhängig davon besteht die gesetzliche Hinweispflicht. Die Allparteilichkeit kann dann durch einen Verweis auf die gesetzliche Verpflichtung und auf den Grundsatz der Fairness gesichert werden.

Im Ergebnis ist auch hier die Entscheidungskompetenz der Parteien zu achten. 98
Die Hinweispflicht muss erfüllt werden, eine Überprüfung, ob dieser Hinweis von allen Parteien verstanden wurde, ist sinnvoll. Damit ist die Aufgabe des Mediators erfüllt. Die Entscheidung, ob Beratung eingeholt wird oder nicht, liegt wieder bei den Parteien, auch hier sind sie die Experten des Konflikts.

In der Praxis kommt es vor, dass Mediatoren eine Bewertung zur Sache abgeben 99
– es gibt eben unterschiedliche Mediatoren, unterschiedliche Mediationsstile und unterschiedliche Mediationsformen.[123] Vom ursprünglichen Geist der Mediation wie auch vom Geist des Mediationsgesetzes wird ein solches Vorgehen nicht getragen.

Neben der Entscheidung zur Sache gibt es bei der Durchführung einer Media- 100
tion zahlreiche Entscheidungen, an denen Mediatoren beteiligt werden: die Frage, ob mit den anfragenden Parteien eine Mediation durchgeführt werden soll, ist auch vom Mediator (mit) zu entscheiden, ebenso die Frage, ob eine bereits begonnene Mediation fortgesetzt werden soll, ob es sich also (noch) um das richtige Verfahren handelt. Denn die Entscheidung, eine Mediation zu beenden, kann auch vom Mediator getroffen werden, § 2 Abs. 5 Satz 2 MediationsG.

Zusammenfassung: Wer hat die Entscheidungskompetenz? ! 101
- Entscheidung, ob eine Mediation durchgeführt werden soll: Parteien und Mediator
- Entscheidung, ob eine Mediation fortgeführt werden soll: Parteien und Mediator
- Entscheidung, ob Beratung eingeholt wird: Parteien
- Sachentscheidungen: Parteien.

c) Prozessverantwortung des Mediators: „Durch die Mediation führen“

§ 1 Abs. 2 MediationsG lautet: „Ein Mediator ist eine unabhängige und neutrale Per- 102
son ohne Entscheidungsbefugnis, die die Parteien durch die Mediation führt.“ Diese Moderationsaufgabe und Prozessverantwortung des Mediators, die bereits im ersten Entwurf des Bundesministerium der Justiz so formuliert war und unverändert in das

123 *Haft* S. 245.

Gesetz übernommen wurde, soll klarstellen, „dass die Mediatorinnen und Mediatoren die Verantwortung für das Verfahren und insbesondere für eine gelingende Kommunikation zwischen den Parteien tragen. Sie haben auf die Vereinbarung von Verfahrensregeln und auf deren Einhaltung zu achten und für die Schaffung bzw. Wiederherstellung einer adäquaten Verhandlungsatmosphäre zu sorgen.“[124]

Mit anderen Worten haben die Mediatoren als Prozessverantwortliche dafür zu sorgen, dass das Mediationsverfahren strukturiert und vollständig sowie ziel- und lösungsorientiert abläuft[125] und die Parteien eine in Eigenverantwortung gefundene Lösung wählen können.[126] Die Ablaufkontrolle beim Mediator zu wissen, ermöglicht es den Parteien, sich auf sich selbst, die Sachthemen und auf ihren Konflikt zu konzentrieren.

Im Einzelnen benennt das Mediationsgesetz folgende Aufgaben:

103 Der Mediator muss sicherstellen, „dass die Parteien die Grundsätze und den Ablauf des Mediationsverfahrens verstanden haben (...)“, § 2 Abs. 2 MediationsG. Wenn die Auftraggeber gleichzeitig die Parteien der Mediation sind, müssen sie die Grundsätze des Verfahrens und seinen Ablauf nicht nur verstanden, sondern darüber Einigkeit erzielt haben. Um das Verständnis bzw. die Einigkeit sicherzustellen, können die Grundsätze und der Ablauf in der Vereinbarung zur Mediation aufgeführt werden. Zusätzlich sind sie zu Beginn der Mediation vom Mediator zu erörtern.[127] Hilfreich ist eine Visualisierung auf einem Flip-Chart, damit Grundsätze und Ablauf den Parteien stets vor Augen sind.

104 Es ist zu prüfen, ob die Freiwilligkeit beachtet wird: „Der Mediator vergewissert sich, dass die Parteien (...) freiwillig an der Mediation teilnehmen“, § 2 Abs. 2 MediationsG. Dabei ist zu unterscheiden: die Durchführung einer Mediation kann angeordnet oder anderweitig vorgeschrieben worden sein.[128] Die Mediation fortzusetzen und ggf. eine Vereinbarung zu treffen, unterliegt jedoch der Freiwilligkeit, und hier hat der Mediator zu prüfen, ob sie eingehalten ist. Es besteht also allenfalls eine Verpflichtung, einen Mediationsversuch zu unternehmen.

105 Die Kommunikation der Parteien soll gefördert werden, § 2 Abs. 3 Satz 2, 1. Halbsatz MediationsG. Hierbei handelt es sich um eine zentrale Aufgabe der Mediatoren, deren Aufgabe darin besteht, für ein gegenseitiges Verständnis der Parteien zu sorgen. In der Regel wird dieses erreicht, indem der Mediator als Brücke der Verständigung dient: Zuerst hört und versteht er jede Partei einzeln, wenn auch in Anwesenheit der anderen Partei(en), um sodann, nachdem diese sich einzeln verstanden

---

124 GE BMJ 8.12.2010 S. 22.

125 *Haft* S. 251; *Oboth/Seils* S. 19; Trenczek/Berning/Lenz/*Carl* S. 490 f.; Trenczek/Berning/Lenz/*Trenczek* S. 37 f., 180.

126 GE BMJ 8.12.2010 S. 22.

127 Trenczek/Berning/Lenz/*Carl* S. 491.

128 *Dendorfer/Krebs* Konfliktdynamik 3/2012, 212, 213 ff.; Trenczek/Berning/Lenz/*Carl* S. 488.

fühlen, für ein gegenseitiges Verständnis der Parteien untereinander zu sorgen. Hierbei kommen die besonderen Methoden der Mediation zur Geltung (vgl. unten C Rn. 134 ff.).[129]

Es ist zu gewährleisten, „dass die Parteien in angemessener und fairer Weise in die Mediation eingebunden sind", § 2 Abs. 3 Satz 2, 2. Halbsatz MediationsG. Diese Pflicht stellt ebenfalls ein Herzstück der Mediation dar, die davon ausgeht, dass die Parteien in einem grundsätzlichen Gleichgewicht zueinander stehen oder in ein solches gelangen sollen. Hierzu gehört, das ein Gleichgewicht bei den Wortbeiträgen aller Parteien bestehen sollte, dass die Parteien einander ausreden lassen, dass sie fair miteinander umgehen und alle erforderlichen Informationen allen Beteiligten gleichermaßen zugänglich sind.[130] 106

Der Mediator hat dafür zu sorgen, dass die fünf bis sechs Phasen der Mediation,[131] die aus der Beobachtung von gelungener Kommunikation bzw. Verhandlung entwickelt wurden,[132] beachtet und eingehalten werden. In der Praxis ist häufig vor allem dafür Sorge zu tragen, dass die Parteien auch bei oder nach Schilderung dessen, was gewesen ist und zum Konflikt geführt hat, wieder zu einer Zukunftsorientierung gelangen. Mediation dient – auch wenn es hier unterschiedliche Mediationsstile geben wird – nur begrenzt der Aufarbeitung (der dient die Therapie, s.u. B Rn. 91 ff.) und will die Parteien in erster Linie zu einer Klärung und Lösung bringen. Ebenso ist dafür zu sorgen, dass die Parteien immer wieder den Überblick erhalten und erkennen, an welcher Stelle des Mediationsverfahrens sie sich befinden. Schließlich muss die vereinbarte Zeit überwacht und eingeteilt werden. 107

Der Mediator muss klären, ob die Mediationsgespräche gemeinsam (so der Regelfall) oder aus verschiedenen Gründen mit den Parteien getrennt stattfinden, § 2 Abs. 3 Satz 3 MediationsG. Getrennte Gespräche sind nach der gesetzlichen Regelung nur dann zulässig, wenn alle Parteien zustimmen. 108

Ebenso ist zu klären, ob Dritte in die Mediation einbezogen werden, was wieder nur mit Zustimmung aller Parteien möglich ist, § 2 Abs. 4 MediationsG. Dritte sind alle Personen, die nicht Parteien der Mediation oder Mediator sind. In erster Linie sind Rechtsanwälte oder andere Berater und Sachverständige gemeint, in der Praxis kann aber auch vorkommen, dass weitere Personen, und sei es am Rande, am Konflikt beteiligt oder von ihm betroffen sind, wie z.B. Familienangehörige. Das Einbeziehen meint, dass diese Dritten in der Mediationssitzung anwesend sind.[133] Darüber hinaus braucht es gleichermaßen ein Einverständnis aller Parteien, wenn Dritte 109

129 GE BMJ 8.12.2010 S. 23; *Besemer* S. 19 f.; *Oboth/Seils* S. 20 ff.; Trenczek/Berning/Lenz/*Glasl* S. 301 ff.
130 Trenczek/Berning/Lenz/*Carl* S. 491 f.
131 *Haft* S. 245 ff.
132 *Haft* S. 244 m.w.N.
133 GE BMJ 8.12.2010 S. 23.

über Inhalte und/oder Ergebnisse der Mediation vom Mediator oder gemeinsam informiert werden. Auch Rechtsberater dürfen ausdrücklich nur dann an der Mediationssitzung teilnehmen oder durch den Mediator in sie eingebunden werden, wenn alle Parteien hiermit einverstanden sind.[134] Nicht gemeint ist, dass Berater neben oder außerhalb der Mediation konsultiert werden, was jeder Partei zu jeder Zeit frei steht.

110 Zu klären ist und eine entsprechende Aufmerksamkeit zu halten ist dafür, ob die Mediation fortgeführt oder beendet wird, § 2 Abs. 5 Satz 2 MediationsG. Die Parteien können die Mediation jederzeit beenden, § 2 Abs. 5 Satz 1 MediationsG. Der Mediator kann und unter Umständen muss die Mediation beenden, wenn keine Einigung möglich erscheint oder wenn die Parteien oder eine Partei nicht eigenverantwortlich kommunizieren kann, also beispielsweise eine schwere psychische Erkrankung oder massive Suchterkrankung vorliegen.[135]

111 Wichtig und umfassend ist die Sorge dafür, was im Falle einer Einigung zu beachten ist, s.u. C Rn. 275ff.: Der Mediator sorgt dafür, „dass die Parteien die Vereinbarung in Kenntnis der Sachlage treffen“, § 2 Abs. 6 Satz 1 MediationsG, und weist „die Parteien, die ohne fachliche Beratung an der Mediation teilnehmen, auf die Möglichkeit hin (...), die Vereinbarung bei Bedarf durch externe Berater überprüfen zu lassen“, § 2 Abs. 6 Satz 2 MediationsG.

112 Wenn die Sorge besteht, dass der Mediator in seiner Unabhängigkeit und Neutralität beeinträchtigt sein könnte, hat er die Parteien von sich darüber zu informieren, § 3 Abs. 1 MediationsG.

113 Eine Verpflichtung des Mediators, den eigenen fachlichen Hintergrund sowie die eigene Ausbildung und Erfahrung auf dem Gebiet der Mediation zu erläutern, besteht nur auf Verlangen der Parteien, § 3 Abs. 5 MediationsG.

114 Auch wenn es nicht ausdrücklich im Gesetz geregelt ist: Vor oder spätestens zu Beginn der Mediation ist zu klären, ob die Parteien auch aus Sicht des Mediators das mit einer Mediation das passende Instrument zur Klärung ihres Konfliktes gewählt haben.

! Praxistipp – durch die Mediation führen:
- Mediation ist das passende Instrument
- Die Parteien haben die Grundsätze und den Ablauf des Mediationsverfahrens verstanden
- Die Parteien nehmen freiwillig an der Mediation teil
- Die Kommunikation zwischen den Parteien wird gefördert
- Die Parteien sind angemessen und fair eingebunden
- Die Mediation läuft geordnet ab, alle Phasen werden durchlaufen, die Zeit wird eingehalten
- Bei Bedarf: Abklärung, ob Einzelgespräche stattfinden
- Bei Bedarf: Abklärung, ob Dritte einbezogen werden

---

134 GE BMJ 8.12.2010 S. 23.
135 GE BMJ 8.12.2010 S. 23.

- Bei Bedarf: Abklärung, ob die Mediation fortgeführt oder beendet wird
- Im Falle einer Einigung: Einigung in Kenntnis der Sachlage, Hinweis auf Beratungsmöglichkeit
- Die eigene Unabhängigkeit und Allparteilichkeit (Neutralität) sind gewahrt.

3. Partei

Der im Mediationsgesetz benutzte Begriff der „Partei" ist – so die Gesetzesbegründung[136] – „untechnisch" zu verstehen und bezeichnet die an der Mediation teilnehmenden Personen (Medianten). Damit ist klargestellt, dass der Begriff weder mit dem in der Zivilprozessordnung verwendeten engen formellen noch dem materiellen Parteibegriff synonym ist. Nach dem formellen Parteibegriff ist Partei, durch und gegen wen Rechtsschutz begehrt wird.[137] Wer Partei eines Rechtsstreites ist, bestimmt damit der Kläger durch seine, den Prozess einleitende Erklärung, wie die Klagschrift. Der materielle Parteibegriff bestimmt, wer nach materiellem Recht aus dem streitigen Rechtsanspruch berechtigt oder verpflichtet wird.[138] 115

Der Begriff der Partei in der Mediation kann sich mit dem formellen und materiellen Parteibegriff der Zivilprozessordnung decken, aber auch darüber hinaus gehen. Eine Übereinstimmung des Parteibegriffes zwischen Mediation und Prozess ist bei Mediationen zu finden, die nach § 278a ZPO vom Gericht vorgeschlagen werden. 116

Der „untechnische" Begriff der Partei wird durch die am Mediationsverfahren beteiligten Parteien konkretisiert. Partei einer Mediation ist, wer als Beteiligter des Konfliktes ausgemacht wurde und an der Mediation teilnimmt. Dies wiederum bestimmen die Parteien selbst. Bei einem rechtshängigen Gerichtsverfahren, das für die Zeit der Mediation ruht, können daher auch andere als die Parteien des Rechtsstreites sowie andere als die materiell-rechtlich Berechtigten oder Verpflichteten an der Mediation beteiligt und damit Parteien der Mediation sein. So kann beispielsweise ein **Streithelfer** oder ein am Rechtsstreit unbeteiligter **Dritter** Teilnehmer einer Mediation sein, soweit dies von den Konfliktbeteiligten für erforderlich erachtet wird. In solchen Konstellationen hat der Mediator die Parteien darauf hinzuweisen (Prinzip der vollständigen Informiertheit), sich durch Rechtsanwälte beraten zu lassen. Denn durch die Teilnahme von Personen, die bei einem ruhenden oder künftigen Verfahren nicht Partei des Rechtsstreites sind, können eventuelle Rechtspositionen der am Klageverfahren beteiligten Parteien gefährdet sein, etwa wenn die teilnehmende Konfliktpartei Streithelfer oder Zeuge des ruhenden oder anzustre- 117

136 BT-Drs. 17/5335, S. 23.
137 Vgl. BGH NJW 1983, 1433; BGHReport 2005, 1048 (1049); Saenger/*Kayser* § 50 ZPO Rn. 2.
138 Vgl. Zöller/*Vollkommer* Vor § 50 ZPO Rn. 2.

benden Rechtsstreits ist oder sein könnte und durch die Mediation Kenntnis von Sachverhalten erlangt, die für den Rechtsstreit relevant wären.

Hier ist daher besonderes auch auf Vertraulichkeitsabreden zu achten. Auch wenn die Parteien durch die Mediation zur Vertraulichkeit verpflichtet sind, besteht bei einer gescheiterten Mediation – dann nämlich ist die Fortsetzung bzw. die Einleitung des Rechtsstreites indiziert – die Gefahr, dass Vertrauliches genutzt oder preisgegeben wird. Eine gesetzliche Verschwiegenheitspflicht der Parteien besteht nicht.[139] Nur eine Vertraulichkeitsabrede kann daher einen gewissen Schutz vertraulicher Inhalte gewährleisten (ausführlich Rn. B 175, 240, 246 f.).

118 Die Definition der Partei im Mediationsgesetz ist darüber hinaus auch für Verfahrensordnungen anzuwenden, die den Begriff „Partei" nicht kennen und stattdessen von „Beteiligten" sprechen (wie Gesetz über das Verfahren in Familiensachen und in den Angelegenheiten der freiwilligen Gerichtsbarkeit oder die Verwaltungsgerichtsordnung (VwGO).[140]

119 Bei **minderjährigen Personen**, die insbesondere im Rahmen von Familien- oder Schulmediation Parteien der Mediation sein können, bedarf es zur Durchführung der Mediation der Genehmigung des gesetzlichen Vertreters (§ 107 BGB). Dies sind die sorgeberechtigten Personen, in der Regel die Eltern oder ein Elternteil. Soweit ein Minderjähriger Partei des Mediationsverfahrens ist, hat der Mediator besonders auf die Freiwilligkeit der Teilnahme zu achten (Rn. B 64), da die Minderjährigen von der Entscheidung ihrer Sorgeberechtigten abhängig sind.

120 Nicht Partei einer Mediation wohl aber de jure Auftraggeber dieser können **juristische Personen** (Verein, GmbH, AG) sein. Sie sind zwar im Zivilprozess parteifähig, eine Mediationsverhandlung kann aber nur mit „natürlichen Personen" (§ 1 BGB; Menschen) durchgeführt werden. Auch wenn eine juristische Person im Rechtsverkehr durch ihre Organe (die für die juristische Person Handelnden) rechtsverbindlich nach außen auftreten kann, so verhandeln in der Mediation nicht Personen als Organe einer juristischen Person, sondern die natürlichen Personen selbst. Hier zeigt sich nochmals der in der Gesetzesbegründung so bezeichnete „untechnische Parteibegriff".

---

139 Zur fehlenden Vertraulichkeitsverpflichtung der Parteien nach dem MediationsG kritisch: *Wagner* ZKM 6/2001, 164 (165).

140 BT-Drs. 60/11, S. 23.

III. Abgrenzung zu anderen Verfahren

1. Stellvertretermediation

Wenn nicht alle am Konflikt beteiligten Personen zu einer Mediation bereit sind, lassen sich neben der klassischen Mediation auch andere Methoden einsetzen, um den Konflikt zumindest einseitig zu klären. Eine dieser Methoden ist die Mediation mit Stellvertretung,[141] die von Katharina Sander und Christoph Hatlapa aus der Erkenntnis heraus entwickelt wurde, dass aus verschiedenen Gründen nicht immer beide oder alle Konfliktparteien zu einer gemeinsamen Konfliktbearbeitung zur Verfügung stehen. Der Bundesverband Mediation e.V. vergab in 2006 den Förderpreis für Innovative Ideen in der Mediation für die Entwicklung dieser Methode an Katharina Sander und Christoph Hatlapa. 121

Mediation mit Stellvertretung verbindet zwei Methoden: 122

- die Mediation als effektive Methode zur Moderation von Konflikten, die im Rahmen einer Mediation geklärt und mit einer Abschlussvereinbarung abgeschlossen werden sollen,

  und
- die Aufstellung als Methode, bei der – in der Regel zum Zwecke der Klärung einer vorgegebenen Frage – nicht anwesende, aber für Klärung bedeutsame Personen repräsentiert werden.

Mediation mit Stellvertretung bietet so einen Weg, um einen Konflikt mit den Vorteilen des typischen Ablaufs und den Moderationsmethoden einer Mediation zu erhellen und zu klären, selbst wenn nicht alle Konfliktparteien für eine gemeinsame Konfliktklärung bereit sind. Ein Konflikt wird mit nur einer anwesenden Konfliktpartei bearbeitet und geklärt, während die abwesende Konfliktpartei von einem Mediator repräsentiert wird. Der anwesenden Partei sitzt damit eine reale Person gegenüber, die die abwesende Konfliktpartei spielt – ohne dass die abwesende Partei davon Kenntnis haben muss. Es findet also keine Stellvertretung im rechtlichen Sinne statt. 123

Eine Stellvertretermediation kann demnach nur durchgeführt werden, wenn mindestens zwei Mediatoren anwesend sind – einer moderiert, der andere repräsentiert. Wenn zu dem Konflikt noch weitere Konfliktparteien gehören, die sich der direkten Klärung verweigern oder aus anderen Gründen nicht zugegen sind, werden drei oder mehr Mediatorinnen benötigt – für jede abwesende Konfliktpartei ein Mediator.[142]

---

141 Eine genaue Beschreibung der Methode findet sich in: *Sander/Hatlapa* S. 86 ff.; *Stoldt*, Perspektive Mediation 2/2009, 92 ff.; Ruhnau/*Stoldt* S. 67 ff.

142 In der Folge wird die Darstellung zur besseren Lesbarkeit so gewählt, als wären zwei Parteien beteiligt. Es können auch Konflikte mit mehr als zwei Parteien in einer Stellvertretermediation geklärt werden.

124 Entsprechend gestalten sich der Ablauf und die Verantwortung anders als in der klassischen Mediation: Während ein Mediator ununterbrochen in der Verantwortung des Mediators verbleibt (im folgenden: Mediator), wird der andere Mediator in einem Teil des Verfahrens, der Phase der Stellvertretung, in die Rolle der abwesenden Konfliktpartei gehen (im folgenden: Stellvertreter oder Stellvertretermediator). Insoweit ähnelt die Stellvertretermediation einem Rollenspiel.

Aber anders als in einem Rollenspiel, in dem eine Partei beispielsweise auch mit Wut und Unverständnis gespielt wird, und damit auch anders als in der klassischen Mediation, in der die Parteien mit allen ihren Gefühlen auftreten, wird die abwesende Konfliktpartei in der Stellvertretermediation **konstruktiv** repräsentiert. Sie tritt mit Offenheit und Verständnis für die anwesende Konfliktpartei auf. Es werden ausschließlich oder zumindest überwiegend die konstruktiven und verständigen Anteile der abwesenden Konfliktpartei dargestellt. Dieses Vorgehen ist besonders wichtig, denn es ermöglicht der anwesenden Konfliktpartei, sich ihrerseits für die Befindlichkeit der abwesenden Konfliktpartei zu öffnen und ein neues Verständnis für den Konflikt entwickeln: Wer verstanden wird, kann auch verstehen.

Nach dieser Phase der Konflikterhellung durch den Dialog zwischen Konfliktpartei und Stellvertretermediator folgen eine Lösungsphase und eine Abschlussphase – regelmäßig eine Vereinbarung der anwesenden Partei mit sich selbst, also der Entschluss zu einem nächsten Schritt.

125 Das konstruktive und verständige Vorgehen in der Rolle der abwesenden Konfliktpartei ist entscheidend für den Erfolg der Stellvertretermediation – und gleichzeitig ausgesprochen anspruchsvoll. Es ist empfehlenswert, die Methode gründlich im Übungskontext auszuprobieren und zu reflektieren, bevor sie als Dienstleistung angeboten wird.

! **Praxistipp: Ablauf einer Stellvertretermediation:**

1. Auftragsklärung
2. Konflikterhellung (Phase der Stellvertretung)
   - Stellvertreter hört der anwesenden Konfliktpartei zu
   - Stellvertreterperson gibt der anwesenden Konfliktpartei Einfühlung
   - Stellvertreterperson gibt „sich selbst“ (der repräsentierten, abwesenden Konfliktpartei) Einfühlung
   - Stellvertreterperson vergewissert sich, wie es der Konfliktpartei jetzt geht
   - Stellvertreterperson geht aus der Rolle
   - Gemeinsame Reflexion

1. Lösungen finden
2. Abschließende Vereinbarung
3. Bilanzgespräch

---

126 Zur **Auftragsklärung**: Wie in einer klassischen Mediation wird zunächst der Auftrag geklärt. Typischerweise findet ein erstes Gespräch am Telefon statt. Hier kann bereits ein Teil dessen, was zur Auftragsklärung gehört, abgefragt werden:

- Thema
- am Konflikt beteiligte Personen
- mit wem ist aus welchen Gründen keine direkte Klärung möglich
- welcher Zeitrahmen steht zur Verfügung
- dem Auftraggeber entstehende Kosten
- wann werden wo, wie viele und welche Mediatoren benötigt.

Nach dem ersten Gespräch können passend zu Termin und Thema Mediatoren gesucht werden, die nur grob über das Thema und umfassend zum vereinbarten Rahmen informiert werden. Umfassende kollegiale Vorbesprechungen sind nicht erforderlich, der zweite Mediator, der spätere Stellvertretermediator, kann inhaltlich unbefangen zur Stellvertretermediation erscheinen.

Spätestens in der vereinbarten Sitzung wird sinnvollerweise eine schriftliche 127
Vereinbarung zur Durchführung einer Stellvertretermediation vorgelegt, in der mindestens geregelt wird:
- Anwesende Konfliktpartei(en) als Auftraggeber, beauftragte Mediatoren.
- Bezeichnung des zu klärenden Themas.
- Ziel der Stellvertretermediation, z. B.: emotionale Entlastung, Angebot eines Perspektivwechsels, mehr Klarheit für die eigenen Interessen, Wünsche und Bedürfnisse.
- Vertraulichkeit für die Mediatoren.
- Aufgabenverteilung: Eigenverantwortung der Partei(en) für Inhalt und Ergebnis, Verantwortung der Mediatoren für Ablauf und Struktur.
- Keine Rechtsberatung oder andere fachliche Beratung.
- Freiwilligkeit – alle Beteiligten, auch die Mediatoren, können das Verfahren abbrechen.
- Mediatoren werden nicht als Zeugen oder Gutachter benannt.
- Ort, Zeitrahmen, Preis.

Die Vereinbarung ist von allen anwesenden Beteiligten, also den Mediatoren und der (den) Partei(en), zu unterschreiben.

Nun ist von den Mediatoren zu (er)klären, wer phasenweise die Stellvertretung 128
übernimmt und wer in der Moderation bleibt. Typischerweise bleibt in der Moderation, wer den Erstkontakt und die erste Auftragsklärung übernommen hatte.

Außerdem sollte jetzt dem Auftraggeber ein gründlicher Überblick über den genauen Ablauf des Verfahrens gegeben werden – mit einer Darstellung, wann der Stellvertretermediator in der Stellvertretung ist und wann nicht, also wann er moderiert. Hilfreich ist ein Flipchart mit dem visualisierten Ablauf (siehe Überblick B Rn. 125). Schließlich wird die anwesende Partei gefragt, ob das Thema noch aktuell ist oder es seit dem (telefonischen) Vorgespräch Veränderungen oder besondere Vorkommnisse gegeben hat, die die Mediatoren hören sollten, bevor sie in die Klärung einsteigen.

129 Jetzt beginnt die **Konflikterhellung** und damit die eigentliche Phase der Stellvertretung. Der Stellvertretermediator tut kund, in die Rolle der abwesenden Partei zu gehen und setzt sich um. Bis jetzt saßen zwei Mediatoren der Konfliktpartei gegenüber, und nun sitzt der moderierende Mediator zwei Konfliktparteien gegenüber, nämlich der anwesenden Konfliktpartei und dem Stellvertretermediator.

Der Stellvertretermediator lässt sich mit dem Namen der abwesenden Partei ansprechen und spricht in der Folge, wenn er von der abwesenden Konfliktpartei spricht, von „ich". Er sagt beispielsweise zu der anwesenden Partei: „Ich bin jetzt bereit, Ihnen als X (abwesende Konfliktpartei) zuzuhören. Mögen Sie mir den Konflikt aus Ihrer Sicht darstellen und erläutern?"

130 Jetzt hört der Stellvertretermediator der anwesenden Konfliktpartei als Partei zu. Die anwesende Konfliktpartei wird den Konflikt umfassend aus ihrer Sicht schildern. Sie soll dabei anders als in der klassischen Mediation nicht in Richtung des Mediators, sondern in Richtung des Stellvertreters sprechen und diesen mit dem Namen der abwesenden Konfliktpartei anreden. Das ist für den Stellvertretermediator hilfreich, um sich in die Rolle einfühlen zu können. Der Stellvertretermediator hört aufmerksam und in einer offenen Haltung zu. Sollte er Fragen stellen, geschieht dieses knapp und aus der Rolle als Stellvertretermediator. Er könnte beispielsweise fragen: „wie alt bin ich?", oder: „habe ich Kinder?"

Wenn die anwesende Konfliktpartei alles gesagt hat, erhält sie von der Stellvertreterperson Einfühlung. Der Stellvertreter fasst mit seinen Worten zusammen, was er von der Sichtweise und der Wahrnehmung, von den Gefühlen und den Bedürfnissen sowie möglicherweise auch den Wünschen der anwesenden Partei verstanden hat.

131 Dabei sollte folgende Reihenfolge eingehalten werden: Zunächst Einfühlung dafür, wie es der anwesenden Konfliktpartei jetzt und in diesem Moment geht. Sodann gibt es regelmäßig eine zentrale Aussage oder einen Schlüsselsatz, der die Entstehung des Konflikts betrifft. Auch für diese damalige Situation, die vermutlich den Moment oder Zeitraum der Konfliktentstehung betrifft, gibt der Stellvertretermediator der anwesenden Partei Einfühlung – also Einfühlung für die Vergangenheit und für den möglichen Schlüssel des Konflikts.

Der Stellvertretermediator gibt solange Einfühlung, bis die anwesende Konfliktpartei sich entspannt oder aufhört zu sprechen, denn dieses ist typischerweise der Moment, in dem es einen Schritt weiter gehen kann. Der Stellvertretermediator stellt sicher, dass die anwesende Partei ausreichend Verständnis erfahren hat. Er fragt beispielsweise: „Gibt es noch etwas, was Sie mir sagen möchten?" Wenn die Darstellung aus Sicht der anwesenden Konfliktpartei vollständig ist, kann die Stellvertretermediation in die nächste Phase übergehen.

132 In dieser nächsten Phase gibt der Stellvertretermediator „sich selbst" (der repräsentierten, abwesenden Konfliktpartei) Einfühlung: Er fragt die anwesende Konfliktpartei, bevor er von sich als der abwesenden Partei spricht: „Sind Sie jetzt bereit, von mir zu hören, wie es mir mit dem geht, was Sie mir gesagt haben?" Dabei

ist der Stellvertretermediator andauernd in der Rolle. Er siezt die anwesende Konfliktpartei, wenn die beiden Konfliktparteien sich siezen, und duzt sie, wenn die Parteien sich duzen.

Wenn bei der anwesenden Konfliktpartei eine Bereitschaft zum Zuhören vorhanden ist, hält der Stellvertretermediator zunächst inne und konzentriert sich auf sich selbst als abwesende Konfliktpartei – es geht um seine aktuelle Befindlichkeit als abwesende Partei in diesem Moment.

Nachdem der Stellvertretermediator berichtet hat, wie es ihm in der Rolle aktuell geht, fühlt er sich entsprechend in die damalige Situation (typischerweise dem eigentlichen Entstehungsmoment des Konflikts) ein und spricht seine damaligen Beobachtungen, Gefühle, Bedürfnisse und Wünsche aus. Auch hier ist ratsam, erst das Einverständnis der anwesenden Partei einzuholen, beispielsweise mit den Worten: „Mögen Sie jetzt hören, wie es mir damals ergangen ist?“ bzw.: „Magst Du jetzt hören, wie es mir damals ergangen ist?“

Nun vergewissert sich der Stellvertretermediator, wie es der Konfliktpartei jetzt 133
geht: Wenn er den Eindruck gewonnen hat, genug berichtet zu haben, und wenn auch die anwesende Konfiktpartei entspannt wirkt, kann das Gespräch zwischen der anwesenden Konfliktpartei und dem Stellvertretermediator beendet werden.

Manchmal besteht bei der anwesenden Konfliktpartei noch ein Bedarf, weiter zu erzählen oder zu ergänzen, dann wird erneut nach demselben Ablauf verfahren. Wenn bei der anwesenden Konfliktpartei Zufriedenheit und Entspannung entstehen, sollte es mit der Stellvertretung ausreichen. Dabei ist der vereinbarte Zeitrahmen zu beachten. Sollte es immer wieder zu neuen Ergänzungen kommen, muss mit der Partei möglicherweise ein weiterer Termin abgesprochen werden, um weitere Konfliktthemen in der Stellvertretung zu erhellen.

Jetzt geht der Stellvertretermediator aus der Rolle heraus, die Mediation wird ab 134
sofort bis zum Ende mit zwei Mediatoren fortgesetzt.

Eine kurze Pause ist an dieser Stelle für den Stellvertretermediator hilfreich, um den Wechsel von der Rolle zur Moderation zu bewältigen. Zusätzlich wechselt der bisherige Stellvertretermediator, der jetzt wieder Mediator ist, den Platz, so dass zwei Mediatoren der anwesenden Konfliktpartei gegenüber sitzen.

Nun steht eine gemeinsame **Reflexion** an. Wurde eine Klärung in einem Termin 135
vereinbart, sollte nach der kurzen Pause mit Positionswechsel für den Stellvertretermediator zunächst eine Zwischenbilanz gezogen werden. Aller Erfahrung nach hat die anwesende Konfliktpartei den beiden Mediatoren viel von den eigenen Erfahrungen aus der Stellvertreterphase zu berichten.

Zum Beispiel kann eine Momentaufnahme über die Befindlichkeit eingeholt werden. Die anwesende Konfliktpartei kann zusammenfassen, was sie nach der Stellvertreterphase neu und anders verstanden hat. Die Mediatoren können die Momentaufnahme visualisieren. Vielleicht hat die anwesende Konfliktpartei ergänzende Fragen an den Stellvertretermediator, der jetzt zwar nicht mehr in der Rolle ist, sich aber daran erinnert. Sollten zwei Termine vereinbart worden sein, ist nach dieser Momentaufnahme ein guter Moment, die erste Sitzung zu beenden. Dann kann eine Lösungsfindung einem zweiten Termin überlassen bleiben. Hierfür eine zweite Sitzung zu vereinbaren bietet den Vorteil, dass sich die Sicht auf den Konflikt und möglicherweise auch die reale Konfliktsituation in der Zeit zwischen den Sitzungen verändert haben können.

136 Im nächsten Schritt, ob in derselben oder in einer zweiten Sitzung, wird nach **Lösungen** gesucht. Beide Mediatoren suchen gemeinsam mit der anwesenden Partei nach Lösungen, beide moderieren das Gespräch. Es werden die üblichen Kreativitätstechniken eingesetzt, um eine gute Bandbreite an Optionen und möglichen Lösungen zu erarbeiten. Dabei soll der vorherige Stellvertretermediator als Mediator auftreten, der an seine Empfindungen in der Stellvertretung erinnert und diese einfließen lässt, ohne wieder in die Rolle zu gehen.

Die anwesende Konfliktpartei kann den Mediator, der in der Stellvertretung war, um eine Einschätzung zu den gefundenen Lösungsoptionen bitten. Der Stellvertretermediator wird auch außerhalb der Rolle ein gutes Gespür für das haben, was machbar und hilfreich ist und für das, was wenig konstruktiv wäre und kann der Konfliktpartei damit helfen, die gefundenen Optionen zu bewerten.

137 Nun wäre eine Abschlussvereinbarung an der Reihe, die der Natur der Sache nach nicht mit der abwesenden Konfliktpartei geschlossen werden kann. Die anwesende Konfliktpartei kann für sich selbst den nächsten Schritt beschließen, also festlegen, was sie tun möchte, um den Konflikt aktiv zu gestalten oder zu verändern. Beispielsweise kann sie beschließen, ein Gespräch mit der anderen Konfliktpartei zu suchen, ihr einen Brief zu schreiben, sich selbst künftig in bestimmten Situationen anders zu verhalten, der anderen Konfliktpartei Wertschätzung oder Verständnis zu vermitteln.

Auch hier kann die anwesende Konfliktpartei den Mediator, der in der Stellvertretung war, um eine Resonanz zum nächsten Schritt (oder zu mehreren möglichen Schritten) bitten und kann mit dieser Rückmeldung den nächsten Schritt sorgfältig auswählen.

138 Ebenso wie in der klassischen Mediation sollte nach einiger Zeit eine **Nachsorge** in Form eines Bilanzgespräches mit der Konfliktpartei stattfinden.

139 Bleibt die Frage, ob es sich bei der Stellvertretermediation um eine Mediation im Sinne des Mediationsgesetzes handelt. Von der Auftragsgestaltung her – regelmäßig ist nur eine Partei Auftraggeber – handelt es sich bei der Stellvertretermediation um keine Mediation im Sinne des Gesetzes. Wenn wir uns die einzelnen Vorschriften des Mediationsgesetzes anschauen, ist es für diese Konstellation nicht gedacht:

- das Mediationsgesetz geht von mindestens 2 Parteien eines Konfliktes aus (§ 1 Abs. 1), während bei einer Stellvertretermediation mindestens eine Konfliktpartei ausdrücklich nicht anwesend ist
- eine einvernehmliche Beilegung des Konfliktes (§ 1 Abs. 1) ist nicht wie in der klassischen Mediation am Abschluss der Mediation möglich, sondern kann der

Natur der Sache nach erst im Anschluss an eine Stellvertretermediation erreicht werden

– über die Unabhängigkeit und Neutralität (Allparteilichkeit) eines Mediators (§ 1 Abs. 2), der nur eine Partei vor sich hat und nur Auftragnehmer dieser Partei ist, kann man streiten.

Umso wichtiger ist es, eine gut gewählte Vereinbarung zur Durchführung einer Stellvertretermediation zu wählen.

Praxistipp: Vereinbarung zur Stellvertretermediation: !

Vereinbarung zur Konfliktbearbeitung in einer Stellvertretermediation und Honorarvereinbarung zwischen

____

(Partei)
sowie den Mediatoren

____

und

____

Ich habe mich entschlossen, eine Stellvertretermediation durchzuführen, um für meinen Konflikt im Zusammenhang mit

____

____

Hilfe bei der Konflikterhellung und -klärung zu erhalten. In dieser wird die abwesende Konfliktpartei durch einen der beiden Mediatoren repräsentiert. Der andere Mediator leitet den Prozess.
Im ersten Schritt gibt Ihnen der Stellvertreter Einfühlung in Ihre den Konflikt begleitenden Gefühle und Stimmungen. Im zweiten Schritt bietet er Ihnen Einfühlung in die den Konflikt begleitenden Gefühle und Stimmungen der abwesenden Partei an. Das Verstehen und der Perspektivwechsel sind der wesentliche Inhalt dieses Abschnitts.
Die emotionale Entlastung und der angebotene Perspektivwechsel ermöglichen Ihnen, sich Ihrer eigenen Interessen, Wünsche und Bedürfnisse klarer zu werden. Mit dem dadurch gewonnenen Abstand die nächsten Schritte zur Lösung des Konfliktes zu entwickeln, ist wesentlicher Inhalt des nächsten Abschnitts.

§ 1 Rahmenbedingungen der Stellvertretermediation

1. Die Partei führt die Konflikterhellung unter Anleitung der Mediatoren eigenverantwortlich durch. Diese leiten und strukturieren das Verfahren.
2. Der Inhalt der Gespräche ist vertraulich. Die Mediatoren verpflichten sich zur Verschwiegenheit. Von den Mediatoren angefertigte Aufzeichnungen usw. dienen nur zu ihrer Information und werden den Parteien oder Dritten nur vorgelegt, wenn dies zwischen allen anwesenden Beteiligten vereinbart wird.
3. Die Mediatoren erteilen der Partei keine rechtliche Auskunft oder andere fachliche Beratung, auch nicht nach Abschluss der Stellvertretermediation. Bei Bedarf beauftragt die Partei auf ihre Kosten zusätzliche Fachleute.
4. Die Partei verpflichtet sich, die Mediatoren in einem laufenden oder künftigen Gerichtsverfahren, welches die hier zu regelnde Angelegenheit betrifft, weder als Zeugen noch als Gutachter zu benennen.

5. Alle Beteiligten nehmen freiwillig an dem Verfahren teil und wissen, dass jeder – auch die Mediatoren – das Verfahren jederzeit zu unterbrechen oder zu beenden berechtigt sind. In diesem Fall teilen wir den anderen Beteiligten unsere Gründe mit.
6. Die Haftung der Mediatoren ist beschränkt auf Vorsatz und grobe Fahrlässigkeit.

§ 2 Kosten – Honorarvereinbarung
1. Ich verpflichte mich, jedem Mediator pro Zeitstunde ein Honorar von € .... zzgl. der gesetzlichen Mehrwertsteuer zu zahlen. Das ergibt pro Zeitstunde einen Bruttobetrag von € ....
2. Im Falle der Verhinderung ist ein Termin spätestens 48 Stunden vorher bei dem Mediator .... abzusagen. Andernfalls fällt das halbe Sitzungshonorar von € .... an.
3. Das Honorar ist nach jeder Mediationssitzung fällig.

§ 3 Salvatorische Klausel
Sollte eine Bestimmung dieser Vereinbarung ganz oder teilweise unwirksam sein oder werden, bleiben alle übrigen Bestimmungen wirksam.

Partei ______________________________
(Ort, Datum, Unterschrift)

Mediator 1 ______________________________
(Ort, Datum, Unterschrift)

Mediator 2 ______________________________
(Ort, Datum, Unterschrift)

2. Supervision

140 Was verbirgt sich hinter dem Begriff der Supervision: Der Begriff ist nicht gesetzlich geregelt. Wie bei den meisten Methoden, die sich ohne gesetzliche Regelung am Markt etablieren und in der Praxis in zahlreichen Spielarten angeboten und ausgeführt werden, wurde vor allem in Berufsverbänden eine Begrifflichkeit über die Entwicklung von Qualitätsstandards gefunden.[143]

141 Supervision wird als Beratung zu – vorrangig – berufsbezogenen Fragestellungen verstanden. Einzelne, Gruppen oder Teams sollen durch Supervision zur Selbstreflexion angehalten werden. Dadurch sollen sie das eigene berufliche und methodische Handeln überprüfen und optimieren sowie die eigene professionelle Identität

143 Zum Beispiel: Deutsche Gesellschaft für Supervision e.V., www.dgsv.de; Deutsche Gesellschaft für Systemische Therapie, Beratung und Familientherapie e. V., www.dgsf.de; Berufsverband für Supervision & Coaching, www.supervision-coaching.it; Berufsverband für Coaching, Supervision und Organisationsberatung, www.bso.ch.

entwickeln. Mehr Bewusstsein für das eigene Handeln soll darüber hinaus mehrere alternative Handlungsoptionen bieten.[144]

Mediatoren kennen vorrangig die Ausbildungssupervision (der Begleitung und Reflexion bei einer Ausbildung)[145] und die Fortbildungs- oder Berufsausübungssupervision (der Begleitung und Reflexion bei einer Berufsausübung).[146] Daneben firmieren auch die mediationsanaloge Supervision sowie die Mediationssupervision, in denen vor allem Mediatoren Supervision für das professionelle Vorgehen in Mediationen und das Moderieren von Konflikt erhalten und/oder Supervisoren speziell zur Supervision von Mediatoren weitergebildet werden.[147] Schließlich wird Supervision ebenso wie Coaching zur Begleitung nicht nur der Mediatoren, sondern auch der Parteien, die sich in einem Mediationsverfahren befinden, angeboten.[148] 142

An dieser Stelle interessiert vor allem das Konzept einer Supervision, die zur Bearbeitung von Konflikten eingesetzt wird sowie die Frage, ob diese Konfliktsupervision unter den Anwendungsbereich des Mediationsgesetzes fällt. Dabei kann der Blick auch auf weitere, ebenfalls zur Konfliktbearbeitung genutzte Methoden gelenkt werden, wie beispielsweise Coaching. Coaching ist eine ebenfalls nicht gesetzlich geregelte Form der Prozessberatung und Unterstützung bei der Selbstklärung.[149] Die Grenzen zwischen Supervision und Coaching sind teilweise fließend.[150] Beiden Methoden ist gemein, dass sie von der Psychotherapie (dazu unten B Rn. 227ff.) abzugrenzen sind. 143

Auf Verfahren wie Coaching und Supervision, die eine oder mehrere Parteien bei der Selbstklärung und Berufsausübung unterstützen wollen, ist nach meinem Verständnis das Mediationsgesetz nicht anwendbar. Diese Verfahren haben eine allgemeine Qualitätskontrolle und -verbesserung zum Ziel, während es in einer Mediation um die Beilegung eines konkreten Konfliktes und um eine Regelung geht, insbesondere zur Vermeidung einer streitigen, gerichtlichen Auseinandersetzung. Auch wenn in oder infolge einer Supervision ein Konflikt geklärt und beigelegt werden kann, stehen – vergleichbar der Situation bei einer Stellvertretermediation (vgl. oben B Rn. 121ff.) – die Selbstklärung und Unterstützung der einzelnen Personen im Vordergrund. 144

Allerdings kommt es nicht auf die Bezeichnung, sondern auf den konkreten Auftrag sowie die ausgeübte Tätigkeit an. So mag ein Auftrag ebenso wie die dazu- 145

144 *Van Kaldenkerken* Spektrum der Mediation 46/2012, 44, 45.

145 *Van Kaldenkerken* Spektrum der Mediation 46/2012, 44, 45f.; Trenczek/Berning/Lenz/*Pühl* S. 331 m.w.N.

146 Trenczek/Berning/Lenz/*Pühl* S. 331.

147 *Lack-Strecker* Perspektive Mediation 3/2011, 136, 138f.; *van Kaldenkerken* Spektrum der Mediation 46/2012, 44, 47.

148 *Migge* S. 505; Trenczek/Berning/Lenz/*Pühl* S. 332f.

149 *Migge* S. 22ff.

150 *Migge* S. 25; vgl. Trenczek/Berning/Lenz/*Pühl* S. 331.

gehörige Abrechnung mit „Supervision" oder „Beratung" überschrieben worden sein, beispielsweise weil dieses zur üblichen Auftragsabwicklung im Unternehmen gewünscht wird. Wenn jedoch die Beschreibung des Verfahrens im Auftrag, das konkret abgesprochene Vorgehen sowie das durchgeführte Verfahren dem einer Mediation gleichen, ist das Mediationsgesetz unabhängig von der Bezeichnung des Verfahrens anzuwenden. Schließlich heißt es im Mediationsgesetz lediglich, dass es um ein bestimmtes Verfahren geht (§ 1 Abs. 1 MediationsG), nicht aber, dass dieses Verfahren als Mediation bezeichnet werden muss.

3. Klärungshilfe

146 Unter Klärungshilfe versteht man ein strukturiertes Verfahren zur moderierten Klärung von Konflikten.[151] Die Klärungshilfe ähnelt oder gleicht in großen Teilen in ihrem Ablauf und in ihrer Durchführung der Mediation und lässt sich zugleich gegenüber Mediation abgrenzen.[152] Es gibt Klärungshelfer, die keine Mediationsausbildung haben, und zunehmend Mediatoren, die in Klärungshilfe weitergebildet sind und Techniken der Klärungshilfe in die Mediation einbauen.

147 Gegenüberstellung des Ablaufs der beiden Verfahren:

Mediation	**Klärungshilfe**
Auftragsklärung	Auftragsklärung
Phase 1 – Anfangsphase	Anfangsphase
Phase 2 – Themensammlung	Phase der Selbstklärung mit Themensammlung
Phase 3 – Konfliktanalyse bzw. Interessen und Bedürfnisse	Dialogphase – Dialog der Wahrheiten – moderiertes Streitgespräch
Phase 4 – Lösungsoptionen suchen	Erklärungen und Lösungen (Emotionen beruhigen, Lösungssuche ermöglichen)
Phase 5 – Vereinbarung	Schlussphase – Ausblick (wie geht es weiter) und Rückblick auf die Klärung
Phase 6 – Nachsorge	Nachsorge, Folgebegleitung

148 Während in der Mediation durch die Moderation die Interessen und Bedürfnisse der Parteien herausgearbeitet werden, wird in einer Klärungshilfe der so genannte Dia-

151 Trenczek/Berning/Lenz/*Prior* S. 319 ff.; *Thomann* S. 20 ff.; *Thomann/Prior* S. 338 ff.
152 *Metzger* Spektrum der Mediation 47/2012, 57 ff.; Trenczek/Berning/Lenz/*Prior* S. 319 ff.; *Thomann/Prior* S. 338.

log der Wahrheiten durchgeführt, in dem die Parteien ungefiltert und authentisch ihren Streit – moderiert und begleitet – austragen können.[153]

In der Mediation ist nach § 2 Abs. 2 MediationsG vom Mediator dafür zu sorgen, dass die Parteien freiwillig an der Mediation teilnehmen (zu den Einzelheiten B Rn. 64ff., 104, C Rn. 10ff.). In der Klärungshilfe gilt das Prinzip der Freiwilligkeit ausdrücklich nicht.[154] Entsprechend würde ein Klärungshelfer kaum die Vorgabe des Mediationsgesetzes befolgen, wonach er sich der freiwilligen Teilnahme der Parteien an der Mediation vergewissern muss. Gleichzeitig hat ein Klärungshelfer die Freiwilligkeit im Auge und unterstützt eine Partei, die sich unfreiwillig in der Klärung befindet. In der Klärungshilfe wird davon ausgegangen, dass die Unfreiwilligkeit ein Ausdruck der Machtstruktur darstellt und auch ein erzwungenes Gespräch eine Klärung herbeiführen kann.[155] Dieses Vorgehen findet sich auch in der Wirtschaftsmediation – vom Arbeitgeber kann die Durchführung einer Mediation angeordnet werden.[156] Der Zwang zum Versuch einer Mediation ist mit dem Gebot der Freiwilligkeit des Mediationsgesetzes vereinbar, vgl. unten C Rn. 11. Wenn eine Partei dann die Mediation nicht fortsetzen möchte oder keine Vereinbarung treffen mag, ist das erlaubter Ausdruck der Freiwilligkeit. Dann werden auch die Konsequenzen dieser Verweigerung vom Arbeitnehmer getragen und vom Vorgesetzten eingeordnet werden.

In der Mediation wird die Allparteilichkeit der Mediatoren betont. Ein Klärungs- **149**
helfer äußert seine persönliche Meinung, gibt ungefragt Rückmeldung und bietet den Parteien seine Interpretation zum Konflikt.[157] Das könnte sich nach dem Verständnis der Mediation jenseits der Allparteilichkeit bewegen. Nach dem Verständnis der Klärungshilfe bleibt der Klärungshelfer damit ein Unterstützer aller Beteiligten. Nun wird es auch Mediatoren geben, die jenseits der Schulbuchansichten in einer Mediation ihre Meinung äußern. Die Allparteilichkeit wird dadurch gewahrt, dass Klärungshelfer wie Mediator die Entscheidung zur Lösung eines Konflikts bei den Parteien belassen und keiner von beiden die Rolle eines Entscheider übernimmt.

In einer Mediation sind Einzelgespräche möglich, wenn alle Beteiligten einverstanden sind (§ 2 Abs. 3 Satz 3 MediationsG). Von der Klärungshilfe werden Einzelgespräche mit den Konfliktparteien ausdrücklich abgelehnt.[158] Einzelgespräche finden in der Klärungshilfe nur mit Vorgesetzten statt. Aber Einzelgespräche können

153 Trenczek/Berning/Lenz/*Prior* S. 319f.
154 Trenczek/Berning/Lenz/*Prior* S. 322.
155 Trenczek/Berning/Lenz/*Prior* S. 323f.
156 *Dendorfer/Krebs* Konfliktdynamik 3/2012, 212, 213ff.; Trenczek/Berning/Lenz/*Carl* S. 488.
157 Trenczek/Berning/Lenz/*Prior* S. 324.
158 Trenczek/Berning/Lenz/*Prior* S. 328.

auch von Mediatoren abgelehnt werden, weil diese sie grundsätzlich oder in einem konkreten Fall nicht als hilfreich einschätzen.

150 Alles in allem bestehen zahlreiche Ähnlichkeiten und Gemeinsamkeiten zwischen den beiden Verfahren der Klärungshilfe und der Mediation, so dass es nachvollziehbar ist, die Klärungshilfe als eine von vielen Spielarten der Mediation einzuordnen.[159] Es ist darüber hinaus sachgerecht, die Parteien in der Klärungshilfe dem Schutz des Mediationsgesetzes zu unterstellen. Wenn auch das Mediationsgesetz in einigen Punkten nicht zum Verfahren der Klärungshilfe passt, ist es zum Schutz aller Beteiligten sinnvoll, das Mediationsgesetz auf Konfliktklärungen mittels der Klärungshilfe anzuwenden. Im Übrigen möchte das Mediationsgesetz ausdrücklich neben der Mediation auch andere Verfahren der außergerichtlichen Konfliktbeilegung fördern,[160] was für einen weiten Anwendungsbereich spricht.

4. Güterichterverfahren

151 Eine entscheidende Änderung der bisherigen Praxis der gerichtsinternen Mediation besteht in der Überführung in ein Güterichterverfahren, das bereits in Bayern seit 2005 Erfahrungen gesammelt hat. Das Güterichterverfahren (siehe auch C Rn. 2, E Rn. 38, J Rn. 3, 14, K Rn. 19) findet in allen Gerichtsbarkeiten mit Ausnahme der Strafgerichtsbarkeit Anwendung (§§ 278 V ZPO, 36 V FamFG, 54 VI AGG, 202 Satz 1 SGG, 173 Satz 1 VwGO, 155 Satz 1 FGO, 99 I PatG, 82 I MarkenG). Es kann in allen **Instanzen** angewendet werden (§§ 525 S., 555 S. 1 ZPO, 68 III S. 1, 74 IV FamFG).

152 Das Güterichterverfahren ist nicht auf eine bestimmte konsensuale Konfliktbearbeitung festgelegt. Dies ergibt sich bereits aus dem Wortlaut des § 278 V Satz 2 ZPO wonach „alle Methoden der Konfliktbeilegung“ angewendet werden können. Auch eine Kombination unterschiedlicher Methoden ist denkbar. Bei der Durchführung der Verhandlungen steht der **Parteiwille** im Vordergrund. Zu berücksichtigen sind insbesondere der Eskalationsgrad des Konflikts und auch die Verhandlungsbereitschaft und -kompetenz der Parteien. Da vor Einführung des Güterrichterverfahrens bereits an zahlreichen Gerichten gerichtliche Mediation durchgeführt wurde,[161] stehen die Verhandlungsgrundlagen der Mediation im Güterichterverfahren im Vordergrund.

153 Der **Güterrichter** hat eine Zwischenstellung zwischen Richter und Mediator. Der Güterichter ist anders als der außergerichtliche Mediator ein Richter, aber der

159 *Thomann/Prior* S. 338; *Metzger* Spektrum der Mediation 47/2012, 57 ff.; Trenczek/Berning/Lenz/*Prior* S. 330.

160 GE BMJ 8.12.2010 S. 1.

161 Siehe dazu auch: Deutscher Richterbund, Stellungnahme Nr. 35/2010 (http://www.drb.de/cms/index.php?id=707).

Güterichter trifft anders als der Richter keine Entscheidungen in der Sache. Die Parteien erarbeiten wie im Mediationsverfahren durch die vermittelnde Hilfe des Güterichters ihre Lösung selbst. Der Güterichter kann nach Absprache mit den Parteien die Verhandlungen als Mediation führen oder auch andere Formen der konsensualen Streitbeilegung heranziehen. So kann er etwa eine Konfliktvermittlung vornehmen, bei der sich die Rolle des Güterichters darauf beschränkt, eine sachbezogene Kommunikation zwischen den Parteien zu ermöglichen sowie Verständnis für die jeweils andere Position zu erwecken. Der Güterichter kann auch anders als der Mediator (B Rn. 86ff.) einen Lösungsvorschlag machen, der zwar nicht rechtlich bindend ist, allerdings für die Parteien hilfreich sehr sein kann.

Der Güterichter kann zwar nicht die Rolle eines Schiedsrichters im Sinne des 154
§ 1024 ZPO übernehmen, da es sich hier um eine das staatliche Gerichtsverfahren ersetzende Entscheidungsinstanz handelt. Allerdings kann der Güterichter auf Wunsch der Parteien eine Streitfrage entscheiden oder auch die Durchführung ein Schiedsgutachtens anregen. Der Güterichter kann auch die Methoden kombinieren, soweit sie sich nicht untereinander ausschließen.

Die in das Güterichterverfahren einbezogenen **Rechtsanwälte** vertreten ihre 155
Partei nicht im Sinne eines Prozessvertreters, sondern stehen ihr beratend zur Seite. Sie liefern die notwenigen Rechtsinformationen. Im Güterichterverfahren haben die Parteien wie im Mediationsverfahren die Entscheidungshoheit, auf Wunsch der der Parteien können auch Dritte am Verfahren beteiligt werden.

a) Güterichter

Die Aufgabenstellung des Güterichters wird der richterlichen Rechtsprechung zuge- 156
ordnet, auch wenn er im Güterichterverfahren eine konsensuale Konfliktvermittlung durchführt und keine Entscheidungsbefugnis hat[162]. Der Güterichter muss **unparteilich und unbefangen** sein. Er hat wie der Richter eine neutrale und unabhängige Rolle gegenüber den Parteien. Anders als der Mediator, der aufgrund eines privatrechtlichen Vertrages eine Mediation mit den Parteien durchführt, wird dem Richter und damit auch dem Güterichter **qua seines Amtes** Neutralität und Unabhängigkeit zugesprochen (C Rn. 38). Diese Haltung wird durch die Vorschriften zur Befangenheitsablehnung kontrolliert. In diesen Vorschriften spiegeln sich das Rechtsstaatsprinzip, das Willkürverbot und das Recht auf einen gesetzlichen Richter wider. Die Vorschriften dienen zudem der Unparteilichkeit der Rechtsprechung, der Gerechtigkeit und sachlichen Richtigkeit von Gerichtsentscheidungen.[163]

---

162 BT-Drs. 17/8058, S. 21; auch *Greger/Unberath* Rn. 95; siehe zum Güterichter auch: *Plassmann* AnwBl. 2012, 151.

163 BayVGH, Beschluss vom 3.8.2011, 8 A 09.40079 (juris).

157 Die Unparteilichkeit wird institutionell durch die richterliche Unabhängigkeit gewährleistet (Art. 97 GG). Allerdings hat der Güterichter gerade keine Entscheidung zu treffen wie der Richter im Prozess, sondern die Parteien bei der Suche nach einer individuell zugeschnittenen einvernehmlichen Lösung zu unterstützen. Seine Funktion ist hier eine andere, womit sich das Augenmerk der Neutralität und Unabhängigkeit auf diese besondere Rolle bezieht. Deshalb liegt nicht per se eine Neutralitätsverletzung vor, wenn der Güterichter etwa Einzelgespräche führt, soweit die Parteien dem zugestimmt haben. Auch muss er nicht wie aber der Richter **rechtliches Gehör** geben, wohl hat er aber die Parteien gleich zu behandeln.[164] Vertrauliche Erörterungen darf der Güterrichter im allseitigen Einverständnis vornehmen. Ist es ohne vorheriges Einverständnis zu derartigen Gesprächen gekommen, muss er diesen Umstand der anderen Partei offenlegen und, soweit Bedenken gegen die Neutralität seitens der Parteien bestehen, die Sache an einen anderen Güterichter abgeben.

158 Er hat die Parteien und das erkennende Gericht über alle Umstände zu informieren, die Zweifel an seiner Unparteilichkeit wecken könnten. Die **Besorgnis der Befangenheit** liegt vor, wenn eine der Partei die auf „objektiv feststellbaren Tatsachen beruhende, subjektiv vernünftigerweise mögliche Besorgnis hat", der Richter sei in der Sache nicht unparteiisch, unvoreingenommen oder unbefangen.[165] Diese für den gesetzlichen Richter aufgestellten Grundsätze sind auf den Güterrichter zu übertragen, auch wenn der Güterrichter keine Entscheidungskompetenz hat. Es genügt der „böse Schein" der Parteilichkeit im Sinne eines möglichen Eindrucks mangelnder Objektivität.[166] Für die Besorgnis der Befangenheit müssen „objektiv vernünftige Gründe" vorliegen, die in den Augen einer „vernünftigen Partei" geeignet sind, Misstrauen gegen die Unparteilichkeit des Richters zu erregen.[167] Hält sich der Güterichter selbst im Sinne des § 42 ZPO für befangen, so hat er dies den Parteien und dem erkennenden Gericht unverzüglich anzuzeigen und sein Amt niederzulegen. Der Güterichter darf nicht dem erkennenden Gericht angehören, da er ein für die Güteverhandlung bestimmter nicht entscheidungsbefugter Richter ist.

159 Hinsichtlich der Qualifikation des Güterichters gibt es keine klaren Regelungen.[168] Die in § 5 MediationsG für außergerichtliche Mediatoren festgelegten **Ausbildungsstandards** gelten nicht für den Güterichter. Allerdings sollten Güterichter in

---

164 *Fritz/Pielsticker* § 278 ZPO Rn. 67.

165 BayVGH, Beschluss vom 3.8.2011, 8 A 09.40079 (juris); OLG Brandenburg, Beschluss 26.6.2012, 1 W 18/12 (juris); in diesem Sinne auch Zöller/*Vollkommer* § 42 ZPO Rn. 8.

166 Vgl. BVerfG vom 6.7.1999 BVerfGE 101, 46/50; BVerwG vom 5.12.1976 BVerwGE 50, 36/38.

167 BVerfG NJW 2000, 2808; BVerfG NJW 1995, 1277; BVerfGE 88, 1, 4; BGH NJW 2002, 2396; BGHSt **24** 336, 338; *Meyer-Goßner* § 24 StPO Rn. 8; OLG Hamm, Beschluss 15.5.2012, I-1 W 20/12, 1 W 20/12 (juris).

168 *Fritz/Pielsticker* § 278 ZPO Rn. 138.

den Grundlagen und Methoden der Mediation geschult sein.[169] Der Güterichter muss aber nicht – anders als der außergerichtlich tätige Mediator – ein nach den anerkannten Grundsätzen der Mediation geführtes Verfahren anwenden. Seine Tätigkeit beruht auf dem Ersuchen des Prozessgerichts, eine Güteverhandlung durchzuführen. Der Güterichter bestimmt die Methodik der Güteverhandlung mit den Parteien selbst. Die Verhandlung führt er zwar üblicherweise als Mediation durch, er kann aber auch andere Wege der Verhandlung finden wie etwa eine Konfliktmoderation oder eine Schlichtung mit der Unterbreitung eigener Lösungsvorschläge.

Der Güterichter hat aber ***keine* Entscheidungsbefugnis** über den Rechtsstreit. 160
Demzufolge gilt für ihn – anders als für den Prozessrichter – nicht das Gebot der Gewährung **rechtlichen Gehörs**. Eine Nichtanhörung einer Partei wird aber Zweifel an seiner Neutralität aufkommen lassen. Der Güterrichter kann auch – anders als der Prozessrichter – im Einverständnis mit den Parteien **Einzelgespräche** führen. Allerdings hat er auch hier besonders auf seine Neutralitätspflicht zu achten.

Auch die **Prozessrichter** sollten mit dem Güterichterverfahren und den Grund- 161
zügen des Mediationsverfahrens vertraut sein, um den Mehrwert eines solchen differenzierten interessengeleiteten Konfliktverfahrens im Verhältnis zu Vergleichsverhandlungen in der mündlichen Verhandlung anzuerkennen. Nur so kann garantiert werden, dass die Prozessrichter auch tatsächlich auf das Güterichterverfahren aufmerksam machen. Der Richter ist von der Ausübung des Richteramtes ausgeschlossen, wenn er in der Sache an einem Mediationsverfahren oder einem alternativen Verfahren der außergerichtlichen Streitbeilegung teilgenommen hat (§ 41 Nr. 8 ZPO). Dazu gehört auch ein Güterrichterverfahren.

b) Ablauf des Verfahrens

Die Gerichte haben in ihren **Geschäftsverteilungsplänen** die Zuständigkeiten der 162
Güterichter zu regeln (§ 21e I S. 1 GVG).[170] Die Gerichte können für das Güterichterverfahren auch an ein anderes Gericht derselben oder einer anderen Gerichtsbarkeit verweisen.[171] Maßgeblich ist lediglich die Eigenschaft als Güterichter.[172] Der Güterichter darf nicht dem erkennenden Gericht angehören, da er ein für die Güteverhandlung bestimmter nicht entscheidungsbefugter Richter ist. Anders als im Mediationsverfahren können die Parteien ihren Güterichter nicht selbst wählen. Das Güterichterverfahren findet nur bei bereits **rechtshängigen Verfahren** statt. Es kann nicht eigenständig von den Parteien als Verfahren bei Gericht angerufen werden.

---

169 So auch *Greger/Unberath* Teil 4, Rn. 87.
170 *Fritz/Pielsticker* § 278 ZPO Rn. 83.
171 BT-Drs. 17/8058, S. 21; siehe auch *Ahrens* NJW 2012, 2465 (2469).
172 BT-Drs. 17/8058, S. 21.

163 Nach § 278 V ZPO können die Parteien eines Zivilprozesses vom Gericht an einen Güterichter **verwiesen** werden (B Rn. 156).

Das Güterichterverfahren wird als eine neue besondere Form der **Güteverhandlung** (§ 278 ZPO) durchgeführt. Es wird eingeleitet, wenn die Parteien und ihre Prozessvertreter damit einverstanden sind. Keine Partei kann dazu verpflichtet werden, ein Güterichterverfahren durchzuführen. Darüber hinaus besteht die jederzeitige Möglichkeit das Verfahren zu beenden.[173]

164 In der Praxis werden teilweise **Koordinatoren** zur Auswahl der bei Gericht vorhandenen Güterichter eingesetzt. So konstatiert etwa das Schleswig-Holsteinische Oberlandesgericht in seinen Leitlinien für die „Mediation beim Güterichter", dass der Koordinator der Mediationsabteilung den im Einzelfall zuständigen Güterichter bestimme. Hierbei achte er auf eine gleichmäßige Belastung der Güterichter ebenso wie auf bei diesen vorhandene Spezialkenntnisse und auf von den Beteiligten geäußerte Wünsche.[174] Die Koordinatoren beraten die Richter bei der Auswahl der Fälle. Außerdem nehmen sie den Kontakt zu den Beteiligten auf, um diese für ein Güterichterverfahren zu gewinnen.

165 Die Teilnahme am Güterichterverfahren ist freiwillig, weshalb die Beteiligten **keine Ladung** erhalten, sondern ein persönlich gehaltenes Schreiben. Mit dem Schreiben werden die vereinbarten Termin und die getroffenen Absprachen bestätigt. Es empfiehlt sich, ein Merkblatt über die Besonderheiten des Güterrichterverfahrens sowie ein Muster einer Vertraulichkeitsabrede beizufügen.

166 Soweit die Parteien im rechtshängigen Streit anwaltlich vertreten sind, stellt sich die Frage, ob die **Parteivertreter** auch an dem Güterichterverfahren teilnehmen. Vom Grundprinzip kann konstatiert werden, dass das Güterichterverfahren, anders als das streitige Verfahren, nicht ohne die Parteien stattfinden kann. Ob aber die Anwälte am Verfahren teilnehmen, entscheiden die Parteien wiederum selbst. In der Regel dürfte dies im Hinblick auf eine Lösung, die rechtliche Regelungen zum rechtshängigen Streitgegenstand trifft, sinnvoll sein. Sollten die Parteien, die ohne ihre Rechtsanwälte in eine Güterichterverhandlung gehen, nach der Verhandlung durch ihren Anwalt darauf hingewiesen werden, dass die Vereinbarung Lücken oder Bedenken aufwirft, würde dies das Verfahren unnötig verzögern.

167 Die **vollständige Informiertheit** der Parteien, die auch im Mediationsverfahren gilt (C Rn. 41, X Rn. 274), ist auch im Güterichterverfahren zu beachten. Diese ist bezüglich entscheidungserheblicher Rechtspositionen durch die Einbeziehung der Anwälte gewährleistet. Die Rechtsanwälte stehen den Parteien im Güterichterverfahren beratend zur Seite. Auf diese Rolle sind sie durch die Güterichter vorzubereiten.

168 Ob das Güterichterverfahren bei **Verfahren mit Anwaltszwang** ohne Anwälte stattfinden kann, wird nicht einheitlich beantwortet. Das Brandenburgische Ober-

173 So auch *Greger/Unberath* Teil 4, Rn. 108.

174 http://www.schleswig-holstein.de, Leitlinien für die Mediation beim Güterichter, 13.3.2013.

landesgericht stellt auf seiner Webseite fest, dass auch für die Güterichterverhandlung Anwaltszwang bestehe, da sie Teil des gerichtlichen Verfahrens sei.[175] Dagegen spricht, wie auch *Greger* konstatiert, dass auch der Güterichter wegen seiner fehlenden Entscheidungsbefugnis wie ein beauftragter oder ersuchter Richter zu behandeln ist, sodass § 78 III ZPO Anwendung findet.[176]

Die anwaltliche Unterstützung im Güterrichterverfahren in Streitigkeiten mit **Anwaltszwang** ist jedenfalls dringend anzuraten. Hintergrund des Anwaltszwanges ist unter anderem, dass Rechtsprobleme in der Regel komplexer und schwieriger sind. Daher ist in diesen Fällen eine professionelle Aufklärung und Beratung nötig. Durch die anwaltliche Begleitung können die Parteien den Streitgegenstand rechtssicher verhandeln. Auch im Hinblick auf die mögliche Protokollierung eines Vergleichs oder andere beendende prozessuale Erklärungen etwa die Beendigung des Verfahrens durch Klagerücknahme oder Anerkenntnis ist die Begleitung von Anwälten angezeigt.

Ist nur eine Partei anwaltlich vertreten, so gebietet der Grundsatz der Fairness 169
und **Waffengleichheit** die andere Partei auf eine anwaltliche Vertretung hinzuweisen oder ohne Anwälte zu verhandeln. Ein Güterichterverfahren, bei dem nur eine Partei anwaltlich vertreten ist, ist abzulehnen. Die Parteien sollen bei vollständiger Informiertheit auf Augenhöhe verhandeln können. Dazu gehört auch, dass sie beide anwaltlich vertreten sind und insoweit in den konkreten Verhandlungen durch anwaltliche Unterstützung wissen worauf sie gegebenenfalls rechtlich verzichten. Bei gerichtserfahrenen Parteien, etwa Vertreter von Hausverwaltungen oder Arbeitgebern, die zahlreiche Gerichtsverfahren selber führen, kann allerdings auch eine Beteiligung ohne Anwalt denkbar sein. Da der Güterichter Ermessensspielraum hat, kann (und muss) er ein ungleichgewichtiges Verfahren mangels beiderseitiger Vertretung der Parteien im Zweifel ablehnen.

Die Einleitung des Güterrichterverfahrens beginnt mit der **Verweisung der Par-** 170
teien durch den für die Entscheidung zuständigen Richters an einen Güterichter, wenn der Prozessrichter die Sache als für ein Güterichterverfahren geeignet ansieht.[177] Hierbei handelt es sich nicht um eine förmliche Verweisung der Rechtssache im verfahrensrechtlichen Sinne, wie etwa bei der Verweisung wegen örtlicher oder sachlicher Unzuständigkeit (§ 281 ZPO). Vielmehr werden die Parteien für das Güterichterverfahren an einen anderen (Güte-)Richter verwiesen.

Der Güterichter kann das Ersuchen zurückgeben oder bei den Parteien bzw. den 171
beteiligten Rechtsanwälten die Bereitschaft zur Teilnahme am Güterichterverfahren anfragen. Soweit diese die Zustimmung zum Güterichterverfahren erteilen, wird ein

175 http://www.olg.brandenburg.de/sixcms/detail.php?&query=allgemein_zentral&sv[relation_zentral.gsid]=bb1.c.320717.de&template=seite_olg; siehe auch *Ahrens* NJW 2012, 2465 (2470).

176 So auch *Greger/Unberath* Teil 4, Rn. 126.

177 Siehe auch *Ahrens* NJW 2012, 2465 (2469); *Fritz/Pielsticker* § 278 ZPO Rn. 147.

Beschluss des sachlich zuständigen Prozessrichters eingeholt. Mit dem Beschluss wird die Sache gemäß § 278 Abs. 5 ZPO auf den Güterichter zur Durchführung einer Güteverhandlung übertragen. Das Verfahren wird für die Dauer des Güterichterverfahrens zum **Ruhen** gebracht wird.

172 Der Güterichter lädt sodann die Parteien und soweit diese anwaltlich vertreten sind die Prozessvertreter zu einem Termin ein. Der Termin findet bei Gericht statt. Die Gerichte haben insoweit Sorge dafür zu tragen, dass geeignete Räume zur Verfügung stehen. Die Gespräche verlaufen anders als in Gerichtsverhandlungen stets in **persönlicher Anwesenheit der Parteien** und in „informeller Atmosphäre". Der Güterichter kann und soll Gesprächstechniken der Mediation anwenden. Sinn und Zweck ist es, eine interessengeleitete Lösung zu finden. Nach § 278 V ZPO kann der Güterichter alle Methoden der Konfliktbeilegung einschließlich der Mediation einsetzen.[178]

173 Der Güterichter klärt zu **Beginn des Verfahrens** die Parteien über seine Aufgaben und den Ablauf und die Besonderheiten des Verfahrens auf. Dabei sorgt der Güterichter – wie der Mediator – für eine faire und konstruktive Gesprächsatmosphäre. Er weist die Parteien darauf hin, dass sie das Verfahren jederzeit beenden können. Der Güterichter erteilt **keine Rechtsberatung**, auch darüber informiert er die Parteien. Anders als der Richter etwa bei Vergleichsverhandlungen schätzt der Güterichter den voraussichtlichen Ausgang des rechtshängigen gerichtlichen Verfahrens grundsätzlich nicht ein.

174 Auch für den Güterichter empfiehlt sich das in der Mediation bewährte **Phasenmodell** (C Rn. 127) heranzuziehen. Gleichzeitig kann er aber auch anders als ein Mediator nach Absprache mit den Parteien die Rechtslage darstellen und Lösungsvorschläge einbringen. Damit hat der Güterichter eine Mischrolle aus Richter und Mediator, da er wie ein Mediator interessengeleitet vermitteln kann, indem er mehr als nur die Rechtspositionen in die Verhandlung einbezieht, gleichzeitig aber wie der Prozessrichter auf Wunsch der Parteien etwa auch sinnvolle Lösungsoptionen aufzeigen und einen Vergleich protokollieren kann.

175 Anders als das Gerichtsverfahren ist die Güterichterverhandlung **nicht öffentlich** und wird vertraulich geführt.[179] Das Öffentlichkeitsgebot gilt nicht, weil die Güterichterverhandlung keine Verhandlung im Sinne des § 169 S1 GVG darstellt.[180] Zum Schutz der **Vertraulichkeit** ist ebenso wie im außergerichtlichen Mediationsverfahren auch im Güterichterverfahren auf eine **Vertraulichkeitsabrede** hinzuwirken. In der Regel übersendet das Gericht bei Vorschlag eines Güterrichterverfahrens bereits ein Merkblatt mit einem entsprechenden Muster für eine Prozessvereinbarung, die auch eine Vertraulichkeitsvereinbarung enthält.

---

178 Siehe dazu auch *Fritz/Pielsticker* § 278 ZPO Rn. 66.

179 *Fritz/Pielsticker* § 278 ZPO Rn. 65.

180 BT-Drs. 17/8058, S. 20.

Auch die am Verfahren beteiligten **Anwälte** müssen zur Vertraulichkeit angehalten werden. Aus berufsrechtlichen Gründen sind sie nur ihren Mandanten gegenüber zur Verschwiegenheit verpflichtet. Inhalte, die der Anwalt von der anderen Partei erlangt hat, muss er aber – da er Parteivertreter des Mandanten ist – zu Nutzen seiner Partei in den Prozess einführen (E Rn. 34). Nach Auffassung des Anwaltsgerichts Rostock verstößt der Anwalt zwar auch mit einer Vertraulichkeitsabrede nicht gegen das Berufsrecht, wenn er dennoch Inhalte aus einem Mediationsverfahren preis gibt.[181] Informationen und Erkenntnisse der Gegenpartei, die ein in ein Mediationsverfahren einbezogener Rechtsanwalt als Parteivertreter erlangt hat, braucht er aus berufsrechtlichen Gründen nicht geheim zu halten.[182] Denn eine Berufspflicht könne so das Anwaltsgericht Rostock nur aus dem Gesetz oder aus der Berufsordnung folgen, nicht jedoch aus einer Parteivereinbarung.[183] Und eine gesetzlich normierte Berufspflicht, aufgrund derer die Offenbarung eines Geheimnisses des Gegners verboten sei, gebe es nicht. Die Ausweitung der Geheimhaltungspflicht auf ein Drittgeheimnis würde dazu führen, dass dem Rechtsanwalt die Wahrnehmung seiner vornehmlichen Aufgabe, nämlich die Vertretung der Interessen seines Mandanten, verwehrt werde.[184] Diese Wertung betrifft aber nur die Berufspflicht des Anwaltes. Bezüglich der vertraglichen Vertraulichkeitsvereinbarung greifen gegen den Anwalt bei Verstoß ebenso wie für die Parteien **Schadensersatzansprüche** aus § 280 BGB. 176

Formular: Vertraulichkeitsabrede Güterichterverfahren !

Die Parteien Herr, Frau ... sowie die beteiligten Rechtsanwälte Herr, Frau RA ... der Güterichterverhandlung – Sache XY Aktenzeichen – verpflichten sich zur Verschwiegenheit über den Ablauf und Inhalt der Verhandlungen. Die Verpflichtung zur Verschwiegenheit gilt nicht für solche Informationen, die vor der Mitteilung einer Partei öffentlich zugänglich waren oder geworden sind oder einer Partei vor Offenbarung durch die andere Partei ohne Verpflichtung zur vertraulichen Behandlung zur Verfügung standen. 177

Die vertraulichen Inhalte sowie der Ablauf des Verfahrens dürfen auch in einem gerichtlichen – insbesondere dem rechtshängigen Gerichtsverfahren – sowie einem Schiedsverfahren oder anderen Verfahren zur Konfliktlösung nicht vorgetragen werden.

Die Parteien sowie Beteiligten verpflichten sich, den Güterichter und andere Sitzungsteilnehmer weder im rechtshängigen noch anderen Schieds-, Gerichtsverfahren als Zeuge für Tatsachen zu benennen, die ihnen im Güterichterverfahren offenbart wurden.

Die **Verschwiegenheitspflicht der Güterichter** ergibt sich aus § 46 DRiG i.V.m. §§ 67 BBG, 37 I BeamtStG. Eine Befreiung von der Verschwiegenheitspflicht kann anders als beim Mediator nicht durch die Parteien erteilt werden, sondern nur durch 178

181 Vgl. Anwaltsgericht Rostock AnwBl 2007, 716–717.

182 Vgl. Anwaltsgericht Rostock AnwBl 2007, 716–717.

183 Anwaltsgericht Rostock AnwBl 2007, 716–717; *Hartung* Einf. Rn. 16–26 m.w.N.

184 Anwaltsgericht Rostock AnwBl 2007, 716–717.

den Dienstvorgesetzten. Auch § 383 I Nr. 6 ZPO verpflichtet den Güterichter zur Verschwiegenheit. So entschied das Schleswig-Holsteinische Oberlandesgericht[185] zur seinerzeit praktizierten gerichtsinternen Mediation: „Ist in einem Bauprozess im Rahmen des vereinbarten Mediationsverfahrens ein Richter als Mediator tätig geworden, so ist es nicht zu beanstanden, wenn der Präsident des Landgerichts bei Beantragung der Vernehmung des Richters/Mediators als Zeuge nach Fortsetzung des streitigen Verfahrens im Rahmen der Ermessensausübung die Aussagegenehmigung für den Richter/Mediator verweigert".

179 Zum Schutz der Vertraulichkeit wird ein **Protokoll** der Verhandlung nur mit Einverständnis der Parteien angefertigt, § 159 II ZPO. Scheitern die Verhandlungen, so bleibt der Inhalt vertraulich. Der Güterichter gibt also keine Rückmeldung über den Ablauf und den Inhalt der Verhandlungen an den entscheidenden Richter. Es werden keine schriftlichen Aufzeichnungen gemacht, auch nicht in einem für das Güterichterverfahren geführtem Sonderheft. Allerdings sind Durchführung des Termins (Beginn und Ende, erschienene Personen) und auch in der Güterichterverhandlung gemachte Abreden der Beteiligten über die Vertraulichkeit formlos zur Hauptakte zu nehmen.

180 Wenn die **Güterichterverhandlung scheitert**, wird die Verfahrensakte an den für die Entscheidung zuständigen Richter mit dem Vermerk zurückgegeben, dass das Verfahren im Rahmen der Güterichterverhandlung nicht abgeschlossen werden konnte. Das streitige Verfahren wird auf Antrag der Parteien fortgesetzt. Während im Zivilverfahren der Prozess nur auf Antrag der Parteien fortgeführt wird, findet im Rahmen des arbeitsgerichtlichen Verfahrens nach spätestens 3 Monaten gemäß § 54a II ArbGG ein gerichtlich angeordneter **Verfahrensfortgang** statt, es sei denn, die Parteien legen übereinstimmend dar, dass eine Mediation oder ein anderes Verfahren zur außergerichtlichen Konfliktbeilegung noch betrieben wird. Diese Abweichung des § 54a II ArbGG zu § 278a ZPO dient dem im Arbeitsgerichtsverfahren geltenden Beschleunigungsgrundsatz.[186]

181 Soweit die Parteien in der Güterichterverhandlung **Dokumente** übereicht haben, ist vom Güterichter zu klären wie mit diesen umgegangen wird.[187] Grundsätzlich sind diese an die Parteien zurückzugewähren. Eine Weiterleitung an das Prozessgericht sollte den Parteien überlassen werden. Etwas anderes gilt etwa für im Güterichterverfahren überreichte **Prozesskostenhilfeanträge.** Der Güterichter selbst darf keine Prozesskostenhilfe bewilligen. Bei einer Bewilligung durch den Güterichter handelt es sich insoweit um einen nicht rechtswirksamen Scheinbeschluss.[188]

---

185 OLG Schleswig , Beschluss vom 18.6.2009, Az 2045E-118 (juris).

186 Auch: *Fritz/Pielsticker* § 54a ArbGG, Rn. 4.

187 Siehe auch *Greger/Unberath* Teil 4 Rn. 128.

188 OLG Rostock, Beschl. v. 15.1.2008 – 2 W 37/07 (juris).

Kommt es zu einer **Einigung**, kann der Güterichter auf Wunsch der Parteien die Einigung in einer Abschlussvereinbarung dokumentieren. Dies kann auf Begehren der Parteien auch in der Form einer Protokollierung als Prozessvergleich geschehen, entweder in der Form einer **Sitzungsniederschrift** zur Verfahrensakte (§§ 525 Satz 1, 160 III Nr. 1, 794 I Nr. 1 ZPO) oder im schriftlichen Verfahren (§§ 525 Satz 1, 278 VI ZPO). Die Verfahrensakte ist dem zuständigen Richter zur Abschlussverfügung (etwa für Streitwertfestsetzung) zurückzugeben. **Streitwertvorstellungen** der Beteiligten sind bereits in der Güterichtersitzung im Protokoll aufzunehmen. 182

Die Parteien können sich aber auch bei inhaltlicher Einigung in der Güterichterverhandlung auf eine **andere Erledigung** festlegen, etwa Klagerücknahme, beiderseitige Erledigungserklärung, Anerkenntnis, Verzicht). Auch die Protokollierung eines abzuschließenden Vergleichs vor dem Prozessgericht kann vereinbart werden. Die Vergleichsniederschrift des Güterichters oder Protzessrichters ist nach § 794 I Nr. 1 ZPO vollstreckbar. 183

Darüber hinaus können die Parteien wie im Mediationsverfahren auch Vereinbarungen treffen, die keine rechtliche Bindungswirkung haben (etwa freundlicher Umgang in der Nachbarschaft). Die Parteien können auch rechtserhebliche mündliche Vereinbarungen oder Vereinbarungen per Handschlag treffen, ohne sie zu protokollieren. Allerdings ist dann darauf zu achten, wie mit dem rechtshängigen Streitgegenstand weiter umgegangen werden soll. 184

Die **Materiell-rechtliche** Einordnung von Abschlussvereinbarungen ist so vielfältig denkbar, wie sonstige Vereinbarungen auch. Oft wird es sich bei der Abschlussvereinbarung oft um einen Vergleich (§ 779 BGB) oder einen auf die Begründung, Abänderung oder Aufhebung einer Rechtsbeziehung gerichteten Vertrag handeln. Es kann beispielsweise auch ein Vorvertrag in Rede stehen oder die Eckpunkte (§ 154 BGB) eines noch zu schließenden Vertrages ausgehandelt sein. Ebenso besteht die Möglichkeit, dass die Parteien sich auf weitere Verfahrensschritte (z.B. Notartermin, Einholung eines Gutachtens) geeinigt haben oder sich lediglich auf Absichtserklärungen ohne Rechtsbindungswillen geeinigt haben. 185

Das **prozessuale** Ziel der Güterichterverhandlung ist die Beendigung des Rechtsstreits. Durch Protokollierung der Vereinbarung ist diese vollstreckbar (§§ 794 I Nr. 1, 160 III Nr. 1, 162 I ZPO). Wenn die Parteien einen schriftlichen Vergleich unterbreiten, kommt auch die Beschlussfeststellung nach § 278 VI ZPO in Betracht. 186

Soweit die Parteien auch rechtserhebliche Inhalte regeln wollen, die **nicht rechtshängig** sind, müssen diese für eine Protokollierung eines Vergleichs nach § 127a BGB in einem „inneren Zusammenhang“ mit dem Rechtsstreit stehen.[189] Denn nach § 127a BGB bestehe ein Anspruch auf Protokollierung – so der Bundesgerichtshof – lediglich insoweit, als die Parteien den Streitgegenstand des Verfahrens ab- 187

189 BGH NJW 2011, 3451 (3451).

schließend regeln. Es liege daher im pflichtgemäßen Ermessen des Gerichts, ob und in welchem Umfang es darüber hinausgehende Streitthemen, die einen inneren Bezug zum rechtshängigen Streitgegenstand haben, als gerichtlichen Vergleich protokolliert.[190]

188 Der Vergleich kann auch auf andere zwischen den Parteien rechtshängige Gerichtsverfahren werden. Soweit in der Güterrichterverhandlung Streitpunkte bereinigt werden, die vom Streitgegenstand des Prozesses losgelöst sind, haben die Parteien zu klären, ob diese Themen durch die Einigung erledigt sind oder diese als Teilergebnisse (außerhalb eines gerichtlich protokollierten Vergleichs) zu verstehen sind.

c) Kosten

189 Das Güteverfahren verursacht keine zusätzlichen **Gerichtsgebühren**, soweit nur über den rechtshängigen Streitgegenstand entschieden wird. Soweit ein Vergleich protokolliert, die Klage zurückgenommen oder ein Anerkenntnis ausgesprochen wird, reduziert sich – wie im streitigen Verfahren – die Gerichtsgebühr von 3 Gebühren auf eine Gebühr (Nr. 1210, 1211 KV-GKG) und im Berufungsverfahren von einem Gebührensatz von 4,00 auf 2,00 (Nr. 1220, 1222 KV-GKG). Soweit eine Erledigung der Hauptsache nach § 91a ZPO erfolgt, reduziert sich der Gebührensatz nur, wenn keine Entscheidung über die Kosten ergeht oder die Entscheidung einer zuvor mitgeteilten Einigung der Parteien über die Kostentragung oder der Kostenübernahmeerklärung einer Partei folgt (Nr. 1211 Nr. 4 KV-GKG). Denn ansonsten hat das Gericht nach § 91a ZPO über die Kosten unter Berücksichtigung des bisherigen Sach- und Streitstandes nach billigem Ermessen durch Beschluss zu entscheiden.

190 Das Güterrichterverfahren ist gebührenrechtlich Bestandteil des streitigen Verfahrens. Demzufolge sind mit den dem Prozessbevollmächtigten für das Klageverfahren gewährten Gebühren alle Tätigkeiten in der Instanz abgegolten. Eine zusätzliche Terminsgebühr für das Güterichterverfahren fällt daher nicht an.

Der Rechtsanwalt kann die Teilnahme am Güterichterverfahren mit einer 1,2 **Terminsgebühr** (3104 VV-RVG) und bei einer Einigung mit einer 1,0 **Einigungsgebühr** abrechnen (VV-RVG 1003), soweit noch kein Verhandlungstermin stattgefunden hat. Die Terminsgebühr entsteht auch wenn es nicht zu einer Verhandlung beim Prozessgericht gekommen ist, allerdings nicht zusätzlich zu einer bereits entstandenen Terminsgebühr. Auch entsteht bei Scheitern der Verhandlungen keine zusätzliche Terminsgebühr für die Wahrnehmung eines Termins beim Prozessgericht.

---

190 BGH NJW 2011, 3451 (3451).

Der Anwalt kann seine Fahrtkosten sowie das Tage- und Abwesenheitsgeld für den wahrgenommenen Güterichterterminerstattet verlangen.[191] Über die Verteilung dieser Kosten wird in einer abschließenden Vereinbarung regelmäßig eine Regelung getroffen.

Bewilligte Prozesskostenhilfe und die Beiordnung des Rechtsanwaltes erstrecken sich auch auf das Güterichterverfahren.

Den Bundesländern ist nach § 69b GKG sowie § 61a FamGKG über eine Verord- 191
nungsermächtigung unter den dort näher formulierten Voraussetzungen die Möglichkeit verschafft worden, über die zu erhebenden Verfahrensgebühren des Kostenverzeichnisses[192] hinaus weitere Ermäßigungen zu schaffen, wenn das gesamte Verfahren nach einer Mediation oder nach einem anderen Verfahren der außergerichtlichen Konfliktbeilegung durch Zurücknahme der Klage beendet wird. Dies gilt aber nicht für Güterichterverfahren, da die Vorschrift explizit auf **außergerichtliche Verfahren** (§ 278a ZPO) verweist.

Streitwerterhöhende Vergleiche durch Einbeziehung nicht rechtshängiger 192
Streitgegenstände sind hinsichtlich des Streitwertes vom Güterichter festzusetzen.[193] Soweit der Wert des Vergleichsgegenstands den Wert des Verfahrensgegenstands übersteigt entsteht eine zusätzliche Gerichtsgebühr von 0,25 (1900 KV-GKG). Nicht streitwerterhöhend sind dagegen materiell-rechtliche Vereinbarungen der Parteien außerhalb des Prozessvergleichs. Auch das Einbeziehen von Streitgegenständen bereits anhängiger Verfahren ist nicht streitwerterhöhend, da diese ihrerseits bereits gerichtsgebührenpflichtig sind.[194]

Insbesondere wenn streitwerterhöhende Vereinbarungen anstehen, sollte die Kostentragung in der Abschlussvereinbarung bereits geregelt werden.

Einigen sich die Parteien im Güterrichterverfahren auch hinsichtlich nicht rechts- 193
hängiger Ansprüche, entsteht für den **Rechtsanwalt** eine Terminsgebühr nach dem vollen Wert aus rechtshängigen und nicht rechtshängigen Ansprüchen. Bei einer Einigung entsteht für die rechtshängigen Ansprüche eine Einigungsgebühr von 1,0 (VV-RVG Nr. 1003), für die nicht rechtshängigen von 1,5 (VV-RVG Nr. 1000), wobei die Obergrenze des § 15 III RVG zu beachten ist.[195]

191 So OLG Rostock in Bezug auf gerichtsinterne Mediation, OLGR Rostock 2007, 336–338.

192 Kostenverzeichnis GKG Nrn. 1211, 1411, 5111, 5113, 5211, 5221, 6111, 6211, 7111, 7113 und 8211.

193 BT-Drs. 17/5496, S. 2.

194 Siehe auch *Greger/Unberath* Teil 4 Rn. 147.

195 Siehe auch zu gerichtlichem Mediationsverfahren OLG Celle NJW 2009, 121.

5. Täter-Opfer-Ausgleich

194 Der in § 46a StGB verankerte **Täter-Opfer-Ausgleich** ist zwar weder eine klassische Mediation noch ein Güterichterverfahren, man könnte es allerdings als eine zugunsten des Strafrechts modifizierte Art der Mediation verstehen (§§ 46a StGB, 155a, 155b StPO).[196]

195 Mit einem Täter-Opfer-Ausgleich wird versucht den durch die Straftat gestörten sozialen Frieden zwischen Täter und Opfer wiederherzustellen.[197] Im Fokus steht anders als in der Mediation bzw. im Güterichterverfahren nicht eine einvernehmliche Konfliktlösung, sondern die Wiedergutmachung der Tat (§ 46a Nr. 1 StGB).[198] Im Verhältnis zwischen Täter und Opfer soll der im Zusammenhang mit der Tat bestehende Konflikt beigelegt werden. Dabei geht es gerade nicht nur um einen finanziellen Schadensausgleich, sondern insbesondere auch um den Ausgleich körperlicher und psychischer Verletzungen des Opfers. Zu einer solchen Aussöhnung gehört auch, dass Täter und Opfer die Sichtweise der jeweils anderen Seite kennen und soweit möglich verstehen lernen. Symbolischer Ausdruck einer Beilegung des Konflikts kann in der Entschuldigung des Täters und dem Akzeptieren der Entschuldigung durch das Opfer liegen. Zwischen den Interessen des Opfers und den Leistungsmöglichkeiten des Täters wird versucht eine interessengerechte Lösung zu finden, mit der beide Seiten zu Recht kommen. Insofern finden sich in diesem Verfahren durch den im Mittelpunkt stehenden Interessenausgleich die Grundgedanken der Mediation wider.

196 Der Täter-Opfer Ausgleich soll in **geeigneten Fällen** (§ 155a S. 2 StPO) und nicht gegen den Willen des Verletzten durchgeführt werden.[199] Gleichzeitig besteht für den Täter bereits durch den Druck des drohenden Strafverfahrens eine Beeinträchtigung der Freiwilligkeit der Teilnahme. Dennoch haben auch beim Täter-Opfer-Ausgleich die Möglichkeit, das Verfahren jederzeit zu beenden. Ein Täter-Opfer-Ausgleich kann von den Tatbeteiligten, von der Polizei, der Staatsanwaltschaft oder dem Gericht angeregt werden. Die Voraussetzungen eines Täter-Opfer-Ausgleichs sind in jeder Lage des Verfahrens (§ 155a S. 1 StPO) zu prüfen. Für den Täter-Opfer-Ausgleich sind vor allem Vergehen der Bagatellkriminalität wie Körperverletzungsdelikte, Sachbeschädigungen, Bedrohungen, Nötigungen und Beleidigungen geeignet. Wegen der Besonderheiten des Verfahrens gelten hier aber weder die Verfahrensgedanken des Güterichterverfahrens noch der außergerichtlichen Mediation. Der Täter-Opfer Ausgleich ist eine eigene Verfahrensform der Konfliktbeilegung.

---

196 Siehe dazu: *Trenczek* ZKM 2003, 104 ff.; Haft/von Schlieffen/*Kerner* § 33 Rn. 1 ff.

197 *Trenczek* ZKM 2003, 104 ff.

198 *Fischer* § 46a StGB Rn. 9 f.

199 *Fischer* § 46a StGB Rn. 7 f.

6. Schlichtung

Schlichtungsverfahren lassen sich in freiwillige und obligatorische Schlichtungsverfahren unterteilen.[200] Freiwillige Schlichtungen werden, wie das Mediation- und Schiedsverfahren, aufgrund **privatrechtlicher Vereinbarung** eingeleitet. Schlichtungsverfahren folgen den frei vereinbarten Schlichtungsregeln, sie sind daher hauptsächlich der Parteivereinbarung unterlegen. Gesetzliche Regelungen für den **Ablauf des Verfahrens** gibt es nicht, anderes als für Schiedsverfahren (§§ 1025 ff. ZPO) und in groben Zügen für das Mediationsverfahren (§ 1 I MediationsG „strukturiertes Verfahren, siehe B Rn. 13). Allerdings wird in den Schlichtungsabreden oft Bezug genommen auf bestehende **Verfahrensordnungen** wie die der örtlichen Handelskammern oder auf Verfahrensordnungen der zuständigen Verbände (z.B. Bauindustrieverband) oder Kammern (z.B. Landesärztekammer). 197

Der **Schlichter** fungiert – wie der Mediator – als neutraler Dritter zur Vermittlung im Konflikt. Die Parteien wählen ihren Schlichter selbst. Der Schlichter unterliegt – ebenso wie der Schiedsrichter, aber anders als der Mediator (§ 5 MediationsG) – keinen gesetzlich bestimmten **Qualifikationen.** Damit können die Parteien für die Wahl des Schlichters auf die von ihnen gewünschten Qualifikationen und Erfahrung zurückgreifen.[201] 198

Mit der Mediation hat die Schlichtung gemeinsam, dass auch der Schlichter wie der Mediator **keine Entscheidungskompetenz** für das Ergebnis der Verhandlungen hat. Dem Schlichtungsverfahren immanent ist, dass der Schlichter – anders als in der Mediator (§ 1 II MediationsG) – den Parteien einen konkreten Lösungsvorschlag zur Einigung unterbreitet.

Nach § 15a EGZPO können die Länder durch Gesetz ein **obligatorisches Schlichtungsverfahren** bestimmen, so dass die Erhebung einer Klage erst zulässig ist, nachdem vor einer Gütestelle versucht worden ist, die Streitigkeit einvernehmlich beizulegen.[202] Dies betrifft nach § 15a EGZPO aber nur Klagen in vermögensrechtli- 199

---

200 Siehe zur Schlichtung Haft/von Schlieffen/*Horst* § 47 Rn. 108.

201 Bekannteste Beispiel für ein Schlichtungsverfahren ist „Stuttgart 21“ als Sach- und Faktenschlichtung mit dem Schlichter Dr. Heiner Geißler.

202 Bislang wurde die **obligatorische Streitschlichtung in folgenden Bundesländern** eingeführt: Baden-Württemberg (Gesetz zur obligatorischen außergerichtlichen Streitschlichtung – Schlichtungsgesetz – SchlG), Bayern (Bayerisches Gesetz zur obligatorischen außergerichtlichen Streitschlichtung in Zivilsachen und zur Änderung gerichtsverfassungsrechtlicher Vorschriften (Bayerisches Schlichtungsgesetz – BaySchlG), Brandenburg (Brandenburgisches Schlichtungsgesetz – BbgSchlG), Hamburg (Gesetz über die Öffentliche Rechtsauskunft- und Vergleichsstelle – ÖRA-Gesetz), Hessen (Gesetz zur Regelung der außergerichtlichen Streitschlichtung – HSchlG,HE), Mecklenburg-Vorpommern (Schiedsstellen- und Schlichtungsgesetz – SchStG M-V), Niedersachsen (Niedersächsisches Schlichtungsgesetz (NSchlG), Nordrhein-Westfalen (Gütestellen- und Schlichtungsgesetz – GüSchlG NRW; §§ 10 ff. GüSchlG NRW), Rheinland-Pfalz – keine gesetzliche Regelung,

chen Streitigkeiten vor dem Amtsgericht über Ansprüche, deren Gegenstand an Geld oder Geldeswert die Summe von 750 Euro nicht übersteigt, sowie Streitigkeiten über Ansprüche aus dem Nachbarrecht (außer bei Einwirkungen durch gewerbliche Betriebe), Streitigkeiten über Ansprüche von Beschäftigten nach dem Allgemeinen Gleichbehandlungsgesetzes.

200 Beim obligatorischen Schlichtungsverfahren ist die Erhebung einer zivilrechtlichen Klage mithin unzulässig, wenn von den Parteien nicht **vor Klageerhebung** ein Schlichtungsverfahren versucht wurde. Das Schlichtungsverfahren kann nicht erst im laufenden Prozess nachgeholt werden.[203] Eine Nachholung der Schlichtung bis zum letzten Termin zur mündlichen Verhandlung in der Tatsacheninstanz führe nicht – so der BGH – zur Zulässigkeit der Klage.[204] Fehlt ein obligatorisches Schlichtungsverfahren, so wird die Klage auch nicht durch eine nach Klageerhebung erfolgte Klageerweiterung zulässig.[205]

201 Die **Gütestellen** werden nach § 15a EGZPO von den Ländern anerkannt oder selbst eingerichtet. Beispielsweise führt als Gütestelle nach § 15a EGZPO i. V. m. dem Hessischen Gesetz zur Regelung der außergerichtlichen Streitschlichtung die Rechtsanwaltskammer Schlichtungsverfahren in Hessen durch. In Hamburg wird eine (in diesem Bundesland nicht obligatorische) Schlichtung über die Öffentliche Rechtsauskunft- und Vergleichsstelle – ÖRA – geführt.

7. Schiedsverfahren

202 Das privatrechtliche Schiedsverfahren beinhaltet eine Streitschlichtung, die sich von ihrer Form und ihrem Ablauf an das Verfahren vor den ordentlichen Gerichten anlehnt. Vor den Schiedsgerichten sind Rechtsansprüche streitig. Es gibt eine klar definierte Verfahrensordnung, die sich – soweit die Parteien in ihrer **Schiedsvereinbarung** nicht explizit auf eine Verfahrensordnung verweisen – auf §§ 1025 ff. ZPO stützt.[206] Das Schiedsverfahren kann nur eingeleitet werden, wenn die Parteien sich auf ein solches Verfahren durch eine durch Vertrag geeinigt haben (§ 1029 ZPO). Die Schiedsvereinbarung ist nach § 1031 ZPO formbedürftig. Die Schiedsvereinbarung

aber Anerkennung einer Gütestelle durch Justizministerium möglich, Saarland (Landesschlichtungsgesetz – LSchlG), Sachsen (Sächsisches Schieds- und Gütestellengesetz – SächsSchiedsGütStG), Sachsen-Anhalt (SchStG; §§ 34a ff. SchStG), Schleswig-Holstein (Landesschlichtungsgesetz – LSchliG).

203 BGHZ 161, 145–151.

204 BGHZ 161, 145–151.

205 AG München ZKM 2003, 278–279.

206 Siehe dazu auch Haft/von Schlieffen/*Heussen* § 10 Rn. 7.

ist als ein Prozessvertrag einzuordnen.[207] Sie wird als **selbständige Schiedsabrede** geschlossen oder als **Schiedsklausel** in einem Hauptvertrag.[208]

Die Parteien haben im Schiedsverfahren anders als vor den ordentlichen Gerichten **Gestaltungsspielraum für das Verfahren.** Sie können sich über Ablauf und Struktur des Verfahrens einigen. Darüber hinaus besteht – anders als vor den ordentlichen Gerichten – kein zeitlicher Verhandlungsdruck. Insofern können auch im Rahmen des Schiedsverfahrens Verhandlungen im Stil des Mediationsverfahrens geführt werden. Dennoch ist das prozessual klar strukturierte Verfahren mit der Mediation nicht vergleichbar. Es ist eher als ein **privates Gerichtsverfahren** zu verstehen. 203

Der Gestaltungspielraum der Parteien hinsichtlich des Ablaufes des Verfahrens endet dort, wo wesentliche Rechte beschränkt werden sollen, etwa das Recht auf rechtliches Gehör (§ 1042 I S. 2 ZPO) oder auch Gleichbehandlung (§ 1042 I S. 1 ZPO) der Parteien. Da der Schiedsrichter – anders als in der Mediation der Mediator – im Zweifelsfall den privatrechtlichen Streit entscheidet, muss er auch rechtliches Gehör gewähren. Zudem können Rechtsanwälte nicht von der Verhandlung ausgeschlossen werden (§ 1042 II ZPO). 204

Mit der Schiedsvereinbarung wird der **Rechtsweg zu den ordentlichen Gerichten ausgeschlossen** wird. Eine Klage trotz Schiedsvereinbarung ist wegen Unzulässigkeit abzuweisen, sofern der Beklagte dies vor Beginn der mündlichen Verhandlung zur Hauptsache rügt (§ 1032 ZPO). 205

Die **Besetzung des Schiedsgerichtes** ist in der Regel in der Schiedsvereinbarung festgehalten. Fehlt eine solche Regelung, so ist das Gericht mit drei Richtern besetzt (§ 1034 ZPO). Auch die Bestellung der Schiedsrichter unterliegt der Parteivereinbarung. In der Praxis erfolgt dies häufig durch Vorschlagsrecht der zuständigen Handelskammer. 206

Auch die **Qualifikationen an den Richter für das Schiedsrichteramt** unterliegen weitestgehend der Autonomie der Parteien. Die gesetzlichen Anforderungen sind minimal. Die Gestaltungsfreiheit der Parteien zur Wahl ihres Richters ist nur durch das verfassungsrechtliche Gebot der „Überparteilichkeit der Rechtspflege" begrenzt.[209] So darf etwa ein Schiedsrichter nicht Richter in eigener Sache sein.[210] Der Schiedsrichter braucht auch nicht juristisch ausgebildet sein und muss daher auch nicht die Befähigung zum Richteramt haben. Allerdings wird dies häufig in Schiedsvereinbarungen geregelt. 207

Die Parteien können sich auch über den **Ort zur Durchführung des Schiedsverfahrens** einigen. Fehlt eine Vereinbarung, so wird der Ort vom Schiedsgericht bestimmt (§ 1043 ZPO). 208

---

207 BGHZ 99, 143, 147.
208 Saenger/*Saenger* § 1029 ZPO Rn. 2, 3.
209 Saenger/*Saenger* § 1035 ZPO Rn. 2f.
210 BGH NJW 1985, 1903, 1904.

209 Soweit zwischen den Parteien nichts anderes vereinbart ist, beginnt das Schiedsverfahren mit dem Tag, „an dem der Beklagte den Antrag, die Streitigkeit einem Schiedsgericht vorzulegen, empfangen hat" (§ 1044 ZPO). Die Parteien wechseln sodann nach Maßgabe der vom Schiedsgericht gesetzten Fristen – wie vor den ordentlichen Gerichten – Schriftsätze über die Rechtsansprüche, im Sinne einer anspruchsbegründenden „Klage" und „Klagebeantwortung" (§ 1046 ZPO). Das Schiedsgericht entscheidet, soweit die Parteien nichts anderes vereinbart haben, ob und wann mündlich verhandelt werden. Soll (§ 1047 ZPO).

210 Die Rechtsstreitigkeit zwischen den Parteien wird durch einen **Schiedsspruch** der Schiedsrichter entschieden (§ 1051 ZPO), soweit die Parteien keinen Vergleich schließen. Auch der Vergleich wird als Schiedsspruch formuliert (§ 1053 ZPO). Der Schiedsspruch ist für die Parteien bindend und kann für vollstreckbar erklärt werden (zur Vollstreckbarkeit von Mediationsvereinbarungen siehe C Rn. 318). Er stellt einen **Rechtssprechungsakt** dar.[211] Er hat unter den Parteien die Wirkung eines rechtskräftigen gerichtlichen Urteils (§ 1055 ZPO).

211 Nur auf Antrag bei Vorliegen **grober Verfahrensverstöße** kann das zuständige Oberlandesgericht (§ 1062 I Nr. 4 ZPO) den Schiedsspruch aufheben.

8. Rechtsdienstleistung

212 Da in der Mediation auch über rechtliche Inhalte verhandelt wird, ist die Abgrenzung der Mediation zur Rechtsdienstleistung zu beachten (B Rn. 217). Vom Grundprinzip ist die Rechtsdienstleistung nach dem Rechtsdienstleistungsgesetz **Anwaltsprivileg**. Die engen Ausnahmen sind im Rechtsdienstleistungsgesetz normiert. Hintergrund der Privilegierung des Anwaltes sind insbesondere zahlreiche Schutzvorschriften für Mandanten sowie Rechte und Pflichten der Anwälte, die sich aus den zugrundeliegenden Berufsordnungen für Rechtsanwälte ergeben. Ziel des Gesetzes ist nach § 1 I RDG, die Rechtssuchenden, den Rechtsverkehr und die Rechtsordnung vor unqualifizierten Rechtsdienstleistungen zu schützen.

213 Originäre Aufgabe der Anwälte ist es in Vergleichsverhandlungen für eine außergerichtliche Lösung ihrer Mandanten zu streiten, auch wenn sie dabei nicht unbedingt die kommunikativen Verhandlungsmethoden der Mediation verwenden müssen aber durchaus können. In der **parteilichen Verhandlung** geht es allerdings um den Ausgleich widerstreitender Rechtspositionen und allenfalls sekundär um den Ausgleich der dahinterliegenden Interessen. Zudem stehen für den Anwalt von Berufswegen die Interessen seiner Partei im Vordergrund. Er ist zur Parteilichkeit verpflichtet.

---

211 Saenger/*Saenger* § 1029 ZPO Rn. 2.

Da das regelnde Recht fast alle Bereiche des Lebens durchzieht, haben auch in der **Mediation** zur Verhandlung stehende Konflikte regelmäßig einen **Rechtsbezug**. In der Mediation stehen nicht selten die Neuordnung, Abänderung oder Auflösung rechtlicher Beziehungen in Rede.[212] Mit den erzielten Lösungen werden etwa Verträge abgeschlossen oder geändert und auch Rechtsverhältnisse gekündigt oder aufgehoben. Rechtspositionen und rechtliche Regelungswünsche lassen sich daher nicht von der Mediation trennen. Die Frage ist, wie damit im Mediationsverfahren umzugehen ist (siehe auch C Rn. 43ff., B Rn. 75, D Rn. 220). 214

Sowohl Mediator als auch der außergerichtliche tätige Anwalt als Parteivertreter verhandeln über den **rechtlich relevanten Konfliktstoff** und dennoch üben sie ihre Rolle völlig unterschiedlich aus. Das Rechtsdienstleistungsgesetz versucht dem Rechnung zu tragen. Insbesondere für den **nichtanwaltlichen Mediator** ist daher maßgebend, bei einer Verhandlung über Rechtspositionen in den Grenzen des nach dem Rechtsdienstleistungsgesetz Erlaubten zu agieren. Rechtsdienstleistung ist nach § 2 I RDG „jede Tätigkeit in konkreten fremden Angelegenheiten, sobald sie eine rechtliche Prüfung des Einzelfalls erfordert." Nach § 2 III Nr. 3 RDG ist „Mediation und jeder vergleichbare Form der alternativen Streitbeilegung, sofern die Tätigkeit nicht durch rechtliche Regelungsvorschläge in die Gespräche der Beteiligten eingreift", keine Rechtsdienstleistung. Die Grenzlinie ist im Einzelfall zu prüfen. 215

Die Rechtsdienstleistung hat nach § 2 I RDG wesensgebende drei Elemente:

- **rechtliche Prüfung**
  Eine rechtliche Prüfung erfordert eine Prüfung der Rechtslage im Sinne einer juristischen Subsumtion. Damit ist die Anwendung einer Rechtsnorm auf einen Sachverhalt gemeint. Keine rechtliche Prüfung sind allgemeine Rechtsauskünfte sowie Beurteilung einer Rechtsfrage, die auch für juristische Laien einfach zu beantworten ist.
- **Einzelfallprüfung**
  Einzelfallprüfung bedeutet, dass das Recht auf einen Einzelfall angewendet werden muss. Keine Rechtsdienstleistung sind daher allgemeine rechtliche Informationen an Interessierte und allgemeine Beantwortung rechtlicher Fragen.
- **konkrete fremde Angelegenheit**
  Die Tätigkeit bezieht sich auf einen konkreten Sachverhalt. Es geht darum, dass das Recht für einen Anderen in einem konkreten Fall angewendet wird.

Aus der gesetzlichen Definition des § 2 I RDG geht hervor, dass bei der Verhandlung über rechtliche Position in der Mediation unter Verhandlungsführung des Mediators auch eine Rechtsdienstleistung vorliegen kann, nämlich dann, wenn rechtlich interveniert wird. § 2 III Nr. 3 RDG stellt lediglich klar, dass Mediation dann keine 216

212 Siehe auch *Greger/Unberath* § 1 Rn. 73.

Rechtsdienstleistung ist, wenn die Tätigkeit nicht durch rechtliche Regelungsvorschläge in die Gespräche der Beteiligten eingreift.

Damit ist erst einmal nur klargestellt, dass die Mediation nicht *per se* eine Rechtsdienstleistung darstellt. Diese Klarstellung war nötig geworden, nachdem einige Gerichte vor Geltung des Rechtsdienstleistungsgesetzes im bloßen **Verhandeln über Rechtspositionen** eine Rechtsberatung nach dem damals geltenden Rechtsberatungsgesetz konstatiert hatten. Demzufolge wurden sämtliche nichtanwaltliche Mediatoren per se von der Vermittlungstätigkeit bei rechtlichen Konflikten ausschlossen. So hatte etwa das Oberlandesgericht Rostock[213] konstatiert, dass Mediation in Form der Hilfe bei außergerichtlicher Streitbeilegung unter Berücksichtigung rechtlicher Gesichtspunkte unter das Rechtsberatungsgesetz falle. Auch das Abfassen einer Abschlussvereinbarung sei „Besorgung fremder Rechtsangelegenheiten" und unterläge dem Anwaltsprivileg, soweit Rechtspositionen streitig seien.

217 Die Grenzen, ob eine erlaubnispflichtige Rechtsdienstleistung oder eine erlaubte Mediationstätigkeit vorliegt sind nach § 2 III Nr. 3 RDG im Einzelfall auszutarieren. Auch die Gesetzesbegründung zu § 2 III Nr. 3 RDG betont, dass trotz eines Auftrages zur Mediation eine Rechtsdienstleistung vorliegt, wenn der Mediator durch rechtliche Regelungsvorschläge gestaltend in die Gespräche der Beteiligten eingreife. Es handelt sich in diesen Fällen nicht mehr um eine (reine) Mediation, sondern um eine Streitlösung mit (auch) rechtlichen Mitteln, bei der sich der nichtanwaltliche Mediator nicht auf § 2 III Nr. 4 berufen könne.[214]

Der nichtanwaltliche Mediator muss sich daher in der Mediation auf eine gesprächsleitende Funktion beschränken. In den überwiegenden Fällen liegen dem Konfliktthema in der Mediation rechtliche Regelungen zugrunde oder die Verhandlungen bewegen sich innerhalb eines Rechtsverhältnisses. Eine wertige Verhandlung über den Konfliktstoff setzt dabei Rechtskenntnisse auf Seiten der Parteien voraus (C Rn. 41, X Rn. 274). Bringt der nichtanwaltliche Mediator rechtliche Regelungsvorschläge ein, liegt mithin eine Rechtsdienstleistung vor.[215]

Mediation kann daher nur dann aus dem Anwendungsbereich des Rechtsdienstleistungsgesetzes ausgenommen werden, wenn sie zur Lösung streitiger Fragen

---

213 OLG Rostock MDR 2001, 1197–1200; auch Urteil des LG Leipzig 19.6.2004, 5 O 1899/04 (juris), Leitsatz: „Erarbeitet ein Diplom-Psychologe als Mediator ohne die dafür erforderliche behördliche Rechtsberatungserlaubnis mit vor der Scheidung stehenden Eheleuten als Medianten auf deren individuelle Bedürfnisse zugeschnittene Entwürfe für die Vereinbarung von Scheidungsfolgen (nämlich zu Zugewinn, Versorgungsausgleich, Unterhalt, Sorgerecht u.a.m.) so handelt es sich bei dieser Tätigkeit um unerlaubte Rechtsberatung. Daran ändert nichts, dass der Mediator die Eheleute darauf hinweist, das Vereinbarte bedürfe der notariellen Beurkundung."

214 BT-Drucks 16/3655 zu § 2 Absatz 3 Ziffer 4 RDG.

215 So auch Stellungnahme der Bundesrechtsanwaltskammer zum Gesetzentwurf zur Neuregelung des Rechtsberatungsrechts (BT-Drucks. 16/3655).

ohne Anwendung des konkreten Rechts eingesetzt wird und auskommt und der Schwerpunkt der Tätigkeit des Mediators in der Gesprächsleitung liegt.[216] Der nichtanwaltliche Mediator darf daher nicht rechtlich beraten oder informieren, es sei denn es handelt sich um allgemein bekannte Informationen. Erst recht darf er die rechtlich relevante Abschlussvereinbarungen (B Rn. 217) nicht aktiv mitgestalten.

Das Recht als Verhandlungspositionen der Parteien darf aus mediatorischer **218**
Perspektive wiederum nicht aus der Mediation ausgeblendet werden. Denn hinter Rechtspositionen verbergen sich wie hinter allen anderen Positionen auch Interessen und Bedürfnisse der Beteiligten.

Der nichtanwaltliche Mediator ist aber gehalten die Parteien auf die Möglichkeit der Hinzuziehung externer Rechtsanwälte zu verweisen (B Rn. 217). Dies ergibt sich insoweit auch aus dem Mediationsgesetz wonach der Mediator zum einen für die **vollständige Informiertheit** (C Rn. 42) der Parteien im Mediationsprozess zu sorgen hat und insbesondere auch vor Abfassung einer Abschlussvereinbarung auf die Hinzuziehung von Beratern hinzuweisen hat § 2 VI S. 2 MediationsG. Zur Informiertheit der Parteien gehört nämlich vor allem die Kenntnis der Rechtslage (C Rn. 42, 183, 278). Denn eventuell bestehende Rechtsansprüche, die den Parteien zur Verfügung stehen, bestimmen den Wert ihrer Handlungsalternativen. Rechtspositionen lassen sich daher in der Mediation nicht ignorieren.[217] Dem Rechtssystem immanent ist die Beurteilung des Kräftegleichgewichts zwischen den Parteien. Diese sich aus dem Gesetz ergebenden gesamtgesellschaftlichen Wertungen muss die Partei kennen, um sie auch für einen Vergleich mit ihrem subjektiven Gerechtigkeitsempfinden heranziehen und entsprechend bewerten zu können. Das Recht ist in der Mediation daher den Interessen der Parteien dienend einzuführen.[218] Die Konfliktparteien müssen ihre rechtlichen Erfolgsaussichten beurteilen können, um zu wissen worauf sie gegebenenfalls rechtlich verzichten oder an welchem Punkt sie Zugeständnisse machen (C Rn. 42, 183, 278).[219] Diese Vermittlung der Rechtskenntnisse darf der nichtanwaltliche Mediator wie dargestellt nicht selbst vornehmen, sondern muss an externe Berater verweisen.

Fraglich ist, *ob* und *inwieweit* nichtanwaltliche aber **juristische Mediatoren** **219**
Rechtsfragen in der Mediation klären können und dürfen (B Rn. 54). Dies wird vereinzelt vorgeschlagen.[220] Dem steht aber auch das Rechtsdienstleistungsgesetz ent-

216 So auch Stellungnahme der Bundesrechtsanwaltskammer zum Gesetzentwurf zur Neuregelung des Rechtsberatungsrechts (BT-Drucks. 16/3655).
217 So auch Eidenmüller/*Henssler*/*Koch* § 2 Rn. 48 ff.; *Montada*/*Karls* S. 53.
218 Haft/von Schlieffen/*Kempf* § 34 Rn. 42 ff.
219 Vgl. Haft/von Schlieffen/*Ripke* § 7 Rn. 25 ff.; Duve/Eidenmüller/Hacke/*Eidenmüller* Kap. 9, 219 ff.; *Kentke* S. 58.
220 Haft/von Schlieffen/*Ripke* § 7 Rn. 27; in diesem Sinne auch Haft/von Schlieffen/*Kempf* § 34 Rn. 39 ff.

gegen. Es gilt nichts anderes als für andere nichtanwaltliche Mediatoren. Auch wenn der Mediator als **Volljuristen** vom Grundprinzip wie jeder Anwalt die erforderliche Fachkenntnis inne hat, darf er die Informationen über das maßgebliche Recht nicht selbst in die Mediation einführen.[221] Dies liegt in der Schutzfunktion des Rechtsdienstleistungsgesetzes begründet. Der eine Rechtsdienstleistung Begehrende soll rechtlich qualifizierten Rat erhalten *und* dem Schutzbereich des anwaltlichen Berufsrechtes unterliegen.

Soweit also der **nichtanwaltliche Mediator** ob mit oder ohne juristischem Sachverstand sich im Verfahren nicht auf die gesprächsleitende Funktion beschränkt, sondern durch rechtliche Regelungsvorschläge oder Bewertung der Rechtslage interveniert, liegt eine Rechtsdienstleistungen vor.[222] Für nichtanwaltliche Mediatoren liegt ein Verstoß gegen das Rechtsdienstleistungsgesetz vor.

220 Zu beachten ist, dass schon die rechtlich **bewertende Darstellung der Rechtslage** im Einzelfall durch den Mediator ein regelndes Eingreifen darstellt. Es befriedigt nämlich die Erwartung der Parteien eine Rechtsauskunft bezogen auf ihren konkreten Fall zu erhalten.[223] Der Darstellung der Rechtslage seitens des Mediators ist die Gefahr der Beeinflussung der Parteien immanent. Die Parteien vertrauen nämlich auf die Rechtsinformation. Darauf weist auch die Stellungnahme der Bundesrechtsanwaltskammer zum Regierungsentwurf des Rechtsdienstleistungsgesetzes von Mai 2007 hin. Die erlaubte Mediationstätigkeit ende dort, wo mit konkreten rechtlichen Regelungsvorschlägen in die Gespräche eingegriffen werde. Mediation sei nur dann keine Rechtsdienstleistung, wenn sie ohne die Anwendung des Rechts zur Lösung streitiger Fragen auskomme und der Schwerpunkt der Tätigkeit in der Vermittlung läge. [224]

Rechtsdienstleistungen dürfen nach dem Rechtsdienstleistungsgesetz bis auf die gesetzlich normierten Ausnahmefälle nur von Anwälten erteilt werden. Soweit nichtanwaltliche Mediatoren, auch wenn sie Volljuristen sind, Rechtsauskünfte erteilen, verstoßen sie gegen das Rechtsdienstleistungsgesetz.

221 Demzufolge wird auch vertreten, dass jede **rechtsgestaltende Abschlussvereinbarung** in der Mediation eine Mitwirkung von zugelassenen Rechtsanwälten erfordere, soweit es sich nicht um ganz einfache Vereinbarungen handele.[225] Demnach dürfte nur ein anwaltlicher Mediator eine Abschlussvereinbarung ausformulieren.

---

221 So auch *Greger/Unberath* § 1 Rn. 77.

222 Stellungnahme der Bundesrechtsanwaltskammer zum Gesetzentwurf zur Neuregelung des Rechtsberatungsrechts (BT-Drucks. 16/3655); siehe auch *Henssler* ZKM 5/2006, 132 (134); *Greger/Unberath* § 1 Rn. 74; **a.A.** Amtsgericht Lübeck, Urteil vom 29.9.2006, 24 C 1853/06 (juris).

223 *Grunewald/Römermann* § 2 RDG Rn. 134.

224 BRAK-Stellungnahme Nr. 19/2007, S. 7 f.

225 *Greger/Unberath* § 1 Rn. 75.

Der ursprüngliche Gesetzesentwurf zum Rechtsdienstleistungsgesetz sah noch die Formulierung unter § 2 III RDG-E vor, dass auch die „Protokollierung einer Abschlussvereinbarung" keine Rechtsdienstleistung sei. Ausweislich der Entwurfsbegründung sollte diese Formulierung lediglich klarstellende Funktion haben und keine neue Berechtigung zur Rechtsdienstleistung schaffen.[226] Zudem ging man beim Entwurf des Rechtsdienstleistungsgesetzes von der rein gesprächsleitenden Funktion des Mediators aus. Allerdings wandte sich insbesondere die Bundesrechtsanwaltskammer[227] gegen diese nicht praxisnahe Betrachtung, wonach der Mediator als reiner Protokollführer fungiert. Die völlig autonome Gestaltung der Vereinbarung durch die Parteien ist in der Praxis häufig nicht realisierbar. Die Formulierung über die Protokollierung wurde aus dem Gesetzestext gestrichen, da man für das Protokollieren einer Abschlussvereinbarung keinen Freifahrtsschein zur Rechtsdienstleistung erteilen wollte. Maßgeblich ist also stets der konkrete Einzelfall.

Soweit der nichtanwaltliche Mediator allerdings nur die von den Parteien unter seiner Mitwirkung gefundenen Vereinbarungen protokolliert, liegt kein Verstoß gegen das Rechtsdienstleistungsgesetz vor. Dagegen spricht auch die gesetzliche Intention des § 2 VI S. 2 MediationsG, wonach der Mediator die Parteien ohne fachliche Beratung vor Dokumentation einer Abschlussvereinbarung auf die Möglichkeit hinzuweisen hat, die Vereinbarung durch externe Beratern prüfen zu lassen. Daraus ist zu schließen, dass der nichtanwaltliche Mediator sehr wohl einen Abschlussvereinbarung abfassen darf. Allerdings ist auch hier die gesetzliche Formulierung unklar, soweit sie zwischen „Vereinbarung" und „Abschlussvereinbarung" differenziert, denn auch eine nicht (vollständig) dokumentierte Vereinbarung stellt in der Regel einen rechtlich relevanten Vertrag dar (B Rn. 185, 216, 221). *Greger* ist allerdings vollumfänglich zuzustimmen, soweit die Abschlussvereinbarung in dem Sinne vom nichtanwaltlichen Mediator „ausformuliert" wird, als er eigene Formulierungsvorschläge und Regelungspunkte in die Abschlussvereinbarung einbringt.

Rechtsfolgen eines Verstoßes für den nichtanwaltlichen Mediator: 222

Ein unter Verstoß gegen das RDG begründeter Mediationsvertrag ist nach § 134 BGB nichtig. Der Mediator verliert seinen Honoraranspruch. Bereits erhaltene Zahlungen sind nach bereicherungsrechtlichen Grundsätzen zurückzugewähren. Darüber hinaus können Schadensersatzansprüche bestehen, soweit durch die fehlerhafte Auskunft Schäden entstanden sind. Ein Verstoß ist auch bußgeldbewehrt (§ 20 RDG). Das Rechtsdienstleistungsgesetz ist außerdem ein Verbraucherschutzgesetz im Sinne des § 2 II Nr. 8 UKlaG, weshalb der Mediator von den anspruchsberechtigten Stellen (wie Verbraucherzentrale, Industrie- und Handelskammer, Handwerkskammer) auch im Interesse des Verbraucherschutzes auf Unterlassung in Anspruch

226 BT-Drs. 16/3655, S. 50.

227 Stellungnahme der BRAK zum Referentenentwurf, S. 25.

genommen werden kann. Darüber hinaus kann die Rechtsanwaltskammer bei Verstößen gegen das Rechtsdienstleistungsgesetz eine Abmahnung aussprechen und für den Fall der Fortsetzung der unerlaubten Rechtsdienste auf dem Zivilrechtswege auf Unterlassung klagen. Auch ein anwaltlicher Konkurrent des gegen das Rechtsdienstleistungsgesetz verstoßenden Mediators kann gegen den Verstoß auf Unterlassung klagen.

223 Inwieweit **Anwaltsmediatoren** rechtliche **Bewertungen und Vorschläge** in die Mediation einbringen dürfen, ist umstritten (C Rn. 43ff., D Rn. 35ff.). Die Tätigkeit als Mediator unterliegt dem anwaltlichen Berufsrecht (§ 18 BORA), sodass der Anwaltsmediator bei einer rechtlichen Bewertung des Konfliktes nicht gegen das Rechtsdienstleistungsgesetz verstößt, nach hier vertretener Auffassung wohl aber gegen seine **Neutralitätspflicht** verstoßen kann (ausführlich C Rn. 68) sowie gegen die berufsrechtlichen Vorschriften der §§ 3 BORA, 43a IV BRAO (C Rn. 63).

! **Checkliste Rechtsdienstleistung/Mediation**

224 Rechtsdienstleistung nach § 2 I RDG:

- **rechtliche Prüfung**
  Prüfung der Rechtslage im Sinne einer juristischen Subsumtion im Sinne einer Anwendung einer Rechtsnorm auf einen Sachverhalt
- **Einzelfallprüfung**
  Keine Rechtsdienstleistung sind daher allgemeine rechtliche Informationen an Interessierte und allgemeine Beantwortung rechtlicher Fragen.
- **konkrete fremde Angelegenheit**

Für einen Anderen in einem konkreten Fall angewendet wird.

! **Mediationsverhandlungen über Rechtspositionen**

225 Nach § 2 III Nr. 4 RDG ist keine Rechtsdienstleistung die Mediation und jede vergleichbare Form der alternativen Streitbeilegung, sofern die Tätigkeit nicht durch rechtliche Regelungsvorschläge in die Gespräche der Beteiligten eingreift.

! **Checkliste: Praxistipp für nichtanwaltliche Mediatoren**

226 – **Rechtspositionen sind in der Mediation wie jede andere Position auch vom Mediator aufzunehmen und mit dem Hinweis auf externe Berater zu versehen.**

Mediator: „Darf ich zusammenfassen: Ihnen ist wichtig, dass es einen finanziellen Ausgleich dafür gibt, dass Sie den Garten nicht mehr nutzten können, ... Dafür ist es wichtig, dass Sie einschätzen können, ob Ihre Forderung rechtlich durchsetzbar ist. Das kann und darf ich nicht beurteilen, ich empfehle Ihnen beiden daher dringend, sich diesbezüglich auch anwaltlichen Rat einzuholen ...“

Wichtig ist und diese Gradwanderung ist für nichtanwaltliche Mediatoren oft schwierig, dass man sich – trotz Verweis auf externe Anwälte – genauso wie mit jeder anderen Position vertiefend auseinandersetzt.

„Ich möchte da aber dennoch nachhaken, warum ist Ihnen das denn so wichtig ...
... gibt es sonst noch eine Idee, wie man den Verlust ausgleichen könnte“

Für den Mediator untersagt ist es, inhaltlich rechtlich zur konkreten Position Stellung zu nehmen, etwa *„ich denke nicht, dass Sie einen rechtlichen Anspruch darauf haben, aber ...“.*

- **Co-Mediation mit anwaltlichen Mediatoren**
  Nichtanwaltliche Mediatoren können mit Anwaltsmediatoren gemeinsam mediieren. Anwaltliche Mediatoren dürfen nach dem Rechtsdienstleistungsgesetz Rechtsdienste erbringen. Daher wird überwiegend vertreten, dass Anwaltsmediatorin in ihre Doppelfunktion bei objektiver Bewertung der Rechtslage auch inhaltliche rechtlich in der Mediation verhandeln dürfen. Nach hier vertretener Auffassung (C Rn. 43), die allerdings bisher nicht die herrschende Meinung wiederspiegelt, besteht für anwaltliche Mediatoren aber die Gefahr gegen das Verbot zu verstoßen, widerstreitender Interessen zu vertreten (ausführlich C Rn. 43) und vor allem auch die Gefahr einer Neutralitätsverletzung (C Rn. 63).
- **Externe Berater**
  Die Einbeziehung von externen Beratern, insbesondere Parteianwälten, kann durch Einbeziehung in das Mediationsverfahrens erfolgen. Möglich ist auch eine nur punktuelle bzw. sequenzielle Beratung durch einbezogene Parteianwälte. Darüber hinaus können die Parteien sich außerhalb des Mediationsverfahrens unabhängig voneinander beraten lassen.
  Mediatoren sollten einen Hinweis auf externe Berater in den Mediationsvertrag mit den Parteien aufnehmen und nötigenfalls auch nochmals in einem Mediationsprotokoll vermerken. Sollte man sich allein auf die vorformulierten Mediationsverträge verlassen, besteht die Gefahr, dass aufgrund einer AGB Kontrolle vor Gericht die vertraglich vorformulierte Vereinbarung nicht ausreicht.

9. Psychotherapie

Zwischenmenschlichen Konflikten liegen selten nur Sachthemen zugrunde. Wenn 227
dem im konkreten Einzelfall so sein sollte, bedarf es in der Regel keiner Mediation, sondern eher einer Konfliktmoderation.[228] Teilweise wird eine (vermeintlich) reine sachthemenorientierte Mediation als „juristische Mediation“[229] bezeichnet oder vornehmlich der Wirtschaftsmediation zugeschrieben. Dabei wird übersehen, dass sich hinter *allen* menschlichen Konflikten, egal ob in Familie, Arbeit oder Wirtschaft Beziehungen zwischen Menschen auftun, die durch den Konflikt mehr oder weniger gestört sind.[230] Menschliche Kommunikation interagiert nie nur auf einer Sachebene.[231] Der Mediation immanent ist gerade, dass der Konflikt unter Beachtung der vielschichtigen menschlichen Kommunikation gelöst wird, indem gerade nicht nur

228 Hilfreich zur Einstufung der Geeignetheit des Konfliktes für eine Mediation sind die Eskalationsstufen von *Glasl* S. 215 ff.

229 Eine Zusammenfassung der Stile siehe *Wenzel* Konfliktbewältigung durch Mediation aus berufspädagogischer Sicht, S. 129.

230 Siehe zur Mediation in Familienunternehmen: *von Schlipp* Zwischen Ökonomie und Psychologie: Konflikte in Familienunternehmen, ZKM 2009, 17 ff.

231 Siehe dazu: *Schulz von Thun* S. 14; dazu auch: *Lehman* ZKM 2006, 164 ff.; Haft/von Schlieffen/*Kempf* § 35 Rn. 55.

auf die Sachebene fokussiert wird, sondern insbesondere auch emotionale Aspekte in die Verhandlungen eingebracht werden.

228 Dass, was Konflikte brisant und für die Parteien scheinbar unlösbar werden lässt, sind die hinter den Sachpositionen verborgenen Gefühle der Beteiligten, die sich häufig auf tiefe seelische Verletzungen gründen. Diese wiederum haben regelmäßig eine mehr oder weniger lange Vergangenheit. In der Mediation treten daher häufig heftige Emotionen zutage. In der Praxis sind Mediatoren daher auch mit **emotional hoch geladenen Situationen** konfrontiert, die eine tiefergehende Konfliktbearbeitung und Ursachenforschung aufdrängen. Daher werden auch in der Mediation Interventionen eingesetzt, die sich auf bekannte Techniken etwa aus der Psychoanalyse, Gestalttherapie oder Verhaltenstherapie stützen (C Rn. 134ff.). Ebenso wie in der Therapie geht es in der Mediation um (durch den Konflikt gestörte) zwischenmenschliche Beziehungen, die mithilfe **kommunikativer Interventionen** gelöst werden sollen. Zum Teil findet man in der Literatur für eine so verstandene Mediation die Betitelung als „therapeutische Mediation"[232], wenn der Mediator in das Beziehungsgefüge der Konfliktparteien hineingeht, um die Kommunikationsfähigkeit der Parteien wiederherzustellen und zu stärken. Diese Begrifflichkeit ist missverständlich und abzulehnen[233], da der Mediator keine Therapie in der Mediation durchführt, auch wenn er aus der Therapie bekannte Interventionen nutzt.

229 **Therapie** hat anders als die Mediation ihre Wurzeln in der **Heilkunde**. Nach den gesetzlichen Anforderungen des § 1 III PsychThG stellt Psychotherapie „jede mittels wissenschaftlich anerkannter psychotherapeutischer Verfahren vorgenommene Tätigkeit zur Feststellung, Heilung oder Linderung von Störungen mit Krankheitswert" dar. Weiterhin heißt es „zur Ausübung von Psychotherapie gehören nicht psychologische Tätigkeiten, die die **Aufarbeitung und Überwindung sozialer Konflikte** oder sonstige Zwecke außerhalb der Heilkunde zum Gegenstand haben."

230 Im Mittelpunkt der Psychotherapie steht der Zweck der Behandlung zur Heilung einer seelischen Erkrankung. Es geht um die Aufarbeitung tiefer seelischer Beeinträchtigungen. Damit hat die **Zielsetzung des Verfahrens** eine entscheidende Bedeutung. Therapie fokussiert auf die Heilung von Störungen des Wohlbefindens mit dem Ziel der Wiederherstellung der psychischen Gesundheit. Dem geht eine krankhafte seelische Störung voraus, die mittels medizinischer Diagnose ermittelt wird. Gegenstand des Auftrages in der Therapie ist ein konkreter Behandlungsinhalt, der zwischen Therapeut und Patient abgestimmt wird.

231 Mediation versteht sich dagegen als ein **lösungsorientiertes Verfahren zur Konfliktbeilegung**, bei dem die Parteien eigenverantwortlich ihre Konfliktthemen bearbeiten.[234] Die Mediation dient der Konfliktbewältigung **außerhalb der Heil-**

---

232 *Wenzel* S. 129.

233 Ebenso wie die irreführende Begrifflichkeit „juristische Mediation" (Rn. B 227).

234 Siehe auch *Wüstehube* Perspektive Mediation 2010, 56.

kunde. Mediation hat ein Anfang und ein Ende, an dem bestenfalls eine Vereinbarung über konkrete Regelungspunkte bezüglich des Streitthemas steht. Die Mediation führt zur Kompetenzerweiterung der Parteien in Bezug auf ihren Konflikt, mit der Folge einer selbstinitiierten Veränderungsfähigkeit der Parteien zur Regelung ihres Konflikts. Die Mediation fokussiert auf das Konfliktthema, in der Therapie hingegen steht der Veränderungsprozess der Person selbst im Mittelpunkt. Die Mediation hat die **Lösung eines konkreten Konfliktthemas**, nicht aber die Veränderung der Person im Blickpunkt. Mediation ist ressourcen-, regelungs- bzw. ziel- und zukunftsorientiert. In der Therapie hingegen wird ein grundlegendes Problem psychopathologischen Ursprungs erst erarbeitet.[235] Der Entwicklungsprozess der Person zur Heilung seelischer Störungen ist hier Inhalt des Auftrages.

Auch in sozialen Konfliktsituationen – man denke etwa an **Mobbingvorwürfe**[236] oder hoch **eskalierte Paarkonflikte**[237] – werden bedingt durch psychischen Stress Belastungen sichtbar, die wiederum zu pathologischen Belastungssymptomen führen können.[238] Auftrag der Mediation ist aber dennoch nicht die Wiederherstellung der seelischen Gesundheit, sondern die Bereinigung des sozialen Konfliktes. Gelingt dies, so führt die damit oft verbundene Heilung der Beziehung zwischen den Parteien als „positive Nebenwirkung" möglicherweise auch zur seelischen Genesung der Partei. Mediation kann mithin zu einer vergleichbaren therapeutischen Wirkung führen. Damit wird aus der Mediation aber dennoch keine Therapie. Auch die Gesetzesbegründung zu § 5 MediationsG (H Rn. 1ff.), der die Ausbildungsstandards für Mediatoren konstatiert, stellt klar, dass Kommunikationstechniken und Konfliktkompetenz insbesondere für die nicht-psychosozialen Berufe (wie Anwälte, Richter etc.) zu erlernen sind,[239] auch wenn offen bleibt, welche konkreten Techniken gelernt werden sollen.[240] Es ist gerade Sinn und Zweck der Mediation im Konflikt hinter die Oberfläche der Sachthemen zu schauen. 232

Die **Heilung der Vergangenheit** als Teil des Veränderungsprozesses des Klienten wird zwar regelmäßig der Psychotherapie zugeschrieben, wohingegen die Mediation auf eine zukunftsorientierte Konfliktlösung abzielt. Allerdings lässt sich auch bei einer lösungsorientierten Konfliktvermittlung die Vergangenheit nur schwerlich ausblenden. Und das muss sie auch nicht, dies wäre im Übrigen auch kontraproduktiv für die Konfliktlösung. Einen reinen sachthemenorientierten Verhandlungsansatz für die Mediation findet man daher auch kaum. Eine Konfliktregelung ohne Beachtung der aus der Konfliktgeschichte resultierenden Gefühle der Parteien ist 233

235 Siehe zur Abgrenzung auch: Haft/von Schlieffen/*Mähler/Mähler* § 19 Rn. 21.
236 *Hinrichs* Perspektive Mediation 2007/2, S. 73 ff.
237 Siehe dazu den interessanten Beitrag: *Riehl-Emde* ZKM 2009, 55 ff.
238 *Sommersguter-Zotti* Spektrum der Mediation 2012, 34 (36).
239 BT-Drucks. 60/11, S. 25/26.
240 Beispiele *Fritz/Pielsticker* § 5 Rn. 25 ff.

schwer denkbar. Der Mediator bedient sich in der Mediation – je nach Ausbildungshintergrund – auch therapeutischer Interventionen. Der Mediator ist allerdings bei durch den Konflikt psychisch stark belastenden Parteien gehalten, der betroffenen Partei eine **externe therapeutische Unterstützung** anzudienen.

234 *Sommersguter-Zotti* konstatiert unter Berufung auf eine österreichische Studie aus dem Jahre 2010, dass in der Praxis Mediatoren therapeutisch orientierte Verfahrensinterventionen relativ unreflektiert anwenden.[241] Zudem sei auch das Handeln der Mediatoren im Hinblick auf die Auswahl der Interventionen, und damit auch in der Abgrenzung zur psychotherapeutischen Behandlung, kaum oder gar nicht theoretisch reflektiert. Vielmehr entscheide häufig die Intuition oder der Wunsch der Parteien.[242] Eine unsachgemäße Ausübung therapeutischer Interventionen aufgrund von Unkenntnis und Selbstüberschätzung des Mediators könne die Partei in ernsthafte psychische Krisen bringen. Darüber hinaus fehle vielen Mediatoren das diagnostische Wissen über klinisch relevante Symptome, um therapeutische Hilfe zu empfehlen.[243] Diesen berechtigten Bedenken ist mit entsprechenden Ausbildungsstandards entgegenzutreten.

235 Trotz dieser Gefahren[244] wird der Mediator aufkeimende Gefühle (Kränkung, Ungerechtigkeit, Angst, Eifersucht, Neid etc.) nicht ausblenden, sondern diese aufnehmen, mit den Parteien erörtern und wenn möglich transformieren (siehe zu den Methoden C Rn. 134 ff.). Verletzte Gefühle und Bedürfnisse haben häufig erst zu rational nicht mehr erklärbarem Verhaltensweisen geführt, die den Konflikt – ohne Rücksicht auf Verluste – kontinuierlich verschärften.[245]

236 **Emotionen** sind ein konstruktiver Teil von Konflikten. Sie lassen sich nicht leugnen, denn Gefühle kann der Mensch nicht abstellen. Werden sie unterdrückt, kommen sie unkontrolliert an anderer Stelle zum Vorschein. Der Mediator läuft auch Gefahr seine **Neutralität** zu verlieren, wenn er die Partei auffordert, ihre Gefühle außen vor zu lassen. Denn solche Aufforderungen können von der Partei als unberechtigte „Rüge“ verstanden werden. Der Mediator wirkt parteilich, denn bei der betroffenen Partei entsteht der Eindruck, dass ihre wichtigsten Aspekte zum Konflikthintergrund nicht benannt werden dürfen und vom Mediator ausgeklammert werden.[246]

---

241 *Sommersguter-Zotti* Spektrum der Mediation 2012, 34 (36).

242 *Sommersguter-Zotti* Spektrum der Mediation 2012, 34 (36).

243 *Sommersguter-Zotti* Spektrum der Mediation 2012, 34 (37).

244 Diese Gefahren bestehen in vergleichbarer Weise für den nichtanwaltlichen Mediator wegen Verstoßes gegen das Rechtsdienstleistungsgesetz bei Verhandlung über Rechtspositionen (siehe ausführlich B Rn. 217 ff.).

245 Zu den Eskalationsstufen im Konflikt siehe *Glasl* S. 183 ff.

246 Sieh auch *Montada/Karls* S. 65.

Die Aufarbeitung der tiefergehenden Gefühle führt bestenfalls zu einer neuen Sichtweise, einer tiefergehenden Erkenntnis über die Ursachen des Konfliktes, sowie den wechselseitigen Verflechtungen zwischen den Parteien und ihrer Entwicklungs- und Lösungsansätze. Eine für die Therapie typische vertiefte Vergangenheitsbewältigung mit dem Ziel einer Heilung durch dauerhafte Veränderung von Verhaltensmustern findet nicht statt. Die Mediation zielt im Unterschied zur Psychotherapie insoweit nicht auf eine nachhaltige Veränderung von Wahrnehmungs- und Handlungsmustern der Parteien ab. Die Mediation behält stets den Fokus auf den konkreten Konflikt. 237

IV. Mediationsvertrag und Mediationsklauseln

1. Mediationsvertrag

Der Mediationsvertrag regelt die **Beauftragung zur Durchführung der Mediation** 238
und die **Rechtsbeziehung der Parteien zum Mediator.** Dabei enthalten Mediationsverträge regelmäßig auch Regelungen, die über den Auftrag zur Durchführung des Mediationsverfahrens hinaus das Verhältnis der **Parteien untereinander** statuieren.

Zweck des Mediationsvertrages ist es, die wesentlichen Pflichten und Rechte des Mediators festzulegen, zugleich bietet sich der Mediationsvertrag an, wesentliche Regeln für das Mediationsverfahren und dessen Beendigung festzulegen sowie für den Mediator, die Möglichkeit zu eröffnen, Hinweise zu geben. Der Mediationsvertrag regelt in Bezug auf die Parteien etwa den Umgang untereinander, die Freiwilligkeit ihrer Teilnahme sowie die Selbstverantwortung für die Konfliktlösung. Darüber hinaus finden sich Vereinbarungen zur **Sicherung des Verfahrens**, etwa die Hemmung der Verjährung, Regeln zur Vertraulichkeit der Parteien und in die Mediation einbezogener Dritter.

Der Mediationsvertrag stellt einen **Dienstvertrag mit Geschäftsbesorgungs-** 239
charakter dar.[247]

Für den Abschluss von Mediationsverträgen ist die Einhaltung einer bestimmten **Form nicht erforderlich.** Der Mediationsvertrag kann daher auch durch **mündliche Vereinbarung** geschlossen werden. Nicht immer ist daher die Unterzeichnung des Mediationsvertrages gleichzusetzen mit dem Zeitpunkt des Abschlusses eines Vertrages, es komm insoweit immer auf den konkreten Einzelfall an.

247 Auch Haft/von Schlieffen/*Hess* § 43 Rn. 30.

Muster: Einfacher Mediationsvertrag[248]

240

MEDIATIONSVERTRAG

zwischen
1. Partei, Name, Anschrift
2. Partei, Name, Anschrift

– einerseits –

im Folgenden Partei(en) genannt

und

Mediator, Name, Anschrift

– andererseits –

im Folgenden kurz Mediator genannt.

§ 1 Vertragsgegenstand
(1) Die Parteien beauftragen den Mediator mit der Durchführung eines Mediationsverfahrens. Ziel des Mediationsverfahrens ist, dass die Parteien mit Unterstützung des Mediators eine eigenverantwortliche und einvernehmliche Lösung für die Konfliktthemen erarbeiten.
(2) Die im Rahmen dieser Mediation zu bearbeitenden Konfliktthemen sind solche, die auf Wunsch beider Parteien zu behandeln sind. Nachfolgend sind die ursprünglichen Konfliktthemen aufgeführt, sollten weitere Konfliktthemen im Verlauf der Mediation hinzukommen, werden diese im Protokoll oder als Ergänzung zu dieser Vereinbarung festgehalten:
... Arbeitstitel für das Konfliktthema, der Auftrag an den Mediator wird beschrieben und gleichzeitig eingegrenzt

§ 2 Beginn des Verfahrens
Das Mediationsverfahren beginnt mit der Unterzeichnung dieser Vereinbarung.
Die erste gemeinsame Sitzung findet am ... statt.

§ 3 Verschwiegenheit/Vertraulichkeitsabrede
(1) Der Mediator und die in die Durchführung des Mediationsverfahrens eingebundenen Personen sind nach dem Mediationsgesetz und den berufsrechtlichen Regeln zur Verschwiegenheit verpflichtet, soweit gesetzlich nichts anderes geregelt ist. Diese Pflicht bezieht sich auf alles, was ihnen in Ausübung ihrer Tätigkeit bekannt geworden ist. Die Verschwiegenheitspflicht umfasst insbesondere auch Erkenntnisse, die im Vorgespräch gewonnen wurden.
(2) Die Parteien verpflichten sich, den Mediator nicht von seiner Schweigepflicht zu entbinden. Alternativ: Die Parteien verpflichten sich den Mediator nur gemeinsam von der Schweigepflicht zu entbinden.
(3) Die Parteien verpflichten sich, den Mediator in einem nachfolgenden Schiedsgerichts- oder Gerichtsverfahren nicht als Zeuge für Tatsachen zu benennen, die ihnen in Vorbereitung auf oder während des Mediationsverfahrens offenbart wurden.
(4) Die Parteien verpflichten sich, allen Dritten gegenüber auch nach dem Ende der Mediation über alles, was sie im Laufe des Mediationsverfahrens voneinander erfahren haben, Stillschweigen zu bewahren, es sei denn, sie befreien sich von dieser Schweigepflicht. Entsprechend werden sie sich

248 Die Formulierungsvorschläge sind Beispiele, die nicht von einer Prüfung und Anpassung im Einzelfall entbinden können.

auch in etwaigen gerichtlichen Verfahren verhalten. Etwaige Ausnahmen von dieser Vertraulichkeitsabrede werden in einem gesonderten Protokoll aufgenommen.

§ 4 Pflichten und Befugnisse des Mediators
(1) Der Mediator leitet das Mediationsverfahren nach den Vorgaben des Mediationsgesetzes. Der Mediator ist insbesondere verpflichtet, die Parteien neutral, unabhängig und allparteilich zu unterstützen. Er ist verpflichtet keine Partei nur in deren Interesse zu beraten oder zu unterstützen.
(2) Der Mediator ist berechtigt, nach freiem Ermessen die Struktur und die Ausgestaltung des Mediationsverfahrens vorzugeben und die Parteien durch die Mediation zu führen. Der Mediator hat keine Berechtigung die Konfliktthemen zu entscheiden.
(3) Die Parteien sind mit der Durchführung von Einzelgesprächen einverstanden/nicht einverstanden (Nichtzutreffendes bitte streichen), sofern es der Mediator im Verlauf der Mediation für erforderlich erachtet
(4) Der Mediator erteilt keine Rechtsberatung. Die Parteien werden darauf hingewiesen, dass sie sich getrennt voneinander durch einen Rechtsanwalt beraten lassen können.

§ 5 Beendigung der Mediation
(1) Die Parteien sind gegenüber dem Mediator und untereinander zur jederzeitigen Beendigung der Mediation berechtigt.
(2) Das Mediationsverfahren endet, wenn die Beendigung von einer der Parteien dem Mediator oder der jeweils anderen Partei (mündlich)schriftlich erklärt wird. Erfolgt die Erklärung gegenüber der Gegenseite, so hat die erklärende Partei auch den Mediator zu informieren.
(3) Der Mediator kann die Mediation jederzeit beenden, insbesondere wenn der Mediator nach freiem Ermessen

- die Beendigung zum **Schutz einer der Parteien oder des Mediators** für erforderlich hält
- feststellt, dass eine Partei das **Mediationsverfahren instrumentalisiert** oder missbraucht,
- feststellt, dass das **Vertrauensverhältnis der Parteien zum Mediator** nicht mehr besteht,
- feststellt, dass die Parteien vorübergehend oder dauerhaft nicht gewillt sind, konstruktiv an einer Mediation teilzunehmen oder dass eine **zielführende Kommunikation** oder Einigung der Parteien nicht zu erwarten ist,
- die Parteien sich nach mindestens zweimaliger Aufforderung und Terminvorschlags seitens des Mediators nicht auf einen **Termin zur Fortsetzung** des Mediationsverfahrens einigen können,
- feststellt, dass es einer Partei an der Fähigkeit zum **eigenverantwortlichen Handeln** fehlt oder diese erheblich eingeschränkt sind,
- **feststellt, dass die Parteien nicht die tatsächliche oder rechtliche Befugnis** haben, eine Lösung im Rahmen der Mediation zu verhandeln oder eine Einigung wirksam vorzunehmen.

Sofern der Mediator die Mediation beendet, hat er diese gegenüber jeder Partei unverzüglich und schriftlich unter Angabe des Beendigungsgrundes mitzuteilen.
(4) Das Mediationsverfahren endet ohne weitere Mitteilung, sobald eine einvernehmliche Regelung gefunden wurde. (*Alternativ: je nach Handhabung im Mediationsverfahren ist die Beendigung im Fall der Einigung an den abschließenden Vorgang, etwa Fixierung der Einigungspunkte, Unterzeichnung einer extern erstellten Abschlussvereinbarung etc. zu knüpfen.*)
(5) Der Mediator stellt klar, dass eine im Rahmen der Mediation gefundene Einigung nur unverbindlich fixiert wird. Vor Ausformulierung einer rechtswirksamen Abschlussvereinbarung sind die Parteien gehalten, sich unabhängig voneinander rechtlich beraten zu lassen.

§ 6 Vergütung des Mediators
(1) Das Honorar des Mediators wird nach Stundenaufwand berechnet. Es beträgt ...... zuzüglich gesetzlicher Mehrwertsteuer (zurzeit 19 %) pro Zeitstunde (inklusive Pausen). Die Parteien haften dem Mediator als Gesamtschuldner. (*ggf. bietet es sich an, an dieser Stelle weitere Regelungen zur Vergütung, etwa Vorauszahlungen, Fälligkeit, Abrechnung von Protokollierungen ... aufzunehmen*)
(2) Auslagen und Spesen des Mediators sind nach vorheriger Abstimmung gesondert zu vergüten.

§ 7 Gerichtsverfahren, Einreden
(1) Die Parteien verzichten bezüglich aller wechselseitigen Ansprüche, die Gegenstand des Mediationsverfahrens sind, bis zum Ablauf von einem Monat nach der Beendigung des Mediationsverfahrens auf die Erhebung der Einrede der Verjährung.
(2) Die Parteien vereinbaren zudem laufende Schieds- und/oder Gerichtsverfahren ruhend zu stellen und verpflichten sich, bis zum Ablauf von einem Monat nach Beendigung der Mediation keine Gerichtsverfahren einzuleiten.

§ 8 Allgemeines
(1) Für alle Streitigkeiten oder Auslegungsdifferenzen im Zusammenhang mit oder aus dieser Vereinbarung vereinbaren die Parteien unter Ausschluss des ordentlichen Rechtsweges die Durchführung eines Mediationsverfahrens nach der Hamburger Mediationsordnung für Wirtschaftskonflikte (*Anmerkung: nur beispielhaft, auch andere Mediationsordnungen etwa des Bundesverband Mediation, Bundesverband Mediation in Wirtschaft und Arbeitswelt etc.*) durchzuführen.
(2) Anlagen. Gegenstand dieses Vertrages sind die als Anlage beigefügten Dokumente:
– *Anlage 1:* (insbesondere *Offenbarungs- und Hinweispflichten des Mediators*)

Ort, Datum	Unterschriften Parteien	Mediator

2. Mediationsvertrag als AGB

241 In der Praxis legt der Mediator den Parteien regelmäßig einen bereits vorgefertigten Mediationsvertrag vor. Soweit der Mediator einen **vorformulierten Mediationsvertrag** mehrfach verwendet, unterliegen die Klauseln regelmäßig der Kontrolle nach den Vorschriften für Allgemeine Geschäftsbedingungen (AGB) gem. §§ 305ff. BGB. AGB sind alle vorformulierten Vertragsbedingungen, die von einer Seite der anderen vorgegeben werden.

242 Werden die Allgemeinen Geschäftsbedingungen gegenüber einem **Verbraucher** eingesetzt, so genügt bereits die einmalige Verwendung (§ 310 III Nr. 2 BGB) eines vorformulierten Vertrages. Auch wenn der Mediationsvertrag auf Mediationsordnungen zum Verfahren anderer verweist (etwa Verfahrensordnung der Mediationsbundesverbände, Handelskammer etc.), ändert dies nichts an der Einordnung als Allgemeine Geschäftsbedingungen.[249]

249 Auch Schmidt/Lapp/Monßen/*Lapp* § 5 Rn. 368.

Im Rahmen der AGB-Inhaltskontrolle der §§ 305 ff. BGB wird geprüft, ob die Vertragsbedingungen von der gesetzlichen Leitvorstellung abweichen und ob die für die andere Partei negativen Abweichungen zulässig sind. Allgemeine Geschäftsbedingungen liegen beispielsweise vor, wenn der Mediationsvertrag dispositives Recht abändert oder geltendes Recht konkretisiert.[250] Wenn dagegen zur Klarstellung lediglich Wiederholungen des Mediationsgesetzestextes aufgenommen werden, unterliegen diese zwar der Inhaltskontrolle der §§ 305 ff. BGB, eine gesetzlich vorgeschriebene Regelung kann aber die andere Vertragspartei nicht unangemessen benachteiligen oder sonst gegen AGB-Recht verstoßen. Gleiches gilt für unverbindliche Absichtserklärungen der Parteien, etwa „eine einvernehmliche Lösung anzustreben". 243

Gegenüber Unternehmern (§ 14 BGB) gelten die §§ 308, 309 BGB zwar nicht unmittelbar. Allerdings dürfen auch gegenüber Unternehmern Allgemeine Geschäftsbedingungen die Vertragspartei nicht unangemessen benachteiligen (§ 307 BGB). Bei der Beurteilung, ob eine unangemessene Benachteiligung vorliegt, können auch gegenüber Unternehmern die Wertungen der §§ 308, 309 BGB mittelbar herangezogen werden.[251] 244

Das Mediationsgesetz verankert für die Mediatoren mehrere Hinweis-, Offenbarungs- und Prüfpflichten (vgl. C. Rn. 274 ff., C. Rn. 245 ff., B. Rn. 36). Bei Regelungen mit Bezug auf diese Pflichten im Mediationsvertrag ist erhöhte Vorsicht geboten und insbesondere im Einzelfall eine Zulässigkeit der Vertragsregelungen nach den AGB-Vorschriften zu bedenken.

In jedem Fall ist zu beachten, dass die gesetzlich vorgeschriebenen **Hinweis-, Offenbarungs- und Prüfpflichten** nicht allein damit erfüllt werden, dass in standardisierten Vertragsbedingungen im Mediationsvertrag auf sie hingewiesen wird. Der Mediator ist immer gehalten, die Erfüllung aller Pflichten im passenden Moment wahrzunehmen und in einer Art und Weise zu erfüllen, dass die Parteien in der jeweiligen Situation in der Lage sind, die Information aufzunehmen und danach zu handeln.

Im Folgenden soll beispielhaft die Wirksamkeit einzelner Regelungen mit Bezug zu den Hinweis-, Offenbarungs- und Prüfpflichten vor dem Hintergrund der AGB-Vorgaben erläutert werden. 245

Überprüfung durch Mediator

– Überprüfungspflicht, ob Parteien die **Grundsätze und Ablauf des Mediationsverfahrens verstanden** haben, § 2 II MediationsG,
  Die Überprüfungspflichten kann der Mediator nicht dadurch umgehen, dass er lediglich eine feststellende Klausel in den AGB verankert. Eine solche Klausel –

---

250 Schmidt/Lapp/Monßen/*Lapp* § 5 Rn. 368.
251 Siehe auch: MüKo-BGB/*Basedow* § 310 Rn. 7 ff.; Schmidt/Lapp/Monßen/*Lapp* § 5 Rn. 369.

die eine entsprechende Prüfung unterstellt – ist treuwidrig und stellt daher eine unangemessene Benachteiligung im Sinne des § 307 BGB dar.

- Überprüfungspflicht **Freiwilligkeit der Teilnahme** der Parteien an der Mediation, § 2 II MediationsG.
  Der Mediator hat sich nach § 2 II MediationsG zu vergewissern, dass die Parteien freiwillig an der Mediation teilnehmen. Dies stellt eine der originären Pflichten des Mediators dar, da die Freiwilligkeit der Teilnahme (B. Rn. 64) eine der maßgebenden Voraussetzungen für die Mediation ist. Eine entsprechende feststellende Vertragsklausel ohne tatsächliche Überprüfung reicht insoweit ebenfalls nicht.

Zustimmung der Parteien

- Einverständnis für **Einzelgespräche**, § 2 III S. 3 MediationsG, sowie Einverständnis für **Einbeziehung Dritter**, § 2 IV MediationsG
  Einzelgespräche sowie die Einbeziehung Dritter sind auch nach der gesetzlichen Wertung in der Mediation die Ausnahme. Sie bedürfen der Zustimmung der Parteien, wie ausdrücklich gesetzlich geregelt ist.
  Die Zustimmung für solche Einzelgespräche bzw. der Einbeziehung Dritter kann nach hier vertretener Ansicht durch Hervorhebung des Textes oder gesonderter Unterschrift in den AGB wirksam eingeholt werden. Dies gilt erst recht, wenn der Vertragsvordruck die Variable „einverstanden“ und „nicht einverstanden“ enthält, die entsprechend gestrichen werden muss. Sollte diese Auswahl nicht getroffen worden sein, ist im Zweifel das Einverständnis nicht erteilt. Unabhängig vom Vertragsvordruck ist es nicht nur aus rechtlichen Gründen ratsam, wenn der Mediator das Einverständnis auch zur Sicherung seiner Neutralität nochmals ausdrücklich in der konkreten Situation – bevor Einzelgespräche anstehen – von den Parteien einholt. Sich als Mediator allein auf die AGB zu berufen, wäre in einer solchen Situation nicht förderlich, sondern eher neutralitätsgefährdend.
- Zustimmung der Parteien für **Dokumentation der Abschlussvereinbarung**, § 2 VI S. 3 MediationsG.
  Für die Zustimmung zur Dokumentation der Abschlussvereinbarung reicht ein alleiniger Hinweis in den AGB nicht aus. Die Parteien sollten in der konkreten Verhandlungssituation, vor Abfassen der Vereinbarung, zur Zustimmung befragt werden. Denn mit der Dokumentation bekommt die Vereinbarung eine beweisrechtlich gestärkte Relevanz.

Offenbarungspflichten

- Offenbarungspflichten und Tätigkeitsbeschränkungen des Mediators nach § 3 I MediationsG.
  Offenbarungspflichten nach § 3 I MediationsG wegen Gefährdung der **Unabhängigkeit und Neutralität** bzw. dahingehende Zustimmungen der Parteien

zum Tätigwerden können nicht in den AGB geregelt werden. Eine entsprechende Klausel ist unzulässig. In der Regel sind diese Offenbarungspflichten ohnehin *vor* Vertragsschluss abzugeben. Sie beziehen sich auf das ganz konkrete Vertragsverhältnis mit den individualisierten Parteien, weshalb eine Standardisierung in den AGB ausscheidet. Die Offenbarungspflichten sind stets in Bezug auf die konkrete Person zu beurteilen. Die konkreten Umstände entscheiden, ob der Mediator überhaupt den Auftrag annehmen kann. Soweit absolute Tätigkeitsverbote des § 3 II bis IV MediationsG in Rede stehen, darf der Mediator nicht tätig werden.

Hinweis-/Informationspflichten

- Auf Verlangen der Parteien muss der Mediator Information über seinen **fachlichen Hintergrund**, Ausbildung und Mediationserfahrungen geben, § 3 V MediationsG.
  Eine pauschalierte Feststellung in den AGB wonach der Mediator die Parteien über seinen fachlichen Hintergrund aufgeklärt habe, ist unwirksam.
- Auch die Pflicht zur **Erläuterung der Verschwiegenheitsregelungen** und ihrer Ausnahmen, § 4 S.4 MediationsG kann nicht allein in den AGB festgehalten werden. Eine bloße Feststellung in den AGB, dass der Mediator seine Verschwiegenheitspflichten erläutert hat, ohne dass dies auch tatsächlich stattgefunden hat, ist treuwidrig und damit unwirksam. Der Mediator sollte dies gesondert festhalten, etwa im Protokoll über die Mediationssitzung, wenn er die Regelungen zur Verschwiegenheit erläutert hat.
- Auch die Hinweispflicht des Mediators im Falle einer Einigung auf die Möglichkeit der Prüfung der Vereinbarung durch **externe Berater** (§ 2 VI S. 2 MediationsG), kann nicht in den AGB standardisiert werden.
  Ein dahingehender Hinweis, ist allein nicht ausreichend, die Pflicht zu erfüllen, zumal der Hinweis in der Mediationsverhandlung gegeben werden soll, wenn die Parteien auf eine Vereinbarung zusteuern.
  Ein Hinweis in den AGB, dass der Mediator keine fachliche Beratung (wie etwa Rechtsberatung) in der Mediation erteilt, kann allerdings klarstellend im Vertrag aufgenommen werden. Ein solcher Hinweis zu der Rolle des Mediators (keine Beratung, sondern Vermittlung) ist wirksam.

Abreden zur Vertraulichkeit

- Einer **Vertraulichkeitsabrede** zwischen den Parteien muss bereits zur Sicherstellung des Verfahrens eine gesonderte Erörterung mit den Parteien vorausgehen. In den AGB bedürfen entsprechende Vereinbarungen einer besonderen Hervorhebung, damit sie nicht als überraschende Klauseln bewertet werden, da es sich um Vereinbarungen *zwischen den Parteien* handelt, während der Mediationsvertrag sich ansonsten vorrangig auf das Vertragsverhältnis der Parteien zum Mediator bezieht.

Es ist daher empfehlenswert, gesonderte Vertraulichkeitsvereinbarungen außerhalb des Mediationsvertrages zu schließen.

Muster: Einfache Vertraulichkeitsabrede

246 **Parteien**

Herr/Frau und *Herr/Frau* (*Namen, Adresse, ggf. Vertretungsbefugnis einfügen*) vereinbaren folgendes:

Präambel

Die Parteien möchten die zwischen ihnen bestehenden Streit- oder Konfliktthemen außergerichtlich erörtern und versuchen, diese zu lösen. Hierzu werden im Rahmen von vertraulichen Gesprächen Details zu den Konfliktthemen erörtert und es soll sichergestellt werden, dass die im Rahmen dieser Gespräche ausgetauschten Informationen vertraulich behandelt werden.

Vertraulichkeit

(1) Die Parteien verpflichten sich, allen Dritten gegenüber auch noch nach dem Ende der Mediation über alles, was sie im Laufe des Mediationsverfahrens voneinander erfahren haben, Stillschweigen zu bewahren, es sei denn, sie befreien sich von dieser Schweigepflicht. Entsprechend werden sie sich auch in etwaigen gerichtlichen Verfahren verhalten. Etwaige Ausnahmen von dieser Vertraulichkeitsabrede werden in einem gesonderten Protokoll aufgenommen.

Die Verpflichtung zur Verschwiegenheit gilt nicht für solche Informationen, die vor der Mitteilung einer Partei öffentlich zugänglich waren oder geworden sind oder einer Partei vor Offenbarung durch die andere Partei ohne Verpflichtung zur vertraulichen Behandlung zur Verfügung standen.

(2) Die Parteien verpflichten sich daher auch, den Mediator nicht von seiner Schweigepflicht zu entbinden.

alternativ

(2) Die Parteien verpflichten sich, den Mediator nur gemeinsam von seiner Schweigepflicht zu entbinden.

(3) Die Parteien verpflichten sich, den Mediator in einem nachfolgenden Schiedsgerichts- oder Gerichtsverfahren nicht als Zeuge für Tatsachen zu benennen, die ihnen in Vorbereitung auf oder während des Mediationsverfahrens offenbart wurden.

Muster: Ausführliche Vertraulichkeitsabrede

247 **Parteien**

Xy und *Yz* (*Namen, Adresse, ggf. Vertretungsbefugnis einfügen*) vereinbaren folgendes:

Präambel

Die Parteien möchten zwischen Ihnen bestehende Streit- oder Konfliktthemen außergerichtlich erörtern und versuchen, diese zu lösen. Hierzu werden im Rahmen von vertraulichen Gesprächen Details zu den Konfliktthemen erörtert und es soll sichergestellt werden, dass die im Rahmen dieser Gespräche ausgetauschten Informationen vertraulich behandelt werden.

Vertraulichkeit

Als „Vertrauliche Informationen" gelten alle Informationen, die die Parteien einander nach Inkrafttreten der Vereinbarung offenbaren (Alternative: und die entweder als vertraulich gekennzeichnet sind oder von der offenbarenden Partei innerhalb von 10 Tagen nach der Offenbarung schriftlich als

vertraulich bezeichnet werden. Mündliche Informationen sollen schriftlich festgehalten und in gleicher Weise als vertraulich bezeichnet werden.)
Informationen gelten nicht als vertraulich, wenn sie vor der Mitteilung einer Partei öffentlich zugänglich waren oder geworden sind oder einer Partei vor Offenbarung durch die andere Partei ohne Verpflichtung zur vertraulichen Behandlung zur Verfügung standen.
Die Parteien werden die Vertraulichen Informationen streng vertraulich behandeln. Die Vertraulichen Informationen dürfen ausschließlich für die Erörterung möglicher Optionen zur Konfliktlösung verwendet werden („**Zweck**“). Der Zugang zu den Vertraulichen Informationen ist auf solche Geschäftsführer, Mitarbeiter und Berater zu beschränken, deren Einbeziehung für den Zweck notwendig ist und die vorab zu entsprechender Vertraulichkeit verpflichtet wurden.

Vertragsstrafe
Für jeden einzelnen Fall der Zuwiderhandlung gegen die Geheimhaltungs- und Nichtbenutzungsverpflichtungen verpflichten sich die Parteien – auch für Verletzungen einbezogener Mitarbeiter und Dritter und unter Ausschluss der Einrede des Fortsetzungszusammenhangs – zur Zahlung einer Vertragsstrafe von *EUR 5.000,00* an die jeweils andere Partei. Die Geltendmachung weitergehender Schadenersatzansprüche bleibt hiervon unberührt.

Laufzeit
Diese Vereinbarung hat eine Laufzeit von zehn Jahren ab Inkrafttreten, sie kann von beiden Parteien mit einer Frist von dreißig Tagen schriftlich gekündigt werden, wobei die Geheimhaltungsverpflichtung für ausgetauschte Informationen auch nach Kündigung für weitere fünf Jahre fortwirkt.
Auf Verlangen einer Partei sind überlassene Dokumente und Unterlagen jederzeit zurück zu geben.

Unterschriften, Ort, Datum

Keine Allgemeinen Geschäftsbedingungen liegen dagegen vor, wenn die Parteien den Vertrag miteinander aushandeln. Denn **individuelle Vertragsvereinbarungen** haben nach § 305b BGB Vorrang vor Allgemeinen Geschäftsbedingungen. Eine Individualabrede setzt allerdings eine ernsthafte Gestaltungsfreiheit für die Vertragsparteien voraus. Von einer Individualvereinbarung ist auszugehen, wenn die Parteien gemeinsam einen Vertrag aushandeln und ausformulieren. Dies ist in der Mediationspraxis regelmäßig nicht der Fall. Vielmehr werden vorformulierte Verträge vom Mediator vorgelegt. Von einer Individualvereinbarung kann dann nur ausgegangen werden, wenn hinsichtlich der Regelungsinhalte im Vertrag seitens des Verwenders eine ernsthafte Dispositionsbereitschaft besteht. Der Mediator muss daher zur Abänderung der Vereinbarung wirklich verhandlungsbereit sein. Es genügt dafür nicht, dass die Inhalte vom Mediator als Verwender des Vertrages lediglich erläutert und von der anderen Partei abgesegnet werden. Vielmehr muss eine echte Gestaltungsfreiheit bestehen. Regelmäßig schlägt sich dies in einer abgeänderten Vereinbarung nieder. 248

Ein Mediationsvertrag kann, wenn nur einzelne Klauseln nach Vereinbarung mit der anderen Partei abgeändert werden, eine Individualvereinbarung sein sowie hinsichtlich der übrigen Vertragsklauseln als Allgemeine Geschäftsbedingungen den Kontrollvorschriften der §§ 305 ff. BGB unterliegen. Soweit eine Klausel unwirk- 249 sam ist, ist diese Vertragsklausel nicht Bestandteil des Vertrages geworden und durch die gesetzlichen Vorschriften zu ersetzen (§ 306 II BGB). Die Vertragsklausel kann nicht im Wege einer **geltungserhaltenden Reduktion** wirksam werden.[252] Nach zahlreichen Entscheidungen des BGH kommt es gerade nicht in Betracht, an die Stelle einer unwirksamen Klausel im Wege der ergänzenden Vertragsauslegung eine wirksame Bestimmung gleichen Inhalts zu setzen.[253] Von der geltungserhaltenden Reduktion einer unangemessener Klauseln zu unterscheiden ist eine zulässige **ergänzende Vertragsauslegung**, die notwendig und zulässig sein kann,

- um eine Regelungslücke im Vertrag zu schließen, die nach Wegfall einer AGB-Klausel durch eine konkrete gesetzliche Regelung nicht aufgefangen werden kann und
- wenn durch die ersatzlose Streichung der unwirksamen Klausel keine angemessene, den typischen Interessen der Vertragsparteien tragende Lösung erzielt werden kann.[254]

250 Der gesamte Vertrag ist wegen einer unzulässigen Vertragsklausel nur dann unwirksam, wenn das Festhalten am Vertrag auch unter Berücksichtigung der gesetzlichen Vorschriften für eine Vertragspartei eine unzumutbare Härte darstellen würde (§ 306 III BGB). Der Verwender kann sich nicht auf die Unwirksamkeit seiner Vertragsklauseln berufen. Er muss eine solche Regelung gegen sich gelten lassen. Wer unwirksame Vertragsklauseln als AGB verwendet, kann auf Unterlassung in Anspruch genommen werden.

Definition: Allgemeine Geschäftsbedingungen

251 Allgemeine Geschäftsbedingungen (AGB) sind für eine Vielzahl von Verträgen vorformulierte Vertragsbedingungen, die eine Vertragspartei (Verwender) der anderen Vertragspartei bei Abschluss eines Vertrags stellt (§ 305 BGB). Die Vertragsklauseln müssen vorformuliert sein. Die Vertragspartei, die die AGB verwendet (Verwender) legt diese vorformulierten Vertragsklauseln der anderen Partei vor. Im Unterschied zu einer Individualvereinbarung werden die AGB nicht zwischen den Parteien ausgehandelt. Daher unterliegen die AGB einer besonderen Missbrauchskontrolle.

Soweit also der Mediator einen vorformulierten Mediationsvertrag mehrfach verwendet, handelt es sich nicht mehr um eine Individualvereinbarung sondern um Allgemeine Geschäftsbedingungen. Werden die Allgemeinen Geschäftsbedingungen gegenüber einem Verbraucher eingesetzt, so genügt bereits die einmalige Verwendung (§ 310 III Nr. 2 BGB). Verbraucher ist nach § 13 BGB jede natürliche Person, die ein Rechtsgeschäft (hier den Mediationsvertrag) zu einem Zwecke abschließt, der weder ihrer gewerblichen noch ihrer selbständigen beruflichen Tätigkeit zugerechnet werden kann.

Aber auch gegenüber Unternehmern (§ 14 BGB) sind besondere AGB-Kontrollen zu beachten.

Zwar gelten die Vorschriften des §§ 308, 309 BGB zum Schutz für Unternehmer nicht (§ 310 I BGB). Allerdings ist insbesondere die besondere Kontrollvorschrift des § 307 BGB gegenüber Unterneh-

---

252 BGHZ 84, 109 (116).

253 Siehe mit weiteren Nachweisen: BGH NJW 2012, 1865–1868.

254 BGH, Urteil vom 23.1.2013, VIII ZR 61/12 (juris).

mern zu beachten. Sollten Aufklärungs-, Hinweis-, Zustimmungs- und Offenbarungspflichten gegenüber Unternehmern in den AGB geregelt sein, sind diese unwirksam.

3. Mediationsklauseln

Gegen die grundsätzliche Zulässigkeit von **vorweggenommenen Mediationsabreden** – sogenannte Mediationsklausen – in Verträgen bestehen keine Bedenken.[255] Für ihre Wirksamkeit gelten – soweit sie als Allgemeine Geschäftsbedingungen verwendet werden – die allgemeinen Regeln der §§ 305ff. BGB zur AGB-Kontrolle. Mediationsklausen sind nicht per se überraschend im Sinne des § 307 I S. 2 BGB.[256] Die Verbindlichkeit solcher Vereinbarungen setzt inhaltliche Transparenz und Nachvollziehbarkeit voraus. Diesem Erfordernis genügt beispielsweise eine Regelung nicht, die überwiegend inhaltlichen Bezug auf den Internetauftritt des Verwenders nimmt; sie ist für den Gegner undurchschaubar.[257] Einem dilatorischen Klageverzicht begegnen keine grundsätzlichen Bedenken.[258] Ein vertraglicher Ausschluss einer weitergehenden Klage muss von den Parteien im Prozess als Einrede geltend gemacht werden. Dies hat zur Folge, dass die Klage wegen Unzulässigkeit abgewiesen werden muss. 252

Zu beachten ist, dass keine zwingenden gesetzlichen Vorschriften mit solchen Mediationsklauseln umgangen werden dürfen. So dürfen etwa im Arbeitsvertrag Kündigungen oder Kündigungsschutzklagen nicht erschwert werden. Im Blick zu behalten ist insbesondere auch, dass nach § 307 II Nr. 1 BGB keine wesentlichen Grundgedanken der gesetzlichen Regelungen abgeändert werden dürften. Dies betrifft vornehmlich die Unabhängigkeit und Neutralität des Mediators, seine fehlende Entscheidungsbefugnis, seine Verschwiegenheitspflichten und auch die absoluten und relativen Tätigkeitsverbote. Bezüglich der Parteien sind Regelungen, die die jederzeitige sanktionslose Kündigungsmöglichkeit einschränken unzulässig. 253

Nach einer Entscheidung des Landgericht Heilbronn vom 10.9.2010 ist eine Mediationsklausel mit dem Wortlaut, vor Anrufung eines ordentlichen Gerichtes eine Wirtschaftsmediation durchführen zu wollen, nicht als Vereinbarung eines vorläufigen Klageverzichtes bis zum Abschluss der Mediation zu verstehen, welches der 254

255 Vgl. *Unberath* NJW 2011, 1320, 1322f.; **a.A.** LG Heilbronn ZKM 2011, 29 mit kritischen Anmerkungen *Gerhard Wagner*.

256 Vgl. *Unberath* NJW 2011, 1320, 1323; Haft/von Schlieffen/*Hess* § 43 Rn. 26f.

257 LG Heilbronn, Urteil vom 10.9.2010, 4 O 259/09 (juris).

258 Vgl. LG München, Beschluss vom 9.10.2012, 2 T 1738/12 (juris); *Unberath* NJW 2011, 1320, 1321f., 1323; *Zenetti* Personal 2010, Nr. 9, 48–50; *Tochtermann* ZZPInt 2006, 429–478; **a.A.** LG Heilbronn ZKM 2011, 29 mit kritischen Anmerkungen *Gerhard Wagner*.

rechtshängigen Klage das Rechtsschutzbedürfnis nehmen könnte.[259] Zur Begründung wird ausgeführt, dass die Parteien ausweislich der Mediationsabrede jederzeit einschränkungslos die Möglichkeit haben, die Mediation zu beenden. Damit können die Abrede aber nicht als Klagehindernis verstanden werden, wenn nach den Regeln der Mediation diese ohne weiteres beendet werden können. Ein vorläufiger Klageverzicht stelle sich damit als sinn- und gegenstandslos heraus.

Muster: Einfache Mediationsklausel

255 Die Vertragsparteien vereinbaren für den Fall von unüberwindbaren Streitigkeiten bei der Auslegung und Durchführung dieses Vertrages sowie über Rechte und Pflichten aus diesem Vertrag vor Einleitung eines gerichtlichen Verfahrens eine einvernehmliche Lösung des Konfliktes durch Mediation zu suchen.

Den Parteien bleibt es unbenommen, ein gerichtliches Eilverfahren, insbesondere Arrest- oder einstweilige Verfügungsverfahren durchzuführen.

Muster: Ausführliche Eskalationsklausel

256 Für den Fall von Streitigkeiten bei der Auslegung und Durchführung dieses Vertrages sowie über Rechte und Pflichten aus diesem Vertrag verpflichten sich die Parteien, unter Ausschluss des ordentlichen Rechtsweges die fehlenden, ungenauen oder unwirksamen **Regelungen im Wege der Verhandlung** durch eine wirksame Regelung zu ersetzen und schriftlich als Ergänzung zu dieser Vereinbarung festzuhalten.

Sofern eine der Parteien nach Abschluss dieser Vereinbarung Probleme im Zusammenhang mit der Vereinbarung sieht und diese beheben oder die Vereinbarung korrigieren oder ergänzen möchte, wird die Partei dieses der anderen Partei (Alt: Schriftlich/in Textform) mitteilen und einen oder mehrere konkrete **Lösungsvorschläge** unterbreiten. Die Parteien verpflichten sich, im Anschluss an diese Mitteilung die **Änderungswünsche fair und im Sinne der bisherigen Vereinbarung zu verhandeln und festzuhalten.**

Sollte zwischen den Parteien nach Aufforderung zur Lösung der Streitigkeiten oder Anpassung der Vereinbarung innerhalb von zwei Wochen nach Eingang der Aufforderung bei der jeweils anderen Partei **keine Einigung** zustande kommen, kann die jeweils andere Partei einen Mediator (Alt. MediatiorIn XY) mit der Aufnahme eines **Mediationsverfahrens über die neuen Konfliktthemen** beauftragen. Die Kosten des erneuten Mediationsverfahrens teilen sich die Parteien jeweils zur Hälfte.

Den Parteien bleibt es unbenommen, ein gerichtliches Eilverfahren, insbesondere Arrest- oder einstweilige Verfügungsverfahren durchzuführen.

259 LG Heilbronn, Urteil vom 10.9.2010, 4 O 259/09 (juris).

C. Verfahren und Ablauf der Mediation (§ 2 MediationsG)

I. Wahl des Mediators durch die Parteien (§ 2 Abs. 1 MediationsG)

§ 2 Abs. 1 des MediationsG lautet: „Die Parteien wählen den Mediator aus." Diese Vorschrift „ist Ausdruck des Selbstbestimmungsrechts der Parteien im Mediationsverfahren."[1] Gleichzeitig ist bereits im Gesetzgebungsverfahren klargestellt worden, dass die Auswahl auch eine Zustimmung umfasst: Die Vorschrift möchte den Parteien keine Initiative zur Auswahl eines Mediators vorschreiben,[2] die Parteien können auch einen ihnen unterbreiteten Vorschlag annehmen.[3] Die Annahme kann konkludent erfolgen, es braucht also keine ausdrückliche Erklärung.[4] 1

Damit erhält der Begriff der Auswahl eine weite Auslegung und muss keine Auswahl entsprechend einer semantischen Auslegung, nämlich eines Wählens aus einer Menge, stattfinden. Die Kontaktaufnahme und die Beauftragung können bei dritten Personen liegen. Es liegt eine Auswahl im Sinne des Gesetzes vor, wenn die Parteien in einem Abhängigkeitsverhältnis stehen und von ihrem Vorgesetzten einen Mediator ausgesucht bekommen. Auch bei Nachbarschaftsstreitigkeiten kann ein Mediator vom Vermieter oder Verwalter beauftragt werden. In der Schulmediation gibt es regelmäßig nur eine zahlenmäßig beschränkte Auswahl von Mediatoren. Wenn es auch kein eigentlicher Anwendungsfall des Mediationsgesetzes ist: Ebenso findet beim Güterichterverfahren i.d.R. keine eigene Auswahl des Mediators durch die Parteien statt (vgl. oben B Rn. 151ff.). 2

Entscheidend ist, dass die Parteien sich in die Mediation begeben und diese durchführen, ohne zu widersprechen. Die Wahl des Mediators muss zu keinem Zeitpunkt thematisiert worden sein. Dieses Vorgehen würde als konkludente Zustimmung zur Durchführung der Mediation mit diesem Mediator und damit als Auswahl im Sinne des Gesetzes gewertet werden. 3

---

1 GE BMJ 8.12.2010 S. 22.

2 Trenczek/Berning/Lenz/*Carl* S. 489; vgl. BR-Drs. 60/1/11 vom 8.3.2011, Empfehlungen der Ausschüsse, S. 4.

3 Trenczek/Berning/Lenz/*Carl* S. 489.

4 GE BMJ 8.12.2010 S. 22.

II. Obliegenheits- und Aufklärungspflichten des Mediators (§ 2 Abs. 2 MediationsG)

1. Überprüfung des Verständnisses der Parteien über Ablauf und Grundsätze des Mediationsverfahrens (§ 2 Abs. 2 MediationsG)

4 Nicht alle Personen, die in einer Mediation erscheinen, kennen das Verfahren und wissen, was auf sie zukommt. Deshalb sollen sich die Mediatoren nach dieser Vorschrift vergewissern, dass die Parteien den Ablauf und die Grundsätze eines Mediationsverfahrens verstanden haben. Sich vergewissern bedeutet dem Wortsinn nach, dass eine Überprüfung oder Feststellung oder Erkundigung stattfindet.

5 Im Gesetz findet sich keine Bestimmung des Zeitpunktes, zu dem der Mediator sich vergewissern soll. Auf der Grundlage der Informationen über das Verfahren können die Parteien entscheiden, ob sie eine Mediation durchführen wollen.[5] Entsprechend muss diese Klärung am Anfang des Verfahrens stattfinden.[6] Spätestens zu Beginn der ersten Mediationssitzung ist zu klären, ob die Parteien das richtige Verfahren gewählt haben. Beispielsweise wird zu Beginn der ersten Sitzung gefragt, ob die Parteien bereits mit dem Begriff der Mediation vertraut sind und wissen, was sich dahinter verbirgt, oder vielleicht sogar eigene Erfahrungen sammeln konnten. Die Antworten der Parteien werden dem Mediator eine Richtschnur dafür geben, wie viel Zeit er darauf verwenden sollte, mit den Parteien über das Verfahren zu sprechen.

6 Es besteht also keine Pflicht, das Verständnis der Parteien über Ablauf und Grundsätze des Mediationsverfahrens **vor** Beginn der ersten Mediationssitzung zu überprüfen. Ob und inwieweit Vorgespräche geführt werden, wird von Mediator zu Mediator unterschiedlich gehandhabt. Soweit der Mediator bereits vor der eigentlichen Mediationssitzung im Rahmen der Auftragsklärung oder im Rahmen von Vorgesprächen Kenntnis über das Verständnis von Parteien erlangt hat, kann er zu Beginn der ersten Mediationssitzung seinen Kenntnisstand zusammenfassen, damit alle Beteiligten gleichermaßen informiert sind.

7 Der Mediator gibt den Parteien zu Beginn der Mediation sinnvoller Weise den Hinweis, dass sie eine Verfahrensvereinbarung treffen sollten[7] und hat vielleicht eine solche Vereinbarung (B Rn. 238ff.) vorbereitet, in der die Parteien Platz für individuelle Änderungen und Ergänzungen finden. In dieser Vereinbarung werden die grundlegenden Regeln des Verfahrens, der Kommunikation und des Verhaltens (z.B. respektvoller Umgang miteinander) vereinbart und festgehalten.[8] Ebenso kön-

5 Trenczek/Berning/Lenz/*Carl* S. 491.
6 Vgl. Trenczek/Berning/Lenz/*Carl* S. 491.
7 GE BMJ 8.12.2010 S. 22; Trenczek/Berning/Lenz/*Carl* S. 491.
8 GE BMJ 8.12.2010 S. 22.

nen eine Geheimhaltung über den Inhalt der Mediationsgespräche und die Beweisverwertung für im Mediationsverfahren auftretende, neue Erkenntnisse[9] wie auch ein vorübergehender (aufschiebender) Klageverzicht bzw. das Ruhen eines Gerichtsverfahrens[10] geregelt werden.

Diese Vereinbarung schriftlich abzufassen, hat zahlreiche Vorteile: beim Formulieren wie auch bei der Besprechung der Formulierungen und Ergänzungen wird der Inhalt verdeutlicht. Wenn in der Folge Fragen zum Verfahren auftauchen, können Parteien und Mediator auf die schriftliche Vereinbarung zurückgreifen. Schließlich kann der Mediator mit dieser Vereinbarung im Zweifel nachweisen, seinen Hinweispflichten nachgekommen zu sein und sich vergewissert zu haben. 8

Zusätzlich kann der Mediator den Ablauf einer Mediation sowie einige Grundsätze des Verfahrens jeweils auf einem Flip-Chart oder in anderer Weise visualisiert in Blickweite der Parteien bereitstellen, so dass diese während der Sitzungen einen Blick darauf werfen können. 9

2. Überprüfung der Freiwilligkeit der Teilnahme am Mediationsverfahren (§ 2 Abs. 2 MediationsG)

Die Mediatoren sollen sich nicht nur vergewissern, dass die Parteien über den Ablauf und die Grundsätze eines Mediationsverfahrens informiert sind, sondern darüber hinaus, dass die Parteien freiwillig an der Mediation teilnehmen. Um diese Pflicht näher zu beleuchten, wird zunächst der Begriff der Freiwilligkeit näher betrachtet, sodann der Zeitpunkt, zu dem die Vergewisserung stattfindet und schließlich das Ausmaß. 10

Die Freiwilligkeit ist bereits in § 1 Abs. 1 MediationsG als Grundsatz der Mediation genannt (die Parteien streben freiwillig eine einvernehmliche Beilegung des Konfliktes an). Die Möglichkeit zur jederzeitigen Beendigung des Verfahrens durch die Parteien sichert diese Freiwilligkeit ab (§ 2 Abs. 5 S. 1 MediationsG). Durch die hier dargestellte, in § 2 Abs. 2 Satz 2 MediationsG festgelegte Pflicht des Mediators, sich der freiwilligen Teilnahme zu vergewissern, wird ihre Einhaltung abgesichert und gleichzeitig ihr hoher Stellenwert betont. 11

Wie bereits an anderer Stelle erörtert (B Rn. 64 ff., 104), ist der **Begriff** der Freiwilligkeit in Bezug auf den Beginn der Mediation mit einer Begrenzung zu verstehen: Freiwilligkeit im Sinne des Mediationsgesetzes liegt auch dann vor, wenn die Mediation angeordnet wurde,[11] sei es von einem Gericht, von gesetzlichen Vorschriften oder vom Arbeitgeber.

---

9 Vgl. GE BMJ 8.12.2010 S. 22; *Jost* Konfliktdynamik 3/2012, 204, 208.
10 *Jost* Konfliktdynamik 3/2012, 204, 207 f.
11 GE BMJ 8.12.2010 S. 21, vgl. RL 2008/52/EG Art. 3 Buchst. a).

Damit besteht grundsätzlich die Freiheit, zu wählen, ob eine Mediation versucht werden soll, und in einigen Fällen der Zwang zum Mediationsversuch. Der manchmal bestehende Zwang zum Mediationsversuch erscheint auf den ersten Blick mit dem Grundsatz der Freiwilligkeit unvereinbar.[12] Doch diese Auslegung entspricht den Vorgaben der Mediationsrichtlinie, wo in Art. 3 Ziff. a) RL 2008/52/EG festgelegt wurde, dass eine Mediation auch angeordnet werden kann. Eine Freiwilligkeit im Sinne der Richtlinie soll bedeuten, dass die Parteien selbst für das Verfahren verantwortlich sind und es nach ihrer eigenen Vorstellung organisieren und jederzeit beenden können.[13] Wichtig ist, dass der Weg zu den Gerichten für die Parteien geöffnet bleibt[14] bzw. wieder geöffnet wird. Die Freiwilligkeit im Sinne des Mediationsgesetzes meint die Bereitschaft, eine Mediation fortzusetzen. Die Freiwilligkeit ist gewahrt, wenn die Möglichkeit besteht, die Mediation jederzeit auch ohne eine Klärung oder Einigung beenden zu können.[15]

Der Begriff der Freiwilligkeit im Sinne des Mediationsgesetzes berücksichtigt, dass die Parteien eine Mediation nicht aus freien Stücken heraus auswählen wie beispielsweise eine Freizeitveranstaltung oder einen Urlaub, sondern um einen unangenehmen bis unerträglichen Zustand einer erhofft positiven Veränderung oder Klärung zuzuführen.[16] Die Freiwilligkeit zur Beendigung der Mediation ist in den meisten Fällen durch die Folgen der Beendigung der Mediation begrenzt. Die Fortsetzung der Mediation entspricht häufig eher der Wahl eines kleineren Übels denn einem Akt freiwilligen Tuns. So wissen die getrennt lebenden Eheleute, dass sie ohne eine Regelung in einem Mediationsverfahren in einem teuren und langwierigen Gerichtsverfahren landen könnten und ist ihnen dieser Umstand Antrieb genug zur Fortsetzung der Mediation. Oder ein Arbeitnehmer weiß, dass der Arbeitgeber ein Scheitern der Mediation sodann beim Umgang mit dem Konflikt berücksichtigen würde, was für ihn und seinen Verbleib am Arbeitsplatz nachteilig sein könnte. Die Freiwilligkeit ist also durch die faktischen Umstände begrenzt.[17]

12 Zu welchem **Zeitpunkt** findet die Überprüfung statt: Da es für die Wahrung der Freiwilligkeit im Sinne des Mediationsgesetzes genügt, dass die Parteien die Mediation beenden können (§ 2 Abs. 5 S. 1 MediationsG: „Die Parteien können die Mediation jederzeit beenden"), muss kein Mediator **vor** Beginn einer Mediation die freiwillige Teilnahme der Parteien überprüfen. Zumal, wie gerade dargestellt, ein Zwang zum Versuch einer Mediation bestehen darf. Sich zu Beginn der Mediation zu vergewissern, dass die Parteien die Mediation freiwillig durchführen, reicht aus.

12 Vgl. Trenczek/Berning/Lenz/*Carl* S. 488; vgl. Trenczek/Berning/Lenz/*Trenczek* S. 36f.

13 Erwägungsgründe zur RL 2008/52/EG, Ziff. (13); GE BMJ 8.12.2010 S. 21.

14 Trenczek/Berning/Lenz/*Carl* S. 488 m.w.N.

15 Trenczek/Berning/Lenz/*Carl* S. 488 m.w.N.; *Jost* Konfliktdynamik 3/2012, 204, 205.

16 Vgl. Trenczek/Berning/Lenz/*Trenczek* S. 36.

17 Vgl. *Novak* Spektrum der Mediation 47/2012, 4, 5.

Welches **Ausmaß** die Vergewisserung haben muss, hängt vom Lebenssachverhalt und den Umständen ab. Wie oben dargestellt, bedeutet sich vergewissern dem Wortsinn nach, dass eine Überprüfung oder Feststellung oder Erkundigung stattfindet. 13

Mit anderen Worten kann der Mediator ausdrücklich fragen (erkundigen bzw. überprüfen), muss es aber nicht: Ebenso kann er aufgrund der Umstände feststellen, dass die Parteien freiwillig in der Mediation sind. Eine Partei, die Ihre Freude über das Zustandekommen der Mediation zum Ausdruck bringt, nimmt offenkundig freiwillig teil. Sind die Parteien der Mediation gleichzeitig die Auftraggeber, haben sie mit der Auftragserteilung ihren Wunsch zur Teilnahme zum Ausdruck gebracht.

Die Freiwilligkeit zählt zu den Grundsätzen des Mediationsverfahrens, so dass sie thematisiert wird, wenn der Mediator das Verständnis der Parteien über Ablauf und Grundsätze der Mediation überprüft (s.o. C Rn. 4ff.). Hierüber zu sprechen, ohne dass eine ablehnende Reaktion von den Parteien kommt, stellt meines Erachtens ausreichend Vergewisserung dar. Ist zudem in einer schriftlichen Vereinbarung zur Mediation als einer der Grundsätze des Verfahrens auch die Freiwilligkeit dargestellt, kann der Mediator davon ausgehen, dass die Unterschrift der Parteien unter diese Vereinbarung die freiwillige Teilnahme bestätigt.

Wenn Dritte Auftraggeber der Mediation sind, wird der Freiwilligkeit eine andere Aufmerksamkeit geschuldet. Hat beispielsweise ein Arbeitgeber die Mediation beauftragt und bringt das Verhalten der anwesenden Arbeitnehmer großes Unbehagen und Zurückhaltung zum Ausdruck, besteht Anlass für eine ausdrückliche Überprüfung der Bereitschaft zur Teilnahme. Jeder verantwortlich handelnde Mediator wird dann mit den Parteien, die die Mediation nicht durchführen möchten, auch über die Gründe und Folgen sprechen. 14

Parteien, die an einer gesetzlich vorgeschriebenen oder gerichtlich angeordneten Mediation teilnehmen, müssen vom Mediator darüber informiert werden, dass Freiwilligkeit in Bezug auf die Fortsetzung der Mediation sowie in Bezug auf den Abschluss einer Vereinbarung besteht.[18] Das ist wichtig, weil sich die Parteien aufgrund der Anordnung fälschlicherweise in einer Pflicht wähnen könnten, die Mediation fortsetzen und mit einer Vereinbarung abschließen zu müssen. 15

Nun kann sich die Bereitschaft zur Teilnahme an der Mediation im Laufe des Verfahrens verändern. Daraus entsteht keine Pflicht, sich zu Beginn einer jeden Sitzung erneut und ausdrücklich zu vergewissern. 16

18 Trenczek/Berning/Lenz/*Carl* S. 491.

III. Neutralität/Allparteilichkeit des Mediators (§ 2 III S. 1 MediationsG)

17 In § 2 III Satz 1 MediationsG ist die **Allparteilichkeits- bzw. Neutralitätspflicht** des Mediators verankert. Danach ist der Mediator „allen Parteien gleichermaßen verpflichtet“.

Darunter ist ausweislich der Entwurfsbegründung zum Mediationsgesetz zu verstehen, dass die Mediatoren allen Parteien „in gleicher Weise zur Verfügung stehen“ und ihnen allen „gleichermaßen zu dienen“ haben. Dienen beinhalte eine aktive Komponente, weshalb – so die Begründung des Gesetzesentwurfs – in der Mediationspraxis auch von einer Pflicht der Mediatoren zur Allparteilichkeit gesprochen werde.[19]

18 Der Begriff der Allparteilichkeit wurde im Mediationsgesetz nicht übernommen. Dem Mediator wird stattdessen eine Neutralitätspflicht[20] aufgegeben. Auch in der Begriffsbestimmung des § 1 II MediationsG heißt es, dass der Mediator eine unabhängige und neutrale Person ist. Die in § 2 III S.1 MediationsG verankerte Neutralitätspflicht des Mediators greift einen der wesentlichen **Grundpfeiler der Mediation** auf. In der bis zur Geltung des Mediationsgesetzes gesetzlich ungeregelten Mediationspraxis bestand bereits nahezu Einigkeit darüber, dass für die Rolles des Mediators die Neutralität bzw. Allparteilichkeit eine entscheidende Bedeutung hat.[21] Was aber tatsächlich darunter zu verstehen und wie diese Verpflichtung ausgestaltet ist, bleibt diffus.[22]

1. Neutralitätspflicht des Mediators aufgrund selbstverpflichtender Standards

19 Zu unterscheiden sind die berufsethischen Anforderungen aufgrund **selbstverpflichtender Standards** vom **justiziablen Kern** der Verpflichtung zur Neutralität, der in § 2 III Satz 1 MediationsG verankert ist (C Rn. 29 ff.). Bereits vor der Geltung des Mediationsgesetzes hat sich in der Meditationspraxis ein selbstverpflichtendes Berufsethos herausgebildet, das die Rechte und Pflichten des Mediators und der

---

19 Begründung des Gesetzesentwurf BT-Drs. 60/11, AS. 21.

20 Arg. §§ 1 II, 3 I Mediationsgesetz sowie Gesetzesbegründung zu §§ 1, II, 3 I und § 2 III S. 1 MediationsG.

21 *Weiler/Schlickum* Praxisbuch Mediation, III., 2. (S. 9); Walz/*Bülow* § 6 Rn. 1; *Mähler/Mähler* Außergerichtliche Streitbeilegung – Mediation, Beck'sches Rechtsanwaltshandbuch, B 5 Rn. 65; *Breidenbach* Mediation, S. 145; *Zilleßen* Mediation, S. 25; Haft/von Schlieffen/*Kracht* § 12 Rn. 9, 14; *Zenk* S. 23; *Hartung/Holl* Anwaltliche Berufsordnung, § 18 Rdn. 24; vgl. Schlussbericht des BRAK-Ausschusses Mediation, BRAK-Mitteilung 1996, 187; vgl. *Ponschab* Anwaltliche Schlichtung, AnwBl. 1993, 431; *Englert* Spektrum der Mediation, 45/2012, 59.

22 In diesem Sinne auch Haft/von Schlieffen/*Kracht*, § 12 Rn. 14 ff.

Konfliktparteien im Mediationsverfahren definiert.[23] Dazu findet man umfangreiche Hinwiese in der multidisziplinären Mediationsliteratur, den Richtlinien der Mediationsverbände sowie dem Verhaltenskodex des European Code of Conduct for Mediators.

Die Begriffe „Allparteilichkeit", „Neutralität", „Unabhängigkeit" sowie „Unpar- 20
teilichkeit" werden in der multidisziplinären Praxis und Literatur allerdings unterschiedlich verwendet und interpretiert. Vielfach scheint man davon auszugehen, dass sich die Begriffe selbst erklären.[24] Unklar ist in Bezug auf das Mediationsverfahren, ob Neutralität, Unabhängigkeit, Unparteilichkeit und Allparteilichkeit klar unterscheidbare Begriffe sind, ob sie einander ergänzen oder der eine Begriff den anderen beinhaltet. Einige lehnen die Anforderungen an den Mediator zur Neutralität und Allparteilichkeit sogar ganz ab.

Der Philosoph *Joseph Duss-von Werdt* konstatiert etwa: „Es ist genuin menschlich, *nicht* neutral und allparteilich zu sein. Ist demzufolge der Anspruch, es sein zu müssen, nicht gerade unmenschlich?".[25] Da die Vermittlung selbst ein Standpunkt sei, wie *Duss-von Werdt* feststellt, kann sie nicht „neutral" sein. Als Vermittler neutral zu sein – also keinen Standpunkt zu haben – sei in der Folge nicht möglich. Denn der Mensch sei eben kein „emotionsloser Computer".[26]

Diese Auffassung entspringt dem Konstruktivismus, demzufolge eine objektive Wirklichkeit Fiktion ist. Probleme sind danach Konstruktionen, die zeit- und kontextabhängig nur von den betroffenen Personen aus ihrer subjektiven Wahrnehmung entstehen.[27]

Der Psychologe *Kempf* konstatiert, dass Mediation keine Methode sondern 21
selbst eine **kommunikative Vorgehensweise** sei. Die Kommunikation sei das wesentliche Merkmal der Mediation.[28] Der Kommunikation zwischen Individuen ist die Neutralität nun aber einmal fremd. Der Grundgedanke der Mediation geht von dem Anerkenntnis unterschiedlicher subjektiver Wahrheiten aus.[29] Gerade darin besteht die Chance für das Gelingen einer Mediation, indem sich die Konfliktparteien für die subjektive Sicht des anderen öffnen. Vom Mediator wird insoweit verlangt, dass auch er diese unterschiedlichen Sichtweisen anerkennt, fördert und nicht bewertet, ferner dass auch er erkennt selbst Teil dieser subjektiven Sicht auf die Welt zu sein.

---

23 Zum Berufsethos auch: *Fritz/Pielsticker* § 2 Rn. 75.

24 Dazu *Tochtermann* 1. Kapitel § 1. S. 9, der sich auf das Begriffspaar „Unabhängigkeit" und „Unparteilichkeit" bezieht.

25 *Duss-von Werdt* S. 159.

26 So auch *Duss-von Werdt* S. 158.

27 Siehe dazu exemplarisch *Sonja Radatz* S. 47.

28 Haft/von Schlieffen/*Kempf* § 35 Rn. 6.

29 Dazu Breidenbach/Henssler/*Mähler*/*Mähler* S. 18.

22 In Rede stehen mithin **berufsethische und philosophische Fragen**, die sich in einer **Haltung des Mediators** ausdrücken. Die überwiegende Mediationsliteratur hat trotz des Anerkenntnisses subjektiver Wahrheiten mit der Annahme einer Neutralitätspflicht keine grundsätzlichen Schwierigkeiten, ist sich aber über ihre Ausgestaltung uneinig.[30]

23 Neben der Ablehnung der Neutralitätspflicht, wie etwa *Duss-von Werdt* sie vertritt, begrenzt *Kerntke* die Neutralität auf die Unabhängigkeit des Mediators und verwendet die Begriffe synonym.[31] Der Mediator hat danach sicherzustellen, dass er weder in den Konflikt verwickelt noch in sonstiger Weise „eigene Einsätze im Spiel" hat, indem er im Sinne eines „Stakeholder[32]" mit dem Ergebnis der Mediation etwas gewinnen oder verlieren kann. Maßgeblich seien die Beziehungen des Mediators zu den Parteien und seine Involviertheit in den Konfliktstoff. Neben der so verstandenen Neutralität im Sinne von Unabhängigkeit konstatiert *Kerntke* die Allparteilichkeit, die vom Mediator verlangt, dass er allen Parteien aktiv zur Seite steht und sie unterstützt. Neutralität (im Sinne von Unabhängigkeit) und Allparteilichkeit seien danach zwei verschiedene sich ergänzende Begriffspaare.[33]

24 Dagegen wird in der Mediationsliteratur zum Teil angenommen, dass die Unabhängigkeit des Mediators von den Medianten nicht inhaltlicher Bestandteil der Neutralität, sondern deren Voraussetzung sei. Danach sind Unabhängigkeit und Neutralität von einander zu trennen. *Kracht* hält dagegen, dass diese Sicht die Neutralitätsverpflichtung verkürze, da durch die persönliche Abhängigkeit des Mediators zu den Parteien oder dem Konfliktthema auch sein Wertegefühl berührt sein kann.[34] *Kracht* unterscheidet daher die Neutralität der Person (im Sinne von Unabhängigkeit) und die Neutralität im Verfahren. Den Begriff der Allparteilichkeit lehnt er dagegen ab, da er mehr Verwirrung als Klarheit schaffe.[35]

25 *Ponschab/Dendorfer* halten die Verpflichtung zur Neutralität für weniger maßgebend und setzen stattdessen, um die Verwirrung perfekt zu machen, die Akzeptanz des Mediators durch die Parteien der Neutralitätspflicht entgegen.[36]

Montada, Kals wiederum verwenden für die Unabhängigkeit des Mediators den Begriff der Unparteilichkeit.[37]

---

30 Dazu Haft/von Schlieffen/*Kracht*, § 12 Rn. 14 ff.

31 *Kerntke* S. 23.

32 Stake aus dem Englischen für „Einsatz im Spiel"; Satkeholder sind damit Personen(gruppen), die durch das Ergebnis der Mediation etwas gewinnen oder verlieren. Dazu *Kerntke* S. 23.

33 *Kerntke* S. 24.

34 In diesem Sinne Haft/von Schlieffen/*Kracht* § 12 Rn. 25.

35 Haft/von Schlieffen/*Kracht*, § 12 Rn. 25, so auch *Schlieffen/Ponschab/Rüssel/Harms* S. 24 (Erster Teil, B II 1), *Weiler/Schlickum* III. 2. S. 10.

36 Haft/von Schlieffen/*Ponschab/Dendorfer* § 24 Rn. 65.

37 Vgl. *Montada/Kals* Kap. 3, 3.1., S. 45.

Teilweise wird in der multidisziplinären Literatur für die Allparteilichkeit wiederum der Begriff der **Unparteilichkeit** synonym verwendet.[38] Andere sehen den Begriff der Unparteilichkeit in der Allparteilichkeit enthalten. Die allparteiliche Haltung gehe danach im Sinne eines aktiven unterstützenden und empathischen Kontakts zu den Parteien weiter als die Unparteilichkeit.[39] Allparteilichkeit bedeutet danach auch, dass der Mediator die Parteien in ihren unterschiedlichen Sichtweisen anerkennt und diese auch positiv zu würdigen vermag. In gewisser Weise kann man sagen, der Mediator ist „parteilich für alle Parteien" (eben *all*-parteilich). Allparteilichkeit bedeutet aber nicht, wie auch *Montada, Kals* konstatieren, dass der Mediator mal für die Forderungen und Positionen des einen und mal für die des anderen Medianten wie ein Anwalt Partei ergreift, sondern dass er im Rahmen des Verfahrens allparteilich agiert.[40] Solange sich der Mediator im Rahmen seiner verfahrensleitenden Funktion an die mit den Parteien geschlossene Mediationsvereinbarung und dem damit vereinbarten Entscheidungsmaßstab hält, ist er auch neutral.[41] 26

Auch das Berufsethos der Mediatoren, das in den **Richtlinien der Mediationsverbände** kodifiziert ist, gibt Anhaltspunkte für die Ausgestaltung der Neutralitätspflicht des Mediators. Die Bundesarbeitsgemeinschaft für Familien-Mediation e.V. (BAFM) definiert die Anforderungen an die Neutralitätspflicht in ihren Richtlinien als eine neutrale, allparteiliche Haltung des Mediators, die ihn zu einer „balancierenden Anteilnahme gegenüber allen Konfliktpartnern" befähigt. Der Mediator dient allen Konfliktpartnern „gleichermaßen und unterstützt sie darin, in einem fairen Verfahren eine wechselseitig befriedigende, interessengerechte und auch im Ergebnis faire Vereinbarung zu erzielen".[42] 27

Auch der Bundesverband Mediation in Wirtschaft und Arbeitswelt (BMWA) konstatiert in seinen Richtlinien, dass die Mediation eine neutrale, allparteiliche Haltung des Mediators voraussetze. Der Mediator habe die Parteien darin zu unterstützen, in einem „fairen Prozess" eine „wechselseitig befriedigende, interessengerechte und auch im Ergebnis faire Vereinbarung" zu erzielen.[43]

Der Bundesverband Mediation e.V. (BM) beschreibt die Allparteilichkeit in seiner Mediationsordnung ebenfalls mit einer Haltung des Mediators: Die Mediatoren „fühlen sich der Beachtung von Interessen, Bedürfnissen und Befindlichkeiten aller Konfliktparteien in gleicher Weise verpflichtet".[44] Die Centrale für Mediation sieht

38 *Tochtermann* Einführung § 1, S. 3; so auch *Weiler/Schlickum* Teil 1. III., 3. S. 10.

39 *Weiler/Schlickum* Teil 1. III., 3. S. 10.

40 Vgl. *Montada/Kals* Kap. 3, 3.1., S. 46.

41 So auch Haft/von Schlieffen/*Kracht* § 12 Rn. 24.

42 Richtlinien der Bundesarbeitsgemeinschaft für Familien-Mediation e.V (BAFM), Stand: 16.11. 2008, http://www.bafm-mediation.de.

43 Richtlinien 1.3. (2) des Bundesverband in Wirtschaft und Arbeitswelt BMWA, http://www.bmwa.de.

44 Bundesverband Mediation e.V., Mediationsordnung 24.9.2011, www.bmev.de.

sich dem Verhaltenskodex des European Code of Conduct for Mediators (2004) verpflichtet.[45] Danach garantiert der unabhängige und unparteiliche Mediator ein faires Verfahren.

Die Mediationsverbände stellen hinsichtlich der Neutralitätspflicht mithin auf die innere Haltung des Mediators ab, die sich insbesondere auch in einem fairen Verfahren und einer fairen Vereinbarung wiederspiegelt.

28 Zusammengefasst bezieht sich die **dem Berufsethos entspringende Verpflichtung zur Allparteilichkeit** des Mediators zum einen auf seine ethische Haltung gegenüber den Parteien durch Anerkenntnis und Würdigung ihrer unterschiedlichen subjektiver Wahrheiten und Beachtung ihrer Interessen, Bedürfnisse und Befindlichkeiten. Er hat die Parteien in ihrer Kommunikation untereinander und bei einer Lösungsfindung zu unterstützen. Dabei nimmt der Mediator eine neutrale Haltung gegenüber den Parteien ein. Ferner ist der Mediator durch seine Allparteilichkeit im Rahmen seiner Verhandlungsführung zur Gleichbehandlung und einer ausgewogenen und empathischen Anteilnahme gegenüber den Parteien gehalten.

2. Rechtlicher Kern der Neutralitätspflicht

29 Nicht alles was die dem Berufsethos entspringende Allparteilichkeitsverpflichtung dem Mediator auferlegt, ist auch **justiziabel**. Dennoch gibt es wesentliche Überschneidungen. Dem Berufsethos entspringt auch der **rechtliche Kern** der Allparteilichkeitspflicht[46], der sich in § 2 III 1 MediationsG als Verpflichtung zur Neutralität des Mediators niedergeschlagen hat.

Der Begriff der Neutralität wird im Mediationsgesetz synonym zur Allparteilichkeit verwendet und von der Unabhängigkeit des Mediators unterschieden.

Dies ergibt sich zum einen aus dem Wortlaut des § 1 II MediationsG, wonach der Mediator als eine *unabhängige* und *neutrale* Person definiert wird, zum anderen aus der Norm des § 3 I MediationsG, die den Mediator zur Offenlegung der Umstände verpflichtet, die seine *Unabhängigkeit und Neutralität* beeinträchtigen können. In der Gesetzesbegründung zu § 3 I MediationsG heißt es, dass die Offenbarungspflicht der Sicherung der Neutralität des Mediators diene, wobei die Begründung zum Begriff der Neutralität explizit auf § 2 III S. 1 MediationsG Bezug nimmt.[47] Die Begründung zu § 2 III S. 1 MediationsG wiederum verweist hinsichtlich der Neutralitätspflicht auf die Mediationspraxis, die hier von Allparteilichkeit spreche[48].

45 http://www.mediate.de/verhaltenskodex.

46 So auch Haft/von Schlieffen/*Kracht* § 12 Rn. 9.

47 Begründung des Gesetzesentwurf BT-Drs. 60/11, S. 21.

48 Begründung des Gesetzesentwurf BT-Drs. 60/11, S. 21.

Die in §§ 1 I, 3 I MediationsG erwähnte Unabhängigkeit des Mediators betrifft hingegen die Unabhängigkeit des Mediators von den Parteien und vom Verfahrensgegenstand (Neutralität der Person),[49] C Rn. 81. 30

Die gesetzlich normierte Neutralitätspflicht verlangt vom Mediator, dass er allen Parteien aktiv zur Seite steht und sie unterstützt. Er hat ihnen gleichermaßen zu dienen.[50] Der Mediator fördert die Kommunikation (§ 2 III S. 2 MediationsG (C Rn. 94)) unter den Parteien und bindet alle Parteien in angemessener und fairer Weise in die Mediation ein (§ 2 III S. 3 MediationsG (C Rn. 196, 199)). Maßgeblich ist demzufolge vor allem eine faire und gleichbehandelnde Verhandlungsführung (B Rn. 62). 31

Nicht nur hierin unterscheidet sich die Neutralität im Sinne einer Allparteilichkeit des Mediators von der **Unparteilichkeit des gesetzlichen Richters** oder privatrechtlichen Schiedsrichters. Sowohl Richter als auch Mediator haben gegenüber den Parteien eine neutrale Haltung einzunehmen und eine unparteiische Verhandlungsführung zu garantieren. Die richterliche Aufgabe zielt auf eine gesetzestreue, sachgerechte Entscheidung unter der Beachtung materieller Gerechtigkeit. Die Anforderung an den Mediator besteht dagegen darin, die Parteien bei einer interessen- und sachgerechten Lösungssuche zu unterstützen, ohne einen entsprechenden Erfolg garantieren zu können. 32

Dem Mediator werden durch seine dem Mediationsverfahren wesensgebende Aufgabe, die Parteien durch den Prozess zu führen, indem er die Kommunikation untereinander fördert und sie aktiv in den Mediationsprozess einbindet, Maßgaben für seine Neutralität auferlegt. Der Mediator ist gehalten die Konfliktdynamik zu verstehen und wirksame Kommunikations- und Verhandlungstechniken einzusetzen, um die Parteien zueinander zu führen. Es geht um den Prozess der Führung der Parteien durch den Konflikt. 33

Insoweit stellt die Gesetzesbegründung klar, dass der Mediator mit der Aufgabe die Parteien durch die Mediation zu führen (§ 1 II MediationsG) „die **Verantwortung für das Verfahren** und insbesondere für eine **gelingende Kommunikation** zwischen den Parteien trägt". Der Mediator hat – so heißt es weiter – auf die Vereinbarung von **Verfahrensregeln** und auf deren Einhaltung zu achten und für die Schaffung bzw. Wiederherstellung einer adäquaten Verhandlungsatmosphäre zu sorgen."[51] Zur Schaffung einer angemessenen Verhandlungsatmosphäre gehört im Hinblick auf die äußeren Bedingungen insbesondere der Ort der Durchführung der Mediation.[52]

49 Siehe dazu auch *Fritz/Pielsticker* § 1 Rn. 38 f.
50 Begründung des Gesetzesentwurf BT-Drs. 60/11, S. 21.
51 Begründung des Gesetzesentwurf BT-Drs. 60/11, S. 21.
52 So auch Haft/von Schlieffen/*Kracht* § 12 Rn. 85.

34 Die Neutralität des Mediators muss sich insbesondere auch in der Art und Weise der Vermittlungstätigkeit zeigen. Ein wesentlicher Aspekt der insoweit gesetzlich verankerten Anforderungen an die Neutralität des Mediators zeigt sich – so auch die Gesetzesbegründung – in der **Neutralität im Verfahren.**[53] Die Verfahrensneutralität verpflichte den Mediator zu einer **unparteilichen Verhandlungsführung** und zur **Gleichbehandlung** (B Rn. 82) der Parteien.[54]

35 Das Rechtssystem kennt die Verpflichtung zur Verfahrensneutralität in Bezug auf eine unabhängige Justiz. Die Verfahrensneutralität wird jedem gesetzlichen Richter abverlangt.[55] Es ist verfassungsrechtlich anerkannt, dass ein Richter das Gerichtsverfahren unparteiisch und neutral zu leiten hat.[56] Die Anforderungen an den Richter werden durch die Vorschriften zur Ablehnung eines Richters wegen der **Besorgnis der Befangenheit** (z.B. § 42 ZPO, § 24 StPO, § 54 VwGO) kontrolliert. Die Anforderungen an die Neutralitätspflicht des Richters lassen sich in Grundzügen auf das Mediationsverfahren übertragen.[57] Auf der anderen Seite bedarf es einer klaren Abgrenzung der Verfahren, die völlig unterschiedliche Ausgangssituationen und Anforderungen haben.

Gemäß höchstrichterlicher Rechtsprechung spiegeln sich in den die Neutralität kontrollierenden Vorschriften zur Befangenheitsablehnung eines Richters das Rechtsstaatsprinzip, das Willkürverbot und das Recht auf einen gesetzlichen Richter wider. Die Vorschriften dienen zudem der Unparteilichkeit der Rechtsprechung, der Gerechtigkeit und sachlichen Richtigkeit von Gerichtsentscheidungen.[58] Die Unparteilichkeit wird institutionell durch die richterliche Unabhängigkeit gewährleistet (Art. 97 GG). Sie ist auf das Mediationsverfahren, dem ein **privatrechtlicher Dienstvertrag**[59] **mit Geschäftsbesorgungscharakter** zugrunde liegt, nicht übertragbar. Anders als der gesetzliche Richter, der unmittelbar an die Verfassung gebunden ist, kann der Mediator nur im Rahmen seiner vertraglichen Verpflichtungen zur Verfahrensneutralität gehalten sein.

Die Unparteilichkeit verlangt vom staatlichen Richter neben der institutionellen Unabhängigkeit eine **unbefangene, unvoreingenommene und neutrale Haltung**. Gesetzlicher Richter kann nur sein, wer eine unparteiische Haltung einnimmt und auch nicht parteilich erscheint.[60] Die Besorgnis der Befangenheit liegt vor, wenn

53 Begründung zum Gesetzesentwurf BT-Drs 17/5335, S. 14, Haft/von Schlieffen/*Kracht* § 12 Rn. 18 ff.; dazu *Tochtermann* § 3 I. 3. b) S. 45; *Fritz/Pielsticker* § 1 Rn. 39.

54 Begründung des Gesetzesentwurf BT-Drs. 17/5335, S. 21.

55 BVerfG NJW 1967, 1123.

56 Zöller/*Vollkommer* Vor § 41 ZPO Rn. 1; *Tochtermann* 1. Kapitel § 1 I., S. 10.

57 So auch Haft/von Schlieffen/*Kracht* § 23 Rn. 37.

58 BayVGH, Beschluss vom 3.8.2011, 8 A 09.40079 (juris).

59 Die Einordnung wird unterschiedliche als Dienstvertrag mit Geschäftsbesorgungscharakter oder auch Vertrag sui generes bzw. typengemischten Vertrag eingeordnet, siehe Schmidt/Lapp/Monßen/*Schmidt* § 5 Rn. 364 ff.

60 BVerfG NJW 1998, 370.

eine der Partei die auf „objektiv feststellbaren Tatsachen beruhende, subjektiv vernünftigerweise mögliche Besorgnis hat“, der Richter sei in der Sache nicht unparteiisch, unvoreingenommen oder unbefangen oder er habe sich bereits inhaltlich festgelegt.[61] Es genügt der „böse Schein“ der Parteilichkeit im Sinne eines möglichen Eindrucks mangelnder Objektivität.[62] Eine Besorgnis der Befangenheit eines gesetzlichen Richters beurteilt sich aus der Sicht des Ablehnenden. Für die Besorgnis der Befangenheit müssen „objektiv vernünftige Gründe“ vorliegen, die in den Augen einer „vernünftigen Partei“ geeignet sind, Misstrauen gegen die Unparteilichkeit des Richters zu erregen.[63] Da auf die Person des Ablehnenden abzustellen ist, dürfen die „objektiven Gründe eine subjektive Komponente“ enthalten.[64] Allerdings reicht wiederum haltloses subjektives Misstrauen des Ablehnenden nicht.[65]

Die Verpflichtung zu einer neutralen Haltung eines Richters kann unter Berücksichtigung der Unterschiede im Verfahren auf die Mediation übertragen werden. Jeden Anschein der Parteilichkeit hat auch der Mediator zu vermeiden.[66]

Aus der Art der Verfahrensführung kann eine Verletzung der Neutralität herge- 36
leitet werden, wenn sie auf einer **willkürlichen Benachteiligung**[67] oder Bevorzugung einer Partei schließen lässt, beispielsweise durch die fehlende Bereitschaft das Parteivorbringen zur Kenntnis zu nehmen[68] oder die Partei überhaupt zu Wort kommen zu lassen.[69] Ebenso kann ein einseitiger Rat[70] oder das Entgegennehmen von Unterlagen nur einer Partei die Verfahrensneutralität verletzten. Auch **unsachliches Verhalten** wie unangemessene wertende Mimik oder Gestik oder übertriebene Gereiztheit, Unmutsäußerungen[71] und Ungeduld kann als Grund der Befangen-

---

61 BayVGH, Beschluss vom 3.8.2011, 8 A 09.40079 (juris); OLG Brandenburg, Beschluss 26.6.2012, 1 W 18/12 (juris) in diesem Sinne auch Zöller/*Vollkommer* § 42 ZPO Rn. 8.

62 Vgl. BVerfG vom 6.7.1999 BVerfGE 101, 46/50; BVerwG vom 5.12.1976 BVerwGE 50, 36/38.

63 BVerfG NJW 2000, 2808; BVerfG NJW 1995, 1277; BVerfGE 1988, 1, 4; BGH NJW 2002, 2396; BGHSt **24** 336, 338; *Meyer-Goßner* § 24 StPO Rn. 8; OLG Hamm, Beschluss 15.5.2012, I-1 W 20/12, 1 W 20/12 (juris).

64 Saenger/*Kayser* § 42 ZPO Rn. 11.

65 Siehe etwa die Entscheidung: BGH, Beschluss 12.6.2012, IV ZA 11/12 (juris).

66 *Weiler/Schlickum* Teil 1, III, 3. S. 10.

67 Hinweis eines Richters auf die Problematik der Zugehörigkeit eines Elternteils zu den Zeugen Jehovas, OLG Bamberg FamRZ 1998, 172; willkürliche Verfahrensleitung OLG Naumburg MedR 2012, 247.

68 Befangenheit wegen Nichtbefolgung des Antrages des Klägers auf Anhörung eines Sachverständigen: OLG Brandenburg, Beschluss vom 23.3.2012, 1 W 5/12 (juris).

69 Saenger/*Kayser* § 42 ZPO Rn. 18.

70 Siehe zum Beispiel im Zusammenhang der Richterablehnung wegen Besorgnis der Befangenheit: Zöller/*Vollkommer* § 42 ZPO Rn. 14.

71 Unmutsäußerungen auch salopper bis derber Art, mit welchen ein Richter seiner Enttäuschung darüber Ausdruck verleiht, dass trotz Anordnung des persönlichen Erscheinens Partei nicht zum

heit eines Richters in Rede stehen. Ebenso kann eine abfällige oder beleidigende Wortwahl die Verfahrensneutralität verletzten[72]. Stets kommt es aber auch die Umstände des Einzelfalles an.

37 Es kann im Mediationsverfahren angezeigt sein, dass der Mediator **vertraulich anvertraute Unterlagen** einer Partei annehmen oder sich in **Einzelgesprächen** (§ 3 III S. 3 MediationsG, C Rn. 203) die jeweilige Sicht der Partei anhören kann, ohne dadurch gegen seine Neutralität zu verstoßen. Der Mediator ist zur Sicherstellung der Neutralität in solchen Fällen allerdings gehalten, sich *vorher* das jeweilige Einverständnis der anderen Partei einzuholen und die Vorgänge transparent zu machen.[73]

38 Auch die Gesetzesbegründung zu § 2 III S. 1 MediationsG stellt klar, dass der Mediator zur Sicherung der Verfahrensneutralität die Parteien gleichbehandeln muss.

Anders als ein Richter, der eine unmittelbar vom Staat verliehene Macht inne hat, ist der Mediator aus seinen vertraglichen Vereinbarungen verpflichtet. Der **„Gleichbehandlungsgrundsatz“** in der Mediation hat mithin eine andere Bedeutung als vor den ordentlichen Gerichten. Nach Art. 1 Abs. 3 GG ist die Rechtsprechung unmittelbar an die Grundrechte gebunden. Daher ist auch grundsätzlich von der inneren Unabhängigkeit des Richters auszugehen, zu der er qua seines Amtes verpflichtet ist.[74]

Dem Mediator kommt hingegen keine hoheitliche Macht zu. Er kann sich nicht auf einen rechtsstaatlichen Vertrauensvorschuss in seine Person berufen. Der Mediator erlässt auch nicht, wie der gesetzliche Richter, verfahrensleitende Verfügungen, die rechtsstaatlichen Anforderungen genügen müssen.

39 Vielmehr greift der Mediator im Rahmen seines Mediationsauftrages strukturierend und kommunikationsfördernd in den Prozess auf Basis der Parteivereinbarungen ein.[75]

Zenk fordert daher für die Rolle des Mediators, dass dieser die Fähigkeit haben müsse, die Parteien „gleich zu behandeln“ und ihnen „als Person gerecht zu werden“, dazu lasse der Mediator beide Seiten „gleichermaßen zu Wort kommen“ und zeige „echtes Interesse“ an dem, was in der Mediation gesagt wird.[76] Auch *Weiler, Schlickum* stellen fest, dass der Mediator die Parteien gleich zu behandeln habe, indem er ihnen zum Beispiel die gleiche Redezeit zuteile.[77]

Verhandlungstermin erschienen ist, sind für sich genommen grundsätzlich nicht geeignet, Misstrauen gegen die Unparteilichkeit des Richters anzunehmen OLG Stuttgart MDR 2012, 732–733.

72 Zöller/*Vollkommer* § 42 Rn. 22 zur Ablehnung eines Richters wegen Besorgnis der Befangenheit.

73 Vgl. Haft/von Schlieffen/*Kracht* § 12 Rn. 118.

74 BVerfGE 73, 330–339.

75 So auch Walz/*Bülow* § 6 Rn. 1.

76 *Zenk* S. 23.

77 *Weiler/Schlickum* S. 10.

Dem ist entgegen zu halten, dass es im Rahmen der Gleichbehandlung nicht auf die exakt verteilte Zeit ankommen kann. Gleichbehandlung findet nicht durch Minutenabgleich statt. Vielmehr muss der Mediator gewährleisten, dass die Parteien mit ihrem Anliegen zu Wort kommen und Beachtung finden. Auch „echtes" Interesse lässt sich nur schwerlich verifizieren. Die Einbindung der Parteien in den Prozess bezieht sich auf die Aufgabe des Mediators, die Sichtweisen aller Parteien hervorzubringen, zu berücksichtigen und der jeweils anderen Partei verständlich zu machen, so dass diese bestenfalls den Standpunkt der Gegenseite versteht. Der Mediator fungiert hier als eine Art Übersetzer im Konflikt. Er hat aktiv den Kommunikationsprozess zwischen den Parteien zu unterstützen. Maßstab der Beurteilung der Gleichbehandlungspflicht im Mediationsverfahren sind daher die vertraglichen Grundlagen[78] zwischen Mediator und Parteien sowie die rahmengebenden Bedingungen des Mediationsgesetzes. So verstanden bedeutet die Gleichbehandlungsverpflichtung im Verfahren insbesondere die **ungeteilte Teilhabe aller Medianten an Informationen und Wissen**. In der Gesetzesbegründung heißt es dazu, dass alle Informationen an alle Parteien weitergegeben werden müssen und auch, dass alle Parteien am Fachwissen des Mediators in gleicher Weise teilhaben.[79] 40

Zur Sicherstellung eines fairen Verfahrens sind weitere gesetzliche Vorschriften im Sinne einer **Fairnessverpflichtung** in § 2 VI MediationsG aufgenommen (X Rn. 274 ff.). Der Mediator hat nach § 2 VI S. 1 MediationsG darauf hinzuwirken, dass die Parteien die Vereinbarung in Kenntnis der Sachlage treffen und ihren Inhalt verstehen[80]. Darüber hinaus hat der Mediator die Parteien ohne fachliche Beratung im Hinblick auf eine Einigung auf die Möglichkeit hinzuweisen, die Vereinbarung durch externe Berater überprüfen zu lassen (§ 2 VI S. 2 MediationsG). 41

Diese verpflichtenden **Hinweis- und Prüfungspflichten** sind Ausdruck der Verpflichtung zur Verfahrensneutralität. Denn die Parteien können nur zu einer fairen Einigung gelangen, wenn sie die Vereinbarung in Kenntnis der Sachlage treffen und den Inhalt auch wirklich verstanden haben.

In der Mediationspraxis wird hier von **„Fair Play"**, dem **„BATNA/WATNA Prinzip"**[81] (best alternative to a negotiation agreement – worst alternative to a negotiation agreement) oder auch von **„Nichteinigungsalternativen"**[82] gesprochen. Es muss sichergestellt werden, dass die Parteien in vollständiger Informiertheit auch 42

78 Dazu *Tochtermann* § 3 I. 3. a).

79 Begründung des Gesetzesentwurf BT-Drs. 17/5335, S. 23, auch Haft/von Schlieffen/*Kracht* § 12 Rn. 114 ff.

80 Siehe dazu C Rn. 108 ff.

81 BATNA (best alternative to a negotiation agreement), im Sinne von: beste Alternative zu einer Einigung durch Verhandlung – WATNA (worst alternative to a negotiation agreement) im Sinne von: schlechteste Alternative zu einer Einigung durch Verhandlung; vgl. *Duve/Eidenmüller/Hacke* Mediation in der Wirtschaft, Kap. 9, S. 219 ff.; *Greger/Unberath*/Einf. Rn. 27.

82 Henssler/Koch/*Eidenmüller* § 2 Rdn 49 ff.; *Duve/Eidenmüller/Hacke* Kap. 9, S. 219 ff.

über alternative Möglichkeiten zur Durchsetzung ihrer Forderungen zu einer Lösung finden. Auch sämtliche Fachkenntnisse wie Gutachten und tatsächliche Fakten wie etwa Berechnungen, Urkunden und andere Dokumente müssen – mit Ausnahme von vertraulichen Informationen (B Rn. 8, 23, C Rn. 74, 222, 226) – den Parteien gleichermaßen zur Verfügung stehen.[83] Dafür hat der Mediator Sorge zu tragen. Dies ergibt sich aus § 2 III S. 2 MediationsG, wonach der Mediator zu gewährleisten hat, dass die Parteien in angemessener und fairer weise in die Mediation eingebunden werden. Bei Gruppenmediationen kann es angezeigt sein, Verteilerlisten für Informationen zu erstellen, um die Informiertheit aller Beteiligten zu gewährleisten.[84]

43 Zur Informiertheit der Parteien gehört vor allem die **Kenntnis der Rechtslage.** Denn eventuell bestehende Rechtsansprüche, die den Parteien zur Verfügung stehen, bestimmen den Wert ihrer Handlungsalternativen. Rechtspositionen lassen sich daher in der Mediation nicht ignorieren.[85] Das Rechtssystem ist als Wertesystem der Gesellschaft auch ein Indiz, wie das Kräftegleichgewicht zwischen den Parteien zu beurteilen ist. Diese sich aus dem Gesetz ergebenden allgemeinen gesellschaftlichen Wertungen muss die Partei kennen, um sie auch für einen Vergleich mit ihrem subjektiven Gerechtigkeitsempfinden heranziehen und entsprechend bewerten zu können. Das Recht ist in der Mediation daher den Interessen der Parteien dienend einzuführen.[86] Die Konfliktparteien müssen ihre rechtlichen Erfolgsaussichten beurteilen können, um zu wissen worauf sie gegebenenfalls rechtlich verzichten oder an welchem Punkt sie Zugeständnisse machen.[87]

Insofern sind die Mediatoren gehalten, die Parteien darauf hinzuweisen, sich getrennt voneinander nötigenfalls durch einen externen Rechtsanwalt beraten zu lassen, bevor sie eine Einigung in der Mediation treffen[88]. Üblicherweise wird dies auch in der vertraglichen **Mediationsvertrag** zwischen Mediator und Medianten festgehalten. Da ein standardisierter vorformulierter Mediationsvertrag bei mehrfacher Verwendung als **„Allgemeine Geschäftsbedingungen"** (B Rn. 241 ff.) einer möglichen Kontrolle nach den Vorschriften der §§ 305 ff. BGB unterliegen kann, empfiehlt es sich, den Hinweis im Vertrag deutlich hervorzuheben und von den Parteien gesondert unterschreiben zu lassen ***(siehe Formular § 2 VI MediationsG X Rn. 291).***

44 Darüber hinaus kann es für den Mediator angezeigt sein, im Laufe eines Mediationsverfahrens und/oder spätestens vor Abfassen einer **Abschlussvereinbarung** nochmals im Protokoll der Mediationssitzung einen Hinweis zur Hinzuziehung von externen Anwälten zu erteilen. Zwar sind Protokolle in der Mediationssitzung

83 Vgl. Haft/von Schlieffen/*Kracht* § 12 Rn. 119.
84 Vgl. Haft/von Schlieffen/*Kracht* § 12 Rn. 119.
85 So auch Henssler/Koch/*Eidenmüller* § 2 Rn. 48 ff.; *Montada/Kals* S. 53.
86 Haft/von Schlieffen/*Kempf* § 34 Rn. 42 ff.
87 Vgl. Haft/von Schlieffen/*Ripke* § 7 Rn. 25 ff.; *Duve/Eidenmüller/Hacke* Kap. 9, 219 ff.; *Kentke* S. 58.
88 Siehe auch Haft/von Schlieffen/*Ripke* § 7 Rn. 25 ff.

nicht vorgeschrieben, wenn sich aber eine Hinweispflicht für den Mediator abzeichnet, empfiehlt sich aus Beweisgründen ein schriftlicher Vermerk in einem Protokoll.

Aus der Praxis ist bekannt, dass gerade mit dem Recht weniger vertraute Mediatoren sich vor der Verwendung schriftlicher Mediationsvereinbarungen scheuen. Ohne schriftlichen Hinweis wird ein Mediator im Streitfalle aber schwerlich nachweisen können, dass er den Parteien den Rat zur Hinzuziehung einer rechtlichen Beratung erteilt hat.

Nicht gefolgt werden kann dem Vorschlag von *Ripke*[89], dass Mediatoren mit ju- 45
ristischem Hintergrund die Informationen über das maßgebliche Recht selbst in die Mediation einzuführen können. Dies verstößt zum einen gegen das **Rechtsdienstleistungsgesetz** (B Rn. 217 ff.), soweit ein nicht anwaltlicher Mediator (auch wenn er einen juristischen Hintergrund hat, insbesondere also ein Volljurist) Rechtsauskünfte erteilt.[90]

Denn nach dem Rechtsdienstleistungsgesetz (§ 2 I RDG) ist eine Rechtsdienstleistung „jede Tätigkeit in konkreten fremden Angelegenheiten, sobald sie eine rechtliche Prüfung des Einzelfalls erfordert" (B Rn. 215). Keine Rechtsdienstleistung ist nach § 2 III Nr. 4 RDG das bloße Verhandeln über Rechtspositionen in der Mediation.

Soweit aber nicht nur allgemeine Informationen erteilt werden, sondern einzelfallbezogen vom Mediator die Rechtslage dargestellt und erörtert wird, ist darin eine Rechtsdienstleistung zu sehen.[91]

Soweit der nichtanwaltliche Mediator sich im Verfahren nicht auf die ge- 46
sprächsleitende Funktion beschränkt, sondern regelnd oder durch rechtliche Regelungsvorschläge in die Gespräche der Mediationsbeteiligten eingreift, sind diese Regelungsvorschläge als Rechtsdienstleistungen zu werten.[92] Dies konstatiert auch der Entwurf zum „Gesetz der Mediation und anderer außergerichtlicher Konfliktbeilegung" (Mediationsgesetz) in seiner Kommentierung zu § 2 VI MediationsG.[93] Bereits die Darstellung der Rechtslage im Einzelfall stellt ein regelndes Eingreifen dar, denn es erfüllt die Erwartung der Parteien eine Rechtsauskunft bezogen auf ihren konkreten Fall zu erhalten.[94] Durch die Darstellung der Rechtslage besteht

89 Haft/von Schlieffen/*Ripke* § 7 Rn. 27; in diesem Sinne auch Haft/von Schlieffen/*Kempf* § 34 Rn. 39 ff.

90 So auch *Greger/Unberath* § 1 Rn. 77.

91 So auch *Grunewald/Römermann* § 2 RDG, Rn. 134.

92 Stellungnahme der Bundesrechtsanwaltskammer zum Gesetzentwurf zur Neuregelung des Rechtsberatungsrechts (BT-Drucks. 16/3655); siehe auch *Henssler* ZKM 2006, 132 (134); *Greger/Unberath* § 1 Rn. 74.

93 Entwurf eines Gesetzes der Mediation und anderer außergerichtlicher Konfliktbeilegung, BTDrucks. 60/11, zu § 2 VI MediationsG, S. 22.

94 *Grunewald/Römermann* § 2 RDG, Rn. 134.

bereits die Gefahr einer Beeinflussung der Parteien, die auf die Rechtsinformation vertrauen. Darauf weist auch die Stellungnahme der Bundesrechtsanwaltskammer zum Regierungsentwurf des Rechtsdienstleistungsgesetzes von Mai 2007 hin. Die erlaubte Mediationstätigkeit ende dort, wo mit konkreten rechtlichen Regelungsvorschlägen in die Gespräche eingegriffen werde. Mediation sei nur dann keine Rechtsdienstleistung, wenn sie ohne die Anwendung des Rechts zur Lösung streitiger Fragen auskomme und der Schwerpunkt der Tätigkeit in der Vermittlung läge.[95]

47 Rechtsdienstleistungen dürfen nach dem Rechtsdienstleistungsgesetz bis auf die gesetzlich normierten Ausnahmefälle nur von Anwälten erteilt werden. Soweit nichtanwaltliche Mediatoren, auch wenn sie Volljuristen sind, Rechtsauskünfte erteilen, verstoßen sie gegen das Rechtsdienstleistungsgesetz.

48 *Greger* konstatiert, dass jede rechtsgestaltende **Abschlussvereinbarung** in der Mediation eine Mitwirkung von zugelassenen Rechtsanwälten erfordere, soweit es sich nicht um ganz einfache Vereinbarungen handele.[96] Demnach dürfe nur ein anwaltlicher Mediator eine Abschlussvereinbarung ausformulieren. Soweit der nichtanwaltliche Mediator allerdings nur die von den Parteien unter seiner Mitwirkung gefundenen Vereinbarungen protokolliert, ist diese Auffassung abzulehnen. Dagegen spricht auch die gesetzliche Intention des § 2 VI S. 2 MediationsG, wonach der Mediator die Parteien ohne fachliche Beratung vor Dokumentation einer Abschlussvereinbarung auf die Möglichkeit hinzuweisen hat, die Vereinbarung durch externe Beratern prüfen zu lassen. Daraus ist zu schließen, dass der nichtanwaltliche Mediator sehr wohl einen Abschlussvereinbarung abfassen darf.

Allerdings ist auch hier die gesetzliche Formulierung unklar, soweit sie zwischen „Vereinbarung" und „Abschlussvereinbarung" differenziert, denn auch eine nicht (vollständig) dokumentierte Vereinbarung stellt in der Regel einen rechtlich relevanten Vertrag dar (B Rn. 185). *Greger* ist allerdings vollumfänglich zuzustimmen, soweit die Abschlussvereinbarung in dem Sinne vom Mediator „ausformuliert" wird, als er eigene Formulierungsvorschläge und Regelungspunkte in die Abschlussvereinbarung einbringt.

49 Inwieweit ein **anwaltlicher Mediator** in der Mediation die Rechtslage beurteilen und rechtliche Vorschläge einbringen darf, ist umstritten. Die mediatorische Tätigkeit unterliegt dem anwaltlichen Berufsrecht (§ 18 BORA), sodass der Anwaltsmediator bei einer rechtlichen Bewertung des Konfliktes zwar nicht gegen das Rechtsdienstleistungsgesetz verstößt, er aber die Vorschriften der §§ 3 BORA, 43a IV BRAO zu beachten hat, wonach er keine widerstreitenden Interessen vertreten darf.

---

95 BRAK-Stellungnahme Nr. 19/2007, S. 7 f.

96 *Greger/Unberath* § 1 Rn. 75.

Hintergrund der Frage ist, ob der anwaltliche Mediator durch eine Einschätzung der Rechtslage oder durch das Einbringen rechtlicher Regelungsvorschläge seine Neutralitätspflicht verletzt und sogar gegebenenfalls gegen anwaltliches Berufsrecht verstößt.

Die Auslegung des Verbots widerstreitende Interessen zu vertreten (§ 43a IV BRAO) wird in Rechtsprechung und im Schrifttum nicht einheitlich vorgenommen. 50
Die Thematik ist insbesondere im Zusammenhang mit der Beauftragung eines Anwaltes zur einvernehmlichen Scheidung ausführlich abgehandelt worden.[97] In der Literatur wird in diesem Zusammenhang überwiegend angenommen, dass es für die Beurteilung einer Interessenkollision auf eine objektive, vom Standpunkt der Parteien unabhängige Bewertung der Interessenlage ankomme. Daher dürfe ein Anwalt bei einer Scheidung auch nur einen Ehepartner vertreten. Der Interessenkonflikt trete schon allein durch die Beratung des gemeinsamen streitigen Lebenssachverhalts auf. Eine einverständliche Scheidung gemäß § 630 Abs. 1 ZPO sei insofern lediglich verfahrenstechnisch einvernehmlich, die materiell-rechtliche Beurteilung stütze sich aber auf einen einheitlichen Lebenssachverhalt, der unterschiedliche rechtliche Wertungen zulasse.[98]

Das Bundesverfassungsgericht hat im Hinblick auf Art. 12 GG die rein objektive Sichtweise dahingehend relativiert, dass eine Einschränkung des Tätigkeitsverbots für Anwälte nur unter besonderer Berücksichtigung der Umstände des Einzelfalls erfolgen dürfe.[99] Allein die Tatsache, dass sich möglicherweise zunächst einvernehmliche Interessen der Parteien in widerstreitende entwickeln könnten, reicht für ein Verbot der Tätigkeit nicht aus. Vielmehr ist nur die Tätigkeit bei einer tatsächlichen Interessenkollision untersagt.

Ein Tätigkeitsverbot läge demnach vor, wenn im konkreten Einzelfall unter Abwägung aller Belange, insbesondere unter besonderer Berücksichtigung der Mandanteninteressen ein Interessenkonflikt erkennbar oder ernsthaft zu besorgen sei.[100]

Das Bundesarbeitsgericht hat festgestellt, das ein Anwalt nicht gegen das Verbot der Vertretung widerstreitender Interessen verstoße, wenn er in einem Beschlussverfahren gleichzeitig den Betriebsrat und das betroffene Betriebsratsmitglied vertrete, da Betriebsrat und Mitglied in diesem Verfahren in der Regel dasselbe Ziel haben, nämlich die Abwehr des Zustimmungsersetzungsantrags. Komme der Betriebsrat aber zu der Auffassung, er wolle an der Zustimmungsverweigerung nicht

97 Z.B. AGH Hamm, Urteil vom 6.5.2011, 2 AGH 47/10 (juris).
98 vgl. *Henssler/Prütting* § 43a BRAO Rn. 150 f.; ähnlich OLG Karlsruhe NJW 2001, 3197; LG Hildesheim FF 2006, 272.
99 BVerfGE 108, 150 ff., weitere Entscheidungen beispielsweise LG Hildesheim FF 2006, 272–274, AG Neunkirchen FamRZ 1996, 298–299.
100 BVerfGE 108, 150 ff. – Interessenkollision durch Sozietätswechsel eines Rechtsanwalts.

mehr festhalten, können widerstreitende Interessen entstehen, so dass der Anwalt beide Mandate niederlegen müsse.[101]

51 Die dargestellten Bewertungsmaßstäbe beziehen sich auf die einvernehmliche anwaltliche Vertretung, nicht auf die Mediation. Anders als das anwaltliche Mandat zielt die Mediation nicht auf die parteiische Vertretung der Konfliktparteien ab. Vielmehr hat sie die Vermittlung zwischen den Parteien im Fokus.

Einhellig wird konstatiert, dass der Anwaltsmediator nach den Grundsätzen des Mediationsverfahrens gerade nicht parteiisch die gegenseitigen Interessen der einen oder anderen Partei vertritt, sondern versucht als neutraler Dritter die wechselseitigen Interessen in einen Ausgleich zu bringen.[102]

52 *Henssler* erläutert, dass die anwaltliche Mediation bereits deshalb aus dem Verbotsbereich des § 43a IV BRAO auszuklammern sei, weil die mediative Tätigkeit des Anwaltes gerade keine Interessenkollision, sondern eine **Interessengleichheit** der Parteien, nämlich die einvernehmliche Regelung des Konfliktes, zugrunde läge.[103] Die den Konflikt auslösenden gegenseitigen Interessen der Parteien seien von dem übergeordneten übereinstimmenden Interesse zur einvernehmlichen Regelung strikt zu trennen. Einen Interessenstreit der Parteien mit dem Ziel der Vermittlung und Schlichtung darf der Anwaltsmediator daher vom Grundprinzip ausgleichen.[104] In diesem Sinne dürfte auch die Kommentierung von *Greger* zu verstehen sein, der konstatiert, dass das Prävarikationsverbot trotz unterschiedlicher Ausgangsinteressen der Parteien nicht verletzt sei, solange der anwaltliche Mediator die Unparteilichkeit wahre und nur dem übergeordneten Interesse an einer gütlichen Einigung diene.[105]

53 *Kleine-Cosack* stellt klar, dass die Tätigkeit als Mediator im Hinblick auf § 43a BRAO unproblematisch sei, soweit der Anwaltsmediator „nur in dieser Funktion und unter Anwendung der dabei üblichen Verfahren" beratend tätig wird.[106]

Was genau die Funktion des Mediators ist und welche Verfahren üblicherweise angewendet werden, erläutert *Kleine-Cosack* nicht. Auch *Eisle* konstatiert, dass der anwaltliche Mediator für beide Parteien und damit nicht interessengegensätzlich tätig werde. Entscheidend sei daher, dass bei einer einvernehmlichen Beauftragung zur Vermittlung der im Ausgangspunkt bestehende Interessenwiederstreit der Parteien nicht in die dem Anwaltsmediator anvertraute Rechtsangelegenheit beinbezogen werde.[107] Allerdings erläutert auch *Eisle* nicht näher, wie denn diese „Vermitt-

---

101 BAG NJW 2005, 921–922; zur Interessenkollision auch KG Berlin NJW 2008, 1458–1459; Hanseatisches OLG Bremen MDR 2008, 998.

102 OLG Karlsruhe NJW 2001, 3197, 3198; OLG Hamm MDR 1999, 836.

103 Breidenbach/Henssler/*Henssler* S. 79; auch *Henssler/Pütting* § 43a BRAO Rn. 179, 203.

104 *Feuerich/Weyland* § 43a BRAO, Rn. 65.

105 *Greger/Unberath* § 1 Rn. 83.

106 Vgl. *Kleine-Cosack* § 43a BRAO Rn. 102.

107 Haft/von Schlieffen/*Eisle* § 32, Rn. 44.

lung“ des Anwaltsmediators de facto ausgestaltet ist, insbesondere ob der Mediator in diesem Zusammenhang den Parteien auch die Rechtslage erörtern und rechtliche Vorschläge machen darf. Er fügt lediglich hinzu, dass der Anwaltsmediator „diese Voraussetzungen im Einzelfall freilich sorgfältig prüfen“ müsse.[108]

Unberath konstatiert, dass der Mediator im Mediationsverfahren keine **Evaluation** im Sinne einer neutralen Beurteilung des Konfliktstoffes mit einer abschließenden Empfehlung für eine Lösung abgeben dürfe. Unterhalb dieser Schwelle dürfe und solle der Mediator aber Lösungsoptionen einbringen.[109] Daher sei auch die rechtliche richtige Bewertung der Rechtslage im Ergebnis eine Schlechtleistung.[110] 54

Der Ausschuss der Bundesrechtsanwaltskammer Mediation konstatierte bereits in seinem Schlussbericht 1996, es sei „dem Rechtsanwalt gerade nicht verwehrt, Parteien mit unterschiedlichen Ausgangsinteressen zu beraten, wenn die Beratung als solche im übergeordneten Interesse beider mit dem Ziel einer Einigung gewährt wird, so dass die Beratung im Ergebnis nicht im entgegengesetzten Interesse der jeweils anderen Partei erfolgt.“[111] Allerdings ging es nach dem Aufkommen der seinerzeit neuen Mediationspraxis in Deutschland lediglich um die Beurteilung der Frage, ob der Anwalt überhaupt als Mediator tätig werden darf, nicht aber um die Ausgestaltung der Vermittlungstätigkeit des Mediators, namentlich die Beurteilung der Frage, ob er aktiv seine Sicht auf die Rechtslage sowie konkrete rechtliche Regelungsvorschläge in das Verfahren einbringen darf. 55

Unumstritten ist nach den dargestellten Grundsätzen daher lediglich, dass die Mediationstätigkeit des Anwaltsmediators als solche keinen Verstoß gegen das Tätigkeitsverbot bei Interessenkollsion darstellt. 56

Zur Frage, ob ein Anwaltsmediator in der Mediation u.a. im Hinblick auf § 43a IV BRAO aktiv mit rechtlichen Regelungsvorschlägen eingreifen darf, findet man allerdings wenige Hinweise in Rechtssprechung und Literatur. Ganz überwiegend wird (C Rn. 52f.) schlicht behauptet, dass das übergeordnete einvernehmliche Interesse der Parteien die Vermittlungstätigkeit rechtfertige, ohne dabei konkret darauf einzugehen, ob dabei auch einzelfallbezogene Rechtsberatung durchgeführt werden darf.

Bei der Beantwortung dieser Frage geht es bei einer differenzierten Betrachtung nicht allein um das *Ob* der Tätigkeit als Mediator, sondern das *Wie*. Die Funktion des Mediators, nämlich ob er überhaupt eine **aktive Rolle** durch Einbringen eigener fachlicher Kenntnisse und Lösungsvorschläge übernehmen darf, ist wiederum umstritten (B Rn. 1, 49).[112] Solange man von einer reinen **kommuni-** 57

108 Haft/von Schlieffen/*Eisle* § 32, Rn. 44.
109 *Greger/Unberath* § 2 Rn. 177.
110 *Greger/Unberath* § 2 Rn. 177.
111 Schlussbericht BRAK Ausschuss Mediation, BRAK Mittelung 1996, 186.
112 Siehe *Greger/Unberath* § 1 Rn. 35ff.; *Zukunft* Spektrum der Mediation, Ausgabe 48/IV 2012, 55 (58).

kativen Vermittlungstätigkeit des Mediators ausgeht, die keine aktiven rechtlichen Interventionen beinhaltet, stellt sich die Frage nach einem Verstoß gegen § 43a BRAO nicht.[113] Eine Zäsur ist aber geboten, wenn der Anwaltsmediator eine Rechtsdienstleistung für beide Parteien erbringt, indem er in den Verhandlungsprozess durch Erläuterung der Rechtslage und Vorbringen rechtlicher Vorschläge eingreift.

58 *Zukunft* konstatiert (D Rn. 35ff.), dass der Mediator in der Mediation gerade keine Lebenssachverhalte rechtlich wertet.[114] Dies ist ein Postulat, das nicht der Lebenswirklichkeit entspricht. Eine rechtliche Wertung findet jedenfalls dann statt, wenn der Mediator die Rechtslage nach seiner („objektiven") Beurteilung einbringt. Der Mediator ist Teil des Systems zur Konfliktlösung, wenn er mit den Parteien in seiner Rolle als Mittler verhandelt. Seine Worte haben eine strake Wirkung und ein erhebliches Gewicht, da die Parteien dem Mediator vertrauen und ihn als neutral und unabhängig bewerten. Dies gilt erst recht, wenn er als Anwaltsmediator rechtliche Bewertungen vornimmt. Der Mediator ist anders als ein Schiedsrichter oder Schlichter, nicht Entscheider des Konflikts, sondern Geburtshelfer für die Lösung. Er hat eine bewusst zu Nutzen der Parteien manipulative Wirkung auf den Prozess. Die Parteien werden durch seine Interventionen zum Perspektivwechsel motiviert und erhalten einen neuen anderen Blick auf den Konflikt.[115] Aufgrund dieser ganz speziellen Rolle des Mediators ist es daher abzulehnen, dass er selbst fehlende fachliche Informationen, und damit insbesondere die Darstellung der Rechtslage, in den Prozess einbringt.

59 *Greger* unterscheidet eine zulässige Unterstützungshandlung, bei der der Anwaltsmediator mit der Bewertung der Rechtslage die Entscheidungsfindung der Parteien lediglich fördert, und eine unzulässige Einflussnahme durch den Mediator auf die Entscheidungsfindung der Parteien. Die Grenze werde – so *Greger* – durch die „Tendenz" bestimmt, und die Übergänge seien fließend".[116] Es liegt auf der Hand, dass diese Differenzierung de jure unmöglich ist, da kein verifizierbares Abgrenzungskriterium vorliegt. Darüber hinaus stellt bereits die Darstellung der vermeintlich objektiven Rechtslage eine Beeinflussung dar.

60 *Bernhardt/Winograd* behaupten dagegen ohne weitere nachvollziehbare Begründung unter Bezug auf *Mähler/Mähler*, dass es sich bei einer Rechtsberatung in der Mediation nicht um eine parteiliche Rechtsberatung handele, sondern um eine „aufklärende Beratung über die Rechtslage mit Darlegung von Interpretationsspielräumen, Risikoabwägung einschließlich Prozessprognosen sowie Beschreibung

---

113 So zu verstehen auch: *Zukunft* Spektrum der Mediation 48/IV 2012, 55ff.

114 *Zukunft* Spektrum der Mediation 48/IV 2012, 55ff.

115 *Splinter/Wüstehube* Perspektive Mediation 2005, 66; *Kerntke* Theorie und Praxis der Sozialpädagogik 2000, 88.

116 *Greger/Unberath* § 1 Rn. 37.

zwingender und disponibler Normen."[117] Mit dieser Begründung haben sich die Autoren allerdings selbst wiederlegt. Eine solche Beratung führt zwangsläufig dazu, dass der Anwaltsmediator die unterschiedlichen rechtlichen Verläufe für die Parteien aus ihrer jeweiligen Rechtsposition heraus darlegen muss. Dabei kann es schon rechtlich problematisch werden, wenn überhaupt in Gegenwart beider Partei Hinweise zu Gunsten oder Lasten einer Partei gegeben werden. Beispielsweise könnte der Hinweis auf mögliche Einreden gegenüber einem Rechtsanspruch der einen Partei, die im Prozess von der anderen Partei geltend gemacht werden können, etwa die Verjährung, die andere Partei überhaupt erst auf die Idee bringen diese Einrede zu erheben. Rechtliche Beurteilungen sind fast immer, gerade im Konfliktfall, sehr vielschichtig und Rechtsnormen vielseitig auslegbar. Es ist daher sehr problematisch gegenläufige rechtliche Interessen im Sinne einer allseits vollumfänglichen aufklärenden Beratung überhaupt nur zu versuchen.

Schlosser konstatiert, dass das **Einverständnis** der an der Mediation „beteiligten Mandanten" die Tätigkeit des Anwaltsmediators zum Interessenausgleich legitimiere, soweit er den Parteien seine Rolle als Mediator klargemacht habe.[118] 61

Diese Argumentation kann aber nicht tragen, da ein Verbot des § 43a BRAO nicht mit einer Einwilligung der Parteien umgangen werden kann.[119] Die Wahrnehmung anwaltlicher Aufgaben setzt, so das Bundesverfassungsgericht, „für den Mandanten unverfügbar den unabhängigen, verschwiegenen und nur den Interessen des eigenen Mandanten verpflichteten Rechtsanwalt voraus. Diese Eigenschaften stehen nicht zur Disposition der Mandanten. Der Rechtsverkehr muss sich darauf verlassen können, dass der Pflichtenkanon des BRAO § 43a befolgt wird, damit die angestrebte Chancen- und Waffengleichheit der Bürger untereinander und gegenüber dem Staat gewahrt wird und die Rechtspflege funktionsfähig bleibt."[120]

Folglich ist auch im Mediationsverfahren die Verbotsvorschrift des § 43a IV BRAO nicht allein durch eine Einwilligung der Parteien zu umgehen. Die Einwilligung zur Durchführung eines Mediationsverfahrens bezieht sich auf das übergeordnete Interesse der Parteien ihren Konflikt einvernehmlich zu regeln. Wir dargestellt wurde, steht die Verbotsnorm des § 43a IV BRAO einer lediglich vermittelnden Tätigkeit des Anwaltsmediators nicht entgegen, soweit er keine aktive einzelfallbezogene Bewertungen vornimmt und keine rechtlichen Vorschläge zur Lösung unterbreitet.

Aber auch bei dem übereinstimmenden Wunsch der Parteien ihren Konflikt ein- 62
vernehmlich zu lösen, können sich konfligierende Rechtspositionen herausbilden,

---

117 Haft/von Schlieffen/*Bernahdt*/*Winograd* § 36 Rn. 94.

118 *Schlosser* NJW 2002, 1376, 1378; in diesem Sinne auch Henssler/Prütting/*Eylmann* § 43a BRAO Rn. 157 in Bezug auf § 3 II BORA, auch *Zukunft* Spektrum der Mediation Ausgabe 48/IV 2012, 55 ff.

119 Vgl. Henssler/Prütting § 43a BRAO Rn. 202; *Kleine-Cosack* § 43a BRAO Rn. 113.

120 BVerfG NJW 2003, 2520–2523; AGH Schleswig BRAK-Mitt 2011, 200–202.

wie sich auch an der Thematik zur einvernehmlichen Scheidung gezeigt hat. Die Entwicklung des Konfliktes in der Mediation ist für die Parteien im Zeitpunkt der Erteilung ihres Einverständnisses oft gar nicht absehbar. Gerade beim Auftrag zum Mediationsverfahren, der vom Wunsch der Parteien nach einer einvernehmlichen Regelung ihres Konfliktes getragen ist, wird zunächst oft nicht davon ausgegangen, dass kollidierende rechtliche Interessen verhandelt werden könnten. Das Einverständnis der Parteien bezieht sich daher auf das übergeordnete einvernehmliche Interesse der Parteien eine Verhandlung über den Konflikt führen zu wollen.

63 Nach hier vertretener Auffassung ist eine Interessenkollsion für die Erteilung von Rechtsauskünften in der Mediation dann anzunehmen, wenn im Mediationsverfahren kollidierende rechtliche Interessen der Parteien erkennbar werden bzw. ernsthaft zu befürchten sind und der Mediator dennoch rechtlich aktiv in die Verhandlungen eingreift, etwa indem er die Rechtslage für beide Parteien aufzeigt oder Vergleichsvorschläge unterbreitet.

Allein die Umetikettierung der rechtlichen Intervention in der Mediation als Teil der neutralen Vermittlungstätigkeit, reicht nicht, um das Verbot der „widerstreitenden Interessen“ in multipersonalen Rechtsbeziehungen per se zu beseitigen. Auch die Überordnung eines gemeinsamen Interesses der Parteien an einer einvernehmlichen Lösung kann hier nicht helfen.

Maßgebend ist, ob die Parteien im Rahmen der Vermittlung auch eine konkrete rechtliche Unterstützung und Klärung ihres Anliegens gewünscht haben und ob durch den Anwaltsmediator rechtlich wiederstreitende Interessen durch sein aktives Eingreifen beraten wurden.

64 Auch Anwaltsmediatoren dürfen in der Mediation bei erkennbar gegenläufigen Interessen der Parteien keine konkrete einzelfallbezogene Rechtsberatung vornehmen. Dies lässt sich auch nicht dadurch umgehen, dass die Rechtsauskunft vermeintlich neutral – also nicht zu Gunsten einer Partei – erteilt werden soll.[121]

Soweit ein anwaltlicher Mediator, sollten sich im Verfahren wiederstreitende Interessen der Parteien aufzeigen, rechtlich interveniert, beispielswiese indem er konkrete rechtliche Vorschläge unterbreitet, verstößt er gegen anwaltliches Berufsrecht (§§ 3, BORA, 43a IV BRAO).

65 Der Mediator muss im Fall eines solchen Interessenkonfliktes zwischen den Parteien die Mediation nicht beenden, er kann – wie jeder nichtanwaltliche Mediator auch – kommunikationsvermittelnd tätig werden und die Parteien auf die Hinzuziehung von externen Rechtsanwälten verweisen. Ohnehin sollte der Schwerpunkt seiner mediatorischen Tätigkeit darin liegen, die hinter den rechtlichen Positionen verborgenen Bedürfnisse, Gefühle und menschlichen Interessen offenzulegen, statt das Recht zu bemühen. Dazu kann er auf externe Berater verweisen. Die Möglichkeit

121 So aber Haft/von Schlieffen/*Ripke* § 7 Rn. 27.

zum neutralen aktiven rechtlichen Eingreifen des Anwaltsmediators bleibt daher auf die Fälle beschränkt, in denen die Parteien tatsächlich einvernehmlich verhandeln.

Selbst wenn man in der rechtlichen Intervention im Interessenkonflikt keinen Verstoß gegen § 43a IV BRAO anzunehmen vermag, verstößt der Mediator aber bei einer rechtlichen Beratung zu widerstreitenden Interessen der Parteien jedenfalls gegen seine **Neutralitätspflicht** aus § 3 MediationsG. Denn für die Parteien haben die vom Mediator erteilten konkreten Rechtsinformationen eine Wertigkeit und Bedeutung für die Lösung ihres Konfliktes. Ein rechtlicher Regelungsvorschlag birgt daher bereits die Gefahr der Beeinflussung.[122] Wenn die Parteien dem Mediator im Rahmen der Verhandlung die Klärung von Rechtsfragen abverlangen, dann gehen sie auch davon aus, eine rechtlich ausgewogene und richtige Bewertung zu erh alten. Die rechtsunkundige Partei kann nur selten die Komplexität der verschiedenen rechtlichen Standpunkte in Bezug auf einen streitigen Sachverhalt nachvollziehen. Gerade wenn rechtliche relevante Konflikte entstehen, zeigt sich, dass das präventiv regelnde Recht oft uneindeutig ist. Die meisten Rechtsprobleme sind unterschiedlich auslegbar und begründbar. Der Anwaltsmediator müsste daher für eine „neutrale“ Darstellung der Rechtslage die konträre rechtliche Bewertung darstellen und für die Parteien wechselseitig abwägen. Der Mediator ist aber eben anders als ein Richter oder Schiedsrichter kein Entscheider des Konflikts. Durch seine rechtliche Intervention beeinflusst er zwangsläufig die Entscheidungsfreiheit der Parteien, die auf seine Erläuterungen vertrauen. 66

So konstatiert *Kempf* für den anwaltlichen Mediator eine kaum lösbare **Rollenkonfusion.**[123] Dem kann allerdings nicht gefolgt werden. Soweit der anwaltliche Mediator sich seiner unterschiedlichen Rollen als Anwalt und Mediator bewusst ist, kann er sie auch entsprechend ausfüllen. Insbesondere gegenüber den Medianten hat der anwaltliche Mediator diese Rollentrennung zu verdeutlichen, soweit diese ihn im rechtlichen Interessenkonflikt zur Rechtslage befragen. Für den anwaltlichen Mediator ist es durchaus ein Vorteil, dass er anders als ein mit dem Recht nicht vertrauter Mediator erkennt, ob, wann und wie rechtliche relevante Konfliktpunkte zu regeln sind. In diesem Fall kann er die Parteien gezielt auf die Hinzuziehung von Anwälten hinweisen. Gerade in Wirtschaftskonflikten oder anderen komplexen rechtlichen Konflikten ist es oft angezeigt, von Anbeginn Rechtsanwälte der Parteien in der Mediation teilnehmen zu lassen. Dies ist auf Wunsch der Parteien ohnehin jederzeit möglich. 67

Für den anwaltlichen Mediator besteht die Gefahr der Rollenvermischung, soweit er sich seiner unterschiedlichen Rollen als Anwalt und Mediator nicht bewusst ist und Rechtsberatung mit der Mediationstätigkeit vermengt. Der nichtanwaltliche 68

122 So auch *Grunewald/Römermann* § 2 RDG, Rn. 137.
123 Haft/von Schlieffen/*Kempf* § 35 Rn. 51.

Mediator hingegen läuft wegen Unkenntnis der Rechtslage Gefahr durch Nichtbeachtung von Rechtspositionen seine Neutralität zu verlieren. Weder anwaltlicher noch nichtanwaltlicher Mediator soll und darf in der Mediation Rechtsauskünfte erteilen.[124] Es bleibt für alle Mediatoren daher dringend angeraten, auf externe Anwälte zur Prüfung der Rechtslage zu verweisen. Unabhängig von der Problematik, ob ansonsten ein Verstoß gegen das Rechtsdienstleistungsgesetz oder anwaltliches Berufsrecht vorliegen könnte, ist dies allein schon wegen des Neutralitätsgebotes sowie den Hinweispflichten aus §§ 2 VI S. 2 MediationsG erforderlich. Auch *Montada* konstatiert, dass ein über die Rechtslage „objektiv informierender Mediator" Gefahr läuft als parteilich wahrgenommen zu werden, insbesondere wenn die Rechtsauskunft eine der Parteien stärkt.[125] Darüber hinaus kann bei einer nachfolgenden externen Beratung der Partei durch einen Rechtsanwalt aufgrund der oft unterschiedlichen Auslegbarkeit des Rechts ein anderes Ergebnis herauskommen. Spätestens dann hat der Mediator aus der Sicht der betroffenen Partei seine Neutralität eingebüßt und sieht sich dem Vorwurf einer falschen Beratung ausgesetzt, wie das nachfolgende Fallbeispiel illustriert.

! **Fallbeispiel**

69 Die Problematik der Erteilung von Rechtsauskünften in der Meditation durch Anwaltsmediatoren veranschaulicht eindrucksvoll das argumentativ nicht haltbare[126] Urteil des Amtsgerichts Lübeck[127] aus dem Jahre 2006, das die Haftung eines anwaltlichen Mediators ablehnte, der den Parteien im Mediationsverfahren einen von ihm konkret anhand von Unterlagen der Parteien berechneten Vorschlag für Unterhaltszahlungen unterbreitet hatte.

Die Parteien hatten den Mediator vor der Beauftragung zur Mediation darauf hingewiesen, dass sie ihn auch deshalb als anwaltlichen Mediator gewählt hatten, weil sie sich auch eine rechtliche Beratung und Klärung des Streits wünschten.

Hintergrund des Mediationsverfahrens war eine gescheiterte Lebenspartnerschaft, aus der auch Kinder hervorgegangen waren. Nachdem sich die Parteien getrennt hatten, suchten sie zur Regelung wechselseitiger Ansprüche, insbesondere zur Regelung des Unterhaltes den anwaltlichen Mediator auf. Nach der zweiten Mediationssitzung unterbreitete der Mediator den Parteien einen Vorschlag bezüglich der streitigen Unterhaltszahlungen. Die darin enthaltene Unterhaltsberechnung hatte der Mediator auf Grundlage mehrerer Einkommenssteuerbescheide des Mannes getroffen und konkrete Unterhaltszahlungen für die Kinder und für den Vorsorgeunterhalt berechnet.

Der Mediator fasste die Ergebnisse der Sitzung in einem Schreiben zusammen und übersandte es den Parteien. Er stellte nochmals schriftlich den Parteien seine Rechtsauffassung in Bezug auf die zu zahlenden Unterhaltansprüche dar und fasste den Vergleichsvorschlag schriftlich ab.

Nach Übersendung des Schreibens kündigte der Mann die Mediation und verweigerte die Zahlung des Honorars für den Mediator. Nach Auffassung des Mannes, der nunmehr anwaltlich vertreten wurde, war die Unterhaltsberechnung fehlerhaft, da erkennbare Abzüge vom Einkommen nicht be-

---

124 Vgl. auch *Kentke* S. 58.

125 *Montada/Kals* Kap. 9, 9.2.4., S. 227.

126 Ablehnend auch *Greger/Unberath* § 2 Rn. 194.

127 AG Lübeck, Urteil vom 29.9.2006, 24 C 1853/06 (juris).

rücksichtigt worden waren, die ein niedrigeres Einkommen und damit niedriger Unterhaltszahlungen für ihn ergeben hätten.
Das Amtsgericht Lübeck gab der Honorarklage des Mediators statt, da nach Kündigung des Mediationsvertrages der Vergütungsanspruch des Mediators nur dann entfalle, wenn nach § 628 I S. 2 BGB ein vertragswidriges Verhalten des Dienstverpflichteten vorgelegen habe und für den anderen Teil kein Interesse mehr an der Leistung bestehe.[128] Dies konnte das Gericht nicht feststellen. Die Problematik eines Verstoßes des Anwaltsmediators gegen § 43a IV BRAO im Rahmen des Mediationsverfahrens prüfte das Gericht nicht.
Das Amtsgericht Lübeck konstatierte, dass ein anwaltlicher Mediator, der im Rahmen eines Mediationsverfahrens einen eigenen Vorschlag unterbreite, für die Richtigkeit des Vorschlages nicht im gleichen Maße hafte wie ein für eine Partei beratend tätiger Rechtsanwalt. Das Schreiben sei kein verbindlicher Rechtsrat an den Mann gewesen. Ziel des Mediationsverfahrens sei es die widerstreitenden Parteien in ein Gespräch zu bringen. Ein bestimmtes Ergebnis oder überhaupt ein Ergebnis sei eben nicht geschuldet. Die Einigung im Mediationsverfahren sei ein freier Willensentschluss der Parteien.[129]
Die Bewertung des Gerichtes, dass der konkret ausgearbeitete Vergleichsvorschlag des Anwaltsmediators kein Rechtsrat gewesen sei, ist rechtsfehlerhaft. Sowohl nach dem damals anwendbaren Rechtsberatungsgesetz sowie nach dem seit 2008 geltenden Rechtsdienstleistungsgesetz lag eine rechtliche Beratung im Einzelfall vor.
Das Gericht erkennt zwar, dass ein Mediator nicht für eine der Parteien als Rechtsanwalt auftreten darf. Allerdings wertet das Gericht das Schreiben des Anwaltsmediators mit den von ihm ausgearbeiteten Unterhaltsberechnungen nicht als einen verbindlichen Rechtsrat. Dabei wird aber übersehen, dass der Mediator eine konkrete rechtliche Prüfung im Einzelfall vorgenommen und nach Prüfung der Rechtslage einen Vorschlag unterbreitet hat. Zudem kamen die Parteien auch in der Erwartung der rechtlichen Prüfung ihres Falles zum Anwaltsmediator. Eine diesbezügliche Beratung mit konkreten Vergleichsvorschlägen des Mediators stellt eine Rechtsdienstleistung (dazu ausführlich B Rn. 214ff.) bzw. nach dem damals geltenden Rechtsberatungsgesetz eine Rechtsberatung dar.
Nach dem seinerzeit geltenden Rechtsberatungsgesetz wurde im Übrigen in der Rechtsprechung bereits beim bloßen Verhandeln über Rechtspositionen, ohne aktives Eingreifen in die Verhandlungen, dem nichtanwaltlichen Mediatoren ein Verstoß gegen das Rechtsberatungsgesetz zugeschrieben, da darin eine Rechtsberatung gesehen wurde.[130]

128 AG Lübeck, Urteil vom 29.9.2006, 24 C 1853/06 (juris).

129 AG Lübeck, Urteil vom 29.9.2006, 24 C 1853/06 (juris).

130 OLG Rostock MDR 2001, 1197–1200; auch Urteil des LG Leipzig vom 19.6.2004, 5 O 1899/04 (juris) Leitsatz: Erarbeitet ein Diplom-Psychologe als Mediator ohne die dafür erforderliche behördliche Rechtsberatungserlaubnis mit vor der Scheidung stehenden Eheleuten als Medianten auf deren individuelle Bedürfnisse zugeschnittene Entwürfe für die Vereinbarung von Scheidungsfolgen (nämlich zu Zugewinn, Versorgungsausgleich, Unterhalt, Sorgerecht u.a.m.) so handelt es sich bei dieser Tätigkeit um unerlaubte Rechtsberatung. Daran ändert nichts, dass der Mediator die Eheleute darauf hinweist, das Vereinbarte bedürfe der notariellen Beurkundung; siehe auch: Scheidungsfolgenvereinbarung eines in der Mediation tätigen Diplom-Psychologen, bei der der Versorgungsausgleich ausgeschlossen und auf Ehegattenunterhalt verzichtet wurde LG Leipzig NJW 2004, 3784 mit Anmerkungen *Klose* ZKM 2005, 71 (73).

70 Diese Problematik, bedingt durch die sich auf dem Markt zunehmend etablierende Mediationspraxis durch nichtanwaltliche Mediatoren, veranlasste den Gesetzgeber dazu das bloße Verhandeln über Rechtspositionen nicht als **Rechtsdienstleistung** zu bewerten (§ 2 III Nr. 4 RDG). Jedes aktive Eingreifen in die Verhandlungen im Einzelfall, beispielsweise durch Unterbreitung rechtlich relevanter Lösungsvorschläge, stellt aber eine Rechtsberatung (nach altem Recht) bzw. Rechtsdienstleistung dar.

Auch wenn der anwaltliche Mediator nicht gegen das damals geltende Rechtsberatungsgesetz verstoßen hat, da auch seine mediatorische Tätigkeit dem anwaltlichen Berufsrecht unterliegt, gilt für ihn das Verbot der Vertretung widerstreitenden Interessen (§§ 3 BORA, 43a BRAO). Zwar ist der Anwaltsmediator in der Mediation gerade nicht als Rechtsanwalt im Sinne einer parteiischen Tätigkeit für eine der Kontrahenten, sondern als neutraler Kommunikationsvermittler auf allen nicht nur rechtlichen Ebenen vermittelnd zwischen den Parteien tätig. Demnach sollen vom Grundprinzip gerade nicht widerstreitende Interessen im Sinne des § 43a BRAO vertreten werden.

Im dem vom Amtsgericht Lübeck verhandelten Fall hatten die Parteien den Mediator zwar zur einvernehmlichen Regelung ihrer Interessen im Zusammenhang mit der Trennung ihrer Lebenspartnerschaft aufgesucht. Sie verhandelten hinsichtlich der Unterhaltsansprüche auch für die Kinder aber mit widerstreitenden Interessen über Art und Höhe der Ansprüche zu denen der Anwaltsmediator konkrete rechtliche Regelungsvorschläge gemacht hatte.[131]

Unabhängig davon, ob man eine solche **aktive Rolle des Mediators** B Rn. 49 bei der Vorbereitung einer Einigung in der Mediation überhaupt für zulässig erachtet, zeigt dieser Fall eindringlich die Folgen eines nicht lösbaren Rollenspargarts eines Anwaltsmediator, der neutral vermitteln und dazu eigene ausgearbeitete Vorschläge unter konkreter Anwendung des Rechtes unterbreiten will. Eine solche Tätigkeit ist – soweit sie über die reine Vermittlung hinaus geht – wegen des Verbots der Vertretung widerstreitender Interessen dem Anwaltsmediator jedenfalls dann untersagt, wenn sich gegenläufige Interessen abzeichnen. Das sollte gerade in der Mediation gelten, die sämtliche nicht nur rechtlich relevanten Umstände aufdecken und ausgleichen will. Auch wenn die Parteien sich einvernehmlich einigen wollen, so kommen sie in eine Mediation in der Regel mit auch gegenläufigen Interessen. Beispielsweise mag der menschlichen Sorge um das Wohl der Kinder ein einvernehmliches, der konkreten (rechtlichen) Ausgestaltung (Unterhalt, Sorgerecht) aber ein sehr gegenläufiges Interesse der Parteien zugrunde liege.

Rechtspositionen, welcher Art auch immer, stellen unbefriedigte Interessen und Wünsche der Parteien dar. Eine neutrale rechtliche Beratung und Vermittlung des

131 Dazu in einem ähnlich gelagerten Fall zur einvernehmlichen Scheidung Kammergericht Berlin, 12.7.2007, 16 U 62/06 (juris).

Anwaltsmediators unter konkretem aktivem Ausgleich rechtlicher Ansprüche ist nur schwerlich möglich.[132] Daher ist auch ein anwaltlicher Mediator stets gehalten, hinsichtlich der Rechtspositionen auf externe Berater zu verweisen.

Aber selbst wenn man das anders zu beurteilen vermag, fehlte den Parteien im diskutierten Fall des Amtsgerichts Lübeck (C Rn. 69) jedenfalls im Zeitpunkt des Mediationsverfahrens die Information über die für sie unabhängig von der Gegenseite geltende Rechtslage bezüglich ihrer Unterhaltsansprüche bzw. Verpflichtungen, so dass sie nicht in Kenntnis der Sach- und Rechtslage verhandeln konnten. In einem solchen Fall wäre der Anwaltsmediator gehalten gewesen, die Parteien darauf hinzuweisen sich unabhängig voneinander durch einen externen Anwalt hinsichtlich des Vorschlages beraten zu lassen, und zwar auch schon vor Geltung des Mediationsgesetzes, das diese Pflicht im Falle einer Einigung nunmehr gesetzlich verankert hat (§ 2 IV 2 MediationsG). Das lässt sich nicht nur aus dem Berufsethos für Mediatoren ableiten, sondern kann auch rechtlich als eine Nebenpflicht aus dem Dienstvertrag angesehen werden. Mit dem neuen Mediationsgesetz läge ohne einen konkreten Hinweis auf die Hinzuziehung externer Anwälte bei einem rechtlichen Vorschlag zur abschließenden Regelung jedenfalls ein Verstoß gegen die Hinweispflichten des § 2 IV 2 MediationsG vor.

Ein rechtlich relevanter Vorschlag bringt den Anwaltsmediator in die Gefahr des Neutralitätsverlustes gegenüber den Parteien. Auch ist die Vertragsfreiheit der Parteien durch einen Rechtsrat des Mediators verzerrt, da die Medianten durch die Rechtsauskunft beeinflusst werden.

Dies veranschaulicht der dem Urteil des Amtsgerichts Lübeck (C Rn. 69) zugrunde liegende Fall deutlich. Der Ehemann weigerte sich beharrlich, nachdem er festgestellt hatte, dass der Vorschlag des Anwaltsmediators zu seinen Ungunsten erteilt worden war, weiter an der Mediation teilzunehmen. Durch diesen Vorschlag hatte der Mediator offensichtlich das Vertrauen für seine Neutralität eingebüßt.

Soweit man eine andere Auffassung zulässt, ist allerdings für den Anwaltmediator zu beachten, dass er jedenfalls rechtlich richtig berät.

Fraglich ist, inwieweit man auch aus der getroffenen **Abschlussvereinbarung** 71
Rückschlüsse auf die Neutralität des Verfahrens ziehen kann. Dazu konstatiert der Bundesverband Mediation in Wirtschaft und Arbeitswelt in seinen Richtlinien, dass der Mediator die Parteien darin zu unterstützen habe, in einem „fairen Prozess" eine „wechselseitig befriedigende, interessengerechte und auch im Ergebnis faire Vereinbarung" zu erzielen.[133] Die Abschlussvereinbarung selbst kann allerdings nur in engen Grenzen zur Feststellung herangezogen werden, ob ein faires Verfahren stattgefunden hat. Denn die Vereinbarung liegt in der eigenen Verantwortung der Medi-

132 Vgl. *Montata/Kals* S. 228.

133 Richtlinien 1.3. (2) des Bundesverband in Wirtschaft und Arbeitswelt BMWA, http://www.bmwa.de.

anten. Der Mediator hat keine Entscheidungskompetenz. Dies ist auch in der Begriffsbestimmung zur Mediation explizit im § 1 I MediationsG verankert. Die fehlende Entscheidungskompetenz ist – wie auch die Gesetzesbegründung konstatiert – die Kehrseite der Eigenverantwortlichkeit der Parteien.[134] Hauptaufgabe des Mediators ist es, die Parteien zu unterstützen, ihre eigenen Interessen herausarbeiten, Einigungsoptionen zu entwickeln und eine einvernehmliche und nachhaltige Vereinbarung zu treffen.[135] Allerdings kann, wenn den Parteien notwendige Information etwa in Bezug auf die Rechtslage fehlen sich dies in einer unausgewogenen Abschlussvereinbarung zeigen. Sollte eine Partei also den Vorwurf fehlender Hinweise des Mediators auf eine externe Beratung durch Anwälte vorbringen, kann dies gegebenenfalls mit einer auch rechtlich **unausgewogenen Abschlussvereinbarung** untermauert werden.

72 Neben der Hinweispflicht im Falle einer Einigung nötigenfalls einen Anwalt einzuschalten, können auch andere Hinweispflichten in Rede stehen, wie etwa die **Hinzuziehung eines Sachverständigen**, soweit Sachfragen ansonsten nicht abschließend geklärt werden können. Auch kann der Hinweis auf die Einschaltung eines Steuerberaters oder Wirtschaftsprüfers angezeigt sein.

73 Ausdruck der Verfahrensneutralität ist ferner die Verpflichtung des Mediators zur **Verschwiegenheit** (E Rn. 1 ff.). Der Mediator ist gehalten, das Vertrauen der Parteien zu ihm und in das Verfahren zu gewährleisten.[136] Daher wird im Mediationsverfahren der Vertraulichkeit viel Aufmerksamkeit geschenkt. Nachdem vor Geltung des Mediationsgesetzes nur anwaltliche Mediatoren eine gesetzliche Verschwiegenheitsverpflichtung inne hatten und sich nichtanwaltliche Mediatoren mit einer vertraglichen Abrede behelfen mussten, stärkt nunmehr § 4 I MediationsG alle Mediatoren mit einem Verschwiegenheitspflicht (zu den gesetzlichen Ausnahmen § 4 I S. 3, Nr. 1–3 MediationsG).

74 Der Mediator hat die Parteien über seine Verschwiegenheitspflicht zu informieren (§ 4 I S. 4 MediationsG). Ein Verstoß gegen die Pflicht zur Verschwiegenheit stellt auch eine Verletzung der Neutralitätspflicht des Mediators dar. Insbesondere bei Einzelgesprächen (C Rn. 203) mit den Parteien, besteht die Gefahr einer Neutralitätsbeeinträchtigung.[137] Daher darf der Mediator Einzelgespräche nur nach Zustimmung der Parteien durchführen, was gesetzlich auch in § 3 III S. 3 MediationsG verankert wurde.

Die Verpflichtung zur Verschwiegenheit soll auch gewährleisten, dass der Mediator in einem nach einer gescheiterten Mediation nachfolgenden Prozess nicht als Zeuge benannt wird, zu Inhalten die das Mediationsverfahren betreffen. Das **Zeug-**

134 Begründung des Gesetzesentwurf BT-Drs. 60/11, S. 20.

135 Begründung des Gesetzesentwurf BT-Drs. 60/11, S. 20, vgl. nur: Henssler/Koch/*Eidenmüller* § 2 Rn. 25 und 27.

136 Vgl. Haft/von Schlieffen/*Kracht* § 12 Rn. 120.

137 So auch Haft/von Schlieffen/*Kracht* § 12 Rn. 121.

nisverweigerungsrecht aus § 383 I Nr. 6 ZPO endet aber dann, wenn die Parteien den Mediator von seiner Schweigepflicht entbinden.

Im Strafverfahren hat nach § 53 Nr. 3 StPO im Rahmen der Mediation nur der Rechtsanwalt und Notar ein Zeugnisverweigerungsrecht. Denn nur Rechtsanwälte und Notare unterliegen bei der Mediationstätigkeit dem eigenen Berufsrecht (§ 18 BORA § 24 I BNotO). Bei anderen Berufsgruppen – und zwar selbst wenn sie ein in § 53 StPO normiertes Zeugnisverweigerungsrecht für ihren Hauptberuf inne haben – kann der Mediator daher als Zeuge in einem Strafverfahren herangezogen werden (B Rn. 31, 240, C Rn. 74). Denn bei den Berufsgruppen außerhalb der Anwaltschaft bzw. Berufsgruppe der Notare gehört die Mediation nicht zur Tätigkeit des Ursprungsberufes, weshalb das Zeugnisverweigerungsrecht hier nicht greift. Der Mediator sollte die Parteien darauf hinweisen.

Die Möglichkeit zur Entbindung von der Schweigepflicht durch die Parteien konterkariert die Idee des Mediationsverfahrens, dass vertrauliche Themen nur offengelegt werden, wenn die Verschwiegenheit aller Beteiligten garantiert ist. Dem kann der Mediator außerhalb des Strafverfahrens mit einer entsprechenden **vertraglichen Abrede** (B Rn. 3) vorbeugen, mit der sich die Parteien verpflichten, den Mediator in einem eventuellen nachfolgenden Gerichtsverfahren nicht als Zeugen zu benennen und ihn nicht einzeln, sondern nur einvernehmlich von der Schweigepflicht zu entbinden.[138]

Um die Vertraulichkeit zu gewährleisten, hat der Mediator darauf hinzuwirken, dass sich die Parteien untereinander zur Verschwiegenheit verpflichten (E Rn. 91). Dies muss er im Einzelnen mit den Parteien vereinbaren. Dazu sollte der Mediator eine Verschwiegenheitsklausel in den Mediationsvertrag aufnehmen, die die Parteien zur Verschwiegenheit untereinander auch im Hinblick auf ein nachfolgendes Gerichtsverfahren verpflichtet, soweit sie sich nicht von dieser Verpflichtung wechselseitig befreien.

Ob solche prozessualen Vereinbarungen im Rahmen der Vertragsfreiheit zulässig sind, ist umstritten.

Nach der ständigen Rechtsprechung des Bundesgerichtshofs ist eine vertragliche Vereinbarung, mit der sich eine Partei zu einem bestimmten prozessualen Verhalten verpflichtet, jedenfalls dann wirksam, wenn das vertraglich vereinbarte **Verhalten möglich** ist und nicht gegen ein **gesetzliches Verbot** oder gegen die **guten Sitten** verstößt.[139] Die Grenze der Wirksamkeit solcher Vereinbarungen liegt mithin nach einhelliger Meinung bei der Ausschließung unverzichtbarer Verfahrensnormen. Dazu gehört insbesondere die sittenwidrige (§ 138 BGB) oder treuwidrige (§ 242 BGB) Einengung der prozessualen Handlungsfreiheit.[140]

138 *Walz* MittBayNot 2001, 53–55.

139 BGHZ 28, 45, 48 f.; BGH NJW-RR 1989, 1048, 1049 m.w.Nachw.; BGH NJW-RR 1987, 307; BGH NJW 1984, 805; BGH WM 1973, 144; LG Berlin, Urteil vom 6.11.2008; 13 O 207/06 (juris).

140 Zöller/*Greger* § 128 ZPO Rn. 32.

Eine sittenwidrige oder treuwidrige Beschränkung der Handlungsfreiheit ist in einer Vereinbarung über einen Zeugenverzicht bzw. einer nur einvernehmlichen Abgabe einer Schweigepflichtentbindung nicht zu erkennen, da sie gerade dem vertrauensvollen und offenen Verhandeln in der Mediation dient. Allerdings wird teilweise in der Literatur ein Verstoß gegen die prozessuale Wahrheitspflicht bei Parteivereinbarungen angenommen, die sich auf ein Geständnisfiktion, ein Nichtbestreiten oder ein Nichtvortragen beziehen.[141] In der Rechtssprechung werden vertragliche Abreden, bestimmte vertrauliche Tatsachen im Prozess nicht vorzutragen, dagegen grundsätzlich als wirksam erachtet.[142] Zudem wird der Verzicht auf bestimmte Beweismittel ganz überwiegend als zulässig erachtet.[143] Damit wäre auch der Verzicht auf einen konkreten Zeugenbeweis (Mediator) zulässig.[144] Nichts anderes kann für den Verzicht der den Zeugen betreffenden Schweigepflichtentbindung gelten.

Im Prozess sind prozessuale Vereinbarungen als Einrede geltend zu machen.[145] Eine Partei sie trotzt einer entgegenstehenden Vereinbarung die prozessuale Handlung vornimmt, verhält sich treuwidrig und verstößt gegen das Verbot des venire contra factum proprium (§ 242 BGB).[146]

75 Zur Verfahrensneutralität des Mediators gehören auch die **sonstigen Entscheidungen**, die der Mediator im Rahmen des Prozesses trifft[147]. Zwar widerspricht es gerade dem Mediationsverfahren, dass der Mediator Entscheidungen zum Konfliktinhalt fällt, wohl aber ist er im Rahmen des Mediationsverfahrens dazu berufen Entscheidungen in Bezug auf den Prozess zu treffen. Maßstab für die Verfahrensentscheidungen ist der Mediationsvertrag, der den Auftrag des Mediators bestimmt. Eine Verletzung seiner Allparteilichkeit kann daher auch darin bestehen, dass der Mediator **über seinen Auftrag hinaus** verhandelt.

76 Darüber hinaus stellt das Mediationsgesetz auch weitere Anforderungen an die Prozessleitung als Ausdruck der Verfahrensneutralität. Der Mediator achtet auf die Freiwilligkeit der Teilnahme am Mediationsverfahren (§ 2 II letzter HS. MediationsG) B Rn. 64. Denn wenn eine Partei zu einer Mediation gedrängt wurde und der Mediator dies erkennt, macht er sich zum Komplizen der anderen Partei.[148] Seine Neutralität ist damit nicht mehr gewährleistet.

Ferner hat er die Kommunikation (§ 2 III S. 2 MediationsG) C Rn. 94 unter den Parteien zu fördern und alle Parteien in die Mediation einzubinden (§ 2 III S. 3 Media-

---

141 So Zöller/*Greger* § 138 ZPO Rn. 5.
142 BGHZ 34, 254 (258); *Wagner* NJW 2001, 1398; *Hofmann* SchiedsVZ 2011, 148.
143 BGHZ 38, 254 (258 f.); BGHZ 109, 19 (29); RGZ 97, 57 (59); *Saenger* Einf. 127–129.
144 Vgl. auch *Wagner* ZKM 2001, 164 (166).
145 BGH NJW 1984, 805; 86, 198; *Saenger* Einf. 129.
146 Vgl. auch Saenger/*Saenger* Einf. 129.
147 Haft/von Schlieffen/*Kracht* § 12 Rn. 18 ff.
148 Vgl. *Kerntke* S. 25.

tionsG). Darüber hinaus hat er für die Einhaltung von (Gesprächs-)**Regeln** zu sorgen. Auch hier verankert das Gesetz die aktive Neutralitätspflicht im Verfahren. Dies können insbesondere Regeln zur Art der Kommunikation und zur Prozessleitung sein, wie etwa, dass der Mediator nach seinem Dafürhalten den Parteien das Wort erteilt oder auch entzieht. Durch seine Prozessleitung sorgt er für ein faires Verfahren.

Das Mediationsgesetz gibt mit der Verpflichtung zur Förderung der Kommuni- 77
kation (§ 2 III S. 2 MediationsG) und Einbindung der Parteien in die Mediation (§ 2 III S. 3 MediationsG) auslegungsbedürftige Rechtsbegriffe vor. Maßgeblich geht es dabei auch um die **Qualität von kommunikativen Fertigkeiten** in der Konfliktvermittlung.

Fraglich ist, inwieweit dieses notwendige Handwerkszeug zur Kommunikation im Rahmen der Neutralitätspflicht rechtlich wirklich überprüfbar sein kann.

Als nicht geschützter Beruf mit nur ethischen Vorgaben für die fachlichen Voraussetzungen konnte bis zur Geltung des Mediationsgesetzes jeder als „Mediator" tätig werden. Nur die Anwaltsmediatoren waren vor Geltung des Mediationsgesetzes bereits an die berufsrechtlichen Vorschriften für Rechtsanwälte gebunden.

Das Mediationsgesetz trägt nunmehr auch der Qualität der Kommunikation und Prozessleitung mit den in § 5 MediationsG geregelten **fachlichen Anforderungen** an den Mediator Rechnung (H Rn. 1ff.). Verhandlungs- und Kommunikationstechniken werden als notwendige Voraussetzungen in § 5 I Nr. 2 MediationsG für den Mediator festgeschrieben. Sollte der Mediator diese fachlichen Anforderungen nicht nachweisen können, darf an seinen dahingehenden Fähigkeiten gezweifelt werden, soweit die Parteien dazu konkrete Anzeichen vortragen.

Die gesetzliche Neutralitätspflicht verlangt vom Mediator, dass er eine ausge- 78
wogene und faire Haltung gegenüber den Parteien einnimmt, die sich insbesondere auch in seiner Kommunikation und Prozessleitung ausdrückt. Der Mediator muss sich daher mit seiner eigenen Rolle in der konkreten Mediationssituation immer wieder auseinandersetzen. Bei der Gefahr einer parteilichen Haltung zu Gunsten bzw. Ungunsten einer der Medianten, ist er daher gehalten die Parteien zu informieren (§ 3 I MediationsG, D Rn. 1) und entsprechende selbstreflektierende Maßnahmen zu treffen, indem er sich beispielsweise einer **Supervision** unterzieht. Die Supervision, die die Standards der Mediationsverbände vorschreiben, nicht aber gesetzlich vorgeschrieben ist und daher einem selbstverpflichtenden berufsethischen Anspruch folgt, dient dem Mediator das eigene Handeln, seine Rolle und sein eigenes Konfliktverhalten zu reflektieren. Sollte dies nicht ausreichen, um eine befürchtete Parteilichkeit zu beseitigen, muss der Mediator sich nötigenfalls dazu entscheiden die Mediation nicht weiter durchzuführen, selbst wenn die Parteien ihre Zustimmung zur Fortführung erteilt haben.

Mit der gesetzlich normierten Neutralitätspflicht wird sichergestellt, dass der 79
Mediator im Rahmen des Verfahrens nicht Partei für nur eine der Medianten ergreift. Den Mediator trifft daher die volle Verantwortung zu erkennen, dass die Parteien einer externen Beratung bedürfen und wann und in welchem Umfang er sie darauf

hinzuweisen hat. Mit der gesetzlich verankerten Hinweispflicht trägt er im Zweifelsfall auch die **Beweislast** dafür.

! **Checkliste: Neutralität des Mediators und Gefahren für die Neutralität**

80 **Gesetzlicher Inhalt der Neutralitätspflicht aus § 2 II 1 MediationsG**
- **unparteiliche Verhandlungsführung** im Sinne einer unbefangenen, unvoreingenommenen und neutralen Haltung
- **Gleichbehandlung** der Parteien, ungeteilte Teilhabe an Information und Wissen, keine willkürliche Benachteiligung
- kein unsachliches Verhalten des Mediators
- Sicherstellung eines **fairen Verfahrens**, Hinweis- und Prüfungspflichten zur vollständigen Informiertheit der Parteien (Kenntnis der Sachlage und Inhaltsverständnis, § 2 VI S. 1 MediationsG), nötigenfalls Hinweis auf externe Berater (§ 2 VI S. 2 MediationsG)
- zu achten auf Informiertheit der Parteien insbesondere über Rechtslage, aber auch andere fachliche Kenntnisse

Neutralitätsverletzung, beispielsweise
- Verletzung der Verfahrensgrundsätze (Gleichbehandlung, unparteiliche Verhandlungsführung), unsachliches Verhalten
- Verletzung von Hinweis- und Prüfungspflichten
- Versäumnis der Einholung von Einverständnis etwa Einzelgespräche
- Einführung der Rechtslage bzw. Einbringen rechtlicher Regelungsvorschläge durch den nichtanwaltlichen Mediator = Verstoß gegen Rechtsdienstleistungsgesetz
- „objektive" Einführung der Rechtslage bzw. Einbringen rechtlicher Regelungsvorschläge durch den anwaltlichen Mediator nach zwar überwiegender Auffassung kein Verstoß gegen § 43a IV BRAO, aber jedenfalls Gefahr der Neutralitätsverletzung.
- Indiz für Neutralitätsverletzung kann unter engen Voraussetzungen auch eine unausgewogene Abschlussvereinbarung sein.
- Verletzung der Verschwiegenheit durch den Mediator.
- Verhandlungen über den Auftrag hinaus.
- Verletzung der Unabhängigkeit → Neutralität der Person, § 3 I MediatinsG, siehe C Rn. 81.

3. Neutralität der Person (Unabhängigkeit)

81 Die Verpflichtung zur Verfahrensneutralität stellt auch Anforderungen an die Person des Mediators bezüglich seiner Beziehung zu den Konfliktparteien. Wesentlicher Kern der Verpflichtung zur Verfahrensneutralität ist auch die **Unabhängigkeit**[149] des Mediators. Dies spiegelt sich im Mediationsgesetz insbesondere in den absoluten (§ 3 II–IV MediatiosG) und relativen Tätigkeitsverboten (§ 3 I MediatiosG) wieder. Die

149 *Kerntke* S. 23; so auch *Tochtermann* § 2 II. in Bezug auf die Schiedsgerichtsbarkeit und die Neutralitätspflicht des Schiedsrichters. Danach betrifft Unabhängigkeit die Beziehungen zu den Parteien, Unparteilichkeit seine geistige Haltung gegenüber den Parteien und dem Streitstoff.

Neutralitätspflicht ist sowohl eine Ergänzung als auch ein Mehr zu der Verpflichtung zur Unabhängigkeit des Mediators. Die Begriffe sind aber auch miteinander verwoben, denn ein nicht unabhängiger Mediator kann auch nicht neutral sein, da durch seine Abhängigkeit zu einer Partei auch sein Wertmaßstab beeinträchtigt ist. Gesetzlich werden die **absoluten und relativen Tätigkeitsbeschränkungen bei Verletzung der Neutralität bzw. Unabhängigkeit** (D Rn. 1ff.) unterschieden.

Bei den absoluten Neutralitätsgefährdungen, die in den absoluten Tätigkeits- 82
verboten nach § 3 II MediationsG wiederzufinden sind (D Rn. 28ff.), geht die gesetzliche Wertung dahin, dass die Unabhängigkeit des Mediators nicht gewährleistet werden kann. Hier wird gesetzlich unwiderruflich unterstellt, dass der Mediator nicht unabhängig ist, weil er zu sehr in die Sache involviert oder mit einer oder mehreren der Parteien verbunden ist.

Die absoluten Tätigkeitsverbote können daher auch mit einer Zustimmung der Parteien nicht umgangen werden. Absolute Tätigkeitsverbote sind:
- Tätigkeit vor der Mediation „in derselben Sache" (§ 3 II S. 1 MediationsG),
- Tätigkeit während oder nach der Mediation „in derselben Sache" (§ 3 II S. 2 MediationsG),
- Tätigkeitsverbot des Mediators bei gemeinsamer Berufsausübung oder Bürogemeinschaft mit einer anderen Person (§ 3 III S. 1 MediationsG),
- Tätigkeitsverbot der anderen Person bei gemeinsamer Berufsausübung oder Bürogemeinschaft mit dem Mediator (§ 3 III S. 2 MediationsG).

Es können über die einem absoluten Tätigkeitsverbot unterliegenden sichtbaren 83
oder beschreibbaren Bindungen des Mediators zu den Parteien oder dem Konfliktthema weitere Verflechtungen bestehen. Bei einer heilbaren Neutralitätsgefährdung besteht gegenüber den Medianten eine Offenbarungspflicht. Nur nach Offenlegung der Umstände, Zustimmung der Medianten und eigener positiver Beurteilung der Unabhängigkeit und Neutralität des Mediators, darf dieser tätig werden.

Umstände, bei denen der Mediator seine Unabhängigkeit und Neutralität überprüfen und offenlegen sollte, sind insbesondere (ausführlich zu § 3 I MediationG D Rn. 4ff.):
- **Dauer und Natur persönlicher Beziehungen** zu eine der Parteien[150] oder auch 84
  zu Stakeholdern[151] oder **geschäftliche Verbindungen**[152], beispielsweise:

---

150 So auch die Gesetzesbegründung, ferner Haft/von Schlieffen/*Kracht* §12 Rn. 38ff.; bezüglich Richterablehnung Zöller/*Vollkommer* § 42 Rn. 13ff.; Richterablehnung wegen Besorgnis der Befangenheit aufgrund Bekanntschaft OLG Hamm, Beschluss 15.5.2012, I-1 W 20/12, 1 W 20/12 (juris); auch: BGH, Beschluss 20.2.2012, KZR 23/11 (juris); BGH NJW-RR 2011, 648; OLG Stuttgart MDR 2011, 66–67; Bayerisches LSG, Beschluss 22.7.2009, L 5 SF 161/09 AB (juris); Befangenheit eines Schiedsrichters KG Berlin SchiedsVZ 2010, 225–227; *Greger*/*Unberath* § 3 Rn. 14.

151 Stake aus dem Englischen für „Einsatz im Spiel"; Satkeholder sind damit Personen(gruppen), die durch das Ergebnis der Mediation etwas gewinnen oder verlieren. Dazu *Kerntke* S. 23.

152 *Schütze* Rn. 94; bezüglich Richterablehnung Zöller/*Vollkommer* § 42 Rn. 13ff.

- private Kontakte wie Lebenspartnerschaft, Liebesbeziehung, auch Ex-Partner, Freundschaft, Bekanntschaft, Nachbarschaft, Arbeitskollege,
- Verwandtschaftsverhältnis des Mediators zu einer Partei, etwa Ehe (auch nach Scheidung), Verwandtschaft, Schwägerschaft,
- Patenschaft,
- frühere oder gegenwärtige Vertretungsbefugnis für eine der Parteien als gesetzlicher Vertreter, Beistand oder Bevollmächtigter,
- enge Beziehungen zu Stakeholdern (Auftraggeber, Arbeitgeber der Parteien) oder Dritten (Rechtsanwälte, Sachverständige, Zeugen),
- eine gemeinsame Club- oder Vereinsmitgliedschaft[153],
- die gemeinsame Mitgliedschaft in einer Partei, einem Verband oder Gewerkschaft mit einer der Parteien,
- gemeinsame Zugehörigkeit mit einer der Konfliktpartei zu einer Kirche[154], ethnischen Minderheit oder sozialen Gruppe, insbesondere wenn es um deren Belange in der Mediation geht,
- Angehörigkeit des Mediators zu einer juristischen Person (als Organ, Gesellschafter, Aktionär), die Partei oder in den Konflikt involviert ist,
- Weisungsgebundenheit des Mediators zu einer der Konfliktparteien oder Auftraggeber (interne Mediationsstellen),
- frühere oder laufende Geschäftsbeziehungen zu einer Partei,
- frühere oder bestehende Tätigkeit als Sachverständiger oder Gutachter für eine der Parteien.

85 – **Finanzielles oder sonstiges eigenes Interesse**[155]
- des Mediator am Ergebnis der Mediation,
- Verbindung des Mediators zu einer Partei im Verhältnis eines Mitberechtigten oder Verpflichteten (z.B. Bürge, Gesellschafter, Vereinsmitglied)[156].

86 – Auch das **Verhalten des Mediators im Verfahren** kann die Neutralität und Unabhängigkeit beeinträchtigen etwa bei:
- Nichtbeachtung der Offenbarungspflicht,

---

153 Richterablehnung bei Vereinsmitgliedschaft: BVerfGE 88, 17–25; BGH WM 2003, 847; Verfassungsgericht des Landes Brandenburg, Beschluss 21.8.2003, 196/03 (Juris).

154 Richterablehnung bei Tätigkeit des Richters als Gründungsmitglied und Vizepräsident eines weltanschaulichen Vereins: Verfassungsgericht des Landes Brandenburg, Beschluss 21.8.2003, 196/03 (Juris); Zugehörigkeit eines Richters zur katholischen Kirche: Bayerischer Verfassungsgerichtshof NVwZ 2001, 917.

155 BT-Drs. 60/11, S. 22; so auch *Kerntke* S. 25; Haft/von Schlieffen/*Kracht* § 12 Rn. 40; bezüglich Richterablehnung Zöller/*Vollkommer* § 42 Rn. 11.

156 Sie auch *Schütze*, Schiedsgericht und Schiedsverfahren, Rn. 89.

- willkürlicher Benachteiligung oder Bevorzugung einer Partei beispielsweise durch vorenthalten von Informationen oder Nichtanhörung einer Partei.
- Über die Tätigkeitsverbote des § 3 II MediationsG bei „Tätigkeit in derselben Sache" hinaus, kann auch bei einer **früheren oder gegenwärtigen Tätigkeit in einer anderen Sache** für eine der Parteien ein relatives Tätigkeitsverbot bestehen. Der Mediator muss diese Umstände offen legen.[157]

Bei einem relativen Tätigkeitsverbot hat der Mediator eine Offenbarungspflicht (§ 3 I 87
MediatiosG) gegenüber den Parteien, wenn es Umstände gibt, die seine Unabhängigkeit oder Neutralität beeinträchtigen *können*. Maßgebend ist die abstrakte Gefahr einer Beeinträchtigung. Der Mediator muss den Parteien diese Umstände offenlegen und darf dann nur tätig werden, wenn die Parteien ausdrücklich zustimmen. Hier wird deutlich, dass der Gesetzgeber die Sicht der Parteien als Beurteilungsmaßstab zugrundelegt. Es reicht nicht, dass der Mediator sich als unabhängig und neutral beurteilt, sondern die Medianten müssen ihn auch als unabhängig empfinden. Um dies beurteilen zu können, benötigen sie Parteien dahingehende Informationen.

Problematisch ist insoweit auch die Unabhängigkeit des Mediators bei **unter-** 88
nehmensintern tätigen Mediatoren. Sind sie Angestellte des Unternehmens, so unterliegen sie dem Direktionsrecht des Arbeitsgebers. Diese Abhängigkeit kann die Unabhängigkeit des Mediators gefährden. Daher muss zwischen Arbeitgeber und intern tätigen Mediator vertraglich geklärt werden, dass der Mediator im Mediationsverfahren unabhängig agieren kann. Nicht ausreichend für die Anforderungen an die Unabhängigkeit ist, dass der Mediator gemäß § 3 I MediationsG gegenüber den Parteien die Umstände offenlegt, die seine Unabhängigkeit gefährden könnten (Abhängigkeit vom Arbeitgeber) und auf die ausdrückliche Zustimmung der Parteien setzt.[158] Denn nach der hier vertretenen Auffassung reicht für den Maßstab der Unabhängigkeit nicht allein die Zustimmung zum Tätigwerden durch die Parteien. Vielmehr ist unabdingbare Voraussetzung, dass sich der Mediator selbst als unabhängig einstuft.

Wie die Offenbarungspflicht ausgestaltet ist, bleibt ungeregelt. Aus Beweisgründen ist es anzuraten, einen schriftlichen Hinweis in den Mediationsvertrag aufzunehmen (**Muster** D Rn. 26).

Die Unabhängigkeit beeinträchtigende Umstände können nicht nur vor Ab- 89
schluss des Mediationsvertrages zwischen Mediator und Medianten in Rede stehen, sondern sich auch noch im Laufe des Verfahrens entwickeln, falls die Umstände für den Mediator dann erst offensichtlich werden. Auch insoweit besteht die Offenba-

157 Bezüglich Richterablehnung Zöller/*Vollkommer* § 42 Rn. 15 ff.

158 So aber *Berning* Spektrum der Mediation 47/2012, 23 (24).

rungspflicht fort. Der erteilte Hinweis sowie die Zustimmung der Parteien zur Fortsetzung des Verfahrens sollte aus Beweisgründen protokolliert werden.

Liegen Umstände vor, die die Neutralität gefährden könnten, darf der Mediator das Mediationsverfahren nach Aufklärung und Zustimmung der Parteien nur durchführen, wenn nach seinem Dafürhalten seine Unabhängigkeit konkret nicht beeinträchtigt ist. Kommt er zu dem Ergebnis, dass er nicht unabhängig ist, so darf er trotz Zustimmung der Parteien nicht tätig werden.

! **Begriffserläuterungen**

90 **Unabhängigkeit**

Die Verpflichtung zur Unabhängigkeit stellt Anforderungen an die Person des Mediators hinsichtlich seiner Beziehung zu den Konfliktparteien und zur Involviertheit bezüglich des Konfliktthemas. Die Pflicht zur Unabhängigkeit wird durch Hinweis- und Informationspflichten (§ 3 I MediationsG) sowie einem relativen Tätigkeitsverbot (§ 3 I S. 2 MediationsG) untermauert. Bei Interessenkollision (§ 3 II–IV MediationsG) besteht ein absolutes Tätigkeitsverbot.

Die Unabhängigkeit des Mediators wird teilweise in der multidisziplinären Mediationsliteratur auch synonym mit der Verpflichtung zur Neutralität des Mediators verwendet (Neutralität der Person).[159] Das Mediationsgesetz unterscheidet hingegen die Pflicht zur Unabhängigkeit von der Neutralitätspflicht[160]. Der Begriff der Neutralität wird im Mediationsgesetz mit der Allparteilichkeit gleichgesetzt.

! **Allparteilichkeit/Neutralität**

91 Die gesetzlich normierte Neutralitätsverpflichtung des Mediators folgt zum einen aus der Begriffsbestimmung des § 1 II MediationsG, zum anderen aus § 2 III S. 1 MediationsG. Der Mediator ist danach allen Parteien „gleichermaßen verpflichtet“. Das Mediationsgesetz verwendet für den in der Mediationspraxis oft verwendeten Begriff der Allparteilichkeit den Begriff der Neutralität[161].

Die Neutralität verlangt vom Mediator, dass er allen Parteien aktiv zur Seite steht und sie unterstützt. Er hat ihnen gleichermaßen zu dienen. Der Mediator fördert die Kommunikation (§ 2 III S. 2 MediationsG) unter den Parteien und bindet alle Parteien in die Mediation ein (§ 2 III S. 3 MediationsG). Der Mediator behandelt alle Parteien gleich. Er garantiert durch seine allparteiliche Haltung und durch eine Verfahrensneutralität ein faires Verfahren.

Die dem Berufsethos entspringende Verpflichtung zur Allparteilichkeit des Mediators geht noch über die gesetzlichen Anforderungen an die Neutralität hinaus. Vom Mediator wird danach vor allem auch eine ethische Haltung gegenüber den Parteien durch Anerkenntnis und Würdigung ihrer unterschiedlichen subjektiver Wahrheiten abverlangt. Ferner ist er zu einer balancierenden und empathischen Anteilnahme gegenüber den Parteien gehalten.

---

159 So z.B. *Kerntke* S. 23, so auch *Tochtermann* § 2 II, S. 36. in Bezug auf die Schiedsgerichtsbarkeit und die Neutralitätspflicht des Schiedsrichters. Danach betrifft Unabhängigkeit die Beziehungen zu den Parteien, Unparteilichkeit seine geistige Haltung gegenüber den Parteien und dem Streitstoff.

160 Argument: § 3 I MediationsG „Unabhängigkeit und Neutralität“ sowie Gesetzesbegründung zu § 3 I S. 1 MediationsG.

161 Argument: § 3 I MediationsG sowie Gesetzesbegründung zu § 3 I S. 1 MediationsG.

Unparteilichkeit

Der Begriff der Unparteilichkeit wird insbesondere in Bezug auf Schiedsgerichtsverfahren sowie staatliche Gerichtsverfahren verwendet. Die Unparteilichkeit des staatlichen Richters wird institutionell durch die richterliche Unabhängigkeit sichergestellt (Art. 97 I GG). Zudem verlangt die Unparteilichkeit vom Richter eine unbefangene, unvoreingenommene und neutrale Haltung, die von den Parteien mit einem Antrag auf „Besorgnis der Befangenheit" überprüft werden kann (§ 42 ZPO, § 24 StPO, § 54 VwGO). Gleiches gilt für private Schiedsgerichtsverfahren (§ 1036 ZPO). 92

Im Kontext der Mediation wird in der Literatur teilweise der Begriff der Unparteilichkeit statt der Neutralität des Mediators gebraucht.[162] Auch die Gesetzesbegründung zum Mediationsgesetz verwendet den Begriff der Unparteilichkeit (unparteiliche Verfahrensführung). Die Unparteilichkeit geht, soweit man sie nicht synonym zur Allparteilichkeit verwendet, sondern ihr eher eine passive Komponente beimisst, in der Allparteilichkeit bzw. Neutralität auf. Denn die allparteiliche Haltung reicht im Sinne eines aktiven unterstützenden und empathischen Kontakts zu den Parteien weiter als die passive Unparteilichkeit.

Verfahrensneutralität

Die Verfahrensneutralität als Teil der Neutralitätspflicht des Mediators verpflichtet den Mediator zu einer unparteilichen Verhandlungsführung und zur Gleichbehandlung der Parteien (§ 2 III S. 2 und 3 MediationsG). Dazu gehört die ungeteilte Teilhabe aller Medianten an Informationen und Fachwissen des Mediators. Der Mediator hat darauf hinzuwirken, dass die Parteien die Vereinbarung in Kenntnis der Sachlage treffen und ihren Inhalt verstehen (§ 2 VI S. 1 MediationsG). 93

Die Verfahrensneutralität gewährleistet der Mediator auch durch seine allparteiliche Haltung und seine persönliche Unabhängigkeit von den Konfliktparteien und dem Konfliktthema.

IV. Förderung der Kommunikation der Parteien *(§ 2 III S. 2 MediationsG)*

1. Kommunikationsmodell der Mediation

Die Förderung der Kommunikation zwischen den Parteien durch den Mediator folgt 94
zunächst notwendig den Grundsätzen des Mediationsverfahrens selbst. Die **Grundsätze des Mediationsverfahrens** lassen sich aus dessen Leitvorstellungen und Paradigmen, der Aufgabenverteilung und dem Rollenverständnis, den rahmensetzenden Prinzipien und dem Phasenmodell entwickeln sowie ergänzend aus der Konflikttheorie ableiten.

Die Förderung der Kommunikation zwischen den Parteien erfolgt zudem nach 95
den allgemeinen **Konstruktionen der humanistischen Kommunikationstheorie und -psychologie**, die dem Mediator einerseits eine Toolbox der Interventionstech-

162 *Tochtermann* Einführung § 1, S. 3.

nik zur Seite stellen und ihm außerdem die Hintergründe für seine kommunikative Grundhaltung vermitteln.

96 Beide Bezugspunkte – die Mediations- bzw. Konflikttheorie und die Kommunikationstheorie – ergeben ein Kommunikationsmodell der Mediation, welches den mediativen Klärungs- und Lösungsprozess zu einem **Verfahren sui generis** macht und dem Mediator eine **Gesprächsführung** ermöglicht, die gleichermaßen **prozess- und sachorientiert** arbeitet und so die Reflexion und Kommunikation der Parteien in besonderer Weise anregt.[163]

97 Die Kommunikation der Parteien wird wesentlich durch die Kommunikation des Mediators, mithin durch dessen kommunikatives Beispiel und dessen kommunikatives Handeln gefördert. **Der Mediator ist immer auch Kommunikator**, er vermittelt, indem er das von den Parteien Gesagte neutralisierend „übersetzt" und das so lange, bis alle Missverständnisse aufgeklärt und alle Hintergründe beleuchtet und verstanden worden sind.

98 Die übergeordneten, phasenunabhängigen **Aufgaben und Ziele seiner Kommunikation** sind entsprechend darauf ausgerichtet, wechselseitiges Verständnis herzustellen und abzusichern, positives Denken zu initiieren, Zuversicht zu bewirken, die innere Souveränität zu erhöhen, auf Chancen und das Wesentliche zu fokussieren sowie die Vorteile von Kooperation wahrnehmbar zu machen.[164]

99 Der Kommunikationsprozess der Mediation ist somit nicht als lineares Modell zu verstehen, das pfeilartig vom Problem zur Lösung führt. Die kommunikative Steuerung in der Mediation entwickelt vielmehr **phasenzielorientierte Prozessbögen** und dreht Verständnisschleifen (loops of understanding), die darauf abzielen, sich selbst und den anderen in den motivationalen Hintergründen noch besser zu begreifen und den wesentlichen **Kern des Konfliktes** zu erfassen – rational und emotional. So geht es in der Mediation erst einmal um ein vertieftes Verstehen der an dem Konflikt beteiligten Perspektiven, bevor es um die Lösungsentwicklung geht, und es ist genau dieser Klärungsprozess, der das Verfahren von anderen unterscheidet und die Chancen einer allseits passgenauen Lösungsfindung erhöht.

100 Das Verfahren der Mediation in seiner kommunikativen Intention bewegt sich in der Gesprächsgestaltung zwischen Entwicklungs- und Ergebnisorientierung in der Prozess-Steuerung, zwischen Effektivität und Stabilität in der Zielsetzung, zwischen stärkendem Empowerment und konfrontativer Transparenz in der Haltung, zwischen Vergangenheit, Gegenwart und Zukunft in der Analyse und schließlich zwischen den Interessen aller beteiligten Seiten in der Verhandlungsführung.[165] Dieses In-Between, dieses Hin- und Her-Schwingen am Gerüst des Phasenmodells zwischen verschiedenen Bezugspunkten mediativer Prozessgestaltung macht in struk-

163 Trenczek/Berning/Lenz/*Geier* 2.8. Grundlagen der Kommunikation Rn. 1, 2.
164 Trenczek/Berning/Lenz/*Geier* 2.8. Grundlagen der Kommunikation Rn. 21.
165 Trenczek/Berning/Lenz/*Geier* 2.8. Grundlagen der Kommunikation Rn. 16.

tureller Hinsicht das Besondere und Einzigartige des Verfahrens und seiner Gesprächsführung aus.[166] Übergeordnet kann die Aufgabe des Mediators, die Kommunikation der Beteiligten zu fördern, entsprechend als eine kontinuierliche **Einladung zu einem mentalen Turnaround**, als ein anhaltendes **Angebot zum „getting to yes“**[167] betrachtet werden.[168]

101

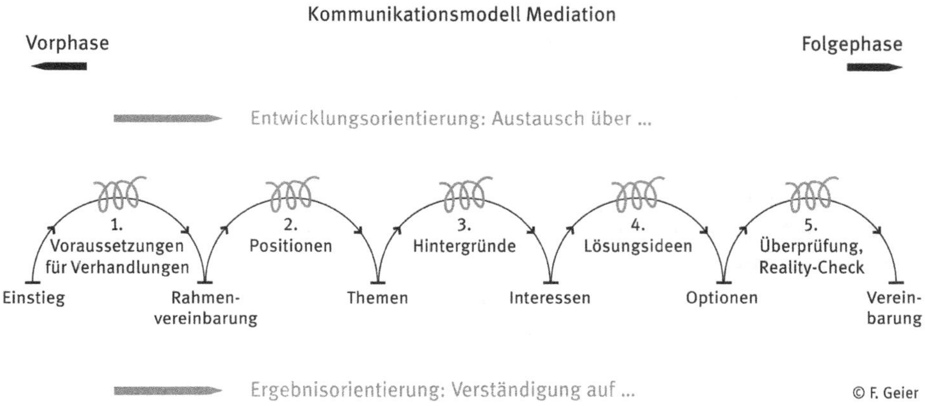

Grafik: Kommunikationsmodell der Mediation[169]

Im Folgenden werden zunächst die allgemeinen **Grundsätze der Kommunikation** 102
in ihrer positiven Wirkungsabsicht auf Interaktionszusammenhänge beschrieben **(2.)**. Danach werden die besonderen Kommunikationshypothesen der **Konflikttheorie (3.)** in ihrer förderlichen Intention, den Konflikt zu entspannen, aufgezeigt. Im Anschluss wird die Bedeutung der **Paradigmen des Mediationserfahrens** für das kommunikative Handeln des Mediators beleuchtet **(4.)**. Im Weiteren wird die kommunikative **Toolbox** des Mediators **(5.)** vorgestellt. Darauf aufbauend werden die Gesprächssteuerung des Mediators und seine **Kommunikation im Phasenverlauf** Phase für Phase dargestellt **(6.)**.

166 Trenczek/Berning/Lenz/*Geier* 2.8. Grundlagen der Kommunikation Rn. 16.
167 So der Originaltitel des Standardwerkes „Das Harvardkonzept“ von *Fisher/Ury/Patton*.
168 Trenczek/Berning/Lenz/*Geier* 2.8. Grundlagen der Kommunikation Rn. 16.
169 Trenczek/Berning/Lenz/*Geier* 2.8. Grundlagen der Kommunikation Rn. 22.

2. Grundsätze der Kommunikation

103 Zunächst ist für die Förderung der Kommunikation zwischen den Parteien wichtig, dass sie die Grundsätze der humanistischen Kommunikationslehre im Laufe des Verfahrens zunehmend als allgemeingültig anerkennen[170]:

Grundsätze der humanistischen Kommunikationstheorie:

- Wahrnehmung ist relativ
- Wahrheit ist subjektiv
- Realität ist individuell konstruiert
- Kommunikation ist mehrdeutig
- Verständigung ist gemeinsame Aufgabe

104 Auf diese **Akzeptanz der selektiven und individuell gefärbten Adaption von Wirklichkeit** und damit **lückenhaften und konstruierten persönlichen Kommunikation** arbeitet der Mediator in jeder Phase hin, indem er die unterschiedlichen Perspektiven und Sichtweisen der Beteiligten selbstverständlich als subjektive Wahrheiten nebeneinanderstellt und aus der von den Parteien empfundenen Konkurrenz (es kann nur eine Wahrheit geben) herausnimmt, indem er sie mit „und" verbindet.[171]

105 Außerdem geht der **Mediator** als naturgegeben davon aus, dass er wahrscheinlich nicht alles gleich richtig verstanden hat und **sichert sein Verständnis** ab, indem er wiederholt, was er verstanden hat, und so dem Gegenüber die Möglichkeit gibt, sein nicht zutreffendes Verständnis ggf. insoweit zu korrigieren.

106 Des Weiteren macht der **Mediator** sich selbst und seine Wahrnehmung nicht zum ungeprüften Maßstab und formuliert etwa Postulate, sondern **bildet** nach seiner Wahrnehmung lediglich **Hypothesen**, bietet diese im Gespräch an und überprüft sie anhand der Reaktion von der anderen Seite.

107 Der Mediator stellt im Zuge seiner Gesprächsführung seine **Art der neutralen Kommunikation mit der suchenden Haltung**: „Ich möchte jeden von Ihnen ganz genau verstanden haben in den Punkten, die Ihnen wichtig sind.", neben die Schuld-, Anspruchs- und Vorwurfswelt der Beteiligten und bietet damit auch den Parteien eine neue Ebene und (kommunkative) Möglichkeit an, sich zu begegnen. Auf diese Weise baut der Mediator gleichzeitig **Vertrauen und Kontakt** zu den Medianten auf,

---

170 Fritz/Pielsticker/*Etscheit* Methodik und Anwendungsbereiche der Mediation I., Rn. 52ff. Standardwerke der humanistischen Kommunikationstheorie etwa sind: *J. Habermas* Theorie des kommunikativen Handelns, 2. Bde 1981; *A. Maslow* Motivation und Persönlichkeit, 21. Auflage 2002; *M.B. Rosenberg* Gewaltfreie Kommunikation, 7. Auflage 2007; *F. Schulz von Thun* Miteinander reden, Band 1 Störungen und Klärungen, 48. Aufl. 2010; *P. Watzlawick*/*J. Beavin*/*D.D. Jackson* Menschliche Kommunikation – Formen, Störungen, Paradoxien, 12. Auflage 2011.

171 Trenczek/Berning/Lenz/*Troja* 2.10. Konstruktivistische Grundlagen Rn. 2ff.

die Parteien entwickeln im Gespräch ein **gemeinsames Verständnis** der Unterschiede und Übereinstimmungen und es entsteht ein **Arbeitsbündnis.**

3. Konflikttheorie

Die Kommunikation der Parteien zu fördern, bedeutet auch, zunächst eine über- 108
schlägige **Konfliktanalyse** zu machen mit entsprechender Hypothesenbildung, welche Konfliktbearbeitungsmechanismen aussichtsreich erscheinen.[172] **Die Kommunikation der Parteien zu fördern**, beinhaltet ferner, Kenntnis über **Schutzhaltungen** und **Verhaltensmuster** in Konflikten zu haben, um darauf Bezug nehmen zu können und die Konfliktbeteiligten da abzuholen, wo sie gerade stehen.[173]

Das **Win/win-Modell der Mediation und des Harvardkonzeptes** nimmt 109
Bezug auf typische Verhaltensweisen in Konflikten: Durchsetzung/Dominanz, Vermeidung/Rückzug, Anpassung/harmonisieren. Das Verfahren der Mediation intendiert nun, die Konfliktbeteiligten aus den einseitig bzw. allseitig wirksamen „Lose-Bereichen" hinauszuführen und ihnen den Win/win-Quadranten echter Kooperation (hard on facts, soft on people) als Perspektive für die Lösungsentwicklung verfügbar zu machen.[174]

Konfliktquadrat

110

Durchsetzung win / lose		**Kooperation** win / win
	Kompromiss 50 / 50	
Vermeidung lose / lose		**Anpassung** lose / win

Deutlich ist, es gibt unterschiedliche Bezugspunkte für den Mediator im Umgang 111
mit den unterschiedlichen Verhaltensmustern, um in der Zielsetzung zu **deeskalieren**, auf diese Weise die wechselseitige Kommunikation der Beteiligten zu fördern und von Konfrontation zu Kooperation zu führen.[175] Der Mediator muss mit domi-

172 Trenczek/Berning/Lenz/*Glasl* 2.1. Konfliktdiagnose Rn. 3ff.; Trenczek/Berning/Lenz/*Faller* Systemdesign 2.14. passim für den Kontext Wirtschaftsmediation.

173 Trenczek/Berning/Lenz/*Holler* 3.9. Gewaltfreie Kommunikation Rn. 2ff. und passim.

174 *Fisher/Ury/Patton* S. 43ff. und passim; Fritz/Pielsticker/*Etscheit* Methodik und Anwendungsgebiete der Mediation I., Rn. 49.

175 Fritz/Pielsticker/*Etscheit* Methodik und Anwendungsgebiete der Mediation III., Rn. 19ff. (insbesondere zu hocheskalierten Konflikte).

nanten Verhaltensweisen ebenso umgehen können, wie mit Verschlossenheit und beschwichtigenden Tendenzen und die dahinterliegenden, noch „geschützten" Bedürfniskonstellationen aufspüren und wahrnehmbar machen als Bezugspunkte für die Lösungsentwicklung. Damit das gelingt, muss die Gesprächsführung des Mediators so viel **Vertrauen in den Prozess** des Mediationsverfahrens herstellen, dass die Schutzhaltungen überflüssig werden und ein offenes sich mitteilen und austauschen vom gefühlten Risiko her zunehmend tragbar und aussichtsreicher erscheint als die Beibehaltung des bisherigen in der Perspektive verengten Konfliktverhaltens. Die **Eskalationsdynamik** entscheidet mithin maßgeblich über die Interventionstechniken und besonderen Konfliktbearbeitungsmaßnahmen, die der Mediator im Zuge seiner mediativen Prozessentwicklung anwendet. [176]

4. Paradigmen des Mediationsverfahrens

a) Leitvorstellungen der Mediation

112 Aus dem Blick auf die **Leitvorstellungen (a))** der Mediation ergibt sich die Logik der **Prämissen (b))** dieses Verfahrens, die **Aufgabenverteilung und das Rollenverständnis (c))** im phasenzielorientierten Kommunikationsprozess sowie die **Struktur des Gesprächsführungsmodells (d))** und der **Rahmen der Mediation (e))**. Die Leitvorstellungen des Verfahrens spiegeln mithin die Vorannahmen wider, nach denen aus Sicht des Mediationserfahrens gesellschaftliches Zusammenleben funktioniert und in Konflikten überhaupt konsensual akzeptierte Lösungen entwickelt werden können. Die Leitbilder der Mediation bestimmen damit als Dreh- und Angelpunkt auch zentral, wie der Mediator seine **Rollenhaltung** entwickelt, den Gesprächsprozess steuert und die Kommunikation der Parteien fördert.

aa) Naturzustand

113 Wenn Ideengeschichtler dem Leitbild einer Staats- bzw. Gesellschaftsidee auf den Grund gehen wollen, dann schauen sie sich den Naturzustand an.[177] Der **Naturzustand** bildet in ihrer Annahme quasi das **Wurzelmodell**, aus dem alle weiteren Gedanken einer bestimmten politischen Konstruktion entspringen und auf das sich alle Gedanken dieser Theorie/Philosophie zurückführen lassen. Die Betrachtung des Naturzustandes richtet sich wesentlich auf die Beantwortung folgender Fragen: **Wie verhält sich der Mensch seiner Natur gemäß**, wie verhält er sich im vorgesellschaftlichen = natürlichen Zustand seinem Wesen nach, **bevor Gesellschaft und Erziehung ihn geformt, „sozialisiert" haben**? Dieser ungeprägte

---

176 Trenczek/Berning/Lenz/*Glasl* 2.5. Eskalationsdynamik Rn. 4 ff.

177 Nachzulesen in *Maier/Denzer* Klassiker des politischen Denkens, 2 Bde., 3. Aufl. 2007.

Blick vermittelt nach Auffassung der Ideengeschichtler ein ungetrübtes Bild der Natur des Menschen, im Blick auf den Naturzustand erkennen wir das **Menschenbild**, das hinter einer Philosophie steht. Was heißt das nun bezogen auf das Verfahren und Leitbild der Mediation? Welche ideengeschichtlichen Wurzeln prägen dieses Verhandlungs- und Konfliktlösungskonzept in seinen erkenntnisleitenden Vorstellungen? Wie lässt sich das zur **Leitidee der Mediation** gehörende Menschenbild einordnen und beschreiben?

bb) Die Idee der Mediation

Das Kernstück der Mediation ist das Modell einer Verhandlung nach dem Harvard- 114
konzept. Dieses stellt als wesentlichen Prozess die Lösung von den Positionen hin zu Interessen in den Mittelpunkt seiner Lehre. Der **Interessenbegriff** in seiner Ansiedelung auf der Ebene der menschlichen Grundbedürfnisse ist das maßgebliche Merkmal des Harvardkonzeptes und gleichzeitig das Differenzierungskriterium, das dieses Verfahren von anderen unterscheidbar macht.[178] **Das Leitbild der Mediation wie des Harvardmodells ist zentral geprägt von diesem Interessenbegriff.** Die Idee, die imaginierte Vorstellung dahinter ist in thesenhafter Darstellung: Alle Menschen haben kulturübergreifend dieselben Bedürfnisse, Ziele, Motive, Wünsche – etwa nach persönlicher Sicherheit und Orientierung, nach Autonomie und Gestaltungsfreiheit, nach Liebe und Zuwendung, nach Akzeptanz und klaren Verhältnissen, nach materieller Absicherung[179] ... und letztlich basieren alle Konflikte auch auf einer vermeintlichen Kollision dieser Interessen. Aller mentalen, kulturellen und gesellschaftlichen Unterschiede ungeachtet gibt es **auf dieser Interessenebene eine grundsätzliche Verständigungsmöglichkeit** mit der Chance auf **Win/win** für alle Beteiligten in jedem Konflikt. Genau dort muss die Lösung ansetzen, und sie kann von den für den Konflikt Verantwortlichen als „Experten für ihrer eigene Situation" am besten selbst gefunden werden. Werden im Prozess der Mediation die eingangs postulierten Positionen als Interessen formuliert, entsteht eine tiefere Sicht der Dinge und eine Akzeptanz für die vorgetragenen und jetzt nachvollziehbareren Interessen aller Seiten. Weitere Ansatzpunkte und Chancen tauchen auf. Aus der erweiterten Perspektive erscheint es nun realistisch, eine für alle Beteiligten akzeptable Win/win-Lösung zu finden. Diese Möglichkeit motiviert die Streitbeteiligten, in Kooperation dieses Ergebnis gemeinsam zu verfolgen und die neuen Optionen umfassend zu diskutieren.

---

178 *Fisher/Ury/Patton* S. 81.

179 *Maslow* S. 74 ff.; vgl. die Abbildung von *Maslow's* Bedürfnispyramide in Fritz/Pielsticker/*Etscheit* Methodik und Anwendungsbereiche der Mediation II. Rn. 47.

! **Beispiel: Sinaikonflikt**

115 Ein historisches Beispiel für eine Win/Win-Lösung ist der Konflikt zwischen Israel und Ägypten um den Sinai. Nach Jahrzehnten der Auseinandersetzung hielt Israel die zu Ägypten gehörende, am Suezkanal zwischen dem Mittelmeer und dem Roten Meer gelegene Halbinsel militärisch besetzt. 1978 kamen die Streitparteien auf Initiative des US-Präsidenten Carter zu Gesprächen zusammen. Der ägyptische Präsident Sadat und der israelische Ministerpräsident Begin trafen sich mit Carter in Camp David an der Ostküste der Vereinigten Staaten. Auf den ersten Blick standen scheinbar zwei unvereinbare Positionen gegenüber:

Position Ägypten:
Wir wollen den Sinai zurück.

Position Israel:
Wir wollen den Sinai behalten.

In den Gesprächen kristallisierten sich dann die folgenden Interessen im Hintergrund der Positionen heraus, die die Konfliktparteien wechselseitig akzeptierten:

Interesse Ägypten:
Wir wollen Anerkennung des Sinais als unser Hoheitsgebiet und Autonomie für diesen Teil unseres Staatsgebietes.

Interesse Israel:
Wir wollen Sicherheit für unser Land.

Nach knapp zwei Wochen war die Win/win-Lösung im Konsens dieser Interessen gefunden:

Lösung für das Interesse Ägypten, Ägyptens Win:
Israel zog sich vollständig aus dem Sinai zurück. Ägypten konnte fortan sein vollständiges Staatsgebiet wieder autonom regieren und die Demütigung durch die Präsenz fremder Soldaten wurde beendet.

Lösung für das Interesse Israels, Israels Win:
Der Sinai wurde entmilitarisiert, Ägypten verzichtete darauf, Truppen dort zu stationieren. Die dadurch entstandene Pufferzone gab Israel im Fall einer erneuten Eskalation eine gewisse Vorwarnzeit. Für die wirtschaftliche Sicherheit Israels war es zudem von besonderer Bedeutung, dass Israel die Passage durch den Suezkanal von Ägypten garantiert wurde.

Folgewirkung der Sinai-Lösung:
Zudem schlossen Ägypten und Israel im März 1979 einen dauerhaften Friedensvertrag, welcher vor allem die Anerkennung von Israel als Staat durch Ägypten bedeutete.

116 Soweit die thesenhafte Darstellung der Idee. Deutlich wird: Mediation und Harvard gehen davon aus, dass jeder Konflikt und damit auch jede Kommunikation eine **Oberflächenstruktur** aufweist, die sich etwa in der Äußerung von konfrontativen Positionen ausdrückt. Darunter jedoch liegt eine Tiefenstruktur, die das hinter der Position liegende angestrebte Interesse markiert. Und wenn der Prozess nun eine Schleife über die **Tiefenstruktur der Interessen** nimmt, dann werden Perspektiv-

wechsel sowie kooperatives Win/win-Verhalten möglich und auf der Oberflächenstruktur tauchen mit dem erweiterten Fokus neue Lösungsoptionen auf. Welches Bild eines Naturzustandes steckt nun hinter dieser Idee der prinzipiellen Verständigungs- und Lösungsmöglichkeiten auf der Interessenebene einer Auseinandersetzung?

cc) Das Menschenbild der Mediation

Die **Betrachtung des Naturzustandes** und des daraus abgeleiteten Menschenbildes 117
lässt sich seit der Antike in **zwei Richtungen** einteilen: Die eine Richtung meint, der Mensch besitze von Natur aus nicht die Möglichkeit zum guten, d.h. verantwortlichen und sozialverträglichen Handeln. Der Mensch muss mithin durch die Gesellschaft zum Guten gezwungen werden. So etwa **Thomas Hobbes**, er zeichnet Anfang des 17. Jahrhunderts den Naturzustand als kriegerisch, sein Menschenbild gipfelt in dem Satz: Der Mensch ist der Wolf des Menschen – **homo homini lupus**. Entsprechend dieser Annahme entwirft Hobbes seine Konstruktion eines stark steuernden Staates und gibt seiner Staats- und Vertragstheorie den Namen eines vorzeitlichen Ungeheuers – **Leviathan**[180]. Ganz andere Vorstellungen entwickelt **John Locke** in der zweiten Hälfte des 17. Jahrhunderts[181]. In seinen Schriften beschreibt Locke den Naturzustand als friedliches Nebeneinander, **sein Menschenbild ist optimistisch gefärbt** und so entwirft Locke folgerichtig eine **liberale Staatstheorie**. Weil der Mensch von Natur aus die Möglichkeit zum sozialverträglichen Handeln zu seinem eigenen und dem Wohle aller habe, könne er neben staatsbürgerlichen Pflichten auch Rechte und Freiheiten besitzen. Locke geht in seinen Schriften von der **Prämisse** aus, dass jeder Mensch nach Glück strebe, er das Recht habe, sein Glück individuell zu definieren und dass alle freien Mitglieder einer Gesellschaft ihren Weg des Glücks auch gleichermaßen und gleichberechtigt beschreiten können und der Staat nur ein wenig ordnen und die Rahmenbedingungen dafür schaffen müsse, so dass alle nebeneinander und miteinander dieses ihr höchstpersönliches Glück – wozu als Grundlage auch und zentral nach Locke materieller Besitz gehört – verfolgen können. Und genau hier – in dem **Pursuit of Happiness**[182] lässt sich der **Interessenbegriff** und das daraus entwickelte **Leitbild Win/win der Mediation und des Harvardkonzeptes** implizit verankern, das wie Locke bei den höchstpersönlichen Bedürfnissen des Menschen ansetzt und davon ausgeht, dass eine gleichberechtigte parallele Verfolgung unterschiedlicher Interessen möglich ist, dass diese eben nicht konkurrieren, also

---

180 *T. Hobbes* Leviathan or the Matter, Forme and Power of a Commonwealth Ecclesiastical and Civil, 1651.

181 *J. Locke* An Essay Concerning Human Understanding, 1690, Deutsche Textausgabe, Versuch über den Menschlichen Verstand, 2006.

182 *J. Locke* Book 2, Chapter 21, Section 51, Deutsche Textausgabe: Band 1, Zweites Buch, Kapitel XXI, Ziffer 51 (S. 519).

nur entweder oder erfüllt werden können, sondern sich sowohl als auch mit einem **Win/win-Ergebnis** nebeneinander in einer Gesellschaft zielstrebig verwirklichen lassen. Weitere Übereinstimmungen mit Locke liegen darin, dass auch in der Mediation jeder **Konfliktbeteiligte selbst Experte** für sein Glück ist und die Inhalte seiner **Lösung** frei bestimmen soll und das Mediationsverfahren wie der Locksche Staat nur die (kommunikativen) Rahmenbedingungen schafft für das parallele Win/win-Streben aller Konfliktbeteiligten und sich im Übrigen aus dem (inhaltlichen) Verhandlungsgeschehen heraushält. Und nicht zuletzt der Optimismus und die Zuversicht, die hinter einem solchen Menschenbild stehen, verbinden Locke und die Mediation in ihrer Konstruktion von Mensch und Gesellschaft.[183]

b) Prämissen der Mediation

118 Wie unter Ziffer a) dargestellt, geht Mediation als Teil der liberalen Vorstellungswelt davon aus, dass Win/win möglich ist. Der Mensch kann erfolgreich verhandeln und andere Interessen in seine Überlegungen einbeziehen. Damit ist die Conditio sine qua non für eine Win/win-Lösung gesetzt, dass nämlich der Mensch authentisch (und nicht nur aus strategischen Überlegungen heraus) in der Lage ist, auch **das Win des anderen anzuerkennen**, weil er von Natur aus kooperationsfähig ist und als soziales Wesen den Wunsch nach Kooperation in sich trägt.

119 Mediation geht ebenfalls davon aus, dass das Verfahren nur aussichtsreich ist, wenn es **die beste Alternative** darstellt. Wenn der Mensch seine Vorstellungen anders leichter durchsetzen kann als in einer mediativen Verhandlung, wird er das vorziehen. Mediation braucht also ein gefühltes Risiko, eine innere Drucksituation, die die Beteiligten an den Verhandlungstisch bringt. Das heißt auch, es muss im Konflikt um etwas gehen, das den Beteiligten wirklich wichtig ist, das ihre Interessen, ihr Lebens„glück" entscheidend beeinflusst.

120 Mediation geht in Übereinstimmung mit der allgemeinen Konflikttheorie davon aus, dass Konflikte je nach Eskalationsstufe für jeden eine innere Schwächung und eine mehr oder weniger stark nach außen getragene **Schutzhaltung** bewirken, die die Kommunikation aller Konfliktbeteiligten maßgeblich bestimmt[184]. Entsprechend postuliert die Mediation, die Kommunikation der Beteiligten insbesondere durch

---

183 Die Wirkungsgeschichte der Lockschen Gesellschafts- und Staatstheorie führt zunächst in England noch im selben Jahrhundert zu der Bill of Rights, dem ersten Katalog bürgerlicher Freiheitsrechte. 1776 dann bezieht sich Thomas Jefferson bei der Abfassung der Präambel zur declarence of independence, dem Kernstück der amerikanischen Verfassung, stark bis hin zu wörtlichen Zitaten auf Locke. In Europa werden Locke's Ideen von der Aufklärung aufgenommen. Und schließlich auch unser Grundgesetz mit seinen Freiheitsrechten lässt sich über die hier in groben Auszügen dargestellte Wirkungskette auf Locke zurückführen.

184 Fritz/Pielsticker/*Etscheit* Methoden und Anwendungsbereiche der Mediation I., Rn. 73–90.

„empowerment and recognition“[185] zu fördern, indem nämlich alle Seiten durch die empathische und **gewaltfreie Kommunikation**[186] des Mediators gestärkt werden und zunächst innerlich wie in Folge dann auch im äußeren Verhalten wieder selbstbewusst und souverän auftreten und der Fokus ihrer verengten Wahrnehmung sich wieder erweitert.

Die Kommunikation der Beteiligten zu fördern, bedeutet mithin im ersten Schritt die innere Situation der Beteiligten zu deeskalieren, die **Unerträglichkeit in eine gefühlte Machbarkeit zu wenden** (reframen) sowie Ohnmachtsgefühle und Frustrationen in ein Bewusstsein der Chancen zu wandeln. Dieser **emotionale Change-Prozess** bildet das Fundament für die weitere Verhandlung. Mediation geht in Übereinstimmung mit dem Harvardkonzept davon aus, dass diese Deeskalation dadurch geschieht, dass der Mediator in seiner Gesprächsführung die Beteiligten von ihren **Positionen** (= Vorwürfe und Forderungen) hin zu ihren „eigentlichen“ **Interessen** (= Bedürfnisse, Motive, Ziele, Wünsche) führt und Ihnen so einen Blick von einer gleichsam höheren Warte aus auf den Konflikt ermöglicht. Auf dieser Meta-Ebene erscheint dann auch ein **Perspektivwechsel** möglich hin zu den Interessen, dem „Win“, der Kontrahenten/Konfliktpartner. Durch diese Stärkung der inneren Situation werden die Konfliktbeteiligten befähigt (empowert), alle Perspektiven des Konfliktbereiches einmal einzunehmen und miteinander in der Lösungsentwicklung zu verbinden. Auch das ist wesentliche Aufgabe des Mediators, die Konfliktbeteiligten durch entsprechende Interventionstechniken durch alle im Konflikt vertretenen Perspektiven zu schicken. Im Zuge dessen erarbeiten sich die Beteiligten ein vertieftes Verständnis aller beteiligten Interessen und außerdem das Kommitment, die Verantwortung für die Entstehung des Konfliktes, dessen Dynamik im Verlauf und für die **Aufgabe der Lösungsentwicklung als gemeinsame Verantwortung** zu definieren und ihre Rolle im Mediationsverfahren zu übernehmen, das ihnen ja zutraut und zumutet, „freiwillig“ und aus eigenem Antrieb aktiv zu werden und kooperativ nach einem für alle Seiten akzeptablen Ergebnis zu suchen. 121

c) Aufgaben und Rollen in der Mediation

Entsprechend ihrer Leitidee und Gesellschaftskonstruktion geht Mediation von einem **Kräftegleichgewicht** der Parteien und einer grundsätzlichen **Möglichkeit, sich selbst zu vertreten** aus. Die Parteien brauchen also aus Sicht der Mediation weder einen Beistand oder einen Berater, der sie vertritt, noch brauchen sie regelmäßig Ratschläge oder einen Dritten, der ihren Konflikt löst. Im Einzelnen: 122

185 Haft/von Schlieffen/*Kessen*/*Troja* § 13 S. 303.
186 So der Titel des Standardwerkes von *M.B. Rosenberg*.

aa) Verfahren

123 Mediation ist ein **freiwilliges, konsensuales Verfahren.** Daraus resultieren wesentliche Unterschiede in Prozess und Ergebnis. In einem streitigen Verfahren geht es wesentlich um die einseitig initiierte Entscheidungsdelegation an einen Dritten (Richter, Schiedsrichter, Schlichter), der am Ende das Verfahrensergebnis verkündet. Fachlich beratende und vertretende Rechtsanwälte stehen den Parteien regelmäßig zur Seite und führen den Prozess für sie. Anders in der Mediation: Hier geht es vordringlich um die Regelung der Gegenwart und Zukunft durch die Parteien selbst. Die verhandelnden Parteien unterliegen im Unterschied zu anderen Verfahren keinem bindendem Spruch von dritter Seite und bestimmen die zu verhandelnden Inhalte sowie Start, Ende und Ergebnis (das Ob und das Wie) des Mediationsverfahrens selbst.

bb) Parteien

124 Die Parteien bleiben so in jeder Phase des Geschehens der **Souverän des Verfahrens**, ihnen unterliegt in jedem Moment die Prozesshoheit und sie suchen als Experten ihrer Situation autonom gemeinsam eine einvernehmliche, verbindliche Lösung für ihre Auseinandersetzung. Wesentlich für die Mediation ist: Die **Streitparteien bestimmen die Inhalte ihrer Lösung** selbst. Die Gespräche finden vertraulich und nur mit Zustimmung aller statt, die Parteien bestimmen den Fortgang des Geschehens und führen in Kooperation eine Lösung für ihre Auseinandersetzung herbei. Das von den Parteien selbst – eventuell unter Einbeziehung von Experten[187] – ermittelte Ergebnis, die gefundene Regelung, wird von allen Seiten akzeptiert.

cc) Mediator

125 Der Mediator ist entsprechend der Aufgaben- und Rollenverteilung in der Mediation der **Hüter des Verfahrens,** er ist **Kommunikator, Vermittler, Moderator und Prozess-Entwickler** in einer Person. Der Mediator ist zum einen ein qualifizierter Moderator in einem (u.a. durch Phasenmodell und Harvardprinzipien) festgelegten und vereinbarten Kommunikationsrahmen. Als Kommunikator zwischen Sender und Empfänger übernimmt der Mediator zudem die Rolle, das auf die eigene Person gerichtete sowie das Verständnis der Beteiligten untereinander durch entsprechende Interventionen zu fördern und die Beteiligten so zu einer Lösung auf neuer Verständnisbasis anzuregen. Die Rolle des Mediators besteht in Kongruenz mit der Eigenart und den Leitbildern des Verfahrens entsprechend vor allem darin, die Parteien durch die Initiierung konstruktiver Kommunikationsstrukturen bei der Defini-

187 *Schwartz/Geier* ZKM 2000, 196f.; Trenczek/Berning/Lenz/*Berning* 2.18. Berater, Experten und Anwälte in der Mediation Rn. 3ff.

tion ihrer Interessen und der Evaluierung zukunftsorientierter Lösungsalternativen zu unterstützen und einen fairen wie effizienten Gesprächsprozess zu moderieren. Mediation ist mithin die **Dienstleistung einer strukturierten Gesprächsführung.**[188] Dennoch benötigen die Parteien regelmäßig Fachberatung verschiedenster Art im Rahmen einer Mediation. Jede Form der Fachberatung, jedes Sachverständigengutachten, jedes **Expertenwissen** sollte in die Mediation durch **externe Dritte** eingeführt werden – etwa durch Rechtsanwälte, Steuerberater, Kinderpsychologen, Technische Gutachter ... – und ausschließlich verfahrensadäquat verwendet werden.[189] Nur so bleibt der Rahmen der Mediation und die Leistung des Mediators, die der qualifizierten, strukturierten Gesprächsführung, randscharf abgrenzbar und die Rollenkongruenz des Mediators gewahrt. Die Förderung der Kommunikation zwischen den Parteien wird durch den **Mediator** mithin in Übereinstimmung mit den Leitvorstellungen des Verfahrens gerade dadurch geprägt, dass er selbst **inhaltlich keine Position bezieht**, sondern rein kommunikativ auf der Prozessebene arbeitet.[190] Die **mediative Grundhaltung** ist geprägt durch Wertschätzung, Anerkennung und stärkende Intention.[191] Ein Bemühen und die Absicht zu etwas lassen sich ohne ein bereits erzieltes Ergebnis in der Sache würdigen.

Abgrenzung des Mediationsverfahrens zum gerichtlichen Verfahren nach dessen Tendenzen und Prioritätensetzung

	Gerichtsverfahren	**Mediationsverfahren**
Ziele des Verfahrens	Durchsetzung des materiellen Rechts Rechtsfrieden	Durchsetzung der Vorstellung der Parteien Parteifrieden
Grundlagen für Lösungentwicklung	Normenkatalog Rechtssystematik rechtsrelevante Fakten	Individuelle Interessen der Parteien Parteirelevante Fakten Sichtweisen der Parteien
Lösungsfindung, Expertise für die Entscheidung	Richter, Rechtsvertreter, Parteien	Parteien
Form des Ergebnisses	Urteil, Vergleich, Beschluss	Vereinbarung (vollstreckbar)
Legitimation der Lösung	Staatlich delegierte Entscheidungsgewalt	Konsens der Parteien

188 *Geier* ZKM 2001, 100 f.
189 *Schwartz/Geier* ZKM 2000, 197.
190 Trenczek/Berning/Lenz/*Trenczek* 2.12. Aufgaben von Mediatoren Rn. 3–8, Übersicht in Tabellenform Rn. 14.
191 Trenczek/Berning/Lenz/*Troja* 2.10. Konstruktivistische Grundlagen Rn. 42 ff.

d) Struktur des Phasenmodells

126 Aus dem Leitbild der Mediation und des Harvardkonzeptes ergibt sich auch die Struktur des Phasenmodells der Mediation. Der Prozess führt – anders als in einer Lösungsmoderation – nicht direkt vom Konfliktthema zur Lösung, sondern schiebt eine Klärungsphase ein, die den Konflikt auf die Interessenebene vertieft und auch die Hintergründe des Konfliktanlasses beleuchtet. Damit dieses Eintauchen unter die Oberfläche des Eisbergs gelingt, werden die Prozessziele im Mediationsverfahren in einer chronologischen Phasenfolge geordnet. Jeder Phasenbogen verfolgt ein Phasenziel und hat einen entwicklungsorientierten (loopenden) Austauschteil und einen ergebnisorientierten Verständigungsteil (siehe C Rn. 101). Die Struktur der Gesprächsführung beinhaltet diese Prozess-Ziele, an denen der Mediator seine Kommunikation ausrichtet:

! **Phasenmodell Mediation:**

127 **Vorphase:**
Auftragsentwicklung

Verhandlungsphasen:
Rahmensetzung
Themenfindung
Interessenklärung
Lösungsgestaltung
Ergebnissicherung

Folgephase:
Evaluierung

Die Kommunikation des Mediators wird sich entlang dieser Struktur bewegen und die mediative Verhandlung von Phasenziel zu Phasenziel als Gesprächsbogen moderieren (C Rn. 101).

---

e) Rahmen der Mediation

128 Der Rahmen der Mediation, in dessen Möglichkeiten und Grenzen die interessenorientierte Verhandlung stattfindet, wird zum einen durch die beschriebenen **Grundsätze des Mediationsverfahrens** und das **Kommunikations- und Phasenmodell** der Mediation bestimmt, zum anderen wird er ebenso durch den **Systemkontext** und das **Momentum des Einstiegs** gesetzt und geprägt.

aa) Momentum des Einstiegs

129 Zum Momentum gehören alle Einflussfaktoren, die zum Zeitpunkt des Einstiegs in die Mediation wirksam sind. Auf welcher **Eskalationsstufe** befinden sich die einzelnen Beteiligten? Braucht der Prozess Vorgespräche mit einzelnen Beteiligten zur Deeskalation und um die Bereitschaft zu fördern, an diesem Verfahren teilzuneh-

men? Welche **Verfügbarkeitgrenzen** gibt es in Bezug auf die Teilnahme einzelner (etwa aufgrund von Entfernung, beruflicher Aufgaben, familiärer Notwendigkeiten, Krankheit/Behinderung)? Über welche finanziellen Mittel verfügen die Beteiligten, gibt es **Budgetvorgaben**? Welche **besonderen Umstände**, die nicht zum Konfliktbereich gehören, bestimmen die aktuelle Situation einzelner/aller Beteiligten? (Berufliche Stressfaktoren, Fusion/Übernahme, Sanierung, Tod einer nahstehenden Person, Sorgen um ein Kind, Scheidung, Umzug ...). Diese Einflussfaktoren des Momentums bestimmen u.U. wesentlich den Aufbau der Settings und die Einstiegskommunikation des Mediators in dem Sinne, dass er die Beteiligten angemessen in den Mediationsprozess einzubinden hat (§ 2 Absatz 3 2. Halbsatz MediationsG).

bb) Systemkontext

Die Kommunikation des Mediators und die Förderung der Kommunikation der Beteiligten orientieren sich auch daran, in welchem **Lebenszusammenhang** die Mediation stattfindet. Es macht einen Unterschied für das kommunikative Handeln des Mediators, ob die Medianten als Privatpersonen in der Verhandlung sitzen oder (auch) in ihren beruflichen Rollen und Funktionen. 130

Anwendungskontexte der Mediation (Auswahl): 131

- Familie, Trennung und Scheidung
- Miet-, Nachbarschafts- und Wohnungseigentumsverhältnisse
- Schule, Arbeit und Bildung
- Arzt und Patient
- Infrastrukturentwicklung zwischen Wirtschaft, Politik und Verwaltung
- Konflikte in Gruppen: Arbeitsteams, Abteilungen, Koalitionen, Ausschüsse
- Unternehmensnachfolge, Erbschaft
- Haftung und Gewährleistung, gewerblicher Rechtsschutz
- Vertragsgestaltung und Vertragsabwicklung
- Umstrukturierungsprozesse: Fusion, Übernahme Standortwechsel
- Gesellschafterbeziehungen
- Kooperationsstörungen
- Sanierung und Insolvenz
- Tarifparteien

Mediation arbeitet in **Anerkennung der Umstände aller Systemkontexte** und hat nicht zum Ziel, deren grundlegende Wertvorstellungen und Kulturen, Strategien, Strukturen und Hierarchien in Frage zu stellen. So lange alle authentisch verhandeln wollen, bleibt das Kräftegleichgewicht für eine mediative Verhandlung gewahrt. Gibt es also im Rahmen einer Mediation Teilnehmende, die qua ihrer Funktion oder bestehender Eigentumsverhältnisse über die Verhandlungsmasse bzw. einen Teil davon auch bestimmen könnten, dann braucht das Mediationsverfahren von dieser Seite eine **Delegation an den Prozess**. Wichtig ist, dass diese Delegation 132 eindeutig gesetzt wird, so dass der Verhandlungsspielraum randscharf deutlich wird und ein ausgehandeltes Ergebnis von den (überraschten) Entscheidungsbefugten nicht wieder kassiert wird. Ein Klassiker in diesem Zusammenhang ist im Kontext von Verhandlungen im Zuge der Entwicklung von Infrastrukturprojekten die präzise Klärung, inwieweit es in der Verhandlung um das „Ob" oder das „Wie" der baulichen Maßnahmen geht. Ebenso nützlich ist es, die **Erwartungen an das Verfahren aus dem weiteren Systemkontext** mit in die Auftragsklärung einzubeziehen und insbesondere in Bezug auf **Beteiligung, Diskretion und Information** ein allseits kongruentes Einverstandensein und orientierendes Ergebnis zu erzielen.

133 

5. Toolbox

134 Dem Mediator stehen die **Interventionstechniken** der Gesprächsführung und Moderation zur Verfügung. Wichtig ist, dass er diese **bewusst und damit rollen- und verfahrensadäquat sowie phasenzielorientiert einsetzt.** Der **Mediator** sollte sich vor Augen führen, dass er als **kommunikativer Impulsgeber** fungiert, weniger ist also oft mehr. Kurze, klare, stimmige Interventionen sind effizienter und mehr im Sinne des Verfahrens als der Einsatz komplexer und aufwendiger Techniken der Gesprächsführung. Neben den Interventionstechniken zur Gesprächsführung ist die strukturierende Moderationstechnik **visualisieren** als schriftliche Kommunikationstechnik, das mündliche Gespräch dokumentierend, außerordentlich nützlich für den Prozess der Mediation. Der Mediator wird kontinuierlich die Zwischen-Ergebnisse des Verfahrens zu allen Phasenzielen an der Flipchart oder Metaplanwand visualisieren und den Beteiligten zur (abschließenden) Bestätigung vorstellen. Die **Basis mediativer Gesprächsführung** setzt sich aus **drei einfachen Methoden** der Gesprächsführung zusammen: **Fragen, Paraphrase, Meta-Kommunikation.**[192] Der

192 Fritz/Pielsticker/*Etscheit* Methodik und Anwendungsbereiche der Mediation II., Rn. 61.

Mediator sollte sich bewusst machen, dass diese drei Interventionsoptionen in ihrer Wirkung auf den Gesprächsprozess unterschiedliche Steuerungsmöglichkeiten darstellen.

a) Interventionstechnik Fragen

Stellt der Mediator eine offene oder geschlossene **Frage**, dann gibt er den Ball der Gesprächsführung ab und spielt ihn nach drüben auf die Seite der Medianten. Die Antwort auf die Frage gestaltet den Fortgang des Gespräches.[193] 135

Der Mediator sollte bedenken: Eine **offene Frage**, beginnend mit einem Fragewort (Was, wer, wann, wie ...), braucht Zeit, weil sie dazu einlädt, sich mitzuteilen. Zu fragen: „Wie haben Sie die Situation erlebt?“ und nur noch 5 min. verbleibende Gesprächszeit zu haben, birgt somit das Risiko, dass sich die Wirkung der Interventionstechnik „offene Frage“ – nämlich hier das Ausleuchten der Sichtweise eines Konfliktbeteiligten – nicht mehr entfalten kann. Eine offene Frage entwickelt bzw. vertieft ein Thema. 136

Eine **geschlossene Frage** dagegen, beginnend mit einem (modalen) Hilfsverb, schließt ein Thema bzw. einen Prozessabschnitt mit einem klaren Ja oder Nein bzw. einer kurzen Antwort ab. Der Mediator sollte entsprechend eine relativ klare Hypothese bilden können dazu, dass ein Gesprächsabschnitt sein Ende bzw. sein Ergebnis gefunden hat, bevor er diese Hypothese durch die Technik der „geschlossenen“ Frage absichert. „Haben wir jetzt alle Themen aufgelistet, über die Sie in der Mediation sprechen wollen?“, diese Frage sollte erst dann kommen, wenn eindeutig wahrnehmbar ist, dass die Themenfindung weitgehend abgeschlossen ist. 137

Eine wichtige Einsatzfunktion von offenen Fragen ist die Interventionstechnik: **reframing in Frageform**. Einsatzgebiet sind alle Situationen, in denen es darum geht, die Perspektive (den Frame, das Fenster der Gedanken) zu wechseln und etwa von negativer Bewertung in eine positive Sicht oder von der Vergangenheit in die Zukunft zu führen. Die Interventionstechnik reframing[194] ist eine der wichtigsten Methoden des Mediators, die Kommunikation der Beteiligten zu fördern. 138

---

193 Trenczek/Berning/Lenz/*Geier* 3.7. Kommunikation in der Mediation Rn. 4 ff., Rn. 18–21; Trenczek/Berning/Lenz/*Kessen* 3.8. Die Kunst des Fragens Rn. 7–9.

194 Trenczek/Berning/Lenz/*Geier* 3.7. Kommunikation in der Mediation Rn. 21.

Beispiele Reframing:

139

Aussage	Reframing des Mediators
Dieses Vorgehen führt ins Chaos.	Welchen Weg würden Sie gehen?
Das geht doch gar nicht.	Was würde aus Ihrer Sicht funktionieren?
Das ist doch völlig unerheblich.	Was sind die zentral wichtigen Punkte für Sie?
Das war schon immer so und soll auch so bleiben.	Welche Veränderungen wären Ihnen für die Zukunft wichtig?
Das ist alles viel zu theoretisch.	Was wäre für Sie praktikabel?

140 Eine vom reframing zu unterscheidende Fragetechnik ist das **konkretisieren.** Diese Technik hat in ihrer Wirkung auf den weiteren Gesprächsverlauf eine ebenfalls wichtige Funktion für die Mediation und lohnt sich immer dann, wenn der Mediator beabsichtigt, die Situation für alle Beteiligten noch etwas klarer zu machen, etwa um Missverständnisse in der Sache oder Fragezeichen in den Köpfen einzelner Beteiligter aufzulösen.

Beispiele Konkretisieren:

141

Aussage	Konkretisieren des Mediators
Wir waren damit völlig überfordert.	Was genau war so schwierig?
Am späteren Abend haben wir dann das Ergebnis per Mail übermittelt.	Wie spät war es da und an welche Adressaten haben Sie die Mail gesendet?
Immer kommt sie zu spät.	Wann das letzte Mal?

b) Paraphrase

142 Fasst der Mediator mit eigenen Worten zusammen, was er verstanden hat, und bittet um Rückkopplung dazu, dann tanzt der Ball der Gesprächsführung auf deren Wellen hin und her.[195]

143 Häufig wird im Kontext der Mediation Paraphrase als **aktives Zuhören** ausgeführt[196]. Die Technik des aktives Zuhörens nimmt das Gesagte auf und fasst es zusammen mit der fragenden Haltung: Stimmt das? In welcher Weise zusammengefasst wird, hängt davon ab, welche besondere Zielsetzung der Mediator in diesem

195 Trenczek/Berning/Lenz/*Geier* 3.7. Kommunikation in der Mediation Rn. 22ff.

196 Trenczek/Berning/Lenz/*Geier* 3.7. Kommunikation in der Mediation Rn. 4ff., Rn. 24; *Fritz/Pielsticker* § 2 Rn. 87.

Moment verfolgt. Aktives Zuhören hat verschiedene Möglichkeiten, Funktionen und Zielsetzungen, die sich in den individuellen Gesprächsprozess passgenau einbinden lassen.

Funktion Aktives Zuhören: ! 144
- Wahrnehmung schärfen
- Verständnis fördern und absichern
- Wertschätzung geben
- strukturieren
- entschleunigen
- deeskalieren
- umformulieren

Je nach dem, welche Zielsetzung für den Mediator gerade im Vordergrund steht, wird er das Gesagte entweder auf den Punkt reduziert zusammenfassen oder das wenige Gesagte einen Schritt weiterspinnen und einen anschließenden Gedanken als Hyothese anbieten. Vorwürfe und Verletzungen können durch eine neutralisierende Paraphrase entschärft und versachlicht werden. Der Mediator kann also seine Zielsetzung, den Gedanken eine andere Wendung zu geben, auch dadurch erreichen, dass er das Gesagte selbst reframed, indem er das Gesagte **umformuliert.** Durch aktives Zuhören kann der Mediator im Zuge seiner Umformulierung auch die Ebenen wechseln und von inhaltlichen Aspekten zu emotionalen Hintergründen oder Interessenkonstellationen führen: **Sache, Gefühl, Bedürfnis.** 145

Beispiele Aktives Zuhören mit Ebenenwechsel: !

Aussage		Aktives Zuhören
Immer kommt sie zu spät.	*(Wechsel vom Vorwurf zum eigenen Interesse)*	Verbindliche Absprachen sind wichtig für Sie?
Sie hat keine Ahnung, wie komplex die Dinge hier sind.	*(Wechsel vom Vorwurf zur eigenen Emotion und zum übergeordneten Interesse)*	Sie stellen in Frage (machen sich Sorgen), ob hier alles den Dingen angemessen läuft?
Oh Mann, er hat sich unmöglich benommen und uns alle blamiert.	*(Wechsel vom Vorwurf zur eigenen Gefühlslage)*	Das empört Sie wirklich sehr.
Ich wäre ja zu Zugeständnissen bereit, wenn er nicht so dickköpfig auf diesem Punkt beharren würde.	*(Wechsel vom Vorwurf zur neutralen Aussage)*	Sie wären also zu Zugeständnissen bereit, wenn er an diesem Punkt mit sich reden ließe?

146

c) Meta-Kommunikation

147 Wenn der Mediator auf die Ebenen der Meta-Kommunikation geht, **aus dem inhaltlichen Geschehen** einen Moment **aussteigt** und etwas über die Status-quo des Verhandlungsprozesses oder die Kommunikation im Raum sagt und an die vereinbarten Gesprächsregeln erinnert, dann liegt der Ball der Gesprächsführung ganz in seinen Händen und er hat die volle Steuerung über den weiteren Gesprächsverlauf.[197]

! **Beispiele Metakommunikation:**

148 Wenn die Wellen der Konfliktdynamik hochschlagen, dann könnte der Mediator etwa sagen: Deutlich wird, es ist zentral wichtig, dass Sie für diese Punkte eine Lösung finden.
Wenn die Beteiligten durcheinander reden, könnte der Mediator den Hinweis geben: Ich möchte Sie beide verstehen. Das gelingt mir besser, wenn Sie Ihren Standpunkt nacheinander klar machen.
Wenn es den Beteiligten erkennbar schwer fällt, über bestimmte Sachverhalte zu sprechen, weil diese emotional stark eingefärbt sind, dann könnte der Mediator diesen Umstand verdeutlichen: Das fällt Ihnen nicht leicht, über dieses Thema zu reden, da steckt viel drin, dazu haben Sie viel erlebt.[198]

---

6. Kommunikation im Phasenverlauf

149 Die Kommunikation im Phasenverlauf bewegt sich bogenartig zwischen Entwicklungs- und Ergebnisorientierung und verfolgt chronologisch das jeweils nächste Phasenziel (C Rn. 101). In Bezug auf die unterschiedlichen Wirkungsweisen der Interventionstechnik bietet es sich entsprechend an, jeden Interventionsbogen wie folgt aufzubauen[199]:

! **Wirkung von Interventionstechnik auf den Gesprächsverlauf**

150 **Fragen:**
Den Ball spielen und die Steuerung abgeben. Die Antwort gestaltet den nächsten Prozessabschnitt des Gesprächs.

Paraphrase:
Der Ball der Gesprächsführung tanzt auf den Wellen der Kommunikation hin und her. Loopen, zusammenfassen, absichern und rückkoppeln, bestätigen oder korrigieren ... das Wechselspiel von Sender und Empfänger ergibt eine gemeinsame bzw. geteilte Prozess-Steuerung.

---

197 Trenczek/Berning/Lenz/*Geier* 3.7. Kommunikation in der Mediation Rn. 27 ff.

198 Weitere Interventionstechniken und deren Einsatz im Mediationsverfahren sind beschrieben in *Trenczek/Berning/Lenz* Mediation und Konfliktmanagement Ziffer 3.3, 3.5, 3.7, 3.8, 3.9, 3.13, 3.14, 3.15; Fritz/Pielsticker/*Etscheit* Methoden und Anwendungsbereiche der Mediation II., Rn. 69.

199 Trenczek/Berning/Lenz/*Geier* 3.7. Kommunikation in der Mediation Rn. 7.

Meta-Kommunikation:
Der Ball der Gesprächsführung liegt ganz in den Händen der Person, die mit ihrer Kommunikation auf eine Meta-Ebene wechselt. Sie hat damit die alleinige Gestaltungsoption für den nächsten Gesprächsabschnitt.

Aufbau Interventionsbogen: ! 151
- **Hinweis auf der Meta-Ebene:** Das ist das nächste Prozessziel
- **Offene Einstiegsfrage** mit Fokus auf das nächste Prozessziel
- **Austausch** mit **konkretisierenden** und **reframenden Fragen**, loopendes **aktives Zuhören**
- **Verständigung** absichern durch **aktives Zuhören** und **geschlossene Fragen**
- **Hinweis auf der Metaebene** (mit Visualisierung): Das Ziel ist erreicht

---

Die gesprächsführende Rolle des Mediators nimmt sich also am Anfang und Ende 152
jedes Phasenbogens durch eine kurze Anmerkung auf der Meta-Ebene die volle Gesprächssteuerung und setzt damit jeweils eine Zäsur. Von dem phasenöffnenden Meta-Hinweis zu dem den Bogen schließenden Meta-Hinweis entwickelt sich das Gespräch dann zwischen Fragen und Paraphrase, mit der Tendenz, am Anfang des Bogens mehr Fragen zu stellen, um den offenen Austausch maximal zu fördern, und die Gesprächsführung im weiteren Verlauf dann mehr und mehr auf das Verständnis absichernde aktive zuhören umzustellen, um den Austauschteil abzuschließen und dessen Erkenntnisse im Sinne des nächsten Phasenzieles als Zwischenergebnis zu formulieren. Selbstverständlich wird der Mediator auch im Verlauf eines Phasenbogens Meta-Kommunikation betreiben, wenn er dies für prozessförderlich hält. Außerdem wird das Gespräch Nebenschauplätze streifen und sich um die individuellen Belange der Konfliktbeteiligten herum und nicht wie ein mathematisch korrekter Bogen entwickeln. Die lebendige Gesprächsführung wird durch die Struktur des Kommunikationsmodells und diese gedankliche Vorstellung eines Bogens lediglich unterstützt (form follows function). Der Mediator hält auf diese Weise eine so bewusste wie flexible **Prozess-Steuerung** am Laufen und kann die Beteiligten immer wieder auf das nächste Phasenziel hin orientieren. Er wird die Loopings so lange mit den Medianten drehen, wie die Entwicklung eines gemeinsamen Verständnisses und Ergebnisses braucht.

a) Auftragsentwicklung

Die Auftragsentwicklung hat einerseits zum Ziel, die **Eignung des Falles** für das 153
Verfahren Mediation zu prüfen und den **Kreis der Beteiligten** des Einstiegssettings festzulegen. Im Zuge dessen sollten alle Beteiligten verstehen, welche Rolle sie in dem Verfahren einnehmen werden, was die Dienstleistung des Mediators ausmacht und was nicht von ihm zu erwarten ist (**Rollen- und Erwartungsklärung**). Das Angebot der Mediation und die Erwartungen der Konfliktbeteiligten müssen zusammenpassen und die Beteiligten sollen sich in umfassender Klarheit für dieses Ver-

fahren entscheiden können. Außerdem müssen die **Organisation des Verfahrens** besprochen und die **Kosten** festgelegt werden. Des Weiteren sind die besonderen Umstände des **Momentums** und des **Systemkontextes** zu ermitteln und in ihrer Bedeutung zu hinterfragen. Der Mediator wird die Phase der Auftragsklärung so knapp wie möglich und so ausführlich wie notwendig halten und durch seine Kommunikation nach allen Seiten größtmögliche **Transparenz** herstellen.

154 In komplexeren Kontexten wie etwa in der Wirtschaftsmediation hat der Mediator verschiedene **Aufträge und Loyalitäten** zu beachten, die er durch das ganze Verfahren hindurch im Auge behalten muss in dem Sinne, dass es keine Unverträglichkeiten zwischen diesen Beziehungen geben darf, bzw. es seine Aufgabe ist, diese nach Auftauchen sofort im Prozess zu klären und aufzulösen.[200] Es geht um die Herstellung einer Kongruenz zwischen allen Linien im professionellen Beziehungssystem.

Auftragsklärungsdreieck Organisationsinterne Mediation

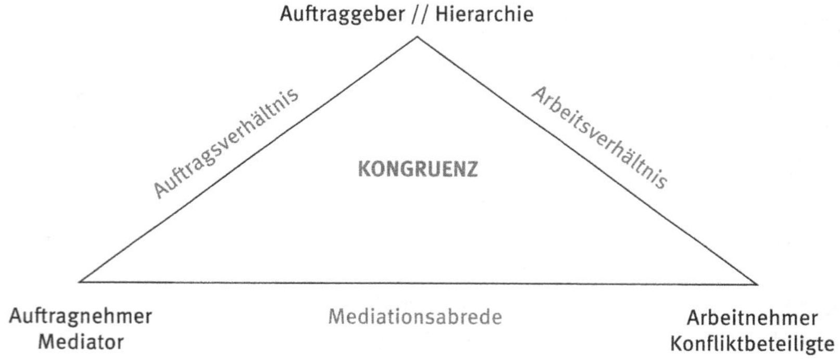

155 Die Phase der Auftragsklärung hat weichenstellende Bedeutung für die Funktionalität der weiteren Prozessarchitektur und braucht einerseits die volle Achtsamkeit des Mediators sowie andererseits seine Flexibilität und die Einsicht, dass er in Bezug auf Falleignung und Beteiligung lediglich **Hypothesen** bilden kann, die er ggf. im weiteren Verfahren selbstverständlich korrigieren und den weiteren Erkenntnissen anpassen wird. Hier ist der Mediator ganz in der **Rolle des Prozessberaters und -entwicklers**, trifft die Entscheidungen für sein weiteres Vorgehen und stimmt sie

200 Die Autorin ist in diesem Zusammenhang der Ansicht, dass der Mediator wie jeder andere Consultant die Hierarchie bzw. die Organisation berät, wenn er den Auftrag zu einer Mediation klärt, den Rahmen für das Verfahren setzt, dieses dann im Kreis der Beteiligten durchführt und mit einem Ergebnis abschließt. Mit den Konfliktbeteiligten abgesprochene, bzw. von diesem Kreis autorisierte Empfehlungen an die Hierarchie erscheinen somit verträglich mit der Rolle der Mediatorin.

mit allen Beteiligten ab. Die Phase der Auftragsklärung bereitet den Boden für die Verhandlung und stellt das Fundament der weiteren Prozessarchitektur dar.

b) Rahmensetzung

Die Rahmensetzung erfolgt idealerweise mit allen Beteiligten direkt am Verhandlungstisch. Zu klären ist: **Was brauchen die Beteiligten, um motiviert in die Verhandlung einsteigen zu können?** Regelmäßig wird über den **Grad der Diskretion** zu sprechen sein. Anders ausgedrückt, die Beteiligten sollen durch die Kommunikation des Mediators angeregt werden, sich zu überlegen, welche Vorteile es hat, die Verhandlung vertraulich zu führen, welche Chancen es anderseits haben könnte, mit dem Konflikt transparent umzugehen. Neben dem **Umgang mit Öffentlichkeit** ist in dieser Phase alles das zu klären, was den Beteiligten sonst noch wichtig ist, vorab zu besprechen. **Widerstände und Bedenken** gegenüber dem Verfahren sollten spätestens jetzt thematisiert werden. Der Mediator sollte hier Fragen stellen nach der augenblicklichen Befindlichkeit der Parteien und abfragen, wie zuversichtlich die Medianten in den Prozess einsteigen. Unter Umständen bietet es sich an, dafür die Methode der **Skalierung** zu verwenden und die Beteiligten aufzufordern, auf einer Skala von 1 bis 10, wobei 10 sehr zuversichtlich und 1 die geringste Stufe der Zuversicht bezeichnet, mit einer einfachen Zahl auszudrücken, wie zuversichtlich sie in das Verfahren starten. Im weiteren Verlauf kann der Mediator dann noch konkretisierend abfragen, was die jeweilige Zahl genau bedeutet. Der Mediator kann die Skala auch auf das Flipchart malen, die Skalierungsfrage darüber schreiben und die Konfliktbeteiligten Punkte auf ihre Zahl kleben lassen. Die Form der Visualisierung hat den Vorteil, dass sich an ihr neben den Einzelaussagen zudem ganz plakativ die Gesamtsituation ablesen lässt. 156

Am Ende der Phase der Rahmensetzung werden (spätestens) der **Mediationsvertrag** unterschrieben und weitere Vereinbarungen (z.B. Gesprächsregeln) auf dem Flipchart festgehalten und im Raum aufgehängt. Der Mediator kann sich so später auf diese Vereinbarungen berufen, wenn diese in Schwingung geraten bzw. verlassen werden, und entweder im Gesprächsprozess zu ihnen zurückführen oder die Vereinbarungen nach dem Willen der Beteiligten dem Geschehen anpassen. Der Rahmen der Mediation ist insoweit flexibel und Parteimaxime, als dies mit den Grundsätzen des Verfahrens in Einklang zu bringen ist. Die **Rahmenvereinbarung** stellt das erste Ergebnis dar, das die Parteien sich in der Mediation erarbeiten, es ist das erste Förderband ihrer Kommunikation. 157

c) Themenfindung

In dieser Phase steigt der Verhandlungsprozess in das Konfliktgeschehen ein, die Beteiligten schildern ihre Sichtweisen zur Konfliktgeschichte. Zu klären ist: **Worüber soll in der Verhandlung gesprochen werden?** Der Mediator entnimmt den 158 kommunikativen Beiträgen mittels aktivem Zuhören die wesentlichen Inhalte und **formuliert Vorwürfe und Forderungen (= Positionen) um in neutrale und ergebnisoffene zu bearbeitende Themen.** Diese bietet er den Beteiligten als Hypothese, darum könnte es gehen, an. Außerdem **konkretisiert** er pauschale Äußerungen.

159 Ein **Thema** sollte so weit gefasst sein, dass alle Positionen darunter subsumiert werden können, und es sollte so konkret wie möglich abgefasst sein. Der Mediator sollte im Zuge dessen für eine effiziente Weiterbearbeitung darauf achten, dass er den Konfliktbereich nicht zu stark portioniert, und zusammengehörende Themen zu Bereichen zusammenfassen. Er sollte prüfen, ob er eine **logische Reihenfolge** erkennen kann und den Medianten eine entsprechende chronologische Abarbeitung vorschlagen mit dem Hinweis, dass diese Reihenfolge keine Gewichtung darstellt. Die Reihenfolge der Bearbeitung der Themen kann auch durch **Zufallsprinzip** (Los) oder nach den **Wünschen der Beteiligten** festgelegt werden. Häufig vernetzen sich die Themenbereiche im weiteren Gesprächsprozess und die Kommunikation springt zwischen den Themen hin und her. Dennoch macht es Sinn, in der Themenfindungsphase den Konfliktgegenstandsbereich einmal in überschaubare Themen zu portionieren, weil das an der Flipchart visualisierte Bild **einer** Themenliste die gefühlte Machbarkeit und damit die Zuversicht der Beteiligten, tatsächlich zu einer Lösung zu kommen, erheblich erhöht und die Regelungsmasse von mehr oder weniger starken Bewertungen auf eine sachliche Verhandlungsebene zurückgeführt wird.

! **Beispiel: Themenformulierung**

160 **Position Beteiligte:**
A: Ich bestehe darauf, dass sie pünktlich zur Arbeit kommt und Termine einhält.
B: Ich brauche flexible Startzeiten.
Themenhypothese Mediator:
Sie wollen über Ihren **Umgang mit Absprachen** reden oder sind es speziell die **Umstände des Arbeitsbeginns**?

Position Beteiligte:
A: Er arbeitet schlampig.
B: Und sie beschäftigt sich mit Erbsenzählerei.
Themenhypothese Mediator:
Es geht um unterschiedliche **Arbeitsstile** und vielleicht auch um die **Qualität von Arbeitsergebnissen**?

Position Beteiligte:
A: Wir müssen Termine halten, damit wir keine Vertragsstrafen kassieren.
B: Das schaffen wir nicht, wir haben den Sanierungsaufwand unterschätzt.
Themenhypothese Mediator:
Sie haben unterschiedliche Vorstellungen in Bezug auf die weitere **Bauplanung**, vielleicht sogar in Bezug auf Formen der **Krisenbewältigung**?

Durch diese Art der neutralisierenden Kommunikation gibt der Mediator seiner allparteilichen Rolle Ausdruck, hebt die Konflikthistorie in die Gegenwart und Zukunft und markiert deren Bedeutung als gemeinsame Arbeitsaufgabe und Verantwortung für alle Beteiligten. Am Ende der Themenphase haben die Medianten ihr Verhandlungsbündel geschnürt und das zweite Förderband um ihre Kommunikation gelegt. 161

d) Interessenklärung

In dieser Phase vertieft sich der Gesprächsprozess zu den Hintergründen, aus denen sich die Positionen der einzelnen Konfliktbeteiligten entwickelt haben, und die Verhandlung taucht unter die Oberfläche des Eisbergs. Zu klären ist: **Was sind die Erfolgsfaktoren für die Lösungsentwicklung, was sind die Interessen, an denen sich die Tauglichkeit jeder Lösungsidee ablesen und messen lässt?** Diese Phase ist das Herzstück der Mediation insofern, als sie das Besondere des Verfahrens markiert, den Prozess von Postionen auf die Interessenebene zu führen, bevor die Lösungsentwicklung stattfindet. 162

Im ersten Schritt wird die **Sachebene** Thema für Thema ausgeleuchtet, um eventuelle Missverständnisse sowie offene und versteckte Dissense zu identifizieren und auszuräumen. Der Mediator wird anschließend die **emotionale Erlebniswelt** der Beteiligten ansteuern und mit sehr viel Zurückhaltung und Respekt vor Grenzen etwa fragen: *Und wie war das für Sie?/Wie haben Sie das erlebt?/Ich kann mir vorstellen, dazu haben Sie viel erlebt?/Was ist da in Ihnen vorgegangen?/Wie sind Sie durch diese Zeit gegangen?* Wenn starke Gefühle bereits im Raum eindeutig wahrnehmbar sind, wird der Mediator diese mit fragender Haltung direkt ansprechen und für die Beteiligten ein neues Fenster nach innen öffnen. *Sie sind richtig zornig über das Geschehene?/Und das bekümmert Sie?/An der Stelle machen Sie sich Sorgen?/Aus Ihren Worten klingt Enttäuschung?/Und jetzt sind Sie verunsichert?* Danach wird der Mediator noch einen Schritt weitergehen und aus den Informationen der Beteiligten seine Hypothesen bilden zu den **Interessen** der Parteien und diese im Gespräch den Parteien zur Überprüfung anbieten. 163

Beispiele Interessenformulierung !

164

Aussage	Interessenhypothese:
Mein Vorgesetzter ist sehr dominant und traut mir nichts zu.	Sie wünschen sich mehr Gestaltungsspielräume?
Meine Tochter ist nie Zuhause, ich weiß gar nichts mehr über sie.	Ihnen geht es um Kontakt und Begegnung mit Ihrer Tochter?
Die Technik ist veraltet, so kommen wir nicht zu akzeptablen Ergebnissen.	Die Erfolgssicherung für dieses Projekt ist Ihnen wichtig? Oder steht die Ergebnisqualität für Sie im Mittelpunkt?

Aussage	Interessenhypothese:
Ich kann mich nicht auf meinen Mann verlassen.	Vertrauensbildung ist im Augenblick von zentraler Bedeutung für Sie?

165 Wenn die Beteiligten die Interessenhypothesen bestätigen, schreibt der Mediator sie auf Karten und ordnet sie personenbezogen zu. Danach können die Beteiligten zusammen auf die Interessenkarten schauen und konstatieren, wo **Gemeinsamkeiten und Unterschiede** auf Interessenebene vorhanden sind.

166 Das Verfahren der Mediation hat die Erfahrungshypothese, dass im Zuge der Arbeit in der Phase der Interessenklärung die Beteiligten sich selbst und den anderen in einem neuen Licht wahrnehmen und ihre Unterschiede auf der Interessenebene besser akzeptieren und später in der Lösungsentwicklung miteinander verbinden können. Ob diese Veränderung in der Bewertung zur eigenen und zu der Sichtweise der jeweils anderen Seite tatsächlich stattgefunden hat, wird der Mediator absichern, in dem er einen **Perspektivwechsel** initiiert und die Parteien indirekt auffordert, einmal die Aussagen der anderen Seite wiederzugeben bzw. zu kommentieren.[201]

! **Fragen für den Perspektivwechsel**

167
- Sie haben gehört, was Herr Meyer gesagt hat, was war neu für Sie?
- Wie ist das für Sie, wenn Sie Herrn Meyer zuhören?
- Wenn Sie gerade noch einmal zusammenfassen, was Herr Meyer eben ausgeführt hat, was steht nach Ihrem Verständnis für ihn im Mittelpunkt?
- Was möchten Sie positiv herausgreifen von dem, was Herr Meyer gerade gesagt hat?

168 Die Arbeit auf der Interessenebene und die Perspektivwechsel sind emotional wie rational „Knochenarbeit" für die Medianten. Wichtig erscheint hier, immer wieder durch kleine Pausen oder kommunikative Reisen zu Nebenschauplätzen für Erholung bzw. Entspannung zu sorgen und zwischendurch eine Atmosphäre der Leichtigkeit herzustellen. Diese Vertiefung der Verhandlung von Positionen zu Interessen dreht viele **loops of understanding** (C Rn. 101) und braucht Zeit. Der Mediator wird sich in dieser Phase maximal an der für ihn wahrnehmbaren Situation der Beteiligten orientieren und den Gesprächsprozess überwiegend durch aktives Zuhören steuern, indem er durch seine Umformulierungen immer wieder die Ebenen wechselt und die intendierte Vertiefung anpeilt. So bewegt sich der Mediationsprozess spiralförmig hin zur Interessenebene. Am Ende der Phase der Interessenklärung

201 Der Systemische Mediator führt die Konfliktbeteiligten an dieser Stelle durch vier Perspektiven: ich, die anderen, die Sache, das Umfeld. Die Fragestellung lautet jeweils: Was wäre die beste Lösung aus dieser Perspektive?

haben sich die Parteien umfassend mitgeteilt und ihren Konfliktgegenstand auf eine Verständnisebene gehoben, die es ihnen ermöglicht, die Interessen (das Win) der anderen Seite anzuerkennen und als gleichwertige Erfolgsfaktoren für die Lösungsentwicklung zu akzeptieren. Damit haben sie das dritte Förderband authentischer Kooperation um ihre Kommunikation gelegt.

e) Lösungsgestaltung

In kooperativer Haltung sowie im Zeichen von Win/win und im Lichte der Interessen als übergeordnete Bezugspunkte für die Lösungsentwicklung werden nun in dieser Phase zunächst **Ideen** ausgetauscht. Zu klären ist: **Wie könnte eine Lösung aussehen, die den Interessen der Konfliktbeteiligten weitestgehend entspricht?** In dieser Phase wird der Mediator einerseits mit der Aufgabe beschäftigt sein, den Prozess zu verlangsamen, damit nicht vorschnell eine naheliegende Lösung als Ergebnis festgehalten wird. Oder er muss durch kreative bzw. paradoxe Methoden die Beteiligten zum Quer- und Darüberhinausdenken anregen.[202] Manchmal ist es aussichtsreicher, die Beteiligten erst einmal zu der Frage arbeiten zu lassen, was sie denn tun müssten, um den gemeinsamen Karren so richtig an die Wand zu fahren, um danach aus dieser Worst-Case-Vision die beste Zukunftsvision zu entwickeln. In jedem Fall sollte der Mediator die Parteien anregen, ihre Lösungsoptionen anhand der Interessenkarten zu überprüfen und zu bewerten, etwa in dem sie Zustimmungspunkte einzelnen Vorschlägen zuordnen und die Vorschläge mit den meisten Punkten dann weiterdiskutieren und konkretiseren bis hin zur fertigen (Teil-)Lösung.[203] 169

In der Phase der Lösungsentwicklung kann Mediation vom Rechtssystem profitieren, ohne die Verfahrensprinzipien zu verlassen und etwa in einen rechtlichen Beratungsprozess zu abzudriften. Um die **rechtssystematischen Grundlagen** für die Lösungsgestaltung in einer Mediation nutzen zu können, sollte der Mediator einige wesentliche Grundsätze des Rechtssystems kennen (§ 5 und § 6 MediationsG). Er sollte wissen, das Recht ist kein starres Gebilde, sondern immer auch darum bemüht, im Einzelfall zu ausgewogenen, tragfähigen Ergebnissen zu kommen. Mediation und Recht haben insofern gemeinsame Ziele. 170

Die Schritte eines **rechtsgestaltenden Abwägungsprozesses** können dem Mediator wertvolle Hinweise geben, um die Parteien auch bei der Lösungsgestaltung im Rahmen der Mediation voranzubringen. Der Mediator sollte in seiner Ausbildung einmal die Eckpfeiler der Rechtsgestaltung und -auslegung in ihrer positiven Spannung reflektiert haben, zum Beispiel: 171

202 Trenczek/Berning/Lenz/*Nowak* 3.14 Kreativität in der Lösungsphase Rn. 7 ff.

203 vgl. zur Struktur der Lösungsphase Trenczek/Berning/Lenz/*Gläßer* 3.15, Rn. 5 ff.

Komplementäre Rechtsprinzipien

Privatautonomie, Vertagsfreiheit	Rechtsstaatsprinzip
dispositives Recht	unabdingbares Recht
Auslegungsspielräume	Legaldefinitionen
unbestimmte Rechtsbegriffe	eindeutige Voraussetzungen einer Norm
Ermessensspielräume	zwingende Rechtsfolgen
Vertrauens-, Bestandsschutz	unlauterer Wettbewerb
Treu und Glauben	Sittenwidrigkeit, Arglist
Freiheitliche Grundrechte	Grundsatz der Verhältnismäßigkeit eines Eingriffs in die Rechte anderer

172 In diesem Spannungsfeld komplementärer Grundsätze gilt stets auch für die rechtliche Betrachtung des Einzelfalls: Weg von schematischen Lösungen und tabellarischer Kalkulation hin zu einer fallorientierten **umfassenden Güterabwägung**. Der gesetzliche Normenkatalog und die Grundsätze höchstrichterlicher Rechtsprechung sind daher ebenso wie Statistiken, gesellschaftliche und wirtschaftliche Aspekte aus guten Gründen in ganz wesentlichen Bereichen und sehr weiten Grenzen auch im gerichtlichen Verfahren lediglich Anhaltspunkte für Richter und Rechtsanwälte. Sie können nicht außer Acht gelassen werden und verlangen sorgfältigste Beachtung, sie binden aber den Rechtsuchenden sehr selten vollständig im Sinne nur einer rechtlich möglichen Lösung. Es gibt keinen Fall, der einem zweiten zu hundert Prozent gleicht. Im konkreten Rechtsprozess sind die Verfahrensbeteiligten mithin in vielerlei Hinsicht frei zu argumentieren, anzupassen und zu gestalten. Ein Mediator, der diese hochflexible Rechtssystematik kennen gelernt und anhand eines konkreten Falles in seiner Ausbildung zum Mediator einmal durchdekliniert hat, wird auch in der Mediation genügend Bedarfe entdecken, mit dieser Abwägungssystematik zu arbeiten und sie für die Beteiligten nutzbar machen, etwa um mit diesem Handwerkszeug Lösungsalternativen fruchtbringend mediativ zu bearbeiten.

173 Ein Mediator, der die **vier zentralen Auslegungskriterien** in ihrer Anwendung auf eine spezielle Norm im Übungsfall angewendet hat und selbst einmal eine Norm ausgelegt hat nach ihrem Wortlaut sowie nach systematischen, historischen und teleologischen Gesichtspunkten, wird sich zur gegebenen Zeit daran erinnern und es verstehen, dieses Modell dem konkreten Mediationsverfahren unter Wahrung des mediativen Prozessrahmens zur konstruktiven Konkretisierung einzelner Lösungsoptionen verfügbar zu machen.

174 Ein Mediator, der insbesondere die Bedeutung und die Tragweite des **„Schutzzwecks der Norm" und des „Sinn und Zwecks" einer Norm** im Rahmen der Rechtsauslegung als weiterführende Gedanken hinter den Buchstaben eines Gesetzes einmal eigenständig ausgelotet hat, weiß, dass auch das Recht die grundlegenden Interessen der Parteien im Sinne von Harvard berücksichtigen will, und kann diese vertiefende Betrachtungsweise in der Mediation kompatibel einsetzen, um das

eigene und gegenseitige Verständnis der Parteien zu fördern und für die Lösungsgestaltung fruchtbar zu machen.

Ein Mediator, der den **Grundsatz der Verhältnismäßigkeit** einmal nach dessen drei Kriterien: geeignet, erforderlich, angemessen abgeklopft und für einen konkreten Fall ein Votum zu einer Option nach diesem Muster erstellt hat: 175

Ist diese Maßnahme **geeignet**: Löst sie das Problem und deckt sie alle Interessen ab? !
Ist die Maßnahme **erforderlich**: Gibt es ein milderes Mittel, eine noch bessere Alternative, die ebenso das Ziel erreicht?
Ist diese Maßnahme **angemessen**: Ist sie zumutbar in jeder Hinsicht unter Berücksichtigung der persönlichen und sonstigen Umstände des Falles für alle hiervon Betroffenen?,

---

der kann dieses Vorgehen auch in der Mediation an geeigneter Stelle adäquat platzieren und die Parteien motivieren, gemeinsam Kriterien dieser Art zur Bewertung ihrer Lösungsvorschläge zu entwickeln und zu vereinbaren, ihre Alternativen danach auf Tauglichkeit zu prüfen.

Am Ende der Phase der Lösungsggestaltung haben die Parteien mittels des vier- 176
ten kreativ abwägenden Förderbandes ihrer Kommunikation einen Regelungsvorschlag erarbeitet, den der Mediator optional (§ 2 Absatz 6 Satz 3 MediationsG) als schriftliche Vereinbarung abfasst und den Parteien vorlegt.[204]

f) Ergebnissicherung

Die **Verschriftlichung** der gefundenen Lösung sollte ggf. eine orientierende Struk- 177
tur (**Rubrum, Präambel, Regelungsteil**) haben und deren Inhalte **einfach, umfassend, eindeutig und unabhängig** (ohne wenn ... dann ... Beziehungen) wiedergeben, etwa so, dass auch ein Dritter, der nicht am Mediationsverfahren teilgenommen hat, zumindest verstehen könnte, wer, was und bis wann zu tun hat. In dieser letzten Phase des Mediationsprozesses fördert der Mediator die Kommunikation der Parteien im Sinne eines **nachhaltigen Ergebnisses**, indem er die Beteiligten noch einmal anregt, kritisch auf die **Formulierungen** zu schauen und zu prüfen, ob es ein klares **Einverstandensein** sowie eine komfortable **Machbarkeit** in Bezug auf diese Lösung in allen Punkten gibt. Das fünfte Förderband mediativer Kommunikation ist dieser Reality-Check.

Die Mediation sollte mit einem angemessenen **Ritual** abgeschlossen werden: 178
Unterschriften, Shake-hands. Der Mediator sollte in einer kurzen **Review** noch einmal des Prozess würdigen und die Beteiligten anregen, darüber nachzudenken, ob es Sinn macht, die gefundene Lösung nach angemessener Zeit einmal auf Praxis-

---

204 Es gibt allerdings auch Mediationsverfahren, wo am Ende die Flipchartpapiere unterschrieben werden.

tauglichkeit zu überprüfen und hierfür jetzt schon einen **Auswertungstermin** zu vereinbaren, der wieder abgesagt werden kann, wenn er nicht gebraucht wird. Manchmal bietet es sich ebenfalls an, einen optionalen **Anschlusstermin** im Falle von Schwierigkeiten zu verabreden. Der Mediator gibt den Beteiligten alle während der Mediation erstellten Unterlagen mit, vernichtet diese auf Wunsch der Beteiligten oder bewahrt die Unterlagen vorläufig auf.[205]

V. Einbindung der Parteien in die Mediation *(§ 2 III S. 3 MediationsG)*

1. Gewährleistung des Mediators

179 Der Mediator führt durch das Verfahren (§1 MediationsG) und **gewährleistet**, dass die Parteien angemessen und fair in die Mediation eingebunden sind (§2 Absatz 2, 2. Halbsatz MediationsG), er steuert den Gesprächsprozess in einem definierten Verfahren und ist während seiner Moderation dessen Grundsätzen verpflichtet. Der Mediator hat verschiedene Rollen und Aufgaben (4. cc)), die sich in seiner mediativen Gesprächsführung verbinden. Er hat die Verantwortung für den Prozess und muss insoweit sachkundig sein.[206]

180 **Die Qualität seiner Dienstleistung, mittels adäquater Gesprächsführung durch die Mediation zu führen, die Kommunikation unter den Parteien zu fördern und die Parteien angemessen und fair in die Mediation einzubinden**, setzt entsprechend eine detaillierte Kenntnis des Verfahrens und der in diesem Verfahren praktizierten Art der Kommunikation voraus. Der Mediator **gewährleistet** diesen Kompetenzaufbau durch eine **fundierte Ausbildung** sowie **Fortbildungen**, die präzise Standards erfüllen (§ 5,6 MediationsG). Der Gesetzgeber stellt insofern einen **hohen Anspruch an die Professionalität** des Mediators, der nach objektivem Maßstab den Erfolg schuldet und damit die Leistungsverpflichtung erfüllen muss, dass die Parteien gleichberechtigt an der Mediation unter Wahrung der Grundsätze und des Rahmens des Verfahrens teilnehmen können.[207]

181 Der Mediator wird die Qualität seiner Dienstleistung des Weiteren dadurch gewährleisten, dass er außerhalb von Aus- und Fortbildungszusammenhängen in diffizilen Prozessgemengelagen zusätzlich **Supervision** oder **Kollegiale Beratung** in Anspruch nimmt und komplexe Verfahren in **Co-Mediation** durchführt. Bei Kon-

---

205 Die Aufbewahrungspflichten nach den jeweiligen Berufsordnungen und nach dem Steuerrecht sind zu beachten.

206 *Fritz/Pielsticker* § 1 Rn. 33, 45.

207 *Fritz/Pielsticker* § 2 Rn. 90 f.

fliktkonstellationen, die tief in die Unternehmensinterna vordringen, kann ein **Tandem aus einem internen und einem externer Mediator** vorteilhaft sein.

a) Feldkompetenz

Dies vorausgesetzt: Welche Bedeutung in Bezug auf die **Gewährleistung** seiner 182
Dienstleistung i.S.v. § 2 Absatz 3, Satz 2 MediationsG i.V.m. § 2 Absatz 6 Satz 2 MediationsG und §§ 5,6 MediationsG haben für den gesprächsführenden Mediator **weitere Kompetenzen** im Umfeld eines konkreten Konfliktzusammenhangs? Ein Mediator sollte aus Sicht der Autorin den Rahmen der Mediation auf allen Seiten ausfüllen können (C Rn. 133) und damit auch überschlägige Kenntnis im Kontext des Mediationsgegenstandes haben, weil er wissen bzw. leicht verstehen können muss, wovon die Parteien sprechen, was ihrem Vortrag an Interessen zugrunde liegt und welche Risiken/Konsequenzen vorausschauend zu bedenken sind. Grundsätzlich geht es mithin darum, als Mediator Bewusstheit über die wesentlichen Belange des Mediationsgegenstandes zu haben, um entsprechend sensibilisiert den Kommunikationsprozess führen zu können. Das gilt auf der Sach- und Beziehungsebene gleichermaßen. Typische Konstellationen und Dynamiken des Mediationszusammenhangs sollten dem Mediator ebenso bekannt sein, wie zentrale inhaltliche und systemische Rahmenbedingungen und Verkehrssitten. Der Mediator sollte mithin so viel **Feldkompetenz** haben, wie notwendig ist, um die Medianten qualifiziert durch das Klärungsgespräch zu führen und die Beteiligten durch gezielte Fragen anzuregen, in alle relevanten Richtungen zu denken. Der Mediator braucht mithin Kompetenz in den wesentlichen Bereichen des Mediationsgegenstandes insoweit, wie dies seinen inneren Fokus erweitert, den er zur Gesprächsführung braucht. **Alle die Kenntnisse, die ihn im konkreten Mediationskontext zu einem besseren Moderator/Kommunikator machen und seine Gesprächsführungskompetenz erhöhen**, sind in diesem Sinne nützlich mit dem Ziel, den Parteien zu quick wins zu verhelfen. Mithin ist es von Vorteil, wenn der Mediator, der eine Mediation in einer bestimmten **Branche**, etwa der Baubranche durchführt, mit den dort vorherrschenden branchentypischen Kommunikationsmustern und -stilen (Fachsprachen), Einflussfaktoren und Ablaufstrukturen grob vertraut ist.[208] Dieses Wissen, diese Berufsalltagskompetenz nützt ihm zuerst bei den vertrauensbildenden Maßnahmen, die stets am Anfang einer Mediation stehen, bei der kreativen Suche und Evaluation von Lösungsvorschlägen, die er breit zu initiieren hat und am Laufen halten muss, und schließlich bei der Realitäts- und Fairnesskontrolle am Ende der Mediation. Bei dieser interdisziplinären Kompetenzmelange des Mediators kann sich die ganze Qualität des Mediationsverfahrens in ihrer hocheffizienten kommunikativen Steue-

208 Vgl. zu den Anwendungskontexten der Mediation *Trenczek/Berning/Lenz* Mediation und Konfliktmanagement Ziffer 5. Arbeitsfelder.

rungsmechanik zwischen klärender Prozessorientierung und effektiver Ergebnisorientierung vorzüglich entfalten. Diesen Umstand sollten auch die Mediationsausbilder ausreichend im Blick haben.

b) Rechtskenntnisse

183 Im Bereich der **Querschnittsmaterie des Rechts** sind nach dem bereits Gesagten alle die Grundkenntnisse für die Gewährleistung der Qualität i.S.v. § 2 Absatz 3 Satz 2 i.V.m. § 2 Absatz 6 MediationsG hilfreich, die dazu beitragen, im Bereich des Mediationsgegenstandes Bewusstheit über die Regelungssystematik und über den **rechtlichen Vergleichsrahmen** in der Sache und im Prozess zu erlangen, weil sie den Mediator in die Kompetenz setzen, seine Fragen an die Parteien auch an den Regelungs- und Verfahrensangeboten des Vergleichsrahmens zu orientieren, und ihm somit das fundierte Spiel mit der BATNA/WATNA (der besten und schlechtesten Alternative zum weiteren Vorgehen) etwa in schwierigen Prozesssituationen ermöglichen.[209] Der Mediator bekommt durch die Maßstäbe des Vergleichsrahmens neben dem Phasenmodell des Mediationsverfahrens quasi ein zweites **Gerüst**, nämlich das der **rechtlichen Argumentations-, Verhandlungs- und Abwägungsmaximen** zur Verfügung gestellt, an dem er seine Gesprächsführung ggf. ausrichten kann.

! **Beispiele:**

184 Weiß der Mediator: Das wäre der rechtlich maßgebliche unabdingbare materielle Regelungs- und prozessuale Verfahrensrahmen für den vorliegenden Mediationszusammenhang, dann kann er gezielt auf den Umfang des (überhaupt nur möglichen) Gestaltungsbereiches der Mediation hinwirken, mit den Medianten den Kreis der Beteiligten sachdienlich festlegen sowie auf die Einholung von Gutachten und die Beteiligung von Sachverständigen als Möglichkeit hinweisen und im weiteren auf die erforderliche Beratung durch Experten verweisen (z.B. **Planungsvorhaben**).

Kennt der Mediator die notwendig oder regelmäßig im rechtlichen Vergleichsrahmen zu regelnden Inhalte des Mediationsgegenstandes, dann kann er die Parteien auch aus dieser Perspektive anregen, über die Vollständigkeit der eingeführten Inhalte und Lösungen nachzudenken (z.B. **Scheidungsverbund**).

Ist der Mediator über die rechtlichen Grenzen einer Vereinbarung allgemein und speziell im Mediationskontext informiert, dann kann er die Parteien rechtzeitig dazu anregen, ob sie die Wirksamkeitskontrolle ihrer Vereinbarung seitens Experten durchführen lassen wollen oder Informationen über die eventuelle Erforderlichkeit von Genehmigungen einholen wollen (z.B. **Medien, Telekommunikation, Internettechnologie**).

---

209 Zum Nutzen der Kenntnis über rechtssystematische Abwägungskriterien in der Phase der Lösungsgestaltung Ziff. 7e).

Ist der Mediator mit rechtlichen Ansprüchen und allgemeinen Gestaltungsgrundsätzen im Mediationskontext, also mit dem, was das Recht hier grundsätzlich als fair ansieht, vertraut, kann ihn dies bei der von ihm zu initiierenden und zu moderierenden, langfristig ausgerichteten Fairnesskontrolle gezielt unterstützen (z.B. **Wettbewerbsstreitigkeiten**).

Bei Blockaden kann es hilfreich sein, selbst oder durch Experten darstellen zu lassen, was die Verfahrensalternativen zu Mediation wären – je konkreter der Mediator darauf hinwirken kann, desto deutlicher werden die Konsequenzen, z.B. durch von Expertenseite eingeführte Hinweise auf Beweisführungsgrundsätze etwa bei **Leistungsstörungen und Schadensfällen**.

Der Mediator sollte im Kopf mitlaufen lassen können, was den Medianten in der weiteren Konsequenz – etwa gegenüber Dritten – an rechtlichen Folgen klar sein muss. Auch hierzu sollte der Mediator etwa bei komplexen Zusammenhängen gezielt Fragen stellen können, die die Parteien motivieren und in die Kompetenz setzen, in bestimmte Richtungen zu denken und ihre Lösungsvorschläge danach abzuklopfen oder die bei den Parteien das Bewusstsein wecken, hier ist Expertenrat notwendig (z.B. **Erbschaft, Nachfolge, Grundstücke, Patente**).

Dem Mediator sollte frühzeitig klar sein, wo die Beteiligten als Grundlage der weiteren Mediation rechtliches Expertenwissen brauchen. Gerade in Bezug auf die Eindeutigkeit von Informationen, Inhalten und Formulierungen sowie deren übereinstimmender Handhabung der Parteien gibt es häufig Mängel, Regelungslücken und versteckte Dissense. Diese muss der Mediator unverzüglich problematisierend durch Nachfragen im Mediationsprozess umfassend offen legen können. Ist die Lücke nicht zu schließen, ist an Experten zu verweisen (z.B. **Kooperations- und Vertragsgestaltung**).

Der **rechtliche Vergleichsrahmen** gibt dem Mediator zusätzliche Instrumente für die qualifizierte Gesprächsführung an die Hand, auf die nicht verzichtet werden sollte, damit durch eine rechtzeitige Weichenstellung inhaltlich aufwändige Korrekturen und motivationshemmende Frustrationen vermieden werden. 185

2. Einbinden der Parteien in die Mediation

Die Frage der fairen und angemessenen **Einbindung** der Parteien in die Mediation ist in Ergänzung aller die Kommunikation unter den Beteiligten fördernden Aufgaben und Aktivitäten des Mediators (§ 2 Absatz 3 1. Halbsatz MediationsG) zunächst eine Frage der **Art und Weise der Beteiligung**. Die **Parteien** eines Mediationsverfahrens, das sind zentral die Personen, die in der Mediation zusammen verhandeln. Es gibt allerdings weitere Formen der Beteiligung. Sie kommen zum Einsatz etwa bei größeren Gruppen oder weiteren Kreisen mit einem berechtigten Interesse am Eingebundensein in die Mediation. Zu unterscheiden sind folgende Formen der Beteiligung: 186

Formen der Beteiligung

187
- Direkte, kontinuierliche Beteiligung
- Direkte, partielle Beteiligung
- Formen der Repräsentation: Vertreter, Sprecher, leerer Stuhl
- Formen der Rückkopplung und Information vor, während und nach dem Verfahren
- Beobachtende Teilnahme

188 Diese verschiedenen Möglichkeiten der Teilnahme am Verfahren macht der Mediator in der Phase der Auftragsklärung allerseits deutlich, hört die (potenziellen) Beteiligten dazu an und trifft dann seine Entscheidung, wie er den Prozess im ersten Setting aufsetzen wird. Diese Entscheidung teilt er allen mit und fragt die Zustimmung bei den Beteiligten ab. Bei komplexeren Gemengelagen kann er hierzu mit dem **Auftragsklärungsdreieck** arbeiten (C Rn. 154). Mitunter findet bereits zu diesem Thema, wer ist wie am Prozess beteiligt, die erste Verhandlung unter den Beteiligten statt.

a) Direkte, kontinuierliche Beteiligung

189 Um den Kreis der direkt und kontinuierlich am Mediationsgespräch Beteiligten so überschaubar wie möglich und so umfassend wie notwendig zu halten, sollte der Kreis der Medianten grundsätzlich nur aus den Personen bestehen, die direkt am Konflikt beteiligt sind. Dazu ist zu klären, welche Reichweite ein Konflikt hat.[210]

Reichweite von Konflikten

190
- intrapersonell (innere Konflikte einer Person)
- interpersonell (Konflikte von Person zu Person)
- mesosozial (Konflikte in einer Gruppe, z.B. Arbeitsteam, Familie)
- makrosozial (Konflikte zwischen Gruppen, z.B. zwischen Abteilungen eines Unternehmens, zwischen Unternehmen, zwischen Staaten)

Eine genaue Betrachtung der Konfliktreichweite ist z.B. immer dann angebracht, wenn es Konflikte in einer Gruppe gibt. Zu prüfen ist, ob diese Konflikte insgesamt alle Mitglieder dieser Gruppe gleichermaßen betreffen, also die ganze Gruppe direkt, kontinuierlich teilnehmen sollte (mesosoziale Konfliktreichweite) oder vielmehr einzelne Mitglieder der Gruppe etwas miteinander zu klären haben (interpersonelle Konfliktreichweite) und entsprechend nur diese einzelnen Mitglieder am Verfahren direkt, kontinuierlich teilnehmen.[211]

---

210 Fritz/Pielsticker/*Etscheit* Methodik und Anwendungsbereiche der Mediation I. Rn. 35–45.
211 Zum Thema Gruppenmediation vgl. *A. Redlich* Konfliktoderation in Gruppen, 7. Auflage 2009.

b) Direkte, partielle Beteiligung

191 Diese Form der Teilnahme am Verfahren bietet dem Mediator flexible Möglichkeiten, weitere Perspektiven anlassbezogen und punktuell in das Verfahren mit einzubinden.

Häufig macht es Sinn, etwa die **Führungskraft** der Konfliktbeteiligten bei der Rahmensetzung dazu zu holen, damit diese ihre Erwartungen an das Verfahren formulieren kann und mögliche Differenzen dazu aus dem Kreis der Beteiligten im Gesprächsprozess bearbeitet und ausgeräumt werden können. Die Führungskraft kann an der Stelle auch noch einmal betonen, dass sie das Ergebnis der Mediation akzeptieren wird und außer einem kurzen Hinweis dazu, ob es ein Ergebnis gibt, nichts zu wissen braucht.[212] Oder sie kann ebenfalls darlegen, was sie gern wissen möchte aus ihrer Führungsrolle heraus. Die Führungskraft kann so auch deutlich machen, dass sie einen Plan B hat, wenn die Mediation nicht zu einem Ergebnis führt und diesen ggf. schon jetzt bekannt geben. **Interne oder externe Experten** können so nach einem klaren Auftrag der Medianten ihre Hinweise in das Verfahren hineingeben, Fragen beantworten und wieder gehen.[213] Letztlich kann so jede Stimme im Verfahren gehört werden, ganz wie es die Parteien für sinnvoll halten.

c) Repräsentative Beteiligung

192 Die Möglichkeiten **repräsentativer Einbindung** sind zum einen besonders nützlich, wenn es um die Teilnahme verschiedener **Interessengruppen** am Mediationsverfahren geht. Das Hauptanwendungsgebiet sind Beteiligungsverfahren in Umwelt-, Infrastruktur- und genehmigungspflichtigen Planverfahren. Verhandelt werden sollte hier u.a. vorab, angeregt durch den Mediator, ob das Vertreterprinzip (mit delegiertem Entscheidungsmandat) oder das Sprecherprinzip (die Interessengruppe entscheidet selbst) sinnvoll ist. Zum anderen können **Abwesende** durch einen leeren Stuhl repräsentiert und methodisch in das Verfahren eingebunden werden. Die Abwesenheit kann durch Krankheit, Entfernung, Nichtinteresse begründet sein oder dadurch, dass eine Selbstvertretung der eigenen Interessen im Sinne der Rollenver-

212 Im Zuge dessen ist häufig eine Vorabreflexion mit der Führungskraft erforderlich, die eine Konfliktthematik in einer Mediation bearbeiten lassen will. Der Mediator arbeitet mit der Führungskraft zu der Frage, wie die Delegation an das Verfahren der Mediation aussehen soll, wie die Führungskraft also den Mediantenkreis an einem Gestaltungs- und Entscheidungsprozess beteiligen will: Sollen die Medianten allein gestalten und abschließend entscheiden? Oder sollen sie sich klären und der Führungskraft ihre konsensuale Lösung in Form eines Votums mitteilen? Die Form der Beteiligung und damit der Umfang der Delegation an das Verfahren der Mediation ist mit der Hierarchie präzise zu ermitteln und im Weiteren rahmensetzend in die Verhandlung einzuführen.

213 *Schwartz/Geier* ZKM 2000, 196 ff.

teilung des Mediationsverfahren aktuell nicht möglich ist (Behinderung, Sucht, psychische Erkrankung, Kinder ...). Auch der verstorbene Erblasser kann auf diese Weise in einer Mediation über die Verteilung des Nachlasses „anwesend“, i.S.v. in den Köpfen der Anwesenden präsent und allen bewusst, sein.

d) Rückkopplung und Information

193 Eine angemessene Einbindung in das Mediationsverfahren durch **Rückkopplung und Information während des Verfahrens** ist etwa dann erforderlich, wenn in einer betrieblichen Mediation die Hierarchie (oder auch Betriebsrat oder die Personalabteilung) an bestimmten Punkten einbezogen werden muss oder im laufenden Prozess gemäß des Sprecherprinzips mit der Interessengruppe außerhalb der Mediationssitzungen rückgekoppelt wird. Außerdem ist dies eine probate Vorgehensweise im Rahmen einer **Shuttle- bzw. Pendelmediation**, bei der die Parteien während des gesamten Verfahrens oder einem Teil davon nicht an einem Tisch zusammenkommen, sondern der Mediator mit den Stakeholdern einzeln spricht und deren Botschaften in autorisierter Form den jeweils anderen Parteien übermittelt. **Vor dem Verfahren** ist im Zuge der Auftragsklärung und Rahmensetzung im Wirkungsbereich des Mediationsverfahrens so lange rückzukoppeln und zu informieren, bis das Auftragsklärungsdreieck widerspruchsfrei und der Rahmen nach allen Seiten kompatibel gesetzt ist. **Nach Abschluss der Mediation** wird das Umfeld und ggf. auch die weitere Öffentlichkeit genau so informiert, wie es zu Beginn des Verfahrens im Zuge der Vertraulichkeitsverabredung und/oder nach Ergebniserzielung von den Beteiligten gemeinsam bestimmt wurde.

e) Beobachtende Teilnahme

194 In **inhaltlich komplexeren Konstellationen** kann es sich anbieten, **Experten** beobachtend zu beteiligen und somit kontinuierlich verfügbar zu haben. **Bei starker Eskalation** werden die Parteien u.U. nicht auf ihre **Rechtsvertreter** verzichten wollen. In diesem Fall sollte der Mediator genau klären, welche Rolle die Rechtsanwälte im Verfahren einnehmen sollen und Bedeutung ihre Anwesenheit für die Beteiligten hat. Wenn die Beteiligten einen Nutzen darin sehen, ihren Mediationsprozess für einen definierten oder allgemeinen Kreis der **Öffentlichkeit** transparent zu machen, etwa um **Reputation und Vertrauen** aufzubauen, kann eine beobachtende Teilnahme Dritter statthaft sein. Desgleichen kann es sinnvoll sein, **vertretene Interessengruppen** – zumindest optional – beobachtend den Gesprächsprozess verfolgen zu lassen und sie damit insgesamt stärker einzubinden. Bei Mediationen im öffentlichen Interesse wird über die Beteiligung und die **Rolle der Medien** vor, während und nach dem Verfahren zu sprechen sein. Eine direkte Übertragung des Gesprächsprozesses erscheint im Zuge dessen

mediationstauglicher zu sein als dessen öffentliche journalistische Kommentierung.

Die Aufgabe des Mediators besteht insgesamt darin, in Bezug auf das Thema Beteiligung einen **effizienten Prozess durch geeignete Settings** in Gang zu setzen, der die für diese Mediation passende Mischung aus Vertraulichkeit und Transparenz besitzt und genau die Personen am Tisch der Mediation zusammenbringt, die etwas miteinander zu klären haben. 195

3. In fairer Weise

In fairer Weise meint zunächst **Gleichbehandlung i.S.v. jeder das, was er braucht** (und nicht i.S.v. jeder Beteiligte dasselbe). Fair bedeutet auch: **Wahrung der neutralen, allparteilichen Rolle des Mediators.** Wenn der Mediator sich entscheidet, etwa aufgrund starker Eskalation, nicht gleich alle Beteiligten an einen Tisch zu holen, sondern vorab Einzelgespräche mit den Beteiligten zu führen, dann wird er diese **Vorgespräche** allen Beteiligten als Option anbieten und sie mit den Beteiligten führen, die Bedarf haben und sein Angebot in Anspruch nehmen. Wenn der Mediator im laufenden Verfahren **Einzelgespräche** für sinnvoll hält (Caucus), dann wird er diese Möglichkeit für alle Konfliktbeteiligten gleichermaßen in den Raum stellen und mit den Beteiligten gesondert sprechen, die seinem Vorschlag folgen. Der Mediator wird darauf achten, dass innerhalb einer Sitzung **alle Beteiligten zu Wort kommen**, und wenn das nicht möglich ist, diesen Umstand benennen und in Aussicht stellen, dass dieses **Ungleichgewicht ausbalanciert** wird. Der Mediator wird darauf hinweisen, wenn die Beteiligten sich unterschiedlich einbringen, dass einige Sichtweisen deutlicher im Raum stehen als andere, und fragen, ob das für alle Medianten so in Ordnung geht oder noch etwas fehlt. Der Mediator wird kontinuierlich im Prozess Hypothesen bilden und achtsam wahrnehmen, wo **Unterschiede zwischen den Beteiligten von Bedeutung schwingen**, und dies zum Thema machen. Der Mediator wird sich um die besonderen Belange einzelner im Prozess kümmern und deutlich machen, dass er selbstverständlich für alle individuellen Belange aller Konfliktbeteiligten gleichermaßen zur Verfügung steht und genau diese persönlichen Belange die wichtigen Aspekte für die Konfliktentwicklung darstellen. Der Mediator wird immer wieder hervorheben: Im Mediationsprozess geht es nicht um gut oder schlecht, um wahr oder unwahr, um richtig oder falsch, um Schuld und Sühne, **statt um Bewertungen** dieser Art **geht es um Auswertung und Analyse (Ursachen-Wirkungs-Forschung)** einer Konfliktgeschichte, die sich aus mehreren gleichermaßen bedeutsamen Sichtweisen zusammensetzt und aus der Chancen und Risiken für die Zukunft abgeleitet werden können. So wird es dem Prozess gelingen, Schutzhaltungen überflüssig werden zu lassen, und den Beteiligten authentische Mitteilungen ermöglichen. Außerdem wird sich auf diese Weise eine Konfliktlandschaft auffächern, die alle im konkreten Verhand- 196 lungskontext relevanten **Konfliktebenen** einbindet in das Verfahren und den Einfluss des umgebenden Systems berücksichtigt.[214]

! **Konfliktebenen**[215]

197
- Sachkonflikte
- Beziehungskonflikte
- Zielkonflikte
- Interessenkonflikte
- Werte-, Kulturkonflikte
- Rollen-, Strukturkonflikte
- Verteilungs-, Machtkonflikte
- Zugehörigkeits-, Identitätskonflikte

---

198 In fairer Weise heißt auch **in transparenter Weise**, welche Bedeutung die Einbeziehung bestimmter Perspektiven und Stakeholder für das Ergebnis besitzt. Es ist ein Unterschied, ob jemand im Verhandlungsprozess angehört wird oder ob er das Ergebnis mitentscheiden bzw. mitgestalten darf. Es sollte mithin umfassend klar und eindeutig sein, welche Qualität die Beteiligung am Verfahren hat und was der Kreis der Medianten von der einbezogenen Perspektive erwartet (Feedback, Beratung, Ideen und Vorschläge, Sichtweise/Meinungsbild, Kommentar, Expertise etc.). Auf diese Transparenz und Einigkeit im Kreis der Medianten hat der Mediator vor der Einbeziehung weiterer Perspektiven hinzuwirken.

4. Angemessen

199 Die Parteien angemessen in die Mediation einzubinden heißt, dies den **Grundsätzen des Verfahrens, dem Rahmen der Mediation** und der **Dynamik der Prozessentwicklung** folgend und mit ihnen in Übereinstimmung (Kongruenz) zu tun. Damit sind auch die Bezugspunkte definiert, an denen der Mediator seine Gesprächssteuerung ausrichten und überprüfen kann.

200 **Angemessen** bedeutet daher, die Einbindung in das Verfahren **zur aktuellen Situation der Beteiligten passend** zu gestalten, die Medianten im Prozess jeweils dort abzuholen, wo sie stehen, sie zu fordern, ihnen etwas zuzutrauen sowie zuzumuten und die Konfliktbeteiligten nicht zu überfordern, den Prozess zu tiefen so weit wie notwendig und nicht darüber hinaus, Respekt vor Grenzen zu zeigen, Schutzhaltungen wertzuschätzen, die Beteiligten durch Interventionen zu stärken (empowern) und nicht zu manipulieren.

---

214 Fritz/Pielsticker/*Etscheit* Methodik und Anwendungsbereiche der Mediation I., Rn. 25ff.
215 Zum Thema Gegenstandsbereiche in Konflikten weiterführend *Montada*/*Kals*.

Angemessen meint schließlich auch, einen komfortablen Konfliktbearbeitungsprozess zu gestalten und im Zuge der kommunikativen Wanderung durch den Phasenverlauf mittels adäquater **Visualisierung und Strukturierung Komplexität zu reduzieren** sowie mit geeigneter **Moderationsmethodik** (z.B. Fish Bowl, Kartenarbeit, open space, Zukunftswerkstatt ...) **Arbeitsschritte zu synchronisieren.** 201

Angemessene Einbindung umfasst auch den Bereich der **Organisation des Verfahrens**, die unter Beachtung der Rollenverteilung zwischen Mediator und Medianten erfolgt. Das Prinzip Eigenverantwortung auf Seiten der Konfliktbeteiligten schreibt den Grundsatz fest: Die Parteien (bzw. deren umgebendes System) organisieren das Verfahren selbst von A bis Z. Bei Schwierigkeiten gibt der Mediator Impulse und initiiert ggf. notwendige Klärungsprozesse. Der Mediator wird im Zuge dessen auch darauf hinwirken, dass Ort, Raumausstattung und -größe, Zeitfenster und Sitzungsintervalle prozessförderlich gestaltet werden. 202

VI. Einzelgespräche in der Mediation *(§ 2 III S. 4 MediationsG)*

1. Voraussetzungen

Gesetzlich normiert wurde mit § 2 III S. 4 MediationsG die in der Mediationspraxis nicht unumstrittene Methode des Einsatzes von Einzelgesprächen (so genanntes **Caucasing**). In den angelsächsischen Mediationsverfahren (wie in England, USA) bilden Einzelgespräche die Standarderöffnung einer Mediation. Das Spektrum der Meinungen in den deutschsprachigen Räumen reicht von gänzlicher Ablehnung getrennter Einzelgespräche über erhebliche Bedenken, bis hin zu dem situationsbedingten methodischen Einsatz solcher Gespräche[216] und der Empfehlung in jeder Mediation mindestens einmal Einzelgespräche durchzuführen[217]. Es wird eingewendet, dass Einzelgespräche etwa mit dem Grundsatz des rechtlichen Gehörs nach Art. 103 GG nicht vereinbar seinen,[218] wobei verkannt wird, dass dieser Grundsatz beim privatrechtlich ausgestalteten Mediationsverfahren keine Anwendung findet.[219] 203

In der Praxis haben sich auch so genannte **Shuttle-Mediationen** insbesondere in der Wirtschaftsmediation etabliert, in denen nur noch in Einzelgesprächen vermittelt wird, wobei fraglich ist, ob es sich dabei noch um ein Mediationsverfahren im Rahmen des Mediationsgesetzes handelt (C Rn. 228). 204

216 Siehe dazu: *Gläßer/Kublik* ZKM 2001, 89 ff.; auch *Paul/Roberts* ZKM 2005, 22 ff.; zum Meinungsstand: Haft/von Schlieffen/*Risse/Wagner* § 23 Rn. 82; *Calkins* ZKM 2007, 176 ff.; *Leiss* ZKM 2006, 74 ff.

217 *Leiss* ZKM 2006, 74 (77).

218 Haft/von Schlieffen/*Hess* § 43 Rn. 53 ff.

219 Auch *Fritz/Pielsticker* § 2 Rn. 98.

205 Das Mediationsgesetz sieht die Möglichkeit zur Durchführung von Einzelgesprächen ausdrücklich in § 2 III S. 3 MediationsG vor.

Eine Verhandlung unter Anwesenheit beider Parteien ist in der Mediation die Regel, **Einzelgespräche die Ausnahme.**[220] Die gesetzliche Wertung des § 2 III S. 3 MediationsG, wonach es für Einzelgespräche einer Zustimmung der Parteien bedarf, stellt klar, dass Verhandlungen unter Anwesenheit beider Parteien die Regel sind. Soweit der Mediator mit den Parteien Einzelgespräche führen will, muss er sich daher ***vorher*** das allseitige Einverständnis der Parteien einholen.

206 Eine entsprechende präventive Klausel im Mediationsvertrag allein, reicht nicht aus, um sich ein Einverständnis einzuholen. Eine solche Klausel stellt, soweit es sich bei dem Mediationsvertrag um **Allgemeine Geschäftsbedingungen** handelt (B Rn. 241) nach § 307 BGB eine unangemessene Benachteiligung dar.

207 Das Einverständnis kann **formlos** erteilt werden, es muss also nicht schriftlich abgefasst sein. Eine schriftliche Vereinbarung bzw. eine Notiz im Protokoll über die Mediationssitzung ist allerdings empfehlenswert. Insoweit kann eine Zustimmung – wie jede nicht formbedürftige Willenserklärung – auch **konkludent** durch schlüssiges Verhalten erfolgen. Allerdings darf in Zweifelsfällen eine Zustimmung nicht einfach unterstellt werden.

208 Der Anlass zur Durchführung von Einzelgesprächen kann sich unterschiedlich darstellen. Einzelgespräche bieten einen **erhöhten Vertraulichkeitsschutz**. Der Mediator entscheidet sich etwa für Einzelgespräche, um offener mit der Partei reden zu können, als dies im Rahmen der gemeinsamen Verhandlungen möglich ist. Er kann in Einzelgesprächen einen geschützten Rahmen für Informationen und Gefühle schaffen, die die Partei in der gemeinsamen Verhandlung (noch) nicht zu sagen vermag. Insbesondere bei hoch brisanten Informationen, bei denen die Partei einen Missbrauch der Informationen durch die andere Partei befürchtet, besteht für die Partei ein besonderer Wunsch nach Vertraulichkeit. Gleiches gilt für tief bewegende Emotionen, die eine Partei der anderen Partei etwa aus Scham oder Angst vorenthalten will. Der Mediator sollte vor der Einholung der Zustimmung der Parteien für Einzelgespräche seine Motivation für ein Einzelgespräch **transparent** machen und die **konkreten Gründe** dafür benennen.

209 Auch bei Einzelgesprächen handelt es sich um eine methodische Intervention des Mediators im Rahmen seiner Prozessverantwortung. Insofern entscheidet der Mediator nach seinem Ermessen, ob eine solche Intervention notwendig ist. Die Parteien können und müssen selbst entscheiden, ob sie Einzelgespräche führen wollen, denn ohne ihre Zustimmung sind Einzelgespräche nicht möglich. Zur Entscheidungsfindung müssen die Parteien die Notwendigkeit für die Durchführung von Einzelgespräche verstehen. Ferner müssen ihre **Bedenken** berücksichtigt, die **Vor-**

220 So auch *Greger/Unberath* § 2 Rn. 19.

teile und Risiken erörtert und für **Transparenz** und **Rückkoppelung** gesorgt werden, damit die Parteien vorbehaltslos zustimmen können.

Da der Mediator auch in Einzelgesprächen der **Vertraulichkeit** unterliegt, hat er die Parteien darüber aufzuklären, dass der Inhalt des Einzelgespräches vertraulich bleibt und mit der jeweiligen Partei abgesprochen wird, was in die Verhandlungen rückgekoppelt wird. Diese Aufklärung über die Bedingungen für Einzelgespräche erfordert eine sorgfältige Erörterung in der konkreten Verhandlungssituation. Eine im Mediationsvertrag vorweggenommene Vertragsklausel erfüllt diesen Aufklärungszweck nicht. 210

Entscheidet der Mediator sich im Einzelfall für Einzelgespräche und stimmen die Parteien dem nach Aufklärung zu, dann obliegt es dem Mediator 211

- Im Einzelgespräch seine **Neutralität** zu wahren, er ist gehalten, sich nicht zum Handlanger einer oder beider Parteien zu machen,
- mit den Parteien zu klären, **welche Information in die Verhandlungen rückgekoppelt werden** und welche vertraulich behandelt werden,
- offenzulegen, wann er mit wem Einzelgespräche geführt hat. Da das ob der Einzelgespräch mit beiden Parteien abgesprochen wurde, kann der Mediator die Parteien ohne Verletzung der Vertraulichkeit darüber informieren.

Der Mediator unterstützt die Partei im persönlichen Einzelgespräch darin, das Gesagte bzw. Gefühlte auch gegenüber der anderen Partei besprechbar zu machen. Die Partei bekommt die Möglichkeit einer Wahrnehmungsüberprüfung und Selbstreflexion. Die Inhalte des Einzelgespräches können – soweit die Partei damit einverstanden ist – in für die betroffene Partei in die Mediationsverhandlungen rückgebunden werden. Auch zur **Deeskalation** etwa bei hoch eskalierten Konflikten kann es angezeigt sein, mit den Parteien Einzelgespräche zu führen. Durch Einzelgespräche können die für den jeweiligen Konflikt typischen Kommunikationsmuster zwischen den Parteien aufgelöst werden. Damit wird gleichzeitig auch die **Eskalationsdynamik** des Konfliktes (C Rn. 111) unterbrochen.[221] Ebenso Hindernisse und Blockaden oder Überzuversicht auf Seiten der Parteien für die Durchführung des Mediationsverfahrens können in Einzelgesprächen gegebenenfalls besser geklärt werden. 212

Allerdings lebt das Mediationsverfahren gerade von der offenen, authentischen und ungefilterten Darstellung des Konfliktes seitens der Parteien. Auch die dazugehörige Gefühlswelt fördert das Verständnis der Parteien füreinander. Daher bergen Einzelgespräche das **Risiko**, die Distanz zwischen den Parteien zu erhöhen und die Fronten im Konflikt zu verhärten. Da die Konfliktverhandlung insbesondere zu Beginn, aber auch während des Verfahrens regelmäßig von gegenseitigem Misstrauen der Parteien geprägt ist, erwecken Einzelgespräch mit dem Mediator bei der jeweils 213

221 Auch: *Gläßer/Kublik* ZKM 2001, 89 (90).

anderen Partei oft auch erhebliche **Befürchtungen**. Was genau wird die Partei dem Mediator über den Konflikt und die andere Partei erzählen? Daher ist die Einholung der Zustimmung für Einzelgespräche nicht nur rechtlich, sondern vor allem auch zur Vertrauensbildung für das Mediationsverfahren wichtig.

214 Ebenso zur Sicherung der **Neutralität** (C Rn. 17ff.) des Mediators ist es angezeigt, sich das jeweilige Einverständnis der anderen Partei in der konkreten Verhandlungssituation nach umfänglicher Aufklärung einzuholen und die damit verbundenen Vorgänge transparent zu machen.[222] Der Inhalt eines Einzelgespräches ist vom Grundprinzip (in transformierter Form) offenzulegen. Soweit die Partei sich allerdings weigert, unterliegt der Mediator der Verschwiegenheit bezüglich des Inhaltes des Gesprächs. Es ist mit den Parteien im Einzelgespräch zu vereinbaren, wer – der Mediator oder die Partei selbst – die Informationen wann und wie an die andere Partei weitergibt.

215 Soweit die Partei Informationen aus den Einzelgesprächen, die für das Verfahren von entscheidender Bedeutung sind, nicht offenlegen will, kann dies ein Grund für die Beendigung der Mediation durch den Mediator sein.[223] Keinesfalls darf der Mediator aber die Verschwiegenheit brechen.[224] Auch wenn keine ausdrückliche zusätzliche Vereinbarung über das Stillschweigen des Mediators über die Inhalte des Einzelgesprächs getroffen wurde, ergibt sich dies aus dem Vertragsverhältnis. Denn die Einzelgespräche werden ganz bewusst unter Ausschluss der anderen Partei geführt. Sie wird gezielt von der Information ausgeschlossen.[225]

216 Bei dem Informationstransfer vom Einzelgespräch in die gemeinsamen Verhandlungen können Verunsicherung bei allen Beteiligten bestehen. Was genau darf der Mediator – wenn er der Informationsübermittler sein soll – aus den Einzelgesprächen weiter geben? Selbst wenn man darüber Regeln trifft, so besteht doch die Gefahr der Verzerrung und Verfälschung. Anders als in der gemeinsamen Verhandlungssituation, in der der Mediator durch Zurhilfenahme von Kommunikationstechniken das Gesagte der Partei übersetzt (Etwa durch Reframing, Parfrasieren, Doppeln und andere Kommunikationstechniken, C Rn. 134), erfolgt der Informationstransfer der Einzelgespräche gerade nicht durch eine unmittelbare und direkte Übersetzung des Mediators, die wiederrum ad hoc von der Partei korrigiert werden kann. Das Informationsleck der Partei bezüglich Informationen der anderen Partei aus einem Einzelgespräch kann letztendlich nur mit Vertrauen gefüllt werden. Denn die jeweilige Partei wird niemals erfahren, ob der wiedergegebene Inhalt dem tatsächlich erörterten Inhalt im Wesentlichen entspricht, denn sie war eben nicht dabei.

---

222 Vgl. Haft/von Schlieffen/*Kracht* § 12 Rn. 118; siehe auch *Gläßer/Kublik* ZKM 2001, 89 (90).
223 Auch: *Paul/Roberts* ZKM 2005, 22, (26).
224 Vgl. Haft/von Schlieffen/*Hess* § 44 Rn. 5.
225 Vgl. Haft/von Schlieffen/*Hess* § 44 Rn. 5.

Ein weiteres nicht zu unterschätzendes Risiko besteht darin, dass der Mediator durch die Einzelgespräche zum allwissenden Informationsträger, dem Hüter und Verwalter des Wissens wird. Dies kann zu einer subjektiv von den Parteien wahrgenommen Verschiebung der Verantwortung für die Konfliktregulierung und -lösung auf den Mediator führen.[226] Auch der Mediator kann sich bewusst oder unbewusst in einer übergeordneten Rolle bezüglich der nur ihm bekannten Informationen wiederfinden. Denn je mehr und intensiver Einzelgespräche geführt werden, desto mehr werden die Verhandlungen von den Parteien als eine gelungene Vermittlungstätigkeit des Mediators und damit einhergehend weniger als gemeinsame Verhandlungen der Parteien empfunden. 217

Soweit dem Mediator etwa **strafrechtlich relevante Verhaltensweisen** (siehe Ausnahmen von der Verschwiegenheit E Rn. 98) oder **schädigende Absichten** seitens der Partei gegenüber der anderen Partei im Einzelgespräch bekannt werden, kann auch dies ein Grund für die **Beendigung** der Mediation durch den Mediator sein. Eine schädigende Absicht kann auch im Missbrauch eines Einzelgesprächs liegen, soweit die Partei versucht das Gespräch manipulativ zu seinen Gunsten zu nutzen.[227] 218

Dem Mediator ist es untersagt im Einzelgespräch eine **einseitig (rechtliche) Beratung** zu erteilen. Soweit er eine einseitige Beratung vornimmt, verletzt er seine Neutralitätspflicht (C Rn. 43ff.). 219

Auch eine **einseitige Kontaktaufnahme** etwa außerhalb der Mediationssitzungen mit einer Partei stellt ein Einzelgespräch dar und bedarf daher der Zustimmung der Parteien. Sollte daher eine Partei den Mediator zwischen den Mediationssitzungen kontaktieren, so ist es ratsam die Partei mit ihren Fragen bzw. Anliegen auf die nächste Mediationssitzung zu verweisen, soweit man nicht zuvor mit den Parteien solche Umstände abgeklärt und sich eine Zustimmung der Parteien eingeholt hat. 220

Bereits vor dem Mediationsvertrag (Vorphase B Rn. 15) werden je nach Konflikt und Partei die Gespräche in Form von **Einzelgesprächen** oder gemeinsamen Gesprächen geführt. Zu diesem Zeitpunkt, also vor dem Mediationsauftrag, besteht noch keine gesetzliche Pflicht nach § 2 III S. 3 MediationsG zur Einholung der Zustimmung zu Einzelgesprächen. Denn die Vorschrift steht im Kontext eines bereits erteilten Mediationsauftrages. Die Vorgespräche hingegen laufen im Hinblick auf einen etwaigen Mediationsauftrag in der Vertragsanbahnung. Der insoweit angefragte Mediator prüft unter anderem, ob der Konflikt für die Mediation geeignet ist. Daher ist eine kurze inhaltliche Darstellung des Konfliktes nötig, ohne dabei zu sehr in die Tiefe zu gehen, denn die eigentliche Auseinandersetzung mit dem Konfliktthema erfolgt erst in der Verhandlung. Diese Vorphase erfordert vom Mediator höchste Sensibilität und Transparenz. Um seine Neutralität (C Rn. 29) im Hinblick 221

226 Siehe dazu ausführlich: *Gläßer/Kublik* ZKM 2001, 89 (91).
227 Haft/von Schlieffen/*Kracht* § 12 Rn. 122.

auf das anstehende Mediationsverfahren zu wahren, ist es für den Mediator angezeigt, die gewonnenen Erkenntnisse aus der Anfrage durch die eine Partei der anderen Partei beim Erstkontakt offen zu legen.

222 Einzelgespräche sind **während des gesamten Verfahrens** möglich.

Nach der Vorbereitungsphase stehen die Verhandlungen (Phase 1, B Rn. 28) über das eigentliche Konfliktthema an. Bevor in die Konfliktthematik eingestiegen wird, sind die **Bedingungen der Verhandlungen** zu klären und in einem Verhandlungsvertrag zu gießen.[228] Bei diesem Einstieg in die Verhandlungen haben die Parteien zum Teil Befürchtungen, Erwartungen oder auch Bedenken, die sie in Gegenwart der anderen Konfliktpartei nicht benennen können. Hier können kurze Einzelgespräche angezeigt sein.

Im Rahmen der zweiten Phase, wenn im Verfahren die **Konfliktthemen und Information** gesammelt werden, fehlt es in der Regel aufgrund der Konfliktdynamik noch an einer Vertrauensbeziehung zwischen den Parteien, auch wenn die Vertraulichkeit im Verfahren ausführlich geregelt wurde. Daher können Einzelgespräche indiziert sein, wenn eine Partei sensible Informationen zunächst nur gegenüber dem Mediator offenlegen will. Allerdings ist auch hier wieder im Hinblick auf die Neutralität[229] des Mediators Vorsicht geboten, wenn der Mediator vertrauliche Unterlagen und Informationen nur einer Partei entgegennimmt C Rn. 36.

In der dritten Phase, die der **Interessen- und Bedürfnisklärung** dient (Rn. B 46), sind Einzelgespräche in der Praxis häufig sehr relevant. Hinter den von den Parteien eingebrachten Forderungen und Positionen verbergen sich übereinstimmende und widersprechende Interessen und Bedürfnisse, Emotionen und Befürchtungen, die durch die Vermittlung des Mediators herauszufiltern sind. Diese Phase stellt die Kernaufgabe des Mediators dar. Der Mediator unterstützt die Parteien von den wechselseitigen Ansprüchen zu den tieferliegenden Bedürfnissen und Interessen zu gelangen. In diesem emotional sehr aufwühlenden Prozess ist es den Parteien nicht immer möglich, ihre Emotionen, Erwartungen und Bedürfnisse ungefiltert offen auszusprechen. Einzelgespräche können für die Parteien eine wertvolle Klärungshilfe sein. Insbesondere bei eskalierten Konflikten können Drohgebärden und Manipulationsversuche der anderen Partei dadurch entschärft werden.

223 Soweit eine Partei etwa aus Angst vor Kritik oder einer vorschnellen Selbstverpflichtung bei der **Lösungssuche** Einzelgespräche bevorzugt, können die Parteien auch in dieser Phase solche getrennten Gespräche vereinbaren.[230]

224 Einzelgespräche können nach der Art der **Durchführung und Dauer** stark variieren. Es sind ad hoc Einzelgespräche im Rahmen einer Mediationsverhandlung in

---

228 Vgl. *Hohmann* ZKM 2003, 48 f.

229 Siehe auch: Haft/von Schlieffen/*Risse/Wagner* § 23 Rn. 86; Haft/von Schlieffen/*Kracht* § 12 Rn. 122.

230 Haft/von Schlieffen/*Risse/Wagner* § 23 Rn. 84.

einem anderen Raum denkbar. Insbesondere bei Co-Mediation kann im Rahmen einer räumlichen Trennung parallel mit beiden Parteien von den Mediatoren Einzelgespräche durchgeführt werden. Auch besteht die Möglichkeit von vornherein die Einzelgespräche mit den Parteien unterschiedlich zu terminieren. Im Rahmen einer so genannten Shuttle-Mediation C Rn. 228 kann auch das gesamte Verfahren mit den Parteien getrennt voneinander geführt werden. Der Mediator wechselt dann zwischen den Parteien hin und her. Fraglich ist allerdings, ob es sich hierbei noch um ein nach dem Mediationsgesetz definierte Mediationsverfahren handelt C Rn. 231.

Rechtsfolgen bei Durchführung von Einzelgesprächen ohne Zustimmung: 225

Einzelgespräche ohne Zustimmung aller Parteien stellen eine gravierende Neutralitätsverletzung und mithin eine schwerwiegende Pflichtverletzung dar. Daraus folgen Schadensersatzansprüche der Partei gegen den Mediator aus §§ 280 III, 281 I BGB wegen Pflichtverletzung aus dem Schuldverhältnis. Die Partei kann den Mediationsvertrag auch **außerordentlich kündigen.** Eine Verletzung der Neutralität stellt zudem regelmäßig eine gravierende Vertragsverletzung dar, die der Partei einen „wichtigen Grund" zur außerordentlichen Kündigung im Sinne des § 626 I BGB gibt. Es bestehen auch Schadensersatzansprüche aus § 628 II BGB.

Rechtsfolgen bei Weitergabe vertraulicher Inhalte aus den Einzelgesprächen durch den Mediator: 226

Soweit der Mediator ohne Einverständnis der Partei Inhalte aus den Einzelgesprächen preis gibt, macht er sich ebenfalls schadensersatzpflichtig nach §§ 280, 281 BGB und bei Auflösungsverschulden nach § 628 II BGB. Auch eine Verletzung der Vertraulichkeit stellt regelmäßig eine schwerwiegende Pflichtverletzung dar, die zur außerordentlichen Kündigung des Mediationsvertrages führt.

Checkliste: Einzelgespräche !

- **Zustimmung** aller Parteien für Einzelgespräche *vor* Durchführung (§ 2 III S. 3 MediationsG). 227
- **Aufklärung** über grundsätzliche Verschwiegenheitspflicht des Mediators über Inhalt aus den Einzelgesprächen
- Abklärung der **Befürchtungen der Parteien bezüglich der Einzelgespräche**
- **Aufklärung** über die Motivation für die Einzelgespräche
- Abklärung der **Transparenz** – Klärung der Rückkopplung der Informationen aus dem Einzelgespräch = **ob**, **wer** (Mediator, Partei) gibt **wann** (zu welchem Zeitpunkt) **wie** (in welcher Art und Weise) Information aus den Einzelgesprächen an die andere Partei.

Merke: Auch eine **einseitige Kontaktaufnahme** etwa außerhalb der Mediationssitzungen mit einer Partei stellt ein Einzelgespräch dar und bedarf daher *vorher* der Zustimmung.

Rechtsfolgen:
Einzelgespräche ohne Zustimmung stellen eine schwerwiegende Pflichtverletzung (Neutralitätsverletzung) dar. Gleiches gilt bei Bruch der Vertraulichkeit über Inhalte aus dem Einzelgespräch

- Schadensersatzansprüchen gegen den Mediator (§§ 280 III, 281 I BGB oder bei Auflösungsverschulden aus § 628 II BGB)
- Recht der Partei zur außerordentlichen Kündigung aus wichtigem Grund nach § 626 BGB

---

2. Sonderform Shuttle-Mediation

228 Bei der umstrittenen Form der **Shuttle-Mediation**[231] (Pendelmeditation) verhandelt der Mediator mit den Parteien (ausschließlich) unter Einsatz von Einzelgesprächen. Der Mediator führt die Verhandlungen zwischen den Parteien also nicht in Anwesenheit beider Parteien, vielmehr überliefert er die aus dem Einzelgespräch erlangte Botschaft der abwesenden Partei und vice versa.

229 Ob es sich bei der Shuttle-Mediation um eine Mediation im Sinne des § 1 I MediationsG handelt, muss je nach Einzelfall geprüft werden. Nach § 1 MediationsG sind Grundpfeiler der Mediation die Verfahrensqualität (strukturiertes Verfahren, Prozessführung durch den Mediator, Vertraulichkeit des Verfahrens), die Verfügungsgewalt der Parteien über den Konflikt sowie die neutrale Rolle des Vermittlers ohne Entscheidungskompetenz (siehe B Rn. 86). Dass auch Einzelgespräch (C Rn. 203) Bestandteile der Mediation sein können, regelt § 2 III S. 4 MediationsG. Allerdings spricht die gesetzliche Wertung dafür, dass zustimmungsbedürftige Einzelgespräche nicht die Regel, sondern die Ausnahme im Verfahren sind (C Rn. 203). Dies allein kann aber nicht zu der Wertung führen, dass eine Mediation unter ausschließlichem Einsatz von Einzelgesprächen keine Mediation ist. Die Durchführung von Einzelgesprächen unterliegt letztendlich der Dispositionsfreiheit der Parteien.

230 Insoweit erfüllt auch eine Shuttle-Mediation unter Abwesenheit der Parteien die Begriffsmerkmale des § 1 I MediationsG. Bestandteil der Mediation ist aber vor allem auch die **Eigenverantwortlichkeit** für die Konfliktlösung. Das Öffnen gegenüber den Interessen und Sichtweisen der jeweils anderen Partei im persönlichen Verhandlungsgespräch verhilft den Parteien zu einer Annäherung auf der Beziehungsebene. Dadurch zeigen sich oft neue Perspektiven zur Lösung des Konfliktes auf. Soweit die Parteien in einer Shuttle-Mediation einen persönlichen Kontakt zu der anderen Partei völlig meiden und damit auch die Sichtweisen, authentischen Gefühlsregungen und Perspektiven der anderen Partei nicht unmittelbar mit allen Sinnen zur Kenntnis nehmen, bleibt eine eigenverantwortliche Konfliktlösung in der konkreten Situation möglicherweise auf der Strecke.

231 Auch *Gäßler/Kublik* weisen darauf hin, dass mit Zunahme von Einzelgesprächen die Gefahr der Verlagerung der Verantwortung auch für die Lösungsfindung auf den Mediator besteht.[232] Darüber hinaus ist auch die gefilterte Vermittlung der Informationen durch den Mediator für die Verständigung weniger zuträglich, als die direkte Wahrnehmung der Äußerungen im Verhandlungsgespräch durch die Parteien, kombiniert mit der sozialverträglichen Übersetzung bzw. Entwirrung des Gesagten unter Beachtung der Gefühlsregungen der Parteien durch den Mediator. Ob al-

231 To shuttle aus dem englischen: Pendeln.

232 Siehe dazu ausführlich: *Gläßer/Kublik* ZKM 2001, 89 (91).

lerdings die Eigenverantwortlichkeit für die Konfliktlösung mit einer reinen Shuttle-Mediation aufgehoben wird, lässt sich nicht pauschal bewerten.

Die Shuttle-Mediation eignet sich insbesondere in festgefahrenen Konfliktsituationen oder für hoch eskalierte Konflikte, bei denen die Parteien nicht aufeinander treffen wollen oder können. Die Shuttle-Mediation kann bei gleichzeitiger Anwesenheit der Parteien in unterschiedlichen Räumen oder zu unterschiedlichen Terminen stattfinden. Bekannt ist auch die per Telefon oder Online (Email, Skype) geführte Shuttle-Mediation. Hinsichtlich der Vor- und Nachteile der Shuttle-Mediation kann auf die Ausführungen zu Einzelgesprächen verwiesen werden (C Rn. 203). 232

VII. Einzel- oder Co-Mediation

Mediation wird in der Praxis entweder als Mediation von einem einzelnen Mediator durchgeführt oder in so genannter Co-Mediation, bei der die Mediatoren im Team arbeiten. Auch das Mediationsgesetz (§ 1 I MediationG) geht von der Möglichkeit aus, dass ein oder mehrere Mediatoren das Verfahren leiten.[233] 233

Insbesondere in anspruchsvollen Fallkonstellationen, in inhaltlich oder emotional komplexen Fällen sowie auf Wunsch der Parteien bietet sich eine Co-Mediation an. Dabei stehen den Parteien in der Mediation zwei oder mehr Mediatoren zur Verfügung. 234

Co-Mediation kann in einem Team über das gesamte Mediationsverfahren durchgeführt werden, aber auch nur für eine zeitlich und/oder thematisch begrenzte Mediationsphase. Auch eine sequenzielle Co-Mediation, bei der die Mediatoren einzeln bezogen etwa auf einen bestimmten Inhalt nacheinander mediieren, ist denkbar, in der Praxis aber eher selten. 235

Bezüglich des **Mediationsvertrages** werden zwei Mediatoren vertraglich verpflichtet. Die Mediatoren sind grundsätzlich zur gemeinschaftlichen Konfliktvermittlung verpflichtet, soweit nichts anderes vereinbart ist. Etwa für Einzelgespräche können sich mit Zustimmung der Parteien die Mediatoren auch aufteilen. Denn das Zusammenwirken, das regelmäßig auch höher honoriert wird, beinhaltet aus der Sicht der Parteien und auch aus der Sicht der Mediatoren einen Vorteil für das Mediationsverfahren. Für etwaige Pflichtverletzungen haften die Mediatoren grundsätzlich nicht für den jeweils anderen Mediator. Denn der Mediator ist nicht Erfüllungsgehilfe § 278 BGB. 236

Bei einer Mediationsgesellschaft entsteht das Vertragsverhältnis mit der Gesellschaft, die sich zur Erfüllung der Leistung eines ihrer Mediatoren bedient. Allerdings ist aufgrund der Art des Vertragsverhältnisses, bei dem es auf die konkrete 237

---

233 Dazu auch *Fritz/Pielsticker* § 1 Rn. 30.

Person für die Leistungserbringung ankommt (§ 613 BGB), der von den Parteien gewählte Mediator in Person zur Leistungserbringung verpflichtet.[234]

238 Bei einer Co-Mediation von Mediatoren mit unterschiedlichen Herkunftsberufen sind die Vorschriften des Mediationsgesetzes lex speciales für beide Mediatoren, zusätzlich aber auch die berufsrechtlichen Vorschriften der Grundberufe für den jeweiligen Mediator zu berücksichtigen. Für die **berufsrechtliche Bedeutung der inderdisziplinären Co-Mediation** ist zu konstatieren, dass auch nach Geltung des Mediationsgesetzes eine Bildung einer Bürogemeinschaft oder Sozietät zur gemeinsamen Berufsausübung eines anwaltlichen mit einem nichtanwaltlichen Mediatoren nach § 59a IV BRAO unzulässig ist. Etwas anders gilt nur, wenn der nichtanwaltliche Mediator zu eine der in der Vorschrift aufgezählten Berufsgruppen gehört (wie Steuerberatern, Wirtschaftsprüfern). Dagegen ist die Bildung einer Kooperation nach § 8 BORA zulässig. So kann etwa der Kooperationspartner auf einem Briefkopf genannt werden.

239 Eine Co-Mediation kann nur mit ausdrücklicher **Zustimmung der Parteien** erfolgen. Soweit also der Mediator von den Parteien allein angefragt wird, muss er – wenn er eine Co-Mediation für sinnvoll erachtet – die Parteien darüber aufklären und ihre Zustimmung einholen. Es wird mithin eine Mediationsvertrag mit zwei Mediatoren geschlossen. Der Co-Mediator ist demzufolge auch kein Dritter im Sinne von § 2 IV MediationsG.[235] Er ist neben dem anderen Mediator Vertragspartner der Parteien.

240 Sinn und Zweck einer Co-Mediation ist ein **Mehrwert**, der gerade in der Zusammenstellung des Mediatoren-Teams besteht. Zwar gibt es bisher keinen anhand von Forschungsergebnissen verifizierten Indikatoren für die bessere Wirksamkeit von Co-Mediation, dennoch haben sich **fallbezogene Gruppen** in der Praxis herausgebildet, in denen dies nützlich erscheint.[236] Dies betrifft zum einen – aufgrund der mit der Personenzahl zunehmenden Komplexität – Mediationen mit einer Mehrzahl von Personen, insbesondere Gruppenmediationen.

241 Auch komplexe Konfliktinhalte, die oft im **Wirtschaftskontext** vorzufinden sind, indizieren eine Co-Mediation. Soweit die Mediatoren aus unterschiedlichen Berufsfeldern stammen, etwa dem juristischen und den psycho-sozialen Bereich, steht auch insoweit ein breiteres Fachwissen zur Verfügung. Wenn ein Konflikt hoch eskaliert ist (etwa bei Mobbingvorwurf, verstrickte Paarkonflikte), bietet sich eine Mediation im Team an. Auch ist bei gemischtgeschlechtlichen Parteien an eine Co-Mediation zur Genderneutralität zu denken.

234 Siehe auch *Greger/Unberath* § 2 Rn. 275.

235 Siehe auch *Greger/Unberath* § 4 Rn. 69; missverständlich insofern Haft/von Schlieffen/*Friedrichsmeier* § 34 Rn. 45, der den Co-Mediator als Dritten bezeichnet.

236 Ausführlich Haft/von Schlieffen/*Bernhardt*/*Winograd* § 36 Rn. 1, 26 ff.

Die Co-Mediation bei **gemischtgeschlechtlicher Mediation** bietet die Möglichkeit, dass beide Parteien in der Mediation eine Ansprechperson ihres eigenen Geschlechts finden und sich möglicherweise dadurch besser verstanden fühlen. Soweit die Parteien aus **unterschiedlichen Kulturkreisen** stammen, kann auch dies im Rahmen einer Co-Mediation in der Person der Mediatoren gespiegelt werden. 242

Soweit **Machtungleichgewichte** zwischen den Parteien auszugleichen sind (etwa Konflikt im beruflichen Kontext mit unterschiedlichen Hierarchieebenen) kann eine Co-Mediation sinnvoll sein. Gleiches gilt, wenn die Parteien mit Rechtsanwälten als **Parteivertreter** in die Mediation kommen. Schlussendlich beurteilt sich dies stets nach dem Einzelfall, eine Verpflichtung in einer bestimmten Fallkonstellation in Co-Mediation zu agieren, gibt es nicht. 243

Die Co-Mediation ermöglicht auch die Anwendung weiterer Interventionen in der Mediation wie etwa das aus der systemischen Therapie bekannte **Reflecting Team.**[237] Dabei frühen die Mediatoren einen Metalog über den von ihnen beobachteten Gesprächsprozess zwischen den Parteien (ungerichtete Kommunikation, „laut denken"), also ein Gespräch über das Gespräch. Die Parteien hören nur zu und haben so die Möglichkeit, ihren Konflikt „von außen" aus der Sicht der Mediatoren zu betrachten. 244

Ein weiterer Vorteil der Co-Mediation besteht darin, dass bei der gemeinsamen Vor- und Nachbereitung der Gespräche ein Gedankenaustausch zwischen den Mediatoren stattfinden kann. 245

Bei der Zusammensetzung des Mediatorenteams ist jenseits von fachlichem Hintergrund und Kompetenz auch zu berücksichtigen, ob die Mediatoren miteinander eine konstuktive und kooperative **Arbeitsatmosphäre** schaffen können. Der Umgang der Mediatoren untereinander ist ein nicht zu unterschätzender Faktor für das Verfahren selbst. Das Verhalten der Mediatoren zueinander hat insoweit auch Vorbildercharakter für die Parteien. Soweit die Mediatoren sich mithin selbst ins Wort fallen oder untereinander konkurrieren, ist dies für das Verfahren nicht dienlich. Das Team darf auch nicht gegeneinander arbeiten. 246

Wie die Mediatoren untereinander die Co-Mediation aufteilen, bleibt ihnen überlassen. Die Ausgestaltung ist Teil ihrer Prozessverantwortung aus § 1 II MediationsG. Eine **Arbeitsteilung** kann nach **unterschiedlichen Aufgaben** im Mediationsverfahren erfolgen. So kann etwa der eine Mediator für eine bestimmte Zeit die Kommunikationsvermittlung übernehmen, währenddessen der andere Mediator zeitgleich für die Visualisierung der Verhandlungspunkte sorgt. 247

Vom Prinzip sind die Aufgaben der Mediatoren auch mit unterschiedlichen Herkunftsberufen dieselben. Lediglich ihre jeweilige Perspektive, die u.a. auch durch den Ursprungsberuf geprägt wird, ist unterschiedlich. Dies führt zu einem erweiter- 248

237 Siehe dazu auch Haft/von Schlieffen/*Bernhardt*/*Winograd* § 36 Rn. 66.

ten Blick auf den Konflikt durch die Mediatoren, der zum Vorteil der Parteien genutzt wird.

249 Eine Aufteilung der Aufgaben kann, wenn es sinnvoll erscheint, **nach Herkunftsberufen** vorgenommen werden.[238] Dies ist dann angezeigt, wenn in der Konfliktsituation gerade die speziellen Fachkenntnisse aus dem Ursprungsberuf gefragt sind. Etwa bei der Ausgestaltung einer rechtlich relevanten Vereinbarung mag der Anwaltsmediator aufgrund von Rechtskenntnissen eher zu beurteilen, ob und wann eine externe anwaltliche Beratung angezeigt ist. Der Mediator mit psychologischem Hintergrund hingegen kann möglicherweise in emotional schwierigen und tiefgehenden Konfliktsituationen die Gesprächsführung übernehmen, soweit prozesstherapeutische Interventionen indiziert sind. Dabei bleibt allerdings stets zu berücksichtigen, dass das Mediationsverfahren ein eigenständiges Verfahren abgegrenztes ist, also weder Therapie noch Rechtsberatung ist (siehe auch B Rn. 217, 227).

250 Das Mediatorenteam kann eine Arbeitsteilung auch nach **Geschlechterzuordnung** vornehmen, entweder in gleichgeschlechtlicher Zuordnung, so dass die weibliche Mediatorin die Beweggründe der Frau als Partei transportiert, oder gerade in umgekehrter Geschlechterzuordnung, so dass die weibliche Mediatorin die männliche Sicht wiedergibt und anders herum.[239]

251 Soweit die Co-Mediatoren **Einzelgespräche** mit den Parteien führen, sind sie die Mediatoren untereinander nicht zur Vertraulichkeit verpflichtet. Dies würde dem Sinn und Zweck der Co-Mediation zuwider laufen. Die Parteien haben die Mediatoren gemeinschaftliche zur Durchführung der Mediation beauftragt. Die Mediatioren sind zur Vertraulichkeit nach außen verpflichtet, innerhalb des Verfahrens dürfen und müssen sich die Mediatoren austauschen.[240]

! Checkliste Co-Mediation

252 **Konflikt**
- Vielzahl von Beteiligten (Gruppenmediation) ,
- Hohe Konflikteskalation,
- Machtungleichgewicht zwischen den Parteien,
- Komplexe Konfliktinhalte (Wirtschaftsmediation),
- Verstrickte Paarkonflikte, insbesondere bei nicht übereinstimmenden Trennungsentschluss,
- Zur Genderneutralität, interkulturellen Neutralität der Person der Mediatoren
- Parteien mit Rechtsanwälten als Parteivertreter,

Person des Mediators
- fehlende fachliche Kompetenz nur eines Mediators (etwa bei Rechtsthemen, Fachthemen, Psychosozialen Themen).

238 Siehe auch Haft/von Schlieffen/*Bernhardt*/*Winograd* § 36 Rn. 61.
239 Siehe auch Haft/von Schlieffen/*Bernhardt*/*Winograd* § 36 Rn. 61.
240 Auch Haft/von Schliefen/*Hartmann* § 44 Rn. 8.

Auswahl Co-Mediator
- Geschlecht, fachlicher Hintergrund, konstruktive und kooperative Arbeitsatmosphäre

Arbeitsteilung
Keine zwingenden Vorgaben: Prozessverantwortung der Mediatoren, § 1 II MediationsG, mögliche auch nur vorübergehende Verteilung
- nach unterschiedlichen Aufgaben innerhalb der Mediation (etwa Kommunikationsführung, Visualisierung, Ausarbeitung Lösungsoptionen),
- nach Herkunftsberufen,
- nach gleichgeschlechtlicher oder gespiegelter Geschlechterzuordnung.

VIII. Einbeziehung Dritter in die Mediation *(§ 2 IV MediationsG)*

Dritte können nach § 2 IV Mediationsgesetz mit **Zustimmung der Parteien** in die Mediation einbezogen werden. Der Mediator muss die Vertraulichkeit des Mediationsverfahrens sicherstellen. Diese ist gefährdet, wenn Dritte in die Mediation einbezogen werden. Daher hat der Mediator die Parteien darüber aufzuklären, dass die einzubeziehenden Dritten nicht per se der Vertraulichkeit unterliegen und insoweit vertragliche Regelungen zu treffen sind. 253

Dritte sind alle Personen, die nicht unmittelbar Vertragspartei im Mediationsverfahren sind. Der **Co-Mediator** (C Rn. 233) ist mithin kein Dritter im Sinne der Vorschrift. Er ist neben dem anderen Mediator Vertragspartner der Parteien. Nicht Dritte im Sinne dieser Vorschrift sind zudem **Hilfspersonen** nach § 4 MediationsG „die in die Durchführung des Mediationsverfahrens eingebundenen" sind. Damit sind insbesondere Bürokräfte gemeint, die für die Abwicklung des Mediationsverfahrens im Vorfeld oder auch im laufenden Verfahren für Kommunikations- und Schreibarbeiten in die Mediation einbezogen werden.[241] Auch soweit der Mediator bei Sprachschwierigkeiten Übersetzer zur kommunikativem Vermittlung einbezieht, fallen diese unter § 4 MediationsG. Keine solche Hilfspersonen im Sinne von § 4 MediationsG, **sondern Dritte** sind dagegen **Hospitanten, Referendare** oder **Praktikanten.** 254

Soweit **Rechtsanwälte als Parteivertreter** in die Mediation einbezogen werden, sind diese ebenfalls Dritte nach § 2 IV MediationsG. Auch hier ist dringend auf eine vertragliche Verpflichtung zur Verschwiegenheit hinzuwirken, auch wenn Rechtsanwälte einer berufsrechtlichen Verschwiegenheitspflicht unterliegen. Allerdings gilt dies nicht für Informationen und Erkenntnisse der **Gegenpartei**, die ein in die Mediation einbezogener Rechtsanwalt als Parteivertreter erlangt hat.[242] Denn eine Berufspflicht kann nach einhelliger Meinung nur aus dem Gesetz oder aus der 255

241 So auch *Fritz/Pielsticker* § 4 Rn. 18.
242 Vgl. Anwaltsgericht Rostock AnwBl 2007, 716–717.

Berufsordnung folgen.[243] Hier bietet nur eine vertragliche Vertraulichkeitsabrede Schutz (ausführlich E Rn. 91).

256 Auch andere **Beistände** (auch Familienangehörige), **Berater** sowie **Sachverständige** sind Dritte im Sinne von § 2 IV MediationsG.[244]

257 Soweit die Mediation von einem **de jure Auftraggeber** beauftragt wird (Rn. B 12), ist auch er Dritter im Sinne von § 2 IV MediationsG. Denn hier gibt es zwei getrennte Vertragsverhältnisse: zum einen zwischen Mediator und de jure Auftraggeber zur Durchführung einer Mediation, zum anderen zwischen Mediator und den Parteien als de facto Auftraggeber.

! **Muster: Vertraulichkeitsabrede Dritter**

258 Herrn/Frau nimmt mit Zustimmung der Parteien an der heutigen Mediationssitzung (Datum) teil. Er/Sie verpflichtet sich, über den Ablauf des Verfahrens und der Inhalte sowie sämtlicher abgegebener Erklärungen Stillschweigen zu bewahren. Die Verschwiegenheit erstreckt sich auch auf ein etwaiges Gerichts- oder Schiedsgerichtsverfahren zwischen den Parteien oder zwischen ihm/ihr und einer Partei des Mediationsverfahrens.
Die Parteien verpflichten sich, nach einer gescheiterten Mediation den *(Name des Dritten)* nicht als Zeugen in einem Gerichts- oder Schiedsverfahren zu benennen.

Datum, Unterschrift Parteien und Dritter

IX. Beendigung der Mediation

1. Überblick Beendigung der Mediation

259 Das Mediationsgesetz regelt in § 2 Abs. 5 MediationsG die Beendigung der Mediation:

> „Die Parteien können die Mediation jederzeit beenden. Der Mediator kann die Mediation beenden, insbesondere wenn er der Auffassung ist, dass eine eigenverantwortliche Kommunikation oder eine Einigung der Parteien nicht zu erwarten ist."

Das Mediationsgesetz unterscheidet somit bei den Möglichkeiten der Beendigung der Mediation die **Beendigung durch die Parteien** und **durch den Mediator**. § 2 Abs. 5 MediationsG regelt, dass die Beendigung durch die Parteien jederzeit ohne Angabe von Gründen möglich ist. Die Beendigung durch den Mediator ist ebenfalls möglich, sofern bestimmte Gründe vorliegen.

---

243 Anwaltsgericht Rostock AnwBl 2007, 716–717; *Hartung* Anwaltliche Berufsordnung Einf. Rn. 16 – 26 m.w.N.

244 A.A. *Fritz/Pielsticker* § 4 Rn. 18 bezüglich „Fachpersonal, deren Rat/Information der Mediator einholt".

2. Beendigung durch Parteien

Die Teilnahme der Mediation ist für die Parteien in jedem Stadium des Mediationsverfahrens **freiwillig** (vgl. B Rn. 64ff.) und kann natürlich nur durch die Mitwirkung der Parteien sinnvoll durchgeführt werden. Konsequenterweise ist daher auch die Beendigung durch eine der Parteien **jederzeit möglich.**[245] 260

Die jederzeitige Möglichkeit die Mediation zu beenden kann durch eine **Selbstbindung der Partei eingeschränkt** sein, etwa wenn sich die Partei selbst zur Durchführung einer Mediation verpflichtet hat. Teilweise wird auch die Ansicht vertreten, dass diese Verpflichtung auch besteht, wenn der Mediationsvertrag unterzeichnet wird, der Beginn der Mediationssitzung aber noch aussteht.[246] Die Selbstbindung zur Durchführung der Mediation kann sich aber wegen des Prinzips der Freiwilligkeit nur auf einen Versuch einer Einigung im Rahmen der Mediation erstrecken, eine darüber hinausgehende Verpflichtung kann nicht hergeleitet werden, was die Partei nach dem Versuch einer Einigung wiederum berechtigt, die Mediation jederzeit zu beenden. 261

Die Beendigung durch eine der Parteien bedarf auch ohne anderweitige Vereinbarung **keiner bestimmten formalen Handlung oder Erklärung.** Es bietet sich jedoch an, zur Vermeidung von Missverständnissen im Vorfeld der Mediation etwa bei Abfassung des Mediationsvertrages eine mögliche Beendigung des Verfahrens zu erörtern und festzuhalten, wie die Parteien dieses gegenüber der anderen Partei mitteilen und wie mit einer eventuellen Nichtteilnahme oder Verschleppung des Mediationsverfahrens durch eine Partei umgegangen werden soll. In jedem Fall ist sowohl für die Klarstellung der Beendigung als auch für den Umgang mit eventueller Nichtteilnahme und Verschleppung der Mediation der Mediator als Verantwortlicher für den Prozess gefragt. 262

Die Erklärung der Beendigung durch eine der Parteien stellt zugleich auch eine **Kündigung des Mediationsvertrages** dar. Folge der Kündigung ist, dass die Rechtswirkungen des Mediationsvertrages **für die Zukunft aufgehoben werden,** für die Vergangenheit aber bestehen bleiben und insbesondere eine Vergütung für bereits erbrachte Leistungen verlangt werden kann, sofern der Mediator nicht durch ein vertragswidriges Verhalten Anlass zur Kündigung gegeben hatte. 263

Fraglich ist, ob die Parteien durch eine **Beendigung des Mediationsverfahrens eine Haftung oder Schadensersatzpflicht auslösen** können. Nachdem die Freiwilligkeit ein wesentliches Prinzip der Mediation ist und die jederzeitige Beendigungsmöglichkeit bloß ein Ausdruck gerade diese Prinzips ist, ist bereits deshalb eine haftungsauslösende Verantwortung im Normalfall nicht gegeben. Unberührt bleiben immer die Fälle einer bewussten und zielgerichteten widerrechtlichen Schä- 264

---

245 Vgl. *Golterman/Hagel/Klowait/Levien* SchiedsVZ 2012, 299, 301.
246 *Greger/Unberath* § 2 Rn. 252.

digung anderer Parteien. Eine solche ist auch bei Eingehung eines Mediationsverfahrens oder dessen Beendigung nach allgemeinen Vorschriften, etwa nach § 823 BGB, aufzufangen. Ob und in welchem Umfang aber darüber hinaus Schadensersatzpflichten entstehen können, ist noch nicht entschieden worden. In der Literatur wird aber davon ausgegangen, dass dafür jedenfalls eine konkrete Mitwirkungspflicht aus der Mediationsvereinbarung und ein feststellbarer Schaden erforderlich sind.[247]

! **Formulierungsvorschlag[248] Beendigung durch Parteien**

265 Beendigung des Mediationsverfahrens gem. § 2 Abs. 5 S. 1 MediationsG

Sehr geehrte/r Frau/Herr xy (Mediator/in),

hiermit teilen wir mit, dass wir die Mediation mit sofortiger Wirkung beenden, den Mediationsvertrag vom xx.xx.xx gem. Ziffer xy kündigen und für weitere Mediationstermine nicht mehr zur Verfügung stehen.

Bitte informieren Sie auch die Partei xy von dieser Beendigung.

Wir fordern Sie auf, uns schriftlich die Beendigung des Mediationsverfahrens zu bestätigen, das Mediationsverfahren abzuschließen und darüber hinaus keine weiteren kostenauslösenden Tätigkeiten vorzunehmen. Des Weiteren fordern wir Sie auf (Pflichten gem. Mediationsvertrag, z.B. Protokolle übermitteln ...).,

Datum, Unterschrift

---

3. Beendigung durch Mediator

266 Der Mediator ist gem. § 2 Abs. 5 Satz 2 MediationsG ebenfalls **berechtigt, das Mediationsverfahren zu beenden**. Die Beendigung des Mediators darf aber wegen des anderen Wortlauts („*kann beenden, wenn* ...") **nicht willkürlich, also ohne sachlichen Grund, erfolgen.**[249] Der Mediator ist im Gegensatz zu den Parteien durch den Mediationsvertrag von den Parteien mit der Durchführung der Mediation rechtsgeschäftlich beauftragt worden. Aus dem Mediationsvertrag und aus den vertraglichen Nebenpflichten ist der Mediator somit zur ordnungsgemäßen Durchführung des Mediationsverfahrens verpflichtet. Eine Beendigung des Mediators ist daher zwar möglich, die Beendigung bedarf aber eines **sachlichen Grundes** und der Mediator darf insbesondere nicht eigene Interessen vor die Durchführung der vereinbarten Mediation stellen. Eine dahingehende Verletzung der Parteiinteressen kann auch gegenüber den Parteien eine Schadensersatzpflicht auslösen.

---

247 *Ahrens* NJW 2012, 2465, 2467 m.w.N.

248 Formulierungsvorschläge dienen der Veranschaulichung und entbinden nicht von der rechtlichen Prüfung und Anpassung im Einzelfall.

249 *Fritz/Pielsticker* § 2 Rn. 114, *Greger/Unberath* § 2 Rn. 258.

Es obliegt dem Mediator in jedem Stadium der Mediation den Überblick darüber zu behalten, ob die Mediation zielführend fortgesetzt und eventuell auch zum Abschluss gebracht werden kann. Falls daran Zweifel bestehen, nach dem Gesetzeswortlaut insbesondere weil eine **eigenständige Kommunikation der Parteien** oder eine **Einigung nicht zu erwarten** ist, ist es sogar im Interesse der Parteien weiteren unnötigen Aufwand in einem Mediationsverfahren zu vermeiden, welches nicht sinnvoll abgeschlossen werden kann. 267

Neben dem im Gesetz genannten Punkten sind weitere Punkte denkbar, in denen der Mediator die Mediation beenden kann[250]: 268

- wenn es zum **Schutz einer der Parteien oder seiner selbst** erforderlich ist, also wenn von einer Partei gegen die andere Partei oder gegen den Mediator selbst physische oder psychische Gewalt ausgeübt wird oder deren Ausübung droht,
- wenn der Mediator feststellt, dass eine Partei das **Mediationsverfahren instrumentalisiert** oder missbraucht, also nur zum Schein daran teilnimmt, um andere Zwecke zu erreichen, etwa eine Verzögerung oder einen Informationserwerb durch die Mediation,
- wenn das **Vertrauensverhältnis der Parteien zum Mediator** (berechtigt oder unberechtigt) maßgeblich erschüttert oder zerrüttet ist,
- wenn die Parteien dauerhaft **nicht den Willen oder die Befugnis** haben, konstruktiv an einer Mediation teilzunehmen und eine Abschlussvereinbarung wirksam vorzunehmen.

Die Gesetzesbegründung nennt darüber hinaus noch als Beendigungsgrund die **erhebliche Einschränkung der Fähigkeit zu eigenverantwortlichem Handeln** durch schwere psychische Erkrankungen oder bei massiver Suchtabhängigkeit.[251]

Die Schwierigkeit wird für den Mediator immer darin bestehen, zu beurteilen, ob noch ein sinnvoller Abschluss des Mediationsverfahrens möglich ist. Die meisten Mediatoren erleben in ihrer Praxis, dass Verhandlungen kontrovers und emotionsgeladen verlaufen können und die Parteien gerade zu Beginn des Verfahrens oftmals erst wieder den Weg zu einem konstruktiven Umgang miteinander finden müssen. Vor diesem Hintergrund kann es sinnvoll und notwendig sein, auch schwierige Phasen der Mediation nicht zu früh abzubrechen, bloß weil eine konstruktive Lösungssuche vorübergehend außer Acht geraten ist oder fern erscheint.[252] Dem Mediator steht insoweit ein nur **begrenzt gerichtlich überprüfbarer Beurteilungs-** 269

250 *Greger/Unberath* § 2 Rn. 172.
251 BT-Drucks. 17/5335 S. 14.
252 Vgl. auch *Golterman/Hagel/Klowait/Levien* SchiedsVZ 2012, 299, 304.

spielraum zu. Die gerichtliche Überprüfung wird sich auf evidente Verstoßfälle beschränken.[253]

270 Die Beendigung der Mediation durch den Mediator ist juristisch als **Kündigung aus wichtigem Grund** gem. § 627 Abs. 2 BGB einzustufen[254], welche auch fristlos möglich ist. Dabei ist aber zu beachten, dass sich der Mediator bei einer Kündigung **zur Unzeit** gem. § 627 Abs. 2 Satz 2 BGB **schadensersatzpflichtig** machen kann und eine solche Kündigung auch **Auswirkungen auf die Vergütungsansprüche** des Mediators gem. § 628 Abs. 1 BGB nehmen kann.[255]

271 Auch für die Beendigung durch den Mediator sieht das Gesetz **keine bestimmte Form** oder Erklärung vor. Es ist den Mediatoren zu empfehlen, den Abbruch der Mediation aber deutlich zu kommunizieren, zeitnah in Verbindung mit dem Ereignis oder der Einschätzung, welche zur Beendigung geführt hat und auch diesen Grund sowie ggf. das weitere Vorgehen zur Beendigung anzugeben und dieses auch schriftlich zu dokumentieren.

Eine Beendigungsnachricht könnte wie folgt aussehen:

! **Formulierungsvorschlag Beendigungsnachricht Mediator:**

272 Beendigung des Mediationsverfahrens gem. § 2 Abs. 5 S.2 MediationsG
Kündigung des Mediationsvertrages gem. Ziffer xx

Sehr geehrte ...., sehr geehrte......... (Parteien des Mediationsverfahrens),
hiermit teile ich Ihnen mit, dass ich das oben genannte Mediationsverfahren leider beenden muss. Nach meiner Einschätzung der derzeitigen Situation kann die Mediation nicht sinnvoll und zielführend fortgesetzt werden.
Wir mussten nunmehr wiederholt feststellen, dass der bisherige Austausch im Rahmen der Mediation keine beidseitig akzeptablen Lösungsvorschläge erbracht hat und auch nicht absehbar ist, dass dieses zukünftig der Fall sein wird, und sich darüber hinaus die Kommunikation zum überwiegenden Teil auf gegenseitige Vorwürfe beschränkt. Nach mittlerweile drei Terminen haben wir nicht einmal abschließend erörtern und festlegen können, über welche Themen Sie im Rahmen der Mediation sprechen möchten. Es ist nicht absehbar, dass weitere Termine eine Veränderung der Situation herbeiführen werden.
Ich sehe mich daher gezwungen, von meinen Recht als Mediator gem. § 2 Abs. 5 MediationsG Gebrauch zu machen und das Verfahren zu beenden. Der Mediationsvertrag vom xx.xx.xx wird hiermit gem. Ziffer xx des Vertrages gekündigt.
Eine weitere Terminierung wird nicht erfolgen, ich werde Ihnen Ihre Unterlagen, die Protokolle der bisherigen Termine und die erarbeiteten Materialien in Kopie übersenden. Des Weiteren werde ich keine weiteren Handlungen vornehmen und die bisherigen Tätigkeiten gem. Ziffer xx des Mediationsvertrag wie vereinbart abrechnen. ...

---

253 *Greger/Unberath* § 2 Rn. 171.
254 *Golterman/Hagel/Klowait/Levien* SchiedsVZ 2012, 299, 304; *Ahrens* NJW 2012, 2465, 2467.
255 Fischer/Unberath/*Jost* S. 135.

Formulierungsvorschlag Hinweis bei Beendigung durch andere Partei !

Beendigung des Mediationsverfahrens gem. § 2 Abs. 5 S.1 MediationsG 273

Sehr geehrte/r Frau/Herr xy (weitere Partei des Mediationsverfahrens),
hiermit teilen wir mit, dass wir Frau/Herr xy die Mediation mit Schreiben vom mir gegenüber für beendet erklärt hat und den Mediationsvertrag vom xx.xx.xx gem. Ziffer xy gekündigt hat. Nach eigener Erklärung steht Frau/Herr xy für weitere Mediationstermine nicht mehr zur Verfügung.
Eine weitere Terminierung wird nicht erfolgen, ich werde Ihnen Ihre Unterlagen, die Protokolle der bisherigen Termine und die erarbeiteten Materialien in Kopie übersenden. Des Weiteren werde ich keine weiteren Handlungen vornehmen und die bisherigen Tätigkeiten gem. Ziffer xx des Mediationsvertrag wie vereinbart abrechnen. ...

Datum, Unterschrift

X. Mitwirkungs- und Hinweispflichten zur Fairnesskontrolle (§ 2 VI MediationsG)

Die Regelungen des § 2 VI MediationsG, wonach der Mediator im Falle einer Einigung darauf hinwirkt, dass die Parteien die Vereinbarung in Kenntnis der Sachlage treffen und den Inhalt verstehen sind Ausdruck des Prinzips der **vollständigen Informiertheit** der Parteien vor Abschluss einer Vereinbarung. Ein **faireres Verfahren** mit einer ausgewogenen Einigung kann nur zustande kommen, wenn die Parteien die Vereinbarung in Kenntnis der Sachlage treffen und den Inhalt verstehen. Der Mediator hat darauf im Rahmen seiner verfahrensleitenden Funktion nach § 2 VI S. 1 MediationsG hinzuwirken. Darüber hinaus hat der Mediator die Parteien ohne fachliche Beratung auf die Möglichkeit hinweisen, die Vereinbarung bei Bedarf durch externe Berater (z.B. Rechtsanwälte) überprüfen zu lassen (B Rn. 37, C Rn. 283). 274

1. Mitwirkungspflicht des Mediators: Einigung in Kenntnis der Sachlage und Verständnis des Inhalts (§ 2 VI S. 1 MediationsG)

Im Rahmen seiner verfahrensleitenden Funktion hat der Mediator nach § 2 VI S. 1 MediationsG im Falle einer Einigung darauf hinzuwirken, dass die Parteien keine Wissens- und Verständnisdefizite haben, *bevor* sie zu einer abschließenden Regelung gelangen. Die Formulierung *„im Falle einer Einigung“* stellt klar, dass es im Rahmen des Mediationsverfahrens nicht zwingend zu einer Einigung kommen muss, sondern dass eine Mediation auch ohne eine abschließende Einigung entweder einvernehmlich oder durch Beendigung seitens einer der Parteien (§ 2 V S. 1 MediationsG) oder den Mediator (§ 2 V S. 2 MediationsG) enden kann. Gleichzeitig verdeutlicht die gesetzliche Formulierung, dass Wissens- und Verständnisdefizite bei 275 den Parteien *spätestens* vor Abschluss einer Vereinbarung geschlossen sein müssen.

276 Der Mediator hat nach seinen berufsethischen Anforderungen und im Rahmen seiner neutralen verfahrensleitenden Funktion allerdings schon von Anbeginn und während des gesamten Verfahrens darauf hinzuwirken, dass die Parteien vollständig informiert sind und den Inhalt der Verhandlungen auch verstehen. Die Verfahrensneutralität verpflichtet ihn zu einer unparteilichen Verhandlungsführung und zur Gleichbehandlung der Parteien (§ 2 III S. 2 und 3 MediationsG). Dazu gehört die ungeteilte Teilhabe aller Medianten an Informationen und Fachwissen des Mediators (B Rn. 82, C Rn. 40, 93).

277 Die gesetzliche Anforderung des § 2 VI S. 1 MediationsG an den Mediator soll sicherstellen, dass die Parteien die **abschließende Vereinbarung** vollinformiert und bei vollständigem Verständnis des Inhaltes schließen. Nur wenn diese Anforderungen erfüllt sind, können die Parteien im Rahmen ihrer **Privatautonomie** wirklich frei eine Vereinbarung treffen.

278 Zur Kenntnis der Sachlage gehören sämtliche Informationen, beispielsweise auch eingebrachte **Gutachten** oder andere **Fakten und Daten**. Darüber hinaus muss die Sachlage und die dazugehörigen Erkenntnisse inhaltlich verstanden werden.

Insbesondere müssen die Parteien auch ihre rechtliche Situation kennen und verstehen (ausführlich C Rn. 41, X Rn. 274 ff.). Denn bestehende **Rechtsansprüche** der Parteien bestimmen den Wert ihrer Handlungsalternativen. Die Konfliktparteien müssen ihre rechtlichen Erfolgsaussichten beurteilen können, um zu einem fairen Ergebnis zu kommen.[256] In der Mediationspraxis wird hier auch von **„Fair Play"**, dem **„BATNA/WATNA Prinzip"**[257] oder von „Nichteinigungsalternativen"[258] gesprochen (C Rn. 42, 183, 278, X Rn. 274 ff.). Spätestens vor einer abschließenden Vereinbarung, die einen rechtlich relevanten Vertrag darstellt, soweit Rechtspositionen betroffen sind, müssen die Parteien vom Mediator darauf hingewiesen worden sein, die Rechtslage abklären zu können. Denn eine abschließende Vereinbarung ist aufgrund der Vertragsfreiheit der Parteien grundsätzlich wirksam und nur in sehr engen Ausnahmefällen angreifbar (z.B. in den seltenen Fällen der Nichtigkeit).

279 Wie der Mediator seine Mitwirkungspflicht aus § 2 VI S. 1 MediationsG umzusetzen hat, ist nicht geregelt. Um die Informiertheit der Parteien zu gewährleisten hat der Mediator zu überprüfen, ob alle Parteien sämtliche Informationen erhalten ha-

---

256 Vgl. Haft/von Schlieffen/*Ripke*, § 7 Rn. 25 ff., *Duvè/Eidenmüller/Hacke* S. 219 ff.

257 BATNA (best alternative to a negotiation agreement), im Sinne von: beste Alternative zu einer Einigung durch Verhandlung – WATNA (worst alternative to a negotiation agreement) im Sinne von: schlechteste Alternative zu einer Einigung durch Verhandlung; vgl. *Duve/Eidenmüller/Hacke* S. 219 ff. Kap. 1 Rn. 27.

258 Henssler/Koch/*Eidenmüller* § 2 Rn. 49 ff.; *Duve/Eidenmüller/Hacke* Kap. 9, S. 219 ff.

ben, es also kein Informationsleck gibt. Die **Mitwirkungspflicht des Mediators** zum Verständnis des Inhalts der Vereinbarung seitens der Parteien stellt er durch seine kommunikativen Fertigkeiten sicher. Dazu muss sich der Mediator zum einen durch ausdrückliches Nachfragen bei den Parteien davon überzeugen, ob diese den Inhalt tatsächlich verstehen. Er muss bei aufkommenden Zweifeln diese aufnehmen und mit den Parteien erörtern. Voraussetzung dafür ist, dass auch der Mediator selbst die Sachlage versteht.

Fraglich ist, inwieweit der Mediator selbst Informationen in die Verhandlungen zur Erfüllung der Verpflichtung aus § 2 VI S. 1 MediationsG einbringen kann, insbesondere wenn es sich dabei um **Expertenwissen** handelt. Diese Frage taucht für den Mediator insbesondere dann auf, wenn er von seinem Grundberuf über genau dieses Expertenwissen verfügt, insbesondere bei anwaltlichen bzw. juristischen Mediatoren, soweit es um Rechtsfragen geht. Aber auch bei anderen Grundberufen kann für das Mediationsverfahren förderliches Expertenwissen des Mediators bestehen. 280

Der Mediator sollte mit dem Einbringen eigenen Wissens aus mehreren Gründen äußerst zurückhaltend agieren. 281

Bei **rechtlichen Interventionen** bestehen gleich mehrere Fallen für den Mediator. Soweit nichtanwaltliche Mediatoren, auch wenn sie einen juristischen Berufshintergrund haben, Informationen über das maßgebliche Recht in die Mediation einzuführen, verstoßen sie gegen das Rechtsdienstleistungsgesetz (B Rn. 217). Soweit vom Mediator nicht nur allgemeine Informationen erteilt werden, sondern einzelfallbezogen die Rechtslage dargestellt wird, ist darin eine Rechtsdienstleistung zu sehen.[259] Bereits die Darstellung der Rechtslage im Einzelfall stellt ein rechtlich regelndes Eingreifen dar.[260] Darauf weist auch die Stellungnahme der Bundesrechtsanwaltskammer zum Regierungsentwurf des Rechtsdienstleistungsgesetzes von Mai 2007[261] sowie der Entwurf zum „Gesetz der Mediation und anderer außergerichtlicher Konfliktbeilegung“ (Mediationsgesetz) in seiner Kommentierung zu § 2 VI MediationsG-hin[262]. **Rechtsdienstleistungen** dürfen nach dem Rechtsdienstleistungsgesetz bis auf die gesetzlich normierten Ausnahmefälle nur von Anwälten erteilt werden. Soweit nichtanwaltliche Mediatoren, auch wenn sie Volljuristen sind, Rechtsauskünfte erteilen, verstoßen sie gegen das Rechtsdienstleistungsgesetz. Dies gilt erst recht für alle Mediatoren ohne juristische Kenntnisse.

Aber auch der anwaltliche Mediator sollte nach richtiger Auffassung die Rechtslage nicht selbst in die Mediation einbringen.[263] Dies verbietet zum einen seine Neut- 282

259 So auch *Grunewald/Römermann* § 2 RDG, Rn. 134.
260 *Grunewald/Römermann* § 2 RDG, Rn. 134.
261 BRAK-Stellungnahme Nr. 19/2007, S. 7 f.
262 BTDrucks. 60/11 S. 22.
263 Vgl. *Montada/Kals* S. 227.

ralitätspflicht (ausführlich B Rn. 75, C Rn. 43ff., 171ff., D Rn. 35ff., 220). Auch *Montada, Klas* konstatieren, dass ein über die Rechtslage „objektiv informierender Mediator" Gefahr läuft als parteilich wahrgenommen zu werden, insbesondere wenn die Rechtsauskunft eine der Parteien stärkt.[264] Ein zu befürchtender Neutralitätsverlust ist aufgrund der unterschiedlichen Auslegbarkeit des Rechts erst recht indiziert, wenn ein externer Anwalt in seiner Beratung zu einem anderen Ergebnis kommt als der Anwaltsmediator (ausführlich mit Fallbeispiel C Rn. 69).

Zum anderen läuft der Anwaltsmediator Gefahr das Verbot der Vertretung „widerstreitender Interessen" zu missachten (§§ 3 BORA, 43a IV BRAO, ausführlich C Rn. 43). Eine Interessenkollsion für die Erteilung von Rechtsauskünften in der Mediation ist dann anzunehmen, wenn im Mediationsverfahren widerstreitende rechtliche Interessen der Parteien erkennbar werden bzw. ernsthaft zu befürchten sind und der Mediator dennoch die Rechtslage für die Parteien erörtert.[265] Zwar ist anerkannt, dass im Rahmen eines privatrechtlichen Schiedsverfahrens der anwaltliche Schiedsrichter wie ein staatlicher Richter die Rechtslage zu beurteilen hat. Allerdings hat der Schiedsrichter eine völlig andere Funktion, da er einen Rechtsstreit unter Beachtung gesetzlicher Prozessregeln entscheidet. Unter engen Voraussetzungen ist auch die Aufhebung des Schiedsspruchs unter Anrufung des Oberlandesgerichts möglich. Das Schiedsverfahren stützt sich, anders als das Mediationsverfahren, auf eine Entscheidung durch den Schiedsrichter. Der Mediator hingegen vermittelt zwischen den Parteien, die selbst eine Entscheidung finden wollen. In diesem Zusammenhang brauchen sie alle nötigen Informationen, um eine für alle Beteiligten faire Lösung zu finden. Die nötigen Informationen sind – soweit es sich um Expertenwissen handelt – von externen Berater (§ 2 VI S. 2 MediationsG) der jeweiligen Partei anzudienen.

2. Mitwirkungspflicht des Mediators: Parteien ohne fachliche Beratung (§ 2 VI S. 2 MediationsG)

283 Nach § 2 VI S. 2 MediationsG hat der Mediator die Parteien ohne fachliche Beratung auf die Möglichkeit hinzuweisen, die Vereinbarung im Bedarfsfall durch externe Berater überprüfen zu lassen. Die Hinweispflicht verweist darauf, die Vereinbarung „bei Bedarf" durch externe Berater prüfen zu lassen. Die letztendliche Entscheidung, ob die Parteien diese Anregung in Anspruch nehmen, liegt mithin bei ihnen selbst. Der Mediator kann daher eine solche Überprüfung durch externe Berater nicht etwa anordnen. Seine Aufgabe ist es zu erkennen, ob und wann ein solcher

264 *Montada/Kals* S. 227.

265 Ausführlich C Rn. 41ff. mit Literaturnachweisen.

Hinweis nötig ist, um die vollständige Informiertheit der Parteien zu sichern. Verzichten die Parteien nach einem Hinweis auf die Möglichkeit der Inanspruchnahme externer Berater, so basiert das auf ihrer freiwilligen Entscheidung. Der Mediator hat mit dem Hinweis seiner Pflicht Genüge getan.

Auf welche Berater im konkreten Fall verwiesen werden muss, hängt vom jeweiligen Einzelfall und vom Kontext des Konfliktes ab. In der Regel werden **rechtliche Fragen** zu klären sein, so dass auf Rechtsanwälte verwiesen werden muss. Dabei sind folgende Fallgruppen denkbar:

Parteien ohne rechtliche Beratung !

Zeitpunkt: 284

Vor Beginn des Mediationsverfahrens.
Während des Mediationsverfahrens, soweit rechtliche Probleme sichtbar werden.
Spätestens *vor der Abschlussvereinbarung*, § 4 VI MediationsG.

Rechtsberatungsmodelle:
- externe Beratung durch Parteianwälte außerhalb des Mediationsverfahrens,
- interne Beratung durch Parteianwälte, die während des Mediationsverfahren einbezogen sind,
- interne punktuelle bzw. sequenzielle Beratung durch Parteianwälte,[266]
- externe bzw. interne Beratung durch einen von den Parteien gemeinsam beauftragten Rechtsanwalt (streitig ablehnend C Rn. 43 ff.),
- Rechtsberatung durch Anwaltsmediator in Doppelfunktion (streitig a.A. D Rn. 35 ff.).

Es können auch die Hinzuziehung von Sachverständigen, Steuerberater, Psychologen oder **andere Experten** in Rede stehen. Maßgeblich ist, ob eine für die Einigung entscheidungserhebliche Frage der Parteien ohne Expertenwissen von außen nicht geklärt werden kann.

§ 2 VI S. 2 MediationsG regelt die Hinweispflicht, die Parteien über die Möglichkeit 285
der bedarfsweise Überprüfung der „*Vereinbarung*“ durch externe Berater zu informieren. Eine bereits geschlossene Vereinbarung, soweit sie rechtserhebliche Regelungen enthält, stellt bei wortlautgemäßer Auslegung allerdings bereits einen Vertrag dar. Denn eine Vereinbarung besteht aus zwei übereinstimmenden Willenserklärungen. Eine nachträgliche Überprüfung der Vereinbarung durch einen Rechtsanwalt würde dann aber wenig Sinn machen, da dieser zwar die Vereinbarung kontrollieren im Ergebnis aber nichts mehr bewirken kann, da die Vereinbarung bereits geschlossen wurde. Es ist fraglich, ob dieses Ergebnis gesetzlich gemeint ist.

266 Zu den Vor- und Nachteilen siehe *Himstedt* Rollenklarheit entwickeln, Spektrum der Mediation 50/2013, 58.

286 Dagegen spricht § 2 VI S. 3 MediationsG, wonach geregelt ist, dass mit Zustimmung der Parteien die *„Einigung“* in einer *„Abschlussvereinbarung“* dokumentiert werden kann. Die Norm des § 2 MediationsG unterscheidet mithin zwischen Einigung, Vereinbarung und Abschlussvereinbarung. Da § 2 VI S. 3 MediationsG das Erfordernis der *Zustimmung* der Parteien zur *Dokumentation* der Abschlussvereinbarung regelt, also der Möglichkeit einer schriftlichen Fixierung des Ergebnisses, kann daraus geschlossen werden, dass erst die Abschlussvereinbarung eine endgültige rechtlich relevante Vereinbarung darstellen soll. Und zwar unabhängig davon, ob die Abschlussvereinbarung schriftlich fixiert ist oder nicht. Demzufolge bezieht sich die Hinweispflicht aus § 2 VI S. 3 MediationsG auch auf den Zeitpunkt vor einer endgültigen Regelung.

287 Noch in der Entwurfsfassung zum Mediationsgesetz war der Gesetzestext dahingehend formuliert, dass der Mediator die Parteien auf die Möglichkeit der Hinzuziehung externer Berater hinweisen *soll.* § 2 VI S. 2 MediationsG regelt, dass der Mediator die Parteien auf die Möglichkeit hinzuweisen *hat.* Der Mediator hat demnach keinen Spielraum, sondern ist gesetzlich zum Hinweis verpflichtet.

288 Üblicherweise wird dies bereits in dem **Mediationsvertrag** zwischen Mediator und Medianten festgehalten. Da ein standardisierter vorformulierter Mediationsvertrag bei mehrfacher Verwendung als **„Allgemeine Geschäftsbedingungen“** (B Rn. 241) einer möglichen Kontrolle nach den Vorschriften der §§ 305ff. BGB unterliegen kann, empfiehlt es sich, den Hinweis im Vertrag deutlich hervorzuheben und von den Parteien gesondert unterschreiben zu lassen (siehe C Rn. 291). Darüber hinaus kann es für den Mediator angezeigt sein, im Laufe eines Mediationsverfahrens und/oder spätestens vor Abfassen einer **Abschlussvereinbarung** nochmals im Protokoll der Mediationssitzung einen Hinweis zur Hinzuziehung von externen Anwälten zu erteilen. Zwar sind Protokolle in der Mediationssitzung nicht vorgeschrieben, wenn sich aber eine Hinweispflicht für den Mediator abzeichnet, empfiehlt sich aus Beweisgründen ein schriftlicher Vermerk in einem Protokoll. Ohne schriftlichen Hinweis wird ein Mediator im Streitfalle im Zweifel nicht nachweisen können, dass er den Parteien den Rat zur Hinzuziehung einer rechtlichen Beratung erteilt hat.

289 **Beachte:** es wird vertreten, dass jede **rechtsgestaltende Abschlussvereinbarung** in der Mediation eine Mitwirkung von zugelassenen Rechtsanwälten erfordere, soweit es sich nicht um ganz einfache Vereinbarungen handele.[267] Demnach dürfte nur ein anwaltlicher Mediator eine Abschlussvereinbarung ausformulieren. Auch deshalb ist die Beachtung der Hinweispflicht auf externe Berater, namentlich Rechtsanwälte, so wichtig.

---

267 *Greger/Unberath* § 1 Rn. 75.

Soweit der nichtanwaltliche Mediator nur die von den Parteien unter Beratung bzw. Mitwirkung ihrer Rechtsanwälte die gefundenen Vereinbarungen protokolliert, besteht kaum eine Gefahr gegen das Rechtsdienstleistungsgesetz zu verstoßen. Auch aus der gesetzlichen Intention des § 2 VI S. 2 MediationsG ist zu schließen, dass der nichtanwaltliche Mediator sehr wohl einen Abschlussvereinbarung abfassen darf. Soweit die Abschlussvereinbarung in dem Sinne vom Mediator „ausformuliert" wird, als er eigene Formulierungsvorschläge und Regelungspunkte in die Abschlussvereinbarung einbringt, ist dies ein Verstoß gegen das Rechtsdienstleistungsgesetz (B Rn. 217).

Checkliste: Prüfungs- und Hinweispflichten des Mediators vor einer Abschlussvereinbarung **!** 290

- Vollständige Informiertheit der Parteien, keine Wissens- oder Inhaltsdefizite (Kenntnis der Sachlage, Verständnis des Inhalts der Vereinbarung; § 2 VI S. 1 MediationsG)
- Nötigenfalls Hinweis auf externe Berater, insbesondere Rechtsanwälte (§ 2 VI S. 2 MediationsG),
- Zustimmung der Parteien zur Dokumentation der Einigung in einer Abschlussvereinbarung (§ 2 VI S. 3 MediationsG)

Klausel Mediationsvertrag **!**

Der Mediator erteilt keine Rechtsberatung und gibt keine Rechtsauskünfte. Die Parteien sind insofern angehalten, sich getrennt und unabhängig voneinander anwaltlich beraten zu lassen. 291

Gesonderte Unterschrift der Parteien

Vollständiger Vertrag siehe B Rn. 240

Protokoll

der _* Mediationssitzung in der Sache *Name/Name*

*(*Es empfiehlt sich festzuhalten, um die wievielte Sitzung es sich handelt, beispielsweise „3. Mediationssitzung in der Sache …")*

Geschäftszeichen: *(soweit vorhanden)*

Datum, Uhrzeit:

Ort:

Teilnehmer:

Inhalt:

Hinweis nach § 2 VI S. 2 MediationsG

Beispiel: Im Rahmen der heutigen Mediationssitzung zeigte sich zwischen den Parteien ein Interessenkonflikt hinsichtlich der arbeitsvertraglich vereinbarten Urlaubsansprüche, der unterschiedliche Rechtspositionen aufzeigte. Unklar ist zwischen den Parteien, ob Herrn X 30 Arbeitstage oder 30 Werktage Urlaub zustehen.

Der Mediator weist die Parteien nochmals schriftlich darauf hin, dass er keine Rechtsauskünfte erteilen darf. Zur Klärung der Frage wird den Parteien dringend angeraten sich wegen der strittigen Frage getrennt und unabhängig voneinander anwaltlich beraten zu lassen.

Abschlussvereinbarung

Protokoll der _* Mediationssitzung in der Sache *Name/Name*

*(*Es empfiehlt sich festzuhalten, um die wievielte Sitzung es sich handelt, beispielsweise „3. Mediationssitzung in der Sache …")*

Geschäftszeichen: *(soweit vorhanden)*

Datum, Uhrzeit:
Ort:
Teilnehmer:
Inhalt:

Variante (1)
Protokollergebnis

In dem Mediationsverfahren X/Y geben die Parteien auf ihren Wunsch folgendes Ergebnis zu Protokoll:

1. *Die tägliche Arbeitszeit für Herrn X wird auf die Zeit von 9.00 bis 16.00 Uhr festgesetzt.*
2. *Die 45minütige Mittagspause ist in der Zeit von 11:30 bis 14.30 abzuhalten.*
3. *Die vertraglich vereinbarte Urlaubszeit beträgt 30 Arbeitstage.*
4. *Usw.*

Die protokollierte Vereinbarung wird nur mit eigenhändiger Unterschrift der Parteien wirksam. Die Parteien lassen sich zunächst bezüglich der Regelungspunkte 1. bis 4. getrennt und unabhängig voneinander anwaltlich beraten. Soweit nach rechtlicher Beratung für keine der Parteien Einwände gegen die Vereinbarung bestehen, wird zur Unterzeichnung der Vereinbarung ein weiterer Mediationstermin am ..., um ... vereinbart. Sollte nach rechtlicher Beratung der Parteien weiterer Regelungsbedarf bestehen, wird die Mediation an dem vereinbarten Termin fortgesetzt.

Anmerkung: Variante (1) ist für nichtanwaltliche Mediatoren geeignet, um nicht mit dem Rechtsdienstleistungsgesetz in Konflikt zu geraten. Denn die Vereinbarung ist explizit erst dann wirksam, wenn sie – nach anwaltlicher Beratung – schriftlich durch Unterschriften der Parteien fixiert wird.
Mit der Variante (2) und (3) wird die Abschlussvereinbarung unter eine Bedingung bzw. einen Widerrufsvorbehalt gestellt, was bereits eine rechtliche relevante Regelung darstellt, die vom Mediator eingebracht wird. Daher ist hier für nichtanwaltliche Mediatoren Vorsicht geboten.

Variante (2)
Bedingung

Die Vereinbarung wird unter der Bedingung geschlossen, dass nach getrennter anwaltlicher Beratung bezüglich der Regelungspunkte 1. bis 4. keine rechtlichen Einwände gegen die Vereinbarung bestehen und die Partei dem Mediator den Wunsch nach Fortsetzung der Mediation nicht bis zum .... durch einfache schriftliche Anzeige in Textform//(Alternative: Schriftform)//mitgeteilt haben. Soweit eine Fortsetzung der Mediation durch die Parteien oder eine der Parteien fristgerecht angezeigt wurde, informiert der Mediator die andere Partei über die Fortsetzung der Mediation. Es wird nach Absprache mit den Parteien ein neuer Mediationstermin festgesetzt und die Mediation fortgesetzt. Soweit innerhalb der genannten Frist keine Anzeige zur Fortsetzung der Mediation erfolgt, ist die Vereinbarung wirksam.

Datum, Ort, Unterschriften Parteien/Mediator

Variante (3)
Widerruf

In dem Mediationsverfahren X/Y vereinbaren die Parteien unter Vorbehalt des Widerrufs:

1. *Die tägliche Arbeitszeit für Herrn X wird auf die Zeit von 9.00 bis 16.00 Uhr festgesetzt.*
2. *Die 45minütige Mittagspause ist in der Zeit von 11:30 bis 14.30 abzuhalten.*
3. *Die vertraglich vereinbarte Urlaubszeit beträgt 30 Arbeitstage.*
4. *Usw.*

Die Parteien lassen sich bezüglich der Regelungspunkte 1. bis 4. getrennt und unabhängig voneinander anwaltlich beraten. Nach anwaltlicher Beratung spätestens aber bis zum .... kann die Vereinbarung schriftlich widerrufen werden. Der Widerruf ist gegenüber dem Mediator innerhalb der gesetzten Frist durch einfache schriftliche Anzeige in Textform//(Alternative: Schriftform)//mitgeteilt haben abzugeben. Der Mediator informiert die jeweils andere Partei über den Widerruf. Soweit die Vereinbarung widerrufen wird, vereinbaren die Parteien bereits jetzt die Fortsetzung der Mediation.

Ort, Datum, Unterschriften Parteien/Mediator

Textform: § 126b BGB
„Ist durch Gesetz Textform vorgeschrieben, so muss die Erklärung in einer Urkunde oder auf andere zur dauerhaften Wiedergabe in Schriftzeichen geeignete Weise abgegeben, die Person des Erklärenden genannt und der Abschluss der Erklärung durch Nachbildung der Namensunterschrift oder anders erkennbar gemacht werden"

In Erweiterung zur Schriftform benötigt man bei der Textform keine eigenhändige Unterschrift und auch keine Originaldokumente. Daher sind neben einer Urkunde wie etwa einem Brief auch Fax, Computerfax, Brief, E-Mail, elektronische Datenträger oder ähnliches als Wiedergabeform möglich. Der Vorgabe „durch Nachbildung der Namensunterschrift oder anders" kann durch Anmerkungen wie „Die Erklärung ist ohne Unterschrift gültig" oder „Ende der Erklärung" Rechnung getragen werden. Auch ist eine maschinelle Unterschrift wie: „gez. Meier" oder eine eingescannte Unterschrift möglich.

XI. Dokumentation der Einigung in einer Abschlussvereinbarung *(§ 2 VI S. 3 MediationsG)*

1. Begriff und Überblick Abschlussvereinbarung

292 Das Mediationsgesetz regelt in **§ 2 Abs. 6 Satz 3 MediationsG**, dass die erzielte Einigung mit Zustimmung der Parteien in einer Abschlussvereinbarung dokumentiert werden kann und sieht damit ausdrücklich die Möglichkeit der Erstellung einer **sog. „Abschlussvereinbarung"** vor. Das Mediationsgesetz verwendet dabei in § 2 Abs. 6 Satz 3 MediationsG in Abweichung zu den vorhergehenden Sätzen erstmalig den **Begriff „Abschlussvereinbarung"** während in den Sätzen § 2 Abs. 6 Satz 1 und Satz 2 MediationsG der Begriff „Vereinbarung" verwendet wird. Alleiniges Unterscheidungsmerkmal zur Abgrenzung des Begriffs „Abschlussvereinbarung" von dem allgemeinen Begriff „Vereinbarung" ist nach dem Mediationsgesetz eine – wie auch immer geartete – **Dokumentation.** Es ist aber hervorzuheben, dass juristisch in aller Regel unabhängig von der Bezeichnung **jede Vereinbarung** oder Einigung im Rahmen der Mediation, sei sie dokumentiert oder nicht, als **Vertrag** einzustufen ist[268], der entsprechend seines Regelungsumfangs auch eine **Bindungswirkung**

268 Vgl. *Fritz/Pielsticker* § 2 Rn. 153.

entfaltet. Es kommt für die juristische Bindungswirkung bis auf in den im Folgenden dargestellten Ausnahmefällen (s. Rn. 296ff.) nicht auf die Form der Vereinbarung oder deren Bezeichnung an. Diese kann z.B. auch mündlich erfolgen. Die gesetzgeberische Unterscheidung zwischen den Begriffen „Vereinbarung" und „Abschlussvereinbarung" ist insofern schwer nachvollziehbar und es bedarf einer solchen Unterscheidung angesichts der Wirkungsgleichheit auch nicht. Es besteht dadurch die Gefahr den irreführenden Eindruck zu erwecken, eine bloße „Vereinbarung" hätte geringere oder andere Rechtswirkungen als eine so bezeichnete „Abschlussvereinbarung". Es ist daher klarstellend und einheitlich bei der erzielten Einigung in der Mediation – dokumentiert oder nicht – von einer **„Abschlussvereinbarung"** zu sprechen.[269]

293 Die Entscheidung zur Erstellung einer Abschlussvereinbarung, deren Inhalt und auch die Form der Abfassung der Abschlussvereinbarung unterliegt **der freien Entscheidung der Parteien** der Mediation. Es gibt weder eine Verpflichtung zur Erstellung einer Abschlussvereinbarung[270] noch einen vorgegebenen oder auch nur empfohlenen Inhalt. § 2 Abs. 6 Satz 3 MediationsG hebt diese Dispositionsfreiheit der Parteien nochmals hervor indem er mit dem Begriff „kann" ausdrückt, dass die Abfassung einer Abschlussvereinbarung nur eine Möglichkeit ist und zudem ausdrücklich die Abfassung der Abschlussvereinbarung unter den Vorbehalt der Zustimmung der Parteien stellt.

2. Zweck der Abschlussvereinbarung

294 Die Erstellung einer Abschlussvereinbarung dient unterschiedlichen Zwecken. Die Abschlussvereinbarung hat in erster Linie **Dokumentationsfunktion**. Sie soll zunächst das im Rahmen der Mediation zwischen den Parteien entwickelte Ergebnis festhalten und dokumentieren. Darüber hinaus entfaltet die Erstellung der Abschlussvereinbarung **Klarstellungs- und Befriedungsfunktion**. Das gemeinsame Formulieren und Fixieren, insbesondere des inhaltlichen Ergebnisses der gefundenen Einigung, hilft den Parteien dieses im Detail aufzunehmen und wenn notwendig, Verständnisunterschiede einer möglichen Einigung oder eventuell verbliebene Unsicherheiten klarzustellen oder auszuräumen. Die gemeinsame Erstellung der Abschlussvereinbarung ist auch eine kooperative Tätigkeit, welche die gefundene Einigung festigt und nach einem Konflikt die Ausgangssituation für weitere Zusammenarbeit bilden kann. Weiterhin hat die Abschlussvereinbarung auch eine **Um- oder Durchsetzungsfunktion**, d.h. sie soll das gefundene Ergebnis in einer Weise festhalten, dass es ohne weiteren Abstimmungsbedarf umsetzbar ist und den Partei-

269 In diesem Sinne auch *Greger/Unberath* § 2 Rn. 277.

270 So auch deutlich die Gesetzesbegründung BT-Drucks. 17/5335 S. 16.

en auch die Sicherheit geben, dass das Ergebnis (notfalls auch gegen den Willen einer später von der Einigung abweichenden Partei) durchsetzbar ist. Die Abschlussvereinbarung soll den Parteien helfen, zukünftige Streitpunkte im Voraus auszuräumen oder jedenfalls einen konkreten Umgang dafür festzulegen. Schließlich kann die Abschlussvereinbarung auch **Informations- und Hinweisfunktion** haben und den beteiligten Mediatoren helfen, eventuelle Hinweis- oder Belehrungspflichten gegenüber den Parteien zu erfüllen und dies entsprechend zu dokumentieren.

3. Wirksamkeit der Abschlussvereinbarung

a) Überblick Wirksamkeit der Abschlussvereinbarung

Die Parteien sind im Rahmen der **Privatautonomie grundsätzlich frei**, beliebige 295
Rechtsgeschäfte und damit auch Abschlussvereinbarungen mit beliebigem Inhalt in jeder denkbaren Form abzuschließen.

Der Freiheit aufgrund der Privatautonomie sind **inhaltliche Schranken** gesetzt mit gesetzlichen Verboten gem. § 134 BGB, dem Schutz der guten Sitten gem. § 138 Abs. 1 BGB, den AGB- Regeln gem. §§ 305ff. BGB und anderen zwingenden gesetzlichen Vorgaben. Für bestimmte Rechtsgeschäfte gibt es zudem zwingende gesetzliche **Formvorgaben**, die die Wirksamkeit der Vereinbarung von der Einhaltung der Form abhängig machen. Abgesehen von den **allgemeinen gesetzlichen Vorgaben für Verträge** kann die Wirksamkeit der Abschlussvereinbarung insbesondere bei **Fehlern im Mediationsverfahren** beeinträchtigt werden, z.B. durch einen Verstoß des Mediators gegen Tätigkeitsverbote, einen Verstoß gegen die Neutralitätspflicht oder anderen Pflichtverletzungen des Mediators während des Mediationsverfahrens.[271]

Diese drei Problemfelder bei der Wirksamkeit der Abschlussvereinbarung werden im Folgenden näher ausgeführt.

b) Inhaltliche Schranken

Die Parteien können sich aufgrund der §§ 134, 138 Abs. 1 BGB **nicht wirksam zu** 296
gesetzlich verbotenen Handlungen verpflichten. Entsprechende Verpflichtungen in Abschlussvereinbarungen sind unwirksam. Ebenso sind alle anderen zwingenden gesetzlichen Vorgaben zu beachten. Insbesondere haben die Parteien auch die **AGB-Vorschriften der §§ 305ff. BGB zu beachten**. Allgemeine Geschäftsbedingungen (AGB) sind nach der Legaldefinition in § 305 Abs. 1 S. 1 BGB alle für eine Vielzahl von Fällen vorformulierten Vertragsbedingungen, die eine Partei einer an-

---

271 Fischer/Unberath/*Härtling* S. 148.

deren stellt, also auch eine vorformulierte Abschlussvereinbarung, die von der Mediatorin bzw. dem Mediator mehrfach verwendet wird. Diese Vertragsbedingungen unterliegen einer besonderen **Inhaltskontrolle** und vor allem die in §§ 307, 308 und 309 BGB vorgegebenen Inhaltsvorgaben sind zu beachten. Sofern die Abschlussvereinbarung, wie es wohl in der Praxis in der Regel der Fall sein wird, im Einzelfall ausgehandelt wird, finden die AGB-Vorgaben gem. § 305 Abs. 1 S. 3 BGB keine Anwendung. Hinsichtlich der einzelnen Verbote und gesetzlichen Vorgaben für AGB wird auf die umfangreiche Kommentarliteratur zum BGB verwiesen.

c) Form der Abschlussvereinbarung

297 Die Abschlussvereinbarung kann zwar inhaltlich zulässig sein (z.B. die Übertragung eines Grundstücks durch den Eigentümer) aber einem **Formzwang** (der notariellen Beurkundung) unterliegen, d.h. die Vereinbarung ist nichtig gem. § 125 Satz 1 BGB, wenn sie nicht in der bestimmten, vorgegebenen Abfassungsform vereinbart wird.

Im Regelfall unterliegt die Erstellung einer Abschlussvereinbarung **keinen** besonderen **Formvorgaben.** Es gibt auch nach Inkrafttreten des Mediationsgesetzes für die Abfassung von Abschlussvereinbarungen keine Vorgaben zur Art und Weise der Abfassung, also insbesondere keine Vorgabe, die Abschlussvereinbarung in Schriftform zu erstellen. Möglich ist es etwa auch die Abschlussvereinbarung per E-Mail oder Fax aufzunehmen, sie per Video zu fixieren oder in Form abfotografierter Flip Charts festzuhalten. Die Abschlussvereinbarung muss daher **nur** einer bestimmten Form genügen, **wenn** dieses **ausdrücklich gesetzlich** aufgrund des zugrundeliegenden Rechtsgeschäftes in den allgemeinen Gesetzen vorgegeben ist. Dies ist z.B. der Fall, wenn die Abschlussvereinbarung einen Erbvertrag oder die Übertragung eines Grundstückes enthalten soll.

298 Das BGB unterscheidet bei **den unterschiedlichen Abfassungsformen** die Schriftform gem. § 126 BGB, die elektronische Form gem. § 126a BGB, die Textform gem. § 126b BGB und die notarielle Beurkundung gem. § 128 BGB. Bei der **Schriftform gem. § 126 BGB** muss die Erklärung in einer Urkunde *„von dem Aussteller eigenhändig durch Namensunterschrift oder mittels notariell beglaubigten Handzeichens unterzeichnet werden"*. Bei der **Textform gem. § 128 BGB** muss die Erklärung in *„einer **Urkunde** oder auf andere zur dauerhaften Wiedergabe in Schriftzeichen geeignete Weise abgegeben, die **Person des Erklärenden** genannt und der Abschluss der Erklärung durch Nachbildung der **Namensunterschrift** oder anders erkennbar gemacht werden"*. In Abweichung zur Schriftform ist bei der Textform also **keine eigenhändige Unterschrift und kein Originaldokument** erforderlich. Daher sind neben einer Urkunde (wie etwa einem Brief) auch Fax, Computerfax, Brief, E-Mail, elektronische Datenträger oder ähnliches als Wiedergabeform möglich. Der Vorgabe „durch Nachbildung der Namensunterschrift oder anders" kann durch Anmerkungen wie „Diese Erklärung ist ohne Unterschrift gültig" oder „Ende der Erklärung" Rechnung getragen werden. Auch ist eine maschinelle Unterschrift

oder eine eingescannte Unterschrift möglich. Bei der **notariellen Beurkundung gem. § 128 BGB** erfolgt die Erklärung in einem dafür vorgesehenen formalisierten Vorgang bei einem zugelassenen Notar nach den Vorgaben des Beurkundungsgesetz.

Ausstellungsformen: !

Formart	Regelung	Voraussetzungen	Beispiel
Schriftform	§ 126 BGB	– Urkunde – vom Aussteller eigenhändig unterzeichnet	Unterschriebener Brief
elektronische Form	§ 126a BGB	– Urkunde – Aussteller erkennbar – elektronische Signatur	Elektronisches Dokument mit Signatur
Textform	§ 126b BGB	– Urkunde oder andere dauerhafte Wiedergabe von Schriftzeichen – Erklärender genannt – Abschluss der Erklärung erkennbar	E-Mail, Fax
notarielle Beurkundung	§ 128 BGB, Beurkundungsgesetz	durch Notar nach den Vorgaben des Beurkundungsgesetzes	Notarielle Urkunde

Vorgaben für die Einhaltung der eben genannten Formarten können sich aus dem BGB aber auch aus jedem anderen Gesetz ergeben. Die folgende Tabelle soll einen Überblick über wichtige Formvorgaben geben, die Aufzählung ist lediglich beispielhaft und nicht abschließend.[272] 299

Formvorgaben: !

Rechtsgeschäft	Formvorgabe	Regelung
Übertragung von **Grundstücken**	Notarielle Beurkundung	§ 311 Abs. 1 Satz 1 BGB
Übertragung gegenwärtiges oder zukünftiges **Vermögen**	Notarielle Beurkundung	§ 311 Abs. 2 BGB
Erbvertrag	Notarielle Beurkundung	§ 2276 Abs. 1 Satz 1 BGB
Erbverzicht	Notarielle Beurkundung	§ 2348 BGB
Ehevertrag	Notarielle Beurkundung	§ 1410 BGB

272 Vgl. BeckOK-BGB/*Wendtland* § 126 Rn. 1–2, sowie § 128 Rn. 3 m.w.N.

Rechtsgeschäft	Formvorgabe	Regelung
Versorgungsausgleich	Notarielle Beurkundung	§ 7 VersorgungsausglG
Nachehelicher Unterhalt	Notarielle Beurkundung	§ 1585c BGB
Übertragung **Gesellschaftsanteile**	Notarielle Beurkundung	§ 15 Abs. 3 GmbHG
Kündigung eines **Mietverhältnisses**	Schriftform	§ 568 Abs. 1 BGB
Anerkenntnis des Bestehens eines **Schuldverhältnisses**	Schriftform	§ 766 Satz 1 BGB

300 Neben der gesetzlichen Anordnung können **auch die Parteien selbst** die Einhaltung einer bestimmten Form, etwa der Schriftform, für die Wirksamkeit der Abschlussvereinbarung festgelegt haben. Hatten die Parteien beispielsweise schon eine vorhergehende Vertragsbeziehung, so kann in diesem Vertrag die Verpflichtung zur Schriftform aufgenommen worden sein und festgelegt worden sein, dass die Schriftform auch für Änderungen dieser Vereinbarung gilt. Eine Abschlussvereinbarung kann dann die von den Parteien zuvor getroffene Regelung nur wirksam verändern, wenn sie auch der Vorgabe der Schriftform entspricht. Auch in die Mediationsvereinbarung zwischen den Parteien kann eine Verpflichtung zur Schriftform aufgenommen worden sein.

301 **Ohne Einhaltung der vorgegebenen Form** ist die entsprechende Abschlussvereinbarung, oder jedenfalls das entsprechende Rechtsgeschäft, in der Regel gem. § 125 BGB nichtig, also **rechtlich unwirksam** und die Abschlussvereinbarung könnte trotz der Einigung **juristisch nicht durchgesetzt** werden. In einigen Fällen ist es möglich, ein formunwirksames Geschäft durch spätere Handlungen noch zu heilen, etwa bei § 311b Abs. 1 Satz 2 BGB, wo festgelegt wird, dass ein Grundsücksvertrag auch ohne notarielle Beurkundung durch Eintragung in das Grundbuch wirksam wird. Auch in diesen Fällen ist das formunwirksame Rechtsgeschäft bis zur Heilung aber schwebend unwirksam.

302 Auch wenn es keine gesetzliche Formvorgabe für die meisten Rechtsgeschäfte gibt, empfiehlt es sich jedoch[273], sofern der erfolgreiche Abschluss einer Mediation im Einzelfall durch eine schriftliche Abschlussvereinbarung nicht verhindert wird, das gefundene Ergebnis **kurz schriftlich festzuhalten** und durch Unterzeichnung der Parteien deren Zustimmung zu dokumentieren.

d) Pflichtverstoß Mediator

303 Sofern der Mediator gegen die in § 3 MediationsG genannten Pflichten verstößt (vgl. D Rn. 1ff.) kann die Abschlussvereinbarung unter Umständen wegen arglistiger

273 So auch deutlich *Risse* SchiedsVZ 2012, 244, 248; *Golterman/Hagel/Klowait/Levien* SchiedsVZ 2012, 299, 304.

Täuschung gem. § 123 Abs. 1, 1. Alt. BGB anfechtbar sein, wenn die jeweils andere Partei den Verstoß des Mediators kannte. [274] Auch ein Rücktritt von der Abschlussvereinbarung wegen Wegfalls der Geschäftsgrundlage gem. § 313 BGB oder eine Anpassung der Abschlussvereinbarung kommt bei Verstoß des Mediators gegen die ihm obliegenden Pflichten in Betracht, wenn der rücktretenden Partei neben den weiteren Voraussetzungen das Festhalten am Vertrag nicht mehr zumutbar ist.[275]

e) Checkliste Wirksamkeit Abschlussvereinbarung

- **Grundsatz:** Dispositionsfreiheit, Inhalts- und Formfreiheit solange nicht verboten !
- **Gesetzliche Verbote**: kein Verstoß gegen Gesetze und gute Sitten gem. §§ 134, 138 BGB oder sonstige zwingende gesetzliche Vorgaben 304
- **AGB**: Kein Verstoß gegen Vorgaben gem. §§ 305 ff. BGB
- **Formvorgaben**: grundsätzliche Formfreiheit, wenn nicht anderslautende gesetzliche Vorgabe oder vorherige Vereinbarung einer bestimmten Form durch die Parteien
- **Keine Pflichtverstöße oder Fehler** im Mediationsverfahren: Fehler können die Abschlussvereinbarung anfechtbar machen

4. Erfordernis der Beteiligung von Rechtsanwälten

a) Überblick Rechtsberatung und Mediation

Oft werden im Rahmen der Mediation rechtliche Themen berührt oder sind zentraler Gegenstand eines Konfliktes. Bei der Erstellung und Formulierung der Abschlussvereinbarung stellt sich in der Praxis, insbesondere für Mediatoren, die nicht im Grundberuf zugelassene Rechtsanwälte oder zur Erbringung von Rechtsdienstleistungen berechtigt sind, die wichtige Frage der **Abgrenzung von Mediation und Rechtsberatung**. Dem **Grundverständnis einer vermittelnden Tätigkeit** steht es unstreitig nicht entgegen, dass zur Lösungsfindung auch rechtliche Themen erörtert werden und ein **Mediator zur Lösungsfindung rechtlichen Rat** erteilt und bei der Formulierung der Abschlussvereinbarung Gestaltungsvorschläge zur Fixierung und bestmöglichen Umsetzung, des von den Parteien der Mediation gefundenen Ergebnisses unterbreitet. 305

274 Fischer/Unberath/*Härtling* S. 149.
275 Fischer/Unberath/*Härtling* S. 149.

b) Vorgaben Rechtsdienstleistungsgesetz

306 Nach § 3 Rechtsdienstleistungsgesetz (RDG) darf eine rechtsberatende Tätigkeit nur ausgeübt werden, wenn im Rechtsdienstleistungsgesetz oder in anderen Gesetzen ausdrücklich eine Erlaubnis dafür vorgesehen ist. Dieses ist grundsätzlich für Rechtsanwälte gem. § 3 Abs. 1 BRAO der Fall, nicht aber z.B. für die sozialen oder psychologischen Berufe. Nunmehr stellt § 2 Abs. 3 Nr. 4 RDG klar, dass **Mediation keine Rechtsdienstleistung ist**, daher bedürfen nicht zur Rechtsdienstleistung befugte Berufsgruppen auch keiner Erlaubnis für die Durchführung einer Mediation. Das Rechtsdienstleistungsgesetz legt zugleich aber auch fest, dass die Mediation nur insoweit keine erlaubnispflichtige Rechtsdienstleistung ist, als sie **nicht durch rechtliche Gestaltungsvorschläge** in die Gespräche eingreift. Davon abgesehen sieht § 5 Abs. 1 RDG vor, dass Rechtsdienstleistungen erlaubt sind, wenn sie im Zusammenhang mit einer anderen Tätigkeit ausgeübt werden und als Nebenleistung zum Berufsbild gehören.

c) Wandel im Gesetzgebungsverfahren

307 Die Abgrenzung von Mediation und Rechtsberatung war bereits im Entstehungsprozess des Mediationsgesetzes umstritten, insbesondere wurde kontrovers diskutiert, ob die Mitwirkung an der Erstellung einer Abschlussvereinbarung eine Rechtsdienstleistung sei und als solche Rechtsanwälten vorbehalten sein müsse.[276] Ursprünglich war im Referentenentwurf des Bundesjustizministeriums vorgesehen, in dem Rechtsdienstleistungsgesetz in § 2 Abs. 3 Nr. 4 RDG aufzunehmen, dass auch die „Protokollierung der Abschlussvereinbarung“ vom Ausnahmenkatalog erfasst ist und diese Tätigkeit damit auch Mediatoren erlaubt ist, die nicht zur Erbringung von Rechtsdienstleistungen befugt sind. Die Gesetzesbegründung führte dazu zunächst folgendes aus:

> „Die Zulässigkeit der reinen Protokolltätigkeit des Mediators wird im Gesetzestext ausdrücklich genannt und der nicht rechtsdienstleistenden Mediationstätigkeit zugeordnet, um diese Grenze zwischen erlaubnisfreier Mediation und erlaubnispflichtiger Rechtsdienstleistung zu definieren.“[277]

Dieser **Ausnahmeentwurf** wurde aber im Gesetzgebungsverfahren unter anderem von der Bundesrechtsanwaltskammer stark kritisiert[278] und die Ausnahme daraufhin **ersatzlos gestrichen**. Der Rechtsausschuss des Bundestages begründete die Streichung mit der Notwendigkeit eines hinreichend klaren Ausschlusses der rechtlich gestaltenden Mitwirkung bei Abschlussvereinbarungen:

---

276 Krenzler/*Teubel* § 2 Rn. 155 ff.
277 BT-Drucks. 16/3655 S. 50.
278 Stellungnahme der BRAK Nr. 16/2005, S. 3.

„Die im Regierungsentwurf enthaltene Einbeziehung der Protokollierung von Abschlussvereinbarungen schließt aus Sicht des Ausschusses jedoch nicht hinreichend eindeutig eine rechtlich gestaltende Mitwirkung bei der Abfassung der Abschlussvereinbarung aus. Er hält es für klarer, jedes Eingreifen in die Gespräche der Beteiligten durch rechtliche Regelungsvorschläge ausdrücklich aus dem Anwendungsbereich des § 2 Abs. 3 Nr. 4 auszunehmen. Die vom Ausschuss vorgeschlagene Formulierung stellt zugleich sicher, dass die allgemeine Darstellung rechtlicher und tatsächlicher Handlungsoptionen für sich genommen noch nicht den Tatbestand der Rechtsdienstleistung erfüllt."[279]

d) Zulässige Handlungen

Nach dem jetzigen Regelungsstand in § 2 Abs. 3 Nr. 4 RDG und der diesbezüglichen Gesetzesbegründung ist also damit vorgegeben, dass die **allgemeine Darstellung rechtlicher und tatsächlicher Handlungsmöglichkeiten zulässig**, die **Erteilung rechtlicher Regelungsvorschläge oder Gestaltungsvorschläge** dagegen **für nicht zur Rechtsdienstleistung befugte Berufsgruppen allgemein unzulässig** ist. 308

Rechtliche Regelungsvorschläge können nach der Auffassung des Gesetzgebers im **Einzelfall** über die **Ausnahme des § 5 RDG zulässig** sein, etwa wenn der rechtliche Regelungsvorschlag nur einen Randbereich betrifft. Der Rechtsausschuss des Bundestages führte in der Gesetzesbegründung dazu aus: 309

„Greift der Mediator aber in die Gespräche der Beteiligten durch rechtliche Regelungsvorschläge ein, so ist diese Tätigkeit eine Rechtsdienstleistung und nicht mehr gemäß § 2 Absatz 3 Nummer 4 des Rechtsdienstleistungsgesetzes (RDG) insgesamt erlaubnisfrei. ... Sie kann dann im Einzelfall, zum Beispiel wenn der rechtliche Regelungsvorschlag im Verhältnis zur Gesamtmediation nur einen Randbereich betrifft, nach § 5 RDG als rechtsdienstleistende Nebenleistung zulässig sein. ... Erlaubnisfrei ist zum **Beispiel in einer Familienmediation** die **Darstellung, welche Einkünfte und welche Belastungen der Berechtigten und der Pflichtigen bei der Berechnung eines Unterhaltsanspruchs grundsätzlich zu berücksichtigen sind** (Darstellung der Düsseldorfer Tabelle und der Unterhaltsgrundsätze der Oberlandesgerichte). Dagegen liegt eine erlaubnispflichtige Rechtsdienstleistung vor, wenn der Mediator anhand der mitgeteilten Einkünfte und Belastungen eine Bewertung der einzelnen Positionen und eine Berechnung der Unterhaltsansprüche für den konkreten Fall vornimmt."[280]

Die genaue Abgrenzung dieser Vorgaben in der Praxis, vor allem die Frage, was dabei noch als allgemeine Darstellung gilt, was dagegen als Gestaltungsvorschlag, bleibt noch abzuwarten. 310

Die **Ausformulierung einer Abschlussvereinbarung und die Unterbreitung rechtlicher Regelungsvorschläge** ist, bis auf einzelne Ausnahmen, für solche Personen, die keine Rechtsdienstleistungen im Sinne des RDG erbringen dürfen, 311

279 BT-Drucks. 16/6634 S. 51.
280 BT-Drucks. 17/5335 S. 15.

unzulässig und ausschließlich zur Rechtsdienstleistung befugten Berufsgruppen vorbehalten. Insoweit stellt die Gesetzesbegründung klar: „*In die inhaltliche Abfassung der Abschlussvereinbarung darf er dagegen durch eigene rechtliche Regelungsvorschläge nur eingreifen, wenn die Grenzen des §5 RDG eingehalten werden.*“[281] Auch in der Kommentarliteratur wird vertreten, dass jede Mitwirkung an einer rechtsgestaltenden Abschlussvereinbarung (mit Ausnahme einfacher Vereinbarungen) immer eine Rechtsdienstleistung ist und daher ohne Mitwirkung von Rechtsanwälten unzulässig ist und somit nur ein anwaltlicher Mediator eine Abschlussvereinbarung ausformulieren darf.[282] Alle anderen Mediatoren, auch unabhängig von eventueller Rechtskunde[283], sind nach dieser Auffassung darauf beschränkt, allein moderierende Tätigkeiten vorzunehmen und bezüglich der Formulierung der Abschlussvereinbarung an Rechtsanwälte oder Notare zu verweisen. Aufgrund der ausdrücklichen anderweitigen Regelung in §2 Abs. 3 Nr. 4 RDG ist es aber auch in der Regel und losgelöst vom Einzelfall nicht möglich, die Ausformulierung und rechtliche Gestaltung der Abschlussvereinbarung als zum Berufsbild des Mediators gehörig und damit als erlaubte Nebentätigkeit gem. §5 RDG zu deuten. Eine dahingehende Auslegung soll auch verwehrt sein, weil ein entsprechendes Berufsbild für den Mediator (noch) nicht existiere.[284]

312 Die **reine Protokollierung oder bloße Wiedergabe der Einigungspunkte** darf von jedem Mediator vorgenommen werden.[285] Dieses erwähnt zunächst die Gesetzesbegründung „*Wird der Mediator beispielsweise bei der schriftlichen Abfassung der von den Parteien erarbeiteten Einigung als Protokollführer behilflich, liegt darin keine Rechtsdienstleistung.*“[286] Davon abgesehen wird die reine Protokollierung auch kaum sinnvoll von der Mediationstätigkeit zu trennen sein. Auch die übrige Ausgestaltung des Mediationsgesetzes spricht für diese Möglichkeit, da gem. §2 Abs. 6 Satz 2 MediationsG der Mediator die Parteien ohne fachliche Beratung vor Dokumentation einer Abschlussvereinbarung auf die Möglichkeit hinzuweisen hat, die Vereinbarung durch externe Berater prüfen zu lassen. Der Gesetzgeber geht also davon aus, dass die Dokumentation des Einigungsergebnisses durch Mediatoren ohne Befugnis zur rechtlichen Beratung vorgenommen werden kann. Auch *Greger* hält das Festhalten der Einigungspunkte als unverbindliche Punktation unter Beteiligung durch den nicht zur Rechtsdienstleistung befugten Mediator und die verbindliche Vereinbarung weiterer Schritte für rechtlich zulässig.[287]

281 BT-Drucks. 17/5335 S. 15.
282 *Greger/Unberath* § 1 Rn. 75.
283 *Greger/Unberath* § 1 Rn. 77.
284 *Greger/Unberath* § 1 Rn. 80.
285 Krenzler/*Teubel* § 2 Rn. 224.
286 BT-Drucks. 17/5335 S. 15.
287 *Greger/Unberath* § 1 Rn. 79.

Rechtsprechung zur Frage der Zulässigkeit der Ausformulierung von Abschlussvereinbarungen durch nicht zur Rechtsdienstleistung befugte Mediatoren existiert bisher nur in sehr eingeschränktem Umfang. Höchstinstanzliche Entscheidungen stehen noch aus. Das *LG Leipzig* hat vor Erlass des Mediationsgesetzes entschieden, dass es sich um unerlaubte Rechtsberatung handele, wenn ein Mediator ohne Rechtsberatungserlaubnis mit Medianten individuelle Entwürfe für eine Scheidungsfolgenvereinbarung erarbeitete. Das Gericht hat zudem klargestellt, dass auch ein Hinweis auf die Notwendigkeit der notariellen Beurkundung nichts ändere.[288] Das *OLG Rostock* hat ebenfalls vor Erlass des Mediationsgesetzes geurteilt, dass ein nicht anwaltlicher Mediator, der die Mediationsvereinbarung ausarbeite oder die erzielten Einigungen schriftlich festhalte, fremde Rechtsangelegenheiten im Sinne von Art. 1 § 1 Abs. 1 S. 1 RBerG erbringe.[289] 313

Im Ergebnis lässt sich festhalten, dass Angehörige aller Grundberufe als Mediatoren tätig sein können, aber **nur Rechtsanwälte die Erstellung einer Abschlussvereinbarung durch konkrete Gestaltungsvorschläge unterstützen** dürfen. Für die Mediatoren anderer Grundberufe wird die Zusammenarbeit mit Rechtsanwälten oder zur Rechtsdienstleistung befugen Co-Mediatoren empfohlen.[290] 314

e) Zulässigkeit für Rechtsanwälte

Auch wenn es unstreitig ist, dass **Rechtsanwälte als Mediatoren tätig** sein können (vgl. §§ 7a und 18 BORA) und als zur Rechtsdienstleistung befugte Berufsgruppe an der Abschlussvereinbarung mitwirken können, müssen auch Rechtsanwälte sich bei der Erstellung der Abschlussvereinbarung aufgrund ihrer Rollen als Mediator und Rechtsanwalt bestimmter Tätigkeitsgrenzen bewusst sein. 315

Es ist anerkannt, dass ein Rechtsanwalt Parteien mit unterschiedlichen Ausgangsinteressen beraten darf, wenn die Beratung als solche im übergeordneten Interesse beider Parteien das Ziel einer Einigung verfolgt.[291] Es ist aber zu **trennen**, zwischen **einer möglichen Rechtsaufklärung und Einigungsunterstützung des Rechtsanwalts**, welche zulässig ist, und der **anwaltlichen Interessenvertretung der Parteien**, welche dem Rechtsanwalt als Mediator wegen seiner Allparteilichkeit verwehrt ist.[292] Der Rechtsanwalt hat zu beachten, dass er nur die Parteien in ihrer Gesamtheit, nicht aber einzelne Parteien rechtlich beraten kann und auch nur insoweit eine Abschlussvereinbarung gestaltend unterstützen kann. Darüber hinaus kann auch die spätere Tätigkeit in derselben Angelegenheit für nur eine Partei we-

288 LG Leipzig NJW 2004, 3784 ff.
289 OLG Rostock NJW-RR 2002, 642 ff.
290 *Greger/Unberath* § 1 Rn. 80.
291 Büchting/Heussen/*Mähler/Mähler* § 47 Rn. 75; BRAK-Mitt. 1996, S. 186.
292 Büchting/Heussen/*Mähler/Mähler* § 47 Rn. 80.

gen Interessengegensätzen verhindert sein.[293] Eine Interessenvertretung nur einer Partei kann und darf der Mediator, der zugleich Rechtsanwalt ist, nicht vornehmen. Die Parteien sind insoweit auf die Beratung durch dritte Rechtsanwälte zu verweisen. Als Faustformel lässt sich festhalten: der Rechtsanwalt darf das Mediationsverfahren oder die Parteien in ihrer Gesamtheit rechtlich beraten und für die Abschlussvereinbarung mit allparteilichen Formulierungsvorschlägen unterstützen, nicht aber die Parteien einzeln beraten oder vertreten.

f) Verstoßfolgen

316 Allein der **Verstoß eines Mediators gegen das RDG** in Form der unzulässigen Beratung, macht **die getroffene Abschlussvereinbarung nicht unwirksam.**[294] Bei **Verstoß gegen das Rechtsdienstleistungsgesetz** kann allerdings der diesbezügliche Vergütungsanspruch des Mediators entfallen sowie Schadensersatzansprüche oder Ansprüche aus Wettbewerbsrecht entstehen.[295] Ein Verstoß schadet somit in erster Linie nicht den Parteien der Mediation, sondern nur dem Mediator selbst.

Die Erteilung einer **falschen Rechtsauskunft** aber kann – unabhängig von der Befugnis des Mediators zur Rechtsdienstleistung – Grundlage einer Unwirksamkeit der Abschlussvereinbarung sein.[296] Sofern die Rechtsauskunft des Mediators unzutreffend war und die Parteien bei Erstellung der Abschlussvereinbarung darauf vertraut haben, kommt die Anwendbarkeit des § 313 BGB und damit die Anpassung des Vertrages oder der Rücktritt von selbigem wegen Wegfalls der Geschäftsgrundlage in Betracht.[297] Unabhängig davon macht sich der Mediator für die mangelhafte Beratungsleistung ggf. auch schadenersatzpflichtig.

! **Rechtsberatung und Abschlussvereinbarung**

	Nicht zur Rechtsdienstleistung befugte Berufsgruppen	**Rechtsanwälte und zur Rechtsdienstleistung befugte Berufsgruppen**
Mediation allgemein	Zulässig (gem. § 2 Abs. 3 Nr. 4 RDG)	Zulässig (gem. § 2 Abs. 3 Nr. 4 RDG)
Reine Protokollierung der Einigungspunkte	Zulässig	Zulässig

293 OLG Karlsruhe NJW 2001, 3197 ff.
294 Fischer/Unberath/*Härtling* S. 152.
295 *Greger/Unberath* § 1 Rn. 76.
296 Fischer/Unberath/*Härtling* S. 152.
297 Fischer/Unberath/*Härtling* S. 152.

	Nicht zur Rechtsdienstleistung befugte Berufsgruppen	Rechtsanwälte und zur Rechtsdienstleistung befugte Berufsgruppen
Ausformulierung der Abschlussvereinbarung und rechtlicher Gestaltungsvorschläge	Unzulässig	Zulässig aber Grenze der Allparteilichkeit aus Mediatorrolle
Folge bei Verstoß gegen RDG	Nicht allein deswegen Unwirksamkeit der Abschlussvereinbarung Wettbewerbs- und Schadensersatzansprüche	Verstoß wegen Befugnis nicht gegeben
Folge falscher Rechtsberatung	Anpassung oder Aufhebung Abschlussvereinbarung möglich, ggf. Schadensersatzansprüche	Anpassung oder Aufhebung Abschlussvereinbarung möglich, ggf. Schadensersatzansprüche

5. Durchsetzbarkeit der Abschlussvereinbarung

a) Einleitung Zwangsvollstreckung allgemein

Die Durchsetzung von Rechten befasst sich mit der Frage, wie man zu seinem Recht 317
kommt, wenn ein anderer einem dieses abspricht oder sich weigert, die zu Recht geforderten Handlungen vorzunehmen. Die entsprechenden staatlichen Handlungen mitsamt dem Vorliegen der Voraussetzungen hierfür werden unter dem Begriff Zwangsvollstreckung im achten Buch in den §§ 704 ff. der Zivilprozessordnung (ZPO) geregelt.

Ausgangspunkt der Zwangsvollstreckung in der Bundesrepublik Deutschland ist das **Gewaltmonopol des Staates**, also die prinzipielle Überzeugung, dass allein der Staat oder seine Organe und Handlungsbevollmächtigten zur Ausübung von Zwangsmaßnahmen und notfalls gewaltsamer Durchsetzung von Rechten befugt sind und sein sollen. Das Gewaltmonopol bedeutet, dass selbst wenn eine Person berechtigt ist, eine Handlung vorzunehmen oder deren Unterlassung zu verlangen, darf sie dieses Recht bis auf enge Ausnahmen nicht selbst gegen Widerstände Dritter, notfalls mit Zwangsmaßnahmen oder Gewalt, durchzusetzen. Dieses gilt natürlich auch für den Fall, dass sich der in Frage stehende Rechtsanspruch aus einer Abschlussvereinbarung nach einer Mediation ergibt.

Es ist daher für die Durchsetzung von Ansprüchen gegen Widerstände so gut wie immer erforderlich, auf die **staatlichen Zwangsvollstreckungsmaßnahmen zurückzugreifen**. Bei der Zwangsvollstreckung nach der ZPO ist in einem formalisierten Verfahren ein sog. Vollstreckungsorgan, also z.B. einen Gerichtsvollzieher mit der Durchführung von konkreten Vollstreckungshandlungen zu beauftragen.

Zur Vollstreckung bedarf es zudem unter anderem immer eines sog. **Vollstreckungstitels.**

Den erforderlichen Vollstreckungstitel kann der jeweilige Gläubiger z.B. in einem Gerichtsverfahren durch den **Erlass eines Urteils** erlangen. Das für vollstreckbar erklärte Urteil ermächtigt den Kläger, die eingeklagten Rechte im Wege der Zwangsvollstreckung durchzusetzen. Die Einhaltung von Verpflichtungen, die im Rahmen einer Abschlussvereinbarung festgelegt werden, können grundsätzlich im normalen Rechtsweg wie jede andere vertragliche Vereinbarung eingeklagt und dann vollstreckt werden.

b) Vollstreckbarkeit nach Mediationsgesetz

318 Im **Mediationsverfahren selbst** kann **kein Vollstreckungstitel** geschaffen werden.[298] Eines der Umsetzungsziele des Mediationsgesetzes **war ursprünglich** die ausdrückliche Regelung einer **Vollstreckbarkeit der Abschlussvereinbarung.**[299] Dieses ist auch einer der Kernpunkte der europarechtlichen Mediationsrichtlinie[300]. Nach Art. 6 Abs. 1 der Richtlinie haben die Mitgliedstaaten der EU sicherzustellen, dass die Parteien der Mediation den Inhalt einer Abschlussvereinbarung für vollstreckbar erklären lassen können. Dieser Verpflichtung müssen die Mitgliedsstaaten durch entsprechende Umsetzung in nationale Gesetze nachkommen. Der Entwurf des Mediationsgesetzes sah daher die Einführung eines neuen § 796d ZPO vor, welcher die Vollstreckbarkeit der Abschlussvereinbarung in der Art eines Anwaltsvergleichs ohne Anwalt geregelt hätte.[301] Diese eigenständige Regelung einer Vollstreckbarerklärung war aber im Gesetzgebungsprozess umstritten[302] und wurde in der Beschlussvorlage des Rechtsausschusses des Bundestages[303] gestrichen: *„Die Möglichkeit, den Inhalt einer Mediationsvereinbarung in einem gesonderten Verfahren vollstreckbar zu machen, wird gestrichen.“* Begründet wurde die Streichung mit den für ausreichend erachteten und bereits bestehenden Möglichkeiten der Vollstreckbarmachung gem. §§ 794 ff. ZPO, welche auch den Anforderungen der Mediationsrichtlinie entsprächen: *„Den Parteien verbleibt die auch zur Umsetzung ... der Richtlinie ... ausreichende Möglichkeit, die Vollstreckungsfähigkeit einer Mediationsvereinbarung nach den in den §§ 794ff. ZPO vorgesehenen Regelungen herzustellen.“*[304]

---

298 MüKo-ZPO/*Ulrici* Anh zu § 278a ZPO Rn. 9.
299 BR-Drucks. 60/11 S. 1.
300 Richtlinie 2008/52 EG, Art. 6.
301 BT-Drucks. 17/5335, Fischer/Unberath *Härtling* Das neue Mediationsgesetz S. 143 ff.
302 MüKo-ZPO/*Ulrici* Anh zu § 278a Rn. 6 m.w.N.
303 BT-Drucks. 17/8058 S. 21.
304 BT-Drucks. 17/8058 S. 21.

c) Möglichkeiten der Vollstreckbarerklärung

Nach derzeitiger Gesetzeslage bleibt es auch nach Erlass des Mediationsgesetzes bei den Möglichkeiten nach §§ 794 ff. ZPO eine erzielte Einigung ohne Gerichtsverfahren vollstreckbar zu machen. Um das dafür erforderliche Gerichtsverfahren und vor allem den Zeitaufwand und das Prozessrisiko für die gerichtliche Feststellung der Rechte zu vermeiden, bieten sich für die Durchsetzung von Abschlussvereinbarungen folgende Wege an: 319

- Urkundsvollstreckung gem. § 794 Abs. 1 Nr. 5 ZPO
- Anwaltsvergleich gem. § 796 ZPO
- Vergleichsprotokollierung gem. § 794 Abs. 1 Nr. 1 ZPO
- Schiedsspruch mit vereinbartem Wortlaut

aa) Urkundsvollstreckung gem. § 794 Abs. 1 Nr. 5 ZPO

Nach 794 Abs. 1 Nr. 5 ZPO kann die Vollstreckung auch aus einer **Urkunde** betrieben werden, bei der sich die Parteien der **sofortigen Zwangsvollstreckung unterworfen** haben. Die entsprechende Urkunde muss dafür nach den jeweiligen Vorgaben von einem **Gericht oder einem Notar** in der dafür vorgesehenen Form aufgenommen werden. Der Anspruch darf dabei nicht auf die Abgabe einer Willenserklärung gerichtet sein oder den Bestand eines Mietverhältnisses über Wohnraum betreffen. Eine Abschlussvereinbarung mit entsprechenden Vollstreckungsunterwerfungen der Parteien kann also auf diesem Weg für vollstreckbar erklärt werden. 320

bb) Anwaltsvergleich gem. § 796a Abs. 1 ZPO

Nach § 796a Abs. 1 ZPO ist ein von **Anwälten** im Namen ihrer Mandanten geschlossener **Vergleich** auf Antrag einer Partei für vollstreckbar zu erklären. Die Parteien müssen sich hierzu in der Einigung ausdrücklich der sofortigen Vollstreckbarkeit unterworfen haben und der Vergleich beim zuständigen Amtsgericht niedergelegt worden sein. Auch die Abschlussvereinbarung könnte auf diesem Weg vollstreckbar gemacht werden. Inhaltlich darf der Vergleich auch hierfür gem. § 796a Abs. 2 ZPO nicht auf die Abgabe einer Willenserklärung oder den Bestand eines Mietverhältnisses über Wohnraum gerichtet sein und gem. § 796a Abs. 3 ZPO nicht gegen die öffentliche Ordnung verstoßen. 321

cc) Vergleichsprotokollierung gem. § 794 Abs. 1 Nr. 1 ZPO

Nach § 794 Abs. 1 Nr. 1 ZPO ist es möglich, einen Vergleich oder Teile eines solchen bei einem **Gericht oder einer anerkannten Gütestelle zu Protokoll** zu geben, der entsprechend **protokollierte Vergleich** gilt als Vollstreckungstitel. Dieses ist auch für die Abschlussvereinbarung möglich, die dann allerdings in den eben genannten Verfahren entstanden sein muss. 322

dd) Schiedsspruch mit vereinbartem Inhalt

323 Nach § 794 Abs. 1 Nr. 4a ZPO kann auch ein als solcher erklärter **Schiedsspruch** als Vollstreckungstitel dienen. Eine Einigung im Rahmen einer Mediation kann gem. § 1053 Abs. 1 ZPO auf Antrag der Parteien bei einem Schiedsgericht als Schiedsspruch mit vereinbartem Inhalt erlassen werden und dieser wiederum gem. § 1053 Abs. 4 ZPO von einem Notar für vollstreckbar erklärt werden, sofern dieser nicht gegen die öffentliche Ordnung verstößt. Großer Vorteil dieser eher umständlichen Titelerlangung ist, dass der vollstreckbare Schiedsspruch aufgrund des New Yorker Übereinkommens für die Anerkennung ausländischer Schiedssprüche auch **international vollstreckt** werden kann. Gegenüber der sonst oft aufwendigen Umwandlung und Übertragung von Vollstreckungstiteln in andere Rechtsordnungen kann dieses eine erhebliche Erleichterung oder sogar die einzige Möglichkeit einer Durchsetzung sein.

Die **rechtliche Zulässigkeit** des oben beschriebenen Vorgehens ist für den Fall, dass die Parteien **nicht in einem laufenden Schiedsverfahren** zusätzlich eine Mediation durchführen allerdings umstritten und wohl im Ergebnis eher zu **verneinen.**[305]

ee) Kritik an Vollstreckungsmöglichkeiten

324 Es wird **kritisiert**, dass alle Möglichkeiten der Vollstreckbarerklärung von Abschlussvereinbarungen in den soeben beschriebenen Varianten **keine Vollstreckbarerklärung in allen Fällen ermöglicht** und dieses der europäischen Mediationsrichtlinie zuwider laufe[306], da bei der Abgabe von Willenserklärungen sowie dem Bestand von Mietverhältnissen über Wohnraum die Vollstreckbarerklärung gem. § 794 Abs. 1 Nr.5 und § 796a ZPO gerade ausgeschlossen ist. Die Vollstreckbarerklärungen des deutschen Rechts werden zum Teil aber auch als hinreichend erachtet.[307]

ff) Erwirkung Vollstreckungstitel

325 Die folgende Tabelle soll Ihnen die wichtigsten Punkte der unterschiedlichen Möglichkeiten der Vollstreckbarerklärung einer Abschlussvereinbarung kurz gegenüberstellen:

---

305 Fischer/Unberath/*Härtling* S. 146 m.w.N.

306 Fischer/Unberath/*Härtling* S. 147 m.w.N.

307 *Meyer/Schmitz-Vornmoor* DNotZ 2012, 895, 899 sowie nochmals 910.

Art der Herstellung der Vollstreckungsfähigkeit	Regelung	Voraussetzungen
Anwaltsvergleich	§§ 796a ff. ZPO, sowie § 796b ZPO	– Vergleich – von bevollmächtigen Anwälten vereinbart – Unterwerfung sofortige Vollstreckbarkeit im Vergleich – Niederlegung beim Amtsgericht – Antrag auf Vollstreckbarerklärung – nicht bei Willenserklärung, Bestand Mietverhältnis, Unwirksamkeit des Vergleichs oder Verstoß gegen öffentliche Ordnung
Urkundsvollstreckung	§ 794 Abs. 1 Nr. 5 ZPO	– Urkunde – Anspruch – Unterwerfung sofortige Vollstreckung – nicht bei Willenserklärung, Bestand eines Mietverhältnisses – Gericht oder Notar nehmen Urkunde in vorgeschriebener Form auf
Vergleichsprotokollierung	§ 794 Abs. 1 Nr. 1 ZPO, sowie §§ 795b, 797a ZPO	– Vergleich – vor deutschem Gericht oder anerkannter Gütestelle geschlossen – zu Protokoll gegeben
Schiedsspruch mit vereinbartem Wortlaut	§ 794 Abs. 1 Nr. 4a ZPO, § 1053 Abs. 1 ZPO	– Vergleich – in Schiedsverfahren (Streitig, ob Einbringung darüber hinaus möglich, wohl nicht) – vereinbarter Wortlaut – Antrag der Parteien – kein Verstoß gegen öffentliche Ordnung – Vollstreckbarerklärung durch Notar

d) Zusammenfassung Vollstreckung

Zusammenfassend lässt sich festhalten, dass außerhalb eines gerichtlichen Verfahrens oder Gütestellenverfahrens die Vollstreckbarerklärung der Abschlussvereinbarung oder einzelner Ansprüche daraus in aller Regel entweder im Wege der **notariellen oder gerichtlichen Vollstreckungsunterwerfung** gem. § 794 Abs. 1 Nr. 5 ZPO oder wenn beiden Parteien anwaltlich vertreten sind durch den **Anwaltsvergleich** gem. § 796a ZPO erfolgen wird. Ohne **Beteiligung Dritter** ist die **Vollstreckbarerklärung einer Abschlussvereinbarung** daher **nicht möglich**. 326

6. Inhalt der Abschlussvereinbarung

327 Der Inhalt der Abschlussvereinbarung kann stark variieren, je nachdem, welche Zwecke die Parteien der Abschlussvereinbarung mit der Abschlussvereinbarung verfolgen wollen, wie ausführlich die Parteien die Regelung halten wollen oder welcher konkrete Regelungsbedarf besteht.

a) Pflichten des Mediators bei der Abschlussvereinbarung

328 Den Mediator, der die Abschlussvereinbarung berät[308], treffen vielfältige Hinweis- und Aufklärungspflichten. Aus dem Mediationsgesetz ist der Mediator gem. § 2 Abs. 6 Satz 1 MediationsG verpflichtet, sicherzustellen, dass die Parteien die Abschlussvereinbarung „in **Kenntnis der Sachlage** treffen" und ihren **„Inhalt verstehen"** (vgl. C Rn. 4ff.). Die Abschlussvereinbarung soll zudem gem. § 2 Abs. 2 MediationsG aufgrund einer **freiwilligen Verhandlung** zustanden kommen (vgl. C Rn. 10ff.) und die Parteien gem. § 2 Abs. 3 Satz 2 MediationsG in **angemessener und fairer Weise in die Mediation eingebunden** gewesen sein (vgl. C Rn. 94ff.). Weiterhin ist der Mediator gem. § 2 Abs. 6 Satz 2 MediationsG verpflichtet, die Parteien auf die Möglichkeit der **Überprüfung durch externe Berater** (vgl. C Rn. 283ff.), insbesondere die Möglichkeit anwaltlicher Beratung bei Parteien ohne anwaltliche Vertreter hinzuweisen.[309] Zudem besteht gem. § 2 Abs. 4 MediationsG die Pflicht bei Einbeziehung Dritter im Vorfeld die Zustimmung aller Beteiligten einzuholen (vgl. C Rn. 253ff.).

Der Mediator hat zudem die Pflicht einen **Hinweis** zu geben, wenn die Abschlussvereinbarung **offensichtlich** den **Konfliktgegenstand nur lückenhaft löst** oder die **Abschlussvereinbarung praktisch undurchführbar** ist.[310]

Darüber hinaus sind insbesondere auch Rechtsanwälte aus allgemeinen Pflichten für Beratung gehalten, **umfassend und objektiv den Parteien die Informationen** zu vermitteln, die sie benötigen eine eigenverantwortliche Entscheidung treffen zu können. Dabei sind „alle in Betracht kommenden" **Handlungsalternativen** und insbesondere auch die Chancen und Risiken bei Prozessführung sowie Inhalte und Tragweite eines Vergleichs aufzuzeigen.[311]

---

308 Was wegen der Vorgaben des Rechtsdienstleistungsgesetzes in aller Regel nur ein Rechtsanwalt sein kann.

309 So ausdrücklich die Gesetzesbegründung in BT-Drucks. 17/8058, S. 18.

310 *Greger/Unberath* § 2 Rn. 185 m.w.N.; Fischer/Unberath/*Jost* S. 134.

311 *Therstappen* AnwBl 2013, 288 m.w.N.

Checkliste Pflichten bei Erstellung der Abschlussvereinbarung ! 329
- Freiwillige Einigung aufgrund fairer Mediation ohne inhaltliche Einflussnahme des Mediators (§ 2 Abs. 2 und 3)
- Parteien kennen bei Einigung die Sachlage und verstehen den Inhalt der Einigung (§ 2 Abs. 6 Satz 1)
- Hinweis auf Möglichkeit der Überprüfung der Einigung durch externe Berater (§ 2 Abs. 6 Satz 2)
- Zustimmung aller Parteien bei Einbeziehung Dritter (§ 2 Abs. 4)
- Hinweis auf Undurchführbarkeit oder evidente Lücken sowie Rechtsverstöße
- Ggf. umfassende und objektive Rechtsinformationen und Aufzeigen aller Handlungsalternativen

b) Einzelne Regelungen

Im Folgenden sollen exemplarisch einige Regelungspunkte von Abschlussvereinba- 330
rungen herausgegriffen werden, die in allen Abschlussvereinbarungen vorkommen können. Die einzelnen Punkte werden kurz erläutert und anhand von Mustervorschlägen[312] Beispiele für mögliche Umsetzungen gegeben. Alle Formulierungsvorschläge sind vor allem zur Veranschaulichung gedacht und entbinden nicht von einer rechtlichen Prüfung und Gestaltung im Einzelfall.

aa) Bestimmtheit und Konkretheit der einzelnen Verpflichtungen

Die einzelnen Verpflichtungen sollten immer so formuliert werden, dass unzweideu- 331
tig eine konkrete Handlungsverpflichtung möglichst mit einem festen Termin festgelegt wird.

Eine Gedächtnisstütze für die zu bedenkenden Faktoren bei der Fixierung und Ausformulierung der einzelnen Einigungspunkte ist SMART[313]. SMART steht für **S**pezifisch, **M**essbar, **A**ktzeptabel, **R**ealistisch und **T**erminiert.

Spezifisch meint, dass geregelt werden soll, was exakt zu tun oder zu unterlassen.

Messbar meint, dass geregelt wird, dass die Verpflichtungen objektiv verständlich und nachprüfbar abgefasst sind.

Aktzeptabel meint, dass die Vereinbarung nur solche Verpflichtungen enthält, die für alle Konfliktparteien annehmbar und umsetzbar sind.

Realistisch meint, dass die Vereinbarung auch das Umfeld und äußere Einflüsse sowie eventuelle Umsetzungsprobleme in der Vergangenheit berücksichtigt.

---

312 Alle Formulierungsvorschläge sind Beispiele zur Veranschaulichung, sie entbinden nicht von einer notwendigen Anpassung bei Verwendung im Einzelfall und der erforderlichen rechtlichen Prüfung.

313 Vgl. Haft/von Schlieffen/*Kessen*/*Troja* § 13 S. 318, mit Verweis auf Mediatoren *Barbara Filner, Liz O'Brien*.

Terminiert meint, dass die einzelnen Umsetzungspflichten zeitlich festgelegt werden.

Insbesondere die genaue Ausformulierung der Verpflichtungen ist keine bloße Förmelei. Die Parteien und ggf. auch der Mediator sollten sich nicht dazu verleiten lassen, in einer Vereinbarung abstrakte Einigungspunkte festzuhalten, die für Dritte ohne Kenntnis des Hintergrundes nicht nachvollziehbar sind. Streiten die Parteien z.B. um einen Tisch, mag allen Beteiligten klar sein, welcher Tisch gemeint ist. Wenn die Parteien dann aber als Ergebnis der Mediation etwa festlegen: *„A gibt B den Tisch, B gibt A 100 Euro."* Dann wäre für Dritte nicht klar, welcher Tisch gemeint ist, ob dieser vermietet oder übertragen werden soll usw. Damit kann eine gefundene Einigung bei Missverständnissen weiteren Streit hervorrufen, aber auch und gerade nicht vollstreckbar sein. Besser wäre in einem solchen Fall eine möglichst genaue Wiedergabe der gewünschten Einigung etwa so:

> „B: A überträgt B das Eigentum an dem Tisch, Marke „Eigenbau", Modell XYZ, schwarz, welcher sich derzeit bei B, in dessen Wohnung, Musterstr. 1, Musterstadt XY, befindet. B nimmt die Übertragung an. Im Gegenzug verpflichtet sich B an A 100 Euro durch Überweisung zu bezahlen. Die Überweisung erfolgt auf das Konto ... und hat bis zum 1.3.2015 zu erfolgen, maßgeblich ist der Eingang des Geldes auf dem Konto von A."

bb) Vertragsstrafe

332 Unabhängig von einer staatlichen Durchsetzung können die Parteien, alternativ oder kumulativ zur Vollstreckbarerklärung, für die Nichteinhaltung vertraglicher Verpflichtungen Konsequenzen vorsehen, die empfindlich genug sind, die Parteien aus sich heraus zur Einhaltung der vertraglichen Verpflichtungen zu motivieren. Als solches kommt die Vereinbarung einer **Vertragsstrafe** in Betracht, die Parteien vereinbaren also, dass Partei A gegenüber Partei B eine Vertragsstrafe zu erbringen hat, in der Regel die Zahlung einer Geldstrafe, wenn Partei A nicht eine vorher festgelegte Handlung in vereinbarter Weise erbringt. Die Vertragsstrafe muss ebenfalls bei Nichterfüllung ohne weitere Vereinbarung gerichtlich geltend gemacht werden, ist aber neben der weiterhin bestehenden Verpflichtung zur Erfüllung der Hauptleistung eine deutliche und empfindliche Konsequenz bei Nichteinhaltung der Vereinbarung.

! **Formulierungsvorschlag Vertragsstrafe:**

333 Partei A verpflichtet sich zur Zahlung einer Vertragsstrafe in Höhe von 5.000 Euro an Partei B unter Ausschluss der Einrede des Fortsetzungszusammenhangs für den Fall, dass Partei A nicht wie vertraglich vereinbart, jeweils bis zum 15. Tag eines jeden Kalendermonats eine schriftliche Übersicht über die Verkaufserlöse des vorangegangenen Monats übermittelt.

Alternative: Partei A verpflichtet sich zur Zahlung einer Vertragsstrafe an Partei B, für den Fall, dass Partei A nicht bis zum ... den Schrank gem. Ziffer... an der Wohnung der Partei... abliefert. Die Höhe der Vertragsstrafe ist von Partei B nach billigem Ermessen zu bestimmen und im Zweifel vom zuständigen Amtsgericht am Wohnort von Partei B zu überprüfen.

---

cc) Vorbehalt, Bedingung oder Widerruf für die ganze Vereinbarung

Angesichts des eventuell bestehenden Erfordernisses externe Berater, insbesondere Rechtsanwälte, in die Abfassung oder Überprüfung der Abschlussvereinbarung einzubeziehen, auf der anderen Seite aber eine gefundene Einigung auch zu fixieren und soweit dem nichts entgegensteht, endgültig festzuhalten, bieten sich die unverbindliche Erklärung, die Bedingung und der Widerruf an. 334

(1) Variante unverbindliche Erklärung und Überprüfung

Die Abgabe einer Unverbindliche Erklärung bedeutet in diesem Zusammenhang, dass die Parteien knapp oder stichpunktartig das gefundene Ergebnis festhalten und ausdrücklich erklären, dass sie dieses als **unverbindlich** ansehen, zusätzlich aber festlegen, wie weiter mit dem bisherigen Ergebnis verfahren werden soll und wie dieses in eine verbindliche Form überführt werden soll. Diese Form der Fixierung sollte nach derzeitigem Stand auch Mediatoren ohne Befugnis zur Rechtsberatung möglich sein. 335

Formulierungsvorschlag Unverbindliche Erklärung und Überprüfung: !

Die protokollierten Einigungspunkte geben das Ergebnis der Mediation wieder. Die Parteien halten diese Einigungspunkte für unverbindlich, bis beide Parteien dieses Protokoll durch eigenhändige Unterschrift für wirksam erklären. Die Parteien planen, sich bezüglich der protokollierten Einigungspunkte getrennt und unabhängig voneinander durch Rechtsanwälte beraten zu lassen. Soweit nach rechtlicher Beratung für keine der Parteien Einwände gegen die Vereinbarung bestehen, wird zur Unterzeichnung der Vereinbarung ein weiterer Mediationstermin am ..., um ... vereinbart. Sollte nach rechtlicher Beratung der Parteien weiterer Regelungsbedarf bestehen, wird die Mediation an dem vereinbarten Termin fortgesetzt. 336

---

(2) Aufschiebende Bedingung

Die Vereinbarung einer aufschiebenden Bedingung einer Vereinbarung bewirkt, dass diese erst mit Eintritt der festgelegten Umstände wirksam wird. 337

Formulierungsvorschlag aufschiebende Bedingung: !

Die vorhergehende Vereinbarung gibt das Ergebnis der Mediation wieder. Die Vereinbarung wird unter der aufschiebenden Bedingung geschlossen, dass die Parteien (nicht) bis zum .... durch einfache schriftliche Anzeige in Textform//(Alternative: Schriftform)//mitgeteilt haben, dass sie mit der Vereinbarung (nicht) einverstanden sind. Die Parteien planen die Vereinbarung getrennt voneinander durch Rechtsanwälte überprüfen zu lassen. Soweit eine Fortsetzung der Mediation durch die Parteien oder eine der Parteien fristgerecht angezeigt wurde, informiert der Mediator die andere Partei über die Fortsetzung der Mediation. Es wird nach Absprache mit den Parteien ein neuer Mediationstermin festgesetzt und die Mediation fortgesetzt. Soweit innerhalb der genannten Frist keine Anzeige zur Fortsetzung der Mediation erfolgt, ist die Vereinbarung wirksam. 338

---

(3) Widerruf

339 Der Widerruf ist eine auflösende Bedingung, die bewirkt, dass mit Eintreffen der festgelegten Umstände eine wirksam abgeschlossene Vereinbarung nachträglich unwirksam wird.

! **Formulierungsvorschlag Widerruf:**

340 In dem Mediationsverfahren X/Y vereinbaren die Parteien unter Vorbehalt des Widerrufs folgendes: … Die Parteien lassen sich diesbezüglich getrennt und unabhängig voneinander anwaltlich beraten. Nach anwaltlicher Beratung spätestens aber bis zum … kann die Vereinbarung schriftlich widerrufen werden. Der Widerruf ist gegenüber dem Mediator innerhalb der gesetzten Frist durch schriftliche Anzeige in Textform//(Alternative: Schriftform)//mitzuteilen. Der Mediator informiert die Parteien über den Widerruf oder dessen Ausbleiben bis zum vereinbarten Termin. Soweit die Vereinbarung widerrufen wird, vereinbaren die Parteien bereits jetzt die Fortsetzung der Mediation. Erfolgt bis zum oben genannten Termin kein Widerruf bleibt die Vereinbarung wirksam und die Mediation wird beendet.

dd) Parteien der Vereinbarung

341 Zu Beginn der Abschlussvereinbarung sind die Parteien der Mediation festzuhalten. Dieser auf den ersten Blick selbstverständliche und wenig problembehaftete Punkt ist dennoch bei Fehlern von großer Auswirkung für die ganze Vereinbarung. Wichtig ist, die Parteien, vor allem juristische Personen wie Unternehmen oder Vereine, genau zu bezeichnen und ggf. deren Vertretungsberechtige mit anzugeben. Bei allen Vertretern ist deren Bevollmächtigung zu prüfen. Insbesondere gilt dieses bei nicht organschaftlichen Vertretern, also Vertretern, deren Vertretungsbefugnis sich nicht aus dem Gesetz und dem Handelsregister ergibt, etwa der Vertretung der GmbH durch einen Vertreter, der nicht Geschäftsführer ist. Vor allem aber ist der Mediator gehalten, auf offensichtliche Undurchführbarkeiten hinzuweisen. Eine solche kann es sein, wenn die benannten Parteien zur Erbringung der aufgeführten Verpflichtungen **gar nicht in der Lage oder berechtigt** ist oder der Verhandlungsführer die benannten Parteien gar nicht wirksam vertritt und Rechtsfolgen für diese nicht begründen kann.

! **Formulierungsvorschlag Parteien:**

342 Die Parteien
[Name, Adresse, ggf. Rechtsform und Vertretungsberechtigten einfügen]
Beispiel: Hans Mustermann, Mühlenstr. 5, 21234 Hamburg
– nachfolgend bezeichnet als Partei A
und
[Name, Adresse, ggf. Rechtsform und Vertretungsberechtigten einfügen]
– nachfolgend bezeichnet als Partei B
haben vom … bis … unter Leitung der Mediatorin/des Mediators/der Mediatoren … [Name MediatorIn einfügen] an einem Mediationsverfahren teilgenommen und wollen hiermit das Ergebnis der Mediation wie folgt festhalten:

ee) Regelungspunkte und Vorgeschichte

Für die spätere Auslegung der eigentlichen Einigungspunkte und für die Prüfung der Übereinstimmung von Konfliktumfang und Lösungsumfang ist es von Interesse neben den Einigungspunkten auch die Entstehungsgeschichte und Erwartungshaltung der Parteien festzuhalten. 343

Formulierungsvorschlag Vorgeschichte: !

Die Parteien haben im Rahmen des Mediationsverfahrens folgende Themen erörtert: 344
[Aufzählung Themen]
Die oben genannten Themen bilden alle Bereiche ab, in denen die Parteien vor Aufnahme des Mediationsverfahrens uneinig waren. Alternative: Neben den oben genannten Themen haben die Parteien im Rahmen der Mediation folgende Punkte nicht/nicht abschließend erörtert. [einfügen Aufzählung] Die Abschlussvereinbarung bezieht sich ausdrücklich nicht auf diese Punkte.

---

ff) Beteiligte

Wegen der Vorgabe in § 2 Abs. 4 MediationsG bietet es sich an, eventuell in die Mediation einbezogene Dritte sowie deren Funktion aufzuführen und das Einverständnis aller Parteien mit dieser Einbeziehung zu dokumentieren. 345

Formulierungsvorschlag Dritte Beteiligte: !

Im Rahmen der Vorgeschichte/des Mediationsverfahrens wurden folgende Personen hinzugezogen. 346
[Personen auflisten, mit Namen, Funktion im Verfahren/Vorgeschichte, Beziehung oder Auftragsverhältnis zu Parteien].
Beispiel: Herr Hans Mustermann, Rechtsanwalt Partei A, von Partei beauftragt, beratend für Partei A tätig, nahm an Mediationssitzung im Einverständnis aller Parteien teil.

---

gg) Ergebnis der Mediation

Zentraler und unverzichtbarer Bestandteil der Abschlussvereinbarung ist natürlich die **Wiedergabe der Einigungspunkte**. Wie unter Rn. 331 aufgeführt, sollte die einzelnen Punkte so **umfassend und konkret** wie möglich beschrieben und mit Terminen versehen werden. 347

Formulierungsvorschlag Einigungspunkte: !

Die Parteien haben sich in der Mediation auf die im Folgenden aufgeführten Punkte als Ergebnis der Mediation geeinigt. Die Einigung kam zwischen den Parteien freiwillig zustande, alle Parteien sind mit den aufgeführten Punkten einverstanden und verpflichten sich, diese zukünftig bestmöglich umzusetzen. 348
[Wiedergabe der Einigungspunkte]
Beispiel: A verpflichtet sich B jeweils innerhalb von zwei Wochen nach Ablauf eines Kalenderquartals, über seinen Erfolg beim Verkauf der überlassenen Flugzeuge im vorhergegangenen Kalenderquartal zu berichten (etwa bis zum 14.4. für den Zeitraum vom 1.1. bis zum 31.3.). Der Bericht hat

schriftlich zu erfolgen und zumindest die vermittelten Verkäufe, Namen und Adressdaten der Käufer sowie der Vertragsbedingungen, Kauf- und Lieferzeitpunkt aufzuführen. ...

hh) Weitere Streitigkeiten

349 Es ist in jedem Fall sinnvoll in der Abschlussvereinbarung eine Regelung vorzusehen, für den Fall, dass die Abschlussvereinbarung wider Erwarten nicht alle behandelten Konflikte beseitigt hat oder die Einigungspunkte ihrerseits Diskussionsbedarf entstehen lassen. Im Sinne der vormals im außergerichtlichen Weg gefundenen Abschlussvereinbarung erscheint es in aller Regel sinnvoll auch für zukünftige Streitigkeiten im Zusammenhang mit der Abschlussvereinbarung auf den außergerichtlichen Weg zu verweisen. Es sind natürlich aber auch Verweisungen an Schiedsgerichte oder ordentliche Gerichte möglich.

! **Formulierungsvorschlag Kommunikations- und Anpassungsverpflichtung:**

350 Für den Fall, dass in dieser Vereinbarung
- Details der Ausgestaltung bezüglich des oben aufgeführten Ergebnisses vergessen wurden oder
- einzelne Regelungen ungenau oder mehrdeutig sind oder
- einzelne Regelungen nicht wirksam vereinbart wurden oder unwirksam werden,

vereinbaren die Parteien, dass die Vereinbarung im Übrigen wirksam bleiben soll und verpflichten sich, für diese Fälle (unter Ausschluss des ordentlichen Rechtsweges), die fehlenden, ungenauen oder unwirksamen Regelungen im Wege der Verhandlung durch eine wirksame Regelung zu ersetzen und schriftlich als Ergänzung zu dieser Vereinbarung festzuhalten.

Kommunikationsverpflichtung. Sofern eine der Parteien nach Abschluss dieser Vereinbarung selbige korrigieren oder ergänzen möchte, wird die Partei dieses der anderen Partei (Alt: Schriftlich/in Textform) mitteilen und einen oder mehrere konkrete Anpassungsvorschläge unterbreiten. Die Parteien verpflichten sich, im Anschluss an diese Mitteilung die Änderungswünsche fair und im Sinne des bisherigen Mediationsergebnisses zu verhandeln und festzuhalten.

Anschlussmediation. Sollte zwischen den Parteien nach Aufforderung zur Anpassung der Vereinbarung innerhalb von zwei Wochen nach Eingang der Aufforderung bei der jeweils anderen Partei keine Einigung zustande kommen, kann die jeweils andere Partei einen Mediator (Alt. MediatiorIn XY) mit der Aufnahme eines Mediationsverfahrens über die neuen Punkte beauftragen. Die Kosten des erneuten Mediationsverfahrens teilen sich die Parteien jeweils zur Hälfte.

ii) Checkliste Inhalt Abschlussvereinbarung

! 351
- **Parteien**, ggf. vollständige Rechtsform und Vertretungsbefugnis, Unterzeichnung Vertretungsberechtigter
- Evtl. **Präambel und Streitgeschichte** (Entscheidung in Kenntnis der Sachlage)
- Detaillierte Dokumentation der **Einigungspunkte** (z.B. Zahlung wann, in welcher Höhe, Kontodaten....)
- **Verständlichkeit** der Vereinbarung § 2 VI MediationsG
- **Einbezogene Dritte** und Zustimmung der Parteien gem. § 2 Abs. 4 festhalten

- Hinweis auf Möglichkeit der **fachlichen Beratung durch Dritte**, § 2 Abs. 6 S. 2 MediationsG
- Ggf. dazu Überprüfungsmöglichkeiten, aufschiebende Bedingung, mit Widerrufsmöglichkeit vorsehen
- **Zukünftige Uneinigkeit**
- Allseitige Unterzeichnung Parteien

D. Offenbarungspflichten und Tätigkeitsverbote des Mediators (§ 3 MediationsG)

1 Der Mediator muss nach § 3 I MediationsG die Umstände offenlegen, die seine **Unabhängigkeit** und **Neutralität** beeinträchtigen können. Die Vorschrift dient dem Schutz der Parteien. Sie sollen eine qualitativ hochwertige Vermittlung ihres Konfliktes erhalten. Dazu bedarf es zum einen eines fachlich gut ausgebildeten Mediators (§§ 3 V, 5 MediationsG). Zum anderen muss gewährleistet sein, dass der Mediator nicht in irgendeiner Art und Weise mit dem Konflikt verwoben ist, indem er entweder mit einer der Parteien oder mit dem Konfliktthema verbunden ist. Diese neutrale und unabhängige Grundhaltung lernt der Mediator bereits in der Ausbildung.

2 Dem für die Mediation unabdingbarem Gebot der Unabhängigkeit und Neutralität widerspricht es in besonderem Maße, wenn ein Mediator vor, während oder nach einer Mediation in derselben Sache für eine Partei tätig war bzw. wird.[1] Hier schreibt das Gesetz eine unwiderlegbare Vermutung für eine Gefahr der Beeinträchtigung vor (Ausnahme § 3 IV MediationsG). Von „derselben Sache" ist auszugehen (ausführlich D Rn. 32), wenn der Vorbefassung derselbe Lebenssachverhalt zugrunde liegt.[2] Ausreichend ist, wenn Teilidentität im Lebenssachverhalt besteht. Nicht maßgebend ist wiederum, dass die Personen ganz oder teilweise gewechselt haben.

Eine Mediationstätigkeit in derselben Sache wie etwa anwaltlicher Beratung oder auch sonstiger Beratung, Coaching, Teamentwicklung, Supervision, Therapie u.v.m. in einer Person schließt § 3 II MediationsG aus. Eine **Einwilligung** der Parteien kann diese gesetzlich vermutete Beeinträchtigung nicht beseitigen (a.A. D Rn. 35ff.). Eine Partei kann einem Mediator keine Offenheit entgegenbringen, wenn sie befürchten muss, dass der Mediator aus vorheriger Tätigkeit oder einer parallel laufenden Tätigkeit mit der anderen Konfliktpartei verbunden ist und Wissen dadurch hat, dass der Partei nicht bekannt ist. Gleiches gilt, wenn nach einem etwaigen Scheitern der Mediation der Mediator die Interessen der Gegenpartei in einer anderen Sache vertritt und die Partei befürchten muss, dass er das in der Mediation erlangte Wissen zu ihrem Nachteil nutzt.[3] Maßgeblich ist zum einen, dass der Mediator zu einer neutralen und unabhängigen Durchführung der Mediation fähig ist (Perspektive des Mediators). Zum anderen muss er als neutral und unabhängig wahrgenommen werden (Perspektive Parteien).

---

1 BR-Drs. 60/11, S. 23.

2 BT-Drs. 17/5335, S. 16; vgl. zur anwaltlichen Interessenvertretung Henssler/Prütting/*Henssler* BRAO, § 43a BRAO Rn. 199f.

3 BR-Drs. 60/11, S. 23.

Ebenfalls unterstellt das Gesetz eine unwiderlegbare Vermutung gegen die Unabhängigkeit und Neutralität des Mediators, wenn mit ihm **verbundene Personen** mit derselben Sache vorbefasst waren (§ 3 III MediationG). Allerdings regelt das Gesetz hier eine Ausnahme vom Tätigkeitsverbot und erlaubt ein Tätigwerden, wenn die Parteien ausführlich informiert wurden, sie sodann ausdrücklichen zustimmen und Belange der Rechtspflege nicht entgegen stehen. 3

I. Offenbarungspflichten bei Gefährdung der Unabhängigkeit und Neutralität des Mediators (§ 3 I S. 1 u. 2 MediationsG)

§ 3 I MediationsG dient der Sicherung der Neutralität (C Rn. 29 ff.) und der Unabhängigkeit (C Rn. 81) des Mediators. Umstände, die die Unabhängigkeit und Neutralität Mediators beeinträchtigen, weil er zu sehr mit den Parteien oder dem Konfliktgegenstand verwoben ist, können je nach Einzelfall sehr unterschiedlich ausfallen (D Rn. 14 ff.).

Bei dem **relativen Tätigkeitsverbot** des § 3 I MediatiosG hat der Mediator eine Offenbarungspflicht gegenüber den Parteien, wenn es Umstände gibt, die seine Unabhängigkeit und Neutralität beeinträchtigen *können*. Der Mediator muss den Parteien diese Umstände offenlegen und darf nur tätig werden, wenn die Parteien ausdrücklich zustimmen. Der Gesetzgeber stellt mithin auf die **subjektive Sicht der Parteien** ab.[4] Das Gebot der Unabhängigkeit und Neutralität des Mediators ist eine der Grundpfeiler der Mediation, weshalb nicht nur aus der Sicht der Parteien zu fragen ist, ob eine Beeinträchtigung vorliegen *könnte*, sondern vielmehr auch aus der **Perspektive des Mediators.** 4

Demzufolge reicht ein **Einverständnis** der Parteien allein nicht aus, wenn sich der Mediator trotz dieses Einverständnisses selbst in seiner neutralen und unabhängigen Rolle gefährdet sieht. Daher ist nach Offenlegung der Umstände und trotz Einverständnis der Parteien eine Beendigung der Mediation angezeigt (§ 2 V S. 2 MediationsG), wenn der Mediator sich selbst in seiner Unabhängigkeit und Neutralität beeinträchtigt sieht. Stellt sich dies im Laufe des Verfahrens heraus, so hat er nötigenfalls die Mediation zu beenden. Die in § 2 V S. 2 MediationsG aufgezählten Beendigungsgründe für den Mediator sind insoweit nicht abschließend („insbesondere"). 5

Soweit der Mediator sich selbst allerdings als neutral und unabhängig bewertet, so darf er nur tätig werden, wenn die Parteien ausdrücklich zustimmen. Es reicht wiederum nicht, dass der Mediator sich als unabhängig einschätzt, sondern 6

4 Siehe auch *Fritz/Pielsticker* § 3 Rn. 10.

die Parteien müssen ihn auch als unabhängig anerkennen.[5] Maßgebend ist die **Gefahr einer Beeinträchtigung** der Unabhängigkeit und Neutralität aus der Sicht der Konfliktparteien. In Anlehnung an die Vorschriften für die Ablehnung von Richtern in der Schiedsgerichtsbarkeit (§ 1036 ZPO) und der staatlichen Gerichtsbarkeit (§ 42 ZPO) ist mindestens auf die konkreten Umstände des Einzelfalls abzustellen[6] und zu fragen, ob vom Standpunkt der Konfliktpartei bei objektiver und vernünftiger Betrachtung Zweifel an der Unabhängigkeit und Neutralität des Mediators bestehen können. Sollte dies der Fall sein, muss der Mediator diese Umstände offenlegen. Der Mediator bezieht anders als der gesetzliche Richter aber keine Autorität und institutionelle Neutralität aus der Verfassung. Die Anerkenntnis seiner Autorität ist daher wesentlich mit seiner Person verknüpft. Die Voraussetzungen des § 3 I MediationsG gehen daher auch noch über den parteiobjektiven Maßstab für Richter und Schiedsrichter hinaus, wenn es auf die subjektive Sicht der Partei ankommt.[7]

7 Die **Gefährdung der Neutralität** betrifft insbesondere die Verhandlungsführung in der Mediation. Neutralitätsbeeinträchtigungen entstehen insbesondere durch eine **parteiliche Haltung** für eine der Parteien, etwa durch Antipathie oder Sympathie für eine der Parteien. Allerdings ist allein die Tatsache, dass es hier menschlich normale Tendenzen in die eine oder andere Richtung gibt per se keine Gefahr für die Neutralität.[8] Oder um es mit dem Philosophen *Joseph Duss-von Werdt* zu sagen: „Es ist genuin menschlich, *nicht* neutral und allparteilich zu sein".[9] Denn der Mensch ist eben kein „emotionsloser Computer". [10] Eine Beeinträchtigung besteht daher nur dann, wenn der Mediator nicht mehr professionell damit umgehen kann und seine Verhandlungsführung dadurch parteilich wird.[11]

8 Auch die **Verletzung von Verfahrensgrundsätzen** (Gleichbehandlung, unparteiliche Verhandlungsführung), die **Verletzung von Hinweis- und Prüfungspflichten**, Verletzung **der Verschwiegenheit** durch den Mediator, Verhandlungen **über den Auftrag** hinaus oder auch bei **Einführung der Rechtslage** bzw. Einbringen rechtlicher Regelungsvorschläge durch den Mediator (C Rn. 43ff.).

---

5 **A.A.** *Greger/Unberath* § 3 Rn. 12, der nur auf die objektiven Umstände abstellt und die subjektive Beurteilung des Mediators selbst für unerheblich erachtet.

6 In Bezug auf Ablehnung eines Schiedsrichters: Saenger/*Saenger* § 1036 Rn. 4.

7 Auch *Fritz/Pielsticker* § 3 Rn. 11.

8 Siehe auch Haft/von Schlieffen/*Kracht* § 12 Rn. 67.

9 *Duss-von Werdt* S. 159.

10 *Duss-von Werdt* S. 158.

11 *Greger/Unberath* § 3 Rn. 37.

Checkliste: Gefahren für die Neutralitätspflicht !

- Nichtbeachtung der Verfahrensgrundsätze (Gleichbehandlung, unparteiliche Verhandlungsführung, faires Verfahren), 9
- Versäumnis von Hinweis- und Prüfungspflichten
- Versäumnis der Einholung von Einverständnis etwa Einzelgespräche
- Einbringung der Rechtslage bzw. Einbringen rechtlicher Regelungsvorschläge durch den nichtanwaltlichen Mediator = Verstoß gegen Rechtsdienstleistungsgesetz
- „objektive" Einführung der Rechtslage bzw. Einbringen rechtlicher Regelungsvorschläge durch
- Verhandlungen über den Auftrag hinaus.

Soweit der Mediator allerdings tatsächlich eine Gefahr – und um die geht es, nicht 10
aber um eine bereits vorhandene Beeinträchtigung (etwa Verletzung der Verschwiegenheitspflicht) – bezüglich seiner Neutralität erkennt, stellt sich die Frage ob und wie er noch weiter verhandeln kann, will und darf. Fraglich ist auch, ob die Parteien für eine Weiterverhandlung ihre Zustimmung erteilen würden, wenn der Mediator offenbart, dass er seine Neutralität gefährdet sieht.[12]

Denkbar ist etwa die Konstellation, dass der Mediator eine Tendenz der Partei- 11
lichkeit verspürt, dies offenlegt und anbietet, darüber offen zu diskutieren und nötigenfalls auch eine **Supervision** in Anspruch zu nehmen. Eine nicht anonymisierte Supervision bedarf insoweit der Zustimmung der Parteien. Es ist durchaus möglich, dass diese offene und konstruktive Debatte nebst professioneller Unterstützung die Verhandlungen der Parteien voran bringt, weil sich etwa hinter der gefühlten Gefährdung der Neutralität tatsächlich wichtige Themen der Parteien verbergen, die zum Vorschein kommen. Gleichzeitig beseitigt und die konstruktive Auseinandersetzung die Neutralitätsgefahr.

Auch wenn der Mediator im Verfahren **Fehler** macht, indem er etwa **Hinweis-** 12
und Offenbarungspflicht missachtet oder Unterlagen an eine Partei nicht rechtzeitig weiterleitet, kann eine verspätete Offenlegung mit Zustimmung der Parteien zu einer Fortsetzung des Verfahrens führen. Soweit die Partei nicht vom Mediator, sondern vom jemand anderem – etwa von der Gegenpartei oder einem Dritten – erfährt, dass der Mediator unterlassen hat eine Information weiterzugeben, wird der Mediator aus der Sicht der nicht informierten Partei die Neutralität verloren haben. Sollte der Mediator allerdings seinen Fehler erkennen, der eine Neutralitätsgefährdung aus der Sicht der betroffenen Partei beinhaltet, diesen offenlegen und erläutern, ist die Gefährdung mit Zustimmung der Parteien möglich aus dem Weg zu räumen.

Eine Neutralitätsgefahr kann auch bestehen, wenn der Mediator von nur einer 13
Partei angefragt wird und diese naturgemäß bereits Angaben zu dem Konflikt und auch der anderen Person macht. Auch hier sind die Inhalte des Erstkontakts mit der

12 *Greger/Unberath* § 3 Rn. 42.

anderen Konfliktpartei ausführlich zu erörtern, soweit es zu einem Mediationsverfahren kommt. Im Zeitpunkt der Anfrage durch eine Partei fehlte eine Zustimmung der Parteien für Einzelgespräche, da sich die Mediation gerade erst im Stadium der **Vertragsanbahnung** befand. Dennoch wird und muss die von diesem Erstkontakt ausgeschlossen Person, wissen was der Mediator mit der anderen Konfliktpartei besprochen hat. Denn aus der Sicht dieser Partei besteht hier offensichtlich eine Neutralitätsgefährdung, denn die andere Konfliktpartei hat bereits mit dem Mediator gesprochen, und – so wird die Partei vermuten – nicht gerade in ihrem Interesse. Gerade im Konfliktfall bestimmt regelmäßig nicht Vertrauen sondern Misstrauen das Verhältnis zwischen den Parteien. Diese Gefahr für die Neutralität kann daher mit der Offenlegung aufgehoben werden.

14 Umstände die in der Person des Mediators liegen und damit seine **Unabhängigkeit** beeinträchtigen können, sind insbesondere persönlicher oder geschäftliche Beziehungen zu eine der Parteien oder auch zu Stakeholdern. Weitere Abhängigkeiten können sich ergeben aus Vertretungsbefugnissen, finanziellem oder sonstigem eigenen Interesse des Mediators am Ergebnis der Mediation. Über die absoluten Tätigkeitsverbote des § 3 II MediationsG bei „Tätigkeit in derselben Sache“ hinaus, kann auch bei einer früheren oder gegenwärtigen Tätigkeit in einer anderen Sache für eine der Parteien eine Offenbarungspflicht bestehen.

Umstände, die die Unabhängigkeit des Mediators im Sinne des § 3 I MediationsG beeinträchtigen können:

Dauer und Natur persönlicher Beziehungen zu eine der Parteien[13] oder auch zu Stakeholdern[14] etwa

- private Kontakte wie Lebenspartnerschaft, Liebesbeziehung, auch Ex-Partner, Freundschaft, Bekanntschaft, Nachbarschaft, Arbeitskollege,
- Verwandtschaftsverhältnis des Mediators zu einer Partei, etwa Ehe (auch nach Scheidung), Verwandtschaft, Schwägerschaft,
- Patenschaft.

15 Ob solche persönlichen Beziehungen tatsächlich die Unabhängigkeit beeinträchtigen hängt nicht nur vom *ob* der Kontakte sondern vielmehr von der Intensität der

13 BR-Drs. 60/11 S. 23; Haft/von Schlieffen/*Kracht*, §12 Rn. 38 ff.; Bezüglich Richterablehnung Zöller/*Vollkommer* Zivilprozessordnung, § 42 Rn. 13 ff.; Richterablehnung wegen Besorgnis der Befangenheit aufgrund Bekanntschaft: OLG Hamm, Beschluss vom 15.5.2012, I-1 W 20/12, 1 W 20/12 (juris); auch: BGH, Beschluss 20.2.2012, KZR 23/11 (juris); BGH NJW-RR 2011, 648, OLG Stuttgart MDR 2011, 66–67; Bayerisches LSG, Beschluss 22.7.2009, L 5 SF 161/09 AB (juris); Befangenheit eines Schiedsrichters: KG Berlin SchiedsVZ 2010, 225–227; Fritz/Pielsticker *Pielsticker* § 3 Rn. 25, 27.

14 Stake aus dem Englischen für „Einsatz im Spiel“; Stakeholder sind damit Personen(gruppen), die durch das Ergebnis der Mediation etwas gewinnen oder verlieren. Dazu *Kerntke* S. 23.

Verbindung ab.[15] Beispielswiese allein die gemeinsame Fahrt im Auto zum Verhandlungsort oder einem Ortstermin mit einer Partei wird weniger schwer wiegen als die enge Freundschaft zu einer Partei. Allerdings ist stets auf die Sicht der Konfliktparteien abzustellen, so dass es sich dringend empfiehlt auch solche anscheinend „harmlosen" Verbindungen offenen zu legen. Dies gebietet nicht nur die Offenbarungspflicht aus § 3 MediationsG sondern auch die Verfahrensneutralität (C Rn. 93) mit dem Gebot des Mediators alle Parteien vollständig zu informieren.

Weitere Abhängigkeiten können sich ergeben aus 16
- früherer oder gegenwärtiger Vertretungsbefugnis für eine der Parteien als gesetzlicher Vertreter, Beistand oder Bevollmächtigter
- enge Beziehungen zu Stakeholdern[16] (Auftraggeber, Arbeitgeber der Parteien) oder Dritten (Rechtsanwälte, Sachverständige, Zeugen)
- wirtschaftliche Abhängigkeit[17].

Weitere Fallgruppen können analog zu den Ablehnungsgründen eines Richters wegen Besorgnis der Befangenheit[18] etwa auch sein 17
- eine gemeinsame Club- oder Vereinsmitgliedschaft,[19]
- die gemeinsame Mitgliedschaft in einer Partei, einem Verband oder Gewerkschaft mit einer der Parteien,[20]
- gemeinsame Zugehörigkeit mit einer der Konfliktpartei zu einer Kirche[21], ethnischen Minderheit oder sozialen Gruppe, insbesondere wenn es um deren Belange in der Mediation geht,
- Angehörigkeit des Mediators zu einer juristischen Person (als Organ, Gesellschafter, Aktionär), die Partei oder in den Konflikt involviert ist.

Geschäftliche Verbindungen[22] zu einer Partei wie 18
- frühere oder laufende Geschäftsbeziehungen,

15 So auch in Bezug auf Ablehnung eines Schiedsrichters, Saenger/*Saenger* § 1036 Rn. 10; Anmerkung zu OLG Naumburg Beschluß v. 19.12.2001 *Kröll/Mallmann* SchiedsVZ 2003, 138 (139).
16 Stake aus dem Englischen für „Einsatz im Spiel" B Rn. 12.
17 *Greger/Unberath* § 3 Rn. 16.
18 Saneger/*Kayser* § 42 Rn. 13 ff., *Schütze* Rn. 89.
19 Richterablehnung bei Vereinsmitgliedschaft: BVerfGE 88, 17–25, BGH, WM 2003, 847; Verfassungsgericht des Landes Brandenburg, Beschluss 21.8.2003, 196/03 (juris); *Greger/Unberath* § 3 Rn. 14.
20 *Greger/Unberath* § 3 Rn. 15.
21 Richterablehnung bei Tätigkeit des Richters als Gründungsmitglied und Vizepräsident eines weltanschaulichen Vereins: Verfassungsgericht des Landes Brandenburg, Beschluss vom 21.8.2003, 196/03 (juris); Zugehörigkeit eines Richters zur katholischen Kirche: Bayerischer Verfassungsgerichtshof NVwZ 2001, 917.
22 *Schütze* Rn. 94, Bezüglich Richterablehnung Zöller/*Vollkommer* § 42 Rn. 13 ff.; Fritz/Pielsticker *Pielsticker* § 3 Rn. 17.

– frühere oder bestehende Tätigkeit als Sachverständiger oder Gutachter für eine der Parteien.

19 **Finanzielles oder sonstiges eigenes Interesse**[23]

– des Mediator am Ergebnis der Mediation,
– Verbindung des Mediators zu einer Partei im Verhältnis eines Mitberechtigten oder Verpflichteten (z.B. Bürge, Gesellschafter, Vereinsmitglied)[24].

20 **Interne Mediationsstellen**

Auch bei internen Mediationsstellen[25] in Unternehmen, Organisationen (Schule, Non-Profit Organisation) oder Behörden muss die Unabhängigkeit und Neutralität des Mediators gewährleistet sein. Hier ist besonders genau zu prüfen, ob die gemeinsame Zugehörigkeit zum Unternehmen oder der Organisation Zweifel an der Unabhängigkeit des internen Mediators aufkommen lassen. Bei internen Mediationsstellen in Unternehmen muss daher auf die Unabhängigkeit des Mediators besonders geachtet werden, da die Mediatoren Teil des Systems und oft auch weisungsgebundene Angestellte des Arbeitgebers sind. Gleiches gilt für andere Institutionen und Organisationen. Der Mediator darf daher insbesondere keinen Weisungen einer Mediationspartei oder des Auftraggebers unterliegen.

21 Auch das **Verhalten des Mediators im Verfahren** kann nicht nur die Neutralität sondern auch die Unabhängigkeit beeinträchtigen etwa bei:

– **Nichtbeachtung der Offenbarungspflicht**
  Die Nichtbeachtung der Offenbarungspflicht selbst ist eine Verletzung der Unabhängigkeit und Neutralität des Mediators. Durch die Verletzung der Offenbarungspflicht setzt sich der Mediator zwangsläufig dem Verdacht aus, der Sache nicht unabhängig und neutral gegenüber zu stehen[26]. Zudem werden die Parteien daran gehindert, die Unabhängigkeit des Mediators zu überprüfen.
– **Willkürlicher Benachteiligung oder Bevorzugung einer Partei** beispielsweise durch vorenthalten von Informationen oder Nichtanhörung einer Partei.

22 Über die Tätigkeitsverbote des § 3 II MediationsG bei „Tätigkeit in derselben Sache“ hinaus, kann auch bei einer **früheren oder gegenwärtigen Tätigkeit in einer ande-**

---

23 Gesetzesbegründung, so auch Kerntke S. 25.
Haft/von Schlieffen/*Kracht* § 12 Rn. 40; Bezüglich Richterablehnung Zöller/*Vollkommer* § 42 Rn. 11; *Greger/Unberath* § 3 Rn. 20.

24 Siehe auch *Schütze* Rn. 89.

25 Dazu auch *Greger/Unberath* § 3 Rn. 17; Fritz/Pielsticker *Pielsticker* § 3 Rn. 19.

26 Zu der Offenbarungspflicht eines Schiedsrichters Saenger/*Saenger* § 1036 Rn. 11; siehe dazu auch OLG Naumburg SchiedsVZ 2003, 134 (137), Anmerkung zu OLG Naumburg Beschluss v. 19.12.2001 *Kröll/Mallmann* SchiedsVZ 2003, 138 (139).

ren Sache für eine der Parteien ein relatives Tätigkeitsverbot bestehen. Der Mediator muss diese Umstände offen legen.[27] Zwar können die Parteien nach Offenlegung der Umstände, die zu einer Gefährdung der Neutralität führen können, den Mediator ausdrücklich akzeptieren. Dennoch muss der Mediator im Rahmen seiner Haltung und Allparteilichkeitsverpflichtung prüfen, ob er trotz Zustimmung der Parteien tatsächlich eine unabhängige und neutrale Verfahrensführung garantieren kann.[28] Je enger die Verbindungen sind, desto eher muss er seine Beauftragung als Mediator ablehnen.

Wie die Offenbarungspflicht erteilt werden soll, bleibt ungeregelt, weshalb dies 23
auch formlos möglich ist. Aus Beweisgründen ist es anzuraten, einen **schriftlichen Hinweis** in den Mediationsvertrag aufzunehmen.

Diese Umstände können nicht nur vor Abschluss des Mediationsvertrages zwi- 24
schen Mediator und Medianten in Rede stehen, sondern sich auch noch im Laufe des Verfahrens entwickeln, falls die Umstände für den Mediator dann erst offensichtlich werden. Auch insoweit besteht die Offenbarungspflicht fort. Der sodann erforderliche und erteilte Hinweis sowie die Zustimmung der Parteien zur Fortsetzung des Verfahrens sollte aus Beweisgründen protokolliert werden.

Liegen Umstände vor, die die Neutralität oder Unabhängigkeit gefährden könn- 25
ten, darf der Mediator das Mediationsverfahren nach Aufklärung und Zustimmung der Parteien nur durchführen, wenn nach seinem Dafürhalten seine Neutralität bzw. Unabhängigkeit konkret nicht beeinträchtigt ist. Kommt er zu dem Ergebnis, dass er nicht unabhängig ist, so darf er trotz Zustimmung der Parteien nicht tätig werden.

Formular: Anlage zum Mediationsvertrag vom ... !

Hinweis nach § 3 I MediatiosG *(konkrete Darstellung des Hinweises)* 26
Die Parteien, die gemeinsam im Betrieb der X-GmbH arbeiten, suchen den Mediator zur Regelung innerbetrieblicher Konflikte bezüglich ihrer Arbeitszeitverteilung sowie der inhaltlichen Aufteilung ihrer Tätigkeiten im Betrieb auf. Der Geschäftsführer der X-GmbH ist Auftraggeber der Mediation. Der Mediator hat die Parteien sowie den Auftraggeber vor Abschluss des Mediationsvertrages in einem Vorgespräch am ... darauf hingewiesen, dass er die Ehefrau des Geschäftsführers aus einer ehemaligen gemeinsamen Vereinsmitgliedschaft im Sportverein Yachtclub e.V. flüchtig kennt. Der Mediator wies darauf hin, dass er bereits seit 3 Jahren aus dem Verein ausgetreten sei und seit dem die Ehefrau des Geschäftsführers nie wieder gesehen hat. Der Mediator teilte mit, dass er seine Unabhängigkeit durch diese oberflächliche Bekanntschaft nicht beeinträchtigt sieht.

Auf Nachfrage der Parteien, wie eng der Kontakt sei und ob er auch Kontakt zum Geschäftsführer hatte, erklärte der Mediator, dass der Austausch zwischen der Ehefrau des Geschäftsführers und ihm sich auf Begrüßungs- und Verabschiedungsfloskeln beschränkt habe, man allerdings wenige Male auch gemeinsam mit anderen Vereinsmitgliedern zusammen in einer Gesprächsrunde gesessen habe. Dem Geschäftsführer sei er vor der Anfrage zur Mediation nie begegnet. Auch habe es nie Gespräche mit der Ehefrau über den Betrieb der X-GmbH gegeben.

---

27 Bezüglich Richterablehnung Zöller/*Vollkommer* § 42 Rn. 15 ff.

28 Haft/von Schlieffen/*Kracht* § 12 Rn. 40.

Der Auftraggeber sowie die Parteien erklären in Kenntnis dieses Umstandes ausdrücklich ihre Zustimmung für die Durchführung der Mediation durch den Mediator, da sie seine Unabhängigkeit und Neutralität dadurch nicht beeinträchtigt sehen.

Ort, Datum, Unterschrift der Parteien, Auftraggeber, Mediator

27 Die Folgen der Verletzung der Offenbarungspflicht führen zur Nichtigkeit des Mediationsvertrages nach § 134 BGB. Dem Mediator steht daher weder ein vertraglicher Anspruch auf sein Honorar zur Seite noch hat er wegen des Verstoßes gegen ein gesetzliches Verbot einen Anspruch auf Aufwendungsersatz nach §§ 683, 670 BGB.[29] Die Parteien können das bereits gezahlte Honorar nach bereicherungsrechtlichen Grundsätzen zurückverlangen.

II. Tätigkeitsverbote bei Vorbefassung oder nachfolgender Tätigkeit (§ 3 II–IV MedG)

28 In seinen Absätzen 2 bis 4 enthält § 3 Mediationsgesetz Tätigkeitsverbote für Mediatoren, wenn sie in derselben Sache bereits für eine Partei tätig gewesen sind, oder nach der Mediation für einen der Medianden in derselben Sache weiterhin tätig sein wollen. Dies fällt unter das Stichwort „Vor- und Nachbefassung". Absatz 2 behandelt dabei den Fall, dass dieselbe Person zunächst als Mediator und dann anderweitig tätig ist, oder umgekehrt, während Absatz 3 grundsätzlich auch ein Tätigkeitsverbot normiert, wenn eine mit dem Mediator in Berufsausübungs- oder Bürogemeinschaft tätige Person einen der gerade genannten Tatbestände erfüllt (s.u. Rn. 45). Absatz 4 sieht vor, dass lediglich in diesem Fall die Medianden einer weiteren Befassung oder eben einer nachfolgenden Mediation zustimmen können (s.u. Rn. 46). Im Fall des Absatzes 2 ist das Tätigkeitsverbot „absolut", das heißt, Ausnahmen sind nicht möglich, auch nicht mit Einwilligung der Medianden. Tätigkeiten für eine Partei können dabei z.B. ein Coaching, eine psychologische, steuerliche oder Unternehmens- Beratung oder eben eine anwaltliche Beratung oder Vertretung sein (s. ausführliche kritische Stellungnahme Rn. 44ff.).

1. Sinn und Zweck der Regelung

29 Sinn der Regelung ist es, die Neutralität des Mediators zu sichern. Denn es widerspricht nach Meinung des Gesetzgebers der Neutralität in besonderem Maße, wenn ein Mediator vor oder nach der Mediation in derselben Sache für eine Partei tätig wird[30].

29 So auch *Greger/Unberath* § 3 Rn. 30.
30 Gesetzesbegründung, BT-Drucks. 17/5335, S. 16.

Der Gesetzgeber hat ausweislich der Gesetzesbegründung vor allem den Fall der vorhergehenden oder nachfolgenden anwaltlichen Parteivertretung im Sinn, wenn er konstatiert, dass sich „Parteivertretung und Mediation“ ausschließen und die Parteien einem Mediator nicht die notwendige Offenheit entgegenbrächten, müssten sie befürchten, dass der Mediator nach einem Scheitern die Interessen der Gegenpartei vertrete und das in der Mediation erlangte Wissen zum Nachteil der anderen Partei nutze.[30a]

2. Entstehungsgeschichte, Verhältnis zum anwaltlichen Berufsrecht, bisherige Rechtslage bei nichtanwaltlichen Mediatoren

Durch das Tätigkeitsverbot für Mediatoren wird sinngemäß das bereits existierende **anwaltliche Vorbefassungsverbot**, normiert in § 3 BORA und § 43 a Abs. IV BRAO auf sämtliche Mediatoren unabhängig von ihrem Grundberuf ausgedehnt[31]. Schon nach herrschender bisheriger Auslegung der berufsrechtlichen Normen, insbesondere des Verbots der widerstreitenden Interessenvertretung (§ 43 a IV BRAO), des Vorbefassungsverbots (§ 45 BRAO) und des Parteiverrats (§ 356 StGB) ist es anwaltlichen Mediatoren verboten, nach einer beendeten, „gescheiterten“ Mediation einen Medianden gegen den anderen zu vertreten und nach einer Beratung oder Vertretung eines Mandanten nachfolgend eine Mediation zu demselben Thema mit der anderen Partei durchzuführen[32]. Der letztere Fall war jedoch noch zu Beginn der Diskussion bei Aufkommen der Mediation für das anwaltliche Berufsrecht streitig[33] (s. ausführlich unten Rn. 47ff., 54ff.). Diese Regelungen der BRAO, bzw. BORA haben selbstverständlich auch weiterhin für anwaltliche Mediatoren Gültigkeit und treten neben das Mediationsgesetz[34], wobei das Mediationsgesetz hier lex spezialis, das heißt das speziellere, also vorrangig gültige Gesetz ist[35]. 30

Nichtanwaltlichen Mediatoren wurde bislang aus berufsethischer Sicht nahegelegt, im Falle der Vorbefassung eine Tätigkeit als Mediator abzulehnen, unabhängig von einem Einverständnis der Medianden[36]. Begründet wurde dies vor allem auch damit, dass sich unterbewusst ein Widerstand eines Medianden durch das ge- 31

30a Gesetzesbegründung, BT-Drucks. 17/5335, S. 16.

31 S. die Gesetzesbegründung S. 16, die zur Auslegung bestimmter Begriffe auf die Kommentierungen zu § 43a IV BRAO zurückgreift; s.a. *Greger/Unberath* § 3 Rn. 46; *Fritz/Pielsticker* § 3 Rn. 39.

32 Henssler/Prütting/*Henssler* § 43a BRAO Rn. 179 unter Bezugnahme auf § 45 Abs. 1 Nr. 3, Abs. 2 BRAO.

33 Feuerich/Weyland/*Vossebürger* § 18 Rn. 4; *Holl* § 18 Rn. 29.

34 *Greger/Unberath* § 1 Rn. 71.

35 *Greger/Unberath* § 3 Rn. 7.

36 Haft/von Schlieffen/*Kracht* § 15 Rn. 32ff.

samte Verfahren ziehen könne und damit der Erfolg der Mediation insgesamt gefährdet sei[37].

3. „In derselben Sache"

32 Grundsätzlich betrifft das Tätigkeitsverbot nur das tätig sein „in derselben Sache". Hiermit ist der zu Grunde liegende **einheitliche Lebenssachverhalt** gemeint[38]. Allerdings reicht hier auch schon die teilweise Identität mit einem vergangenem Vorgang, ein „gemeinsamer Kern"[39]. Unproblematisch sind also Fälle, denen ein anderer Lebenssachverhalt zu Grunde liegt. So kann z.B. der Unternehmensberater schon zuvor das Unternehmen (den Arbeitgeber) über eine Marketingstrategie beraten haben und danach zwischen dem Arbeitgeber und einem abgemahnten Arbeitnehmer mediieren[40]. Oder der die Trennungsmediation durchführende Rechtsanwalt vertritt die Ehefrau in einem Verkehrsrechtsstreit mit einem Unfallgegner. Solche Sachverhalte wären jedenfalls nach Absatz 1 offenbarungs- und zustimmungspflichtig.

4. Tätigkeit für beide Parteien

33 Das Tätigkeitsverbot gilt ausdrücklich weiterhin nur bei vorhergehender oder nachfolgender Tätigkeit für *eine* Partei. Etwas anderes gilt, wenn der Mediator bereits in derselben Sache für **beide Parteien** tätig war[41]. Hat beispielsweise der Unternehmensberater zur gemeinsamen Unternehmensfinanzierung beraten und geraten die Unternehmensinhaber hierüber in Streit, ist eine Mediation bezüglich dieses Themas durch denselben Berater/Mediator möglich, oder während einer Teamentwicklung werden Konflikte offenkundig und die Teamentwicklung mündet in einer Teammediation. Dasselbe gilt auch für den Fall, dass der Mediator nach der Mediation den Parteien hilft, die erarbeiteten Inhalte organisatorisch in einem Unternehmen zu verankern, oder der anwaltliche Mediator eine Mediationsvereinbarung oder ein anderweitiges Vertragswerk für alle Beteiligten ausarbeitet[42]. Dem Wortlaut nach anders zu beurteilen wäre der Fall, wenn z.B. in einem Einzelcoaching festgestellt wird, dass ein Konflikt in der Unternehmensabteilung

---

37 Haft/von Schlieffen/*Kracht* a.a.O. Rn. 40 und Rn. 27.
38 Ebd.
39 Kilian/Offermann-Burckart/vom Stein/*Kilian* § 5 Rn. 39.
40 *Fritz/Pielsticker* a.a.O. Rn. 46.
41 *Greger/Unberath* § 3 Rn. 50; *Fritz/Pielsticker* § 3 Rn. 42.
42 *Greger/Unberath* a.a.O. Rn. 56.

Schwierigkeiten bereitet und mit der Abteilung durch den Coach eine Mediation durchgeführt werden soll (hierzu s.u. **Rn. 47ff.**).

Ein **Sonderfall** ist die **rechtliche Beratung** beider Medianden **durch einen Rechtsanwaltsmediator während der Mediation.** 34

Oben wird hierzu die Auffassung vertreten, eine rechtliche Wertung während der Mediation würde zwangsläufig für den ein oder anderen Klienten erteilt und eine übergeordnete Beratung im allseitigen Interesse sei schlichtweg nicht möglich, weshalb eine Interessenkollision im Sinne des § 43a IV BRAO vorliege[43]. Dies sei zumindest der Fall, wenn der Anwaltmediator rechtlich interveniere, wenn sich widerstreitende Interessen der Parteien zeigten[44].

Dies trifft m.E. nicht zu. Es ist mittlerweile geklärt, dass auch ein **Anwalt mehrere Parteien im übergeordneten und gleichgerichteten Einigungsinteresse bei gemeinsamer Beauftragung** beraten kann und darf, da er damit eine zentrale Aufgabe der Rechtspflege wahrnimmt, unnötige Rechtsstreite zu vermeiden[45]. So normiert auch die BORA in § 1 III, dass der Anwalt streitschlichtend und konfliktvermeidend tätig zu sein hat, womit der Rechtsanwalt eine vornehme Aufgabe der Rechtspflege wahrnimmt[46]. Bei **gemeinsamer Beauftragung** kann der Anwalt auch bei gegenläufigen Interessen der Mandanten für beide tätig werden[47]. Deshalb war auch schon vor dem Mediationsgesetz gesichert, dass ein Anwalt mediieren darf, Mediation anwaltliche Tätigkeit[48], wenn auch nicht Rechtsdienstleistung[49] ist und nicht im Widerstreit mit dem Verbot widerstreitende Interessen zu vertreten steht[50]. Weiterhin kann der anwaltliche Mediator im **Nachgang zur Mediation** die Medianden im Hinblick auf das übergeordnete Einigungsinteresse rechtlich beraten oder entsprechende Verträge gestalten[51]. Ebenso kann der Anwaltmediator nach gleichgerichteter gemeinsamer Beratung von Mandanten eine Mediation anknüpfen, also das scheidungswillige Ehepaar über die Scheidung und ihre Rechtsfolgen anwaltlich beraten, und im Nachgang im Rahmen einer Mediation die Scheidungsfolgenvereinbarung erarbeiten. Genau genommen ist die vorherige oder nachfolgende Beratung nicht Mediations- sondern davon abzugrenzende Anwaltstätigkeit. 35

---

43 C Rn. 56ff.

44 Ebd.

45 Sog. **Doppelmandat**, vgl. u.a. Henssler/Prütting/*Henssler* § 43a BRAO Rn. 178 und Rn. 203; *Greger/Unberath* § 1 Rn. 83; *Henssler/Deckenbrock* MDR 2003, 1085, 1086.

46 *Henssler/Deckenbrock* a.a.O.

47 Henssler/Prütting/*Henssler* § 43a BRAO Rn. 203.

48 § 7a BRAO, § 18 BORA.

49 § 2 III Nr. 4 RDLG.

50 *Henssler* a.a.O., Rn. 179.

51 *Greger/Unberath* § 3 Rn. 56; *Schlosser* NJW 2002, 1376ff. der sich mit der Beratung und Vertretung mehrerer Parteien im übergeordneten Einigungsinteresse beschäftigt.

36 Bei einer **Beratung während der Mediation** ist m.E. nach der **„Qualität“** (nicht im Sinne von „Güte“) **der anwaltlichen Beratung zu differenzieren**, denn anwaltliche Beratung kann auf sehr unterschiedliche Art und Weise mit unterschiedlicher Zielsetzung erfolgen. Traditionell wird der Anwalt ausschließlich als ein Vertreter einer Partei gegen eine andere angesehen. Die Beratung erfolgt im alleinigen Interesse der vertretenen Partei. Dabei hat der Anwalt die Aufgabe, seinen Mandanten vor Rechtsverlusten zu schützen und Ziel ist, dessen rechtliche Position möglichst effektiv gegen die andere Partei zu vertreten. Der Anwalt ist in dieser Funktion „Kämpfer für das Recht des Mandanten“, dessen Interessen er unvermittelt in einseitiger Parteinahme wahrzunehmen und durchzusetzen hat („klassisches Berufsverständnis“)[52]. Eine solche Beratung und Vertretung durch einen Rechtsanwalt ist nicht mehr der Regelfall. Auch gerade durch das Aufkommen der Mediation hat sich das anwaltliche Berufsverständnis erheblich weiterentwickelt und er ist über dieses Berufsverständnis, auch durch die Ausweitung seiner Tätigkeit auf das Feld der Mediation, hinausgewachsen so dass die Beratung mehrerer Parteien im Hinblick auf ein übergeordnetes gemeinsames Ziel ist kein Ausnahmefall mehr ist[53].

37 **Während der Mediation** gibt es Situationen, in denen die Medianden **rechtliches Know-how zur Gestaltung oder Umsetzung ihrer inhaltlichen Lösung** brauchen. Erfolgt diese Beratung während der Lösungsfindungsphase, so erfolgt sie *nach* der eigentlichen Konfliktbearbeitung in Phase 3.[54] Der Anwaltmediator stellt den Medianden lediglich das rechtliche Werkzeug zur Verfügung, ihre gefundene Lösung rechtlich wirksam und eindeutig zu fixieren. Eine solche Beratung beinhaltet keine Wertung des (ursprünglich) streitigen Konfliktstoffs, sondern beschränkt sich eben auf die (rechtliche) Gestaltung der Lösung. Eine solche Beratung für beide Parteien ist dem Anwaltmediator nach Abschluss der Mediation, also nach Phase 4 erlaubt[55]. Es kann hier keinen Unterschied machen, dass der Anwaltmediator bereits in Phase 4 sein rechtliches Fachwissen zur Verfügung stellt, insbesondere da die theoretische Abtrennbarkeit der nachfolgenden anwaltlichen Beratung wenig praxistauglich ist.

38 Hiervon zu unterscheiden ist der Fall, in welchem die Medianden **während der eigentlichen Konfliktbearbeitung**, also noch in Phase 2 und 3 der Mediation oder aber auch während der Lösungsfindung in Phase 4 als objektives Entscheidungskri-

---

52 *Duss von Werdt/Haffke* S. 101.

53 *Schlosser* a.a.O.; Schlussbericht BRAK Ausschuss Mediation, BRAK Mitteilung 1996, 186.

54 Der Ablauf der Mediation orientiert sich meist an einem fünfstufigen Phasenmodell, um diesem Verfahren eine Grundstruktur zu geben. Sie werden wie folgt bezeichnet: Die Phasen 1-Abschluss der Mediationsvereinbarung, Phase 2-Bestandsaufnahme, Phase 3-Interessenfindung, Phase 4-Konfliktlösung, Phase 5-Ergebnis der Mediation. Dieses Fünf-Phasen-Modell ist kein Dogma, erleichtert aber den Überblick. (siehe hierzu z.B. *Horstmeier* Das neue Mediationsgesetz, 2013, S. 56ff.) U.a. existieren auch Modelle mit lediglich drei Phasen oder aber eine Unterteilung in sechs Phasen.

55 Duss v. Werdt/*Haffke* a.a.O., S. 95ff.; *Greger* a.a.O., Rn. 39.

terium im Sinne des Harvard Konzeptes[56] quasi als Referenzpunkt für mögliche Lösungsoptionen eine **rechtliche Beurteilung** der Lage wünschen. In diesem Fall kann der Anwaltmediator den streitigen Sachverhalt **rechtlich *neutral* werten.** Ähnlich, wie bei der Gestaltung von Ehe- oder Gesellschaftsverträgen findet dann lediglich eine **überparteiliche, neutrale Einschätzung der Rechtslage** statt. Denn wie bei der Vertragsgestaltung müssen die Medianden darüber aufgeklärt sein, welche Regelungsvarianten es gibt und inwiefern von gesetzlichen Regelungen zu Gunsten des einen oder des anderen abgewichen wird[57]. Dies erfordert jedoch keine Abwägung durch den Rechtsanwalt im Sinne einer (schieds)richterlichen Entscheidung. Vielmehr liegt es auch hier danach bei den Klienten, sich darauf zu verständigen welche Regelungsvariante gewählt wird, wie es auch die Begründung des Rechtsdienstleistungsgesetzes vorsieht, wonach sogar der nicht anwaltliche Mediator rechtliche Regelungsmöglichkeiten zur Disposition stellen darf, die Medianden sich dann aber eigenverantwortlich auf eine der Regelungsmöglichkeiten verständigen[58].

Weiterhin ist es ja nach einer durch Abschlussvereinbarung beendeter Mediation möglich, beide Medianden weiterhin rechtlich zu beraten[59]. Wie schon erwähnt, ist die Trennlinie zwischen abgeschlossener Mediation und nachfolgender Beratung sehr theoretisch und wenig praxistauglich und erscheint daher recht willkürlich. Denn in der Praxis kommen rechtliche Fragen auch während der Mediation und vor Abschluss der Abschlussvereinbarung auf. Weiterhin sind auch die Lösungsfindungsphase und die Konfliktbearbeitungsphase nicht eindeutig voneinander zu trennen. Während einer Mediation können z.B. schon Lösungen für bestimmte Themen oder Teilergebnisse gefunden werden, während noch weitere Themen einer tieferen Bearbeitung bedürfen. Es liegt auf der Hand, dass Medianden gerade von einem Mediator mit juristischem Hintergrund rechtliche Informationen erwarten, die sich auf ihre Einigung förderlich auswirken. Es wäre geradezu widersinnig, wenn der anwaltliche Mediator sein Fachwissen zurückhielte und die Medianden an einen anderen Fachberater verwiese, wie dies die Gesetzesbegründung zum Rechtsdienstleistungsgesetz bei nicht anwaltlichen Mediatoren vorsieht[60].

Es mag auch vorkommen, dass die Medianden wünschen, der Anwaltmediator 39
möge im Einigungsinteresse den **Sachverhalt aus beiden Richtungen werten.** Hier stellt sich die Frage, ob tatsächlich eine **Interessenkollision** vorliegt. Nach einer beliebten Formel der Rechtsprechung ist dies der Fall, wenn ein Anwalt densel-

56 *Fisher/Ury/Pratton* S. 119 ff.

57 Vgl. *Greger/Unberath* a.a.O., der von der Verantwortung des Mediators spricht, auf Nichteinigungsalternativen hinzuweisen.

58 BT-Drucks. 16/3655, S. 50.

59 *Greger/Unberath* § 3 Rn. 56.

60 BT-Drucksache 16/3655, S. 50.

ben Lebenssachverhalt einmal in der einen und ein anderes Mal in der anderen Richtung rechtlich würdigt.[61] Diese Formel ist sicherlich einschlägig, wenn ein Anwalt zeitlich nacheinander im jeweiligen parteilichen Interesse und Auftrag eines Mandanten zwei Parteien gegeneinander berät oder gar vertritt. Es ist jedoch eine völlig andere Ausgangssituation, wenn ein Anwalt gleichzeitig von Parteien beauftragt ist, zwischen Ihnen zu vermitteln und das Einigungsinteresse übergeordnet und das gemeinsame Ziel der Mediand en ist. In diesem Fall kann der Anwaltmediator durch die Weitergabe von Fachwissen an beide Parteien gleichermaßen seine neutrale Rolle bewahren, auch wenn hier ein Sachverhalt mal aus der einen und danach aus der anderen Perspektive gewürdigt wird[62]. Gerade eine Wertung aus beiden Perspektiven gleicht dem sonst üblichen Perspektivwechsel in einer Mediation, z.B. während der Methode des „Doppelns", bei dem es grade die Fähigkeit eines Mediators erfordert, sich in beide Parteien gleichermaßen hineinzuversetzen. Genau hierdurch zeigt sich auch den Parteien die Allparteilichkeit eines Mediators. Eine rechtliche Wertung, wie auch eine neutrale Wertung eines Dritten kann einen Konflikt erheblich deeskalieren. Denn es ist grade ein typisches Phänomen, dass beide Parteien ihre rechtliche Position deutlich überschätzen. Eine rechtliche Bewertung relativiert diese überzogenen Erwartungen und fördert ebenso die Verhandlungsbereitschaft der Mediand en[63]. Weiterhin werden die Mediand en den Mediator gerade wegen seiner anwaltlichen Qualifikation und Feldkompetenz aufgesucht haben und können die berechtigte Erwartung an den Anwaltmediator haben, ihnen aufzuzeigen, auf welche Rechte sie ggf. verzichten würden. Deshalb müssen nach einer Auffassung im Rahmen des Mediationsverfahrens durch einen anwaltlichen Mediator sogar *notwendig* und nicht nur fakultativ die gegenläufigen Interessen der Parteien erörtert und beraten werden, was zu keinem Interessengegensatz führt, da dies im Sinne einer gütlichen Konfliktlösung und des übergeordneten gemeinsamen Interesses geschieht[64]. Danach gehört die rechtliche Beratung gerade zum Kern der mediativen Aufgabe eines Anwaltmediators[65]. Der Anwaltmediator ist dabei nach Auffassung der Rechtsanwaltskammer sogar dazu verpflichtet, die Mediand en über ihre jeweiligen Rechte und Pflichten aufzuklären, auch wenn dies eine Einigung letztlich erschwert[66].

61 Vgl. Henssler/Prütting/*Henssler* § 43a BRAO Rn. 169, *ders.* NJW 2001, 1521 unter Bezugnahme auf BGH NJW 1991, 1176 (1177).

62 Haft/von Schlieffen/*Kracht* a.a.O. Rn. 28 f., der an dieser Stelle das Beispiel nimmt, dass der Anwalt in der Familienmediation Unterhaltsansprüche jeweils aus der parteilichen Sicht der Ehefrau und des Ehemannes ausrechnet; **a.A.** für den Fall der einvernehmlichen Ehescheidung *Hartung* FF 2003, 156 ff.

63 Haft/von Schlieffen/*Risse*/*Wagner* § 38 Rn. 108.

64 *Henssler* AnwBl. 1997, 129, 130.

65 *Henssler* a.a.O. 132.

66 BRAK Mitt. 5/1996, 186, 187.

Zumindest, wenn die Parteien im Einigungsinteresse eine rechtliche Wertung aus beiden Richtungen verlangen, ist dem Anwaltmediator sowohl die rechtlich neutrale Bewertung, als auch die Wertung aus unterschiedlichen Perspektiven erlaubt und stellt keinen Fall der Interessenkollision dar. Denn entscheidendes Kriterium für einen Verstoß, widerstreitende Interessen wahrzunehmen ist der Auftrag[67], in diesem Falle der Auftrag zur Einigungsförderung. Denn es kommt richtigerweise darauf an, was die Klienten subjektiv als ihr Interesse erachten[68]. Wenn die Mandanten eben ein gemeinsames Interesse haben, sich auf jeden Fall im Rahmen der Vermittlung durch den Anwaltmediator zu einigen, sind die Ihnen zu diesem Zweck und auf ihr Verlangen zur Verfügung gestellten Mittel durch dieses Interesse gerechtfertigt. In diesem Fall sind die Interessen eben gerade nicht „widerstreitend" sondern eben gleichgerichtet[69]. Erst dann, bzw. spätestens, wenn tatsächlich ein unüberbrückbarer Interessengegensatzes offenkundig würde, müsste der Rechtsanwalt die Mediation abbrechen und das Mandat niederlegen[70].

Die **Diskussion** zur Beratung im gleichgerichteten Interesse ist vor allem auf 40
der **Ebene des Rollenverständnisses** und des **Verhältnisses unterschiedlicher alternativer Streitlösungsinstrumente zueinander** zu führen. Richtig ist, dass der (rechtlich) beratende (anwaltliche) Mediator den Rahmen der Mediationstätigkeit und seine Rolle als Mediator im engen Sinne verlässt. Er tritt dann aus seiner Rolle als nicht wertender Begleiter des Prozesses hinaus. Dies muss jedoch seine Neutralität und Allparteilichkeit wie dargestellt nicht beeinflussen. Eine Beratung, ob rechtlich oder in anderer Weise, kollidiert jedoch immer mit dem wesentlichen Grundgedanken der Mediation der Eigenverantwortung, nachdem die Parteien die Lösung ihres Konfliktes in sich tragen und der Mediator sozusagen „Geburtshelfer" dieser eigenverantwortlichen Lösung ist. Durch eine Beratung verlässt der beratende Mediator die zuvor gegebene „Augenhöhe" mit den Klienten und begibt sich eben in eine bewertende Position, die es mit sich bringt, dass der Mediator sich „über" seine Klienten erhebt. Es stellt gerade eine der größten Herausforderungen an einen Mediator dar, eine Bewertung des Konfliktes zu vermeiden, bzw. eine solche zumindest zu reflektieren und eine Bewertung, sowie eigene Vorschläge außen vor zu lassen („den eigenen Senf draußen lassen"). Diesen Grundsatz missachtet ein Mediator in besonderem Maße, wenn er aufgefordert oder unaufgefordert (rechtliche) Regelungsvorschläge unterbreitet.

---

67 *Henssler* NJW 2001, 1521, 1522; BGHSt 34, 190, 192; zur Übersicht über die unterschiedlichen Auffassungen bezüglich anwaltlicher Interessenkollision *Offermann-Burkardt* NJW 2012, 2489; vgl. unten Rn. 55.

68 Henssler/Prütting/*Henssler* § 43a BRAO Rn. 172; *Henssler* NJW 2001, 1521, 1522.

69 Ebd. Rn. 176.

70 OLG Karlsruhe NJW 2001, 3197, welches vom klaren Hervortreten der Interessengegensätze spricht.

Wie festgestellt kann im Sinne einer einvernehmlichen Lösung möglicherweise geradezu geboten, einen von den Medianden verlangten Rollenwechsel vorzunehmen. Vorrangiges Interesse der Medianden ist die einvernehmliche Beilegung des Konfliktes. Es kann vorkommen, dass Medianden tatsächlich an einen Punkt gelangen, an dem sie sich selbst trotz aller Interventionen nicht in der Lage sehen, eigenverantwortlich zu einer einvernehmlichen Lösung des Konfliktes oder bestimmter Aspekte zu gelangen, jedoch weiterhin eine einvernehmliche Einigung möchten. An dieser Stelle stehen weitere alternative Streitbeilegungsintstrumente außer der Mediation zur Verfügung[71]. Der **Übergang zu einem anderen alternativen Streitbeilegungsverfahren**, ggf. auch einem evaluativen Verfahren, wie der neutralen rechtlichen Bewertung, einer Schlichtung oder gar einem Schiedsgutachten kann ein angemessenes Verfahren darstellen[72]. Die Anwendung eines gestuften Instrumentariums im Sinne der einvernehmlichen Beilegung sollte dem Mediator auch im Hinblick auf den Gesetzeszweck, die außergerichtliche Streitbeilegung zu fördern unbedingt offen stehen. Eine Möglichkeit ist wie dargestellt, dass der Mediator den Parteien konkrete Lösungsvorschläge unterbreitet, die er für sach- und interessengerecht hält. Über diese Lösungsvorschläge kann nun weiter interessenorientiert verhandelt werden und der Vermittler formuliert die entsprechenden Punkte des Vereinbarungsentwurfs. Oder die Parteien akzeptieren die durch den Vermittler vorgeschlagene Lösung. Auch möglich wäre, dass sich die Medianden dem Lösungsvorschlag schon vorab verpflichten, ähnlich einem Schlichterspruch oder eben dem verbindlichen Vorschlag im Rahmen der „early neutral evaluation“[73]. Ein solches gestuftes Vorgehen zu weiteren Konfliktlösungsinstrumenten führt dazu, dass die Parteien weiterhin die Auswahlhoheit über das Verfahren behalten, auch wenn sie inhaltlich Stück für Stück Verantwortung für die Inhalte abgeben und ein der jeweiligen Situation angemessenes Instrumentarium auswählen können, welches der Mediator je nach Qualifikation und Erlaubnis zur Rechtsdienstleistung bereit hält[74]. Denn letztlich geht es den Parteien um die Lösung des Konfliktes unter Beibehaltung des eben gerade noch höchstmöglichen Maßes an Eigenverantwortung. Sie werden deshalb, wenn das Einigungsinteresse weiterhin überwiegt auch dem Übergang zu einem anderen konsensualen Streitbeilegungsverfahren gerne zustimmen, auch wenn sie im Einzelfall die genaue Differenzierung des Instrumentes nur schwer nachvollziehen können werden. Im Interesse der Parteien an einer einvernehmlichen Beilegung des Konfliktes ist es letztlich Aufgabe eines jeden Einigungsmanagers, innovativ unterschiedliche Verfahrensmodellen in Absprache mit

71 S. *Glasl* Kapitel 14; Büchting/Heussen/*Mähler/Mähler* B 5.

72 *Zukunft* WfR 2009, 10 ff.; *Greger* a.a.O. Rn. 39; *Glasl* a.a.O.

73 *Hilger* Alternative Konfliktbewältigung – Early Neutral Evaluation und das selbstständige Beweisverfahren gemäß §§ 485 ff. ZPO, BB Beilage Mediation & Recht 2001, 22 ff.

74 *Zukunft* WfR 2009, 10 ff.

den Parteien zu kombinieren und auf die Bedürfnisse der Klienten und die Anforderungen des Einzelfalls maßzuschneidern[75]. Soweit es das Interesse der Parteien ist, kann aus diesem Gesichtspunkt auch im Einvernehmen und im Auftrag der Parteien zu einem Mediationsverfahren zurückgekehrt werden.[76]

Unbedingt sollte ein Mediator bei einem gewünschten und erforderlichen **Rollenwechsel** und dem Verlassen des Rahmens der Mediation im engen Sinne auf diesen und die damit einhergehende geschilderte Problematik schon aus Transparenzgründen *deutlich hinweisen* und sich des Einverständnisses der Parteien vergewissern, sowie seine Rolle deutlich und klar mit den Medianden für den weiteren Verfahrensablauf klären. 41

Praxistipp: !
Sollten die Medianden eines anwaltlichen Mediators den Mediator um eine rechtliche Einschätzung bitten, kann darin der Versuch liegen, den Mediator zum Richter zu erheben um die eigene Position zu stärken. Eine taugliche Intervention, um die Eigenverantwortung der Medianden doch bei diesen zu belassen ist in diesem Fall die Rückfrage des Mediators nach den Motiven der Bewertung, z.B.: wie würde Ihnen meine Einschätzung der rechtlichen Lage zum jetzigen Zeitpunkt weiterhelfen? Was würde es verändern, wenn ich Ihnen „Recht" gäbe? Wie glauben Sie würde sich das auf unseren gemeinsamen Prozess auswirken?

Praxistipp: !
Weiterhin kann ein vorausschauender Mediator bei der Beauftragung durch die Klienten bereits auf weitere alternative Verfahren explizit hinweisen oder Verfahren in den Auftrag zur Einigungsförderung in Einvernehmen mit den Klienten aufnehmen. 42

Beispiel für die Formulierung des Auftrags:
Herr, Frau, Name, Anschrift,

beauftragt/en

Herrn/Frau Rechtsanwalt/Rechtsanwältin, Mediator/Mediatorin, Coach
Name, Anschrift, ...
(i.F. „Auftragnehmer")

damit, zwischen
und
(i.F.: „die Parteien")
eine von beiden Parteien erwünschte Einigung zu fördern und zu unterstützen.
Arbeitsauftrag

(1) Der Auftragnehmer unterstützt die Parteien möglichst im Rahmen von gemeinsamen Gesprächen inhaltliche Lösungen für die durch sie definierten regelungsbedürftigen Punkte zu finden und zu vereinbaren.

---

75 Haft/von Schlieffen/*Risse/Wagner* a.a.O. Rn. 109.

76 **A.A.** *Greger/Unberath* § 3 Rn. 39, der von einem irreversiblen Übergang spricht.

(2) Der Auftragnehmer fördert die angestrebte Vereinbarung mit den ihm zur Verfügung stehenden Mitteln, insbesondere der Moderation und Mediation. Dies beinhaltet, insbesondere:
- Themen zu sammeln und zu strukturieren und mit den Parteien jeweils festzulegen,
- das Gesprächsklima zu fördern,
- etc ...

(3) Der Auftragnehmer unterbreitet grundsätzlich keine Lösungsvorschläge und bewertet solche nicht. Grundsätzlich berät der die Parteien nicht.
Nach vorheriger Vereinbarung kann der Auftragnehmer außerdem
- Einzelgespräche führen
- Vorschläge zur Lösung unterbreiten,
- Die Auftragnehmer im Hinblick auf die erstrebte Einigung allparteilich rechtlich beraten,
- die Situation rechtlich neutral bewerten,
- einen bindenden Schlichterspruch abgeben.
- Vereinbarungen formulieren[77]

---

5. Tätigkeit vor der Mediation (Vorbefassung)

43 Als Paradebeispiel für eine verbotene Tätigkeit als Mediator nach vorhergehender Tätigkeit für eine Partei dient dem Gesetzgeber die vorhergehende Vertretung einer Partei durch den Rechtsanwaltmediator.[78] Der Gesetzgeber ist der Auffassung, dass es nicht darauf ankommt, ob der Mediator nach einer Beratung noch zur neutralen Haltung und Durchführung einer Mediation in der Lage ist, sondern darauf, ob er von den Parteien als neutral wahrgenommen wird. Dies sei auch schon dann nicht mehr der Fall, wenn der Mediator im Auftrag einer Partei die Möglichkeit einer Mediation ausgelotet habe[79]. Praktisch bedeutet das, dass z.B. nach einer Beratung der sich trennenden Ehefrau über die Unterhaltshöhe eine nachfolgende Trennungsmediation nicht mehr möglich sein soll. Aber auch nach einem Coaching zur Arbeitssituation im Team eines Arbeitnehmers wäre die nachfolgende Teammediation verboten. Eine nachfolgende Team- oder Organisationsentwicklung hingegen wäre noch möglich, da der Teamentwickler ja gerade nicht als Mediator tätig wird.

Für den Fall, in dem zunächst eine Konfliktpartei, meist telefonisch den Mediator kontaktiert, über den Streitstand informiert und der Mediator bei der anderen Partei die Mediationsbereitschaft abfragt, bedeutet die gesetzliche Einschränkung, dass nach einem Einverständnis beider Parteien mit einer Mediation ein anderer Mediator mit der Mediation beauftragt werden müsste, unabhängig von dem ausdrückli-

77 Soweit der Mediator hierfür durch das Rechtsdienstleistungsgesetz qualifiziert ist.
78 S. Gesetzesbegründung, a.a.O. S. 16.
79 Ebd.

chen Willen der Parteien, da das Tätigkeitsverbot absolut, also unabhängig von einer Einwilligung der Parteien gilt.

Weiterhin wäre auch nicht möglich, dass weitere Konfliktbeteiligte einem bereits bestehenden Auftragsverhältnis, in welchem der ursprüngliche Auftraggeber eine einvernehmliche Lösung anstrebt und in welchem er ggf. schon beraten worden ist, oder z.B. gecoacht wurde, beitreten können. Es ist äußerst fraglich, ob dies mit dem Sinne des Gesetzes, europäischen und verfassungsrechtlichen Vorgaben und dem Wesen der Mediation vereinbar und sinnvoll ist (s. im Einzelnen u. Rn. 47ff.).

6. Tätigkeit nach der Mediation (Nachbefassung)

Der Gesetzgeber erweitert das Tätigkeitsverbot auch auf eine der Mediation nachfolgenden Tätigkeiten für eine Partei. Den Grund, welchen der Gesetzgeber für das Verbot einer nachfolgenden Tätigkeit für einen ehemaligen Medianden durch den Mediator in anderer Funktion sieht ist, dass eine mediationswillige Partei einem Mediator nicht die notwendige Offenheit entgegenbringe, wenn sie befürchten müsse, dass der Mediator nach einem Scheitern die Gegenpartei vertritt und dabei das in der Mediation erlangte Wissen zu seinem Nachteil nutzt[80]. Oben wurde schon darauf hingewiesen, dass der Gesetzgeber offensichtlich vor allem an den Fall der parteilichen Vertretung eines der Medianden gegen den anderen nach gescheiterter Mediation vor Augen hat[81]. 44

Praktisch bedeutet das nachfolgende Tätigkeitsverbot, dass eben die anwaltliche Vertretung und Beratung eines ehemaligen Medianden gegen den anderen Medianden verboten ist. Jedoch wäre auch ein weiterführendes Coaching für eine der Parteien bezogen auf den gleichen Lebenssachverhalt nicht möglich, ebenso wenig wie eine Klärungshilfe für diese Situation oder aber eine psychologische Beratung oder das Fortführen einer Mediation mit Stellvertretern nach dem Ausscheiden eines Medianden. Auch hier steht die Sinnhaftigkeit und Verfassungsmäßigkeit in Frage (s. im Einzelnen u. Rn. 47ff.).

7. Erweiterung der Tätigkeitsverbote für die Fälle der Befassung verbundener Personen

Der Absatz 3 der Regelung erweitert das Tätigkeitsverbot auf die Fälle, in denen nicht der Mediator selbst, sondern eine mit ihm in „Berufsausübungs- oder Bürogemeinschaft“ verbundene Person tätig war oder nach Mediation in derselben Sache 45

80 BT-Drucks. 17/5335, S. 16.
81 So auch *Greger/Unberath* § 3 Rn. 54.

tätig werden möchte. Berufsausübungsgemeinschaften sind dabei alle Formen gesellschaftsrechtlicher Zusammenschlüsse, wie z.B. einer Gesellschaft bürgerlichen Rechts, einer Partnerschaftsgesellschaft, oder auch einer GmbH[82]. Dabei kommt es nicht darauf an, dass dieselben Räume genutzt werden. Die Regelung betrifft auch überörtliche Zusammenschlüsse[83].

Bürogemeinschaften beschränken sich auf die gemeinsame Nutzung der Räume und der Infrastruktur eines Büros oder einer Praxis[84]. Hier reicht es aus, wenn die Räume auch nur tageweise geteilt werden[85]. Bei der Bürogemeinschaft ist jedoch Voraussetzung die örtliche Verbundenheit.

Soweit also der so verbundene Kollege bereits beraten hat, kann der Mediator die Mediation grundsätzlich nicht durchführen, ebenso wie der Kollege nach einer Mediation nicht mehr beratend tätig werden darf.

Die Ausweitung auf Bürogemeinschaften begegnet jedoch verfassungsrechtlichen Bedenken[86]. Denn eine Bürogemeinschaft ist eben nicht auf eine gemeinsame Berufsausübung ausgerichtet. Die Einbeziehung einer solchen „Innen-GbR“, die nach außen als solche nicht in Erscheinung tritt, hat nicht mit dem Verbot widerstreitender Interessen, sondern mit der Frage nach der internen Verschwiegenheitspflicht zu tun.[87]

Auch bei dieser Regelung hat der Gesetzgeber wieder vor allem die vorhergehende oder nachgelagerte anwaltliche Beratung durch den Kollegen im Blick[88]. Das Verbot bezieht sich, wie Absatz 2, nicht auf die Fälle, in denen der Kollege im übergeordneten Einigungsinteresse für beide Parteien tätig war (s.o. Rn. 33 ff.)[89].

8. Einverständnismöglichkeit für den Fall des Abs. 3

46 Absatz 4 der Regelung lässt jedoch Ausnahmen für den Fall des Absatzes 3 zu, nach welchen der Mediator doch nach Tätigkeit seines Kollegen tätig werden darf und umgekehrt wenn die (bislang) nicht durch den Kollegen beratene Partei ihr Einverständnis zur Durchführung der Mediation gibt. Voraussetzung hierfür ist eine umfassende Aufklärung der Partei durch den Mediator über alle Umstände, die seine Neutralität gefährden, also über den Umfang und Inhalt einer bereits erfolgten Tätigkeit des Kol-

---

82 *Fritz/Pielsticker* a.a.O. Rn. 62.
83 *Fritz/Pielsticker* § 3 Rn. 64.
84 Henssler/Prütting/*Henssler* a.a.O., § 59 a Rn. 102.
85 *Fritz/Pielsticker* a.a.O., Rn. 65.
86 Henssler/Prütting/*Henssler* § 3 BORA Rn. 14 unter Bezugnahme auf BVerfGE 108, 150 (157) in NJW 2003, 2520, 2522 f.
87 *Henssler* ebd.
88 Gesetzesbegründung, a.a.O., S. 16.
89 Vgl. *Fritz/Pielsticker* a.a.O., Rn. 42, der dies für den Notar oder den Mediator ebenso sieht.

legen. Das Einverständnis kann grundsätzlich formlos erklärt werden, muss also nicht schriftlich festgehalten werden. Je nach Bedarf kann ein Mediator die erfolgte Aufklärung jedoch auch schriftlich festhalten und sich unterschreiben lassen.

Die Aufklärung findet ihre Grenze jedoch in einer möglichen gesetzlichen Verschwiegenheitsverpflichtung einem vorherigen Auftraggeber gegenüber. Hier ist erforderlich, dass der Mediator zuvor mit diesem abklärt, inwiefern und in welchem Umfang er den oder die anderen Medianden über die erfolgte Beratung oder Tätigkeit aufklären darf[90]. Sollte dieser nicht zustimmen und eine umfassende Aufklärung wäre demnach nicht möglich, darf der Mediator die Mediation nicht übernehmen.

Mit der Ausnahmevorschrift des Absatz 4 trägt der Gesetzgeber der grundgesetzlich durch Art. 12 GG geschützten Berufsausübungsfreiheit Rechnung, welche er nicht unverhältnismäßig einschränken darf[91]. Zu Recht stellt sich die Frage, ob nicht genau aus diesem Gesichtspunkt heraus das absolute Tätigkeitsverbot des Absatz 2 gegen Art. 12 GG verstößt[92] und die Regelung des Absatzes 4 entsprechend ausgelegt und auf den Absatz 2 ausgedehnt werden müsste.

9. Vorbefassung und die Beachtlichkeit des Einverständnisses unter grundrechtsspezifischen Gesichtspunkten

Das absolute Tätigkeitsverbot des Absatzes 2 schränkt zum einen den Mediator in 47
seiner grundgesetzlich garantierten Berufsausübungsfreiheit ein, zum anderen die Medianden in ihrer ebenfalls grundgesetzlich verbürgten Privatautonomie. Diese Einschränkung müsste nach der so genannten Schrankentheorie geeignet und erforderlich sein, insbesondere Verhältnismäßig (im engen Sinne) um den Zweck der Einschränkung zu rechtfertigen. Jeder Eingriff in die Berufsausübungsfreiheit muss durch hinreichende Gründe des Gemeinwohls gerechtfertigt sein und darf nicht weiter gehen, als es diese Gemeinwohlgründe unbedingt erfordern und dürfen den Adressaten nicht übermäßig und unzumutbar belasten[93]. Eingriffszweck und Eingriffsintensität müssen in einem angemessenen Verhältnis stehen[94]. Daran hat sich auch die Auslegung berufseinschränkender Normen wie hier des § 3 Absatz 2 und 3 MedG zu orientieren[95].

Für den Fall der Vorbefassung geht der Gesetzgeber davon aus, dass ein Mediator ein „unbeschriebenes Blatt“ sein müsse und erklärt dies zum nicht disponiblen

90 *Fritz/Pielsticker* a.a.O., Rn. 81; SV Mat. 41/96, S. 8.
91 Vgl. BVerfG NJW 2003, 2520, www.bverfg.de/entscheidungen/rs20030703_1bvr023801.html.
92 So auch *Greger/Unberath* a.a.O., Rn. 45.
93 Henssler/Prütting/*Kilian* § 45 BRAO Rn. 6.
94 BGH NJW 2012, 3039, 3042 zu § 43 IV BRAO.
95 BGH, a.a.O.

Schutzobjekt. Hintergrund ist, dass im Falle einer Vorbefassung sich ein Mediand alleine durch die Tatsache einer Vorbefassung übervorteilt fühlen und den Eindruck haben könnte, der Mediator stünde möglicherweise der ihm bereits bekannten Partei näher.

Jedoch stellt sich vor allem unter dem Gesichtspunkt der Verhältnismäßigkeit die Frage, ob ein disponibles Tätigkeitsverbot nicht genauso geeignet wäre, den Zweck der Regelung zu verwirklichen und insbesondere verhältnismäßiger wäre und ob § 3 Absatz 4 deshalb nicht so ausgelegt werden muss, dass er auch für die Fälle des Absatzes 2 gilt.

48 Wie oben festgestellt hat der Gesetzgeber für die Fälle einer Vorbefassung vor allem die vorherige anwaltliche Beratung oder Vertretung im Blick. Die Parteivertretung oder die klassische anwaltliche Parteiberatung zeichnen sich besonders aus durch die Bestandteile (Stell-)Vertretung oder Beratung *gegen* die andere Partei (s. oben Rn. 36 zum „klassischen" Verständnis des anwaltlichen Berufsbildes). Wie oben dargestellt ist jedoch auch **bei einer anwaltlichen Beratung durchaus zu differenzieren, welche „Qualität" die vorherige Beratung hatte.** Die „klassische" Beratung ist schon lange nicht mehr unbedingt der Regelfall einer anwaltlichen Beratung (Rn. 35f.). Auch eine anwaltliche Beratung einer Partei vor der Mediation kann bereits in einem übergeordneten Einigungsinteresse oder sogar rechtlich neutral erfolgen (Rn. 38). Maßgeblich muss hier angesichts der Berufsausübungsfreiheit sein, ob tatsächlich eine parteiliche Beratung erfolgt ist[96].

Eine **vorhergehende betriebswirtschaftliche oder steuerliche Beratung**, in welcher eben keine parteiliche Beratung gegen die andere Partei erfolgt, unterscheidet sich ebenfalls qualitativ stark von der „klassischen" anwaltlichen Beratung. Es sind viele weitere Fälle praktisch relevant, die sich qualitativ noch viel stärker von einer „klassischen" anwaltlichen Beratung als vorhergehender Tätigkeit unterscheiden, wie z.B. ein **vorhergehendes Coaching eines der Medianden.** Der Coach begreift sich wie der Mediator als Helfer zur Selbsthilfe, der keine eigenen Lösungsvorschläge unterbreitet, sondern den Coachee während eines Prozesses begleitet[97]. Grundlage beider Prozesse ist die **mediative Kommunikation**[98]. Die grundlegend mediative Haltung beinhaltet die Elemente Einnehmen der Metaebene, Personenzentrierung, Allparteilichkeit und Win-Win-Perspektive.[99] Methodische Elemente sind das Aktive Zuhören, Gewaltfreie Kommunikation, Verhandlungsführung nach dem Harvard Konzept, methodische Aufwertung des Gesprächspartners,

96 So auch *Henssler/Deckenbrock* DB 2012, 159, 164.

97 Zumindest so verstanden nach den Richtlinien des dvct und anderer Coachingverbände http://www.dvct.de/verband/ethik/.

98 Zum Verhältnis von Coaching zur Mediation s. *Klappenbach* Spektrum der Mediation 46/2012, S. 18ff.

99 *Klappenbach* S. 188.

Ich-Botschaften, Positives Umformulieren u.a.[100] Der Coach teilt also das Grundverständnis seiner Funktion mit dem Mediator. Bei einer Fortführung der Mediation nach vorherigem Einzelcoaching zu diesem Thema wie auch bei einem Übergang andersherum läge somit zwar ein Wechsel des Instrumentariums, jedoch kein Rollenwechsel vor. Das Gleiche gilt für z.B. eine vorhergehende Klärungshilfe[101], oder einer vorgergehenden Mediation mit Stellvertretern[102] in welcher schon die Haltung eines Mediators eingenommen wird. Ähnliches gilt auch für die Fälle einer vorherigen psychotherapeutischen Begleitung. Dies scheint – unschlüssiger Weise – für den letztgenannten Fall auch der Gesetzgeber so zu sehen wenn er in der Gesetzesbegründung ohne weitere Ausführungen in diesem Zusammenhang konstatiert, dass „die in psychologischen Beratungsstellen häufig anzutreffende Praxis, zunächst eine Kontakt suchende Partei zu beraten und anschließend eine Mediation anzubieten, keinen Bedenken begegnet".[102a] Ein Unterschied zu den eben dargestellten Fällen ist qualitativ nicht ersichtlich und erscheint als willkürliche Ungleichbehandlung.

Im Beispielsfall des vorhergehenden Einzelcoachings und einer nachfolgenden Teammediation tritt eine Unzulänglichkeit der gesetzlichen Regelung besonders klar zu Tage, wenn man sich vor Augen hält, dass eine nachfolgende Team- oder Organisationsentwicklung noch möglich wäre, da der Teamentwickler ja gerade nicht als Mediator tätig wird. Auch in einer Teamentwicklung kommen durchaus Konflikte zu Tage, die in diesem Rahmen behandelt und geklärt werden können. Allein durch die Bezeichnung des Instrumentariums könnte hier ein Tätigkeitsverbot leicht umgangen werden.

Besonders augenscheinlich wird die **Unangemessenheit der gesetzlichen Re- 49**
gelung und ihrer Auslegung durch den Gesetzgeber in den Fällen, in welchen ein Mediator im Auftrag einer Partei die **Einigungsmöglichkeiten ausgelotet hat** und die nachfolgende Mediation nicht durchführen können soll[103]. In der Mediationspraxis kommt es regelmäßig vor, dass zunächst eine Konfliktpartei mit dem Mediator Kontakt aufnimmt, mediationswillig ist und noch nicht sicher ist, ob die andere Konfliktpartei ebenfalls bereit zu einer Mediation ist[104]. Oft ist der Konflikt schon derartig eskaliert, dass es dem Interesse der Partei entspricht und auch im Interesse einer einvernehmlichen Beilegung des Konflikts angemessen und erforder-

100 *Klappenbach* S. 190.
101 Zum Begriff der Klärungshilfe http://www.christian-prior.de/klaerungshilfe-intro.php; http://de.wikipedia.org/wiki/Klaerungshilfe; Lit.: Klärungshilfe *Thomann/Schulz von Thun*/Naumann-Bashayan, Handbuch für Therapeuten, Gesprächshelfer und Moderatoren in schwierigen Gesprächen.
102 S. ausführl. B Rn. 121 ff.
102a Gesetzesbegründung, a.a.O., S. 16.
103 Ebenso *Henssler/Deckenbrock* DB 2012, 159, 164.
104 Haft/von Schlieffen/*Kracht* a.a.O., Rn. 36.

lich ist, dass der Mediator die Einigungsbereitschaft des Konfliktgegenübers auslotet. Gerade diese Vorarbeit wird von Mediaden als vertrauensbildend empfunden[105], so dass sich gerade deswegen Klienten für den Weg einer Mediation zur Klärung ihres Konflikts entscheiden. Die Klienten entscheiden sich dann nicht nur für das Verfahren der Mediation, sondern für den Mediator, der die Vorgespräche geführt hat und zu dem sie Vertrauen gefasst haben. Es würde Medianden geradezu vor den Kopf stoßen, verwiese sie der Mediator nach der Entscheidung zur Mediation an einen anderen Mediator und brächte die Entscheidung zur Mediation voraussichtlich wieder ins Wanken. Ein Tätigkeitsverbot als Mediator nach Ausloten der Einigungsmöglichkeiten erscheint im Abgleich mit dem Sinn des Gesetzes als kontraproduktiv, unpraktikabel und übermäßig. Insbesondere eine bloße Entgegennahme von Informationen muss hier zulässig sein[106]. Auch wenn es hier schon zu einem Einzelgespräch mit einer Partei in deren Auftrag im Hinblick auf eine gewünsche Mediation oder Einigung gekommen ist sollte es der anderen Partei danach unbedingt möglich sein, der dem Auftrag nach umfassender Information und gegebenenfalls nach einem eigenen Einzelgespräch beizutreten. Dies entspricht einem üblichen Prozedere in der Mediation, zunächst mit jedem Medianden Einzelgespräche zu führen. Ein qualitativer Unterschied bei sukzessiver Beauftragung ist nicht ersichtlich.

So ist es auch ganz selbstverständlich, dass zu einer Mediation mit Stellvertretern, bei welcher der Mediator nur für eine Partei mediierend tätig wird[107], die andere Konfliktpartei der Mediation beitreten kann, ohne dass es hier zu einem Rollenwechsel des Mediators oder gar zur einer Interessenkollision kommt. Das Hinzutreten zur Mediation ist gerade ein Ziel, welche durch die mediative Arbeit mit einer Partei erreicht werden soll. Sollte die andere Partei nicht hinzutreten kann der z.B. anwaltliche Mediator selbstverständlich nach, vor oder während der Mediation den Medianden beraten ohne hierbei in einen Interessenkonflikt zu geraten, denn er wird ja nur für eine Partei tätig. Je nach Zeitpunkt und Qualität der Beratung nimmt er sich hiermit jedoch die Möglichkeit, die Mediation mit beiden Konfliktparteien fortzusetzen[108]. Im Fall der Mediation mit Stellvertretern tritt also deutlich zu Tage, dass es keine ausreichende Differenzierung im Mediationsgesetz gibt.

50 Ein ganz ähnlicher Sachverhalt liegt vor, wenn der Rechtsanwalt-Mediator einen Klienten zunächst auch im Einigungsinteresse rechtlich berät, der Klient eine einvernehmliche Lösung wünscht und **die andere Partei** jedoch erst nach dieser Beratung **dem Auftragsverhältnis beitritt** und hieraus eine Mediation entsteht.[109]

---

105 Stellungnahme zum Referentenentwurf der BRAK S. 10, abrufbar unter www.brak.de.
106 Ebenso *Henssler/Deckenbrock* a.a.O.
107 Ausführlich zu diesem Verfahren s.o. B III 1.
108 Zu den Problemen einer Beratung während der Mediation s.o. Rn. 40.
109 S.u. zum Beitritt eines Mandanten zum anwaltlichen Auftrag (Rn. 56).

Eine solche Beratung könnte allgemeine Rechtsinformationen über Gestaltungsmöglichkeiten (z.B. wie ist der Ablauf einer Ehescheidung, welche Scheidungsfolgen gilt es zu regeln; oder welche rechtlichen Möglichkeiten gibt es, um sich von einem gemeinsamen Unternehmen zu trennen wie die Auflösung und Liquidation, Anteilsverkauf, etc.) oder die Aufklärung des Klienten über dessen irrige Rechtsauffassungen, die zur Überschätzung seiner rechtlichen Position geführt haben beinhalten. Wie dargelegt, ist eine gemeinsame anwaltliche Beratung aller Beteiligten und eine nachfolgende Mediation im allseitigen Einverständnis für mehrere Auftraggeber im Einigungsinteresse grundsätzlich möglich (s.o. Rn. 35). Ein Unterschied für die Fälle, in denen eine der Parteien schon im übergeordneten Einigungsinteresse beraten worden war und die andere Partei nach umfassender Aufklärung über die erfolgte Beratung dem Auftragsverhältnis beitritt und der Auftrag als Mediation fortgesetzt wird, ist nicht ersichtlich.[110]

Praxistipp: !
In einem Vorgespräch sollte es nach Möglichkeit bei einer rein informativen Befragung unter Berücksichtigung mediativer Kommunikation bleiben. War der Mediator schon mit einer Partei vor einer gemeinsamen Beauftragung durch auch die andere Partei bereits in Kontakt, z.B. in einem informativen Vorgespräch, einem Coaching oder im Rahmen einer auf Einigung gerichteten Beratung ist darauf zu achten, der anderen Partei ein Vorgespräch anzubieten und diese auf jeden Fall umfassend und in Absprache mit dem bisherigen Auftraggeber über die Inhalte der vorherigen Tätigkeit aufzuklären. Für eine weitere Tätigkeit für beide Klienten ist unbedingt das ausdrückliche Einverständnis des beigetretenen einzuholen.

Der **Zweck des Gesetzgebers**, den Medianden vor den eigenen möglicherweise un- 51
bewussten Widerständen zu schützen, um schon den **„Anschein der Parteilichkeit“ zu vermeiden**[111], kann die mit dem absoluten Tätigkeitsverbot einhergehende Einschränkung auch nicht rechtfertigen. Ist es doch gerade Aufgabe des Mediators, unbewusste Prozesse ins Bewusstsein der Parteien zu holen, damit diese dem Konflikt zu Grunde liegenden Prozesse bearbeiten können (s. z.B. Eisbergmodell). Auch unbewusste Widerstände eines Medianden gegen einen „vorbefassten“ Mediator werden zu unterschiedlichsten Gelegenheiten ihren Ausdruck finden und auch hier kann ein verantwortungsbewusster und geschulter Mediator diesen unbewussten Prozess offen ansprechen, so dass die Parteien danach bewusst über einen Fortgang der Mediation entscheiden können.

Weiterhin ist sich ein geschulter **Mediator** dessen **bewusst,** dass er in jedem Fall, also auch ohne Vorbefassung **kein „unbeschriebenes Blatt“** ist. Es ist gerade die Verantwortung und Aufgabe eines Mediators, seine subjektive Sicht auf

---

110 S.u. Rn. 56 zum Meinungsstand in diesen Fällen im anwaltlichen Berufsrecht.
111 Haft/von Schlieffen/*Kracht* a.a.O.

einen Konflikt zu reflektieren und dadurch aus dem Mediationsprozess herauszuhalten.

Die gesetzliche Regelung, bzw. deren Auslegung muss der Differenzierung nach der Qualität der vorherigen Tätigkeit angesichts des Verhältnismäßigkeitsgrundsatzes Rechnung tragen. Für die soeben beschriebenen Fälle erscheint der Grad der beruflichen Beschränkung im Verhältnis zum damit verfolgten Zweck unangemessen und der Wille der Klienten und deren Einverständnis muss beachtlich sein. Auch der Gesetzgeber ist in der Begründung hinsichtlich der Beachtlichkeit des Willens der Medianden unschlüssig, wenn er in der Gesetzesbegründung grundsätzlich auf eine subjektive Sichtweise der Medianden abstellt, ob der Mediator „von den Parteien als neutral wahrgenommen wird".[112]

52 **Sogar für den Fall der der vorherigen anwaltlichen, parteilichen Beratung** wäre dem Sinn des Gesetzes genüge getan, wäre die Möglichkeit eines gemeinsamen Auftrags zur Disposition der Medianden gestellt. Im Rahmen der Beratung oder Vertretung in einem streitigen Verfahren versucht ein Rechtsanwalt den eigenen Standpunkt, bzw. den des Mandanten durch Abschottung, Taktik und Raffinesse rigoros durchzusetzen[113]. Die Qualität einer solchen Beratung steht einer allparteilichen, beiden Parteien gegenüber empathischen Rolle am krassesten gegenüber. Der Fall ist wohl schon kaum praktisch vorstellbar, dass eine Partei in einem solchen Fall den bislang „gegnerischen" Rechtsanwalt in Kenntnis der Beratung oder Vertretung mit der Vermittlung in derselben Angelegenheit beauftragen würde. Und sollte sie es trotz umfassender Information und Aufklärung dennoch wollen, erscheint der gesetzliche Schutz des Medianden vor seinem eigenen unbewussten Widerstand wohl kaum ein gesetzlich höherrangiger Zweck, der eine Einschränkung der Privatautonomie des Medianden rechtfertigen kann.

Unter dem Gesichtspunkt der Verfassungsmäßigkeit und einer gebotenen verfassungsmäßigen Auslegung des Gesetzes ist deshalb von der Beachtlichkeit des Einverständnisses der Medianden auszugehen.

Beispielsfall:

53 Ein Gesellschafter einer GbR vereinbart einen Beratungstermin. Gleich zu Anfang erklärt er ausdrücklich, er habe vor, sich mit seinem Mitgesellschafter bezüglich einer gewünschten Trennung im Rahmen einer folgenden Mediation zu einigen. Dennoch möchte er beantwortet wissen, ob es nicht möglich sei, einfach ein neues Unternehmen mit demselben Unternehmenszweck ohne den Mitgesellschafter zu gründen. Die rechtliche Auskunft, dass dies eine Art „Hinauskündigen" ohne wichtigen Grund sei und eine Neugründung nur im Einvernehmen auch aus wettbewerbsrechtlichen Gründen möglich ist, stellt eine neutrale rechtliche Beurteilung im ausdrücklichen Einigungsinteresse des bisherigen Auftraggebers dar. Die Auskunft macht dem Auftraggeber deutlich,

112 Gesetzesbegründung, S. 16.

113 *Duss v. Werdt/Haffke* a.a.O., S. 100f.

dass ein Alleingang nicht möglich ist und bestärkt diesen gemeinsam mit dem Mitgesellschafter eine einvernehmliche Lösung zu finden. Er erklärt sich damit einverstanden, dass der Mediator in einem folgenden Einzelgespräch mit dem Mitgesellschafter alle Umstände und Inhalte der erfolgten Beratung offen legt. In dem folgenden Einzelgespräch mit dem Mitgesellschafter erklärt dieser nach erfolgter Aufklärung über die Inhalte des Termins mit dem ersten Auftraggeber, dass er eine Mediation durch den Anwaltmediator wünsche. Die rechtliche Auskunft des Anwaltmediators ebnet in diesem Fall den Weg zu einem darauf folgenden gemeinsamen Mediationstermin, in welchem der Mitgesellschafter dem Auftrag zur einvernehmlichen Streitbeilegung beitritt.

Praxistipp: !
Sollte ein Klient im Vorgespräch Beratungsbedarf haben, ist unbedingt darauf zu achten, dass die Beratung neutral und im Hinblick auf die gewollte und/oder im Raum stehende Mediation und das Einigungsinteresse erfolgt. Der Auftraggeber ist darauf hinzuweisen, dass eine Beratung mit der Rolle des Mediators nicht übereinstimmt und so wenig wie irgendwie möglich erfolgt, schon um einen Beitritt der anderen Partei zu einem Mediationsauftrag nicht zu gefährden.

Exkurs: Einverständnismöglichkeit bei vorhergehender Tätigkeit im anwaltlichen Berufsrecht !

Für eine Auslegung des Gesetzes, dass ein Einverständnis der Medianden beachtlich ist, spricht 54
auch die herrschende Auffassung für eine Beachtlichkeit der Einwilligung der Mandanten im anwaltlichen Berufsrecht. Hier regeln die Normen der BRAO §§ 43a Absatz 4 und 45, sowie § 3 Absatz 1, 1. Alternative BORA und § 356 Absatz 1 StGB den Komplex der Vor- und Nachbefassung. § 3 MedG ist den Regelungen des anwaltlichen Berufsrechts nachgebildet, weshalb die dort geführte Diskussion, ob ein Einverständnis der Mandanten beachtlich ist Aufschluss für eine Auslegung des Mediationsgesetzes gibt. Insbesondere § 3 BORA entspricht der Regelung im Mediationsgesetz. So bestimmt der Absatz 2 Satz 2 wie § 3 Absatz 4 MedG, dass für die Fälle, in welchen ein in Büro- oder Berufsausübungsgemeinschaft verbundener Kollege vorbefasst war, ein Einverständnis der Mandanten möglich ist, wohingegen ebenfalls eine Regelung für den Einzelanwalt fehlt. Die Einverständnismöglichkeit nach § 3 Absatz 2 wurde im Hinblick auf die Verfassungswidrigkeit der zuvor geltenden Regelung nach einem Urteil des Bundesverfassungsgerichtes überhaupt erst eingeführt[114]. § 3 BORA konkretisiert die §§ 46, 46 BRAO, die das Einverständnis der Mandanten nicht regeln. Die genannten Paragrafen unterscheiden sich zwar tatbestandlich, jedoch ist der Kern immer der Gleiche, nämlich, dass ein Anwalts nicht für zwei oder mehr Parteien tätig werden darf, deren Interessen gegenläufig sind[115].

Die **herrschende Meinung** geht davon aus, dass ein Einverständnis der Mandanten den geforderten 55
Interessengegensatz bereits auf der **Tatbestandsebene aufhebt**[116]. Dabei geht diese Meinung davon aus, dass das Interesse der Mandanten subjektiv aus deren Sicht und nicht objektiv zu

114 BVerfGE 108, 150; NJW 2003, 2520.

115 *Offermann-Burckardt* NJW 2010, 2489, die einen guten Überblick über den Meinungsstand widergibt.

116 *Offermann-Burckardt* a.a.O.; Henssler/Prütting/*Henssler* § 43a BRAO Rn. 169 ff.; *Henssler/Deckenbrock* MDR 2003, 1085, 1090.

bestimmen ist[117]. Es ergibt sich aus dem jeweiligen Auftrag und aus den subjektiven Zielen der Beteiligten, ob ein Interessenwiderstreit vorliegt[118].
In der Rechtsprechung wird diese Sichtweise insbesondere dann angewandt, wenn der Streitstoff zur Disposition der Mandanten steht[119]. Dies wird für die Fälle von bürgerlich- rechtlichen Vermögensangelegenheiten bejaht. Auch das Bundesverfassungsgericht stellt auf eine subjektive Sichtweise ab[120].
Einige Vertreter sind der Auffassung, dass das Einverständnis der Mandanten zumindest die Pflichtwidrigkeit des Tuns aufhebt und eben beachtlich ist, soweit eben der Streitstoff zur Disposition der Parteien steht[121].
Zum Teil wird in Frage gestellt, ob auch das Rechtsgut „Belange der Rechtspflege", bzw. der „Anwalt als Organ der Rechtspflege", die sich insbesondere konkretisieren in der „unabhängigen, verschwiegenen und gradlinigen Wahrnehmung der Mandanteninteressen durch den Rechtsanwalt" zur Disposition der Parteien steht[122]. Hierin sieht Henssler ein „konturloses Merkmal, aus dem sich keine verwertbaren Anforderungen ableiten lassen"[123]. Auch das BVerfG ist der Auffassung, dass es in der verantwortlichen Einschätzung eines Rechtsanwaltes liege, ob die Konfliktsituation gebietet, das Mandat niederzulegen und nicht abstrakt und verbindlich ohne Berücksichtigung der konkreten Einschätzung festgelegt werden kann, was den Interessen des Mandanten (und damit auch der Rechtspflege) dient[124]. Letztlich geht es bei dem Merkmal der „Belange der Rechtspflege" um die Außendarstellung der Anwaltschaft, die erst dann nicht mehr als vertrauenswürdig erscheint, wenn ein Rechtsanwalt in derselben Rechtssache widersprechende Standpunkte *vertritt*[125]. Auch für den Fall, dass von einer objektiven Bestimmung der Interessen ausgegangen wird, hält es die herrschende Meinung verfassungsmäßig für unzulässig, auf einen rein latenten (und abstrakten) Interessenkonflikt abzustellen, der im konkreten Einzelfall jedoch nicht gegeben ist[126]. Sogar **Vertreter einer streng objektiven Sichtweise** auf die Interessen verweisen deshalb auf die Möglichkeit des Einverständnisses[127].

56 Dies gilt auch für die Fälle, in welchen ein **weiterer Mandant dem ursprünglichen Auftragsverhältnis**, wie im Beispielsfall **beitritt**. So wurde zu Beginn der Diskussion bei Aufkommen der Mediation durch Rechtsanwälte für das anwaltliche Berufsrecht die Auffassung vertreten, dass die Übernahme der Mediation nach anwaltlicher Vorbefassung – ohne weitere Differenzierung über die Qualität der Vorbefassung – im allseitigen Einvernehmen grundsätzlich zulässig ist[128]. Im Ausschuss Nr. 4 der Satzungsversammlung der Bundesrechtsanwaltskammer zu besonderen Berufspflichten von Rechtsanwälten im Zusammenhang mit Mediation verwarf die Mehrheit des Aus-

117 *Henssler/Deckenbrock* MDR 2003, 1085, 1086.
118 *Offermann-Burckardt* a.a.O., m.w.N.; BGHSt 7, 17, 20f. = NJW 1955, 150; BGHSt 15, 332, 334 = NJW 1961, 929; BGHSt 34, 190, 192 = NJW 1987, 335; OLG Karlsruhe NStZ-RR 1997, 236, 237.
119 *Offermann-Burckardt* a.a.O.
120 BVerfG, a.a.O.
121 Henssler/Prütting/*Eylmann* § 43a BRAO Rn. 171; Feuerich/Weyland/*Bohnlein* § 43a BRAO Rn. 64.
122 BVerfG NJW 2003, 2520.
123 *Henssler/Deckenbrock* DB 2012, 159, 164.
124 BVerfG NJW 2003, 2520.
125 *Grunewald* ZEV 2006, 386, 388.
126 BGH NJW 2012, 3039, 3042.
127 *Grunewald* a.a.O., 387.
128 Feuerich/Weyland/*Vossebürger* § 18 BORA Rn. 4.

schusses ein striktes Neutralitätsgebot[129]. Die mehrheitliche Auffassung war, dass es z.B. im Gesellschaftsrecht Fälle geben könne, in welchen sich die streitenden Gesellschafter an den Anwalt wenden, der früher den Gesellschaftsvertrag erstellt hatte[130]. Es wurde sogar diskutiert, ob der Mediator aus eigenem Antrieb überhaupt eine Vorbefassung offen legen müsse, oder dies erst auf konkrete Nachfrage der Medianden geschehen sollte[131]. Schon das Reichsgericht war für den Fall, dass zunächst ein Auftraggeber (parteilich!) beraten wurde der Auffassung, dass ein Rechtsanwalt dann nicht pflichtwidrig handele, „wenn die beiderseitigen Interessen der Mandanten übereinstimmend auf eine angemessene Beilegung des Streites gehen und der Anwalt mit Zustimmung des ursprünglichen Auftraggebers zum Zwecke eines gerechten Vergleichs beide Parteien berät“[132].

Wenn ein Einverständnis im anwaltlichen Berufsrecht nach vorheriger anwaltlicher Beratung möglich und beachtlich ist, muss dies **erst recht** für ein **Einverständnis von Medianden im Rahmen des Mediationsgesetzes** gelten, insbesondere für die Fälle einer vorhergehenden gemeinsamen Beratung im Einigungsinteresse. Nichts anderes kann für die Fälle gelten, in welchen ein Mediand wie im Beispielsfall dem ursprünglichen Auftragsverhältnis beitritt und dieses von Beginn an das Ziel hatte, Einvernehmen zwischen den Parteien herzustellen. Abschließend sei noch erwähnt, dass der Schutz der „Belange der Rechtspflege“ für nichtanwaltliche Mediatoren keine Bedeutung hat. 57

Praxistipp: Klärendes Vorgespräch ohne konkrete Beauftragung zur Konfliktbearbeitung !

Um dem Neutralitätsgebot und dem Interesse des Klienten an einer angemessenen Konfliktbearbeitung Rechnung zu tragen, kann **vor Beauftragung** zu einer konkreten Konfliktbearbeitung z.B. einer Mediation oder eben auch anderer Instrumente (vgl. oben Rn. 40) ein rein **klärendes Vorgespräch** auch nur mit einem Klienten stattfinden. Ein solches Vorgespräch vor einer eigentlichen Beauftragung dürfte noch nicht in den Regelungsbereich des Mediationsgesetzes fallen, so dass eine nachfolgende Tätigkeit, unabhängig von der strittigen Auslegung des § 3 MedG, weiterhin insbesondere aus verfassungsrechtlichen Gesichtspunkten möglich sein muss[133].

Ein Modell ist in Frankfurt/Oder vorzufinden[134]. Angelehnt ist die dortige Konfliktberatungsstelle an das in den USA institutionalisierte Verfahren des „Multi Door Courthouse“[135]. Bei letzterem Verfahren wird im Rahmen einer „Screening conference“ der Konflikt zunächst analysiert um sich mit den Parteien danach auf das angemessene Streitbeilegungsverfahren zu einigen. Ein solches „Screening“ oder Konfliktklärungsgespräch kann auch durch einen Konflikt- oder besser „Einigungsmanager“, der die Befähigung zu mehreren Instrumenten der Konfliktlösung hat, vor der eigentlichen Leistung angeboten werden. Im Rahmen einer solchen „Pre-Mediation“ findet dann wie beschreiben zunächst eine Konfliktanalyse statt. Durch mediative Kommunikation (vgl. Rn. 48) gewährleis-

---

129 SV Mat. 41/96, S. 7 und 8.
130 Ebd.
131 Ebd. S. 7.
132 RG JZ 1929, 3168, 3169 m.w.N.
133 Vgl. zum anwaltlichen Berufsrecht Henssler/Prütting/*Henssler* § 43a BRAO Rn. 188.
134 Büchting/Heussen/*Mähler/Mähler* B5, Rn. 46.
135 Vgl. dazu Büchting/Heussen/*Mähler/Mähler* a.a.O. m.w.N.

tet der Einigungsmanager seine Neutralität. Nach der Konfliktanalyse entscheiden sich der oder die Beteiligten für ein auch der Konflikteskalationsstufe angemessenes Konfliktlösungsverfahren, z.B. eine Mediation, oder eben ein anderes Verfahren. Dabei wirkt schon das Vorgespräch durch mediative Kommunikation deeskalierend und steigert die Möglichkeit, dass der Klient/die Klienten ein kooperatives Verfahren zur Lösung ihrer Belange auswählen[136]. Ein solches Verfahren steht im Einklang mit dem Zweck des Gesetzes, die außergerichtliche Streitbeilegung zu fördern.

10. Nachbefassung und Einverständnismöglichkeit

58 Auch für die **Fälle der Nachbefassung**, also einer Tätigkeit nach Mediation, stellt sich die Frage, ob die der Absatzes 4 auf die Fälle des Absatzes 2 ausgedehnt werden müsste und **ein Einverständnis der Medianden das Tätigkeitsverbot aufheben kann.**

Im Fall der weiteren Befassung nach einer Mediation ist der Zweck des absoluten Tätigkeitsverbots, dass Medianden einem Mediator die notwendige Offenheit entgegenbringen. Es soll verhindert werden, dass ein Mediand Informationen zurückhält, weil er befürchten muss, dass der Mediator nach einem Scheitern der Mediation die Gegenpartei vertritt und dabei das in der Mediation erlangte Wissen zu seinem Nachteil nutzt[137]. Auch hier stellt sich die Frage, ob das absolute Tätigkeitsverbot tatsächlich erforderlich, aber auch schon geeignet ist, den gesetzlichen Zweck sicherzustellen und ob die weitere Tätigkeit nach Mediation auch zur Disposition der Parteien gestellt werden müsste.

Auch im Falle der nachfolgenden Tätigkeit hat ausweislich der Gesetzesbegründung der Gesetzgeber wiederum die nachfolgende anwaltliche Parteivertretung oder einseitige Beratung im Blick (s.o. Rn. 29). Selbstverständlich müssen Medianden Sicherheit über den vertraulichen Rahmen einer Mediation haben, damit sie überhaupt zur Transparenz – eines Grundpfeilers der Mediation – bereit sind. Hierzu dient auch die gesetzliche Verschwiegenheitspflicht aller Mediatoren, die jetzt im Mediationsgesetz verankert ist.[138] Der Fall der nachfolgenden Parteivertretung zeichnet sich wie beschrieben jedoch besonders aus durch die Bestandteile (Stell-)Vertretung oder Beratung *gegen* die andere Partei (s. oben Rn. 36, 48, 52). Wenn ein vormalig neutraler Dritter gleichsam Konfliktpartei, wenn auch nur stellvertretend, wird und für das Recht seines Mandanten kämpft ist dies der denkbar krasseste Fall des Rollenwechsels. Dass ein solches Verhalten würdelos und berufsethisch bedenklich ist, nachdem ein Mediator schlichtend und vermit-

136 Vgl. dazu *Zukunft* WfR 2009, 10 ff.

137 Gesetzesbegründung a.a.O.

138 Zur Verschwiegenheitspflicht s. oben Kap. E S. 276 ff.

telnd voll Verständnis für die beiderseitigen Bedürfnisse tätig war, steht außer Frage[139].

Doch ist auch für die Fälle der Nachbefassung wiederum zu **differenzieren, welche Art von Tätigkeit** der ehemalige Mediator für eine Partei entfalten möchte. Auch hier es sind viele Fälle denkbar und praxisrelevant, die eine weitaus weniger extreme Rollentransformation beinhalten, als die nachfolgende Vertretung. Insbesondere ist hier an die Fälle zu denken, in denen der Mediator in seiner Rolle bleibt, die den Inhalt und die Lösung beim Klienten belässt, wie z.B. beim klassischen Coaching oder der Klärungshilfe nach beendeter Mediation oder einer Weiterführung als Mediation mit Stellvertretern (s.o. Rn. 48). Ähnlich zu beurteilen wäre eine therapeutische Begleitung eines ehemaligen Medianden. Für den Fall der *vorherigen* psychologischen Beratung sieht das auch der Gesetzgeber wie dargestellt ebenso, wenn die Parteien zustimmen[140]. 59

Exkurs: Einverständnis im anwaltlichen Berufsrecht im Falle der Nachbefassung !

Auch hier hilft wieder ein vergleichender Blick zur **Diskussion im anwaltlichen Berufsrecht**. Ein viel diskutierter Beispielsfall ist die Vertretung einer Partei nach vorhergehender gemeinsamer Beratung der scheidungswilligen Ehegatten im Rahmen einer so genannten **„einvernehmlichen Ehescheidung“**. Das deutsche Scheidungsrecht sieht grundsätzlich die Vertretung jedes Ehegatten durch einen Rechtsanwalt vor. Nur in den Fällen, in welchen einer der Parteien lediglich sein Einverständnis mit der Ehescheidung im Scheidungstermin ausspricht und sich die Ehegatten über die so genannten Scheidungsfolgesachen (Zugewinn, Unterhalt, Hausrat, Sorgerecht und Umgang, ggf. auch Rentenanwartschaften) einig sind, reicht die Vertretung des die Scheidung beantragenden Ehegatten aus. In diesem Fall hat das Gericht dennoch von Amts wegen über den Versorgungsausgleich zu entscheiden. Viele scheidungswillige Ehepaare beauftragen deshalb aus Kostengründen gemeinsam nur einen Rechtsanwalt, der sie vorab über die Scheidungsfolgen berät und für Einvernehmen sorgt. Hierbei bietet sich auch eine vorgelagerte Mediation an. Nach Einigung über die Scheidungsfolgen bringt es das deutsche Scheidungsrecht allerdings zwingend mit sich, dass der Anwalt nur eine Partei im Scheidungstermin vertreten kann. Hier wird diskutiert, ob eine solche Vertretung unter berufsrechtlichen Gesichtspunkten möglich sein soll. Im engen Zusammenhang mit der Frage ob das Einverständnis der betroffenen Mandanten mit der Beratung und/oder Vertretung durch denselben Rechtsanwalt beachtlich ist, steht die ebenfalls kontrovers diskutierte Frage nach der Interessenlage zwischen den Eheleute und deren Bewertung als widerstreitend. Dabei ist umstritten, ob bei der Bestimmung des Interesses nur die objektive Interessenlage, also die Beurteilung der Situation aus Sicht eines vernünftigen Dritten oder ob auch der Wille der Parteien maßgeblich ist. Hierzu wurde, insbesondere noch während der Geltung des alten Scheidungsrechts, die Auffassung vertreten, ein Scheidungsverfahren beinhalte einen unauflösbaren Interessenskonflikt der Ehegatten[141]. Nach der Reform des Scheidungsrechtes 1976 vertritt die nun herrschende Meinung den Standpunkt, dass bei den im Fall einer Scheidungssache disponiblen Rechtsgütern der Interessenbegriff vom Willen der Parteien gestaltet werde und sich nach deren subjektiven Zielen richte. Da es den Ehegatten freistehe, einverständlich die Voraussetzungen der Ehescheidung 60

139 *Duss v. Werdt/Haffke* S. 100.

140 Gesetzesbegründung, a.a.O., S. 16; s.o. Rn. 48.

141 So noch BGHSt 4, 80.

herbeizuführen, sei es gerechtfertigt, dem Interessengegensatz ein subjektives Verständnis des Interesses zu Grunde zu legen[142]. Dies sei ein zeitgemäßes Zugeständnis an den Bürger, seine privatesten Angelegenheiten selbständig zu ordnen[143]. Es wird weiterhin angenommen, dass eine Weiterführung des Mandates für eine Partei möglich ist, wenn der nunmehr einen Medianden vertretende Rechtsanwaltmediator nicht dessen „Interessen" vertreten muss, da es auch hier weiterhin einvernehmlich um das Ziel der Auflösung der ehelichen Verbundenheit geht sondern lediglich das Scheidungsverfahren nur verfahrensmäßig abwickelt[144]. Eine Meinung ist jedoch der Auffassung, dass es einen grundsätzlichen Interessengegensatz gebe, wenn die Ehegatten über den Versorgungsausgleich keine Einigung erzielt haben und das Gericht noch über den Versorgungsausgleich entscheiden muss[145].

Meines Erachtens reicht es aus, wenn sich die Ehegatten darüber einig sind, dass das Gericht nach der Gesetzeslage den Versorgungsausgleich vornehmen soll. Insbesondere gibt das Familiengericht vorab zur Kenntnis, wie es zu tenorieren gedenkt, so dass die Eheleute wiederum in gemeinsamen Gesprächen über eine mögliche anderweitige Vereinbarung diskutieren können.

Eine weitergehende Meinung ist der Ansicht, dass sogar die nachfolgende vorprozessuale oder gerichtliche parteiliche Vertretung nach erfolgter gemeinsamer Beratung möglich sein soll[146]. Damit diene der Anwalt zwar der einen Partei, dieses Dienen sei aber mangels vorangegangenen Dienens im individuellen, widerstreitenden Interesse des anderen Ehegatten nicht als pflichtwidrig zu qualifizieren. Der Anwalt sei dort nur als unparteiischer Mittler aufgetreten[147].

Dem zumindest für den Fall beizupflichten, in welchem beide Parteien einer solchen Vertretung zustimmen. Denkbar ist dies für den Fall, in denen es nach „gescheiterter", bzw. nicht durch Abschlussvereinbarung beendeter Mediation auch dem nachfolgend nicht oder anderweitig vertretenen Medianden gerade daran liegt, dass der Mediator den Fall als Parteivertreter des Gegenübers weiterführt, z.B. da er um die grundlegend kooperative Einstellung des Mediators weiß und verhindern will, dass ein „wirklich scharfer Hund" an dessen Stelle tritt[148]. Das Einverständnis ist auch im common law grundsätzlich beachtlich[149]. Der entscheidende Aspekt ist dort nicht der Interessengegensatz oder ein möglicher Interessenkonflikt, sondern es kommt dort darauf an, dass sensible Informationen, die im Rahmen eines Mandates erlangt wurden, nicht in die Hände des Gegners oder den Träger des entgegengesetzten Interesses gelangen[150]. So wird in der juristischen Fachliteratur gefordert, dass sich das deutsche Recht ausländischen, internationalen Standards, insbesondere dem des anglo-amerikanischen Raums angleicht, in welchen das Einverständnis von Mandanten erheblich ist[151] und der autonomen Entscheidung von Mandanten einen höheren Stellenwert einzuräumen.[152]

---

142 OLG Karlsruhe NJW 2002, 3561, 3562; *Henssler/Deckenbrock* MDR 2003, 1086; Henssler/Prütting/*Henssler* § 43a BRAO Rn. 176; *Erb* NJW 2003, 730.

143 *Erb* a.a.O., S. 732.

144 Henssler/Prütting/*Henssler* a.a.O., Rn. 178.

145 *Henssler* a.a.O., Hartung FF 2003, 156, 157.

146 OLG Karlsruhe, a.a.O.; *Erb* a.a.O., 730.

147 *Erb* a.a.O.; Schönke/Schröder/*Cramer* § 356 Rn. 15.

148 Hier sieht allerdings die herrschende Meinung ein Grenze der Einverständnismöglichkeit, s. u.a. BGH NStZ 1985, 74.

149 Vgl. hierzu *Schlosser* NJW 2002, 1376, 1378.

150 *Schlosser* ebd.

151 Henssler/Prütting/*Henssler* § 3 BORA Rn. 20.

152 Henssler/Prütting/*Eylmann* § 43a BRAO Rn. 156 und 141.

Auch die Franzosen sehen es als durchaus integer an, wenn ein Rechtsanwalt beide Ehegatten im Scheidungsverfahren vertritt[153].

Als **Schlussfolgerung für das Mediationsgesetz** muss ein Einverständnis der Medianden in eine nachfolgende Tätigkeit **erst recht** vor allem dann legitimierend sein in den Fällen, in denen ein ehemaliger Mediator eben nicht die Interessen einer Partei nachfolgend parteilich und kämpferisch vertritt, sondern er weiterhin, zwar nur für eine Partei, jedoch im Einigungsinteresse tätig ist. Hier ist insbesondere an den Fall einer nachfolgenden Mandatierung im Rahmen eines **„cooperative Pratice-“** (oder auch collaborative law-)Verfahrens (zu Deutsch: Kooperatives Mandat oder „KONKON“-Verfahren) zu denken. In einem solchen Verfahren ist zwar jeder der Parteien nunmehr durch einen Anwalt vertreten. Jedoch schließen alle Beteiligten, also die Parteien und deren Anwälte einen vierseitigen Vertrag, in welchem sie sich zur einvernehmlichen Beilegung ihrer Streitigkeiten verpflichten[154]. Dieses Verfahren kommt insbesondere im Trennungs- und Scheidungsrecht zur Anwendung. Auch hier agiert der vertretende Rechtsanwaltmediator nicht im „klassischen“ Sinne. Übergeordnetes Interesse und Ziel ist nach wie vor die einvernehmliche Beilegung der Streitigkeit. 61

Beispielsfall: !

In einer Trennungs- und Scheidungsmediation über die Scheidungsfolgen (Auszug eines der Ehegatten aus dem gemeinsamen Haus, Abgeltung des Wohnwertes, Umgang des ausziehenden Ehegatten mit den gemeinsamen Kindern, Unterhalt der Kinder und der Ehefrau, welche die minderjährigen Kinder betreut, Vermögensausgleich bei Scheidung) kommen die Medianden auch nach mehreren Mediationssitzungen nicht zu einem Ergebnis und ziehen sich auf ihre Standpunkte zurück. Der Mediator schlägt die Möglichkeit vor, zu einem cooperative Pratice Verfahren überzugehen und verweist auf eine Rechtsanwältin, mit welcher er gelegentlich kooperiert. Beide Medianden wünschen den Übergang zu diesem Verfahren und verständigen sich, dass die Ehefrau die kooperierende Rechtsanwältin konsultiert und der Ehemann durch den bisherigen Mediator in diesem Verfahren vertreten werden soll. Es kommt daraufhin zu einer vierseitigen Vereinbarung, in welchem sich die Anwälte und die Mandanten dazu verpflichten, unter Wahrung der Vertraulichkeit zu einer gemeinsamen Lösung zu kommen. In dem folgenden Verfahren wird eine Trennungs- und Scheidungsfolgenvereinbarung ausgearbeitet. Die Mandanten werden im einvernehmlichen Scheidungsverfahren durch die jeweiligen Anwälte vertreten. 62

In dem eben beschriebenen Beispielsfall, wie ähnlichen Fällen muss der Wille der Parteien unter dem Gesichtspunkt der Angemessenheit und Verhältnismäßigkeit einer Einschränkung der Berufsausübungsfreiheit (s.o. Rn. 47ff.) beachtlich sein.

153 S. hierzu *Schlosser* NJW 2002, 1376, 1378 mit Verweis auf den französichen Code Civil Art. 230.

154 Zum Verfahren der „cooperative Practice“ s. *Mähler/Mähler* in Wirtschaftspsychologie aktuell, S. 17ff.

Insbesondere wenn die Parteien weiterhin eine einvernehmliche Lösung in einem konsensualen Folgeverfahren suchen. Das Einverständnis muss erst Recht für Verfahren beachtlich sein, in denen der vormalige Mediator keinen Rollenwechsel vollzieht, da er eben die Eigenverantwortung für die Gestaltung einer Lösung und dem Umgang mit dem Konflikt bei seinem Auftraggeber belässt, wie im Falle eines nachfolgenden Coachings, der nachfolgenden Klärungshilfe oder der Mediation mit Stellvertretern.

63 Für den Fall der Nachbefassung könnte man jedoch auch schon in Frage stellen, ob die Regelung überhaupt **geeignet** ist, sicher zu stellen, dass nach einer gescheiterter Mediation erlangte Informationen durch einen der Medianden zum Nachteil des Konfliktpartners ausgenutzt werden.

In der Regel vereinbaren die Parteien untereinander einen so genannten „sicheren Rahmen", der unter anderem festlegt, dass keine Informationen, die im Rahmen der Mediation erlangt werden, nach einer gescheiterten Mediation gegeneinander verwendet werden können. Dies stellt eine **Vertraulichkeitsvereinbarung** der Medianden untereinander dar. Eine solche ist im Übrigen unter den Medianden auch nach Verabschiedung des Mediationsgesetzes weiterhin unbedingt erforderlich, da sich die Verschwiegenheitsverpflichtung aus § 4 MediationsG nicht auf die Medianden selbst bezieht.

Es wird angenommen, dass Sachinformationen und entsprechender Vortrag, die entgegen einer vertraglichen Vereinbarung der Parteien dennoch in einen nachfolgenden Zivilprozess eingebracht werden, unerheblich sind und bei einer Gerichtsentscheidung nicht berücksichtigt werden dürfen, bzw. zu einer Einrede des jeweils Benachteiligten aus der Vertraulichkeitsabrede führen[155]. Die vorprozessuale Verwendung stellt zwar ein Vertragsbruch dar, doch dieser ist nur bei Vereinbarung einer Vertragsstrafe sanktioniert.

Hier stellen sich einige praxisrelevante Probleme und Fragen bezüglich der erlangten Informationen:

In den seltensten Fällen wird in einer Mediation vorher festgehalten, welchen Informations- und Wissensstand die Parteien gegenseitig haben. Über ausgetauschte Informationen müsste es ein Verlaufsprotokoll einer jeden Mediationsstunde geben. Üblich sind in der Regel jedoch Ergebnisprotokolle. Im Zweifel ist deshalb äußerst schwer zu belegen, welche Informationen tatsächlich im Rahmen der Mediation erlangt wurden.

Weiterhin werden sensible Informationen in einer Mediation erst dann durch einen Medianden preisgegeben, wenn das Vertrauen der Parteien in das Gegenüber im Laufe des Mediationsprozesses schon weit fortgeschritten ist. Doch dann ist eben das Scheitern des Mediationsprozesses sehr unwahrscheinlich. Praxisrelevant er-

155 Haft/von Schlieffen/*Hartmann* § 27 Rn. 33.

scheint also nur der außergewöhnliche Fall zu sein, in welchem ein Mediand von vornherein die Absicht hat, an Informationen im Rahmen einer Mediation zu gelangen, die er danach für sich und gegen die andere Partei verwenden kann. Doch auch eine solche versteckte Absicht würde sich vor einem erfahrenen Mediator wohl kaum verbergen lassen.

In dem Fall, dass der Rechtsanwaltmediator tatsächlich das nunmehr streitige Mandat nach Mediation mit Einverständnis der Medianden weiterführen wollte, dürfte auch dieser, ebenso wie ein dritter Rechtsanwalt Beweise nicht verwerten und würde ggf. eine Vertragsstrafe gegen seinen Mandanten auslösen, falls er Informationen verwendet, die eben in der Mediation erlangt sind. Wie oben festgestellt, wäre eine parteiliche Vertretung nachdem der Anwalt allparteilicher Mediator war ein krasser Bruch mit der vorherigen Rolle, die vor allem ohne Einverständnis des anderen Medianden ein unwürdiges Verhalten darstellt. Auch wenn die Weiterführung äußerst effizient wäre, da der Anwaltmediator schon in die Materie eingedrungen ist und ein nachfolgender Berater oder Rechtsanwalt sich erst mühevoll Zugang zur Materie erarbeiten müsste.

Auf jeden Fall würde der Zweck der Regelung, den Medianden die Sicherheit zu geben, dass erlangte Informationen nicht ausgenutzt werden würde auch schon erreicht, würde die Regelung des Absatzes 4 auf Absatz 2 ausgedehnt. Denn dann könnte ein Mediator z.B. nach einem Scheitern der Mediation nur für eine Partei tätig werden, wenn beide Parteien diesem Tätigwerden ausdrücklich zustimmen. Dies würde sicherstellen, dass der sichere Rahmen und die Vertraulichkeit unbedingt gewahrt bleibt, außer die Parteien legen hierauf – aus welchen Gründen auch immer – keinen Wert. Auch dann könnten die Medianden von Beginn der Mediation an sicher sein, dass der Mediator nur im ausdrücklichen Einverständnis beider das Mandat weiterführen würde und auf diese Weise wäre die notwendige Offenheit und das Vertrauen in die Allparteilichkeit des Mediators abgesichert.

Der Gesetzgeber schießt also mit seinem absoluten Tätigkeitsverbot über das Ziel hinaus und die Regelung beinhalten somit einen nicht erforderlichen Eingriff in die Berufsausübungsfreiheit des Mediators/Anwaltmediators und zugleich einen eben solchen Eingriff in die Privatautonomie der Klienten.

11. Unvereinbarkeit des absoluten Tätigkeitsverbots mit dem Sinn und Zweck des Gesetzes

Durch das absolute Tätigkeitsverbot wird, wie dargestellt, in vielen Fällen eine Mediation auch nach vorherigen Tätigkeiten wie Coaching, psychologischer Beratung, betriebswirtschaftlicher Beratung und anwaltlicher Beratung im übergeordneten Einigungsinteresse und eben auch nach Ausloten der Mediationswilligkeit und -Möglichkeit unmöglich gemacht. Gerade in solchen Fällen besteht jedoch schon ein 64

Vertrauensverhältnis zumindest einer Partei und der Mediator konnte sich bereits ein Bild über die Hintergründe des Konfliktes machen, so dass aus Klienten-, als auch aus Mediatorensicht eine weitere Tätigkeit als äußerst sinnvoll erscheint. Wie dargestellt sind auch viele Fälle denkbar, in denen nach „gescheiterter" Mediation der ehemalige Mediator weiterhin in der Absicht und dem Auftrag, die einvernehmliche Lösung durch den Klienten zu fördern tätig werden möchte. Der Fall der nachfolgenden parteilichen Beratung und Vertretung stellt hier einen Sonderfall dar. Sinn des Gesetzes ist es jedoch, die Mediation und die außergerichtliche Streitbeilegung zu fördern. Diesem Zweck würde am ehesten gerecht, würde den Klienten freigestellt, mit welchem Mediator sie kontrahieren, sofern sie nur umfassend über die Vorbefassung des Mediators in Kenntnis gesetzt wurden, bzw. einer nachträglichen Tätigkeit, ggf. sogar der Parteivertretung ausdrücklich zustimmen könnten. Dies entspräche auch am ehesten dem Leitmotiv des Mediationsgesetzes – der Autonomie der Parteien[156].

12. Unvereinbarkeit des absoluten Tätigkeitsverbots mit wesentlichen Grundgedanken der Mediation

65 Für eine Beachtlichkeit des Einverständnisses der Medianden spricht auch der Grundgedanke der Eigenverantwortung in der Mediation, sowie die Rolle und Funktion des Mediators.

Ein wesentlicher Grundpfeiler der Mediation ist die **Eigenverantwortung der Medianden**, nach welchem die Medianden für die Inhalte den Fortgang der Mediation und die Lösung ihres Konfliktes verantwortlich sind. Nicht nur die Privatautonomie der Klienten, sondern auch vor allem dieser Grundgedanke wird durch die absolute Schranke ohne Einwilligungsmöglichkeit durch den Gesetzgeber nicht berücksichtigt. In diesem Sinne sollte den Parteien die Auswahlhoheit über das jeweilige Konfliktlösungsverfahren als auch die Person des Mediators überlassen werden.

66 Weiterhin entspricht es dem üblichen Prozedere in der Mediation, **Einzelgespräche** mit den Medianden zu führen. Dies ist jetzt auch im Mediationsgesetz in § 2 ausdrücklich geregelt. Einzelgespräche finden häufig auch zu Beginn einer Mediation statt, wenn es den Erfordernissen der Situation und den Interessen der Klienten entspricht. Würde man das Gesetz eng auslegen, würde ein solches Prozedere vereitelt, sofern noch kein gleichzeitiger und gemeinsamer Auftrag der Medianden vorläge (zum sukzessiven Beitritt s. ausführlich oben Rn. 50). Wenn ein Mediator die mediative Grundhaltung und die mediative Kommunikation auch bei Vorgesprächen

156 *Greger/Unberath* § 2 Rn. 2.

zu einem Zeitpunkt, in dem ein gemeinsamer Auftrag zur Mediation noch nicht erteilt ist, einhält und den Streitstoff inhaltlich beim Mediandern belässt, ist die Gefahr einer Parteilichkeit praktisch ausgeschlossen.

13. Das Vorbefassungsverbot in den EU-Vorgaben

Eine **Zustimmungsmöglichkeit** der Medianden nach umfassender Aufklärung entspräche auch den **europäischen Vorgaben**, den Umsetzungen der **Mediationsrichtlinie** in den meisten europäischen Ländern, sowie den Vorgaben des angloamerikanischen Rechts.

Der **europäische Verhaltenskodex für Mediatoren** aus dem Jahr 2004 sieht in 2.1. Satz 3 vor, dass ein Mediator die Mediationstätigkeit aufnehmen oder fortsetzen darf, wenn er sicher ist, dass er die Aufgabe vollkommen unabhängig durchführen kann und wenn die Parteien ausdrücklich zustimmen[157]. Die **Richtlinie des europäischen Parlaments** und des Rates vom 21.5.2008 als Grundlage des deutschen Gesetzes sieht überhaupt keine Tätigkeitsbeschränkung vor[158]. 67

Im **Vergleich mit der Umsetzung der Richtlinie in anderen europäischen Ländern** ist festzustellen, dass Deutschland mit dem absoluten Tätigkeitsverbot die strengsten Anforderungen im Hinblick auf die Konkretisierung des Begriffs der Unparteilichkeit normiert hat. Einige Länder (Luxemburg[159], Niederlande[160] und Frankreich[161]) geben lediglich gesetzlich das Prinzip der Unparteilichkeit bzw. Neutralität des Mediators vor, ohne überhaupt ein Tätigkeitsverbot zu normieren. Überwiegend wird jedoch noch eine Offenbarungspflicht des Mediators festgeschrieben für solche Umstände, die Zweifel an seiner Unparteilichkeit begründen bzw. zu Interessenskonflikten führen können, mit der Folge, dass die Parteien einer dann folgenden Mediation zustimmen müssen, bzw. dürfen (so in 68

157 Europäischer Verhaltenskodex für Mediatoren, Deutsche Version, abgedruckt in ZKM 2004, 48; Mediationsreport 8/2004, S. 3.

158 Richtlinie 2008/52/EG, ABl. EU 2008 L 136, S. 3–8.

159 Titre II – De la mediation, Chapitre Ier. – Principes généraux, Art. 1251–2 nur Verweis auf die Unparteilichkeit des Mediators, http://www.legilux.public.lu/leg/a/archives/2012/0037/a037.pdf.

160 Art. 1 Wet implementatie richtlijn nr. 2008/52/EG betreffende bepaalde aspecten van bemiddeling/mediation in burgerlijke en handelszaken), veröffentlicht im Staatsblad van het Koninkrijk der Nederlanden Nr. 570/2012.

161 Article 131–5 Nr. 5 Titel VI bis (La médiation) des 1. Buches Code de procédure civile, Loi n° 95–125 du 8 février 1995 relative à l'organisation des juridictions et à la procédure civile, pénale et administrative.

Slowenien, Litauen[162], Tschechien, Irland im Gesetzesentwurf[163], Spanien[164] und Norwegen[165], anders nur in Slowenien und Tschechien). Österreich z.B. verbietet zwar die Vor- und Nachbefassung des Mediators in derselben Sache, jedoch mit der Einschränkung, dass der Mediator zur Umsetzung des Mediationsergebnisses im Rahmen seiner sonstigen beruflichen Befugnisse und mit der Zustimmung aller Parteien tätig werden darf[166]. Lediglich in Malta wird bestimmt, dass der Mediator im Fall eines Interessenskonflikts nicht tätig werden darf oder in Litauen, wo der der Mediator nicht in der gleichen Sache als Rechtsanwalt oder Stellvertreter tätig werden darf, als Schiedsrichter oder Richter hingegen mit der Zustimmung der Parteien schon. Tschechien bestimmt ein Verbot der Rechtsberatung durch den Mediator in einem Konflikt den er mediiert (hat), lässt jedoch anderweitige Tätigkeiten zu.

Dem Angloamerikanischen Mediationskontext ist ebenfalls ein absolutes Tätigkeitsverbot fremd und das Einverständnis von Mandanten im anwaltlichen Berufsrecht erheblich[167]. So regelt z.B. der Ohio Mediation Act, dass der Mediator seine Vorbefassung lediglich offenbaren muss, und die Parteien in eine nachfolgende Mediation einwilligen können[168]. In England ist keine gesetzliche Regelung ergangen. Der wesentliche Gesichtspunkt bei Nachbefassung im common law ist, dass eben sichergestellt wird, dass sensible Informationen nicht durch die gegnerische Partei im Nachgang ausgenutzt werden können[169].

Das bundesdeutsche absolute Vorbefassungsverbot für sämtliche anderweitigen Tätigkeiten scheint also die Ausnahme und ist wohl nur vor dem Hintergrund (überkommenen) anwaltlichen Standesrecht erklärlich.

---

162 Art. 4 Nr. 4, litauische Gesetz über außergerichtliche Mediation in Zivilrechtsstreitigkeiten vom 15. Juli 2008 (*No X-1702*, zuletzt geändert: 24. Mai 2011 durch Gesetz *No XI-1400, Law on Conciliatory Mediation in Civil Disputes*).

163 Z.B.: Titel 7 Abs. 2b Mediation Bill 2012 European Communities (Mediation) Regulations 2011, Draft General Scheme of Mediation Bill 2012 (Irland), http://www.justice.ie/en/JELR/MedBillGSFinal.pdf/Files/MedBillGSFinal.pdf.

164 Real Decreto-ley 5/2012, de 5 de marzo, de mediación en asuntos civiles y mercantiles), Boletin Oficial del Estado Nr. 56 vom 6.3.2012, http://www.boe.es/boe/dias/2012/03/06/pdfs/BOE-A-2012–3152.pdf.

165 Abschnitt 7-2 Abs. 2 Act of 17 June 2005 no. 90 relating to mediation and procedure in civil disputes (The Dispute Act), http://www.ub.uio.no/ujur/ulovdata/lov-20050617-090-eng.pdf.

166 Gesetz zur Umsetzung der RL Bundesgesetz, (Bundesgesetz, I Nr. 21/2011, Bundesgesetzblatt für die Republik Österreich (BGBl.), number: I Nr. 21/2011.

167 Henssler/Prütting/*Henssler* § 3 BORA Rn. 20.

168 http://codes.ohio.gov/orc/2710.08.

169 S.o. Rn. 60; für die Vorbefassung sieht allerdings die Cross-Border-Mediation (EU Directive Regulations 2011) ein absolutes Tätigkeitsverbot vor.

14. Fazit

Nach der hier vertretenen Auffassung verstößt die gesetzliche Regelung des Mediationsgesetzes in der jetzigen Fassung gegen die grundgesetzlich geschützte Berufsausübungsfreiheit des Mediators sowie gegen die Privatautonomie der Parteien. Sie ist verfassungskonform dahingehend auszulegen, dass die Zustimmung der Parteien sowohl in den Fällen der Vor- als auch der Nachbefassung beachtlich ist. Die gesetzliche Regelung, bzw. deren Auslegung trägt insbesondere der Differenzierung einer Tätigkeit nach deren Qualität keine Rechnung, was angesichts des Verhältnismäßigkeitsgrundsatzes notwendig wäre[170]. Diese Auslegung ist auch im Sinne europarechtlicher und anglo-amerikanischer Vorgaben. Insbesondere der Anwaltsberuf ist über die ausschließliche Interessenvertretung hinausgewachsen und das Berufsfeld hat sich radikal erweitert[171]. Es ist die Aufgabe der Berufsgruppe der Konflikt- oder Einigungsmanager, innovativ unterschiedliche Verfahrensmodelle in Absprache mit den Parteien zu kombinieren und auf die Bedürfnisse der Klienten und die Anforderungen des Einzelfalls maßzuschneidern um zu immer mehr einvernehmlichen Lösungen zu Konflikten beizutragen[172].

Dies entspricht auch der kulturellen gesellschaftlichen Weiterentwicklung hin zu größerer Eigenverantwortung von Individuen, deren Ausdruck die Mediation ist[173].

III. Rechtsfolgen eines Verstoßes gegen Tätigkeitsverbote

Nach der engen Auslegung des Gesetzestextes darf ein Mediator in den Fällen des Absatzes 2, also eigener Vor- oder Nachbefassung nicht mehr tätig werden, unabhängig vom Willen der Parteien. Seine **Tätigkeit hat er niederzulegen.** In den Fällen des Absatzes 3 wäre ein Tätigwerden nach umfassender Aufklärung und 69

170 S.o. Rn. 46 ff.; vgl. BVerfG NJW 2003, 2520, wonach eben eine Einzelfallbetrachtung notwendig ist.

171 Vgl. *Schlosser* NJW 2002, 1376 ff.

172 So auch Haft/von Schlieffen/*Risse*/*Wagner* a.a.O. Rn. 109.

173 Im Zuge dieser Entwicklungen ist eine beständig wachsende neue Gesellschaftsschicht entstanden, die sogenannten „kulturell Kreativen". In Nordamerika macht diese Schicht schätzungsweise eine Bevölkerungsgruppe von 50 Millionen Menschen aus. In Deutschland liegt der Anteil mit regionalen Unterschieden zwischen 15 und 30 % der Bevölkerung. Menschen dieser Gruppe zeichnen sich unter anderem dadurch aus, dass sie umweltbewusst sind, pragmatisch und ganzheitlich denken und handeln, flexibel und mobil sind, auf biologische und hochwertige Ernährung achten, nachhaltig wirtschaften und ihnen ein toleranter, liberaler und menschlicher Umgang miteinander wichtig ist (weiterführende Lit: *Wenzel*/*Kirig*/*Rauch* Zielgruppe Lohas).

Zustimmung der Parteien möglich. Nach der hier vertretenen Auffassung könnte der Mediator im allseitigen Einvernehmen und nach umfassender Aufklärung auch in den Fällen des Absatzes 2 tätig werden, zumindest und so lange diese Tätigkeit keine parteiliche Vertretung oder anwaltliche Beratung im „klassischen" Sinne ist.

70 Bei einer Fortführung der Tätigkeit nach Mediation oder einer Mediation nach bereits erfolgter Tätigkeit für eine Partei – im hier vertretenen Sinne ohne entsprechende Zustimmung – wäre ein entsprechender **Vertrag** wegen des Verstoßes gegen die gesetzliche Regelung nach herrschender, nicht unumstrittener Auffassung **nichtig** (§ 134 BGB)[174].

Es ist weiterhin umstritten, ob der vorbefasste Mediator einen Anspruch auf das Honorar für die bereits geleisteten Dienste hat. Dies verneint die wohl herrschende Auffassung unter Bezugnahme auf § 134 BGB, wonach der Vertrag eben nichtig sei[175]. Nach dieser Auffassung wäre ein bereits bezahltes Honorar an die Medianden zurückzuzahlen (§ 812 Abs. 1 Satz 1 1. Alt. BGB). Nach anderer Auffassung behält der Mediator seinen Anspruch auf die bereits geleisteten Dienste, wenn er seine Tätigkeit einstellt, nachdem er die Neutralitätsbeeinträchtigung festgestellt hat und die Parteien an den bisherigen Dienstleistungen ein Interesse hatten[176]. Nach differenzierender Meinung hat der Mediator immerhin einen Anspruch auf Wertersatz gegen die Medianden, wenn er sich eines Verbotes nicht bewusst war, oder er nicht leichtfertig davon ausgegangen ist, er habe befugter maßen gehandelt[177].

71 Bei einem Verstoß gegen die Tätigkeitsverbote wären auch **Folgeschäden** nach § 280 BGB zu erstatten. Hier fällt es jedoch schwer im hypothetischen Vergleich zum Fortgang ohne Pflichtverletzung, Vermögensschäden, die eben auf einer Vorbefassung oder einer weiteren Tätigkeit beruhen, zu konstruieren. Sollte z.B. eine Mediation bei Vorbefassung des Mediators abgebrochen werden, müsste dies zum einen gerade wegen der vorherigen Befassung geschehen und der Mediand müsste darlegen, dass bei der Beauftragung eines anderen Mediators zu einer Einigung gekommen und dies nun unmöglich ist und er deswegen z.B. Prozessführungskosten hat, die der Mediator erstatten solle. Bei einer nachfolgenden Tätigkeit müsste einer Partei eben aus der Verwendung von sensiblen Informationen gegen die andere Partei ein Vermögensschaden entstanden sein. Dies ist bei einer Tätigkeit im übergeordneten Einigungsinteresse schwer vorstellbar. Lediglich im Falle der streitigen Partei-

---

174 Vgl. zum anwaltlichen Berufsrecht *Deckenbrock* AnwBl 2010, 221, 224; **a.A.** *Knöfel* AP Nr. 1 zu § 43 BRAO; BGH NJW 2003, 3692, 3693, wonach den berufsrechtlichen Verhaltensnormen keine Wirkung in der Privatrechtsordnung zukomme.

175 Siehe etwa OLG München NJW 1997, 1313, 1314; LG Koblenz NStZ-RR 1998, 96; AG Arnsberg NJW-RR 1999, 63, 64.

176 *Greger/Unberath* a.a.O., Rn. 43 unter Verweis auf §§ 627, 628 Absatz 1 Satz 2 1. Alternative BGB.

177 *Deckenbrock* a.a.O. S. 226 unter Verweis auf § 817 Satz 2 BGB.

vertretung durch einen Anwalt könnte dies behauptet werden. Jedoch stellt sich genau an diesem Punkt auch die Schwierigkeit zu belegen, welche Informationen überhaupt in der Mediation ausgetauscht wurden (s.o. Rn. 63). Weiterhin dürften eben solche Informationen als Beweise auch durch den ehemaligen Mediator und nunmehrigen Parteivertreter in einer nachfolgenden zivilrechtlichen Streitigkeit sowieso keine Beachtung finden, so dass auch hier der Schadenseintritt und die Kausalität fragwürdig wären (s.o. Rn. 63). Insbesondere bei einer Zustimmung wäre auch fraglich, wie sich diese auf ein Mitverschulden der Parteien auswirken würde, welches den Schadensersatzanspruch möglicherweise entfallen lassen könnte.

Getroffene **Mediationsabreden oder eine Abschlussvereinbarung** zwischen den Medianden blieben gleichwohl **wirksam**, außer der Mediator hätte über seine Vor- oder Nachbefassung arglistig getäuscht. In diesem Falle wäre an eine Anfechtung einer Abschlussvereinbarung zu denken[178]. 72

So lange ein Mediator im Einvernehmen mit seine Klienten trotz Vorbefassung die Mediation durchführt, scheint es auch schon praktisch als unwahrscheinlich, dass die Medianden trotz des ausdrücklichen Einverständnisses zur Durchführung der Mediation nachfolgend ihren ehemaligen Mediator in Anspruch nehmen. Ebenso gilt dies für den Fall einer nachfolgenden Tätigkeit, z.B. eben einer Tätigkeit im Rahmen eines kooperativen Mandats (s.o. Rn. 61). Noch abwegiger erscheint eine Inanspruchnahme der anderen Partei, sollte der ehemalige Mediator einer Partei als Coach, Klärungshelfer oder Therapeut in derselben Sache weiterhin zur Seite stehen. Unbedingt sollte ein Rollenwechsel, wie auch eine Vorbefassung oder geplante weitere Tätigkeit ausdrücklich transparent gemacht werden und nur im Fall eines ausdrücklichen Einvernehmens sollte ein Mediator dann tatsächlich tätig werden. 73

Zumindest erscheint es auch in diesen Fällen nicht als ausgeschlossen, dass ein Konkurrent sich durch diese Praxis bedroht fühlt und eine wettbewerbliche Abmahnung ausspricht, damit der Konkurrent das entsprechende Verhalten unterlässt. Das Mediationsgesetz und insbesondere der § 3 regelt das Marktverhalten von Mediatoren im Interesse der Marktteilnehmer. Eine Abmahnung könnte deshalb auf §§ 8, 4 Nr. 11 UWG i.V.m. § 3 MedG gestützt werden. 74

Es bleibt für alle Fälle unliebsamer Rechtsfolgen zu erwarten, welcher Auslegung sich die Rechtsprechung in streitigen Fällen anschließen wird und ob die Regelung des § 3 Mediationsgesetz in seiner Absolutheit in Anbetracht der grundgesetzlich geschützten und übermäßig eingeschränkten Freiheiten (s.o. Rn. 47ff.) Bestand haben wird.

178 Vgl. hierzu *Greger/Unberath* § 3 Rn. 33.

IV. Offenbarungspflicht über Ausbildung und Erfahrung auf dem Gebiet der Mediation (§ 3 Abs. 5 MediationsG)

75 § 3 Abs. 5 des MediationsG lautet: „Der Mediator ist verpflichtet, die Parteien auf deren Verlangen über seinen fachlichen Hintergrund, seine Ausbildung und seine Erfahrung auf dem Gebiet der Mediation zu informieren." Damit ist als letzter Absatz der Vorschrift zu den Offenbarungspflichten und Tätigkeitsbeschränkungen im Gesetz aufgeführt, was die Parteien (noch) vom Mediator erfahren können – wenn sie es wünschen.

76 Die gesetzliche Regelung erscheint entbehrlich – welche Auftraggeber und welche Parteien einer Mediation würden einem Mediator Vertrauen schenken, der sich weigert, seine Qualifikation darzulegen? Und welcher Mediator würde verweigern, seine Qualifikation zu offenbaren? Von daher kann man der Vorschrift einen Hinweischarakter zuschreiben.[179]

Die gleichwohl normierte Pflicht soll den Auftraggebern einer Mediation eine an der Qualifikation orientierte Auswahlentscheidung ermöglichen.[180] Denn die Qualitätssicherung für Mediation bleibt in Ermangelung einer gesetzlichen Mindestqualifikation für Mediatoren dem Markt überlassen, und der Markt kann eine Qualitätssicherung nur dann bieten, wenn die Qualifikation der Mediatoren für die Parteien transparent ist.[181]

77 Offenbarungen zum fachlichen Hintergrund und zur Ausbildung des Mediators beinhalten Informationen zum erlernten und zum ausgeübten Grundberuf und der hierin erworbenen Erfahrungen, ebenso Informationen über die Art und Dauer der Ausbildung zum Mediator und über Weiterbildungen und Erfahrungen auf dem Gebiet der Mediation.

78 Die Informationen zum fachlichen Hintergrund und Grundberuf sind für die Parteien wichtig, um einschätzen zu können, ob der Mediator über Feldkompetenz verfügt, also Fachkenntnis und Sachkunde zum Verständnis für den Sachverhalt des Konflikts mitbringt. So werden Parteien eines Baukonflikts daran interessiert sein, einen Mediator mit Grundberuf Bauingenieur, Architekt oder Handwerk zu finden.

79 In Bezug auf die Ausbildung zum Mediator und seine Erfahrung werden die Parteien wissen wollen, ob ein Mediator aufgrund seiner Ausbildung und Erfahrung ein Verständnis für das Konfliktumfeld mitbringt, beispielsweise für Konflikte in einem Unternehmen (Wirtschaftsmediator), Konflikte im familiären Umfeld (Familienmediator), Konflikte in einer Schule (Schulmediator) oder Ehekonflikte in einem Fami-

179 *Risse* SchiedsVZ 2012, 244, 249.
180 GE BMJ 8.12.2010 S. 26; Trenczek/Berning/Lenz/*Carl* S. 494.
181 GE BMJ 8.12.2010 S. 25 f.

lienunternehmen (Wirtschaftsmediator mit Erfahrung in der Familienmediation). In Bezug auf die Berufserfahrung lässt sich feststellen, dass Mediatoren im mittleren und fortgeschrittenen Alter durchaus als Mediatoren Berufsanfänger sein können. Auftraggeber und Parteien möchten üblicherweise wissen, wie erfahren und geübt ein Mediator ist, auch ob er regelmäßig oder lediglich gelegentlich Mediationen durchführt. Zum fachlichen Hintergrund eines Mediators gehört auch, ob er regelmäßig Weiterbildungen besucht und seine Arbeit durch Supervision begleiten lässt.

Der Mediator muss nicht von sich aus über seine Qualifikation und Erfahrung **80** informieren, die Offenbarungspflicht besteht nur, wenn die Parteien einen entsprechenden Wunsch zum Ausdruck bringen.

Die Informationspflicht obliegt allen Mediatoren unabhängig von ihrem Ur- **81** sprungsberuf und unabhängig von der durchzuführenden Mediation gleichermaßen.[182]

In welcher Form die Aufklärung über die Qualifikation erfolgt, dürfen die Medi- **82** atoren wählen.[183] Hierüber trifft das Gesetz keine Regelung. Der Mediator kann den Parteien zum Beispiel ein Informationsblatt geben, die eigenen Qualifikationen mündlich erläutern und unabhängig davon eine Darstellung auf seiner Internetseite anbieten.

182 GE BMJ 8.12.2010 S. 25.
183 GE BMJ 8.12.2010 S. 26.

E. Verschwiegenheitspflichten (§ 4 MediationsG)

I. Verschwiegenheitspflicht

1 § 4 MediationsG regelt die **Verschwiegenheitspflicht** des Mediators (E Rn. 7) und seiner Gehilfen (E Rn. 84), sowie die Ausnahmen der Verpflichtung zur Verschwiegenheit (E Rn. 98). Darüber hinaus wird dem Mediator nach dieser Vorschrift eine **Informationspflicht** (E Rn. 114) über seine Verschwiegenheitsplichten auferlegt.

2 Die Regelungen zur Verschwiegenheit in § 4 MediationsG vereinheitlichen die Verpflichtung zur Verschwiegenheit des Mediators und seine daraus resultierenden Rechte zur Zeugnisverweigerung für **alle Berufsgruppen**. § 4 MediationsG gilt lex specialis zu Regelungen des Ursprungsberufes (E Rn. 21). Die Regelungen zur Verschwiegenheit aus § 4 MediationsG verdrängen die gesetzlichen Vorschriften des Ursprungsberufs aber nur insoweit, als ein Widerspruch zu ihnen besteht.[1] Die für einige Berufsgruppen zu findenden ethischen verbandsrechtlichen Verschwiegenheitspflichten (etwa für Dipl. Pädagogen E Rn. 48, Soz. Pädagogen, E Rn. 51) haben keine gesetzliche Wirkung und werden allesamt von § 4 MediationsG umfasst.

3 Die Vertraulichkeit ist eines der zentralen Elemente des Mediationsverfahrens.[2] Die Parteien müssen offen über die Streitthemen reden können, ohne befürchten zu müssen, dass vom Mediator oder seiner Gehilfen Inhalte nach außen gegeben werden. Dennoch ist die Pflicht zur Verschwiegenheit in § 4 MediationsG nicht vollumfänglich geregelt. Die Gewährleistung der Vertraulichkeit der Parteien untereinander bleibt ihrer Disposition überlassen (E Rn. 91). Auch besteht für die Parteien die Möglichkeit den Mediator von seiner Schweigepflicht zu entbinden (C Rn. 73), soweit hier keine anderen Regelungen getroffen wurden.

4 Die in § 4 MediationsG normierte Verschwiegenheitspflicht gewährt dem Mediator ein entsprechendes **Zeugnisverweigerungsrecht,** das unabhängig vom Grundberuf des Mediators besteht (E Rn. 7). Damit sind nunmehr auch Berufsgruppen außerhalb der Notar- und Anwaltschaft zur Zeugnisverweigerung gemäß § 383 Abs. 1 Nr. 6 ZPO berechtigt (nicht aber nach § 53 StPO). Zwar bestehen auch für zahlreiche Berufsgruppen außerhalb des Mediationsgesetzes gesetzliche Verschwiegenheitspflichten, allerdings gelten die nur für die jeweilige Tätigkeit des Ursprungsberufes. Soweit dieser die Tätigkeit als Mediator nicht umfasst, haben die gesetzlichen Regelungen keine Wirkung (E Rn. 11).

5 Der Zeugnisverweigerungsberechtigte kann nach § 385 Abs. 2 ZPO zur Aussage verpflichtet werden, wenn der Berechtigte von der **Schweigepflicht entbunden** wird.

---

1 BT-Drs. 17/5335, S. 14.

2 Sieh auch Haft/von Schlieffen/*Hartmann* § 44 Rn. 1 ff.

Insoweit ist auch nach Geltung des Mediationsgesetzes ohne eine **vertragliche Vertaulichkeitsabrede** (E Rn. 91) keine endgültige Sicherheit zur Vertraulichkeit gegeben. Daher wurde von zahlreichen Stimmen ein **Beweisverwertungsverbot** gefordert, das sich aber nicht durchgesetzt hat.[3] 6

1. Verschwiegenheitspflicht des Mediators

Die Verschwiegenheitsverpflichtung gilt für Mediatoren im Sinne des § 1 MediationsG, also für Vermittler, die zur Durchführung eines Mediationsverfahrens beauftragt wurden. Die Vorschrift kann nicht auf Personen ausgeweitet werden, die andere Formen der Vermittlungstätigkeit übernehmen. 7

Die Verschwiegenheitspflicht des Mediators gilt gegenüber Jedermann.[4] Daher darf der Mediator weder den jeweiligen Rechtsanwälten der Parteien noch dem de jure Auftraggeber (B Rn. 12) der Mediation Auskünfte erteilen. 8

Der **Umfang** der Verschwiegenheitspflicht des Mediators erstreckt sich nicht nur für das Mediationsverfahren selbst, sondern auch auf Inhalte in **Anbahnung** einer Mediation und auf den Zeitraum nach **Beendigung** des Mediationsverfahrens. Die Verschwiegenheitspflicht ist nicht begrenzt und gilt auch **post mortem** fort.[5] Mit dem Tod der Partei entfällt damit auch nicht das Zeugnisverweigerungsrecht; Auch die Erben können keine Entbindung von der Schweigepflicht erteilen.[6] Ferner kann auch das Berufsende des Mediators die Verschwiegenheitspflicht nicht beenden. 9

Der Inhalt Schweigepflicht bezieht sich auf den gesamten Ablauf und Inhalt der Mediation. Sämtliche Informationen, egal ob durch gesprochenes Wort, schriftliche Fixierung von Inhalten (z.B. Protokolle), überreichte Unterlagen oder bildliche Inhalte (auf Flipchart, Moderationskarten, Digitalfotos etc.), die der Mediator von den Parteien erlangt oder mit ihnen im Laufe des Verfahrens gemeinsam abfasst, sind vertraulich zu behandeln. Auch mittelbar erlangte Informationen, etwa an den Mediator überreichte Unterlagen von durch die Partei beauftragte Dritte (zum Beispiel Ehefrau, Mitarbeiter, sonstige Bevollmächtigte) sind vertraulich zu behandeln. Ebenfalls vertraulich zu behandeln ist der Ablauf des Verfahrens, also Ort, Zeit, Dauer und der **Verfahrensablauf** selbst usw. 10

---

3 *Horstmeier* JR 2012, 1–9.

4 Auch: *Fritz/Pielsticker* § 4 Rn. 6.

5 Auch Zöller/*Greger* § 383 Rn. 5; *Greger/Unberath* § 4 Rn. 25.

6 Für Rechtsanwälte RGZ 71, 22; OLG Celle NJW 1965, 362; LG Koblenz AnwBl 1983, 328, 329.

Checkliste: Reichweite der Verschwiegenheit

11 Die Verschwiegenheitspflicht des Mediators umfasst:
- Vertragsanbahnungen (bereits die Anfrage nach einer Mediation)
- Ort, Zeit und Dauer der Verhandlungen,
- teilnehmende Personen,
- einbezogene Dritte,
- Ablauf des Verfahrens,
- gesprochener Inhalt (wie mündliche Auskünfte, Mitteilungen, Erklärungen jeder Art),
- schriftlicher Inhalt (wie überreichte Unterlagen),
- vom Mediator erteilte Belehrungen,
- Protokolle und andere Aufzeichnungen über das Verfahren,
- auch Aufzeichnungen von Inhalten auf Flipchartpapier, Moderationskarten o.ä. oder deren fotodigitalisierte Inhalte.

Zeitlicher Umfang
- **Vor der Mediation**
  Vertragsanbahnungsgespräche
- **Während der Mediation**
  Inhalt der Mediationsgespräche und Verhandlungsverlauf
- **Nach der Mediation**
  Zeugnisverweigerungsrecht über die in der Mediation anvertrauten Inhalte und den Verhandlungsverlauf
- Grundsätzlich auch über den **Tod des Vertrauensgebers** hinaus.

12 Insbesondere auch bei Scheitern der Mediation müssen die Parteien Sicherheit haben, dass vertrauliche Informationen aus dem Mediationsverfahren nicht gegen sie in einem **Schieds- oder Gerichtsverfahren** verwendet werden können. Nur so können sie sich im Mediationsverfahren frei äußern. Die Nachverpflichtung zur Verschwiegenheit soll gewährleisten, dass der Mediator in einem nach einer gescheiterten Mediation nachfolgenden Prozess nicht als Zeuge benannt wird, zu Ablauf und Inhalten die das Mediationsverfahren betreffen.

13 Daher ist der Mediator mit einem **Zeugnisverweigerungsrecht** ausgestattet. Das Zeugnisverweigerungsrecht aus § 383 I Nr. 6 ZPO endet aber dann, wenn die Parteien den Mediator von seiner Schweigepflicht entbinden.[7] Die Möglichkeit zur **Entbindung von der Schweigepflicht**[8] durch die Parteien konterkariert die Idee des Mediationsverfahrens, dass vertrauliche Themen nur offengelegt werden, wenn die Verschwiegenheit aller Beteiligten garantiert ist. Dem können die Parteien mit einer entsprechenden vertraglichen Abrede vorbeugen (B Rn. 240), mit der sie sich verpflichten, den Mediator in einem eventuellen nachfolgenden Gerichtsverfahren

7 BT-Drs. 60/11, S. 22.
8 BT-Drs. 17/5335, S. 17.

nicht als Zeugen zu benennen und ihn wenn überhaupt nicht einzeln, sondern nur einvernehmlich von der Schweigepflicht entbinden.[9]

Ob eine Schweigepflichtsentbindung ohne ausdrückliche vertragliche Regelung nur im **allseitigen Einverständnis** durch alle Parteien gemeinsam erklärt werden kann, bleibt fraglich. Zwar sieht dies die Gesetzesbegründung so vor.[10] Es ist aber ratsam, die nur einseitige Entbindung von der Schweigepflicht durch eine Partei zusätzlich vertraglich auszuschließen, denn zwingend ist diese Auslegung nicht. Ebenfalls festgehalten werden sollte, dass der Mediator von den Medianten nicht als Zeuge in einem Gerichtsverfahren benannt wird. 14

Von der Verschwiegenheitspflicht kann nur derjenige entbinden, zu dessen Gunsten diese Pflicht gesetzlich begründet wurde, daher kann beispielsweise der Erbe nicht eine Schweigepflichtsentbindung für den **Verstorbenen** abgeben.[11] 15

Soweit von der Verschwiegenheitspflicht mehrere geschützt sind, etwa Organe einer **juristischen Person**[12] als Auftraggeber (wie Gesellschaft mit beschränkter Haftung, Aktiengesellschaft), muss jeder von ihnen die Entbindungserklärung abgeben. 16

Eine Entbindung von der Schweigepflicht kommt oftmals zu **bestimmten Zwecken** in Betracht, etwa zur Dokumentation für die Anerkennung bei Berufsverbänden (wobei dies auch in anonymisierter Form möglich ist).[13] Ebenfalls kann es möglich sein, dass die Parteien eine Schweigepflichtsentbindung wünschen, um etwa einen Pressebericht über die Mediation möglich zu machen. Die Entbindung von der Schweigepflicht kann wiederum von den Parteien widerrufen werden. Die Entbindung von der Schweigepflicht bedarf keiner bestimmten **Form**. Sie kann auch aus schlüssigem Verhalten erwachsen.[14] 17

Sollte der Mediator bezüglich des im Mediationsverfahren verhandelten Konfliktthemas als **Zeuge oder Sachverständiger** vor Gericht geladen werden, so hat er die Parteien darüber unverzüglich zu informieren.[15] 18

Soweit **strafrechtliche Verstöße** in Rede stehen, so hat im Strafverfahren nur der Rechtsanwalt und Notar nach § 53 Nr. 3 StPO über die Inhalt der Mediation ein Zeugnisverweigerungsrecht, nicht aber andere Berufsgruppen, da das Mediationsgesetz diesbezüglich keine Regelungen vorgibt. Insofern unterliegen außerhalb der Geltung des Mediationsgesetzes nur Rechtsanwälte und Notare bei der Mediationstätigkeit vollumfänglich dem strengeren eigenen Berufsrecht (§ 18 BORA § 24 I 19

---

9 *Walz* MittBayNot 2001, 53–55.
10 BT-Drs. 17/5335, S. 17.
11 OLG München, Beschluss vom 19.9.2011 – 1 W 1320/11 – (juris); Zöller/*Greger* § 383 Rn. 5.
12 OLG Nürnberg, Beschluss vom 18.6.2009 – 1 Ws 289/09 – (juris).
13 *Greger/Unberath* § 4 Rn. 30.
14 LG Bochum, Urteil vom 26.6.2012 – I-11 S 150/11, 11 S 150/11 – (juris).
15 So auch Haft/von Schlieffen/*Hartmann* § 44 Rn. 26.

BNotO). Bei anderen Berufsgruppen – und zwar selbst wenn sie ein in § 53 StPO normiertes Zeugnisverweigerungsrecht für ihren Hauptberuf inne haben – kann der Mediator daher als Zeuge in einem Strafverfahren herangezogen werden (E Rn. 79). Denn bei den Berufsgruppen außerhalb der Anwaltschaft bzw. Berufsgruppe der Notare gehört die Mediation nicht zur Tätigkeit des Ursprungsberufes, weshalb das Zeugnisverweigerungsrecht hier nicht greift. Der Mediator muss die Parteien darauf hinweisen.

20 Der Mediator hat die Parteien über seine Verschwiegenheitspflicht zu informieren (§ 4 I S. 4 MediationsG). Wie diese **Information** zu erfolgen hat, ist nicht gesetzlich geregelt. Eine bestimmte Form ist daher nicht erforderlich, aber empfehlenswert. Die Information hat zum einen den Umfang und Reichweite der Verschwiegenheit zu umfassen, aber auch die Ausnahmen von der Verschwiegenheit und die Möglichkeit der Entbindung von der Schweigepflicht (B Rn. 240).

a) § 4 S. 2 MediationsG lex specials

21 Die Verschwiegenheitspflicht aus § 4 S. 2 MediationsG regelt das Verhältnis zwischen Mediator und Parteien. Sie gilt lex specialis zu anderen Vorschriften über Verschwiegenheitspflichten.[16] Die Regelungen zur Verschwiegenheit aus § 4 MediationsG verdrängen die Vorschriften der Ursprungsberufe nur insoweit, als ein Widerspruch zu ihnen besteht.[17] Alle Mediatoren – unabhängig von ihrem Quellberuf – haben damit Zeugnisverweigerungsrecht nach § 383 I Nr. 6 ZPO. In der Vergangenheit hatte dies insbesondere bei Co-Mediationen zwischen anwaltlichen Mediatoren, denen nach § 43 a Abs. 2 BRAO ein Zeugnisverweigerungsrecht zusteht, und nichtanwaltlichen Mediatoren ohne ein solches Zeugnisverweigerungsrecht zu Problemen geführt.

22 Die Pflicht zur Geheimhaltung bezieht sich auf alles, was den Mediatoren **„in Ausübung ihrer Tätigkeit** bekannt geworden ist“. Die Verschwiegenheitspflicht geht über den in § 203 I StGB Geheimnisschutz hinaus. Zum geschützten **Personenkreis** gehören nicht nur die Parteien, sondern – soweit vorhanden – auch der de jure Auftraggeber.

Die Verschwiegenheitspflicht bezieht sich nicht abschließend
(siehe auch Checkliste E Rn. 116):

- auf Erkenntnisse, die in Anbahnung auf das Mediationsverfahren erlangt wurden,
- auf die Person der Parteien und Auftraggeber, soweit diese auseinanderfallen, auch darauf, dass ein Mediationsverfahren angefragt wurde und/oder stattgefunden hat,

---

16 BR-Drs. 60/11, S. 46.

17 BT-Drs. 17/5335, S. 14.

- darauf, welchen Verlauf das Verfahren genommen hat und
- welche Erklärungen abgegeben wurden,
- ob und worauf sich die Parteien geeinigt haben und
- welche Interessen, Bedürfnisse und Absichten die Parteien hatten.

Der Mediator darf außerhalb der **Ausnahmen** des § 4 S. 3 Nr. 1–3 MediationsG sowie zur Durchsetzung **vorrangiger eigener Interessen** ohne Schweigepflichtsentbindung niemanden gegenüber etwas preisgeben.[18] 23

Solche schutzwürdigen Interessen können beispielsweise in der Durchsetzung von **Honoraransprüchen** bestehen.[19] Eine Durchbrechung der Verschwiegenheit ist aber nur gerechtfertigt, soweit es für die Durchsetzung der Ansprüche **erforderlich.**[20] Auch zur Verteidigung gegen **strafrechtliche** oder **berufsrechtliche Vorwürfe** stehen die Interessen des Mediators gegenüber der Verschwiegenheitspflicht im Vordergrund. Der Mediator darf auch keine Auskünfte an Polizei, Behörden oder Gerichte erteilen, soweit dies nicht im eigenen Interesse erforderlich ist.[21] Auch wenn der Mediator beispielsweise Kopien von Dokumenten der Parteien in einem Copy-shop anfertigen lässt[22] oder Dokumente offen herumliegen lässt, liegt eine Verletzung der Verschwiegenheitspflicht vor. Auch die versehentliche Übersendung von Informationen und Dokumenten etwa per Mail oder Post an unberechtigte Personen stellt eine Schweigepflichtsverletzung dar.[23] 24

Der Mediator darf auch nicht zu **Fortbildungs- oder Supervisionszwecken** ohne Entbindung von der Schweigepflicht Inhalte aus dem Mediationsverfahren preisgeben, solange dies nicht mit den Parteien vereinbart wurde.

Die Verschwiegenheitspflicht greift auch gegenüber weiteren in einer **Bürogemeinschaft** verbundenen Mediatoren. Allein die Tatsache, dass der Büropartner ebenfalls gesetzlichen Verschwiegenheitspflichten unterliegt erlaubt kein Offenbaren von geheimen Tatsachen. 25

Auch ein **Berufsende des Mediators** entbindet ihn nicht von der Verpflichtung. Der Mediator kann sich auch nicht darauf berufen, dass der **Erklärungsemp-** 26

---

18 Siehe etwa unbefugte Weitergabe eines ärztlichen Gutachtens an die Ehefrau des Begutachteten: OLG München MedR 2010, 645–649.

19 Siehe auch *Greger/Unberath* § 4 Rn. 20 f.

20 Zur fehlenden Erforderlichkeit bei einer Strafanzeige eines Steuerberaters gegen seinen Mandanten: LG Köln DStR 2011, 288.

21 Zur fehlenden Erforderlichkeit bei einer Strafanzeige eines Steuerberaters gegen seinen Mandanten: LG Köln DStR 2011, 288.

22 Verletzung des Persönlichkeitsrechts eines Patienten: Anfertigung von Kopien der Krankenunterlagen auf Veranlassung des Arztes in einem Copyshop, LG Augsburg GesR 2012, 50–51.

23 Verletzung der ärztlichen Schweigepflicht durch Übersendung eines Entlassungsberichts nach teilstationärer Behandlung an den einweisenden Betriebsarzt, OLG Düsseldorf GesR 2008, 587–591.

fänger[24] (etwa Supervisor, anderer Mediator, Rechtsanwalt) ebenfalls zur Verschwiegenheit verpflichtet ist.

Erst Recht darf der Mediator in der Mediation erlangte Informationen nicht zu **Werbezwecken**, etwa in seinem Profil unter **Referenzen**, offenlegen.

Auch zu **Schulungszwecken** darf er allenfalls anonymisierte, verallgemeinerte und entfremdete Darstellungen verwenden.[25]

27 Die **Verletzung der Verschwiegenheitspflicht** kann insbesondere **zivilrechtliche** Konsequenzen nach sich ziehen. Der Mediator haftet nach § 280 I BGB auf Schadensersatz, soweit er **schuldhaft** (vorsätzlich oder fahrlässig, § 276 I BGB) die Verschwiegenheit gebrochen hat und ein **Schaden** entstanden ist. Vorsätzliches Handeln setzt Wissen und Wollen des rechtswidrigen Handels voraus, etwa wenn der Mediator Informationen an einen Dritten überlässt. Ein Fahrlässiges Verhalten durch Außerachtlassen der im Verkehr erforderlichen Sorgfalt kann darin bestehen, dass der Mediator versehentlich Unterlagen öffentlich zugänglich herumliegen lässt, so dass sie für Nichtberechtigte einsehbar sind.[26] Nach § 280 I S. 2 BGB vermutet das Gesetz ein Verschulden, wenn eine Pflichtverletzung vorliegt, so dass der Mediator die Beweislast trägt, dass er nicht schuldhaft gehandelt hat. Ferner muss ein Ursachenzusammenhang zwischen Pflichtverletzung und Schaden bestehen. Soweit von der Schutzwirkung umfasste Dritte (Ehepartner, Geschäftspartner, Kollegen) durch die Verletzung der Verschwiegenheitspflicht Schaden leiden, habe auch diese einen Schadensersatzanspruch gegen den Mediator. Ein Mediationsvertrag ist ein Vertrag mit **Schutzwirkung zugunsten Dritter**, da Leistungsnähe zu dem Dritten besteht, die Einbeziehung der Dritten in den Verschwiegenheitsschutz von der Partei gewollt ist (Gläubigernähe) und dies für den Schuldner (Mediator) erkennbar ist. Der Dritte ist im Übrigen auch schutzbedürftig.

28 Der **Umfang des Schadens** kann wie bei allen Schadensersatzansprüchen je nach Einzelfall sehr unterschiedlich ausfallen und muss konkret nachweisbar sein. Zum einen kann ein **Unterlassungsanspruch** bestehen, wenn weitere Verletzungen zu befürchten sind. Darüber hinaus kann durch Preisgabe vertraulicher Informationen eine **Kreditschädigung** vorliegen, weil etwa durch die erlangten Informationen der Arbeitgeber eine Kündigung ausspricht oder eine Klage gegen die Partei eingeleitet wird.

29 Eine Verletzung der Verschwiegenheitspflicht ist nicht für alle Mediatoren **strafrechtlich** sanktioniert, sondern nur auf die in § 203 I StGB genannten Berufsgruppen bezogen. Eine Strafbarkeit nach § 203 StGB wegen Verletzung von Privatgeheimnissen setzt weiter voraus, dass unbefugt ein fremdes Geheimnis offenbart wurde, welches der in der Vorschrift genannten Person in ihrer Betätigungen (als

---

24 Für Rechtsanwälte: BGHZ 116, 268 (272), BayObLG MDR 1995, 515.

25 So auch Haft/von Schlieffen/*Hartmann* § 44 Rn. 26.

26 Siehe *Greger*/*Unberath* § 4 Rn. 34 f.

Anwalt, Arzt, Psychologe) anvertraut wurde. Wird die Tätigkeit als Mediator nicht zu der Berufsbild gerechnet, so entfällt auch die Strafbarkeit. Bisher werden nur die mediatorischen Tätigkeit von Anwälten und Notaren ausdrücklich im Gesetz zum Grundberuf gerechnet (B Rn. 217, E Rn. 32). Für Berufspsychologen gilt auch die die Vertraulichkeit sichernde Verschwiegenheitspflicht des § 203 I Nr. 2 StGB (E Rn. 45).

Ein Verstoß gegen die Pflicht zur Verschwiegenheit stellt darüber hinaus eine **Verletzung der Neutralitätspflicht** (C Rn. 29 ff.) des Mediators dar. 30

b) Gesetzliche Bestimmungen zur Verschwiegenheit für Grundberufe

Zahlreiche unterschiedliche Berufsgruppen sind als Mediatoren tätig. Vor Geltung des Mediationsgesetzes führte dies zu einem rechtlichen Flickenteppich in Bezug auf die Rechte und Pflichten der Mediatoren im Kontext mit ihrem jeweiligen Ursprungsberuf. Die Problematik zeigte sich besonders deutlich bei interdisziplinärer Co-Mediation. 31

Insbesondere unterschiedlich geregelt waren die Verschwiegenheitspflichten der Mediatoren. In § 4 MediationsG sind nunmehr einheitliche Regelungen für alle Mediatoren gefunden worden. Auch das Verbot der Tätigkeit bei Interessenkollision (§ 3 II–V MediationsG) wurde vereinheitlicht (D Rn. 28).

Das Mediationsgesetz selbst ist zwar keine Berufsordnung, es hat aber Auswirkungen auf das Verhältnis zu dem Berufsrecht des jeweiligen Grundberufs.[27] Die Regelungen im Mediationsgesetz verdrängen die für die Grundberufe geltenden berufsrechtlichen Regelungen nur, soweit zwischen beiden ein Widerspruch auftritt.[28] Das Mediationsgesetz gilt insoweit **lex specialis.**[29] Berufsrechtliche Regelungen aus dem Grundberuf bleiben neben dem Mediationsgesetz anwendbar, soweit sie sich auch auf die mediatorische Tätigkeit erstrecken. Ob und inwieweit das der Fall ist, ist nach dem jeweiligen Berufsrecht zu beurteilen.

aa) Rechtsanwälte und Notare

Wird der Rechtsanwalt als Mediator tätig, so unterliegt er gemäß §§ 1 II, 18 BORA den Regeln des anwaltlichen Berufsrechts. Damit sind sämtliche berufsrechtlichen Vorschriften für Rechtsanwälte für den Anwaltsmediator zu beachten. Gemäß § 1 BRAO ist der Rechtsanwalt ein unabhängiges Organ der Rechtspflege. Die durch den Grundsatz der freien Advokatur gekennzeichnete anwaltliche Berufsausübung unterliegt der freien und unreglementierten Selbstbestimmung des Rechtsanwalts.[30] 32

27 BT-Drs. 17/5335 S. 14.
28 BT-Drs. 17/5335 S. 14.
29 BT-Drs. 17/5335 S. 14.
30 BVerfGE 63, 266.

Insbesondere betrifft dies in Bezug auf die Mediation die Grundpflichten aus § 43a BRAO. Nach § 43a II BRAO ist der Rechtsanwalt zur **Verschwiegenheit** verpflichtet. Diese Pflicht ist neben der Unabhängigkeit und dem Verbot, widerstreitenden Interessen (B Rn. 50) zu vertreten die wichtigste Grundpflicht des Rechtsanwalts. Sie hat für das anwaltliche Berufsbild konstitutive Bedeutung.[31] In 2.3. I S. 3 CCBE[32] wird das Berufsgeheimnis explizit als Grundrecht des Anwalts anerkannt. Diese Verpflichtung gilt auch für den Anwaltsmediator.[33] Demnach hat der Anwaltsmediator die Pflicht zur Geheimhaltung aller im Zusammenhang mit der Mediation erlangten Erkenntnisse und Informationen. Der Rechtsanwalt kann nur von seinem Mandanten als „Herr des Geheimnisses"[34] von der Verschwiegenheitsverpflichtung entbunden werden. In Bezug auf die Mediation bedeutet dies, dass die Parteien ihn gemeinsam von der Schweigepflicht entbinden müssen. Ohne Zustimmung ist ein Rechtsanwalt nur unter den Voraussetzungen des § 2 Abs. 3 BORA berechtigt, das ihm Anvertraute zu offenbaren. Danach gilt die Pflicht zur Verschwiegenheit nicht soweit:

- die Berufsordnung oder andere Rechtsvorschriften Ausnahmen zulassen (etwa § 4 Nr. 1–3 MediationsG, das lex specialis gilt E Rn. 21) oder
- die Durchsetzung oder Abwehr von Ansprüchen aus dem Mandatsverhältnis es erfordern oder
- die Verteidigung des Rechtsanwalts in eigener Sache es erfordert.

33 Die Berufsordnung ergänzt in § 2 BORA, dass der Rechtsanwalt zur Verschwiegenheit berechtigt und verpflichtet ist. Daraus resultiert ein Zeugnisverweigerungsrecht (§ 53 I Nr. 3 StPO, § 383 I Nr. 6 ZPO) sowie sein Schweigerecht gegenüber der **Rechtsanwaltskammer** (§ 56 I BRAO). Grenzen des Zeugnisverweigerungsrechtes ergeben sich bei geplanten schwerwiegenden Straftaten, die nach § 138 StGB eine Anzeigepflicht vorsehen.

Der berufsrechtliche Schutzbereich ist weitergefasst als der strafrechtliche Schutz des § 203 Abs. 1 Nr. 3 StGB, da er alles umfasst, was dem Rechtsanwalt in Ausübung seines Berufes bekannt wird. Der strafrechtliche Schutzbereich des § 203 Abs. 1 Nr. 3 StGB bezieht sich dagegen nur auf den Schutz von „fremden Geheimnissen".

34 Informationen und Erkenntnisse der **Gegenpartei**, die ein in die Mediation **einbezogener Rechtsanwalt als Parteivertreter** erlangt hat, braucht er allerdings nicht geheim zu halten.[35] Denn eine Berufspflicht kann nach einhelliger Meinung nur aus dem Gesetz oder aus der Berufsordnung folgen, nicht jedoch aus einer Par-

31 Henssler/Prütting *Eylmann* § 43a Rn. 33.
32 Berufsregeln der Rechtsanwälte der Europäischen Gemeinschaft.
33 Vgl. *Hartung/Römermann* § 2 BORA Rn. 17.
34 *Feuerich/Weyland* § 43a Rn. 24.
35 Vgl. Anwaltsgericht Rostock AnwBl 2007, 716–717.

teivereinbarung.[36] Und eine gesetzlich normierte Berufspflicht, aufgrund derer die Offenbarung eines Geheimnisses des Gegners verboten ist, gibt es nicht. Die Ausweitung der Geheimhaltungspflicht auf ein Drittgeheimnis würde – so das Anwaltsgericht Rostock – dazu führen, dass dem Rechtsanwalt die Wahrnehmung seiner vornehmlichen Aufgabe, nämlich die Vertretung der Interessen seines Mandanten, verwehrt werde.[37] Diese Wertung betrifft aber nur die Berufspflicht des Anwaltes. Bei einer vertraglich vereinbarten Vertraulichkeitsvereinbarung greifen gegen den Anwalt Schadensersatzansprüche aus § 280 BGB bei Verstoß gegen die Abrede.[38]

In einem **berufsrechtlichen Verfahren** ist der Rechtsanwalt zwar gemäß § 56 I 35
Satz 1 BRAO verpflichtet, dem Vorstand der Rechtsanwaltskammer Auskunft zu geben und auf Verlangen seine **Handakten** (§ 50 BRAO) vorzulegen. Allerdings ist der Anwalt auf sein Recht zur Auskunftsverweigerung hinzuweisen, wenn er durch seine Auskunft die Verschwiegenheitsverpflichtung gegen über dem Mandanten verletzen würde.[39] § 56 I S. 2 BRAO verpflichtet den Rechtsanwalt, dass er im Rahmen der Auskunftserteilung nur das „Erforderliche“ offenbart.[40] Die Verschwiegenheitsverpflichtung ist – soweit keine Schweigepflichtsentbindung vorliegt – daher verletzt, wenn der Rechtsanwaltskammer Umstände aus dem Mandantenverhältnis mitgeteilt werden, die diese nicht angefragt und die im Rahmen der erforderlichen Auskunft nicht notwendig sind.

Über die Tätigkeit der anwaltlichen Mediatoren führen die Rechtsanwaltskam- 36
mern Aufsicht, weshalb Anwaltsmediatoren bei Verstößen jedenfalls einer strengeren Überwachung unterliegen als nichtanwaltliche Mediatoren. Die Tätigkeit des anwaltlichen Mediators ist einem Erlaubnisvorbehalt unterstellt. Ein Anwaltsmediator braucht daher eine Zulassung zur Rechtsanwaltschaft, die ihm versagt[41] oder nach Erteilung bei schwerwiegenden berufsrechtlichen Verstößen auch wieder entzogen werden kann.

Auch der **Notar als Mediator** unterliegt berufsrechtlichen Sondervorschriften 37
zur Verschwiegenheit aus der Bundesnotarordnung (§ 18 I BnotO). Zum Amt des Notars gehört nach § 24 I S. 1 BNotO auch die Betreuung und Beratung der Mandanten auf dem Gebiete „vorsorgender Rechtspflege“. Damit verbunden ist die „Bereinigung von Streitigkeiten“, worunter auch die Tätigkeit als Mediator zu subsumieren ist. Das Beurkundungsgesetz ist für den Notarmediator nur insoweit einschlägig, als die Abschlussvereinbarung notariell beurkundet wird. Notarielle Beratungs- und Belehrungspflichten nach § 17 I, II BeurkG beziehen sich dann auf den

---

36 Anwaltsgericht Rostock AnwBl 2007, 716–717; *Hartung* Einf. Rn. 16–26 m.w.N.
37 Anwaltsgericht Rostock AnwBl 2007, 716–717.
38 So auch *Greger/Unberath* § 4 Rn. 71.
39 **A.A.** *Feuerich/Weyland* § 56 BRAO Rn. 24.
40 Hartung/Römermann/*Scharmer* § 56 BRAO, Rn. 38.
41 Vgl. etwa BVerfGE 63, 266–312.

Beurkundungsvorgang.[42] Hinsichtlich der Zeugnisverweigerungsrechte gelten für Notare die unter E Rn. 32 für Rechtsanwälte genannten Regelungen.

bb) Richter

38 Nach Einführung des Güterichterverfahrens entfällt die streitige Frage, inwieweit der Richter als Mediator überhaupt den Regelungen des Deutschen Richtergesetzes dient. Nach § 1 DRiG übt der Richter die „rechtsprechende Gewalt" aus. Er stellt verbindlich Recht fest, in dem er Recht spricht. Insofern war streitig, ob der Richter bei Durchführung eines gerichtsinternen Mediationsverfahrens der Rechtssprechung dienende Aufgaben wahrnimmt und er mithin überhaupt als Richtermediator tätig werden darf.[43] Seit Geltung des Mediationsgesetzes ist die gerichtsnahe bzw. gerichtsinterne abgeschafft[44] und durch ein Güterichterverfahren ersetzt worden. Der Güterichter ist kein Mediator im Sinne des § 1 II MediationsG. Zum Güterichterverfahren siehe B Rn. 151.

39 Soweit ein Richter in Nebentätigkeit **außergerichtlich Mediation** anbietet, unterliegt er keinen gesonderten gesetzlichen Vorschriften zur Verschwiegenheit, da er außerhalb der Gerichtsbarkeit nicht in ihrer Funktion als Richter tätig wird.

Die Tätigkeit als Mediator steht nach dienstrechtlichen Vorschriften (§§ 46 DRiG, 97 ff. BBG) unter Erlaubnisvorbehalt. Die Genehmigung ist unter den Voraussetzungen des § 99 II BBG zu versagen, insbesondere wenn durch die Tätigkeit als Mediator die dienstlichen Pflichten des Richters leiden, etwa weil die Mediatorentätigkeit den Richter nach Art und Umfang zu sehr in Anspruch nimmt (§ 99 II Nr. 1 BBG), in einen Widerstreit mit den dienstlichen Pflichten bringen kann (§ 99 II Nr. 2 BBG) oder in seiner Unparteilichkeit oder Unbefangenheit beeinflussen kann (§ 99 II Nr. 4 BBG).

Die außergerichtliche Mediatorentätigkeit eines Richters steht zwar unter Genehmigungsvorbehalt, um den Aufgabenbereich des Richters und damit die Unabhängigkeit der Justiz bzw. der Rechtssprechung zu schützen. Für die Aufgabe als Mediator, der im Quellberuf Richter ist, finden aber keine gesetzlichen Grundlagen seines Richterberufes bei der Ausübung der Mediatorentätigkeit Anwendung, für die Verschwiegenheit gilt daher allein § 4 MediationsG.

---

42 Vgl. *Wagner* Beratung und Mediation als Beitrag des Notariats zur Streitverhütung, XXIII. Internationaler Kongress des lateinischen Notariats Bericht der deutschen Delegation, S. 15.

43 Zum Streitstand: Haft/von Schlieffen/*Hartmann* § 44 Rn. 17.

44 Die Übergangsvorschriften des § 9 MediationsG für Mediation an den Gerichten sind nach dieser Vorschrift mit Ablauf des 1.8.2013 erloschen.

cc) Steuerberater, vereidigte Buch- und Wirtschaftsprüfer

Grundlage der Tätigkeit als Steuerberater ist die steuerliche Beratung. Daneben kann der Steuerberater andere Berufe ausüben, soweit sie mit seiner Steuerberatertätigkeit vereinbar sind. Die Mediation ist nach § 57 II Nr. 3 StBerG i.V.m. § 15 S. 1 Nr. 2 BOStB eine mit dem Beruf eines Steuerberaters vereinbare Tätigkeit. 40

Nach § 9 der Berufsordnung der Steuerberater sind Steuerberater zur Verschwiegenheit verpflichtet. Die Pflicht zur Verschwiegenheit erstreckt sich auf alles, was den Steuerberatern in Ausübung seines Berufs oder bei Gelegenheit der Berufstätigkeit anvertraut worden oder bekannt geworden ist. Steuerberater dürfen Geschäfts- und Betriebsgeheimnisse nicht unbefugt verwerten und haben auch ihre Mitarbeiter, die nicht selbst Steuerberater sind, zur Verschwiegenheit zu verpflichten und sie über die einschlägigen Vorschriften zu informieren. Die Pflicht zur Verschwiegenheit besteht auch über die Beendigung des Auftragsverhältnisses hinaus fort. Steuerberater können nach § 53 I Nr. 3 StPO über das, was ihnen in ihrer beruflichen Eigenschaft anvertraut oder bekannt geworden ist, die Auskunft in Strafverfahren verweigern. Für Wirtschaftsprüfer sowie vereidigte Buchprüfer gelten entsprechende Regeln, die sich aus §§ 9 und 10 der Berufssatzung für Wirtschaftsprüfer ergeben. 41

Ist ein **Steuerberater als Mediator** tätig, so ist diese Tätigkeit zwar mit dem Beruf des Steuerberaters vereinbar (§§ 57 II Nr. 3 StBerG, 15 S. 1 Nr. 2 BOStB), sie gehört aber nicht zum typischen Berufsbild des Steuerberaters.[45] Gleiches gilt für Buch- und Wirtschaftsprüfer. Eine Verschwiegenheitspflicht lässt sich daher nicht aus § 9 BOStB für den Mediator als Steuerberater herleiten. Mit Geltung des Mediationsgesetzes findet für Steuerberater und Wirtschaftsprüfer als tätige Mediatoren daher nur § 4 MediationsG Anwendung. 42

dd) Ärzte

Auch Ärzte vermitteln in Konflikten als Mediatoren, wie beispielsweise in Krankenhäusern, bei Konflikten zwischen Arzt und Patienten oder auch bei Mitarbeiterkonflikten. 43

Die ärztliche Schweigepflicht bezieht sich auf Informationen, die der Arzt in seiner Tätigkeit als Arzt mitgeteilt bekommt. Die Schweigepflicht ist in den jeweiligen Berufsordnungen der Landesärztekammern geregelt. Auch unterliegt der Arzt dem Normbereich des § 203 Nr. 1 StGB.

Die Mediation ist allerdings nicht der ärztlichen Tätigkeit zurechenbar, so dass § 203 I Nr. 1 StGB keine Anwendung findet. Denn beim strafbewehrten Geheimnis-

45 Auch: Haft/von Schlieffen/*Hartmann* § 44 Rn. 16; **a.A.** *Greger/Unberath* § 1 Rn. 107.

verrat ist auf das übliche Berufsbild in der konkreten Ausgestaltung und auf die Tätigkeit im Einzelfall abzustellen.[46]

Der Arzt als Mediator, der Informationen über den Patienten erlangt, unterliegt den lex specialis geltenden Vorschriften des § 4 MediationsG.

44 Auf die **Ausnahmen der Verschwiegenheitspflicht** für Ärzte für die Übermittlungen von Patientendaten aufgrund gesetzlicher Bestimmungen (wie etwa an die kassenärztliche Vereinigung, gesetzliche Krankenkasse, Berufsgenossenschaft, an den Rentenversicherungsträger, MDK) kann sich der Arztmediator nicht berufen. Diese Ausnahmen gelten für den *behandelnden* Arzt, in seiner Funktion als Arzt, nicht aber für den Mediator, auch wenn er Arzt ist. **Meldepflichten** des Arztes für ansteckende Krankheiten sind nach dem Infektionsschutzgesetz zu melden. Diese Meldepflicht lässt sich insoweit über § 4 Nr. 2 MediationG (ordre public) begründen E Rn. 103.

ee) Psychotherapeuten/Dipl. Psychologen

45 Das Psychotherapeutengesetz regelt die Verschwiegenheit der Tätigkeiten des Psychotherapeuten (§§ 5, 6 PsychThG) in Bezug auf seinen Patienten, nicht aber innerhalb der Mediation. Denn anders als nach der Berufsordnung der Rechtsanwälte und Notare ist die Mediation nicht originär vom Berufsbild der **Psychotherapeuten** erfasst. Das Psychotherapeutengesetz regelt daher auch keine Verschwiegenheitspflicht für die Tätigkeiten des Psychologen als Mediator.[47]

46 Es ist fraglich inwieweit sich die Verschwiegenheitspflicht für Berufspsychologen als Mediatoren aus § 203 I Nr. 2 StGB herleiten lässt. Der strafbewehrte Geheimnisverrat verlangt, dass das Geheimnis dem Geheimnisträger in dem spezifischen Vertrauensverhältnis, also in Ausübung seiner Tätigkeit anvertraut wurde. Berufspsychologe sind nach dieser Vorschrift solche Psychologen, die auf einem Hauptanwendungsgebiet der Psychologie beruflich tätig sind oder eine staatlich anerkannte Abschlussprüfung mit der Graduierung als Diplompsychologe abgelegt haben.[48] Der Psychologe als Mediator ist herkömmlich nicht auf dem Anwendungsgebiet der Psychologie tätig, wenn er Mediation ausübt, so dass § 203 I Nr. 2 StGB keine Anwendung findet.[49] § 203 StGB stellt allerdings auf das übliche Berufsbild in der konkreten Ausgestaltung und auf die Tätigkeit im Einzelfall ab.[50] Zahlreiche Berufsbilder – auch das des Psychotherapeuten – sind im Wandel. Die Psychotherapeuten und Psychologen beanspruchen die Kommunikation und Gestaltung

46 *Fischer* § 203 StGB Rn. 7.
47 Auch *Greger/Unberath* § 1 Rn. 111.
48 *Fischer* § 203 StGB Rn. 13.
49 Dazu Haft/von Schlieffen/*Hartmann* § 44 Rn. 11 f.
50 *Fischer* § 203 StGB Rn. 7.

zwischenmenschlicher Beziehungen – wesensgebende Aufgaben der Konfliktvermittlung – für sich.[51] Gerade die Konfliktvermittlung in der Mediation verlangt vertiefende psychologische Kenntnisse und Fertigkeiten. Viele Therapeuten und Psychologen sind heute berufsprägend auch als Mediatoren tätig, was für eine Anwendung des § 203 StGB spricht.

Die Verschwiegenheit des als Mediator tätigen **Diplom-Psychologen** ist außer- 47
halb des Mediationsgesetzes nur in den „Ethischen Richtlinien der Deutschen Gesellschaft für Psychologie e.V" und des „Berufsverbandes Deutscher Psychologinnen und Psychologen e.V." verankert. Diese Richtlinien bieten über die internen vereinsrechtlichen Maßgaben hinaus keine Rechtsgarantie für die Verschwiegenheit des Mediators. Zudem wird in den Richtlinien lediglich auf § 203 StGB verwiesen.

ff) Dipl. Pädagogen

Diplom Pädagogen unterliegen in ihrer grundberuflichen Eigenschaft keinen ge- 48
setzlichen Vorschriften zur Verschwiegenheit. Für sie gelten lediglich die ethischen verbandsrechtlichen Vorschriften zur Verschwiegenheit nach § 22 I der Berufsordnung der Diplom-Pädagogen des „Berufsverband Deutscher Diplom-Pädagogen und Diplom-Pädagoginnen e.V." (BDDP).

Danach ist der Diplom-Pädagoge verpflichtet, „über alle ihm in Ausübung sei- 49
ner Berufstätigkeit anvertrauten und bekannt gewordenen Tatsachen zu schweigen, soweit nicht ein bedrohtes Rechtsgut oder andere höherrangige Erfordernisse überwiegen. Für die schutzwürdigen Tatsachen besteht eine Schweigepflicht auch gegenüber Familienangehörigen des Mandanten bzw. Klienten und gegenüber Dritten". Die Vorschriften des BDDP haben aber über die verbandsrechtliche Bedeutung hinaus keinen rechtsbindenden Charakter.

Nach § 1 S. 3 Berufsordnung der Diplom-Pädagogen ist die **Beratung und Ver-** 50
mittlung klassischer Bestandteil des Berufsbildes eines Pädagogen. In § 9 der Berufsordnung der Diplom-Pädagogen wird auch die Mediation ausdrücklich erfasst. Anders als die staatlich anerkannten Sozialarbeiter und Sozialpädagogen sind die Diplom-Pädagogen allerdings nicht vom Schutzbereich des § 203 StGB erfasst, da sie von der Norm nicht ausdrücklich genannt sind. Eine analoge Anwendung scheidet wegen des Analogieverbotes im Strafrecht aus. Damit entfällt für sie eine Strafbarkeit bei Geheimnisverrat.

Für den Diplom-Pädagogen als Mediator gewährleistet daher allein das Mediationsgesetz die Verschwiegenheit.

---

51 Haft/von Schlieffen/*Kempf* § 35 Rn. 55 ff.

gg) Sozialarbeiter und Sozialpädagogen

51 Für staatlich anerkannte **Sozialarbeiter und Sozialpädagogen** fehlen ebenso wie für Diplom-Pädagogen gesetzliche Regelungen zur Verschwiegenheit. Auch für Sozialarbeiter und Sozialpädagogen postulieren lediglich verbandsinterne Vorschiften nach Nr. 3.6. bis 3.9. der **Berufsethischen Prinzipien des Deutschen Berufsverbandes für soziale Arbeit e.V.** (DBSH) die Anforderungen an die Verschwiegenheitspflicht:

> 3.6 Die Mitglieder des DBSH sind verpflichtet, anvertraute persönliche Daten geheim zu halten. Sie geben diese Daten nur weiter, wenn sie aus gesetzlichen Gründen offenbart werden müssen. Personen, deren Daten weitergegeben werden, sind darüber zu unterrichten.
> 3.7 Die Mitglieder des DBSH erheben und speichern nur jene Daten und Fakten, die für die Durchführung und Rechenschaft über die Intervention nötig sind. Die Verpflichtung zur Geheimhaltung besteht auch nach Abschluss der beruflichen Beziehung.
> 3.8 Die Mitglieder des DBSH ermöglichen der Klientel angemessenen Zugang zu allen sie betreffende Aufzeichnungen. Wenn Klientinnen/Klienten Zugang zu den Unterlagen erhalten, muss ausreichend Sorge dafür getragen sein, dass die der Verschwiegenheit unterliegenden Informationen über Dritte geschützt sind.
> 3.9 Diejenigen Mitglieder des DBSH, für die kein Zeugnisverweigerungsrecht besteht, bemühen sich um die Befreiung von der gesetzlichen Zeugnispflicht, wenn ihre Aussagen das Vertrauensverhältnis zur Klientel gefährden und dem keine ernstliche Gefährdung Dritter entgegensteht.

Diese Vorgaben haben lediglich verbindliche Wirkung in Bezug auf den Verband.

52 In § 203 Nr. 5 StGB werden staatlich anerkannte Sozialarbeiter und Sozialpädagogen vom strafbewehrten Geheimnisverrat erfasst, soweit ihnen ein Geheimnis in Ausübung ihrer Tätigkeit anvertraut wurde. Beim Geheimnisverrat nach § 203 StGB ist auf das übliche Berufsbild in der konkreten Ausgestaltung und auf die Tätigkeit im Einzelfall abzustellen.[52] Ob die Mediation insoweit zum Berufsbild des Sozialarbeiters und Sozialpädagogen zu rechnen ist, ist nicht abschließend bzw. einheitlich zu bewerten. Mediation im sozialen Bereich wird eher zum Berufsbild gerechnet werden können, als im Bereich der Wirtschafts- und Unternehmensmediation.[53] Aber auch hier kommt es auf den Einzelfall an (etwa Organisationsmediation in einem sozialen Verein).

hh) Sonstige Berufe

53 Für die in § 203 Nr. 4 StGB benannten **Ehe-, Familien-, Erziehungs-, Jugend- oder Suchtberater** fehlen gesetzliche Bestimmungen zur Verschwiegenheit. Soweit diese

52 *Tröndle/Fischer* § 203 StGB Rn. 7.
53 Dazu Haft/von Schlieffen/Hartmann § 44 Rn. 14.

Berufsgruppen als Mediatoren tätig werden, besteht ein strafbewehrter Geheimnisverrat nur dann, wenn die Mediationstätigkeit zum einen in einer der in § 203 Nr. 4 StGB genannten Beratungsstellen stattfindet und die Tätigkeit als Mediator zum Berufsbild der jeweiligen Berater gehört. Maßgeblich ist das übliche Berufsbild in seiner konkreten Gestaltung und die konkrete Tätigkeit im Einzelfall.[54]

Ist der in § 203 Abs. 1 Nr. 4 StGB benannte Berater als Mediator außerhalb der anerkannten Beratungsstelle tätig, entfällt die Strafbarkeit.

Soweit **Lehrer, Hochschulprofessoren oder sonstige Amtsträger und Mitarbeiter des öffentlichen Dienstes** Mediation ausüben, scheidet eine Anwendung des § 203 II StGB aus, da dieser Personenkreis bei der Durchführung der Mediation nicht in ihrer jeweiligen quellberuflichen Eigenschaft tätig wird. Etwas anders kann im Einzelfall für **Beratungslehrer** als Mediatoren gelten, die vom Berufsbild auf Beratung aber auch auf Konfliktvermittlung (Schüler/Lehrer, Schüler/Schüler, Schüler/Eltern) ausgerichtet sind. 54

2. Datenschutz im Mediationsbüro

Jede Mediatorin und jeder Mediator wird sich mit dem Thema Datenschutz auseinanderzusetzen zu haben. Dies mag auf den ersten Blick befremdlich wirken, insbesondere angesichts der bekannten Verpflichtung zu Vertraulichkeit und Verschwiegenheit.[55] Glücklicherweise lässt sich gesetzeskonformer Datenschutz mit überschaubarem Aufwand bewirken, wenn man sich Regelungsstruktur und -gehalt des Datenschutzrechts – bestenfalls vor Aufnahme der Mediatorentätigkeit oder später bei einer eventuellen Büro-Umorganisation – einmal vor Augen geführt hat. Ein sicheres Datenschutzkonzept stärkt auch das Vertrauen in die Professionalität der Arbeit des Mediators. Die folgende Darstellung soll Mediatoren den notwendigen Über- und Durchblick erleichtern. 55

Einfachgesetzlicher Datenschutz ist Ausfluss des **Rechts auf informationelle Selbstbestimmung** als Teilbereich des allgemeinen Persönlichkeitsrechts aus Art. 2 Abs. 1, 1 Abs. 1 GG. Das informationelle Selbstbestimmungsrecht wurde 1983 vom BVerfG im sogenannten Volkszählungsurteil als „die Befugnis des Einzelnen, grundsätzlich selbst über die Preisgabe und Verwendung seiner persönlichen Daten zu bestimmen“[56], definiert. Der Geist dieser Entscheidung liegt auch 30 Jahre später noch allen deutschen Datenschutznormen zugrunde. § 1 Abs. 1 BDSG normiert das- 56

---

54 *Tröndle/Fischer* § 203 StGB Rn. 7.

55 Zu diesen s. die übrigen Ausführungen in diesem Kap. E.

56 BVerfG 15.12.1983 – „Volkszählungsurteil“ – BVerfGE 65, 1, 1. Leitsatz.

selbe Prinzip gemäß der traditionellen Sicht auf die Grundrechte als Abwehrrechte:[57]

> Zweck dieses Gesetzes ist es, den Einzelnen davor zu schützen, dass er durch den Umgang mit seinen personenbezogenen Daten in seinem Persönlichkeitsrecht beeinträchtigt wird.

57 Einmal vergegenwärtigt, lässt dieser Grundsatz häufig bereits einen Schluss mit „juristischem Bauchgefühl" darauf zu, ob ein beabsichtigter Datenumgang[58] als eher zulässig oder eher unzulässig anzusehen sein wird.

a) Rechtsquellen, auf Mediatoren anwendbares Recht

58 Verfassungsrechtlich ist der Datenschutz national in Art. 2 Abs. 1, 1 Abs. 1 GG, übernational in Art. 16 Abs. 1 AEUV, Art. 8 Abs. 1 EU-Grundrechte-Charta und Art. 8 Abs. 1 EMRK verankert. Einfachgesetzlich liefert das **Bundesdatenschutzgesetz (BDSG)** die allgemeinen Datenschutzregeln einschließlich der wichtigsten Definitionen. Das MediationsG macht keine Vorgaben zum Datenschutz. Bereichsspezifische Normen kann jedoch das jeweilige Standesrecht enthalten: die Landeskammergesetze für Heilberufe und die Berufsordnungen der Landespsychotherapeutenkammern bei Psychotherapeuten, RDG und BRAO bei Rechtsanwälten, die BNotO bei Notaren, das StBerG bei Steuerberatern, die WiPrO bei Wirtschaftsprüfern etc.; hinzu kommen jeweils die Berufsordnungen: LandesBO der Psychotherapeutenkammern, BORA etc. Des Weiteren existiert ein komplexes System des Patientendatenschutzes nach § 35 SGB I, §§ 284 ff. SGB V und §§ 67 ff. SGB X. Für Mediatoren mit anderem Ausbildungshintergrund gelten möglicherweise andere oder auch gar keine berufsrechtlichen Vorschriften.

59 Die Abgrenzung, **welche Normen in welchem Umfang** auf die Mediatorentätigkeit Anwendung finden, richtet sich nach der Subsidiaritätsklausel in § 1 Abs. 3 BDSG. Demnach geht bereichsspezifisches Bundesrecht vor, soweit es die Verwendung personenbezogener Daten regelt, S. 1. Zudem sind nach S. 2 Geheimhaltungspflichten wie aus § 43a BRAO und § 17 UWG neben dem BDSG anwendbar („bleibt unberührt").[59]

---

57 Zum BDSG als Schutzgesetz vgl. Bergmann/Möhrle/*Herb* § 1 BDSG Rn. 6 ff.; Spindler/Schuster/*Spindler*/*Nink* § 4 BDSG Rn. 1; Taeger/Gabel/*Schmidt* BDSG § 1 Rn. 10.

58 Der Begriff „Datenumgang" wird zwar im BDSG verwendet, jedoch nicht definiert. In diesem Kap. 2. dient er als Sammelbegriff für jegliche Datenerhebung, -verarbeitung und -nutzung; vgl. auch Taeger/Gabel/*Schmidt* § 1 Rn. 6.

59 Eine ausführliche Auseinandersetzung mit den Geheimhaltungspflichten verschiedener Berufsgruppen findet sich bei Simitis/*Dix* BDSG § 1 Rn. 175 ff.

Das **Schweigen des MediationsG** zum Thema Datenschutz als abschließende (Nicht-)Regelung zu verstehen, ist schon verfassungsrechtlich angesichts der betroffenen Grundrechtspositionen abwegig. Für solch eine Lesart liefern auch die Gesetzgebungsmaterialien[60] zum MediationsG keinen Anhaltspunkt. Folglich bleibt die Anwendbarkeit des BDSG erhalten.

Sehr umstritten[61] ist, ob **Rechtsanwälte** dem allgemeinen Datenschutzrecht unterliegen. Eine Ansicht bejaht dies mit Blick auf die Schutzrichtung, also die informationelle Selbstbestimmung des Betroffenen, und eine mögliche Unerfahrenheit der Rechtsanwaltskammern mit stark technologischen Sachverhalten.[62] Dem werden u.a. die anwaltliche Verschwiegenheitspflicht aus § 43a Abs. 2 BRAO und das Berufsgeheimnis nach § 203 Abs. 1 Nr. 3 StGB entgegengehalten.[63] Virulent wird dies bei der Frage, ob Rechtsanwälte der Aufsicht der Landesdatenschutzbehörden unterliegen. Dies wird teilweise als „verfassungswidrige"[64] „Fremdkontrolle"[65] abgelehnt, soweit mandatsbezogene Informationen betroffen sind. Teilweise wird es als missliche Rechtslage hingenommen, ebenso wie die Pflicht zur Bestellung eines betrieblichen Datenschutzbeauftragten nach den §§ 4f, 4g BDSG.[66] 60

Eine baldige Lösung dieses Streits ist nicht in Sicht. Für die Praxis erscheint es praktikabel, davon auszugehen, dass das BDSG und damit die Aufsicht der Landesdatenschutzbehörden zumindest so weit greift, als nicht die der Kammeraufsicht unterliegende Verschwiegenheitspflicht berührt ist und nicht der Datenumgang im Rahmen der Anwaltstätigkeit erfolgt. Das heißt auch, dass vorsichtshalber davon ausgegangen werden sollte, dass die anwaltlichen Berufspflichten nicht einschlägig sind, soweit andere Tätigkeiten ausgeübt werden – wie bei der Mediation.[67] Dafür spricht auch der Wortlaut des § 43a Abs. 2 S. 2 BRAO, der lediglich Informationen erfasst, die „in Ausübung seines Berufes bekanntgeworden" sind. S. 3, demzufolge die Verschwiegenheitspflicht „nicht für Tatsachen, die offenkundig sind oder ihrer Bedeutung nach keiner Geheimhaltung bedürfen", gilt, wäre zudem nur schwer mit dem umfassenden Datenschutz aller personenbezogenen Daten zu vereinbaren. Ein Nebeneinander beider Regelungsregime hat auch das Kammergericht[68] angenommen und die Verpflichtung zur Herausgabe mandatsbezogener Informationen abgelehnt.

60 Gesetzentwurf der Bundesregierung vom 1.4.2011, BT-Drs. 17/5335; Beschlussempfehlung und Bericht des Rechtsausschusses vom 1.12.2011, BT-Drs. 17/8058.

61 Einen breiten Überblick über das Thema bietet Roßnagel/*Abel* Handbuch, Kap. 7.11.B.VI.

62 *Weichert* NJW 2009, 550, 552.

63 *H. Redeker* NJW 2009, 554, 555 f.

64 *Rüpke* NJW 2008, 1121, 1125.

65 *Rüpke* ZRP 2008, 88.

66 So *H. Redeker* NJW 2009, 554, 558.

67 *Rüpke* NJW 2008, 1121, 1124; *Weichert* NJW 2009, 550, 554.

68 KG 20.8.2010 DStR 2010, 2375, 2376 mit zustimmender Anm. *Weitze*.

61 Auch bei anderen beruflichen Hintergründen[69] sprechen der Mangel an spezialgesetzlichen Datenschutzregeln und die jeweiligen Vorschriften über den Anwendungsbereich[70] für einen Rückgriff auf das allgemeine Datenschutzrecht.

! **Praxistipp:**
Es ist von der **zumindest teilweisen Anwendbarkeit des BDSG** auszugehen. Zusätzlich sind die jeweiligen Berufspflichten zu beachten, wo diese weiter gehen, indem sie die Verarbeitung – insbesondere mandatsbezogener Informationen – untersagen.[71] Diese Empfehlung dürfte keine Schwierigkeiten bereiten, wenn das Mediationsbüro ohnehin an den hier präsentierten Grundlinien gesetzeskonformer Datenverarbeitung ausgerichtet und markttypische Bürosoftware verwendet wird.

---

b) Datenschutzgrundsätze

62 Die folgenden Grundsätze ziehen sich durch das gesamte deutsche und europäische Datenschutzrecht. Einmal verinnerlicht, helfen auch sie, eine erste Einschätzung abgeben zu können, ob ein in den Blick genommener Datenumgang zulässig ist.

Das Datenschutzrecht ist ähnlich[72] einem **Verbot mit Erlaubnisvorbehalt** ausgestaltet. Das hat zur Folge, dass grundsätzlich jeder Datenumgang verboten ist.[73] Denn „die Erhebung, Verarbeitung und Nutzung personenbezogener Daten sind nur zulässig, soweit dieses Gesetz oder eine andere Rechtsvorschrift dies erlaubt oder anordnet oder der Betroffene eingewilligt hat", § 4 Abs. 1 BDSG. Daraus ergeben sich genau drei mögliche Rechtsgrundlagen für die Verarbeitung: eine Einwilligung nach § 4a Abs. 1 BDSG, eine spezialgesetzliche Ermächtigung oder eine Ermächtigung nach dem BDSG (zu den für die Mediation relevanten Alternativen eins und drei s. im Folgenden E Rn. 67 ff.).

Art. 6 Abs. 1 Buchst. b) und c) der Datenschutzrichtlinie 95/46/EG normiert den **Zweckbindungsgrundsatz**: Personenbezogene Daten dürfen nur „für festgelegte eindeutige und rechtmäßige Zwecke erhoben und nicht in einer mit diesen Zweckbestimmungen nicht zu vereinbarenden Weise weiterverarbeitet werden" und müssen „den Zwecken entsprechen, für die sie erhoben und/oder weiterverarbeitet wer-

---

69 Zum Streitstand hinsichtlich der Notare s. Brambring/Jerschke/*Starke* Notar-Handbuch, Kap. L I. Rn. 108.

70 Z.B. § 1 StBerG, § 1 SGB I, § 284 Abs. 1 S. 1 SGB V, § 1 SGB X, § 2 Abs. 3 der BO PsychThKammer Hamburg.

71 Zu den Zeugnisverweigerungsrechten s.o. E Rn. 1 ff.

72 § 4 Abs. 1 BDSG unterscheidet sich dadurch vom Verbot mit Erlaubnisvorbehalt, dass nicht eine behördliche Erlaubnis den Datenumgang legitimiert, sondern eine Rechtsvorschrift dies unmittelbar anordnet oder der Betroffene hierin einwilligt, vgl. Simitis/*Sokol* BDSG § 4 Rn. 3.

73 Vom Anwendungsbereich des BDSG ausgenommen ist lediglich der „ausschließlich für persönliche oder familiäre Tätigkeiten" erfolgende Datenumgang, § 1 Abs. 2 Nr. 3 BDSG.

den, dafür erheblich sind und nicht darüber hinausgehen". „Die Verwendung der Daten ist auf den gesetzlich bestimmten Zweck begrenzt."[74] Eine spätere Zweckänderung hinsichtlich von Dritten erhaltener Daten ist nach § 28 Abs. 5 S. 2 in Verbindung mit Abs. 2 und 3 BDSG zulässig, etwa zur Begründung eines Vertrages mit dem Mandanten.

Das **Erfordernis der Erforderlichkeit** findet sich an vielen Stellen im BDSG. Eingängig ist die Vorstellung, den Datenumgang auf das Nötigste zu beschränken, das heißt, nach den Geboten der Datenvermeidung und Datensparsamkeit gemäß § 3a BDSG zu handeln. Die Datenverarbeitung muss für die Zweckerreichung unverzichtbar sein.[75]

Der **Direkterhebungsgrundsatz** findet sich ausdrücklich im Gesetz: „Personenbezogene Daten sind beim Betroffenen zu erheben", § 4 Abs. 2 S. 1 BDSG. Dies ist direkter Ausfluss der verfassungsrechtlichen Vorgaben des BVerfG,[76] indem es dem einzelnen ermöglicht, über die Preisgabe seiner Daten zu entscheiden.[77]

Transparenz ist notwendige Voraussetzung,[78] damit Betroffene wissen können, „wer was wann und bei welcher Gelegenheit über sie weiß".[79] Daher hat der Gesetzgeber die informationelle Selbstbestimmung verfahrensrechtlich mit Aufklärungs- und Auskunftspflichten abzusichern.[80]

c) Grundlegende Definitionen

Zentraler Gegenstand allen Datenumgangs sind **personenbezogene Daten** im Sinne von § 3 Abs. 1 BDSG: 63

Personenbezogene Daten sind Einzelangaben über persönliche oder sachliche Verhältnisse einer bestimmten oder bestimmbaren natürlichen Person (Betroffener).

Der Begriff der **Einzelangaben** über persönliche und sachliche Verhältnisse ist denkbar weit zu verstehen und umfasst jede Information ohne Einschränkung

---

74 BVerfG 15.12.1983 – „Volkszählungsurteil" – BVerfGE 65, 1, 46.

75 Roßnagel/*Roßnagel* Handbuch, Kap. 3.4 Rn. 69; wohl etwas weiter Gola/Schomerus/*Gola/Schomerus* BDSG § 28 Rn. 15: „bei vernünftiger Betrachtung zu bejahendes Angewiesensein auf das in Frage stehende Mittel", „vielmehr genügt es, wenn nach den Gesamtumständen die Wahl einer anderen Informationsmöglichkeit oder der Verzicht hierauf nicht sinnvoll oder unzumutbar wäre" – praxistauglicher sind diese Ausführungen freilich nicht.

76 S.o. E.I.2. Rn. 56.

77 *Bergmann/Möhrle/Herb* § 4 BDSG Rn. 29.

78 Roßnagel/*Roßnagel* Handbuch, Kap. 3.4 Rn. 50.

79 BVerfG 15.12.1983 – „Volkszählungsurteil" – BVerfGE 65, 1, 43.

80 BVerfG 15.12.1983 – „Volkszählungsurteil" – BVerfGE 65, 1, 46; zu Betroffenenrechten s.u. E Rn. 74.

nach persönlicher, kommunikativer oder sonstiger (vermeintlicher) Wichtigkeit.[81] Es gibt „unter den Bedingungen der automatischen Datenverarbeitung kein ‚belangloses' Datum mehr".[82]

Aus dem ebenfalls weiten Merkmal der Bestimmbarkeit folgt als entscheidendes Kriterium die **Personenbeziehbarkeit.** Wie Letztere zu verstehen ist, ist umstritten. In der Literatur wird überwiegend die Auffassung vertreten, dass ein Personenbezug nicht hergestellt werden kann, sobald der Aufwand unverhältnismäßig wäre.[83] Schon Erwägungsgrund 26 der Datenschutzrichtlinie 95/46/EG will bei der Bestimmung der Person nur Mittel berücksichtigt wissen, „die vernünftigerweise entweder von dem Verantwortlichen für die Verarbeitung oder von einem Dritten eingesetzt werden könnten, um die betreffende Person zu bestimmen". Zu beachten ist allerdings, dass einige Aufsichtsbehörden den Begriff der Personenbeziehbarkeit objektiv auslegen. Das heißt, dass die Personenbeziehbarkeit gegeben sein soll, sobald theoretisch die Möglichkeit gegeben ist, die Verknüpfung zwischen Angabe und natürlicher Person herzustellen, erforderlichenfalls mithilfe der Kenntnisse beliebiger Dritter.[84] Ein unverhältnismäßig großer Aufwand kommt danach allenfalls dann in Betracht, „wenn das Zusatzwissen auf wenige begrenzt bleibt und dessen Preisgabe nicht nur rechtlich, sondern technisch-organisatorisch ausgeschlossen wird".[85] Für die Praxis dürfte es – auch mit Blick auf die Beaufsichtigung – zweckmäßig sein, die Risikoabschätzung anhand einer vermittelnden Auffassung vorzunehmen: Die verantwortliche Stelle beurteilt aus ihrer relativen Sicht, ob sie einen Personenbezug herstellen könnte, bezieht dabei jedoch Zusatzwissen ein, das sie sich mit objektiv verhältnismäßigem Aufwand beschaffen könnte.[86] Beispielsweise könnte ein Unternehmensvertreter im Rahmen der Mediation Details über das Verhalten seines alleinigen Geschäftsführers äußern, ohne dessen Namen zu nennen. Letzteren herauszufinden, ist angesichts Recherchewerkzeugen wie dem Handelsregister oder des Internets mit nur geringem, als nicht unverhältnismäßig anzusehendem Aufwand möglich.

Als Mediator kommt man außerdem nicht selten mit so genannten **besonderen Arten personenbezogener Daten** in Berührung. Dies sind gemäß § 3 Abs. 9 BDSG personenbezogene Daten, die Auskunft z.B. über die ethnische Herkunft, politische Meinungen, religiöse Überzeugungen und die Gewerkschaftszugehörigkeit geben.

---

81 Simitis/*Dammann* BDSG § 3 Rn. 5, 7; viele Beispiele „persönlicher Verhältnisse" finden sich bei *Bergmann/Möhrle/Herb* § 3 BDSG Rn. 24 ff.

82 BVerfG 15.12.1983 – „Volkszählungsurteil" – BVerfGE 65, 1, 45.

83 *Bergmann/Möhrle/Herb* § 3 BDSG Rn. 32; Simits/*Dammann* BDSG § 3 Rn. 23 m.w.N.

84 So etwa Däubler/Klebe/Wedde/Weichert/*Weichert* § 3 BDSG Rn. 13.

85 Däubler/Klebe/Wedde/Weichert/*Weichert* aaO.

86 Ähnlich Tager/Gabel/*Bucher* BDSG § 3 Rn. 72.

Betroffener ist nach der Legaldefinition diejenige natürliche Person, auf die sich die Einzelangaben beziehen; der Betroffene ist damit das Regelungsobjekt des Datenschutzrechts. Hieraus ergibt sich auch ein Unterschied zu den Berufspflichten der Vertraulichkeit und Verschwiegenheit: Während Letztere das Mediationsverfahren flankieren und (nur) die daran Teilnehmenden absichern, schützt der Datenschutz – gewissermaßen in einer darunter liegenden Ebene – alle natürlichen Personen unabhängig von ihrer Stellung im oder außerhalb des Mediationsverfahrens, also auch Dritte, z.B. Geschäftspartner der Mediationsparteien. Umgekehrt ist der Anwendungsbereich von Vertraulichkeit und Verschwiegenheit hinsichtlich juristischer Personen weiter, die vom Datenschutzrecht nicht erfasst werden.

Weitere Voraussetzung der Anwendbarkeit des Datenschutzrechts ist, dass der 64
Umgang **mittels elektronischer Datenverarbeitung oder nicht-elektronischer Datensammlungen** stattfindet, § 1 Abs. 2 Nr. 3 in Verbindung mit § 3 Abs. 2 BDSG. Die sperrigen Normen lassen sich dahingehend zusammenfassen, dass im privatwirtschaftlichen Bereich lediglich manuelle Datenverarbeitungen ohne die Verwendung von Sammlungen vom Anwendungsbereich ausgenommen sind (z.B. Notizen auf Papier).[87]

Die verschiedenen Arten des Datenumgangs sind in § 3 Abs. 3 bis 5 BDSG defi- 65
niert. Als wichtigste Anwendungsfälle der Praxis sind hier als chronologisch erster Vorgang das **Erheben** sowie als Untergruppen des späteren **Verarbeitens** das Speichern, Verändern und Übermitteln zu nennen. Die Begriffe sind bezüglich der meisten Formen des alltäglichen Datenumgangs aus sich selbst heraus verständlich und auch die Legaldefinitionen sind eingängig. Ferner ist über das **Nutzen** jeder sonstige Umgang erfasst.

Verantwortliche Stelle ist nach § 3 Abs. 7 BDSG „jede Person oder Stelle, die 66
personenbezogene Daten für sich selbst erhebt, verarbeitet oder nutzt oder dies durch andere im Auftrag vornehmen lässt“. Sie ist Regelungssubjekt des Datenschutzrechts und damit Anknüpfungspunkt für aufsichtliche Maßnahmen.[88] Entscheidend ist, wer letztlich die Verantwortung für den Datenumgang trägt, auf wessen Anweisung sie geschieht. In diesem Zusammenhang ist die übliche Praxis anzusprechen, bestimmte Datenverarbeitungen auszulagern (insbesondere IT-Outsourcing, Cloud-Computing[89]). Hier ist nach dem Umfang der Auslagerung, die von

87 Vgl. Simitis/*Dammann* BDSG § 3 Rn. 74, weitere Beispiele in Rn. 99; ausführlich zu den Begrifflichkeiten *Bergmann/Möhrle/Herb* § 3 BDSG Rn. 35 ff.

88 *Bergmann/Möhrle/Herb* § 3 BDSG Rn. 148: „Normadressat“; vgl. auch Simitis/*Dammann* BDSG § 3 Rn. 225.

89 Zur sicheren Nutzung von Cloud-Diensten s. Bundesamt für Sicherheit in der Informationstechnik (BSI), Eckpunktepapier „Sicherheitsempfehlungen für Cloud Computing Anbieter“, Stand: Februar 2012, abrufbar über https://www.bsi.bund.de/DE/Themen/CloudComputing/Eckpunktepapier/

einer genauen Weisungen folgenden bloßen ausführenden Tätigkeit über eine noch zulässige Funktionsübertragung bis zu einer unabhängigen Dienstleistung reichen kann, abzugrenzen. Bleibt der Auftraggeber „Herrscher über die Daten", bleibt er auch verantwortliche Stelle im Sinne des Datenschutzrechts; es ist jedoch eine detaillierte **Auftragsdatenverarbeitungsvereinbarung**[90] nach § 11 BDSG mit dem Rechenzentrum o.ä. zu schließen. Wird die Grenze zu einer Verantwortungsverschiebung überschritten, ist der externe Dienstleister als verantwortliche Stelle anzusehen, mit der Folge, dass z.B. der unabhängige Personaldienstleister selbst der gesetzlichen oder rechtsgeschäftlichen Erlaubnis zur Datenverarbeitung bedarf; dies müsste und könnte leicht in der entsprechenden Einwilligungserklärung offengelegt werden.

! **Praxistipp:**
Die Legaldefinitionen im BDSG sind sehr weit gefasst. Folglich dürfte der Mediator für eine von ihm vorgenommene oder angeordnete Datenerarbeitung in aller Regel datenschutzrechtlich verantwortlich sein, sobald irgendeine natürliche Person betroffen ist.

d) Erlaubter Datenumgang

67 Wie gesehen ist das Datenschutzrecht umfassend auf personenbezogene Daten anwendbar. Es stellt sich die Frage, wie Daten überhaupt in zulässiger Weise verwendet werden dürfen.

68 Die **Einwilligung** nach § 4a Abs. 1 BDSG hat freiwillig („auf der freien Entscheidung des Betroffenen beruht", S. 1) und unter Hinweis auf die Verarbeitungszwecke (S. 2) zu erfolgen. S. 3 sieht ein allgemeines Schriftformerfordernis vor, S. 4 die Hervorhebung, falls sie – z.B. in AGB – „zusammen mit anderen Erklärungen" eingeholt wird.

Soll über Telemedien – z.B. eine Webseite[91] – eine elektronische Einwilligung eingeholt werden, sind die Vorgaben von § 13 TMG zu beachten. Bei der Verwendung besonderer Arten personenbezogener Daten – z.B. über die Gewerkschaftszugehörigkeit – muss sich die Einwilligung ausdrücklich auf diese beziehen, § 4a Abs. 3 BDSG.

69 Demgegenüber kann der Betroffene die seinem informationellen Selbstbestimmungsrecht drohenden Gefahren nicht immer überblicken, gerade im inhaltlich und

---

Eckpunktepapier_node.html (zuletzt abgerufen am 14.12.2013). Kritisch zu verschiedenen Varianten des IT-Outsourcing und zum Auftragsdatenverarbeitungsverhältnis Spindler/Schuster/*Spindler/Schuster* § 11 BDSG Rn. 6 ff.

90 Hinsichtlich der zu gewährleistenden Datensicherheit s.u. E Rn. 73.

91 Es sei darauf hingewiesen, dass auch IP-Adressen und Cookies personenbezogene Daten darstellen können.

technisch komplexen Umfeld.[92] Zudem hätte das übermäßige Einholen von Einwilligungen möglicherweise eine eher abschreckende Wirkung auch auf Betroffene und wäre mit Blick auf den beabsichtigten Schutz kontraproduktiv. Daneben ist zu beachten, dass sich eine vordergründige Freiwilligkeit der Einwilligung nicht selten als vorgeschoben erweist, wenn nämlich nicht von einer Verhandlung „auf Augenhöhe" ausgegangen werden kann wie z.B. in Bewerbungssituationen oder bei Bankgeschäften. Daher ist es moderne Rechtsetzungspraxis, in vielen Spezialgesetzen eigens **normierte Erhebungs-, Verarbeitungs- und Nutzungstatbestände** zu schaffen, die zugleich den Betroffenen vor Missbrauch schützen – jedoch existieren solche Spezialnormen wie oben (E Rn. 58 ff.) gesehen nicht in von Mediatoren ausgeübten Tätigkeitsfeldern. Aber auch das BDSG selbst sieht zulässige Verwendungen vor, gewissermaßen „gesetzliche Erlaubnisse" (zur Konstruktion des Verbots mit Erlaubnisvorbehalt s.o. E Rn. 62).

Für die Mediationspraxis ist bezüglich der **Mandanten und Dritter** auf die wirt- 70
schaftlich bedeutungsvollste Rechtsgrundlage des § 28 Abs. 1 S. 1 BDSG hinzuweisen. Demnach dürfen personenbezogene Daten „für die Erfüllung eigener Geschäftszwecke" erhoben, gespeichert, verändert und übermittelt werden, „wenn es für die Begründung, Durchführung oder Beendigung eines rechtsgeschäftlichen oder rechtsgeschäftsähnlichen Schuldverhältnisses mit dem Betroffenen erforderlich[93] ist" (Nr. 1). Dies ist pragmatisch, denn so dürfen Mandantendaten für die Erfüllung des Mediationsvertrags verarbeitet werden, ohne dass für jede einzelne Verarbeitung eine gesonderte Einwilligung nach § 4a Abs. 1 BDSG einzuholen ist. Nach § 28 Abs. 1 S. 1 Nr. 2 BDSG ist die Verarbeitung „zur Wahrung berechtigter Interessen der verantwortlichen Stelle" erlaubt, wenn nicht „das schutzwürdige Interesse des Betroffenen an dem Ausschluss der Verarbeitung oder Nutzung überwiegt". Diese Abwägung hat einzelfallbezogen stattzufinden und kann schwerfallen. Hinsichtlich der Mediationspraxis ist darauf hinzuweisen, dass es ein allgemeines „Bürogemeinschaftsprivileg"[94] nicht geben dürfte, das heißt, dass personenbezogene Daten nicht beliebig zwischen Mediatoren verschoben werden dürfen, die sich nicht in einem einheitlich geführten Betrieb (GbR, Partnerschaftsgesellschaft etc.) zusammengeschlossen haben, sondern lediglich dieselben Büroräume nutzen.

Über die vorgenannten Verarbeitungen hinausgehender Datenumgang bedarf der Einwilligung, soweit nicht eine andere gesetzliche Legitimierung einschlägig ist, z.B. § 28 Abs. 2 Nr. 2 lit. a) BDSG nach Abtretung einer Honorarforderung an einen

92 In diese Richtung schon BVerfG 15.12.1983 – „Volkszählungsurteil" – BVerfGE 65, 1, 46 unten.

93 Zum Begriff der Erforderlichkeit s.o. E Rn. 62.

94 Zur Idee des „Konzernprivilegs" Simitis/*Simitis* BDSG § 28 Rn. 177 ff.

Dritten.[95] Eine proaktive Unterrichtung der Polizei bei Gefahr für Leib und Leben eines Mandanten kann nach § 28 Abs. 2 Nr. 2 lit. b) BDSG – in Verbindung mit Abs. 6 Nr. 1, falls besondere Arten personenbezogener Daten umfasst sind – gerechtfertigt sein.[96] Vor dem Hintergrund, dass viele Mediatoren zugleich der Schweigepflicht unterliegen (s.o.), ist nochmals auf das Offenbarungsverbot aus § 203 StGB hinzuweisen, das für Übermittlungen an Dritte regelmäßig[97] eine Einwilligung des Betroffenen verlangt – ein Erfordernis, dem mit Verwendung des unten stehenden Formulars Genüge getan werden kann.

71 Hinsichtlich der **Mitarbeiter** im Mediationsbüro ist § 32 BDSG[98] taugliche Erlaubnisnorm. Danach dürfen personenbezogene Daten ab dem Bewerbungsverfahren bis zur Abwicklung des Beschäftigungsverhältnisses verarbeitet werden. Zudem können je nach der Größe des Betriebs Betriebsvereinbarungen etwa zur Internetnutzung am Arbeitsplatz pragmatisch sein.

! **Praxistipp:**
Die **§§ 28, 32 BDSG** erlauben den im Rahmen der Geschäftstätigkeit als Mediator üblichen Datenumgang. Auf dem Markt sind viele Standards[99] und Bürosoftwarelösungen verfügbar, die dies abbilden. Wegen der daneben auftretenden Datenverarbeitungen, die organisatorisch schwierig zu vereinheitlichen sind (Versenden von Briefen und E-Mails, Telefonate), ist im Einzelfall zu entscheiden. Hilfreich ist es, auf eine Praxis zurückzugreifen, die sich in sensiblen Branchen wie dem Gesundheitssektor bewährt hat: Bei der Mandatierung wird gemeinsam mit dem Mediationsvertrag die **Einwilligung** des Mandanten in die Datenverarbeitung eingeholt. Diese sollte auch gleich die Möglichkeit enthalten, die Daten anlässlich eines eventuellen Praxisverkaufs[100] an den Käufer zu übermitteln (s. folgendes Formular).

---

95 Vgl. Simitis/*Simitis* BDSG § 28 Rn. 176; es ist nach dem Gesetz stets eine Abwägung mit dem schutzwürdigen Interesse des Betroffenen „an dem Ausschluss der Übermittlung oder Nutzung" vorzunehmen.

96 Psychotherapeuten wird aus ihrer Praxis die Abwägung etwa nach § 14 Abs. 4 BO PsychThKammer Hamburg bekannt sein.

97 Gola/Schomerus/*Gola/Schomerus* BDSG § 28 Rn. 37; offenbar für eine Einzelfallabwägung mit § 203 StGB bei Tendenz zur grundsätzlichen datenschutzrechtlichen Zulässigkeit der Datenverarbeitung durch Rechtsanwälte und Steuerberater: Simitis/*Simitis* BDSG § 28 Rn. 64 f., 186.

98 In einem Beschluss vom 5.7.2013 hat der Bundesrat die Bundesregierung aufgefordert, „in dem Verfahren auf Erlass einer Datenschutz-Grundverordnung der EU – unter Beachtung des Subsidiaritätsprinzips – auf die Grundlagen für einen effektiven Beschäftigtendatenschutz durch den nationalen Gesetzgeber hinzuwirken", BR-Drs. 552/13, S. 1. Ob in absehbarer Zeit der „Entwurf eines Gesetzes zur Regelung des Beschäftigtendatenschutzes" der Bundesregierung vom 15.12.2010 (BT-Drs. 17/4230) mit seinen detaillierten Vorgaben Gesetzeskraft erlangt, ist unklar.

99 Allgemein zu Software-Sicherheit und -Standards s. die Webseite des Bundesamts für Sicherheit in der Informationstechnik (BSI), z.B. den „IT-Grundschutz", abrufbar über https://www.bsi.bund.de/DE/Themen/ITGrundschutz/itgrundschutz_node.html (zuletzt abgerufen am 14.12.2013).

100 Zur Einordnung hinsichtlich § 28 Abs. 1 BDSG s. Simitis/*Simitis* BDSG § 28 Rn. 188 m.w.N.

Formular: Einwilligung in die Datenverarbeitung und teilweise Entbindung von der Verschwiegenheitspflicht !

Personenbezogene Daten 72
Die [Mediationsbüro] erhebt von ihren Mandanten personenbezogene Daten, insbesondere Name, Anschrift, Telefonnummer, E-Mail-Adresse, Abrechnungsdaten, Informationen im Rahmen des Mediationsverfahrens [ggf. weitere Datenkategorien einfügen].

Verarbeitungszwecke
Die [Mediationsbüro] erhebt, verarbeitet und nutzt die Daten für die Zwecke des Mediationsverfahrens und der Abrechnung sowie zu gesetzlich vorgeschriebenen und zugelassenen Zwecken. In diesem Rahmen kann es erforderlich sein, dass die [Mediationsbüro] personenbezogene Daten an andere Beteiligte des Mediationsverfahrens, an kooperierende Mediationsbüros, an Abrechnungsstellen, an technische Dienstleister und an hoheitliche Stellen übermittelt.
Soweit die Abrechnungsstellen, technischen Dienstleister und Kooperationspartner im Auftrag der [Mediationsbüro] tätig werden, bleibt die [Mediationsbüro] für die Datenverarbeitung verantwortlich. Dies gilt auch, soweit die [Mediationsbüro] die Abrechnung für die Kooperationspartner durchführt. Betroffenenrechte wie Auskunft, Berichtigung, Löschung und Sperrung sind insoweit gegenüber der [Mediationsbüro] geltend zu machen.
Soweit vorgenannte Stellen eigenständig tätig werden, sind sie selbst für die Datenverarbeitung verantwortlich. Betroffenenrechte sind insoweit ihnen gegenüber geltend zu machen. In Zweifelsfragen können sich die Mandanten stets an die [Mediationsbüro] wenden, die sie gegebenenfalls an die zuständige Stelle verweist.
Zudem werden Mandantendaten im Rahmen einer eventuellen Veräußerung der [Mediationsbüro] oder Teilen derselben an den oder die Erwerber übermittelt.

Einwilligung
Mit der Erhebung, Verarbeitung und Nutzung der oben genannten personenbezogenen Daten zu allen vorgenannten Zwecken bin ich einverstanden. Außerdem entbinde ich die Inhaber und Beschäftigten der [Mediationsbüro] für die vorgenannten Zwecke von der Verschwiegenheitspflicht.

____

vollständiger Name
[Ort], den ____________________

____

Unterschrift

Zu beachten ist, dass die Einwilligung von jedem Betroffenen höchstpersönlich einzuholen ist. Auch ein alleinvertretungsberechtigter Geschäftsführer kann nicht die Verarbeitung der personenbezogenen Daten der Beschäftigten des Unternehmens erlauben. (Dies ist selbstverständlich nur relevant, soweit die Verarbeitung nicht durch § 32 BDSG legitimiert wird und daher keiner Einwilligung bedarf.) In Zweifelsfällen könnte außerdem eine weitere Einwilligung – etwa wegen der Verarbeitung besonderer Arten personenbezogener Daten – einzuholen sein.

e) Datensicherheit

73 Maßgebliche Voraussetzung für die Effektivität allen Datenschutzes ist eine angemessene Datensicherheit – oder weiter: eine IT-bezogene „Informationssicherheit“[101] –, die einerseits die Kenntnisnahme der Betroffenen, andererseits den Ausschluss Unbefugter garantiert.[102] Deshalb sieht § 9 S. 2 BDSG vor, dass verantwortliche Stellen alle erforderlichen „technischen und organisatorischen Maßnahmen“ treffen, um den Datenschutz zu gewährleisten. Erforderlich heißt hier, dass der „Aufwand in einem angemessenen Verhältnis zu dem angestrebten Schutzzweck“ stehen muss, S. 2. Es sind alle Maßnahmen zu ergreifen, die die „Daten vor Verlust, Beschädigung oder Missbrauch schützen sollen“.[103] Die Anlage zu § 9 S. 1 BDSG sieht umfangreiche Kontrollbefugnisse der verantwortlichen Stelle vor, die sie sich von Auftragsdatenverarbeitern vertraglich zusichern lassen muss.

f) Betroffenenrechte

74 Die §§ 33 bis 35 BDSG sehen umfangreiche Rechte der Betroffenen auf Benachrichtigung, Auskunft, Berichtigung, Löschung und Sperrung vor. Diese sind notwendige Voraussetzung, um die wirksame Selbstbestimmung – den „Selbstdatenschutz“ – bezüglich ihrer personenbezogenen Daten zu ermöglichen.[104] § 7 BDSG normiert einen eigenen Schadensersatzanspruch des Betroffenen.

g) Aufsichtsmaßnahmen

Die Landesdatenschutzbehörden können nach § 38 Abs. 3 und 4 BDSG in Verbindung mit dem jeweiligen Landesdatenschutzgesetz Auskünfte verlangen und Betriebsprüfungen vornehmen. Nach Abs. 5 können sie Maßnahmen zur Beseitigung von Verstößen anordnen und in schweren Fällen den Datenumgang untersagen.

h) Sanktionsmöglichkeiten

75 Der unzulässige Umgang mit personenbezogenen Daten kann straf- und ordnungswidrigkeitenrechtliche Folge haben. § 43 Abs. 2 Nr. 1 in Verbindung mit Abs. 3 S. 1 Alt. 2 BDSG droht für unbefugte Datenerhebungen und -verarbeitungen ein Bußgeld bis zu € 300.000 an. Bei Schädigungsabsicht ist nach § 44 Abs. 1 BDSG theoretisch eine Haftstrafe denkbar.

101 Taeger/Gabel/*Schultze-Melling* BDSG § 9 Rn. 3.
102 Roßnagel/*Roßnagel* Handbuch, Kap. 3.4 Rn. 75.
103 Gola/Schomerus/*Gola/Schomerus* BDSG § 9 Rn. 1.
104 Roßnagel/*Roßnagel* Handbuch, Kap. 3.4 Rn. 74f.

3. Vertragliche Vertraulichkeitsabrede

Das Mediationsgesetz regelt nur die Verschwiegenheit des Mediators und seiner Gehilfen, nicht aber eine **Verschwiegenheit der Parteien**. Die Absicherung der Vertraulichkeit muss daher mit den Parteien vereinbart werden. Auch von den Parteien hinzugezogene **Rechtsanwälte** (E Rn. 94) oder andere Dritte (E Rn. 92, 96) unterliegen nicht automatisch der Verschwiegenheitspflicht. Denn Anwälte sind nur hinsichtlich der Informationen ihrer Mandanten zur Verschwiegenheit verpflichtet. Informationen und Erkenntnisse der **Gegenpartei**, die ein in die Mediation einbezogener Anwalt als Parteivertreter erlangt hat, braucht er aus berufsrechtlichen Gründen nicht geheim zu halten.[105] Diese Wertung betrifft aber nur die Berufspflicht des Anwaltes. Bezüglich einer vertraglich vereinbarten Vertraulichkeitsvereinbarung greifen gegen den Anwalt bei Verstoß gegen die Abrede Schadensersatzansprüche aus § 280 BGB.[106] 76

Um die Vertraulichkeit zu gewährleisten, kann und sollte der Mediator daher auch die Vertraulichkeit der Parteien untereinander besprechen. Dazu sollte der Mediator auf die Möglichkeit einer Verschwiegenheitsvereinbarung hinweisen, die die Parteien zum Stillschweigen auch im Hinblick auf ein nachfolgendes Gerichtsverfahren verpflichtet, soweit sie sich nicht von dieser Verpflichtung wechselseitig befreien. 77

Es unterliegt der **Vertragsfreiheit** Vereinbarungen über die Vertraulichkeit zu schließen. Die Parteien können sich rechtlich zur Vornahme oder Unterlassung von Prozesshandlungen verpflichten. Grenzen sind ihnen nur durch gesetzliche Verbote, die **prozessuale Wahrheitspflicht** sowie durch die Grundsätze von **Treu und Glauben** gesetzt. Vertraulichkeitsabreden sind aber nicht für den Bereich des Strafprozesses möglich.[107] 78

Inwieweit solche prozessualen Vereinbarungen im Rahmen der Vertragsfreiheit zulässig sind, ist umstritten. Nach der ständigen Rechtsprechung des Bundesgerichtshofs ist eine vertragliche Vereinbarung, mit der sich eine Partei zu einem bestimmten prozessualen Verhalten verpflichtet, jedenfalls dann wirksam, wenn das vertraglich vereinbarte **Verhalten möglich** ist und nicht gegen ein **gesetzliches Verbot** oder gegen die **guten Sitten** verstößt.[108] Die Grenze der Wirksamkeit solcher Vereinbarungen liegt mithin nach einhelliger Meinung bei der Ausschließung unverzichtbarer Verfahrensnormen. Dazu gehört insbesondere die sittenwid- 79

---

105 Vgl. Anwaltsgericht Rostock AnwBl 2007, 716–717.

106 So auch *Greger/Unberath* § 4 Rn. 71.

107 BT-Drs. 17/5335 S. 17.

108 BGHZ 28, 45, 48 f.; BGH NJW-RR 1989, 1048, 1049, m.w.N.; BGH NJW-RR 1987, 307; BGH NJW 1984, 805; BGH WM 1973, 144; LG Berlin, Urteil vom 6.11.2008; 13 O 207/06 (juris).

rige (§ 138 BGB) oder treuwidrige (§ 242 BGB) Einengung der prozessualen Handlungsfreiheit.[109]

Eine sittenwidrige oder treuwidrige Beschränkung der Handlungsfreiheit ist in einer Vereinbarung über einen Zeugenverzicht bzw. einer nur einvernehmlichen Abgabe einer Schweigepflichtentbindung nicht zu erkennen, da sie gerade dem vertrauensvollen und offenen Verhandeln in der Mediation dient. Allerdings wird teilweise in der Literatur ein Verstoß gegen die prozessuale Wahrheitspflicht bei Parteivereinbarungen angenommen, die sich auf ein Geständnisfiktion, ein Nichtbestreiten oder ein Nichtvortragen beziehen.[110] In der Rechtssprechung werden vertragliche Abreden, bestimmte vertrauliche Tatsachen im Prozess nicht vorzutragen, dagegen grundsätzlich als wirksam erachtet.[111] Zudem wird der Verzicht auf bestimmte Beweismittel ganz überwiegend als zulässig erachtet.[112] Damit wäre auch der Verzicht auf einen konkreten Zeugenbeweis (Mediator) zulässig.[113] Nichts anderes kann für den Verzicht der den Zeugen betreffenden Schweigepflichtentbindung gelten.

80 Im **Prozess** sind prozessuale Vereinbarungen als **Einrede** geltend zu machen.[114] Eine Partei sie trotz einer entgegenstehenden Vereinbarung die prozessuale Handlung vornimmt, verhält sich treuwidrig und verstößt gegen das Verbot des venire contra factum proprium (§ 242 BGB).[115] Die Verschwiegenheitspflicht bleibt vollumfänglich bestehen, soweit keine Entbindung von der Verschwiegenheitspflicht seitens der Parteien gewährt wird. Das Gericht hat die Einrede der Vertraulichkeitsverpflichtung daher grundsätzlich zu beachten.

81 Allerdings bleibt fraglich, ob das Gericht nach richterlichem Ermessen von Amts wegen nach §§ 142, 143, 144 und 273 Abs. 2 Nr. 1, 4 ZPO Beweis über die der Vertraulichkeit unterliegenden Informationen erheben könnte. Wie *Hartmann* richtigerweise konstatiert, dürfte sich das richterliche Ermessen im Falle einer Vertraulichkeitsabrede allerdings auf Null reduziert haben, sodass über die ausgeschlossenen Beweismittel keine Beweisaufnahme angeordnet werden kann.[116]

82 Vertragliche Vertraulichkeitsverpflichtungen sollten unbedingt schriftlich abgefasst werden. Soweit eine schriftliche Abrede fehlt, hat das Gericht zwar die Möglichkeit den Mediationsvertrag nach dem mutmaßlichen Willen der Parteien auszulegen (§§ 133, 157 BGB). Wie schlussendlich die richterliche Auslegung erfolgt, ist aber schwer prognostizierbar und daher ungewiss.

---

109 Zöller/*Greger* § 128 ZPO Rn. 32.
110 So Zöller/*Greger* § 138 ZPO Rn. 5.
111 BGHZ 34, 254 (258); *Wagner* NJW 2001, 1398; *Hofmann* SchiedsVZ 2011, 148.
112 BGHZ 38, 254 (258 f.); BGHZ 109, 19 (29); RGZ 97, 57 (59); Saenger/*Saenger* Einf. 127–129.
113 Vgl. auch *Wagner* ZKM 2001, 164 (166).
114 BGH NJW 1984, 805; 86, 198; Saenger/*Saenger* Einf. 129.
115 Vgl. auch Saenger/*Saenger* Einf. 129.
116 Vgl. Haft/von Schlieffen/*Hartmann* § 27 Rn. 34.

Bei den Vertraulichkeitsabreden ist zwischen den des Mediators und den wechselseitigen Verschwiegenheitsverpflichtungen der Parteien sowie solcher von dritten Personen (etwa Parteivertreter) zu differenzieren (Muster E Rn. 91ff.). 83

4. Verschwiegenheitspflicht der „in das Mediationsverfahren eingebundenen Personen“

Auch die „in die Durchführung des Mediationsverfahrens eingebundenen Personen“ unterliegen der gesetzlichen Verschwiegenheitspflicht des § 4 Mediationsgesetz. Der Personenkreis der ist eng zu verstehen; gemeint sind „Hilfspersonen“ wie Bürokräfte oder sonstige berufliche Gehilfen die bei der Durchführung der Mediation mitwirken.[117] Nicht gemeint sind mit diesen „Hilfspersonen“ Dritte, die von den Parteien in das Verfahren einbezogen werden, wie etwa Sachverständige oder Familienangehörige und andere Personen. Gleiches gilt für die Auftraggeber der Mediation, die nicht am Mediationsverfahren direkt beteiligt sind. Solche Konstellationen finden sich oft in arbeitsrechtlichen Konfliktfällen, in denen die Mediation vom Arbeitgeber für seine Mitarbeiter in Auftrag gegeben wird. Diese Personengruppen können aber über eine Vertraulichkeitsabrede zur Verschwiegenheit verpflichtet werden. 84

5. Vertraulichkeitsverpflichtung der Parteien

Das Mediationsgesetz sieht eine Verschwiegenheitsverpflichtung für die Mediatoren und für in die Durchführung des Mediationsverfahrens eingebundene Personen vor. Für die Verschwiegenheitsverpflichtung der Parteien untereinander (E Rn. 91) fehlt auch nach Schaffung des neuen Mediationsgesetzes eine gesetzliche Regelung. 85

Die Vertraulichkeit der im Rahmen einer Mediation preisgegebenen Informationen ist daher ohne eine vertragliche Vertraulichkeitsabrede nicht gewährleistet. Der Regelung der Vertraulichkeit unter den Parteien muss detailiert geklärt werden. Ein alleiniger Hinweis auf eine Vertraulichkeitsvereinbarung im Mediationsvertrag dürfte auch wegen einer **AGB** Kontrolle nicht ausreichend sein (B Rn. 241). Ob und wenn ja was die jeweilige Partei über das Mediationsverfahren und die Inhalte nach außen geben darf, ist umfassend zu erörtern (B Rn. 10). Hinsichtlich der Vertraulichkeitsregelungen ist die rechtliche Relevanz solcher Absprachen von der für ein vertrauensvolles und faires Verhandeln weitergehende mediatorische Relevanz zu beach- 86

117 BR-Drs. 60/11, S. 24.

ten. Eine pauschale vertragliche Vertraulichkeitsabrede allein, genügt weder aus rechtlicher noch aus mediatorischer Sicht (ausführlich (E Rn. 91).

87 Vertraulichkeitsabreden der Parteien sind auf die Informationen zu beziehen, die den Parteien *durch das Mediationsverfahren* bekannt werden.

Sachvortrag und Beweismittel sollten insoweit beschränkt werden, als sie in einem ruhenden oder sich anschließenden Schieds- oder Gerichtsverfahren nicht vorgebracht werden dürfen. Die Verpflichtung sollte zudem zeitlich uneingeschränkt vereinbart werden.

88 In der Praxis wird die Beurteilung, ob Informationen erstmals in der Mediation offen gelegt wurden und damit von der Abrede erfasst sind, häufig streitig sein. Soweit es den Parteien auf die Geheimhaltung bestimmter Informationen besonders ankommt, sollten sie bei deren Offenlegung ausdrücklich auf die Geheimhaltungsbedürftigkeit hinzuweisen. Dies kann auch noch im laufenden Mediationsverfahren geschehen. Insoweit sind **schriftliche Zusatzvereinbarungen** zu treffen. Dies ermöglicht der anderen Partei rechtzeitig zu widersprechen und klarzustellen, dass sie bereits anderweitig eigene Kenntnis von den Tatsachen hatte. So kann dieser Konfliktpunkt zudem bereits im Mediationsverfahren geklärt werden.

89 Auch **Ausnahmen** von der Vertraulichkeitsabsprache können explizit geregelt werden. Wie für den Mediator gesetzlich normiert, müssen auch für die Parteien untereinander die Ausnahmen der Geheimhaltung für den Mediator des § 4 MediationG gelten, namentlich

- Informationen die zur Umsetzung der Vereinbarung oder zur Vollstreckung notwendig sind (§ 4 S. 2 Nr. 1 MediationsG),
- Informationen die aus vorrangigen Gründen der öffentlichen Ordnunung geboten sind (§ 4 S. 2 Nr. 2 MediationsG) sowie
- offenkundige Tatschen oder Tatsachen mit fehlendem Bedürfnis nach Geheimhaltung (§ 4 S. 2 Nr. 3 MediationsG).

90 Je konkreter die Vertraulichkeit ausgehandelt wird, desto vertrauensvoller kann in der Mediation verhandelt werden. Ausführliches Muster Vertraulichkeitsvereinbarung auch unter B Rn. 247.

! Muster: Einfache Vertraulichkeitsabrede

91 **Parteien**

Herr/Frau ...... und *Herr/Frau* ...... (*Namen, Adresse, ggf. Vertretungsbefugnis einfügen*) vereinbaren folgendes:

Präambel

Die Parteien möchten die zwischen ihnen bestehenden Streit- oder Konfliktthemen außergerichtlich erörtern und versuchen, diese zu lösen. Hierzu werden im Rahmen von vertraulichen Gesprächen Details zu den Konfliktthemen erörtert und es soll sichergestellt werden, dass die im Rahmen dieser Gespräche ausgetauschten Informationen vertraulich behandelt werden.

Vertraulichkeit
(1) Die Parteien verpflichten sich, allen Dritten gegenüber auch noch nach dem Ende der Mediation über alles, was sie im Laufe des Mediationsverfahrens voneinander erfahren haben, Stillschweigen zu bewahren, es sei denn, sie befreien sich von dieser Schweigepflicht. Entsprechend werden sie sich auch in etwaigen gerichtlichen Verfahren verhalten. Etwaige Ausnahmen von dieser Vertraulichkeitsabrede werden in einem gesonderten Protokoll aufgenommen.
(2) Die Parteien verpflichten sich daher auch, den Mediator nicht von seiner Schweigepflicht zu entbinden.
alternativ
(2) Die Parteien verpflichten sich, den Mediator nur gemeinsam von seiner Schweigepflicht zu entbinden.
(3) Die Parteien verpflichten sich, den Mediator in einem nachfolgenden Schiedsgerichts- oder Gerichtsverfahren nicht als Zeuge für Tatsachen zu benennen, die ihnen in Vorbereitung auf oder während des Mediationsverfahrens offenbart wurden.

6. Vertraulichkeitsverpflichtung anderer Beteiligter

a) Auftraggeber

Insbesondere in Konfliktfällen, in denen die Mediation von einem **de jure Auftraggeber** veranlasst wird (B Rn. 12), etwa durch den Arbeitgeber für die Mitarbeiter, bedarf es konkreter Abreden über die Verschwiegenheit sämtlicher Auftraggeber. Diese Fälle sind von § 4 MediationsG nicht erfasst. 92

Der Auftraggeber der Mediation möchte in der Regel erfahren, wie die Mediation verläuft. Es bedarf insoweit klarer Regelungen, ob etwas und was aus dem Mediationsverfahren an den de jure Auftraggeber weitergegeben werden soll und muss. Zum einen ist zu regeln, ob und in welchem Umfang das Ergebnis der Mediation mitgeteilt wird. Nötigenfalls müssen Vereinbarungen mit dem Auftraggeber abgesprochen werden, soweit die Umsetzung des Mediationsergebnisses nur mit Zustimmung des Auftraggebers möglich ist. Gleichzeitig muss für die Medianten gewährleistet sein, dass keine Konsequenzen durch Offenlegung von Informationen folgen.

Muster: Vertraulichkeitsabrede Auftraggeber !
Der Auftraggeber der Mediation – Herrn/Frau – ist damit einverstanden, dass die Parteien ihm gegenüber sowohl über den Ablauf des Verfahrens und der im Laufe des Verfahrens bekanntgewordenen Inhalte sowie sämtlicher abgegebener Erklärungen Stillschweigen bewahren. 93
Der Auftraggeber wurde darüber belehrt, dass auch der Mediator ihm gegenüber zur Verschwiegenheit über Ablauf und Inhalt des Mediationsverfahrens verpflichtet ist.
Die Verpflichtung zur Verschwiegenheit gilt nicht für solche Informationen, die vor der Mitteilung einer Partei öffentlich zugänglich waren oder geworden sind oder einer Partei vor Offenbarung durch die andere Partei ohne Verpflichtung zur vertraulichen Behandlung zur Verfügung standen.
Der Auftraggeber sichert den Parteien zu, dass etwaige ihm gegenüber bestehende Mitteilungspflichten *(möglichst konkret bezeichnen, etwa Berichtspflicht des Arbeitnehmers gegenüber Arbeitgeber)* unwiderruflich ausgesetzt werden.

Datum, Unterschrift Auftraggeber

b) Rechtsanwälte

94 Der Anwalt als Parteivertreter ist gegenüber seinem Mandanten nach anwaltlichem Berufsrecht zur Verschwiegenheit verpflichtet (§ 43a II BRAO).

Allerdings muss er Informationen und Erkenntnisse der **Gegenpartei**, die er als in das Mediationsverfahren einbezogener Parteivertreter erlangt hat, nicht geheim zu halten.[118] Denn eine Berufspflicht könne nur aus dem Gesetz oder aus der Berufsordnung folgen, nicht jedoch aus einer Parteivereinbarung, so das Anwaltsgericht Rostock.[119] Und eine gesetzlich normierte Berufspflicht, aufgrund derer die Offenbarung eines Geheimnisses des Gegners verboten ist, gebe es nicht. Die Ausweitung der Geheimhaltungspflicht auf ein Drittgeheimnis würde – so das Anwaltsgericht Rostock – dazu führen, dass dem Rechtsanwalt die Wahrnehmung seiner vornehmlichen Aufgabe, nämlich die Vertretung der Interessen seines Mandanten, verwehrt werde.[120]

95 Allerdings sind auch für Anwälte in der Mediation Vertraulichkeitsabreden außerhalb des Berufsrechtes bedeutsam. Soweit sie sich zur Vertraulichkeit verpflichten und dennoch Inhalte des Mediationsverfahrens preisgeben, haften sie nach § 280 BGB.

! **Muster: Vertraulichkeitsabrede Parteivertreter**

Der Parteivertreter – Herrn/Frau Rechtsanwalt – der Mediationspartei – Herrn/Frau – sowie der Parteivertreter der Mediationsparty – Herrn/Frau Rechtsanwalt – nehmen mit Zustimmung beider Parteien an der heutigen Mediationssitzung (Datum) teil.

Er/Sie verpflichten sich, über den Ablauf des Verfahrens und der Inhalte sowie sämtlicher abgegebener Erklärungen Stillschweigen zu bewahren. Die Verschwiegenheit erstreckt sich auch auf ein etwaiges Gerichts- oder Schiedsgerichtsverfahren zwischen den Parteien oder zwischen ihm/ihr und einer Partei des Mediationsverfahrens. Die Parteivertreter verpflichten sich insbesondere, die in der Mediationssitzung erlangten Kenntnisse in einem etwaigen Gerichts- oder Schiedsgerichtsverfahren nicht zu Lasten der Gegenparteien zu verwenden.

Die Parteien verpflichten sich, nach einer gescheiterten Mediation den *(Rechtsanwalt/Name der Parteivertreter)* nicht als Zeugen in einem Gerichts- oder Schiedsverfahren zu benennen.

Datum, Unterschrift Parteien und Parteivertreter

---

c) Sonstige Dritte

96 Neben Parteivertretern sind auch andere **Beistände** (wie Familienangehörige oder andere Vertraute), **Berater** und **Sachverständige** Dritte im Sinne von § 2 IV Media-

118 Vgl. Anwaltsgericht Rostock AnwBl 2007, 716–717.

119 Anwaltsgericht Rostock AnwBl 2007, 716–717; *Hartung* Einf. Rn. 16–26 m.w.N.

120 Anwaltsgericht Rostock AnwBl 2007, 716–717.

tionsG.[121] Soweit die Mediation von einem **de jure Auftraggeber** beauftragt wird (B Rn. 12), ist auch er Dritter im Sinne von § 2 IV MediationsG.

Muster: Vertraulichkeitsabrede Dritter !

Herrn/Frau nimmt mit Zustimmung der Parteien an der heutigen Mediationssitzung (Datum) teil. 97
Er/Sie verpflichtet sich, über den Ablauf des Verfahrens und der Inhalte sowie sämtlicher abgegebener Erklärungen Stillschweigen zu bewahren. Die Verschwiegenheit erstreckt sich auch auf ein etwaiges Gerichts- oder Schiedsgerichtsverfahren zwischen den Parteien oder zwischen ihm/ihr und einer Partei des Mediationsverfahrens.

Die Verpflichtung zur Verschwiegenheit gilt nicht für solche Informationen, die vor der Mitteilung einer Partei öffentlich zugänglich waren oder geworden sind oder einer Partei vor Offenbarung durch die andere Partei ohne Verpflichtung zur vertraulichen Behandlung zur Verfügung standen.

Die Parteien verpflichten sich, nach einer gescheiterten Mediation den *(Name des Dritten)* nicht als Zeugen in einem Gerichts- oder Schiedsverfahren zu benennen.

Datum, Unterschrift Parteien und Dritter

II. Ausnahmen von der Verschwiegenheitspflicht

Das Mediationsgesetz regelt in § 4 S. 3 Nr. 1–3 MediationsG einige Ausnahmen von der 98
Verschwiegenheitspflicht. Nicht explizit geregelt ist die Durchbrechung der Verschwiegenheit wegen vorrangiger Interessen des Mediators. Solche schutzwürdigen Interessen können beispielsweise in der Durchsetzung von **Honoraransprüchen** gesehen werden.[122] Dem Mediator ist insoweit auch gestattet in einem Gerichtsverfahren zur Durchsetzung seiner Honorarforderung Tatsachen vorzutragen, die grundsätzlich der Verschwiegenheit unterliegen.[123] Eine Partei, die einen Mediator in einen Honorarprozess zwingt, bringt den Interessenkonflikt des Mediators zwischen ihm zustehender Durchsetzung seiner Honoraransprüche und seiner Verschwiegenheitspflicht erst zu Tage.[124] Dies gilt aber nur, soweit es für die Durchsetzung der Ansprüche **erforderlich** ist, wobei das Das Erfordernis weit auszulegen ist.[125] Der Mediator darf zur Durchsetzung seiner Honoraransprüche den ihm sinnvollsten Weg aus wählen.

---

121 **A.A.** *Fritz/Pielsticker* § 4 Rn. 18 bezüglich „Fachpersonal, deren Rat/Information der Mediator einholt".

122 Siehe auch *Greger/Unberath* § 4 Rn. 20 f.

123 In diesem Sinne für Arzt: OLG München, Urteil vom 16.5.2013 – 1 U 4156/12 –, (juris).

124 So in Bezug auf Verschwiegenheitspflicht des Rechtsanwalts: *Hartung/Römermann* § 2 Rn. 43; Henssler/Prütting/*Eylmann* § 43a BRAO Rn. 80; In Bezug auf Steuerberater LG Köln DStRE 2011, 1303–1304.

125 So in Bezug auf Verschwiegenheitspflicht des Rechtsanwalts: *Hartung/Römermann* § 2 Rn. 43; Henssler/Prütting/*Eylmann* § 43a BRAO Rn. 80; In Bezug auf Steuerberater LG Köln DStRE 2011, 1303–1304.

99 Auch zur Verteidigung gegen **strafrechtliche Vorwürfe** stehen die Interessen des Mediators gegenüber der Verschwiegenheitspflicht im Vordergrund. Gleiches gilt für die Abwehr von Haftpflichtansprüchen.[126] Die Verschwiegenheitspflicht muss auch für **berufsrechtliche Verfahren** zurücktreten.

100 In einem berufsrechtlichen Verfahren ist der **Anwaltsmediator** gemäß § 56 I Satz 1 BRAO verpflichtet, dem Vorstand der **Rechtsanwaltskammer** Auskunft zu geben und auf Verlangen seine Handakten vorzulegen. Allerdings muss und darf er nur das im Rahmen der Auskunftserteilung „Erforderliche" offenbaren.[127] Er verletzt daher seine Verschwiegenheitspflicht, wenn er dem Kammervorstand Auskünfte gibt, die nicht angefragt und nicht notwendig sind.

1. Zur Umsetzung der Vereinbarung oder zur Vollstreckung *(§ 4 S. 3 Nr. 1 MediationsG)*

101 Die in § 4 MediationsG verankerte Verschwiegenheitspflicht gilt dann nicht, wenn die Offenlegung für die Umsetzung der Mediationsvereinbarung oder deren Vollstreckung erforderlich ist. Die Konstellationen, die eine Offenlegung zur **Umsetzung der Vereinbarung** notwendig machen, können sehr unterschiedlich ausfallen. Beispielsweise könnte bei Missverständnissen über die Auslegung der jeweils übernommen Verpflichtung der Parteien eine vertrauliche Auskunft des Mediators notwendig sein.[128] Haben sich die Parteien allerdings vertraglich verpflichtet, den Mediator nicht als Zeugen zu benennen, so müssen sie diese Verpflichtung vom Grundprinzip auch zur Umsetzung der Vereinbarung aufheben.

102 Eine Offenlegung vertraulicher Inhalte ist auch zur **Vollstreckung** möglich. Zwar ist die Mediationsvereinbarung nicht per se vollstreckbar, sondern wie jeder privatrechtliche Vertrag oder Vergleich nötigenfalls einzuklagen, um eine Vollstreckung zu erreichen. Sie kann aber durchaus nach den allgemeinen Vorschiften der §§ 794 ff., 796a ff. ZPO auch ohne gerichtliches Verfahren für vollstreckbar erklärt werden. Dies ist in der Praxis allerdings eher die Ausnahme. Nach § 796a ZPO kann nur ein von einem Rechtsanwalt im Namen und mit Vollmacht der von ihnen vertretenen Parteien abgeschlossener Vergleich auf Antrag einer Partei für vollstreckbar erklärt werden, wenn sich der Schuldner darin der **sofortigen Zwangsvollstreckung** unterworfen hat und der Vergleich unter Angabe des Tages seines Zustandekommens bei dem zuständigen einem Amtsgericht niedergelegt ist.

126 Siehe auch *Greger/Unberath* § 4 Rn. 20 f.

127 Hartung/Römermann/*Scharmer* § 56 BRAO Rn. 38.

128 *Greger/Unberath* § 4 Rn. 14.

2. Ordre public (§ 4 S. 3 Nr. 2 MediationsG)

Der in § 4 MediationsG verankerte Grundsatz zur Verschwiegenheitspflicht kann durchbrochen werden, wenn Gründe des „ordre public“[129] entgegen stehen. § 4 Satz 3 Nummer 2 MediationsG ist enger gefasst als die Richtlinienvorgabe. Es geht um den Schutz der Grundwerte unserer Rechtsordnung.[130] Diese Ausnahmeregelung verhindert, dass die Verschwiegenheitspflicht zu Ergebnissen führt, die von der Werteordnung insbesondere der Grundrechte, nicht mehr getragen sind.[131] 103

So definiert etwa das OLG Frankfurt, dass zum ordre public „alle Vorschriften des zwingenden Rechts, die der Gesetzgeber in einer die Grundlagen des staatlichen oder wirtschaftlichen Lebens berührenden Fragen aufgrund bestimmter staatspolitischer oder wirtschaftlicher Anschauungen und nicht nur aus bloßen Zweckmäßigkeitserwägungen heraus geschaffen hat“ gehören; „ferner auch diejenigen Vorschriften, deren Nichtbeachtung mit elementaren Gerechtigkeitsvorstellungen in Widerspruch stehen würden“[132] Die Grundrechte so das OLG Frankfurt gehören zum Kern des ordre public, so dass ein Schiedsspruch, der eine Bestimmung des Grundrechtskataloges innerhalb ihres Geltungsbereiches nicht oder falsch anwendet, im Zweifel ordre-public widrig ist.[133] Im Kontext des § 4 MediationsG geht es um die Frage inwieweit Inhalte aus dem Verfahren trotz Verschwiegenheitspflicht des Mediators ausnahmsweise Preis gegeben werden dürfen, insbesondere um eine Gefahr von einer Person abzuwenden. Daher muss die Durchbrechung der Schweigepflicht auch **geboten** sein. 104

Ausdrücklich aber nur beispielhaft gesetzlich erwähnt sind Umstände die auf eine erhebliche **Kindeswohlgefährdung** schließen lassen. Hier kann die Offenlegung indiziert sein, um beispielsweise dem Jugendamt oder der Polizei die Möglichkeit des Eingriffs zu geben. [134] Die Voraussetzungen sind in der Ausnahmeregelung des § 4 S. 3, Nr. 2 MediationsG enger als die Eingriffsschwelle des § 1666 BGB, da der Mediator, anders als das Familiengericht, vorrangig den Parteien und nicht dem Kindeswohl verpflichtet ist.[135] 105

Auch von der Ausnahmeregelung des ordre public namentlich erfasst sind schwerwiegende Beeinträchtigungen der physischen oder psychischen Integrität 106

---

129 Art. 6 EGBGB.
130 *Fritz/Pielsticker* § 4 Rn. 32 ff.
131 Ordre public bei Schiedssprüchen BT-Drs. 13/5274, s. 59.
132 OLG Frankfurt, Beschluss v. 17.2.2011, 26 Sch 13/10 (juris).
133 OLG Frankfurt, Beschluss v. 17.2.2011, 26 Sch 13/10 (juris); vgl. auch Zöller/*Geimer* § 1059 ZPO Rn. 64.
134 BT-Drs. 60/11, S. 24.
135 BT-Drs. 60/11, S. 24/25.

einer Person. Fälle der **Misshandlung** der anderen Partei oder andere Personen wie Angehörige der Partei, etwa Kinder, sind hiervon erfasst.[136]

107 Die im Gesetz beispielhaft („insbesondere“) aufgeführten Fallgruppen geben das Maß für andere Ausnahmefälle vor. Auch die **Ankündigung schwerer Straftaten** im Sinne des Straftatenkataloges des § 138 StGB führt zu einer Durchbrechung der Verschwiegenheitspflicht, da zum einen die Offenlegung der Umstände gegenüber der Polizei eine schwere Straftat verhindern könnte. Dies ist auch Sinn und Zweck der strafbewehrten Pflicht des § 138 StGB. Der Mediator macht sich selbst strafbar, wenn er eine solche geplante Straftat nicht anzeigt. Die Anzeigepflicht betrifft aber nach § 138 StGB nur noch im Planungsstadium befindliche Katalogstraftaten (Hochverrat, Landesverrat, Geld- und Wertpapierfälschung, Mord, Totschlag, Völkermord, Verbrechen gegen die Menschlichkeit, Kriegsverbrechen, Straftaten gegen die persönliche Freiheit, Raub, Erpressung, gemeingefährliche Straftaten).

108 Allein die Tatsache, dass der Mediator von bereits durchgeführten **Straftaten** Kenntnis erlangt, rechtfertigt nicht per se die Durchbrechung der Verschwiegenheitspflicht und führt nicht zu einer Anzeigepflicht der bereits begangenen Straftat. Allerdings muss der Mediator prüfen, ob er in Kenntnis dieser Umstände die Mediation weiter durchführen kann, ohne seine Neutralität und Unabhängigkeit zu gefährden.

109 Ob auch andere Anzeigepflichten etwa aus dem im Verwaltungsrecht herzuleitende Anzeigepflichten bezüglich der **Gefährdung von Rechtsgütern** einer größeren Allgemeinheit als Ausnahme der Verschwiegenheitspflicht in Rede stehen können, ist wegen der Ausnahmeregelung des § 4 S. 3 Nr. 2 MediationsG eng auszulegen. **Meldepflichten** des Arztes für ansteckende Krankheiten sind nach dem Infektionsschutzgesetz zu melden.

Zudem besteht etwa eine Anzeigepflicht aus dem Tierseuchenrecht bei Verdacht des Vorliegens von Tollwut, Maul- und Klauenseuche, BSE, oder anderen anzeigepflichtigen Tierseuchen. Der zur Anzeige verpflichtete Personenkreis bezieht sich aber nur auf Tierhalter oder Personen, die professionell in Tierbeständen arbeiten, da nur diese Personengruppe solche Gefahren fachgerecht einschätzen kann. Dennoch kann im Einzelfall die Kenntniserlangung solcher Umstände für den Mediator eine Durchbrechung der Verschwiegenheitspflicht rechtfertigen, um eine Allgemeingefährdung zu verhindern. Gleiches gilt für meldepflichtige Infektionskrankheiten beim Menschen.

110 Weitere Voraussetzung für die Ausnahmeregelung ist, dass die Offenbarung der im Mediationsverfahren bekanntgewordenen Tatsachen **„geboten“** ist.[137] Die Offenlegung muss daher dass letzte Mittel sein, um die jeweilige Beeinträchtigung abwenden zu können. Im Vordergrund der Vorschrift steht daher der Gedanke, dass

---

136 *Fritz/Pielsticker* § 4 Rn. 37.

137 Siehe auch *Greger/Unberath* § 4 Rn. 15.

durch die Durchbrechung der Verschwiegenheitspflicht schwere Beeinträchtigungen von Personen abgewendet werden können.[138]

Vor der Offenbarung der Tatsachen sollte der Mediator mit den Parteien auf die beabsichtigte Weitergabe von Informationen **hinweisen** und eine andere Lösung anstreben. Wenn der Mediator mit den Parteien allerdings nicht zu einer Beendigung des beeinträchtigenden Zustands kommt oder etwa die Erziehungsberechtigten bei Kindeswohlgefährdungen auch nach Hinweis des Mediators nicht bereit sind die Gefährdungslage zu beseitigen, ist der Umstand offenzulegen. 111

3. Offenkundige Tatsachen oder Tatsachen mit fehlendem Bedürfnis nach Geheimhaltung *(§ 4 S. 3 Nr. 3 MediationsG)*

Die Verschwiegenheit gilt nach § 4 S. 3 Nr. 3 MediationsG nicht für Tatsachen, die offenkundig sind oder ihrer Bedeutung nach keiner Geheimhaltung bedürfen. Für die Frage was eine offenkundige Tatsache ist, kann § 291 ZPO herangezogen werden, wonach Tatsachen, die bei Gericht offenkundig sind, keines Beweises bedürfen. Offenkundig ist danach eine Tatsache, die der Allgemeinheit ohne besondere Fachkunde bekannt ist (allgemeinkundig). **Allgemeinkundig** ist eine Tatsache, wenn sie generell oder in einem bestimmten Bereich einer beliebig großen Zahl von Personen bekannt oder zumindest wahrnehmbar ist oder man sich jederzeit durch Benutzung allgemein zugänglicher Quellen sicher unterrichten kann.[139] Dazu gehören Quellen wie Zeitung, Rundfunk, Fernsehen, Adressbücher, Bibliotheken, Kalender, Fahrpläne, allgemein zugängliche Internetseiten. Auch bestimmte örtliche Gegebenheiten oder Gebräuche, etwa der Zeitpunkt für Feste (Weihnachten, Ostern usw.) können offenkundig sein. Maßgebend ist allerdings, dass die Tatsache nicht nur dem Mediator sondern der Allgemeinheit bekannt ist.[140] 112

Fehlende Geheimhaltungsbedürftigkeit von Tatsachen liegt vor, wenn deren Bekanntwerden **keine Beeinträchtigung** der Parteien zur Folge hat. Maßgeblich ist der Wille der Partei, nicht des Mediators. Auch wenn also aus der Sicht des Mediators keine Geheimhaltungsbedürftigkeit besteht, geht die subjektive Sicht der Partei vor. An einer Geheimhaltungspflicht kann es etwa fehlen, wenn Umstände aus dem Mediationsverfahren in anonymisierter Form zur Falldokumentation oder Supervison verwendet werden.[141] 113

---

138 *Fritz/Pielsticker* § 4 Rn. 33.
139 BVerfGE 10, 177.
140 Siehe auch Zöller/*Greger* § 291 Rn. 1.
141 So auch *Greger/Unberath* § 4 Rn. 19.

III. Informationspflichten des Mediators *(§ 4 S. 4 MediationsG)*

114 Der Mediator hat die Parteien über seine Verschwiegenheitspflicht zu informieren (§ 4 I S. 4 MediationsG). Wie diese **Information** zu erfolgen hat, ist nicht gesetzlich geregelt. Eine bestimmte Form ist daher nicht erforderlich, aber empfehlenswert.[142] Die Information hat zum einen den Umfang und Reichweite der Verschwiegenheit zu umfassen, aber auch die Ausnahmen von der Verschwiegenheit und die Möglichkeit der Entbindung von der Schweigepflicht (C Rn. 74, E Rn. 9).

Muster: Information über Verschwiegenheitspflicht

115 Der Mediator hat die Parteien darüber informiert, dass er nach § 4 MediationsG zur Verschwiegenheit verpflichtet ist. Zur Verschwiegenheit verpflichtet sind auch die in die Durchführung des Mediationsverfahrens eingebundenen Personen, wie insbesondere die Bürokräfte des Mediators. Diese Personen wurden vom Mediator entsprechend belehrt und zur Verschwiegenheit verpflichtet.

Die Verschwiegenheitspflicht bezieht sich auf alles, was dem Mediator und den zur Durchführung des Mediationsverfahrens eingebundenen Personen in Ausübung der Mediation bekannt geworden ist. Dazu gehören auch Informationen, die in der Vertragsanbahnung sowie im Vorgespräch bekannt geworden sind. Die Verschwiegenheitspflicht erfasst ebenso Informationen bezüglich der Parteien wie Inhalte des Verfahrens.

Soweit aus dem Ursprungsberuf weitere Verschwiegenheitsrechte/Pflichten bestehen, sind auch diese zu erörtern.

Der Mediator hat mit den Parteien erörtert, dass die Möglichkeit zur Entbindung von der Schweigepflicht besteht.

Die Parteien können sich verpflichten, die Möglichkeit zur Schweigepflichtsentbindung auszuschließen oder einzuschränken *(solche vertraglichen Regelungen sind zu empfehlen B Rn. 246, 247).*

Der Mediator hat die Parteien auf die gesetzlichen Ausnahmen des § 4 S. 3 Nr. 1–3 MediationsG zur Verschwiegenheit hingewiesen. Die Verschwiegenheitspflicht gilt dann nicht, wenn

- die Offenlegung des Inhaltes der im Mediationsverfahren erzielten Vereinbarung zur Umsetzung oder der Vollstreckung der Vereinbarung erforderlich ist,
- die Offenlegung aus vorrangigen Gründen der öffentlichen Ordnung geboten ist (etwa Kindeswohlgefährdung, Ankündigung schwerer Straftaten)
- es sich um offenkundige Tatsachen handelt oder um Tatsachen, die ihrer Bedeutung nach keiner Geheimhaltung bedürfen.

Ort, Datum, Unterschriften

Checkliste: Verschwiegenheitspflicht § 4 MediationsG

116 **Personengruppe:**

Verpflichtete: Mediatoren und in die Durchführung des Mediationsverfahrens eingebundene Personen (Hilfskräfte des Mediators wie Bürokraft). Es ist anzuraten, dass der Mediator seine Hilfskräfte nochmals ausdrücklich darüber belehrt. Für Rechtsanwälte siehe § 2 IV BORA. Keine Hilfskräfte sind Hospitanten oder Praktikanten. Soweit sie nach Zustimmung durch die Parteien am Mediationsverfahren teilnehmen, ist mit ihnen eine gesonderte Vertraulichkeitsabrede zu verfassen.

142 Auch *Fritz/Pielsticker* § 4 Rn. 48.

Berechtigte: Parteien der Mediation sowie de jure Auftraggeber und eingebundene Personen

Reichweite:
- Vertragsanbahnungen (bereits die Anfrage nach einer Mediation)
- Ort, Zeit und Dauer der Verhandlungen,
- teilnehmende Personen,
- einbezogene Dritte,
- Ablauf des Verfahrens,
- gesprochener Inhalt (wie mündliche Auskünfte, Mitteilungen, Erklärungen jeder Art),
- schriftlicher Inhalt (wie überreichte Unterlagen),
- vom Mediator erteilte Belehrungen,
- Protokolle und andere Aufzeichnungen über das Verfahren,
- auch Aufzeichnungen von Inhalten auf Flipchartpapier, Moderationskarten o.ä. oder deren fotodigitalisierte Inhalte.

Verschwiegenheitspflicht darf auch nicht für **Fortbildungs- oder Supervisionszwecken** durchbrochen werden, soweit keine Entbindung von der Schweigepflicht oder mit den Parteien etwas anderes vereinbart wurde. Fortbildung- oder Supervision ist aber in anonymisierter Form möglich.

Dauer: unbegrenzt
- **Vor der Mediation**
  Vertragsanbahnungsgespräche
- **Während der Mediation**
  Inhalt der Mediationsgespräche und Verhandlungsverlauf
- **Nach der Mediation**
  Zeugnisverweigerungsrecht über die in der Mediation anvertrauten Inhalte und den Verhandlungsverlauf
- Grundsätzlich auch über den **Tod des Vertrauensgebers** hinaus.
- Auch nach **Beendigung der Berufstätigkeit** des Mediators

Verschwiegenheit und Prozessrecht !
§ 383 I Nr. 6 ZPO Zeugnisverweigerungsrecht im Zivilprozess für alle Mediatoren, soweit keine Entbindung von der Schweigepflicht oder vertraglicher Ausschluss zur Schweigepflichtsentbindung. 117
§ 53 StPO Zeugnisverweigerungsrecht im Strafprozess, nur für die dort genannten Berufsgruppen und nur soweit die Tätigkeit als Mediator gesetzlich zum Berufsbild des Ursprungsberufs gehört (Rechtsanwalt § 18 BORA, Notar § 24 I S. 1 BnotO).
Grenzen: geplante schwerwiegende Straftaten, die nach § 138 StGB eine Anzeigepflicht vorsehen.

Ausnahmen von der Verschwiegenheitspflicht des § 4 MediationsG !
- schutzwürdigen Interessen des Mediators 118
  (etwa Durchsetzung Honorarforderungen, zur Verteidigung bei straf- oder berufsrechtlichen Vorwürfen, zur Abwehr von Haftpflichtforderungen, zur Einleitung Strafverfahren gegen Partei soweit Mediator Geschädigter)
- zur Umsetzung der Vereinbarung
- orde public (etwa Kindeswohlgefährdung, Misshandlung von Personen, geplante schwere Straftaten § 138 StGB, Gefährdung der Allgemeinheit)
- fehlende Geheimhaltungspflicht

Verletzung der Verschwiegenheit

- **Strafbarkeit** wegen Verletzung von Privatgeheimnissen nach § 203 StGB, soweit das Geheimnis dem Mediator in Ausübung der beruflichen Tätigkeit als Angehöriger der genannten Berufsgruppe anvertraut wurde. § 203 StGB schützt das spezifischem Vertrauensverhältnis in der Situation des Anvertrauens eines Geheimnisses. Daher muss das anvertraute Geheimnis im berufsspezifischen Bereich mitgeteilt worden sein. Hier ist auf das „übliche Berufsbild" in der konkreten Ausgestaltung und auf die Tätigkeit im Einzelfall abzustellen.[143]
- **Zivilrechtliche Haftung**
  - **Schadensersatz** § 280 I BGB, soweit Schaden nachweisbar,
  - **Kreditschädigung** bei Preisgabe vertraulicher Informationen
  - **Unterlassungsanspruch**, wenn weitere

---

143 *Fischer* § 203 StGB Rn. 7.

F. Auswirkungen auf Verjährungsvorschriften

Für die Parteien ist es wichtig, dass durch ein Mediationsverfahren eventuelle Rechtsansprüche nicht verjähren. Denn soweit die Mediation scheitert, stehen nötigenfalls gerichtliche Schritte zur Durchsetzung von Ansprüchen an. Je nach betroffenem Rechtsgebiet gibt es unterschiedliche Regelungen über die Verjährung. Der Mediator ist daher gehalten, die Parteien darauf hinzuweisen, sich bezüglich eventuell bestehender Rechtsansprüche getrennt voneinander anwaltlich beraten zu lassen B Rn. 29ff. Die Parteien können durch eine Vereinbarung auch die Verjährungsfristen verlängern. 1

Eine spezielle auf das Mediationsverfahren zugeschnittene Vorschrift für die Hemmung der Verjährung **zivilrechtlicher Ansprüche** – wie etwa für das Schiedsverfahren in § 205 Nr. 11 BGB gibt es nicht.

Der Ablauf der Verjährungsfirst wird nach der allgemeinen Vorschrift des § 203 BGB gehemmt, solange nämlich „zwischen dem Schuldner und dem Gläubiger **Verhandlungen über den Anspruch** oder die den Anspruch begründenden Umstände" schweben. Die Verjährung ist durch die Verhandlungen solange gehemmt, bis eine Partei die Fortsetzung der Verhandlungen verweigert. Ob und wie lange solche Verhandlungen schweben ist mithin im Einzelfall genau zu prüfen. Daher ist es wichtig für das Mediationsverfahren Beginn und Ende genau zu bestimmen und insbesondere auch eine Beendigung der Mediation schriftlich festzuhalten. Die Verjährung tritt sodann frühestens drei Monate nach dem Ende der Hemmung (§ 203 S. 2 BGB). 2

Eine weitere Hemmung der Verjährung über den Anspruch ist dann nur noch durch Rechtsverfolgung möglich, wie **Klageerhebung**, Zustellung des **Mahnbescheids**, Zustellung des Antrags auf Durchführung eines **selbständigen Beweisverfahrens**, Anmeldung des Anspruchs im Insolvenzverfahren usw. (§ 204 BGB). 3

Darüber hinaus sind klarstellende mediationsvertragliche Regelungen über die Verjährung zu empfehlen.

Soweit bereits laufende Gerichtsverfahren zum **Ruhen** gebracht werden (B Rn. 68), ist zu beachten, dass die Wirkung der Hemmung der Verjährung durch Klageerhebung (§ 204 I Nr. 1 BGB) nach Ablauf von sechs Monaten nach der letzen Verfahrenshandlung (§ 204 II BGB) – hier der Anordnung des Ruhens des Verfahrens – endet. Allerdings können die Parteien Vereinbarungen zur weiteren Verjährungshemmung treffen. Zudem wirkt nach § 203 BGB – solange die Mediationsverhandlungen schweben – die Hemmung der Verjährung fort. 4

Muster: Verzicht auf die Einrede der Verjährung !

Die Parteien verzichten bezüglich aller wechselseitigen Ansprüche, die Gegenstand des Mediationsverfahrens sind, bis zum Ablauf von drei Monaten nach der Beendigung des Mediationsverfahrens auf die Erhebung der Einrede der Verjährung. 5

Definition: Verjährung

6 Allgemeine Vorschriften zur Verjährung zivilrechtlicher Rechtsansprüche: §§ 194–218 BGB
Verjährung bedeutet, dass für die Durchsetzbarkeit eines Anspruchs ein zeitlicher Ablauf bestimmt ist (beispielsweise der Anspruch des Arbeitnehmers auf Zahlung des Gehaltes gegen den Arbeitgeber). Ein verjährter Anspruch besteht zwar weiterhin fort, er ist aber nicht mehr gerichtlich durchsetzbar, wenn der Schuldner die **Einrede der Verjährung** erhebt. Der Schuldner kann also die Leistung dauerhaft verweigern. Eine Einrede wird im Gerichtsprozess allerdings nur berücksichtigt, wenn der Schuldner sie vorträgt. Der Schuldner muss also aktiv werden, indem er die Einrede erklärt „Hiermit erheb ich die Einrede er Verjährung".

Die regelmäßige Verjährung zivilrechtlicher Ansprüche beträgt drei Jahre (§ 195 BGB), die im Katalog des § 197 I BGB aufgezählten Ansprüche verjähren in dreißig Jahren (etwa vollstreckbare Titel C Rn. 317 ff.). Es gibt zahlreiche Sondervorschriften zur Verjährung (etwa § 438 BGB, Gewährleistungsansprüche im Kaufrecht). Auch in allen anderen Rechtsgebieten wie etwa im Verwaltungsrecht, Sozialrecht oder Strafrecht gibt es spezielle Verjährungsfristen.

Die regelmäßige Frist für zivilrechtliche Ansprüche beginnt **nach** § 199 I BGB mit dem Schluss des Jahres, in dem der Anspruch entstanden ist und der Gläubiger von den den Anspruch begründenden Tatsachen Kenntnis erlangt hat. Die Höchstfrist der Verjährung unabhängig von Anspruchsentstehung und Kenntnis des Gläubigers in §§ 199 II–IV BGB geregelt.

Soweit der Gläubiger verhindern will, dass sein Anspruch verjährt, muss er die Verjährungsfrist hemmen (§§ 203–208 BGB), etwa durch Klageerhebung (§ 204 BGB) oder auch durch **Verhandeln über den Anspruch § 203 BGB** (Mediation). Die Hemmung hat die Wirkung, dass die Hemmungsfrist nicht in de Verjährungsfrist gerechnet wird (§ 209 BGB). Die Verjährung liegt „auf Eis". Wenn die Hemmung endet, läuft die Verjährung weiter.

Die Verjährung beginnt nach § 112 BGB neu zu laufen, wenn der Schuldner gegenüber dem Gläubiger einen Anspruch durch Abschlagszahlung, Zinszahlung, Sicherheitsleistung oder in einer anderen Weise anerkennt oder eine gerichtliche oder behördliche Vollstreckungshandlung vorgenommen oder beantragt wird.

Die zivilrechtlichen Regelungen zur Hemmung der Verjährung sind auch auf öffentlich-rechtliche Forderungen anwendbar, soweit keine eigenen verwaltungsrechtlichen Regelungen bestehen (§ 53 VwVfG).

7 Gesetzlich oder vertraglich geregelte **Ausschlussfristen** (etwa Kündigungsschutzklage im Arbeitsrecht) unterliegen anders als die Verjährungsfristen nicht der Dispositionsfreiheit der Parteien. Sie können daher durch Verhandlungen über den Anspruch nicht hinausgezögert werden. Auch können keine vertraglichen Vereinbarungen zur Verlängerung einer gesetzlichen Ausschlussfrist getroffen werden.

G. Haftungsfragen

I. Wann haftet ein Mediator?

Durch den Auftrag zur Durchführung einer Mediation, den der Mediator annimmt, entsteht ein Vertrag zur Durchführung einer Mediation oder kurz Mediationsvertrag.[1] Dieser Mediationsvertrag kann sowohl durch eine schriftliche als auch durch eine mündliche Absprache entstehen, es besteht keine Pflicht zur Wahrung einer Schriftform. Ob mündlich oder schriftlich – in jedem Fall entstehen aus der Vereinbarung zur Durchführung einer Mediation für alle Parteien der Vereinbarung (also für den Mediator und die Konfliktparteien) Pflichten, und aus der Verletzung einer Pflicht kann eine Haftung entstehen. 1

Praxistipp: wie kommt ein Mediationsvertrag zustande !

Ein Vertrag kommt grundsätzlich durch übereinstimmende Willenserklärungen zustande, nämlich durch Angebot und Annahme. So würde ein Mediator beispielsweise in einem Gespräch anbieten: „Ich führe eine Mediation zum Preis von 200 € je Zeitstunde zuzüglich Auslagen und Mehrwertsteuer durch." Und die Parteien würden antworten: „das erscheint uns attraktiv, Sie sind uns sympathisch und wirken kompetent, wir möchten bei Ihnen unseren Konflikt im Zusammenhang mit unserem Gesellschaftsvertrag klären." Nun würden noch Zeit und Ort vereinbart werden, und was sodann statt findet, würde infolge einer mündlichen Vereinbarung zur Durchführung einer Mediation ablaufen. In der Regel genügt nämlich die mündliche Übereinstimmung für einen Vertrag, es würde sogar durch schlüssiges Verhalten ein Vertrag zu Stande kommen können – was für die Durchführung einer Mediation unwahrscheinlich ist. Verträge müssen nur dann schriftlich vereinbart werden, wenn es ein entsprechendes Formerfordernis (Schriftformerfordernis) gibt. Für einen Mediationsvertrag reicht eine mündliche Vereinbarung. Gleichwohl ist es in jedem Fall ratsam, einen Mediationsvertrag schriftlich zu vereinbaren. Sowohl zur Verdeutlichung des Inhalts für alle Vertragsparteien als auch zur gelegentlichen Rückversicherung des Inhalts im Laufe der Mediation und schließlich zum Nachweis der Vereinbarung. Auch kann der Mediator – und das ist im Kontext einer möglichen Haftung wichtig – in der schriftlichen Vereinbarung zur Durchführung der Mediation seinen Hinweispflichten nachkommen (vgl. aber B Rn. 244: Der Mediator muss darüber hinaus die Parteien an passender Stelle informieren).

Verletzt der Mediator schuldhaft seine Pflicht(en) gegenüber den Parteien, und entsteht den Parteien hierdurch ein Schaden, haftet der Mediator. Diese Haftung besteht ebenso wie für andere Vertrags- und Schuldverhältnisse aus den allgemeinen Vorschriften des Bürgerlichen Gesetzbuches (BGB). Es gibt keine besonderen Vorschriften, nach denen nur Mediatoren haften. Eine Haftung entsteht nicht aus dem Mediationsgesetz, in dem keine Haftung geregelt wird, sondern aus den allgemeinen Vorschriften, die für alle Schuldverhältnisse gelten. Da ein Vertrag zur Durch- 2

1 *Risse* SchiedsVZ 2012, 244, 247.

führung einer Mediation regelmäßig ein Dienstvertrag mit Geschäftsbesorgungscharakter ist (vgl. B Rn. 239), finden außerdem die Regelungen in den entsprechenden Vorschriften des Bürgerlichen Gesetzbuches Anwendung: §§ 611, 675 BGB. Das die Pflichten des Mediators regelnde Mediationsgesetz spielt insoweit eine Rolle, als nur ein Verstoß gegen eine oder mehrere Pflichten zur Haftung führt. Dazu unten G Rn. 15ff.: Verletzung von Obliegenheitspflichten und G Rn. 32ff.: Verletzung von Verschwiegenheitspflichten.

3 Wann haftet der Mediator für einen Schaden: Eine Haftung entsteht, wenn
- der Mediator eine ihm obliegende Pflicht verletzt hat
- dieses schuldhaft, also vorsätzlich oder fahrlässig, getan hat
- und den Parteien ein Schaden entstanden ist
- und der Schaden der Parteien auf dem pflichtwidrigen Verhalten des Mediators beruht.

Nicht jede schuldhafte Pflichtverletzung führt zu einer Haftung. Wenn beispielsweise aufgrund einer schuldhaften Pflichtenverletzung des Mediators die Mediation abgebrochen und in der Folge ein Gerichtsverfahren durchgeführt wird, bekommen die Parteien möglicherweise von Rechts wegen das, was ihnen gesetzlich zusteht. Das wäre vielleicht in jeder Hinsicht abweichend von dem, was die Parteien sich erhofft haben. Es würde aber kein Schaden im Sinne des Haftungsrechts bestehen.[2] Wenn aber aufgrund einer schuldhaften Pflichtverletzung des Mediators die Mediation bei einem anderen Mediator fortgesetzt werden muss und durch den Mediatorwechsel eine Mehraufwand entsteht, stellt dieser Mehraufwand einen Schaden dar.

4 Die Beweislast liegt außer bei einigen Fällen deliktischer Haftung grundsätzlich bei der Partei, die einen Schaden ersetzt haben möchte. Dabei müssen alle Umstände bewiesen werden: der Vertrag, die Pflichtverletzung, der Schaden, und der Zusammenhang zwischen Pflichtwidrigkeit und Schaden. Das ist ausgesprochen schwierig, weshalb die tatsächliche Haftung des Mediators selbst bei einem entstandenen Schaden faktisch dadurch eingeschränkt wird, dass dieser Nachweis der Partei selten gelingen wird.

Allerdings wurden in den letzten Jahren durch die Rechtsprechung im Bereich der vertraglichen Aufklärungs- und Beratungspflichten Fallgruppen entwickelt, bei denen für den Nachweis der Ursächlichkeit einer Pflichtverletzung für den eingetretenen Schaden Beweislasterleichterungen bis hin zur Beweislastumkehr gelten, wenn eine vertragliche Aufklärungs- oder Beratungspflicht verletzt wurde.[3] Für den Bereich der Mediation gibt es keine solche Rechtsprechung und erscheint unwahrscheinlich, dass sich eine solche Rechtsprechung entwickeln wird.

---

2 Vgl. *Jost* ZKM 2011, 168, 168.

3 *Piekenbrock* LMK 2012, 339608; *Seyfarth/Rößler* VersR 2013, 837ff.

Zur Vermeidung einer Haftung ist vorrangig die Erfüllung aller Pflichten und zudem der Nachweis hierüber durch eine entsprechende Dokumentation hilfreich.

Ein Überblick über die allgemeinen Haftungsvorschriften, aus denen Mediatoren haften können, und die Konstellationen, aus denen sich eine Haftung ergeben kann: 5

- Pflichtverletzungen im Zusammenhang mit einem bestehenden Mediationsvertrag und im Zusammenhang mit der Durchführung einer Mediation – eine mögliche Haftung ergibt sich aus §§ 280ff. BGB, § 241 II BGB in Verbindung mit dem Mediationsvertrag.
- Pflichtverletzungen im Vorfeld eines Mediationsvertrages, z.B. bei der Vertragsanbahnung – eine mögliche Haftung ergibt sich aus §§ 280 Abs. 1, 311 Abs. 2, 241 Abs. 2 BGB.
- Pflichtverletzungen im Zusammenhang mit der Beendigung der Mediation und damit des Mediationsvertrages – eine mögliche Haftung ergibt sich aus §§ 627, 628 und 675 Abs. 2, Abs. 1 letzte Alternative, 671 Abs. 2 Satz 2 BGB.
- Verletzung von nachvertraglichen Pflichten, also nach Durchführung und Beendigung einer Mediation.
- Haftung aus Delikt – eine mögliche Haftung ergibt sich aus §§ 823ff. BGB.

Im Einzelnen:

6 **Pflichtverletzungen im Zusammenhang mit der Durchführung einer Mediation**: nach § 280 Abs. 1 Satz 1 BGB entsteht ein Anspruch auf Schadenersatz, wenn der Mediator Pflicht(en) aus dem Mediationsvertrag verletzt und einer oder mehreren Parteien dadurch ein Schaden entsteht. Im Mediationsgesetz sind die Pflichten beschrieben und konkretisiert, die ein Mediator einzuhalten hat. Welche Pflichten ein Mediator verletzen kann, lässt sich damit einerseits aus der vertraglichen Vereinbarung, die mündlich oder schriftlich getroffen worden sein kann, und daneben aus dem Mediationsgesetz, dessen Regelungen für alle Vereinbarungen zur Durchführung einer Mediation gelten, entnehmen. Zu den im Gesetz geregelten Pflichten siehe unten (G Rn. 15, 16ff., 32ff.).

7 Wenn die Parteien und der Mediator einen Vertrag zur Durchführung einer Mediation ohne oder ohne vollständige Bestimmung über die Pflichten vereinbaren, sind gleichwohl die gesetzlichen Pflichten des Mediationsgesetzes einzuhalten. Das ist gerade die Absicht des Mediationsgesetzes – unabhängig von einer schriftlichen Fixierung ein rechtliches Gerüst für die Durchführung einer Mediation bereit zu stellen.[4]

8 **Pflichtverletzungen im Vorfeld eines Mediationsvertrages**: In § 311 Abs. 2 BGB ist geregelt, dass Pflichten bereits entstehen, wenn Vertragsverhandlungen

4 Vgl. *Ahrens* NJW 2012, 2465, 2466; *Risse* SchiedsVZ 2012, 244, 247; anders wohl: *Berning* Spektrum der Mediation 47/2012, 34, 34.

aufgenommen werden oder ein Vertrag angebahnt wird. Wenn ein Mediator in Hinblick auf eine möglicherweise durchzuführende Mediation, also vor Abschluss eines Mediationsvertrages, Gespräche mit einem potentiellen Auftraggeber und/oder mit den Parteien führt, entstehen bereits Pflichten. Diese Pflichten bleiben auch bestehen, wenn es anschließend zu keiner Vereinbarung zur Durchführung einer Mediation kommt. Man spricht von vorvertraglichen Sonderverbindungen und von vorvertraglichen Pflichten.

In diesen Fällen einer möglichen Kontaktaufnahme und Vertragsanbahnung gelten Schutzpflichten, Treuepflichten und Aufklärungspflichten gegenüber den potentiellen Auftraggebern und den potentiellen Mediationsparteien. Ob und welche Aufklärungspflichten vorvertraglich bestehen, bestimmt sich nach den Umständen des Einzelfalles. Im Zusammenhang mit einer Mediation ist in diesem Kontext vorvertraglicher Pflichten vor allem die Vertraulichkeit von Bedeutung, vgl. G Rn. 32ff.

9 **Pflichtverletzungen im Zusammenhang mit der Beendigung des Mediationsvertrages**: Auch bei der Beendigung einer Mediation, also bei einer Kündigung des Vertrages zur Durchführung einer Mediation, kann unter Umständen eine Pflicht zum Schadensersatz entstehen.

Nach § 627 Abs. 2 Satz 1 BGB darf keine Kündigung eines Dienstvertrages zur Unzeit erfolgen, es sei denn, es liegt ein wichtiger Grund für eine Kündigung zur Unzeit vor. Wenn aus einer grundlosen Kündigung zur Unzeit ein Schaden entsteht, entsteht eine Pflicht zum Schadenersatz, § 627 Abs. 2 Satz 2 BGB; eine vergleichbare Regelung findet sich in § 671 Abs. 2 BGB.

Eine Kündigung ist dann zu Unzeit erfolgt, wenn es dem Auftraggeber oder den Auftraggebern deswegen unmöglich ist, das Geschäft anderweitig zu besorgen. Die Kündigung ist dann ungeachtet der Umstände wirksam und die Mediation wäre beendet. Jedoch kann, wenn dem Auftraggeber wegen der Kündigung zur Unzeit ein Schaden entsteht, weil er keinen Ersatz beschaffen kann, eine Schadenersatzpflicht begründet werden. Nur wenn ein wichtiger Grund für eine Kündigung zur Unzeit vorliegt, entsteht keine Pflicht zum Schadenersatz.

Das bedeutet: Wenn ein Mediator die Mediation beenden will, muss der Zeitpunkt so gewählt sein, dass die Parteien hieraus keinen Schaden erleiden. Ein Mediator darf den Vertrag zur Mediation so kündigen, dass die Parteien sich seinen Dienst, also eine Mediation oder Konfliktklärung, anderweitig beschaffen können, oder wenn ein wichtiger Grund vorliegt.

Gleichermaßen macht sich ein Mediator zum Ersatz eines entstehenden Schadens pflichtig, wenn er den Parteien einen Grund gibt, die Mediation zu beenden (also den Vertrag zur Durchführung einer Mediation zu kündigen) und den Parteien hieraus ein Schaden entsteht, vgl. § 628 Abs. 2 BGB.

Denkbar ist, dass ein Mediator die Parteien über eine Interessenkollision versäumt hat aufzuklären, das Versäumnis kurz vor Ende der Mediation und vor geplanter Formulierung der Abschlussvereinbarung durch den Mediator bekannt wird und eine Partei die Mediation aufgrund dieses Umstands beendet. Wenn die Parteien nun einen neuen Mediator aufsuchen müssen, der sich neu in die Angelegenheit einarbeitet, um die Abschlussvereinbarung zu formulieren, wäre ein dadurch entstehender Mehraufwand ein Schaden, für den der Mediator haften müsste.

Eine Verletzung von nachvertraglichen Pflichten kann ebenfalls zu einer 10
Haftung führen. Im Zusammenhang mit einer Mediation ist die Vertraulichkeit eine Pflicht, die auch nach Ende des Mediationsvertrages fortwirkt (hierzu unten G Rn. 32ff.).

Eine deliktische Haftung des Mediators ist schwer vorstellbar. Nach § 823 11
Abs. 1 BGB, der zentralen Vorschrift des Deliktsrechts, entsteht eine Pflicht zur Zahlung von Schadenersatz, wenn der Mediator vorsätzlich oder fahrlässig das Leben, den Körper, die Gesundheit, die Freiheit, das Eigentum oder ein sonstiges Recht eines anderen widerrechtlich verletzt. Vom üblichen Normalfall ausgehend, kommt ein direkt vorsätzliches Handeln nicht in Betracht. Denkbar wären folgende Konstellationen, aus denen sich eine Haftung aus Delikt ergeben könnte:

- Ein Mediator führt die Mediation in seinen Räumen durch. Die Räume sind so gestaltet, dass eine Partei einen Schaden erleidet, beispielsweise eine Stolperfalle.[5] Der Mediator wusste um die Stolperfalle und hat sie gleichwohl nicht beseitigt und die Parteien auch nicht gewarnt.
- Ein Mediator verletzt die Pflicht zur Vertraulichkeit (G Rn. 32ff.), private und vertrauliche Informationen einer Partei sind betroffen, und das allgemeine Persönlichkeitsrecht dieser Partei wird verletzt.

An dieser Stelle ein Hinweis darauf, dass es grundsätzlich zulässig ist, durch eine 12
vertragliche Vereinbarung die Haftung zu beschränken. Es stellt sich die Frage, ob die Parteien eine solche Vereinbarung akzeptieren, was keinesfalls selbstverständlich ist. Es ist denkbar, dass Parteien einem Mediator, der seinem eigenen beruflichen Handeln offenbar nur eingeschränkt vertraut, kein Vertrauen entgegen bringen. Sodann ist zu beachten, dass eine wirksame Vereinbarung zur Beschränkung der Haftung getroffen werden muss. Hierzu findet sich keine Regelung im Mediationsgesetz, so dass wieder auf die allgemeinen Vorschriften geschaut werden muss. Die Haftung kann nicht umfassend ausgeschlossen werden, darf aber auf Haftung aus Vorsatz beschränkt werden, vgl. § 276 Abs. 3 BGB (kein Haftungsausschluss für Vorsatz im Voraus). Weiter sind die weiter einschränkenden berufsrechtlichen Regelungen des Grundberufs zu beachten. So dürfen Mediatoren, die Rechtsanwälte, Steuerberater oder Wirtschaftsprüfer sind, ihre Haftung nur unter strengeren Voraussetzungen und begrenzter einschränken.[6]

---

5 *Jost* ZKM 2011, 168, 171.

6 Palandt/*Grüneberg* § 276 Rn. 35; zu den Konkurrenzen: *Ahrens* NJW 2012, 2465, 2466; *Henssler/Deckenbrock* DB 2012, 159, 165f.; *Jost* ZKM 2011, 168, 172.

Zulässig ist also eine Haftungsbeschränkung, nicht aber ein Haftungsausschluss. Eine Haftung kann auch auf einen konkreten Betrag beschränkt werden, beispielsweise auf die Deckungssumme der Vermögenshaftpflichtversicherung für einen Fall. Dabei muss beachtet werden, dass auch diese summenmäßige Haftungsbegrenzung nicht für Vorsatz möglich ist.[7] Der Mediator muss beachten, dass es sich bei der Vereinbarung über die Haftungsbeschränkung um eine allgemeine Geschäftsbedingung handeln kann.[8] Wenn der Mediator die Vereinbarung zur Verfügung stellt und die Parteien Verbraucher sind, wird es sich regelmäßig um eine allgemeine Geschäftsbedingung handeln: vgl. B Rn. 242. Allgemeine Geschäftsbedingungen unterliegen anders als individualvertraglich ausgehandelte Bedingungen einer Inhaltskontrolle durch die entsprechenden Vorschriften, so dass besondere Anforderungen gelten, vgl. B Rn. 243ff. Im Zweifel sollte die Haftungsbeschränkung nachweislich individualvertraglich vereinbart werden.

13 Wo eine Haftung möglich ist, liegt der Gedanke an eine Versicherung des Haftungsrisikos nahe. Alle Mediatoren können eine Versicherung abschließen. Diese als Vermögenshaftpflichtversicherung, Berufshaftpflichtversicherung oder Berufsschadenshaftpflichtversicherung bezeichnete Versicherung, die allerdings, anders als die Bezeichnung in vermuten lässt, eine freiwillige Versicherung ist, versichert das Risiko eines Vermögensschadens, der durch eine Pflichtverletzung des Mediators eintritt. Üblicherweise unterstützt die Versicherung zudem den Mediator dabei, unberechtigte Schadensersatzforderungen abzuwehren.

Eine solche Berufshaftpflichtversicherung für Mediatoren wird teilweise über die Berufsverbände vermittelt. Zum Beispiel bieten der Bundesverband MEDIATION e.V. und die Bundes-Arbeitsgemeinschaft für Familien-Mediation e.V. jeweils ihren Mitgliedern einen vergünstigten Zugang zu einer Berufshaftpflichtversicherung. Für Rechtsanwälte ist die Tätigkeit als Mediator in der Regel mit der gesetzlich vorgeschriebenen Vermögenshaftpflichtversicherung versichert.

14 Zusammenfassend lässt sich feststellen, dass eine Haftung des Mediators einerseits bei der Verletzung ausdrücklich vereinbarter vertraglicher Pflichten und daneben bei der Verletzung der im Mediationsgesetz genannten Pflichten in Betracht kommt, weshalb eine mögliche Haftung aufgrund der Verletzung von im Mediationsgesetz genannter Pflichten im Folgenden näher betrachtet wird. Dabei wird unterschieden zwischen den allgemeinen Obliegenheiten (II.) und der Verpflichtung zur Verschwiegenheit (III.):

---

7 Palandt/*Grüneberg* § 276 Rn. 35.

8 Palandt/*Grüneberg* § 276 Rn. 35.

II. Verletzung von Obliegenheiten

Die Pflichten des Mediators, die das Mediationsgesetz beschreibt, wurden bereits umfassend dargestellt. Sie werden an dieser Stelle noch einmal zusammengefasst, um das Risiko einer Haftung bei einer Pflichtenverletzung zu betrachten: 15

- Überprüfung des Verständnisses der Parteien über Ablauf und Grundsätze des Verfahrens, § 2 Abs. 2 MediationsG (vgl. C Rn. 4ff.)
- Überprüfung der Freiwilligkeit, § 2 Abs. 2 MediationsG (vgl. C Rn. 10ff.)
- Neutralität des Mediators, § 2 Abs. 3 Satz 1 MediationsG (vgl. C Rn. 17ff.)
- Prozessverantwortung des Mediators – durch die Mediation führen (vgl. B Rn. 102ff.)
- Förderung der Kommunikation der Parteien, § 2 Abs. 3 Satz 2 MediationsG (vgl. C Rn. 94ff.)
- Einbindung der Parteien in die Mediation – fair und angemessen, § 2 Abs. 3 Satz 2 MediationsG (vgl. C Rn. 179ff.)
- Einzelgespräche nur bei allseitiger Zustimmung, § 2 Abs. 3 Satz 3 MediationsG (vgl. C Rn. 203ff.)
- Einbeziehung Dritter in die Mediation nur bei allseitiger Zustimmung, § 2 Abs. 4 MediationsG (vgl. C Rn. 253ff.)
- Beendigung der Mediation, § 2 Abs. 5 MediationsG (vgl. C Rn. 259ff.)
- Mitwirkungs- und Hinweispflichten im Zusammenhang mit einer Vereinbarung, die in der Mediation getroffen wird, § 2 Abs. 6 Satz MediationsG (vgl. C Rn. 274ff.)
- Dokumentation der Einigung in einer Abschlussvereinbarung, § 2 Abs. 6 Satz 1 und 2 MediationsG (vgl. C Rn. 292ff.)
- Offenbarungspflicht und Tätigkeitsbeschränkung zur Unabhängigkeit und Neutralität, § 3 Abs. 1–4 MediationsG (vgl. D Rn. 3ff.)
- Information zum fachlichen Hintergrund, zur Ausbildung und zur Erfahrung auf dem Gebiet der Mediation, § 3 Abs. 5 MediationsG (vgl. D Rn. 69ff.)
- Verschwiegenheitspflicht, § 4 MediationsG (hierzu unten G Rn. 32ff., oben E Rn. 1ff.)
- Geeignete Ausbildung und regelmäßige Fortbildung, theoretische Kenntnisse und praktische Erfahrungen, § 5 MediationsG (vgl. H Rn. 1ff.).

Diese Pflichten enthalten Informations- und Offenbarungspflichten (zum Beispiel über die Mediation, über das Ausmaß der Vertraulichkeit, über eine eigene Vorbefassung), weiter Überprüfungspflichten (Freiwilligkeit der Teilnahme der Parteien) und schließlich Tätigkeits- und Verhaltenspflichten (Prozessverantwortung, Förderung der Kommunikation, regelmäßige Fortbildung, Wahrung der Vertraulichkeit). 16

Liest man die Pflichten des Gesetzes, wird deutlich, dass nicht alle Pflichten und deren Verletzung zu einer Haftung führen kann. Als Beispiel sei die im Mediationsgesetz festgelegte Pflicht zur Aus- und Weiterbildung genannt: Zwar ist vor- 17 stellbar, dass ein Mediator in einer Mediation aufgrund einer mangelhaften oder zu geringen Ausbildung Fehler begeht, die auch einen Schaden anrichten können. Kaum vorstellbar ist ein Nachweis darüber, dass der Schaden genau auf der fehlenden oder mangelhaften Ausbildung beruht (Pflichtwidrigkeitszusammenhang).

18 Ebenso kann die im Mediationsgesetz statuierte Pflicht, die Parteien auf Verlangen über die eigene fachliche Qualifikation und Erfahrung auf dem Gebiet der Mediation zu informieren, nicht vorstellbar zu einer Haftung führen. Wenn eine Partei sich vom Mediator nicht genügend informiert fühlt, wird sie ihn kaum beauftragen.[9] Nur wenn der Mediator fälschlicherweise eine Ausbildung vortäuscht, die er nicht absolviert hat, sind rechtliche Konsequenzen denkbar (vgl. H Rn. 27).[10]

19 Wenn auch die Allparteilichkeit des Mediators als einer der grundlegenden Grundsätze der Mediation von großer Bedeutung ist und ein Verstoß, ob bewusst oder unbewusst, zu einer Haftung führen kann,[11] lässt sich schwer vorstellen, dass ein Mediator aufgrund einer tatsächlichen und auch nachweisbaren Parteilichkeit haften wird. Wenn eine nachweisbare Parteilichkeit bestand, kommt eine Haftung wegen Anlass zur Kündigung zur Unzeit in Betracht, vgl. G Rn. 9.

20 Ebenso schwer denkbar sind eine Haftung wegen fehlender Strukturierung des Verfahrens (Prozessverantwortung) und wegen mangelnder Förderung der Kommunikation zwischen den Parteien. Gleichermaßen schwer lässt sich konkretisieren, ob und wann eine angemessene und faire Einbindung der Parteien in die Mediation stattfindet. Allein die Tatsache, dass eine Vielzahl von Methoden und Vorgehensweisen als technisch korrektes Vorgehen zählen (vgl. C Rn. 134 ff.), macht deutlich, dass eine Pflichtverletzung im Sinne des Haftungsrechts unwahrscheinlich ist.[12]

21 Eine Abschlussvereinbarung kann, aber muss nicht schriftlich dokumentiert werden,[13] so dass eine Haftung aufgrund von Unterlassen unwahrscheinlich ist.

22 Doch aus welchen Pflichten kann sich eine Haftung ergeben:

23 Wenn der Mediator versäumt, die Parteien über die Grundsätze und den Ablauf des Mediationsverfahrens zu informieren und eine Partei sich deshalb in der Mediation nachweislich falsch verhalten hat, kann sie den Mediator schadenersatzpflichtig machen.[14]

24 Führt der Mediator Einzelgespräche oder bindet Dritte in die Mediation ein, ohne dass die Zustimmung aller Parteien hierzu vorliegt, kann er sich schadenersatzpflichtig machen.

---

9 *Risse* SchiedsVZ 2012, 244, 249.

10 *Dendorfer-Ditges* Konfliktdynamik 1/2013, 86, 87.

11 *Jost* ZKM 2011, 168, 169.

12 *Dendorfer-Ditges* Konfliktdynamik 1/2013, 86, 88; *Jost* Konfliktdynamik 3/2012, 204, 208; *ders.* ZKM 2011, 168, 171.

13 Vgl. *Dendorfer-Ditges* Konfliktdynamik 1/2013, 86, 89; *Risse* SchiedsVZ 2012, 244, 247.

14 *Risse* SchiedsVZ 2012, 244, 247.

Ein bereits oben beschriebene Abbruch einer Mediation zur Unzeit ohne wichtigen Grund kann zur Haftung führen. 25

Kommt der Mediator einer vertraglich vereinbarten Dokumentationspflicht nicht nach und können deswegen die Parteien Beginn und Ende der Mediation nicht nachvollziehen, was für die Frage der Verjährung von Ansprüchen bedeutsam sein kann, ist eine Haftung möglich. 26

Einigen sich die Parteien und schließen im Rahmen der Mediation eine Abschlussvereinbarung, gelten besondere Pflichten. Der Mediator muss sich vergewissern, dass die Parteien die Vereinbarung in Kenntnis der Sachlage treffen. Weiter ist er verpflichtet, Parteien ohne fachliche Beratung auf die Möglichkeit hinzuweisen, die geplante Vereinbarung durch Berater prüfen zu lassen. Es empfiehlt sich, den Parteien ein Hinweis darauf zu geben, dass sie die Abschlussvereinbarung wie auch jede andere Vereinbarung, die sie in der Mediation treffen, extern fachlich überprüfen lassen sollen. Neben der rechtlichen Überprüfung kommen auch andere fachliche Beratungen in Betracht.[15] Bereits in der Vereinbarung zur Durchführung einer Mediation können die Parteien schriftlich darauf hingewiesen werden, dass der Mediator keine fachliche Beratung erteilt und insbesondere keinen Rechtsrat erteilen darf und den Parteien empfiehlt, jede Vereinbarung, die Sie in der Mediation treffen, zunächst fachlich prüfen zu lassen. Dieser Hinweis in der Vereinbarung zur Mediation entbindet nicht von einem späteren Hinweis an passender Stelle im Laufe der Mediation (vgl. B Rn. 244). Wenn der Mediator hier versäumt, die Parteien auf die Möglichkeit der fachlichen Überprüfung hinzuweisen, und die Parteien sodann nachweislich eine Vereinbarung schließen, die sie bei entsprechender Beratung nicht geschlossen hätten, kommt eine Haftung in Betracht. Dabei ist nicht entscheidend, dass die Parteien sich wirklich beraten lassen – dieses unterliegt ihrer autonomen Entscheidung – sondern dass sie den Hinweis erhalten haben, diese Möglichkeit nutzen zu können. 27

Wie kann dieses praktisch umgesetzt werden: Während einer Mediationssitzung kann der Entwurf einer Vereinbarung formuliert werden. Alternativ kann der Mediator nach der Mediationssitzung auf der Grundlage seiner Notizen eine Vereinbarung formulieren. Hierbei ist allerdings das Rechtsdienstleistungsgesetz zu beachten: der Mediator, der keine Rechtsdienstleistung erbringen darf, darf keine rechtlichen Regelungsvorschläge einbringen,[16] ein Verstoß gegen das RDG könnte eine Haftung auslösen, vgl. B Rn. 222. Sodann können die Parteien diesen Entwurf fachlich prüfen lassen. Nach der Prüfung nehmen Sie das Ergebnis in die Mediation. Das Ergebnis der fachlichen Beratung wird in der Mediation besprochen. Auf der Grundlage des 28

15 *Dendorfer-Ditges* Konfliktdynamik 1/2013, 86, 88.

16 Vgl. B Rn. 216, vgl. BT-Drs. 17/5335 S. 15, *Jost* Konfliktdynamik 3/2012, 204, 208; *Thomas/Wendler* DStR 2012, 1881, 1884.

Ergebnisses der fachlichen Beratung wird eine abschließende Vereinbarung verbindlich getroffen.

Der so entstehende zeitliche Abstand zwischen dem Entwurf einer Vereinbarung und der verbindlichen Vereinbarung erlaubt den Parteien zugleich, über den Inhalt der Vereinbarung in Ruhe nachzudenken. Das sollte die Nachhaltigkeit einer Abschlussvereinbarung vergrößern. Eine Entschleunigung gerade zum Ende der Mediation ist in den meisten Fällen hilfreich, vor allem wenn es um Vereinbarungen langfristigen Auswirkungen geht.[17] Anders kann es gehandhabt werden, wenn beispielsweise in einer Mediation zwischen zwei getrennt lebenden Elternteilen über den Umgang mit den gemeinsamen Kindern verhandelt und lediglich ein einziger Umgangstermin, der zeitlich unmittelbar bevorsteht, geregelt werden soll. Hier kann eine kurzfristige Vereinbarung wenig Schaden anrichten und die Regelung eines zeitlich nahen Termins Entspannung in die weitere Mediation bringen.

29 Es wird die Ansicht vertreten, dass vor allem Rechtsanwälte als Mediatoren eine Rechtsaufklärung schulden, die ausdrücklich keine Rechtsberatung ist.[18] Ein Anwalt als Mediator solle von seiner beruflichen Stellung her gefordert sein, die Parteien über ihre jeweiligen Rechte und Pflichten umfassend zu informieren, ohne dabei parteilich zu beraten.[19] Dieses durchzuführen, stellt der Praxis eine Gratwanderung dar – die Gefahr, bei einer Rechtsaufklärung von der Partei, die die rechtliche Stellung als für sich nachteilig erkennt und erkennen muss, als parteilich empfunden zu werden, ist groß. Von daher bietet die Möglichkeit, die Parteien an eine Rechtsberatung zu verweisen, eine hervorragende Möglichkeit zur Wahrung der Neutralität. Ohne jeden Zweifel besteht eine Pflicht, den Parteien einen Hinweis zu geben, wenn sie offenkundig keine Kenntnis vom Recht haben und eine Lösung jenseits der rechtlichen Regelungen anstreben. Und nur eine Rechtsberatung sichert ab, dass die Konfliktparteien über ihre Rechte und Pflichten voll informiert sind.[20] Vom Mediator darf und sollte dieses nicht geboten werden, auch nicht von Rechtsanwälten, die als Mediator tätig sind.

30 Zumindest von einem anwaltlichen Mediator muss verlangt werden, dass er für eine Vollständigkeit einer abschließenden Regelung sorgt und auch darauf hinweist, was Voraussetzung für eine wirksame Regelung ist, wie z.B. die Form.[21]

31 Der Ausschuss Mediation der Bundesrechtsanwaltskammer hat empfohlen, dass ein Mediator die Parteien über folgende mit der Mediation verbundene Gefahr zu belehren hat: In der Mediation erfolgt die Offenlegung entscheidungserheblicher Umstände, weil die Parteien sich zur vollständigen Information verpflichtet und nur

17 Vgl. *Dendorfer* Konfliktdynamik 1/2012, 92.
18 Büchting/Heussen/*Mähler*/*Mähler* § 47 Rn. 80.
19 Büchting/Heussen/*Mähler*/*Mähler* § 47 Rn. 80.
20 Büchting/Heussen/*Mähler*/*Mähler* § 47 Rn. 81.
21 Vgl. *Jost* Konfliktdynamik 3/2012, 204, 208.

dann eine Mediation durchführen können. Wenn nun die Mediation scheitert oder von einer Partei sogar nur um Schein oder aus taktischen Gründen betrieben wurde, können aus der Offenlegung Nachteile entstehen.[22] Jedenfalls besteht eine Pflicht für alle Mediatoren, einen allgemeinen Hinweis auf eventuellen Rechtsverlust zu geben.[23] Wird diese Pflicht verletzt und erleidet eine Partei dadurch einen Rechtsverlust, besteht ein Haftungsgrund.

III. Verletzung von Verschwiegenheitspflichten

Die Verpflichtung zur Verschwiegenheit ist nicht nur nach § 4 MediationsG, sondern auch nach den allgemein anerkannten Grundsätzen des Mediationsverfahrens von besonderer Bedeutung. Die Vertraulichkeit ist der zentrale Grundsatz und wesentliches Merkmal eines Mediationsverfahrens[24] (ausführlich E Rn. 1ff.). Ein Verstoß gegen die Vertraulichkeit kann zu einer Haftung führen.[25] 32

Die Vertraulichkeit betrifft bereits die Tatsache, dass eine Mediation statt findet, bezieht sich auf die Inhalte der Mediation und je nach den Umständen des Falles auch auf das Mediationsergebnis. 33

Ein Verstoß gegen die Vertraulichkeit kann bei den folgenden Abläufen zu einer Haftung des Mediators führen: 34

- Verletzung der Vertraulichkeit im Zusammenhang mit Gesprächen im Vorfeld einer Mediation
- Verletzung der Vertraulichkeit im Zusammenhang mit einer Mediation
- Verletzung der Vertraulichkeit nach Abschluss einer Mediation – die Verschwiegenheit endet nicht mit Beendigung der Mediation.

Schon im Zusammenhang mit Gesprächen im Vorfeld einer Mediation, also bei der Vertragsanbahnung, muss der Grundsatz der Vertraulichkeit gewahrt werden. In der Praxis finden regelmäßig telefonische oder persönliche Vorgespräche statt, in denen eine Partei oder ein Auftraggeber klärt, ob der Mediator die geeignete Person ist und in denen geklärt wird, ob eine Mediation das geeignete Mittel zur Lösung eines Konflikts ist. Zu diesem Zeitpunkt geben Auftraggeber oder Partei unabhängig davon, ob später zu einer Mediation kommt, Informationen zu sich selbst und zum Sachverhalt, dem Konflikt, preis. Die Tatsache, dass eine Partei einen Konflikt hat und sich nach einer Mediation erkundigt, unterliegt ebenso der Vertraulichkeit wie der Inhalt der Gespräche und ihr Ergebnis. Wenn beispielsweise in einem Unter- 35

22 Vgl. Büchting/Heussen/*Mähler*/*Mähler* § 47 Rn. 77.
23 *Jost* Konfliktdynamik 3/2012, 204, 208; *ders.* ZKM 2011, 168, 169.
24 Büchting/Heussen/*Mähler*/*Mähler* § 47 Rn. 78.
25 Vgl. *Dendorfer-Ditges* Konfliktdynamik 1/2013, 86, 89.

nehmen ein Konflikt besteht, der nicht innerbetrieblich gelöst wird, könnte diese Information möglicherweise eine geschäftsschädigende Wirkung haben und muss schon deshalb vertraulich behandelt werden.

36 Im Laufe der Mediation ist Vertraulichkeit zu wahren. Wenn beispielsweise zwischen den Mediationssitzungen der Parteivertreter einer Partei bei dem Mediator anruft, um über die Mediation oder ihre Inhalte ein Gespräch zu führen, darf der Mediator das Gespräch nur führen, wenn alle Parteien hierzu ihr Einverständnis gegeben haben. Ohne Zustimmung aller Parteien darf der Mediator weder darüber, dass eine Mediation stattfindet, noch über ihre Inhalte und auch nicht über den Stand der Dinge mit dem Vertrauten einer Partei sprechen.

37 Auch nach Abschluss einer Mediation gilt der Grundsatz der Vertraulichkeit. Wenn auch der Vertrag zur Durchführung einer Mediation endet, wirkt die Vertraulichkeit fort.

38 Wenn eine gesetzliche Ausnahme von der Verschwiegenheitspflicht besteht (vgl. E Rn. 103ff.) oder alle Beteiligte einverstanden sind, dass die Vertraulichkeit insgesamt oder in Bezug auf bestimmte Umstände oder Tatsachen aufgehoben wird, besteht keine Pflicht zur Vertraulichkeit (mehr) und kommt entsprechend keine Pflichtverletzung in Betracht, weshalb auch keine Haftung entstehen kann. Ganz unabhängig davon, ob ein Schaden entstanden ist.

39 Die Vertraulichkeit gilt nach dem Gesetz für den Mediator. Die im Gesetz erwähnten „in die Durchführung des Mediationsverfahrens eingebundenen Personen" sind die Hilfspersonen des Mediators wie beispielsweise Bürokräfte.[26] Wohingegen die Parteien selbst sowie Personen, die von den Parteien eingebunden werden, wie beispielsweise Sachverständige, Familienangehörige oder Berater, nach dem Mediationsgesetz keiner Verschwiegenheit unterliegen. Sollen die Parteien und dritte Personen auch der Verschwiegenheit unterliegen, bedarf es einer vertraglichen Regelung.[27] Das gilt ausdrücklich auch für Rechtsanwälte und Steuerberater. Sie unterliegen lediglich aufgrund ihres Berufsrechts einer Verschwiegenheit zu Gunsten der Partei, die sie vertreten. Also ausdrücklich nicht zu Gunsten der anderen Partei.

40 Nach dem Mediationsgesetz muss der Mediator die Parteien über den Umfang seiner Verschwiegenheitspflicht informieren (§ 4 Satz 4 MediationsG). Da es zu den Aufgaben des Mediators gehört, sich zu vergewissern, dass die Parteien Grundsätze und Ablauf des Mediationsverfahrens verstanden haben, muss der Mediator klären, ob den Parteien eine fehlende gesetzliche Regelung der Vertraulichkeit für die Parteien selbst (jedenfalls ohne entsprechende Vereinbarung, die üblich ist) sowie für dritte Personen deutlich ist. Wenn der Mediator dieser Hinweispflicht nicht nachkommt und eine Partei aufgrund vermeintlicher Vertraulichkeit in der Mediation

26 BT-Drs. 17/1335 S. 17.

27 *Risse* SchiedsVZ 2012, 244, 250.

Dinge offenbart, die ihr zum Nachteil gereichen, kann hieraus eine Haftung entstehen.

Ein entsprechender Hinweis kann in der Vereinbarung zur Mediation formuliert 41
werden, was dann aber nicht von einem Hinweis zu passender Zeit entbindet (siehe B Rn. 244). Es kann bereits in der Vereinbarung zur Mediation vereinbart werden, dass die Parteien alle weiteren Personen, die sie in die Mediation einbinden, zur Vertraulichkeit in Bezug auf in der Mediation besprochene Inhalte verpflichten werden. Diese Vereinbarung kann auch später getroffen werden. Dabei ist zu beachten, dass diese Vereinbarung auch der Dispositionsbefugnis der Parteien unterliegen muss – so würde sie keine Geltung für den Bereich eines Strafprozesses haben.[28]

Die Vorgaben des Mediationsgesetzes sind berufsrechtliche Mindeststandards. 42
Wenn eine Verschwiegenheit im Rahmen des Grundberufs des Mediators eine abweichende berufsrechtliche Regelung hat,[29] ist im Falle einer Kollision das Mediationsgesetz vorrangig heranzuziehen. Hierzu ist vom Gesetzgeber vorgesehen, dass das Mediationsgesetz als Spezialgesetz die berufsrechtlichen Regelungen der Grundberufe der Mediatoren verdrängt.[30] So soll für einen einheitlichen Schutz der Vertraulichkeit im Rahmen von Mediationen gesorgt werden.[31] Ergänzende, auch strengere Regelungen des Berufsrechts gelten jedoch neben dem Mediationsgesetz, was schließlich dem Schutz der Parteien dient.[32]

---

28 BT-Drs. 17/5335 S. 17; *Thomas/Wendler* DStR 37/2012, 1881, 1882.

29 Vgl. *Römermann* GmbHReport 10/2012, R121, R122.

30 BT-Drs. 17/5335 S. 17; *Ahrens* NJW 2012, 2465, 2466; *Blöse* S. 4.

31 BT-Drs. 17/5335 S. 17; *Blöse* S. 4.

32 *Henssler/Deckenbrock* DB 2012, 159, 166.

H. Aus- und Fortbildungsverpflichtung Mediator (§§ 5, 6 MediationsG)

I. Überblick Aus- und Fortbildung der Mediatoren

1 Alle Anbieter von Mediationsleistungen sind seit Inkrafttreten des Mediationsgesetzes am 26.7.2012 verpflichtet, über eine bestimmte **Qualifikation für die Ausübung der Mediationstätigkeit** zu verfügen und diese fortlaufend zu erhalten. Das Mediationsgesetz verankert erstmalig die Bezeichnung „zertifizierter Mediator" auf gesetzlicher Ebene und unterscheidet für die Voraussetzungen und den Aus- bzw. Fortbildungsaufwand zwischen den Mediatoren im Allgemeinen und den sog. „zertifizierten Mediatoren".

2 Das Mediationsgesetz sieht in **§§ 5 und 6 MediationsG** Regelungen zur Aus- und Fortbildung vor. Darüber hinaus enthält § 6 MediationsG eine Ermächtigung für den Erlass einer **Rechtsverordnung** zur detaillierten Ausgestaltung der Aus- und Fortbildung zertifizierter Mediatoren und korrespondierender Ausbildungseinrichtungen bzw. Zertifizierungsstellen. Die entsprechende Verordnung ist bisher noch nicht erlassen worden.[1]

3 Weiterhin ist die Bundesregierung in § 8 MediationsG verpflichtet worden unter anderem die Aus- und Fortbildung der Mediatoren zu einem späteren Zeitpunkt zu **evaluieren** und falls notwendig die Regelungen anzupassen. Schließlich sind die Mediatoren gem. § 3 Abs. 5 MediationsG verpflichtet, die Parteien des Mediationsverfahrens über ihre Ausbildung zu **informieren** (vgl. C. Rn. 108 ff.).

4 Die Regelungen zur fachlichen Qualifikation der Mediatoren und den Erwerb der als notwendig erachteten Aus- und Fortbildung der Mediatoren in den §§ 5 und 6 MediationsG nimmt mit zwei von neun Paragraphen und weiteren Bezugnahmen an anderen Stellen des Mediationsgesetzes sowie der zusätzlich zu erlassenden Rechtsverordnung für die Aus- und Fortbildung zertifizierter Mediatoren einen **größeren Teil der rechtlichen Regelungsmaterie im Bereich der Mediation** in Anspruch.

Der Qualifizierung der Mediatoren hat auch im Gesetzgebungsverfahren große Aufmerksamkeit gegolten und sie wird voraussichtlich auch in Zukunft weiteren Fortentwicklungen unterworfen sein.

5 Unabhängig vom Regelungsumfang und der konkreten Ausgestaltung sind die Regelungen des Mediationsgesetzes zur Aus- und Fortbildung der erste Versuch auf gesetzlicher Ebene einheitliche Qualifikationsanforderungen zu schaffen, das sehr vielfältige Ausbildungsangebot für Mediationstätigkeiten und Mediatoren auf gesetz-

1 Zuletzt wurde am 31.1.2014 vom Bundesministeriums für Justiz und Verbraucherschutz der Entwurf für eine Verordnung über die Aus- und Fortbildung von zertifizierten Mediatoren vorgestellt, der Erlass der Verordnung und deren endgültiger Wortlaut sind noch nicht absehbar.

licher Ebene zu vereinheitlichen und damit auch ein einheitlicheres Bild von Mediationsleistungen bei den Nachfragern von Mediationsdienstleistungen zu verankern.

Auf den ersten Blick überraschend erscheint es, dass die Aus- und Fortbildung 6
der Mediatoren zwar recht umfangreich geregelt wurde bzw. werden wird, auf der anderen Seite aber weitgehend **ohne staatliche Zulassung, staatliche Kontrolle oder staatliche Überprüfungsmechanismen ausgestaltet** ist.

Die Aus- und Fortbildung der Mediatoren ohne Zertifizierung ist gänzlich in de- 7
ren **Eigenverantwortung** gelegt[1a], die Aus- und Fortbildung der zertifizierten Mediatoren wird entsprechend der endgültigen Ausgestaltung der Rechtsverordnung hierzu in die Hände privater Ausbildungsinstitute sowie einer übergeordneten, aber wohl ebenfalls privat organisierten Zertifizierungsstelle gelegt. Auch für die Aus- und Fortbildung der zertifizierten Mediatoren sind keine konkreten Kontrollmechanismen vorgesehen. Insgesamt ist damit die Kontrolle der Einhaltung der vorgegebenen Qualifikationsanforderungen nicht in hoheitlicher Hand, sondern vielmehr die Prüfung der Berechtigung zum Führen der Bezeichnungen Mediator und zertifizierter Mediator sowie die Sanktionierung von Verstößen den Akteuren im Bereich der Mediation auferlegt und auf rechtlicher Seite den **Korrekturmechanismen des Zivil- und Wettbewerbsrechts** unterworfen.

II. Entwicklung der Vorgaben Aus- und Fortbildung

Die Regelungen zur Aus- und Fortbildung der Mediatoren waren umstritten[2] und 8
wurden im Lauf des Gesetzgebungsverfahrens erheblich verändert und erweitert.

Zunächst sah der Entwurf des Mediationsgesetzes deutlich geringere Vorgaben zur Ausbildung der Mediatoren vor, etwa im Umfang des jetzigen §5 Abs.1 MediationsG.[3] Der Gesetzgeber wollte die Aus- und Fortbildung der Mediatoren zunächst der weiteren Entwicklung des Mediationsmarktes überlassen und möglichst wenig eingreifen.[4] Der ursprüngliche Entwurf differenzierte nicht zwischen Mediatoren mit und ohne Zertifizierung, er enthielt keine konkrete Vorgabe zu Ausbildungsinhalten und sah auch nicht die Ermächtigungsgrundlage für eine diesbezügliche Rechtsverordnung vor. Eine detaillierte gesetzliche Regelung des „Berufsbildes mit einheitlichen Aus- und Fortbildungsstandards" wurde ausdrücklich nicht für erforderlich gehalten.[5]

Erst Ende 2011 wurde nach weiterer Erörterung und Anhörung mehrerer Media- 9
tionsverbände ein vom Regelungsumfang deutlich weitergehender Vorschlag vom

1a *Greger/Unberath* § 5 Rn. 2.
2 MüKo-ZPO/*Ulrici* Anh. zu § 278a Rn. 6 m.w.N., *Risse/Bach* SchiedsVZ 2011, 14, 16 m.w.N.
3 BT-Drs. 17/5335 vom 1.4.2011, Gesetzesentwurf der Bundesregierung.
4 *Meyer/Schmitz-Vornmoor* DNotZ 2012, 895, 898.
5 BT-Drs. 17/5335, S. 18.

Rechtsausschuss des Bundestages vorgestellt[6]. Darin wird nunmehr eine Unterscheidung zwischen Mediatoren im Allgemeinen und sog. „zertifizierten Mediatoren" vorgenommen und für beide Gruppen von Mediatoren werden detailliertere Vorgaben für deren Aus- und Fortbildung vorgesehen bzw. die Voraussetzungen für deren konkrete Ausgestaltung geschaffen. Die Aufnahme der Zertifizierungsmöglichkeit für Mediatoren erfolgte nach der Begründung des Rechtsausschusses des Bundestages aus Gründen der Qualitätssicherung und Markttransparenz.[7]

III. Mindestvorgaben Aus- und Fortbildung Mediatoren

1. Vorgaben für Mediatoren im Allgemeinen

10 **Jeder** der als **Mediator** tätig ist, soll nunmehr mindestens die **Qualifikationsanforderungen** für Mediatoren ohne Zertifizierung **gem. § 5 Abs. 1 Satz 1 MediationsG** erfüllen, also eine „geeignete Ausbildung" absolviert haben, die nach dem § 5 Abs. 1 Satz 2 MediatonsG bestimmte Mindestinhalte haben soll. Zusätzlich zu den Ausbildungsvorgaben besteht die Verpflichtung für alle Mediatoren, sich regelmäßig fortzubilden. Die Aus- und Fortbildung soll insgesamt eine sachkundige Durchführung der Mediation sicherstellen.

11 Die **geeignete Ausbildung** gem. § 5 Abs. 1 S. 2 MediationsG soll sowohl theoretische als auch praktische Inhalte haben und dabei insbesondere folgende Kenntnisse vermitteln:

- Kenntnisse über Grundlagen der Mediation sowie deren Ablauf und Rahmenbedingungen,
- Verhandlungs- und Kommunikationstechniken,
- Konfliktkompetenz,
- Kenntnisse über das Recht der Mediation sowie über die Rolle des Rechts in der Mediation,
- praktische Übungen, Rollenspiele und Supervision.

12 Die Begründung zum ursprünglichen Gesetzesentwurf[8] führte die Erfordernisse an eine geeignete Ausbildung mit **weiteren Beispielen** aus. Danach sollten neben den im Verlauf des Gesetzgebungsverfahrens in das Gesetz aufgenommenen Punkten gem. § 5 Abs. 1 S. 2 MediationsG auch die „Förderung persönlicher Kompetenzen", insbesondere das „Verständnis von der eigenen Rolle des Mediators", die „Fähigkeit zur Selbstkritik und Selbstkenntnis" sowie das „Bemühen um eine mediatorische

6 BT-Drs. 17/8058 S. 18.
7 BT-Drs. 17/8058 S. 18.
8 BT-Drs. 17/5335 S. 18.

Haltung“ von Belang sein.[9] Darüber hinaus wurde im Hinblick auf die unterschiedlichen Ausbildungshintergründe der Mediatoren gefordert, Mediatoren ohne juristischen Quellberuf für die rechtlichen Hintergründe und mögliche Rechtsverluste von Parteien ohne juristische Beratung zu sensibilisieren. Andererseits sollen aber auch Mediatoren aus der Anwaltschaft insbesondere im Hinblick auf „Kommunikationstechniken und Konfliktkompetenzen“ geschult sowie im „Hinblick auf die Gefahr einer zu einseitigen Orientierung an Parteiinteressen oder eines stark lösungsorientierten Arbeitens“ sensibilisiert werden.[10]

Eine Vorgabe zum **konkreten Umfang der Ausbildung der Mediatoren im Allgemeinen**, insbesondere die **Vorgabe eines Stundenumfangs der Ausbildung** oder die **Aufgliederung der einzelnen Ausbildungsinhalte** sowie deren **Gewichtung** im Verhältnis zueinander ist im Mediationsgesetz **nicht vorgesehen.** 13

Es gibt im Mediationsgesetz auch **keine Vorgabe, wie der Mediator die Kenntnisse erwerben soll**, insbesondere keine Verpflichtung diese Kenntnisse bei entsprechenden Ausbildungsinstituten zu erwerben. Es ist daher davon auszugehen, dass zum Erwerb der **theoretischen Kennnisse auch das Selbststudium** anhand von Ausbildungsliteratur **ausreichend** sein kann.[11] 14

Neben den theoretischen Kenntnissen, wird der **Erwerb praktischer Erfahrungen** im Bereich der Mediation für erforderlich gehalten. Die Erwähnung der praktischen Übungen in § 5 Abs. 1 S. 2 MediationsG lässt darauf schließen, dass die praktischen Erfahrungen **im Rahmen der Ausbildung** erworben werden sollen. Im Gegensatz zu der Regelung für zertifizierte Mediatoren wird aber nicht erwähnt, dass für den Nachweis der geeigneten Ausbildung der nicht zertifizierten Mediatoren eigene, bereits durchgeführte Mediationen erforderlich sind. Das Erfordernis die praktischen Erfahrungen durch eigene Mediationen nachzuweisen, wäre bereits dem Zweck des Gesetzes nach schwer zu erfüllen, da als Mediator nur tätig sein darf, wer bereits eine geeignete Ausbildung und damit auch praktische Erfahrungen erworben hat. Außerdem wäre das Erfordernis, die praktischen Erfahrungen durch eigene Mediationen zu erbringen, auch eine erhebliche Benachteiligung der in Ausbildung befindlichen Mediatoren, die gerade noch keine praktische Erfahrung in eigenen Fällen erwerben konnten. Es ist deshalb davon auszugehen, dass mit dieser Vorgabe der Erwerb der praktischen Erfahrungen **in Rahmen von Rollenspielen oder ähnlichen Übungen** oder begleitende Ausbildungen durch tätige Mediatoren und eben keine selbständig durchgeführten Mediationen gemeint sein soll.[12] 15

Konkrete Vorgaben zur Ausgestaltung der Fortbildung der Mediatoren ohne Zertifizierung, also insbesondere zu deren Inhalt, Umfang und Frequenz **enthält** 16

9 BT-Drs. 17/5335 S. 18.
10 BT-Drs. 17/5335, S. 18.
11 *Greger/Unberath* § 5 Rn. 5.
12 *Greger/Unberath* § 5 Rn. 6.

das Mediationsgesetz nicht. Die Begründung des Rechtsausschusses enthält zwar eine **Empfehlung zum Umfang der Fortbildung**[13], diese ist allerdings auf die zertifizierten Mediatoren bezogen und legt einem zeitlichen Umfang der mindestens zu erbringenden Fortbildungsleistungen von **10 Stunden alle zwei Jahre** (vgl. Rn. 25) fest. Eine gesonderte Empfehlung für die Mediatoren ohne Zertifizierung ist nicht erfolgt. Es ist daher jedenfalls davon auszugehen, dass die Fortbildungserwartung den Umfang der zertifizierten Mediatoren nicht übersteigen wird und somit bis zur Herausbildung weitergehender Vorgaben die Einhaltung der Fortbildungsverpflichtung von 10 Stunden alle zwei Jahre jedenfalls ausreichend ist.

17 Eine berufsrechtliche Zulässigkeitshürde wird mit den Qualifikationsanforderungen nicht eingeführt. Es handelt sich vielmehr um eine Obliegenheit, deren Verletzung schadensersatz- und wettbewerbsrechtliche Ansprüche nach sich ziehen kann.[14]

2. Vorgaben für Mediatoren mit Zertifizierung

a) Bezeichnung „zertifizierter Mediator"

18 Neben den allgemeinen Anforderungen an die Aus- und Fortbildung von Mediatoren enthält das Mediationsgesetz auch die gesetzliche Verankerung der Bezeichnung „zertifizierter Mediator" und Vorgaben für die Aus- und Fortbildung der zertifizierten Mediatoren. Die Bezeichnung „zertifizierter Mediator" ist als besonderes **Gütemerkmal** für Mediatoren gedacht. Als „zertifizierte Mediatoren" dürfen sich nach dem Mediationsgesetz diejenigen Mediatoren bezeichnen, die nicht nur die in § 5 Abs. 1 MediationsG aufgeführten Grundkenntnisse und Mindestanforderungen erfüllen, sondern darüber hinaus den Nachweis weitergehender Aus- und Fortbildung gem. § 5 Abs. 2 und 3 sowie § 6 MediationsG i.V.m. der zu erlassenden Rechtsverordnung erbracht haben.

b) Überblick Zertifizierungsmodell

19 Zertifizierung wird im Allgemeinen verstanden als ein Verfahren, mit dem die Einhaltung bestimmter Qualitätsanforderungen bestätigt wird.[15] In der Regel erfolgt die Zertifizierung durch eine unabhängige, staatliche oder hoheitlich legitimierte Stelle. Im Gegensatz zum allgemeinen Verständnis soll die Zertifizierung nach dem Mediationsgesetz allerdings gerade nicht in der Weise erfolgen, dass eine staatliche Stelle oder eine privat-rechtliche Organisation die Mediatoren in entsprechender Weise zertifiziert. Vielmehr ist berechtigt, die Bezeichnung „zertifizierter Mediator" zu führen,

13 BT-Drs. 17/8059, S. 18.
14 *Greger/Unberath* § 1 Rn. 70.
15 BGH NJW 2012, 235, 236.

wer die Anforderungen der Rechtsverordnung gem. § 6 MediationsG erfüllt. Dazu legitimierte Ausbildungsinstitute wiederum dürfen Mediatoren die Teilnahme an einer Ausbildung bescheinigen, die den Anforderungen der zu erlassenden Rechtsverordnung für zertifizierte Mediatoren entspricht. Die Ausbildungsinstitute dazu müssen ihrerseits aber von einer noch zu benennenden (privatrechtlichen) Organisation zertifiziert werden. Darüber hinaus sind auch die regelmäßige Fortbildung und deren **Bescheinigung** durch die entsprechend zertifizierten Ausbildungsträger erforderlich, um die Berechtigung zum Führen der Bezeichnung nicht wieder zu verlieren. Die Begründung des Rechtsausschusses des Bundestages verwendet für den Nachweis der erforderlichen Fortbildungsleistungen den Begriff **„Rezertifizierung"**.[16]

Insgesamt ist zum Vorgang der Zertifizierung der Mediatoren, zur Zertifizierung der entsprechenden Ausbildungsinstitute, zu der noch zu benennenden Institution, welche die Zertifizierung der Ausbildungsinstitute vornehmen soll, zur Qualifikation der Ausbilder, zu den konkreten Ausbildungsinhalten für die Zertifizierung bis zum Erlass der vorgesehenen Rechtsverordnung und der Einigung auf eine Zertifizierungstelle sowie deren konkrete Ausgestaltung vieles im Unklaren und damit letztlich der **näheren Konkretisierung durch die zu erlassende Rechtsverordnung gem. § 6 MediationsG** überlassen.

Zum Teil wird gefordert, die Zertifizierung der Ausbildungsinstitute einer staatlichen Institution zu überantworten[17] und sogar mit dem Erlass der Rechtsverordnung gem. § 6 MediationsG – und damit der Zertifizierung und Festlegung der konkreten Voraussetzungen der Zertifizierung – abzuwarten, bis die Ergebnisse der avisierten Evaluierung vorliegen.[18]

c) Inhaltliche Voraussetzungen für die Zertifizierung

Für diejenigen Mediatoren, die sich als „zertifizierte Mediatoren" bezeichnen oder mit dem Erwerb einer solchen Zertifizierung werben wollen, ist in § 5 Abs. 2 MediationsG vorgesehen, dass sie sich **als solche nur bezeichnen** dürfen, wenn sie eine der noch zu erlassenden Rechtsverordnung gem. **§ 6 MediationsG entsprechende Ausbildung absolviert** haben und sich gem. § 5 Abs. 3 MediationsG in einer Weise **fortbilden**, wie es wiederum den Anforderungen der noch **zu erlassenden Rechtsverordnung** entspricht. 20

§ 6 MediationsG ermächtigt das **Bundesministerium der Justiz, durch Rechtsverordnung** die Ausbildung zum zertifizierten Mediator, die Fortbildung des zertifizierten Mediators und die Anforderungen an die Aus- und Fortbildungseinrichtun- 21

16 BT-Drs. 17/8058, S. 18.
17 *Greger/Unberath* § 5 Rn. 16.
18 *Greger/Unberath* § 6 Rn. 1.

gen festzulegen. Der § 6 Satz 2 MediationsG zählt mögliche Inhalte der zu erlassenen Rechtsverordnung auf. Danach können insbesondere

- die Inhalte Ausbildung und erforderliche Praxiserfahrung der zertifizierten Mediatoren näher bestimmt werden, wobei mindestens die Inhalte gem. § 5 Abs. 1 S. 2 MediationsG vermittelt werden müssen,
- die Inhalte der Fortbildung der zertifizierten Mediatoren näher bestimmt werden,
- die Mindeststundenzahl für die Aus- und Fortbildung festgelegt werden,
- die zeitliche Frequenz der erforderlichen Fortbildung festgelegt werden,
- die Anforderungen an die Lehrkräfte der Aus- und Fortbildungsinstitute festgelegt werden,
- die Verpflichtung und Ausgestaltung der Zertifizierung der Teilnahme an Aus- und Fortbildungen durch die Ausbildungsinstitute festgelegt werden,
- Regelungen zum Abschluss der Ausbildung vorgesehen werden,
- und Übergangsregelungen vorgesehen werden, für Mediatoren, die bereits vor Inkrafttreten des Gesetzes als Mediatoren tätig waren.

22 Bei der Aufzählung der vorzusehenden Übergangsregelung spricht das Mediationsgesetz in § 6 S. 2 Nr. 8 MediationsG lediglich von Mediatoren, die vor Inkrafttreten des Gesetzes als solche tätig waren. Das **Abstellen allein auf den Zeitpunkt des Inkrafttretens** des Gesetzes wird aber zu Recht als **zu eng** angesehen[19]. Auch die **Begründung des Rechtsausschusses** des Bundestages[20] sah nicht nur für Mediatoren, die vor Inkrafttreten des Mediationsgesetzes bereits tätig waren, sondern **auch für Mediatoren, die vor Inkrafttreten der Rechtsverordnung** gem. § 6 MediationsG eine entsprechende Ausbildung absolviert haben, die Einführung von Übergangsregelungen vor. Nachdem es sich bei der Aufzählung um eine **nicht abschließende Aufzählung von nicht zwingend vorgegebenen Regelungsinhalten** handelt, ist die **Schaffung einer Übergangsregelung** für die genannten Fälle auch im Rahmen der Verordnungsermächtigung in § 6 S. 1 MediationsG möglich. Es ist daher wahrscheinlich, dass die zu erlassende Rechtsverordnung gem. § 6 MediationsG auch weitere Übergangsregelungen, als die in § 6 S. 2 Nr. 8 MediationsG vorgesehenen, enthalten wird.

d) Ausbildungsvorgaben Rechtsausschuss

23 Für die Erarbeitung der Ausbildungsvorgaben hatte das Bundesministerium der Justiz einen **Arbeitskreis „Zertifizierung für Mediatorinnen und Mediatoren“** initiiert, an dem Vertreter von Mediatorenverbänden, Anwälten und Notaren und Hochschulen mitgewirkt haben und der nähere Ausbildungsinhalte entworfen hat.

---

19 *Greger/Unberath* § 6 Rn. 16.
20 BT-Drs. 17/8058 S. 20.

Der Rechtsausschuss hat in der Begründung zu seiner Beschlussempfehlung[21] diese weitgehenden inhaltlichen Empfehlungen für die zu erlassende Rechtsverordnung übernommen. Auch wenn die Rechtsverordnung derzeit noch nicht erlassen ist, ist wohl davon auszugehen, dass sie in wesentlichen Teilen dem Entwurf des Arbeitskreises und der Empfehlung des Rechtsausschusses folgen wird.

Der Entwurf des Arbeitskreises und die gleichlautende Empfehlung des Rechtsausschusses sehen im Einzelnen einen **Mindestausbildungsumfang von 120 Zeitstunden** und folgende **Ausbildungsinhalte** vor:[22]

I. Einführung und Grundlagen der Mediation *Gewichtung: 18 Stunden (15 Prozent)*
   1. Definitionen
   2. Grundlagen der Mediation
      a) Überblick zu Prinzipien, Verfahrensablauf und Phasen der Mediation,
      b) Überblick zu Kommunikations- und Arbeitstechniken in der Mediation.
   3. Abgrenzung der Mediation zum streitigen Verfahren und anderen alternativen Konfliktbeilegungsverfahren.
   4. Überblick über die Anwendungsfelder der Mediation.

II. Ablauf und Rahmenbedingungen der Mediation *Gewichtung: 30 Stunden (25 Prozent)*
   1. Einzelheiten zu den Phasen der Mediation
      a) Mediationsvertrag,
      b) Stoffsammlung,
      c) Interessenerforschung,
      d) Sammlung und Bewertung von Optionen,
      e) Abschlussvereinbarung.
   2. Besonderheiten unterschiedlicher Settings in der Mediation
      a) Einzelgespräche,
      b) Co-/Teammediation, Mehrparteienmediation, Shuttle-Mediation,
      c) Einbeziehung Dritter (z.B. Kinder, Steuerberater, Gutachter).
   3. Weitere Rahmenbedingungen
      a) Vor- und Nachbereitung von Mediationsverfahren,
      b) Dokumentation/Protokollführung.

III. Verhandlungstechniken und -kompetenz *Gewichtung: 12 Stunden (10 Prozent)*
   1. Grundlagen der Verhandlungsanalyse.
   2. Verhandlungsführung und Verhandlungsmanagement: Intuitives Verhandeln, Verhandlung nach dem Harvard- Konzept/integrative Verhandlungstechniken, distributive Verhandlungstechniken.

21 BT-Drs. 17/8058, S. 18 ff.

22 BT-Drs. 17/8058, S. 18.

IV. Gesprächsführung, Kommunikationstechniken *Gewichtung: 18 Stunden (15 Prozent)*
   1. Grundlagen der Kommunikation.
   2. Kommunikationstechniken: aktives Zuhören, Paraphrasieren, Fragetechniken, Verbalisieren, Reframing, verbale und nonverbale Kommunikation.
   3. Techniken zur Entwicklung und Bewertung von Lösungen (Brainstorming, Mindmapping, sonstige Kreativitätstechniken, Risikoanalyse).
   4. Visualisierungs- und Moderationstechnik
   5. Umgang mit schwierigen Situationen (z.B. Blockaden, Widerstände, Eskalationen, Machtungleichgewichte).

V. Konfliktkompetenz *Gewichtung: 12 Stunden (10 Prozent)*
   1. Konflikttheorie (Konfliktfaktoren, Konfliktdynamik und Konfliktanalyse; Eskalationsstufen; Konflikttypen).
   2. Erkennen von Konfliktdynamiken.
   3. Interventionstechniken.

VI. Recht der Mediation *Gewichtung: 6 Stunden (5 Prozent)*
   1. Rechtliche Rahmenbedingungen: Mediationsvertrag, Berufsrecht, Verschwiegenheit, Vergütungsfragen, Haftung und Versicherung.
   2. Einbettung in das Recht des jeweiligen Grundberufs.
   3. Grundzüge des Rechtsdienstleistungsgesetzes.

VII. Recht in der Mediation, Ermöglichung einer rechtlich informierten Entscheidung bei rechtlich relevanten Sachverhalten *Gewichtung: 12 Stunden (10 Prozent)*
   1. Rolle des Rechts in der Mediation.
   2. Abgrenzung von zulässiger rechtlicher Information und unzulässiger Rechtsberatung in der Mediation durch den Mediator.
   3. Abgrenzung zu den Aufgaben des Parteianwalts.
   4. Sensibilisierung für die rechtliche Relevanz bestimmter Sachverhalte bzw. rechtzeitige Empfehlung an die Medianden, in rechtlich relevanten Fällen externe rechtliche Beratung in Anspruch zu nehmen.
   5. Mitwirkung von Rechtsanwälten in der Mediation selbst.
   6. Rechtliche Besonderheiten der Mitwirkung des Mediators bei der Abschlussvereinbarung.
   7. Rechtliche Bedeutung und Durchsetzbarkeit der Abschlussvereinbarung unter Berücksichtigung der Vollstreckbarkeit.

VIII. Persönliche Kompetenz, Haltung und Rollenverständnis *Gewichtung: 12 Stunden (10 Prozent)*
   1. Rollendefinition, Rollenkonflikte.
   2. Aufgabe und Selbstverständnis des Mediators.
   3. Mediation als Haltung, insbesondere Wertschätzung, Respekt und innere Haltung.

4. Allparteilichkeit, Neutralität und professionelle Distanz zu den Medianden und zum Konflikt.
5. Macht und Fairness in der Mediation.
6. Umgang mit eigenen Gefühlen.
7. Selbstreflexion.
8. Vernetzung.
9. Bewusstheit über die eigenen Grenzen aufgrund der beruflichen Prägung und Sozialisation.

IX. Praxis und Supervision und Intervision in der Ausbildung
1. Rollenspiele mit Feedback und Analyse.
2. Information über die Bedeutung von Supervision.

X. Praktische Erfahrung und Nachweis von Fällen
1. praktische Erfahrungen in eigenen Mediationsfällen, auch als Co-Mediator.
2. praktische Erfahrungen im Rahmen von Supervision, Inter- oder Covision.

Sowohl die oben aufgezählten Vorgaben zur Ausbildung, als auch die Begründung des Rechtsausschusses des Bundestages im Hinblick auf die nachzuweisende Fortbildung[23], sehen ausdrücklich den **Erwerb praktischer Erfahrungen** vor. Bestandteil der erforderlichen regelmäßigen Fortbildung soll danach sein, dass **innerhalb von zwei Jahren nach Abschluss der Ausbildung der Nachweis über praktische Erfahrungen in vier Fällen** erbracht wird. Auch nach Ansicht des Bundesgerichtshofs erwartet die Allgemeinheit bei der Werbung mit einer Zertifizierung ein „höheres Maß an Praxiserfahrung".[24] Das Erfordernis, eigene praktische Fälle nachweisen zu müssen, wird aber auch in Frage gestellt, da dieses für viele Mediatoren noch eine hohe Hürde darstellt und es bleibt abzuwarten, ob eine solche Forderung in die Rechtsverordnung aufgenommen wird.[25] 24

Auch wenn davon auszugehen ist, dass auch praktische Erfahrungen der Mediatoren für den Erwerb und Erhalt der Zertifzierung erforderlich sein werden, ist die genaue Einbindung und Zuordnung dieser praktischen Erfahrungen in dem zukünftigen Ausbildungskonzept noch unklar. Die Begründung des Rechtsausschusses des Bundestages erwähnt die praktischen Erfahrungen im Zusammenhang mit der erforderlichen Fortbildung. Es ist bisher davon auszugehen, dass diese etwa in Form der erwähnten vier Praxisfälle eher ein **abschließender Teil der Ausbildung** sein sollen[26] und nicht Teil einer ständigen Fortbildungsverpflichtung und damit fortlaufenden Verpflichtung zum Nachweis praktischer Erfahrungen. Auch die konkrete Zuordnung und Einbindung der praktischen Erfahrungen im Rahmen der Ausbil-

23 BT-Drs. 17/8059, S. 18.
24 BGH NJW 2012, 235, 236.
25 *Thomas/Wednler* DStR 2012, 1881, 1883.
26 *Greger/Unberath* § 6 Rn. 12.

dung wird daher von der Ausgestaltung der zu erlassenden Rechtsverordnung gem. § 6 MediationsG abhängig und insofern noch abzuwarten sein.

25 Die Verpflichtung zur **Fortbildung für den „zertifizierten Mediator"** soll nach der Begründung des Rechtsausschusses[27] darüber hinaus beinhalten, dass die zertifizierten Mediatoren **alle zwei Jahre** eine Fortbildung im **Umfang von mindestens zehn Zeitstunden** absolvieren.

26 Weiterhin ist nach der Begründung des Rechtsausschusses des Bundestages[28] vorgesehen, dass alle Beteiligten im Mediationsumfeld – erwähnt sind die Mediatorenverbände, Berufsverbände, die berufsständischen Kammern und die Industrie- und Handelskammern – die Zeit bekommen sollen, um sich auf eine **Zertifizierungsstelle** zur Zertifizierung der Ausbildungsträger und die **Lehrpläne zur Ausbildung** der zertifizierten Mediatoren zu **einigen** und dass hierzu die Rechtsverordnung gem. § 6 MediationsG erst mit Verzögerung, nämlich **ein Jahr nach ihrem Erlass in Kraft** treten soll.

IV. Folgen fehlender Ausbildung

27 Das Mediationsgesetz sieht weder für den Mediator im Allgemeinen noch für den „zertifizierten Mediator" Regelungen vor, die eine Kontrolle des Erwerbs der Bezeichnung oder der Erfüllung der Aus- und Fortbildungsverpflichtung zum Gegenstand haben. Die Mediatoren und bezüglich der Zertifizierung auch die beteiligten Interessengemeinschaften sollen möglichst in **Eigenverantwortung** für die **sachgerechte Mediationsdurchführung** sorgen und die dafür **erforderliche Qualifizierung der Mediatoren sicherstellen.**

Das **Tätigwerden als Mediator oder zertifizierter Mediator ohne die erforderliche Qualifikation** oder das **Anbieten von derartigen Leistungen** am Markt stellt nach derzeitigem Regelungsstand **keine Ordnungswidrigkeit** dar und ist **nicht bußgeldbewehrt**. Wie bereits dargestellt (vgl. Rn. 17) wird mit den Qualifikationsanforderungen keine berufsrechtliche Zulässigkeitshürde eingeführt, es handelt sich vielmehr lediglich um eine Obliegenheit.[29] Allerdings besteht die Gefahr zivilrechtlicher Konsequenzen in Form der Unwirksamkeit der Mediationsvereinbarung, Schadensersatzpflichten sowie Ansprüchen aus Wettbewerbsrecht.

Sofern der Mediator nicht die erforderliche und gegenüber den Parteien der Mediation behauptete Qualifikation besitzt, können die **Parteien den Mediationsvertrag** wegen arglistiger Täuschung gem. § 123 BGB **anfechten.**[30] Der Wegfall des

---

27 BT-Drs. 17/8059, S. 18.
28 BT-Drs. 17/8058, S. 20.
29 *Greger/Unberath* § 1 Rn. 70.
30 *Greger/Unberath* § 5 Rn. 21 ff.

Mediationsvertrages lässt auch den Anspruch auf Vergütung rückwirkend entfallen, so dass diese bei bereits erfolgter Leistung zurückzuzahlen ist. Möglich kann darüber hinaus eine Anfechtung wegen Eigenschaftsirrtums gem. § 119 Abs. 2 BGB sein. Darüber hinaus macht sich der Mediator gegenüber den Parteien bei Vorliegen der weiteren Voraussetzungen eventuell **schadensersatzpflichtig**. Eine solche Verantwortlichkeit kann über das Rechtsinstitut der culpa in contrahendo gem. § 311 Abs. 2 Satz 1 BGB auch bereits vor Abschluss des Vertrages entstehen.

Neben der Verantwortlichkeit gegenüber den Parteien der Mediation, können gegebenenfalls auch **Wettbewerber gegen den Mediator**, der eine nicht bestehende Qualifikation behauptet, vorgehen. Das Verhalten könnte den Tatbestand der irreführenden Werbung gem. § 5 UWG erfüllen und daher Wettbewerber berechtigen,[31] **Unterlassung**, und bei vorsätzlichem oder fahrlässigem Handeln auch **Schadensersatz** zu fordern. Ebenso sind nach Wettbewerbsrecht bei derartigen Verstößen auch die kostenpflichtige Abmahnung und die Aufforderung zur Abgabe einer strafbewehrten Unterlassungserklärung möglich.

Übersicht Qualifikationsanforderung Mediatoren !

	Mediator im Allgemeinen	**Zertifizierter Mediator**
Ausbildungsinhalt	„Geeignete Ausbildung" in Eigenverantwortung	Aus- und Fortbildung nach Vorgaben der zu erlassenden Rechtsverordnung (RVO)
	soll sachkundige Mediation ermöglichen, Einzelvorgaben in § 5 Abs. 1 MediationsG	Empfehlung des Rechtsausschusses: Umfang Ausbildung: 120 Stunden, Inhaltsvorgaben siehe entsprechende Empfehlung
Fortbildung	soll regelmäßig sein, keine konkrete Vorgabe	Umfang der Fortbildung: 10 Stunden alle zwei Jahre, keine Inhaltsvorgaben
Inkrafttreten	Mit Inkrafttreten des MediationsG am 26.7.2012	voraussichtlich ein Jahr nach Erlass der RVO gem. § 6 MediationsG, Erlass der RVO noch ungewiss
Übergangsregelung	Keine	Vorzusehen in RVO gem. § 6 MediationsG, wahrscheinlich Aufstockungsmöglichkeit für bereits tätige Mediatoren
Mögliche Folgen bei Verstoß	Verlust Vergütungsanspruch, Unterlassungsansprüche Wettbewerber, Schadensersatzansprüche	Verlust Vergütungsanspruch, Unterlassungsansprüche Wettbewerber, Schadensersatzansprüche

31 Zur Beweislast vgl. *Greger/Unberath* § 5 Rn. 22.

V. Evaluierungsverpflichtung und zukünftige Anpassung

28 Das Mediationsgesetz enthält in § 8 MediationsG auf Empfehlung des Rechtsausschusses[32] eine **Evaluierungsverpflichtung**. Der Rechtsausschuss stellt in seiner Begründung zu § 8 MediationsG deutlich fest, dass sich das Instrument der Mediation zur Konfliktlösung und die Anforderungen an die Mediatoren noch „in der Entwicklung" befinden.[33]

Die Evaluationsverpflichtung gem. § 8 MediationsG gibt der Bundesregierung auf, innerhalb von fünf Jahren nach Erlass des Mediationsgesetzes dessen Auswirkungen, insbesondere im Hinblick auf die Ausbildung und Fortbildung der Mediatoren, zu untersuchen und dem Bundestag Bericht zu erstatten. Aufgrund dieser Evaluation soll dann im Hinblick auf Aus- und Fortbildung überprüft werden, ob

- „aus Gründen der Qualitätssicherung und des Verbraucherschutzes eine **intensivere staatliche Überprüfung** der Qualifikation von Mediatoren erforderlich ist" und
- „ob die **Qualifikationsanforderungen an Mediatoren** an möglicherweise veränderte Anforderungen angepasst werden sollten" sowie
- ob „gleiches für die **Ausbildungs- und Zertifizierungsstellen** erforderlich" ist.

Nach dem klaren Willen des Rechtsausschusses des Bundestags stellt also die bisherige Regelung der Aus- und Fortbildung im Bereich der Mediation einen ersten Entwicklungsschritt dar, der aber mit konkreter Frist überprüft und je nach Entwicklung angepasst werden soll.

VI. Übergangsphase

29 Die Regelungen zur Zertifizierung der Mediatoren werden erst mit der Rechtsverordnung gem. § 6 MediationsG konkret festgelegt werden und mit deren Inkrafttreten wirksam werden. Die zu erlassende Rechtsverordnung gem. § 6 MediationsG soll zudem nach der Empfehlung des Rechtsausschusses erst **ein Jahr nach ihrem Erlass in Kraft treten**.[34] Dadurch soll es allen Beteiligten ermöglicht werden, sich auf die neuen Rahmenbedingungen einzustellen. Nachdem bisher noch nicht einmal der Erlass der Rechtsverordnung absehbar ist, wird also noch einige Zeit verstreichen, bis die entsprechenden Regelungen wirksam werden.

Zudem empfiehlt der Rechtsausschuss des Bundestages zur Einführung der Zertifizierung auch Übergangsregelungen für die Mediatoren, die bei Inkrafttreten der

32 BT-Drs. 17/8058, S. 20.
33 BT-Drs. 17/8058, S. 20.
34 BT-Drs. 17/8058, S. 20.

Rechtsverordnung gem. § 6 MediationsG bereits eine Mediationsausbildung absolviert haben.[35]

Danach sollen Mediatoren, die bereits **vor Inkrafttreten der Rechtsverordnung eine Ausbildung absolviert** haben, die den Anforderungen und der Mindeststundenzahl von 120 Stunden der Rechtsverordnung gem. § 6 MediationsG entspricht, sich mit Inkrafttreten der Verordnung als „zertifizierte Mediatoren" bezeichnen dürfen.

Sofern die vor Inkrafttreten der Rechtsverordnung absolvierte Ausbildung nicht alle Anforderungen oder die Mindeststundenzahl erfüllt, soll eine **Nachschulung** zu den fehlenden Inhalten oder dem fehlenden Stundenumfang ausreichend sein.

Weiterhin soll in einer Übergangsregelung vorgesehen werden, dass Mediatoren, die vor Inkrafttreten des Mediationsgesetzes eine **Ausbildung mit einer Mindeststundenzahl von 90 Zeitstunden** absolviert haben, die fehlenden Ausbildungsinhalte auch durch **praktische Erfahrungen als Mediator oder durch Fortbildungen ausgeglichen** werden können.

Zu beachten ist der ausdrücklich andere Bezugspunkt: Die Übergangsregelung zur Aufstockung fehlender Ausbildungsinhalte bezieht sich auf den **Zeitpunkt des Inkrafttretens der Rechtsverordnung**. Für alle Mediatoren die bereits eine Ausbildung absolviert haben, ist also eine Aufstockung zumindest übergangsweise möglich und wird es auch noch längere Zeit sein.

Dagegen nimmt die Übergangsregelung zum Ausgleich fehlender Ausbildungsinhalte durch praktische Erfahrungen oder Fortbildungen Bezug auf das **Inkrafttreten des Mediationsgesetzes am 26.7.2012**.

Sollten Mediatoren von Ausbildungsinstituten **bisher** nach Abschluss einer Mediationsausbildung die **Bezeichnung „zertifizierter Mediator" oder eine ähnlich lautende Bezeichnung** verliehen bekommen haben, ist bei Verwendung dieser Bezeichnung nach Inkrafttreten des Mediationsgesetzes Vorsicht geboten. Sofern durch die Verwendung dieser Bezeichnung der Eindruck erweckt werden kann, es handele sich um die gesetzlich zu regelnde Zertifizierung, besteht bei weiterer Verwendung dieser Bezeichnung die Gefahr einer Täuschung der Parteien der Mediation über diesen Umstand oder einer Irreführung nach dem Wettbewerbsgesetz. Es ist daher ggf. klarzustellen, dass nicht die gesetzlich festzulegende Zertifizierung gemeint ist. Konkret wird daher empfohlen, die mögliche Verwechslungsgefahr durch Hinzufügung eines klarstellenden Hinweises, etwa durch Angabe des Ausbildungsinstituts in Klammern nach der Tätigkeitsbezeichnung[36], aufzunehmen.

---

35 BT-Drs. 17/8058, S. 20.

36 *Greger/Unberath* § 5 Rn. 19.

VII. Offene Fragen

30 Trotz der verhältnismäßig umfangreichen Regelung der Aus- und Fortbildung im Mediationsgesetz und der zudem detaillierten Empfehlung des Rechtsausschusses für die Erstellung der Rechtsverordnung gem. § 6 MediationsG bleiben **viele offene Fragen** bezüglich der zukünftigen Ausgestaltung der Mediatorenaus- und -fortbildung bestehen.

Zunächst einmal ist festzustellen, dass der jetzige Regelungsstand nur ein **Zwischenstand** ist und aller Voraussicht nach die **rechtlichen Rahmenbedingungen für die Aus- und Fortbildung der Mediatoren auch zukünftig vielfältigen Entwicklungen** unterworfen sein werden.

Auch wenn die Empfehlung des Rechtsausschusses bezüglich der im Rahmen der Rechtsverordnung gem. § 6 MediationsG vorzusehenden Mindestausbildungsinhalte bereits recht konkret ist, liegt selbst ein Entwurf der Rechtsverordnung bislang noch nicht vor. Die konkrete Ausgestaltung der Vorgaben muss daher bis auf Weiteres als unsicher gelten. Darüber hinaus ist in jedem Fall eine Evaluation und eventuellen Neuausrichtung der rechtlichen Rahmenbedingungen gem. § 8 MediationsG bereits im Gesetz festgelegt, die weitere Anpassungen mit sich bringen kann.

Die rechtlichen Rahmenbedingungen legen nach dem derzeitigen Stand die Aus- und Fortbildung weit überwiegend in die **Eigenverantwortung der Mediatoren** und sehen vor, dass sich die beteiligten Interessenverbände auch bezüglich der Zertifizierungsstelle einigen, diese privatrechtlich ausgestalten und ebenfalls bezüglich der konkreten Ausbildungspläne für zertifizierte Mediatoren eine Übereinstimmung finden. Ob die angesprochenen Mediatoren und Interessenverbände dieser Aufgabe gerecht werden, wird sich noch herausstellen müssen.

Das Mediationsgesetz unterscheidet in seiner jetzigen Form aufgrund der Änderungen im Gesetzgebungsverfahren zwischen dem **Mediator im Allgemeinen und dem sog. „zertifizierten Mediator“**. An diese Unterscheidung sind außer der Bezeichnung jedoch keine weiteren Wirkungen oder Befugnisse geknüpft[37], zum Teil wird auch von einer „unklaren Beziehung“[38] zueinander oder „nicht ohne Weiteres selbstverständlicher“ Transparenz[39] gesprochen. Die Zertifizierung dient allein als Herausstellungsmerkmal am Markt und soll durch ihren begrifflichen Zusatz eine besonders hohe Kompetenz des jeweiligen Mediators zum Ausdruck bringen.

Es bleibt abzuwarten, ob aufgrund unterschiedlicher Vorgaben für die erforderliche Ausbildung für den Verkehr nachvollziehbare Unterschiede in der Qualifizierung entstehen und vor allem, ob die Zertifizierung als besonderes Qualifikations-

37 So auch *Ahrens* NJW 2012, 2465, 2476.

38 *Gullo* GWR 2012, 385 ff.

39 *Ahrens* NJW 2012, 2265, 2468.

merkmal wahrgenommen wird und die entsprechend zertifizierten Dienstleister dadurch tatsächlich auch einen Marktvorteil erlangen.

In der Folge wird sich auch die Frage stellen, ob wirklich ein Bedürfnis dafür besteht, die Mediatoren in unterschiedlichen Qualifikationsstufen zu differenzieren und damit, ob beide Formen der Berufsbezeichnung, also Mediator ohne und Mediator mit Zertifizierung über längere Zeit nebeneinander bestehen werden.

Viele Einzelpunkte der Aus- und Fortbildung der Mediatoren sind bisher allenfalls abstrakt angesprochen.

Die Aus- und Fortbildungsinhalte für die Mediatoren im Allgemeinen sind nur recht grob festgelegt. Das Mediationsgesetz spricht in § 5 Abs. 1 S. 1 MediationsG nur von „geeigneter" Ausbildung, wozu in § 5 Abs. 1 S. 2 MediationsG einige Inhalte abstrakt ausgeführt sind. Was darunter im Einzelfall zu verstehen sein wird, welcher Fortbildungsumfang für die Mediatoren im Allgemeinen für erforderlich gehalten werden wird und welche Anforderungen an praktische Inhalte gestellt werden, bleibt abzuwarten.

Die Aus- und Fortbildungsinhalte für die zertifizierten Mediatoren sind zwar insbesondere durch die Begründung des Rechtsausschusses genauer vorgegeben, aber eine konkretisierende Rechtsverordnung wurde bisher nicht erlassen.

Der genaue Zertifizierungsvorgang und insbesondere die Ausgestaltung und Einrichtung der Institution für die Zertifizierung der Ausbildungsinstitute ist noch offen.

Diese offenen Punkte sollen die Sinnhaftigkeit der getroffenen Regelung nicht grundsätzlich in Frage stellen, sondern vor allem aufzeigen, dass in jedem Fall die zukünftige Entwicklung der Aus- und Fortbildung der Mediatoren, insbesondere der Erlass der Rechtsverordnung gem. § 6 MediationsG und deren Ausgestaltung, sowie auch die weitere Entwicklung zu beobachten sein wird und konkrete Vorgaben vielfach noch nicht getroffen und einer weiteren Konkretisierung durch den Verordnungsgeber vorbehalten sind.

VIII. Eckpunkte Aus- und Fortbildung Mediator

Vor dem Hintergrund der zuvor geschilderten rechtlichen Ausgangsbedingungen ist 31
an vielen Stellen noch nicht absehbar, wie die konkreten Vorgaben für die Aus- und Fortbildung im Ergebnis aussehen werden und in vielen Punkten ist auch abzuwarten, welche Konzepte sich letztlich behaupten werden. Die folgenden Eckpunkte sollen eine Orientierung nach derzeitigem Rechtsstand ermöglichen:

Es gibt nach dem Mediationsgesetz eine **Unterscheidung** zwischen **Mediatoren mit und ohne Zertifizierung.**

Die **Ausbildungsinhalte** sind für den **Mediator ohne Zertifizierung** in § 5 Abs. 1 S. 2 MediationsG aufgeführt, für den zertifizierten Mediator werden diese gem. § 5 Abs. 2 und § 6 MediationsG in der noch zu erlassenden Rechtsverordnung aufgeführt sein. Der Rechtsausschuss des Deutschen Bundestages hat in einer Empfehlung bereits sehr detaillierte Vorgaben aufgeführt und es ist davon auszugehen, dass diese empfohlenen Inhalte die Erstellung der Rechtsverordnung jedenfalls wesentlich prägen werden bzw. deren Inhalt schon weitgehend vorwegnehmen.

Sowohl für Mediatoren mit als auch ohne Zertifizierung gibt es nunmehr eine **Verpflichtung** gem. § 5 Abs. 1 und § 6 Abs. 1 MediationsG neben der Ausbildung **regelmäßige Fortbildung** zu betreiben. Zum Umfang oder Inhalt einer solchen Fortbildung äußert sich das MediationsG nicht, der Rechtsausschuss des Bundestages empfiehlt 10 Zeitstunden alle zwei Jahre für den zertifizierten Mediator. Es ist davon auszugehen, dass jedenfalls die Erfüllung dieser Vorgaben auch für den Mediator im Allgemeinen als ausreichend für den erforderlichen Nachweis der regelmäßigen Fortbildung anzusehen sein wird.

„Zertifizierte Mediatoren“ kann es nach § 5 Abs. 2 und § 6 MediationsG **frühestens aber mit Inkrafttreten einer dies näher regelnden Rechtsverordnung** geben. Sofern die Rechtsverordnung Übergangsregelungen vorsieht, wie sie der Rechtsausschuss empfohlen hat, können sich bereits tätige Mediatoren nach Maßgabe der dortigen Vorgaben als „zertifizierte Mediatoren“ bezeichnen. Selbst wenn Mediatoren bereits jetzt eine Ausbildung absolviert haben, die sie nach den Empfehlungen des Rechtsausschusses zur Führung des Titels „zertifizierter Mediator“ berechtigen würde, ist davon abzuraten, dieses vor Inkrafttreten der Rechtsverordnung zu tun. Auch aufgrund bisher von Ausbildungsinstituten verliehenen Zertifizierungen sollte nicht ohne Klarstellung mit der Bezeichnung „zertifizierter Mediator“ geworben oder aufgetreten werden. Sollte bereits vor Inkrafttreten mit einer Zertifizierung geworben werden, besteht die **Gefahr einer Täuschung der Parteien** der Mediation und einer **irreführenden Werbung gem. § 5 UWG**, welche im Ergebnis sowohl Abmahnungen, Rückforderungen des Mediationsentgelts als auch Schadensersatzforderungen nach sich ziehen könnten. Es ist daher in jedem Fall zu empfehlen, bis zum Inkrafttreten der Rechtsverordnung nicht mit der Bezeichnung „zertifizierter Mediator“ zu werben oder tätig zu werden.

IX. Checkliste Merkpunkte für Mediatoren

32 Folgende Punkte lassen sich vor dem Hintergrund der derzeitigen Regelungen für Mediatoren zur Überprüfung empfehlen:

- die **Ausbildung** der Mediatoren entspricht den Inhalten aus § 5 Abs. 1 MediationsG
- **Fortbildungsverpflichtung** (ausreichend wohl 10 Zeitstunden alle zwei Jahre)
- **keine Werbung oder Auftritt mit Bezeichnung „zertifizierter Mediator“** vor Inkrafttreten der Rechtsverordnung
- bisherige von Ausbildungsinstituten verliehene Bezeichnungen „Zertifikat“ sind im Außenauftritt mit klarstellendem **Hinweis** zu versehen

- **Entwicklung der rechtlichen Vorgaben**, vor allem den Erlass der Rechtsverordnung, im Auge behalten
- eventuell bereits jetzt durch **Fortbildung oder Praxisfälle** die Voraussetzungen für die zu erwartenden Übergangsregeln für die zertifizierten Mediatoren schaffen

J. Wissenschaftliche Forschungsvorhaben, finanzielle Förderung der Mediation (§§ 7, 8 MediationsG)

1 Über Art. 91b I Nr. 1 GG wird mit § 7 MediationsG die Möglichkeit für Vereinbarungen zwischen Bund und Ländern für wissenschaftliche Forschungsvorhaben geschaffen, die Auswirkungen einer finanziellen Förderung der Mediation zu ermitteln. Sinn und Zweck des § 7 I MediationsG ist es zu eruieren, ob durch eine solche Förderung der Mediation die enormen Ausgaben für Prozesskosten- und Verfahrenskostenhilfe zu Gunsten von Mediation eingeschränkt werden können.[1] Die Vorschrift des § 7 I MediationsG ist bisher ein reiner Papiertiger. Ob tatsächlich solche Forschungsvorhaben zur **Mediationskostenhilfe** umgesetzt werden, hängt auch von der Haushaltssituation der jeweiligen Länder ab. Wie die Hilfe ausgestaltet wird, bleibt den Vereinbarungen zwischen Bund und Ländern überlassen.

I. Mediationskostenhilfe

2 Über § 7 II MediationsG besteht die Möglichkeit im Rahmen von wissenschaftlichen Forschungsvorhaben eine Mediationskostenhilfe als **rechtssuchende Person** zu erlangen, wenn diese aufgrund ihrer persönlichen und wirtschaftlichen Verhältnisse die Kosten der Mediation nicht, nur zum Teil oder nur in Raten aufbringen kann (§ 7 II MediationsG). Die Vorschrift des § 7 II MediationsG ist eine **Ermessensvorschrift**. Sie dient nicht als **Rechtsgrundlage** für eine Bewilligung der Mediationskostenhilfe der rechtssuchenden Person, da nach § 7 II MediationsG lediglich die *Möglichkeit* geschaffen wird, Mediationskostenhilfe zu gewähren, ohne die konkreten Einzelheiten für die Hilfe im Rahmen eines entsprechenden Modellprojektes zu benennen.[2] Die Mediationskostenhilfe muss daher im Rahmen der noch ausstehenden Forschungsvorhaben durch gesetzliche Regelungen konkretisiert werden. Auch § 7 II S. 4 MediationsG stellt dies klar, wenn es dort heißt „die Einzelheiten regeln die nach Absatz 1 zustande gekommenen Vereinbarungen zwischen Bund und Ländern“.

3 Die rudimentär geregelten Voraussetzungen des § 7 II MediationsG für die Anforderungen an die Bedürftigkeit der beantragenden Partei lehnen sich an die Voraussetzungen für die Erteilung von **Prozesskostenhilfe** an (§§ 114, 115 ZPO).

Zunächst setzt die Mediationskostenhilfe voraus, dass die Partei eine „rechtsuchende Person“ ist, die eine **Mediation zur Rechtsverfolgung bzw. Rechtsvertei-**

1 *Greger/Unberath* § 7 Rn. 1.

2 Auch: *Greger/Unberath* § 7 Rn. 5.

digung wünscht. Damit ist klargestellt, dass nicht alle Mediationen förderungswürdig sein können, sondern nur solche, die zur Vermeidung von gerichtlichen Rechtsstreitigkeiten die Erledigung eines rechtlich relevanten Konfliktes zum Inhalt haben. *Pielsticker* konstatiert, dass im Rahmen des § 7 MediationsG nur Mediationen gemeint sein können, die sich auf einen Streitgegenstand beziehen, der bereits bei Gericht als Rechtsstreit anhängig ist.[3] Hierbei ist an § 278 a ZPO zu denken, wonach das Gericht die Möglichkeit hat den Parteien eine Mediation vorzuschlagen. Zwangsläufig ist diese Auslegung nach dem Wortlaut der Vorschrift nicht. Vom Sinn und Zweck der Vorschrift ist auch auf die vorgerichtliche Förderung der Mediation abzustellen, zumal für bereits rechtshängige Streitigkeiten kumulativ zum Rechtsstreit ein Güterichterverfahren zur Verfügung steht. Auch die Entwurfsbegründung zu § 7 MediationsG stellt darauf ab, dass mit der finanziellen Förderung der Mediation Rechtsstreitigkeiten vermieden werden sollen. Dazu wird in der Entwurfsbegründung ausgeführt, dass ersten Untersuchungen zu Folge die Aufwendungen für die finanzielle Förderung der Mediation unter denen für Prozess- und Verfahrenskostenhilfe liegen.[4]

In den Anwendungsbereich der Hilfe fällt die Partei, die nach ihren **„persönlichen und wirtschaftlichen Verhältnissen“** nicht in der Lage ist, die Kosten für die Mediation aufzubringen. Bund und Länder werden für die Mediationskostenhilfe in Anlehnung an die Vorschriften der Prozess- und Verfahrenskostenhilfe entsprechende konkretisierende Regelungen treffen. 4

Die Förderung der Mediation verlangt die Berücksichtigung der wirtschaftlichen Verhältnisse des Antragenden. Dies erfordert wie bei der Prozesskostenhilfe (§ 115 ZPO) einen **Einsatz des Einkommens und Vermögens** des Antragenden. Zum Einkommen gehören nach § 115 I ZPO alle tatsächlichen Einkünfte in Geld und geldwerte Leistungen.[5] Das nach § 115 III ZPO einzusetzende Vermögen (§ 90 SGB XII) bezieht sich auf alle geldwerten Sachen und Rechte.[6] 5

Darüber hinaus darf nach § 7 II MediationsG die Rechtsverfolgung bzw. Rechtsverteidigung nicht **mutwillig** erscheinen. Diese Begrifflichkeit ist auch aus der Prozesskostenhilfe (§ 114 S. 1 ZPO) bekannt. Danach ist eine Inanspruchnahme von Prozesskostenhilfe zur Rechtsverfolgung oder -verteidigung mutwillig, wenn eine „nicht hilfsbedürftige, verständige Partei ihre Rechte nicht in dieser Weise durchsetzen würde“.[7] Dies ist etwa der Fall, wenn dem Antragsteller ein einfacherer Weg zur Verfügung steht oder auch die Rechtsverfolgung erkennbar aussichtslos ist. Anders als im Verfahren über Prozesskostenhilfe, können im Mediationskostenhilfe- 6

3 *Fritz/Pielsticker* § 7 Rn. 17.
4 BT-Drs. 60/11, S. 27.
5 Saenger/*Rathmann/Pukall* § 115 ZPO Rn. 3.
6 Saenger/*Rathmann/Pukall* § 115 ZPO Rn. 30.
7 KG Berlin, KG-Report 2004, 226, 227.

verfahren die **Erfolgsaussichten** für eine Bewilligung der Hilfe allerdings nicht unmittelbar anspruchsvoraussetzend sein.[8] Denn das Mediationsverfahren unterscheidet sich dadurch maßgeblich von einem gerichtlichen Verfahren, dass es eine einvernehmliche Konfliktlösung und gerade keine gerichtliche Entscheidung anstrebt. Inwieweit hier die Einleitung eines Mediationsverfahrens zur Rechtsverteidigung mutwillig sein kann, bleibt klärungsbedürftig. Denkbar wären Fälle, in denen tatsächlich noch kein rechtlich relevanter Sachverhalt dem Konflikt zugrunde liegt. Allerdings fehlt es dann schon an den Voraussetzungen einer „Rechtsverteidigung" bzw. „Rechtsverfolgung".

7 **Zuständiges Gericht** für den Antrag auf Mediationskostenhilfe ist nach § 7 II S. 2 MediationsG das „für das Verfahren zuständige Gericht, sofern an diesem Gericht ein Forschungsvorhaben durchgeführt wird", so dass hier auf die Zuständigkeiten der für den Rechtsstreit zuständigen Gerichte verwiesen wird. Ob diese Vorschrift in der Praxis trägt, bleibt fraglich. Denn der Streitgegenstand der Mediation ist regelmäßig nach Streitwert und materiell-rechtlichem Inhalt nicht klar zu definieren, so dass auch der potentielle Rechtsstreit schwer in die für das Klageverfahren gesetzten Bedingungen eingefügt werden kann.[9]

8 Auch die **Höhe der Mediationskostenhilfe** bedarf einer Konkretisierung, denn anders als im Gerichtsverfahren, für das sowohl nach dem Rechtsanwaltsvergütungsgesetz als auch nach den Kostengesetzen für die Gerichte feste Gebühren vorgesehen sind, richtet sich die Vergütung in der Mediation nach Stundensätzen der Mediatoren.

Die Entscheidung über die Mediationskostenhilfe ist nach § 7 II S. 3 Mediationsgesetz **unanfechtbar**. Diese Regelung begegnet verfassungsrechtlichen Bedenken. Weshalb keine Rechtsbehelfe gegen eine ablehnende Entscheidung möglich sein sollen, eröffnet sich nicht.

II. Sonstige Finanzierungsmöglichkeiten des Mediationsverfahrens

1. Beratungshilfe

9 Nach § 1 I Nr. 1 BerHG wird dem Rechtssuchenden **Beratungshilfe** gewährt, wenn dieser die erforderlichen Mittel nach seinen persönlichen und wirtschaftlichen Verhältnissen nicht aufbringen kann, keine anderen zumutbaren Möglichkeiten zur Hilfe zur Verfügung stehen und die Wahrnehmung der Rechte nicht mutwillig (zum Begriff siehe unter J Rn. 6) ist. Zur Bedürftigkeit verweist das Gesetz auf die Vor-

---

8 So auch die Entwurfsbegründung zum Gesetz: BT-Drs. 17/5335, S. 18.

9 Auch: *Greger/Unberath* § 7 Rn. 8.

schriften zur Gewährung von Prozesskostenhilfe ohne Ratenzahlung (§ 1 II BerHG, §§ 114, 115 ZPO).

Die Beratungshilfe besteht nach § 2 I BerHG in der **anwaltlichen Beratung** und, soweit erforderlich, in der **außergerichtlichen Vertretung**. Insoweit können über die Beratungshilfe nur die Anwaltskosten eines an der Mediation teilnehmenden Rechtsanwaltes gedeckt werden, nicht aber die Kosten für das **Honorar des Mediators.**[10] Über die Beratungshilfe nach dem Beratungshilfegesetz kann mithin keine außergerichtliche Mediation finanziert werden. 10

Nach § 12 BerHG gelten für die Ländern Bremen und Hamburg Ausnahmeregelungen zur Beratungshilfe; in diesen Ländern tritt die **öffentliche Rechtsberatung** ÖRA an die Stelle der Beratungshilfe. In Berlin hat der Rechtsuchende die Wahl zwischen der Inanspruchnahme der dort eingeführten öffentlichen Rechtsberatung und anwaltlicher Beratungshilfe nach dem BerHG, wenn und soweit das Landesrecht nichts anderes bestimmt. In Hamburg werden über die **ÖRA Mediationen** zu kostengünstigen Preisen angeboten. 11

2. Prozesskosten- und Verfahrenskostenhilfe

Inwieweit über die **Prozesskosten- bzw. Verfahrenskostenhilfe** die Kosten einer außergerichtlichen Mediation zu erstatten sind, insbesondere wenn die Mediation vom Gericht angeregt oder angeordnet wird, ist umstritten. 12

Die h.M. lehnt eine Kostenübernahme im Rahmen der Verfahrens- bzw. Prozesskostenhilfe für ein außergerichtliches Mediationsverfahren ab.[11] Die Prozesskostenhilfe decke – so ausführlich zu dieser Thematik das OLG Dresden – nur die in § 122 ZPO aufgeführten Kosten, (Gerichtskosten, Gerichtsvollzieherkosten und Ansprüche der zur Wahrnehmung der Parteiinteressen im Verfahren beigeordneten Rechtsanwälte) ab, worunter aber nicht die Kosten einer außergerichtlichen Mediation fallen; und zwar auch dann nicht, wenn die Mediation auf Anraten des Gerichts und zur Beilegung eines bereits anhängigen Rechtsstreits stattfinden soll. Die Mediation sei ein *außergerichtliches* Verfahren, das auch nicht im Sinne einer verfassungskonformen Auslegung in die Vorschriften zur Prozesskostenhilfe einbezogen werden könne. Nicht nur der Wortlaut der einschlägigen Vorschriften, sondern auch Sinn und Zweck der Mediation schließen es aus, diese kostenrechtlich als Teil des Gerichtsverfahrens zu begreifen. Die Kosten der Mediation sind keine Gerichtskosten, von denen eine bedürftige Partei über die Prozesskostenhilfe befreit werden könne.[12]

10 Siehe auch *Koch* ZKM 2007, 71 ff.

11 Siehe ausführlich: OLG Dresden NJW-RR 2007, 80–81; auch *Greger/Unberath* § 7 Rn. 17; *Koch* ZKM 2007, 71–75, *Hoffmann* jurisPR-FamR 26/2006, Anm. 5 (juris).

12 OLG Dresden NJW-RR 2007, 80–81.

13 Vereinzelt findet man Entscheidungen zugunsten einer Kostenübernahme für die Mediation im Prozesskostenhilfeverfahren. So hat etwa das OLG Köln mit Beschluss vom 3.6.2011 entschieden, dass die Prozesskostenhilfe auch für die Kosten einer gerichtsnahen oder gerichtsinternen Mediation zu gewähren bzw. bei bereits gewährter Prozesskostenhilfe diese Mediationskosten von der gewährten Prozesskostenhilfe umfasst seien, wenn das Gericht eine Mediation selbst vorschlägt und das Verfahren aussetzt, terminlos stellt oder zum Ruhen bringt.[13] Es sei mit dem sich aus der Verfassung ergebenden Anspruch auf Rechtsschutzgleichheit nicht vereinbar, Personen mit entsprechenden finanziellen Möglichkeiten zur Verwirklichung ihres Rechtsschutzes ein Mediationsangebot zur Verfügung zu stellen, Unbemittelten jedoch nicht, sondern diese stattdessen auf eine streitige gerichtliche Entscheidung zu verweisen.[14]

Auch das Kammergericht Berlin hat bei bereits bewilligter Prozesskostenhilfe dem beigeordneten Rechtsanwalt einen Anspruch gegen die Staatskasse auf Vergütung seiner Auslagen zugesprochen, die durch die Teilnahme am Termin einer vom Prozessgericht angeregten gerichtsnahen Mediation entstanden sind.[15]

Das Amtsgericht Eilenburg hat in seinem Beschluss vom 20.4.2007 ebenso entschieden, dass die Kosten des beigeordneten Mediators nach Bewilligung von Prozesskostenhilfe von der Staatskasse zu tragen seien, wenn das Gericht in einem Umgangsrechtsverfahren von Amts wegen im Rahmen seiner Amtsermittlungspflicht und im Rahmen des § 52 FGG von der Mediation als Mittel der Streitbeilegung Gebrauch gemacht hat.[16]

14 Angesichts des klaren Wortlautes der entscheidungserheblichen Vorschriften zur Prozess- und Verfahrenskostenhilfe ist zu konstatieren, dass eine Kostenerstattung über diese Vorschriften nicht möglich ist. Dies gilt erst Recht nach Einführung des Mediationsgesetzes, das über § 7 MediationsG Finanzierungsmöglichkeiten im Rahmen von Forschungsvorhaben schaffen will. Hätte der Gesetzgeber eine Finanzierung über bereits bestehende Prozesskostenhilfe gewollt, so wären diese Vorschriften entsprechend angepasst worden. Auch die Neuregelungen zum Güterichterverfahrens sprechen gegen eine Anwendung der Prozesskostenhilfe auf die außergerichtliche Mediation, da der Gesetzgeber mit dem Güterichterverfahren (B Rn. 151) ein eigenständiges mediationsähnliches Verfahren geschaffen hat. Bewilligte Prozesskostenhilfe und die Beiordnung des Rechtsanwaltes erstrecken sich auch auf das Güterichterverfahren.

13 OLG Köln ZKM 2012, 29–31.

14 OLG Köln ZKM 2012, 29–31.

15 KG Berlin NJW 2009, 2754–2755.

16 AG Eilenburg FamRZ 2007, 1670–1671.

3. Gerichtskostenerlass bei Erledigung des Prozesses

Wenn bei einem bereits rechtshängigen Streit ein Mediationsverfahren durchgeführt 15
und eine Einigung gefunden wird, ist der Rechtsstreit durch die gefundene Einigung ebenfalls zu beenden. Dies geschieht – je nach Vereinbarung der Parteien in der Mediation – durch Klagerücknahme, Erledigungserklärung oder auch durch einen gerichtlichen Vergleich. Soweit ein Rechtsstreit durch **Klagerücknahme, Erledigung oder Vergleich** beendet wird, ermäßigen sich die Gebühren nach KV GKG Nr. 1211 von 3,0 auf 1,0.

Über diese bekannte Kostenreduzierung hinaus, werden nach § 69b GKG sowie 16
§ 61a FamGKG die Landesregierungen ermächtigt (K Rn. 34), durch Rechtsverordnung zu bestimmen, dass die von den Gerichten der Länder zu erhebenden Verfahrensgebühren **noch weiter ermäßigt werden oder entfallen**, wenn das gesamte Verfahren nach einer Mediation oder nach einem anderen Verfahren der außergerichtlichen Konfliktbeilegung

- durch Zurücknahme der Klage oder des Antrags beendet wird
- und in der Klage- oder Antragsschrift mitgeteilt worden ist, dass
  - eine Mediation oder ein anderes Verfahren der außergerichtlichen Konfliktbeilegung unternommen wird oder beabsichtigt ist,
  - oder wenn das Gericht den Parteien die Durchführung einer Mediation oder eines anderen Verfahrens der außergerichtlichen Konfliktbeilegung vorgeschlagen hat.

Die Möglichkeit der Kostenreduzierung besteht mithin, wenn entweder bereits in 17
der Klage- oder Antragsschrift mitgeteilt wurde, dass eine Mediation unternommen wurde oder beabsichtig ist oder wenn ein Gericht eine solche vorschlägt. So ermöglicht etwa § 278a ZPO dem Gericht den Parteien eine Mediation oder ein anderes Verfahren der außergerichtlichen Konfliktbeilegung anzudienen. Entscheiden sich die Parteien dazu, ordnet das Gericht das Ruhen des Verfahrens an.

Das Familiengericht soll nach § 156 FamG in Kindschaftssachen in jeder Lage 18
des Verfahrens auf ein Einvernehmen der Beteiligten hinwirken, wenn dies dem Kindeswohl nicht widerspricht. Nach § 135 FamG kann das nicht nur vorschlagen, sondern Gericht anordnen, dass die scheidungswilligen Ehegatten an einem kostenfreien Informationsgespräch über Mediation oder eine sonstige Möglichkeit der außergerichtlichen Konfliktbeilegung teilnehmen und eine Bestätigung hierüber vorlegen.

4. Rechtsschutzversicherung

Ganz überwiegend bieten Rechtsschutzversicherer verschiedene Formen der Unter- 19
stützung für Mediationen an. Die Mediation GmbH fairmitteln&fairfinden hat im

Jahr 2013 eine Studie zum Angebot der Rechtsschutzversicherungen für die Kostenübernahme für Mediation erstellt.[17] Dabei wurden 61 Versicherungsunternehmen, welche Rechtsschutzversicherungen für Privatkunden anbieten, untersucht, wobei nach Angaben der Studie knapp 85 % der Anbieter die Kosten für Mediation übernehmen. Allerdings unterscheiden sich die Leistungsangebote der Versicherer deutlich. Zum einen variieren sie erheblich in der Höhe der Kostenübernahme, von Obergrenzen bis zu 500 EUR pro Jahr bis hin zur Kostenübernahme ohne definierte Obergrenze bzw. lediglich an der Haftungssumme orientierte Grenzen.[18]

20 Die Versicherer bewerben insbesondere aber die selbst angebotene **Shuttle-Telefon-Mediation** (C Rn. 228), bei der ein von der Versicherung gestellter Mediator telefonisch mit der Gegenseite Kontakt aufnimmt und vermittelt. Einige Versicherungen bieten auch Rechtschutztarife an, bei der die Kostenübernahme für ein gerichtliches Verfahren an eine gescheiterte Telefon-Shuttle-Mediation gebunden ist. Die Shuttle-Mediationen sind insbesondere für die Versicherungen lukrativ. Dieses Mediationsangebot ist allerdings äußerst kritisch zu betrachten, da oft die gesetzlich normierten Mindestanforderungen an ein Mediationsverfahren nicht eingehalten werden. Vielmehr handelt es sich regelmäßig eher um eine Moderation bzw. positionsgeleitete Vergleichsverhandlungen. Die Parteien selber kommen persönlich nicht miteinander ins Gespräch.

III. Evaluierung (§ 8 MediationsG)

21 Nach § 8 MediationsG berichtet die Bundesregierung dem Deutschen Bundestag bis zum 26. Juli 2017 über die **Auswirkungen des Mediationsgesetzes** auf die Entwicklung der Mediation in Deutschland und über die Situation der Aus-und Fortbildung der Mediatoren.

Dabei soll die Evaluierung insbesondere untersuchen und bewerten, ob aus Gründen der Qualitätssicherung und des Verbraucherschutzes weitere gesetzgeberische Maßnahmen auf dem Gebiet der Aus- und Fortbildung von Mediatoren notwendig sind. Ferner sind die kostenrechtlichen Länderöffnungsklauseln der § 69b GKG und § 61a FamGKG bei der Evaluierung einzubeziehen. Den Bundesländern ist nach § 69b GKG sowie § 61a FamGKG über eine Verordnungsermächtigung unter den in den Vorschriften näher formulierten Voraussetzungen die Möglichkeit verschafft worden, über die zu erhebenden Verfahrensgebühren des Kostenverzeichnisses[19] (insbesondere Klagerücknahme, Erledigung, Vergleich) hinaus weitere Ermäßigungen zu schaffen, wenn das gesamte Verfahren nach einer Mediation oder

17 http://www.mediation.de/rechtsschutz 22.5.2012.

18 http://www.mediation.de/rechtsschutz 22.5.2012.

19 Kostenverzeichnis GKG Nrn 1211, 1411, 5111, 5113, 5211, 5221, 6111, 6211, 7111, 7113 und 8211.

nach einem anderen Verfahren der außergerichtlichen Konfliktbeilegung durch Zurücknahme der Klage beendet wird. Ein maßgeblicher Grund für die finanzielle Förderung der Mediation durch diese Kostenerleichterung ist eine Reduzierung bzw. vorzeitigen Erledigung von Gerichtsverfahren.[20] Auch die Akzeptanz der Mediation in der Bevölkerung und die Verbreitung des Verfahrens soll durch die finanzielle Förderung gestärkt werden. Ob dies in der Erprobungsphase des Gesetzes gelingt, hat die Evaluierung zu beweisen.

Der Inhalt der Evaluierung stützt sich – unter Berücksichtigung der kostenrechtlichen Länderöffnungsklauseln zur Kostenermäßigung bei Durchführung von außergerichtlicher Mediation – mithin auf zwei wesentliche Punkte, nämlich die Auswirkungen des MediationsG auf Entwicklung der Mediation sowie die Überprüfung der Aus- und Fortbildungsstandards der Mediatoren. Mit der Vorschrift des § 8 MediationsG anerkennt der Gesetzgeber das noch in der **Entwicklung befindliche Berufsbild**[21] der Mediation und die noch offene Akzeptanz und Ausbreitung der Mediation in der Gesellschaft. Die Rolle des Mediators und der Ablauf des Verfahrens sind nach gesetzgeberischer Intention in § 1 MediationsG weit gefasst und bieten viel Spielraum für eine Auslegung. Die Gesetzesbegründung zu § 1 II 2 MediationsG konstatiert, dass bewusst auf eine abschließende Regelung eines klar umgrenzten Berufsbildes verzichtet wurde, um der dynamischen Entwicklung des noch relativ neuen Verfahrens Rechnung zu tragen.[22] Das MediationsG geht von einem nicht näher definierten „strukturierten Verfahren“ aus (B Rn. 13). Der Ablauf und Inhalt des Verfahrens ist im MediationsG in § 2 MediationsG nur umrissen. Auch die Minimalanforderungen an die Aus- und Fortbildung des Mediators sind nach § 5 MediationsG lediglich rahmengebend vorgeschrieben (H Rn. 1). 22

Eine retrospektive Evaluation zu den Wirkungen eines neu geschaffenen Gesetzes ist nach der Rechtssprechung des Bundesverfassungsgerichts für den Gesetzgeber wegen seiner grundrechtlichen Schutzpflichten auch geboten. Der Gesetzgeber hat eine Beobachtungs- und Nachbesserungspflicht für neue Gesetze.[23] Dies gilt insbesondere im Hinblick auf das Mediationsgesetz, da die Praxis der Mediation und die Ausgestaltung des Verfahrens weiterhin in der Entwicklung ist. 23

---

20 BT-Drs. 17/8058, S. 20.

21 BR-Drs. 60/11, S. 15.

22 Begründung des Gesetzesentwurf BT-Drs. 60/11, S. 19.

23 Siehe etwa zum ungeborenen Leben als Schutzgut der Verfassung beim Schwangerschaftsabbruch BVerfGE 88, 203–233.

1. Auswirkungen des MediationsG auf die Entwicklung der Mediation

24 Im Vordergrund der Bewertung der Auswirkungen des Mediationsgesetzes auf die Entwicklung der Mediation als Instrument der Konfliktvermittlung stehen zum einen die **Akzeptanz des Verfahrens** in der Gesellschaft sowie die **Verbreitung der Mediation** in Deutschland.[24] Dabei ist auch zu evaluieren, in welchen Lebensbereichen sich das Verfahren durchgesetzt oder gerade nicht verbreitet hat. Der gesetzgeberischen Intention folgend, die Mediation zu fördern, sind mit der Möglichkeit zur finanziellen Unterstützung der Mediation im Rahmen von Forschungsvorhaben (§ 7 MediationsG) Grundlagen zur weiteren Verbreitung und Akzeptanz des Verfahrens geschaffen worden, die es zu untersuchen gilt. Aus gesetzgeberischer Sicht wissenswert ist vor allem auch die Beantwortung der Frage, inwieweit eine Verbreitung von Mediationsverfahren zu einer **Reduzierung bzw. vorzeitigen Erledigung von Gerichtsverfahren** geführt hat.[25]

2. Aus- und Fortbildungsstandards der Mediatoren

25 Auch die Evaluierung der Aus- und Fortbildungsstandards der Mediatoren trägt dem noch im Wandel befindlichen Berufsbild Rechnung. Der Gesetzgeber hat zur Sicherung einer Fortentwicklung des Berufsbildes bisher nur soweit wie nötig rahmengebende Aus- und Fortbildungsvoraussetzungen für die multidisziplinäre Mediationslandschaft geschaffen. Auch wurde auf eine **Berufsordnung** verzichtet, da viele Mediatoren einen Grundberuf ausüben und die Mediation nebenberuflich bzw. nicht ausschließlich betreiben.[26] Auf dem Mediationsmarkt finden sich unterschiedliche Berufsgruppen wie Rechtsanwälte, Notare, Richter, Steuerberater, Psychotherapeuten, Sozialarbeiter, Ärzte, Pastoren u.v.m. Viele Mediatoren führen Mediation in multidisziplinären Teams durch (Co-Mediation C Rn. 233). Diese Vielfältigkeit wollte der Gesetzgeber bewusst offen halten. Einheitliche Standards auf dem Mediationsmarkt gibt es nicht. Die Ausbildungsrichtlinien der **Mediationsverbände** und der Ausbildungsinstitute variieren erheblich. Auch der jeweilige Ursprungsberuf kann Vorgaben für die Anerkennung als Mediator bereitstellen, wobei der für Rechtsanwälte geltende § 7a BORA an die neue Gesetzeslage angepasst wurde und in seiner neuen Fassung (mit Wirkung vom 1.5.2013) auf § 5 MediationsG verweist.

26 Ziel der Evaluierung ist es zu prüfen, ob aus Gründen der **Qualitätssicherung** und des **Verbraucherschutz** weiterreichende staatliche Vorgaben an die Qualifika-

24 BT-Drs. 17/8058, S. 20.
25 BT-Drs. 17/8058, S. 20.
26 BR-Drs. 60/11, S. 19.

tion des Mediators zu machen sind.[27] Maßstab sind die bisherigen weit gefassten Vorgaben an die Aus- und Fortbildung nach §§ 5 und 6 MediationsG (H Rn. 1). Auch die **Ausbildungsträger** sind bei der Evaluation der Aus- und Fortbildungsstandards zu berücksichtigen. Die Evaluierung soll überprüfen, ob die bisherigen gesetzlichen Mindeststandards zur Zielführung ausreichen oder der Gesetzgeber weitere Vorgaben zu machen hat. Verbraucher sollen vor unqualifizierten Mediatoren geschützt werden und durch Sicherung der Qualität Vertrauen in das Verfahren der Mediation erlangen.

27 BT-Drs. 17/8058, S. 20.

K. Änderungen anderer Gesetze

I. Zivilprozessordnung

1. Änderungen § 253 Abs. 3 ZPO

a) Neuregelung und Regelungsziel

1 Mit Inkrafttreten des Mediationsgesetzes wurde auch **§ 253 Abs. 3 ZPO angepasst**. § 253 ZPO regelt, welche Angaben in einer Klageschrift durch die Klagepartei gemacht werden müssen bzw. sollen.

2 Aufgrund des Mediationsgesetzes wurde in § 253 Abs. 3 Nr. 1 ZPO neu aufgenommen, dass die Klageschrift nunmehr auch enthalten ***„soll“:***

- „die **Angabe**, ob der Klageerhebung der **Versuch einer Mediation oder eines anderen Verfahrens der außergerichtlichen Konfliktbeilegung vorausgegangen ist**,
- *sowie eine Äußerung dazu, ob einem solchen **Verfahren Gründe entgegenstehen**“.*

3 Nach der Gesetzesbegründung dient die Neufassung dem **Ziel** „die Mediation und die **außergerichtliche Konfliktbeilegung stärker im Bewusstsein der Bevölkerung und in der Beratungspraxis der Rechtsanwaltschaft** zu verankern“.[1] Zudem betone die Neufassung des § 253 Abs. 3 Nr. 1 ZPO nur *„die ohnehin nach § 1 Absatz 3 BORA bestehende Verpflichtung der Rechtsanwältinnen und Rechtsanwälte, ihre Mandantschaft konfliktvermeidend und streitschlichtend zu begleiten“*.[2] Durch die Aufforderung zur Angabe eines Mediationsversuches bzw. eines anderen Verfahrens der außergerichtlichen Konfliktbeilegung, soll sich die klagende Partei spätestens bei Klageerhebung mit diesen außergerichtlichen Konfliktbeilegungsmöglichkeiten befasst haben.

b) Inhalt und Folgen der Neuregelung

4 Die Vorgabe in § 253 Abs. 3 Nr. 1 ZPO ist im Gegensatz zu den zwingenden Vorgaben in § 253 Abs. 2 ZPO („*muss enthalten*“) eine sog. **„Sollvorschrift“**. Während die Nichtbeachtung einer aufgrund von § 15a EGZPO erlassenen Verpflichtung zur Anrufung einer Gütestelle ausdrücklich der Zulässigkeit der Klage entgegenstehen kann,[3] wurde bei § 253 Abs. 3 Nr. 1 ZPO auf eine solche **zwingende Regelung verzichtet**.

5 Die **Folge der Nichtbeachtung** des § 253 Abs. 3 Nr. 1 ZPO ist im Gesetz nicht weiter ausgeführt. Die **Zulässigkeit der Klage** wird durch die Nichtbeachtung der Soll-

---

1 BT-Drs. 17/5335, S. 20.

2 BT-Drs. 17/5335, S. 20.

3 BGH NJW 2005, 437.

vorschrift § 253 Abs. 3 Nr. 1 ZPO jedoch unstreitig **nicht berührt.**[4] Als Folgen in Betracht kommen aber die Beeinträchtigung der Vorwirkung gem. § 167 ZPO[5] und Verzögerungen des Prozessfortlaufs wegen eventueller Nachfragen des Gerichts oder Rügen durch die Gegenseite sowie ein Verweisen des Gerichts auf ein eventuell aussichtloses Güteverfahren. Sofern durch die fehlende Angabe und damit die Missachtung der Obliegenheit des § 253 Abs. 3 Nr. 1 ZPO Verzögerungen, Fristabläufe und Schäden resultieren, ist eine Haftung des Rechtsanwalts für dadurch entstehende Schäden möglich.

Die Bewertung durch die Zivilgerichte steht noch aus. Es ist aber zu erwähnen, 6
dass sich das Bundesverfassungsgericht in einem Beschluss zur Verfassungsmäßigkeit einer dem Gerichtsverfahren vorgeschalteten und obligatorischen Güteverhandlung aufgrund von § 15a EGZPO geäußert hat und dort der Auffassung war, dass es auch in einem Rechtsstaat *„vorzugswürdig"* sei, eine *„zunächst streitige Problemlage durch eine einverständliche Lösung zu bewältigen"*.[6] Verfassungsrechtliche Bedenken dürften daher gegen die stärkere Betonung der außergerichtlichen Konfliktlösungssuche nicht bestehen.

Unabhängig von der Bewertung durch die Gerichte bestehen **Zweifel** daran, ob 7
das **rechtspolitische Ziel** einer stärkeren Verbreitung von Mediationsverfahren mit der Einführung des § 253 Abs. 3 Nr. 1 ZPO erreicht werden kann.[7] Zudem wird die Gefahr der Verletzung der Vertraulichkeit der Mediation gesehen und die Vermeidung einer Druckausübung auf das Mediationsverfahren für erforderlich gehalten.[8]

c) Handlungsfolgen und Formulierungsvorschläge

Auch zur **Reichweite des § 253 Abs. 3 Nr. 1 ZPO und konkreten Handlungsfolgen** 8
stehen Aussagen der Rechtsprechung noch aus. **Keinesfalls** darf in den § 253 Abs. 3 Nr. 1 ZPO eine **Verpflichtung zum Versuch** einer außergerichtlichen Einigung hineingelesen werden. Diese Deutung wäre weder vom Wortlaut der Regelung noch von der Intention des Gesetzgebers gedeckt.

Im Hinblick auf den **Umfang der Angaben gem. § 253** Abs. 3 Nr. 1 ZPO ist bisher 9
davon auszugehen, dass eine **knappe Befassung und Beantwortung** der Vorgaben des § 253 Abs. 3 Nr. 1 ZPO **ohne nähere Angaben zum Einigungsversuch und ohne Angabe von Gründen**, die einem außergerichtlichen Einigungsversuch entgegenstehen, ausreichend ist. Es bleibt abzuwarten, ob die Rechtsprechung eine

---

4 MüKo-ZPO/*Becker-Eberhard* § 253 ZPO Rn. 185; Musielak/*Foerste* § 253 ZPO Rn. 2 und Rn. 36, Saenger/*Saenger* § 253 ZPO Rn. 27; *Therstappen* AnwBl 2013, 288, 290.

5 Musielak/*Foerste* § 253 ZPO Rn. 36.

6 BVerfG Beschluss vom 14.2.2007, 1 BvR 1351/01, Abs. 35 (juris).

7 *Thomas/Wendler* DStR 2012, 1881, 1883; *Gullo* GWR 2012, 385; *Risse* SchiedsVZ 2012, 244, 253.

8 *Risse* SchiedsVZ 2012, 244, 253.

weitergehende Auslegung vornimmt und umfangreichere Angaben einfordern wird. Der Wortlaut des § 253 Abs. 3 Nr. 1 ZPO verlangt **nur die Angaben**, **ob** ein außergerichtliches Einigungsverfahren **durchgeführt** wurde **und** ob der Durchführung eines solchen Einigungsverfahrens **Gründe entgegenstehen**. Nähere Angaben hierzu, insbesondere eine Angabe **welche Gründe** der außergerichtlichen Lösungssuche entgegenstehen, verlangt der Wortlaut gerade nicht. Zwar lässt sich argumentieren, dass ohne die Angabe von näheren Gründen eventuell die Gefahr einer Aushöhlung der gesetzgeberischen Intention bestehen könnte, da die Ernsthaftigkeit einer Befassung nicht nachvollzogen werden kann und eine ernsthafte Befassung auch umgangen werden könnte. Dagegen spricht aber, dass der Mitteilung näherer Angaben und Gründe eine etwa bei einem außergerichtlichen Einigungsversuch vereinbarte Vertraulichkeit entgegenstehen kann. Vor allem aber ist die Intention des Gesetzgebers nicht die zwangsweise Durchführung eines außergerichtlichen Einigungsversuches und demnach sind die Gerichte auch nicht gehalten, die Ernsthaftigkeit eines solchen Versuchs zu prüfen. Die außergerichtliche Lösungssuche soll lediglich im „Bewusstsein der Bevölkerung“ und in der Beratungspraxis der Rechtsanwaltschaft verankert werden.[9]

10 Zusammenfassend ist daher die klagende Partei und deren Rechtsanwalt gem. § 253 Abs. 3 Nr. 1 ZPO verpflichtet, die entsprechenden Angaben in die Klageschrift aufzunehmen, nachdem die Möglichkeiten einer außergerichtlichen Lösungssuche ergebnisoffen mit dem Mandanten erörtert wurde. Die erforderlichen Angaben zur Erfüllung der Obliegenheitsverpflichtung des § 253 Abs. 3 Nr. 1 ZPO können dabei knapp gehalten sein.

! **Formulierungsvorschlag Angabe gem. § 253 Abs. 3 Nr. 1 ZPO:**

11 **Alternative 1: Entgegenstehende Gründe, knapp**

Die klagende Partei teilt unter Bezug auf § 253 Abs. 3 Nr. 1 ZPO mit, dass einer außergerichtlichen Lösungssuche berechtigte Interessen der klagenden Partei entgegen stehen und daher eine außergerichtliche Lösungssuche nicht durchgeführt wurde.

Alternative 2: Erfolglose Kontaktaufnahme

Die klagende Partei teilt unter Bezug auf § 253 Abs. 3 Nr. 1 ZPO mit, dass erfolglos der Versuch einer außergerichtlichen Einigung unternommen wurde. Die klagende Partei hat die beklagte Partei mit Schreiben vom xx.xx.xx und mit Schreiben vom xx.xx.xx, dazu aufgefordert, in der Angelegenheit eine außergerichtliche Lösung, wenn erforderlich unter Beteiligung eines Mediators, zu verhandeln. (beigefügt als Anlage K...). Auf die Aufforderungen der klagenden Partei erfolgte keine Reaktion der beklagten Partei.

Die klagende Partei ist grundsätzlich bereit, auch in einem außergerichtlichen Verfahren an einer konstruktiven Lösungssuche mitzuwirken.

---

9 BT-Drs. 17/5335, S. 20.

Alternative 3: Abbruch Einigungsversuche
Die klagende Partei teilt unter Bezug auf § 253 Abs. 3 Nr. 1 ZPO mit, dass erfolglos der Versuch einer außergerichtlichen Einigung unternommen wurde. Die klagende Partei ist aufgrund der bisherigen Erfahrungen nicht mehr gewillt und bereit, an einem weiteren Versuch einer außergerichtlichen Lösungssuche teilzunehmen. Es besteht der begründete Verdacht, dass die beklagte Partei die bisherige außergerichtliche Lösungssuche allein zur Verzögerung einer bindenden Lösung benutzt hat. Das bisherige Verhalten der beklagten Partei und die Gefahr von Rechtsnachteilen stehen einem erneuten Versuch einer außergerichtlichen Einigung entgegen.

Alternative 4: Erfolglose Mediation
Die klagende Partei teilt unter Bezug auf § 253 Abs. 3 Nr. 1 ZPO mit, dass zwischen den Parteien erfolglos der Versuch einer außergerichtlichen Einigung im Wege der Mediation unternommen wurde. Die Mediationsversuche unter Leitung des Mediators XY wurden am xx.xx.xx und am xx.xx.xx in den Räumlichkeiten des Mediators, Musterweg 1, Musterstadt durchgeführt, ohne dass sich die Parteien einigen konnten. Einer erneuten außergerichtlichen Lösungssuche stehen bei entsprechend veränderten Erfolgsaussichten keine Gründe entgegen.

2. Güterichter gem. § 278 Abs. 5 ZPO

a) Regelungen zum Güterichter im Mediationsgesetz

Neben der Mediation durch private Anbieter haben einige Gerichte in Deutschland 12
auch die **gerichtsnahe oder gerichtsinterne Mediation** durch Richter angeboten, bei der speziell hierfür ausgebildete Richter als Mediatoren fungierten. Mit Inkrafttreten des Mediationsgesetzes wurde nunmehr der sog. **„Güterichter" gesetzlich verankert** und hierfür spezielle Regelungen in der Zivilprozessordnung (ZPO) vorgesehen. § 278 Abs. 5 ZPO sieht nunmehr vor:

> „Das Gericht kann die Parteien für die Güteverhandlung sowie für weitere Güteversuche vor einen hierfür bestimmten und nicht entscheidungsbefugten Richter (Güterichter) verweisen. Der Güterichter kann alle Methoden der Konfliktbeilegung einschließlich der Mediation einsetzen".

Zudem regelt § 9 Abs. 1 MediationsG

> „Die Mediation in Zivilsachen durch einen nicht entscheidungsbefugten Richter während eines Gerichtsverfahrens, die vor dem 26. Juli 2012 an einem Gericht angeboten wird, kann unter Fortführung der bisher verwendeten Bezeichnung (gerichtlicher Mediator) bis zum 1. August 2013 weiterhin durchgeführt werden".

Das Güterichter-Modell **löst** daher mit Übergangsfrist bis zum 1. August 2013 **die bisher an einigen Gerichten bestehende gerichtliche Mediation ab**. Eine gerichtliche Mediation wird unter dieser Bezeichnung nach dem 1. August 2013 nicht mehr stattfinden.

b) Entwicklung der Vorgaben zum Güterichter

13 Zu Beginn des Gesetzgebungsverfahrens war geplant, dass das Mediationsgesetz **auch die gerichtsinterne Mediation umfasst**[10], was auch die europarechtliche Mediationsrichtlinie ausdrücklich vorsieht[11]. Die gesetzliche Verankerung bzw. Erhaltung der gerichtsinternen Mediation war allerdings einer der **umstrittensten Bereiche** im Rahmen des Gesetzesgebungsverfahrens[12] und am Ende konnte diese sich nicht durchsetzen.

Der Streit kam auf, weil einerseits die Länder und Richterverbände die erfolgreichen Modellversuche an vielen Gerichtsstandorten im Gesetz verankern wollten, andererseits die Anwaltschaft aber eine kostenlose Konkurrenz und Verlagerung der Mediation verhindern wollte.[13] Wegen der gegenläufigen Interessen traten im Lauf des Gesetzgebungsverfahrens „schwierigste Kontroversen" [14] auf.

Im Vermittlungsausschuss einigten sich Bundesrat und Bundestag auf ein Regelungsmodell, welches vorsieht, dass die **richterliche Mediation als solche abgeschafft** wird und **stattdessen** eine **Verweisung an den Güterrichter** möglich ist.[15]

Die Gesetzbegründung des Rechtsausschusses des Bundestages führt dazu aus:

> „Deshalb schlägt der Rechtsausschuss vor, die bisher praktizierten unterschiedlichen Modelle der gerichtsinternen Mediation in ein erheblich erweitertes Institut des Güterichters zu überführen und dieses Institut auch auf die Verfahrensordnungen der Arbeits-, Sozial-, Verwaltungs-, Patent-, Marken- sowie Finanzgerichte auszudehnen. Mit dieser Regelung werden die Möglichkeiten für die Entwicklung der außergerichtlichen Mediation und anderer Formen der außergerichtlichen Konfliktbeilegung erweitert."[16]

Weiterhin wird in der Gesetzesbegründung ausgeführt: *„Die Überführung der gerichtsinternen Mediation in ein erweitertes Güterichterkonzept führt zu einer klaren gesetzlichen **Abgrenzung der richterlichen Streitschlichtung von der Mediation.**"*[17]

Die **Güteverhandlung** vor einem Güterichter soll dabei **nur mit Einverständnis der Parteien** durchgeführt werden, wie die Gesetzesbegründung deutlich ausführt: *„Die Durchführung einer Güteverhandlung und weiterer Güteversuche vor einem Güterichter sind aussichtsreich, wenn die Parteien für eine einvernehmliche Konfliktlösung offen und deshalb grundsätzlich bereit sind, sich auf ein solches Verfahren einzulassen. Vor diesem Hintergrund kommt der Verweis vor einen zur Durchführung einer*

10 BT-Drs. 17/5335 S. 5.
11 RiLi 2008/52/EG v. 21.5.2008, Art. 3a).
12 MüKo/*Ulrici* Anhang zu § 278a ZPO Rn. 6 m.w.N.
13 *Meyer/Schmitz-Vornmoor* DNotZ 2012, 895, 898.
14 *Ahrens* NJW 2012, 2465, 2469.
15 Vergleich der richterlichen Mediation und Güterichter bei *Carl* ZKM 2012, 16; der Autor ist im BMJ zuständiger Referent für das MediationsG.
16 BT-Drs. 17/8058 S. 17.
17 BT-Drs. 17/8058 S. 17.

Güteverhandlung bereiten Güterichter nur mit Einverständnis der Parteien in Betracht."[18]

c) Anwendbarkeit Mediationsgesetz auf Güterichter

Der Güterichter gem. § 278 Abs. 5 ZPO ist **kein Mediator** im Sinne des Mediationsgesetzes[19], für ihn gilt das Richterdienstrecht. Die Vorgaben des **Mediationsgesetzes gelten demnach für Güterichter nicht.**[20] 14

3. § 15 GVG, § 278 a ZPO Mediation, außergerichtliche Konfliktbeilegung

Nach § 278a ZPO kann das Gericht den Parteien eine Mediation oder ein anderes Verfahren der außergerichtlichen Konfliktbeilegung vorschlagen. Die Vorschrift des § 278a ZPO dient dem gesetzgeberischen Ziel, die außergerichtliche Konfliktbeilegung auch bei schon rechtshängigen Konflikten zu ermöglichen.[21] Das Vorschlagsrecht besteht in jedem Stadium des Verfahrens. Zwar verlangt § 278a ZPO keine bestimmte Form des Vorschlages, im Rahmen der gerichtlichen Prozessleitung (§ 139 ZPO) wird es aber angezeigt sein, diesen Vorschlag ausführlich zu erörtern. Unabhängig vom Vorschlagsrecht des Gerichts können auch die Parteien selbst einen Antrag auf Ruhen des Verfahrens stellen (§ 251 ZPO). 15

Das Gericht hat die Möglichkeit entweder ein **Güterichterverfahren** nach § 278 V ZPO (B Rn. 151ff.) oder eine **außergerichtliche Mediation** anzuregen. Welchem Verfahren seitens des Gerichtes der Vorrang zu gegeben ist, steht im Ermessen des Gerichts. 16

Ein Vorschlag für eine außergerichtliche Mediation oder auch ein Güterichterverfahren sind insbesondere dann angezeigt, wenn dem Rechtsstreit Konflikte zugrunde liegen, die im Prozess nicht oder nur unzureichend beigelegt werden können, etwa weil eine dauerhafte persönliche oder geschäftliche Beziehung der Parteien eine nachhaltige Konfliktlösung indiziert.[22] Denn ein per gerichtliches Urteil gefundenes Ergebnis kann wegen der noch bestehenden persönlichen Konflikte der Parteien das Urteilsergebnis beeinträchtigen oder gar konterkarieren. Je komplexer und umfangreicher der Konflikt sich auf der **Beziehungsebene** gestaltet, desto eher dürfte eine außergerichtliche Mediation angezeigt sein. Denn eine außergerichtliche Mediation bietet zeitlich wie inhaltlich mehr Spielraum als ein Güte- 17

---

18 BT-Drs. 17/8058 S. 21.
19 *Greger/Unberath* § 1 Rn. 113; BT-Drs. 17/8058 S. 17.
20 *Greger/Unberath* § 1 Rn. 52 und Rn. 72.
21 BR-Drs. 60/11, S. 30.
22 BR-Drs. 60/11, S. 30.

richterverfahren. Allerdings spielen bei der Entscheidung für eines der Verfahren auch **Kostenerwägungen** eine Rolle.[23] Bei einem Güterichterverfahren entstehen den Parteien anders als bei der außergerichtlichen Mediation keine zusätzlichen Kosten zum Prozess (zu den Kosten des Güterrichterverfahrens B Rn. 189, zur Mediationskostenhilfe I Rn. 2). Die h.M. lehnt auch eine Kostenübernahme im Rahmen der **Verfahrens- bzw. Prozesskostenhilfe** für ein außergerichtliches Mediationsverfahren ab (dazu unter J Rn. 4).[24] Die Kosten der Mediation sind keine Gerichtskosten, von denen eine bedürftige Partei über die Prozesskostenhilfe befreit werden könne.[25] Vereinzelt findet man Entscheidungen zugunsten einer Kostenübernahme für die Mediation im Prozesskostenhilfeverfahren. So hat etwa das OLG Köln mit Beschluss vom 3.6.2011 entschieden, dass die Prozesskostenhilfe auch für die Kosten einer gerichtsnahen oder gerichtsinternen Mediation zu gewähren bzw. bei bereits gewährter Prozesskostenhilfe diese Mediationskosten von der gewährten Prozesskostenhilfe umfasst seien, wenn das Gericht eine Mediation selbst vorschlägt und das Verfahren aussetzt, terminlos stellt oder zum Ruhen bringt.[26]

Es bleibt daher auch unter Abwägung der Kostenaspekte der Entscheidung der Parteien überlassen, ob und welches Verfahren sie alternativ zum Gerichtsprozess einleiten wollen.

18 Mit der Vorschlagsmöglichkeit nach § 278a ZPO kann das Gericht nicht nur eine Mediation, sondern auch ein anderes Verfahren der außergerichtlichen Konfliktbeilegung vorschlagen. Dies kann beispielsweise ein **Schiedsverfahren** oder bei komplexen Tatsachenfragen etwa auch ein **Schiedsgutachten** sein.[27] Es sind sämtliche alternativen Konfliktvermittlungsverfahren in Erwägung zu ziehen.

19 Parteien im Sinne des § 278a ZPO sind die Parteien des Rechtsstreites. Wenn sich die Parteien für ein vorgeschlagenes Verfahren entscheiden, ordnet das Gericht das **Ruhen des Verfahrens** an. Die Entscheidung der Parteien den Vorschlag des Gerichts anzunehmen (oder auch abzulehnen) unterliegt keinen Formvorschriften. Sie kann mündlich, schriftlich oder zu Protokoll erfolgen.[28] Die Erklärung muss allerding gegenüber dem erkennenden Gericht zum Ausdruck gebracht werden, damit das Gericht das Verfahren zum Ruhen bringen kann.

20 Die Ruhendstellung geschieht durch **Beschluss.** Soweit das Verfahren ruht, fällt es in einen tatsächlichen nicht aber rechtlichen Stillstand. Wie bei der Unterbre-

---

23 Siehe auch *Greger/Unberath* Teil 4. Rn. 61 f.

24 Siehe ausführlich: OLG Dresden NJW-RR 2007, 80–81; auch *Greger/Unberath* § 7 Rn. 17; *Koch* ZKM 2007, 71–75; *Hoffmann* jurisPR-FamR 26/2006, Anm. 5 (juris).

25 OLG Dresden NJW-RR 2007, 80–81.

26 OLG Köln ZKM 2012, 29–31; KG Berlin NJW 2009, 2754–2755; AG Eilenburg FamRZ 2007, 1670–1671.

27 BR-Drs. 60/11, S. 30.

28 Auch: *Fritz/Pielsticker* § 278a ZPO Rn. 60.

chung und Aussetzung des Verfahrens hören sämtliche Fristen mit Ausnahme der Fristen nach § 233 ZPO zu laufen auf.

Zu beachten ist, dass die Wirkung der Hemmung der **Verjährung** (I Rn. 44) 21
durch Klageerhebung (§ 204 I Nr. 1 BGB) nach Ablauf von sechs Monaten nach der letzen Verfahrenshandlung (§ 204 II BGB) – hier der Anordnung des Ruhens des Verfahrens – endet. Allerdings können die Parteien Vereinbarungen zur weiteren Verjährungshemmung treffen. Zudem wirkt nach § 203 BGB – solange die Mediationsverhandlungen schweben – die Hemmung der Verjährung fort.

Im Zivilverfahren findet eine **Fortsetzung des Verfahrens** nur auf **Antrag** der 22
Parteien statt (§ 250 ZPO). Im **arbeits-** (Rn. K 52) **und familiengerichtlichen Verfahren** (K Rn. 34) nimmt das Gericht das Verfahren grundsätzlich nach drei Monaten selbst wieder auf (§§ 54a II ArbGG, 155 IV FamFG). Aber auch hier können die Parteien vor Ablauf von drei Monaten die Fortsetzung des Rechtsstreites beantragen.

Eine Fortsetzung des Verfahrens wird nötig, wenn entweder

- die Mediation gescheitert ist und die Parteien den Rechtsstreit fortsetzen wollen oder
- die Parteien eine Einigung gefunden haben.

Eine **Begründung** für den Wunsch nach Fortsetzung des Verfahrens ist nicht not- 23
wendig, kann aber sinnvoll sein, damit das Gericht über den Sachstand in Kenntnis gesetzt ist. Zudem können mit dem Antrag weitere Erklärungen abgegeben werden, wie etwa zu protokollierende Vergleichswünsche der Parteien, Erklärungen zur Klagerücknahme, Erledigung oder auch ein Anerkenntnis. Ebenso können aber auch anstehende Erklärungen und Prozesshandlungen im anschließenden Verfahren vorgebracht werden.

Wenn im außergerichtlichen Mediationsverfahren eine **Einigung gefunden**, ist 24
der Rechtsstreit im Sinne der Einigung ebenfalls zu beenden. Dies geschieht – je nach Vereinbarung der Parteien in der Mediation – in der Regel durch Klagerücknahme, Erledigungserklärung oder insbesondere durch einen Vergleich, der das Mediationsergebnis festhält.

Die Parteien können mit dem Antrag zur Fortsetzung des Verfahrens auch ihr 25
gefundenes Mediationsergebnis in einem **gerichtlichen Vergleich** protokollieren lassen. Dies kann nach § 278 VI ZPO auch dadurch geschehen, dass die Parteien dem Gericht einen schriftlichen Vergleichsvorschlag unterbreiten. Das Gericht stellt dann das Zustandekommen und den Inhalt des Vergleichs durch Beschluss fest.

Über die bekannte Gerichtskostenreduzierung bei **Klagerücknahme, Erledi-** 26
gung oder Vergleich hinaus, werden nach § 69b GKG sowie § 61a FamGKG die Landesregierungen ermächtigt, durch Rechtsverordnung zu bestimmen, dass die von den Gerichten der Länder zu erhebenden Verfahrensgebühren noch weiter ermäßigt werden oder entfallen.

Lässt der Erbe einer Partei, dem ratenfreie Prozesskostenhilfe bewilligt worden 27
war, nach § 278a ZPO einen Vergleich protokollieren, der die Hauptsache erledigt,

und erwirkt anschließend eine Kostenentscheidung nach § 91a ZPO, haftet er nicht für Gerichtskosten, weil keine ausscheidbaren weiteren gerichtlichen Kosten entstanden sind.[29]

! **Checkliste: Ruhen des Verfahrens**

28 Ruhen des Verfahrens
auf
- **Vorschlag des Gerichts** gem. § 278 a ZPO
- **Antrag der Parteien**, § 251 ZPO

durch
- **förmlichen Gerichtsbeschluss** § 251 ZPO

Wirkung bei Ruhen des Verfahrens:
Fristen hören auf zu laufen,
Ausnahme
- Notfristen (§ 224 I ZPO),
- Rechtsmittelbegründungsfristen (§ 234 I ZPO),
- Wiedereinsetzungsfrist (§ 234 I ZPO).

Die Wirkung der Hemmung der **Verjährung durch Klageerhebung** (§ 204 I Nr. 1 BGB) endet nach Ablauf von sechs Monaten nach der letzen Verfahrenshandlung (§ 204 II BGB), hier die Anordnung des Ruhens des Verfahrens. Aber § 203 BGB gilt fort.

Fortsetzung des Verfahrens auf Antrag der Parteien,
in arbeits- und familiengerichtliche Verfahren auch ohne Antrag grundsätzlich nach drei Monaten durch Gericht (§§ 54a II ArbGG, 155 IV FamFG).
§ 278a ZPO findet Anwendung auch in
- Verwaltungsverfahren, § 173 S. 1 VwGO,
- sozial- und finanzgerichtlichen Verfahren § 202 S. 1 SGG, § 155 FGO,
- in Ehe- und Familiensachen, §§ 113 I S.2, 124 S. 2 FamFG,
- Patent- und Markenverfahren, § 99 I PatentG, § 82 I MarkenG,
- Eigene Regelungen in Arbeitssachen § 54a ArbGG, in Familiensachen § 36a FamFG.

! **Formular: Fortsetzung des Verfahrens nach Ruhendstellung**

29 In dem Rechtsstreit

Name Partei ./. Name Partei
Gerichtliches Aktenzeichen

wird beantragt, das Verfahren fortzusetzen.

(Anmerkung: Eine Begründung ist nicht notwendig, kann aber sinnvoll sein, damit das Gericht über den Sachstand in Kenntnis ist)

---

29 OLG Koblenz, Beschluss vom 14. Januar 2013, 14 W 22/13 (juris).

Die Mediation ist gescheitert.
oder
Die Parteien haben sich geeinigt.
oder
Die Parteien haben sich geeinigt und möchten gemäß § 276 VI ZPO folgenden Vergleich protokollieren ... (Inhalt des Vergleiches)
(Anmerkung: Je nach Einigung können andere Inhalte angezeigt sein, wie Klagerücknahme, Erledigungserklärung, Anerkenntnis.)

Für den Mediator zu beachten ist, dass bei einem rechtshängigen aber ruhenden Gerichtsverfahren, auch andere als die Parteien des Rechtsstreites sowie andere als die materiell-rechtlich Berechtigten oder Verpflichteten an der Mediation beteiligt und damit Parteien der Mediation sein können. So kann beispielsweise ein **Streithelfer** oder ein am Rechtsstreit unbeteiligter **Dritter** Teilnehmer einer Mediation sein, soweit dies von den Konfliktbeteiligten für erforderlich erachtet wird. In solchen Konstellationen hat der Mediator die Parteien darauf hinzuweisen (Prinzip der vollständigen Informiertheit, C Rn. 41, X Rn. 274ff.), sich durch Rechtsanwälte beraten zu lassen. Denn durch die Teilnahme von Personen, die bei einem ruhenden oder künftigen Verfahren nicht Partei des Rechtsstreites sind, können eventuelle Rechtspositionen der am Klageverfahren beteiligten Parteien gefährdet sein, etwa wenn die teilnehmende Konfliktpartei Streithelfer oder Zeuge des ruhenden oder anzustrebenden Rechtsstreits ist oder sein könnte und durch die Mediation Kenntnis von Sachverhalten erlangt, die für den Rechtsstreit relevant wären. 30

Hier ist daher besonderes auch auf Vertraulichkeitsabreden zu achten (E Rn. 91). Auch wenn die Parteien durch die Mediation zur Vertraulichkeit verpflichtet sind, besteht bei einer gescheiterten Mediation – dann nämlich ist die Fortsetzung bzw. die Einleitung des Rechtsstreites indiziert – die Gefahr, dass Vertrauliches genutzt oder preisgegeben wird. Eine gesetzliche Verschwiegenheitspflicht der Parteien besteht nicht.[30] Nur eine Vertraulichkeitsabrede kann daher einen gewissen Schutz vertraulicher Inhalte gewährleisten (ausführlich E Rn. 1ff.).

II. Verfahren in Familiensachen

Gerichtliche Verfahren in Familiensachen werden durch das FamFG (Gesetz über das Verfahren in Familiensachen und in den Angelegenheiten der freiwilligen Gerichtsbarkeit) und teilweise ergänzend durch die ZPO geregelt. Neben Familiensachen regelt das FamFG auch andere Angelegenheiten der freiwilligen Gerichts- 31

30 Zur fehlenden Vertraulichkeitsverpflichtung der Parteien nach dem MediationsG kritisch: *Wagner* ZKM 2001, 164 (165).

barkeit (Betreuungs-, Unterbringungs-, Nachlasssachen und andere). Indem die meisten Änderungen durch das Gesetz zur Förderung der Mediation und anderer Verfahren der außergerichtlichen Konfliktbeilegung[31] im Allgemeinen Teil (dem 1. Buch) des FamFG vorgenommen wurden, wird die einvernehmliche Streitbeilegung allen Verfahren des FamFG zugänglich.[32] Weitere Änderungen betreffen nur Familiensachen, die im 2. Buch des FamFG geregelt sind.

32 Was Familiensachen sind, wird in § 111 FamFG bestimmt. Es handelt sich um Ehesachen (z.B. Scheidungsverfahren, § 121 FamFG), Kindschaftssachen (elterliche Sorge, Umgangsrecht, Kindesherausgabe u.a., vgl. § 151 FamFG), Abstammungssachen, Adoptionssachen, Ehewohnungs- und Haushaltssachen, Gewaltsschutzsachen, Versorgungsausgleichssachen, Unterhaltssachen, Güterrechtssachen, sonstige Familiensachen, Lebenspartnerschaftssachen.

33 Durch Art. 3 des Mediationsgesetzes wurde das FamFG geändert. Während für das Verwaltungsgerichtsverfahren, das Sozialgerichtsverfahren und das Finanzgerichtsverfahren auf die zivilprozessualen Regelungen der ZPO verwiesen wurde, wurden für Verfahren in Familiensachen und in den Angelegenheiten der freiwilligen Gerichtsbarkeit ebenso wie für das Arbeitsgerichtsverfahren eigenständige Regelungen formuliert – beiden Prozessordnungen liegt ein anderes Verfahrensmodell zu Grunde.[33]

34 Inhaltlich entsprechen die Regelungen im FamFG weitgehend denen in der ZPO.[34] Lediglich die Befugnis des Gerichts, die Beteiligten zu einem kostenfreien Informationsgespräch über eine Mediation zu verpflichten (K Rn. 45f.), geht über die Regelung in der ZPO hinaus.

35 In Familiensachen ist das Verfahren schon seit einiger Zeit darauf ausgerichtet, den regelmäßig infolge gescheiterter Beziehungen emotionsgeladenen und konfliktträchtigen Konflikten dadurch gerecht zu werden, dass das Gericht an zahlreichen Punkten des Verfahrens auf ein Einvernehmen hinwirken soll.[35] In Kindschaftssachen kann das Gericht sogar anordnen, dass ein Sachverständiger bei der Erfüllung des Gutachtenauftrags auf die Herstellung des Einvernehmens zwischen den Beteiligten hinwirkt, § 163 Abs. 2 FamFG. Infolge der jetzigen gesetzlichen Änderungen durch das Mediationsgesetz wird in allen Familiensachen die Mediation noch stärker gefördert. Durch Hinweispflichten und Anordnungsmöglichkeiten des Gerichts erhält die

31 In diesem Kapitel vereinfacht als Mediationsgesetz bezeichnet, obwohl das eigentliche Mediationsgesetz ausschließlich das in Art. 1 des Gesetzes zur Förderung der Mediation und anderer Verfahren der außergerichtlichen Konfliktbeilegung enthaltene Gesetz ist.

32 GE BMJ 8.12.2010 S. 35.

33 *Ahrens* NJW 2012, 2465, 2465.

34 Vgl. *Ahrens* NJW 2012, 2465, 2470; *Risse* SchiedsVZ 2012, 244, 253.

35 Vgl. Musielak/*Borth* Einleitung Rn. 9.

Mediation einen Vorrang vor einem streitigen Verfahren.[36] Indem die Aufmerksamkeit verstärkt auf Mediation und außergerichtliche Konfliktbeilegung gelenkt wird, sollen vermehrt die Verfahren, bei denen zunächst das Gericht um Entscheidung ersucht wurde, in der Folge mit einer autonomen Regelung beendet werden.

Zu den Begrifflichkeiten: Während Kläger und Beklagte in den allgemeinen zivilprozessualen Verfahren sowie in den anderen Gerichtsordnungen als Parteien bezeichnet werden, spricht dieses Gesetz von den Beteiligten, die Antragsteller und Antragsgegner sind. Der Begriff Beteiligte umfasst die Parteien und je nach Umständen auch weitere beteiligte Personen wie beispielsweise das Jugendamt.[37] Statt einer Klage gibt es einen Antrag, der Prozess heißt Verfahren. 36

Zunächst ein Überblick über die im FamFG in Bezug auf Mediation und außergerichtliche Streitbeilegung enthaltenen Regelungen: 37

- Wer einen Antrag auf gerichtliche Entscheidung stellt, muss bereits im Antrag angeben, 1. ob es zuvor einen Versuch zu einer Mediation oder einer anderen außergerichtlichen Streitbeilegung gegeben hat, und 2. ob es grundsätzlich Gründe gibt, die gegen eine Mediation sprechen, § 23 Abs. 1 Satz 3 FamFG.
- Das Gericht soll, außer Gewaltschutzsachen, stets auf eine gütliche Einigung der Beteiligten hinwirken, § 36 Abs. 1 Satz 2 FamFG.
- Das Gericht kann ein Informationsgespräch über Mediation anordnen, §§ 135, 156 Abs. 1 Satz 3 FamFG.
- Das Gericht kann den Beteiligten vorschlagen, eine Mediation oder ein anderes Verfahren der außergerichtlichen Konfliktbeilegung durchzuführen, § 36a Abs. 1 Satz 1 FamFG.
- Das Gericht kann die Beteiligten an einen Güterichter verweisen, der nicht entscheidungsbefugt ist und alle Methoden der Konfliktbeilegung einschließlich der Mediation einsetzen kann, § 36 Abs. 5 FamFG.
- Die Beteiligten können jederzeit von sich aus eine Mediation oder außergerichtliche Konfliktbeilegung wählen.

Es gibt für Familienstreitsachen nach § 112 FamFG und für Ehesachen die Besonderheit, dass weitgehend die Vorschriften der ZPO anwendbar sind, § 113 Abs. 1 FamFG. Entsprechend kommt es bei diesen Verfahren zu einer Konfliktbeilegung nach den Grundsätzen der ZPO, vgl. K Rn. 1ff. 38

Im Einzelnen zu den Regelungen nach dem FamFG: 39

Bereits mit dem Antrag zur Verfahrenseinleitung soll der Antragsteller in geeigneten Fällen im Antrag die Angabe machen, ob es vor Antragstellung den Versuch einer Mediation oder eines anderen außergerichtlichen Verfahrens zur Konfliktbei- 40

36 Vgl. *Risse* SchiedsVZ 2012, 244, 253.

37 Vgl. Musielak/*Borth* FamFG § 23 Rn. 7.

legung gegeben hat. Weiter soll eine Äußerung dazu erfolgen, ob einem solchen Verfahren Gründe entgegenstehen. Dieses ist in dem neu angefügten § 23 Abs. 1 Satz 3 FamFG geregelt.

Zweck der Vorschrift ist, dass die Beteiligten vor Anrufung des Gerichts für sich prüfen, ob und welche Möglichkeiten einer außergerichtlichen Konfliktlösung in Betracht kommen. Indem konkrete Angaben zu bestehenden Hinderungsgründen gemacht werden müssen, soll eine eigene Auseinandersetzung mit dieser Frage stattfinden. Zugleich erhält das Gericht Informationen, ob es zweckdienlich sein wird, seitens des Gerichts eine Mediation oder eine außergerichtliche Konfliktbeilegung in die Wege zu leiten.[38]

Nach der gesetzlichen Regelung sind die Angaben nur dann vorgesehen, wenn ein geeigneter Fall vorliegt. Abstammungssachen und Adoptivsachen erscheinen grundsätzlich nicht geeignet.[39] Eine besondere Regelung findet sich auch zu Gewaltsschutzsachen, § 36a FamFG (vgl. K Rn. 48).

Die Vorschrift ist als Sollvorschrift formuliert. Es besteht deshalb keine Pflicht, diese Angaben zu leisten, ein Antrag bei Gericht wäre auch ohne diese Angaben zulässig. Das Gericht kann den Antragsteller auffordern, die Information nachzuholen, hat aber keine Möglichkeit, eine ausbleibende Information zu sanktionieren.[40]

Der Regelungsinhalt entspricht dem neu eingeführten § 253 Abs. 3 Nr. 1 ZPO, dessen Regelungsinhalt damit auf das FamFG übertragen wurde, vgl. hierzu K Rn. 2ff. Die Vorschrift gilt nur für einige Familiensachen, nicht dagegen in Ehesachen und Familienstreitsachen, für die nach § 113 Abs. 1 FamFG auf die ZPO verwiesen wird, womit für diese Verfahren dann § 253 Abs. 3 ZPO anwendbar ist und die Angaben entsprechend erfolgen müssen.[41]

41 Gerichtliches Hinwirken auf einen Vergleich: nach dem Gesetz soll das Gericht auf einen Vergleich hinwirken, § 36 Abs. 1 Satz 2 FamFG, also eine einvernehmliche Regelung der Parteien vermitteln. Dies gilt nur, soweit die Parteien den Gegenstand zur Disposition haben, und nicht in Gewaltsschutzsachen. Dabei kann sich auch das Gericht mediativer Elemente bedienen.[42] Ein vor dem Gericht vereinbarter Vergleich kann nach § 36 Abs. 2 FamFG entweder im Termin oder nach § 36 Abs. 3 FamFG im schriftlichen Verfahren vollstreckbar geschlossen werden.

42 Gerichtliche Anordnung eines Informationsgesprächs über Mediation: Nach § 135 FamFG kann das Gericht bereits seit dem 1. Inkrafttreten des FamFG am 1. September 2009 anordnen, dass die Ehegatten einzeln oder gemeinsam an einem kostenfreien Informationsgespräch über Mediation oder eine sonstige Möglichkeit der

38 Vgl. Musielak/*Borth* FamFG § 23 Rn. 9; vgl. Trenczek/Bering/Lenz/*Greger* S. 479 Rn. 11.
39 Vgl. Musielak/*Borth* FamFG § 23 Rn. 10.
40 Vgl. Musielak/*Borth* FamFG § 23 Rn. 11.
41 Vgl. Musielak/*Borth* FamFG § 23 Rn. 2, 10.
42 Trenczek/Berning/Lenz/*Greger* S. 481 Rn. 21.

außergerichtlichen Konfliktbeilegung teilnehmen und dem Gericht anschließend eine Bestätigung hierüber vorlegen. Ob die Anordnung erfolgt, liegt im freien Ermessen des Gerichts.[43] Wenn das angeordnete Informationsgespräch nicht durchgeführt wird, droht eine Kostensanktion nach § 150 Abs. 4 Satz 2 FamFG.[44] Die Parteien können frei entscheiden, ob sie nach dem Informationsgespräch eine Mediation durchführen wollen.

Das Gericht soll den Beteiligten eine geeignete Person oder Einrichtung benennen, bei denen sie die kostenfreie Information erhalten.[45] Durch diese Regelung können freiberufliche Mediatoren nicht verpflichtet werden, kostenfrei Informationsgespräche anzubieten. Insoweit beruht die Umsetzung auf Freiwilligkeit. Im Hamburger Institut für Mediation e.V. hat sich hierzu eine Arbeitsgruppe gebildet und wird ein Informationsblatt herausgegeben, in dem Mediatoren verzeichnet sind, die kostenfreie Informationsgespräche anbieten (www.himev.de).

In § 135 FamFG wurde durch die neue gesetzliche Regelung die Formulierung „Streitbeilegung" in „Konfliktbeilegung" geändert. Ansonsten wurde der bisherige zweite Absatz der Vorschrift gestrichen, die Regelung findet sich jetzt im allgemeinen Teil des Gesetzes in § 36a Abs. 1. § 135 FamFG gilt für Scheidungs- und Folgesachen[46] und besteht jetzt aus dem bisherigen ersten Absatz, der nicht geändert wurde.

Kindschaftssachen unterfallen der Regelung in § 156 Abs. 1 FamFG.[47] Hier gibt es ebenfalls eine neue Regelung: 43

§ 156 FamFG wurde in Abs. 1 Satz 3 dahingehend geändert, dass ein Informationsgespräch über Mediation wie nach § 135 FamFG nun auch in Kindschaftssachen angeordnet werden kann. In § 156 Abs. 1 FamFG ist geregelt, dass das Gericht in Kindschaftssachen, die die elterliche Sorge, den Aufenthalt des Kindes, das Umgangsrecht oder die Herausgabe des Kindes betreffen, in jeder Lage des Verfahrens ein Einvernehmen der Beteiligten hinwirken soll. Dabei muss das Gericht auf die Möglichkeiten zur Beratung hinweisen. Ergänzend kann das Gericht das Informationsgespräch über Mediation anordnen. Die frühere Formulierung in der Vorschrift lautete, dass das Gericht in geeigneten Fällen auf die Möglichkeit der Mediation hinweisen solle. Die neue Möglichkeit, ein Informationsgespräch anzuordnen, geht hierüber hinaus. Wenn ein Beteiligter – regelmäßig handelt es sich um ein Elternteil – der gerichtlichen Anordnung nicht nachkommt, droht eine nachteilige Kostenentscheidung nach § 81 FamFG (K Rn. 47).[48]

---

43 Vgl. Musielak/*Borth* FamFG § 135 Rn. 3.
44 Vgl. Musielak/*Borth* FamFG § 135 Rn. 2.
45 Vgl. Musielak/*Borth* FamFG § 135 Rn. 2.
46 Musielak/*Borth* FamFG § 135 Rn. 2, 4.
47 Musielak/*Bort* FamFG § 135 Rn. 2.
48 *Risse* SchiedsVZ 2012, 244, 253.

Durch die Regelung sollen Eltern zu einer selbständigen Konfliktbewältigung hingeführt werden.[49] Einerseits ist es für Eltern, die für eine Entscheidung das Gericht anrufen müssen, wichtig, in der Folge zu einer Kooperationsfähigkeit zu gelangen, was eher durch eine außergerichtliche Streitbeilegung als durch eine gerichtliche Entscheidung gelingen wird. Gleichzeitig wird davon ausgegangen, dass eine außergerichtliche Streitbeilegung Kinder weniger belastet als eine gerichtliche Entscheidung.[50] Beispielsweise wird dadurch eine Anhörung durch das Gericht und ggf. durch einen Sachverständigen überflüssig.[51]

44 Zur gerichtlichen Möglichkeit einer Kostensanktion: Wird ein gerichtlich angeordnetes Informationsgespräch nicht wahrgenommen, kann das Gericht dieses mit einer nachteiligen Kostenentscheidung sanktionieren. Im Anwendungsbereich des § 135 FamFG folgt die Kostensanktion aus § 150 Abs. 4 Satz 2 FamFG. Für den Anwendungsbereich des § 156 FamFG wurde der § 81 Abs. 2 Nr. 5 FamFG neu gefasst, so dass nun auch in Verfahren zur elterlichen Sorge oder zur Umgangsbefugnis mit einem Kind eine Kostensanktion möglich ist, wenn das Gericht in einem streitigen Verfahren um minderjährige Kinder die Teilnahme an einem kostenfreien Informationsgespräch über Mediation angeordnet hat und ein Beteiligter dieser Auflage nicht nachkommt.

Hierin drückt sich der gesetzgeberische Wille aus, die außergerichtliche Streitbeilegung zu fördern, indem ein sich dem Informationsgespräch entziehender Elternteil, höher belastet wird.[52] Diese Regelung läuft dann leer, wenn alle Parteien dem angeordneten Informationsgespräch fern bleiben oder wenn Verfahrenskostenhilfe bewilligt wurde.[53]

45 Gerichtliche Empfehlung einer Mediation: Nach dem neu eingefügten § 36a FamFG kann das Gericht den oder einzelnen Beteiligten eine Mediation oder ein anderes Verfahren der außergerichtlichen Konfliktbeilegung vorschlagen, § 36a Abs. 1 Satz 1 FamFG. Wenn die Beteiligten sich dafür entscheiden, setzt das Gericht das Verfahren aus, § 36a Abs. 2 FamFG. In so genannten Verbundsachen kann auf Antrag der Beteiligten das Ruhen des Verfahrens angeordnet werden.[54]

Diese Regelung entspricht im Grundsatz der Regelung in § 278a Abs. 2 ZPO (dazu K Rn. 18 ff.). Anders als nach der Bestimmung in der ZPO kann das Gericht nach dem FamFG einzelne Beteiligte von der Teilnahme an der Mediation/außergerichtlichen Konfliktbeilegung ausnehmen – gemeint ist in erster Linie das Jugendamt, das nicht in allen Fällen an einer Mediation teilnehmen muss.[55]

---

49 Musielak/*Borth* FamFG § 156 Rn. 1.
50 Musielak/*Borth* FamFG § 156 Rn. 1.
51 Musielak/*Bort* FamFG § 156 Rn. 1.
52 Musielak/*Borth* FamFG § 150 Rn. 14.
53 Trenczek/Berning/Lenz/*Greger* S. 481 Rn. 20.
54 Musielak/*Borth* FamFG § 135 Rn. 4.
55 Vgl. Musielak/*Borth* FamFG § 36a Rn. 2.

Es gibt keine Einschränkung für Gewaltschutzsachen, wie ursprünglich im Gesetzgebungsverfahren vorgesehen.[56] Allerdings wird im Gesetzestext ausdrücklich angeführt, dass in Gewaltsschutzsachen die schutzwürdigen Belange der von Gewalt betroffenen Personen zu wahren sind, § 36a Abs. 1 Satz 2 FamFG.

Die Vorschrift gilt nicht in Familienstreitsachen und Ehesachen, auch hier findet nach § 113 Abs. 1 FamFG die ZPO Anwendung.[57]

Gerichtliche Verweisung an einen Güterichter: Nach § 36 Abs. 5 FamFG, durch 46
das Mediationsgesetz neu an die Vorschrift des § 36 FamFG angefügt, kann das Gericht die Beteiligten für den Versuch einer gütlichen Einigung vor einen hierfür bestimmten und nicht entscheidungsbefugten Richter (Güterichter, vgl. B Rn. 151ff.) verweisen. Der Güterichter kann alle Methoden der Konfliktbeilegung einschließlich der Mediation einsetzen, § 36 Abs. 5 Satz 2 FamFG. Diese Regelung entspricht der in § 278 Abs. 5 Satz 2 ZPO (dazu vgl. K Rn. 15ff.). Der Güterichter darf Mediation durchführen, muss es aber nicht – er hat damit alle Freiheiten zur Durchführung eines Güteverfahrens. Sein Tätigwerden unterfällt nicht dem Mediationsgesetz.[58]

Auch diese Vorschrift gilt nicht in Ehesachen und Familienstreitsachen, für die 47
nach § 113 Abs. 1 FamFG auf die ZPO verwiesen wird.[59]

Vermerk in den Gerichtsakten: Grundsätzlich hat das Gericht und damit auch ein 48
Güterichter die Pflicht, die wesentlichen Vorgänge eines Verhandlungstermins, einer Beweisaufnahme oder einer persönlichen Anhörung in einem Vermerk festzuhalten.[60] Abweichend von diesem Grundsatz wird in dem neu eingefügten § 28 Abs. 4 Satz 3 FamFG geregelt, dass bei einem Versuch einer gütlichen Einigung vor einem Güterichter nur dann ein Vermerk angefertigt wird, wenn sich alle Beteiligten einverstanden erklären. Damit soll die Vertraulichkeit gewahrt und den Parteien ein offenes Gütegespräch ermöglicht werden.[61] Diese Regelung entspricht § 159 Abs. 2 ZPO, vgl. B Rn. 179.

Wenn sich die Beteiligten im Güterichtertermin einigen, muss über diese Eini- 49
gung eine Niederschrift angefertigt werden.[62] Ebenso wie bei einer Einigung vor dem Gericht kann ein Vergleich vor dem Güterichter in vollstreckbarer Form geschlossen werden (vgl. B Rn. 182). Im Gesetzgebungsverfahren war zunächst vorgesehen, diese Abschlussmöglichkeit dem Familiengericht vorzubehalten. Doch auch ein Güterichter ist ein Richter, weshalb kein sachlicher Grund für diese Einschränkung gesehen wurde.[63]

---

56 BR-Drs. 60/11, S. 13.
57 Vgl. Musielak/*Borth* FamFG § 36a Rn. 1.
58 Trenczek/Berning/Lenz/*Greger* S. 482 Rn. 24.
59 Vgl. Musielak/*Borth* FamFG § 36 Rn. 2.
60 Vgl. Musielak/*Borth* FamFG § 28 Rn. 7.
61 BT-Drs. 17/8058, S. 22.
62 Vgl. Musielak/*Borth* FamFG § 28 Rn. 7; BT-Drs. 17/8058, S. 22.
63 BR-Drs. 60/1/11, S. 14.

Auch diese Vorschrift gilt nicht in Ehesachen und Familienstreitsachen, für die nach § 113 Abs. 1 FamFG auf die ZPO verwiesen wird.

50 **Scheitert das Mediationsverfahren**, hat dies je nach Gegenstand des Verfahrens unterschiedliche Folgen. Bei einem Scheitern einer Mediation wird das Gerichtsverfahren grundsätzlich wiederaufgenommen. In Kindschaftssachen gilt ein besonderes Beschleunigungsgebot, hier wird ein wegen Mediation ausgesetztes Verfahren in der Regel nach 3 Monaten vom Gericht wieder aufgenommen, wenn die Beteiligten keine einvernehmliche Regelung erzielt haben, § 155 Abs. 4 FamFG.

51 Kommen die Beteiligten zu einem **Einvernehmen**, wird je nach Art des Verfahrens und Dispositionsbefugnis[64] eine abschließende Einigung
- dem Gericht kund getan und der Antrag zurückgenommen
- in einem Vergleich zwischen den Beteiligten aufgenommen, der dann wahlweise zum Zwecke der Vollstreckbarkeit vom Gericht protokolliert werden kann, § 36 FamFG und die Wirkung eines zivilprozessualen Vergleiches im Sinne von § 794 Abs. 1 Nr. 1 ZPO hat (vgl. C Rn. 322) – so im Fall von Ehewohnungs- und Haushaltssachen, wenn keine minderjährigen Kinder betroffen sind, wo die Parteien eine uneingeschränkte Dispositionsbefugnis haben[65]
- mit einem vom Gericht gebilligten Vergleich abgeschlossen, wenn sich die Beteiligten im Rahmen eines Mediationsverfahrens über die Umgangsbefugnis oder Herausgabe des Kindes einigen, § 156 Abs. 2 FamFG
- vom Gericht in einen das Verfahren abschließenden Beschluss übernommen, wenn sich die Eltern zur elterlichen Sorge geeinigt haben, wobei das Gericht prüft, ob die Einigung dem Kindeswohl entspricht, § 1697a BGB.

III. Arbeitsgerichtsverfahren, gerichtliche oder gerichtsnahe Mediation in Arbeitssachen, §§ 54 VI, 54a, 64, 84a AGG

52 Eine dem § 278a ZPO entsprechende Regelung wurde mit § 54a ArbGG für arbeitsgerichtliche Urteils- wie Beschlussverfahren geschaffen. Nach § 54a I ArbGG kann das Gericht den Parteien eine Mediation oder ein anderes Verfahren der außergerichtlichen Konfliktbeilegung vorschlagen. Die Vorschrift § 54a ArbGG ist mit dem § 278a ZPO im Wesentlichen deckungsgleich. Unterschiede ergeben sich nur hinsichtlich der Fortsetzung des Verfahrens (K Rn. 18 ff.).

53 Das Vorschlagsrecht kann in **jedem Stadium des Verfahrens** ausgeübt werden. Nicht möglich ist ein Vorschlag für eine Mediation oder ein sonstiges außergerichtliches Konfliktlösungsverfahren im Verfahren vor dem **Bundesarbeitsge-**

64 Vgl. hierzu Musielak/*Borth* FamFG § 36 Rn. 5.
65 Musielak/*Borth* FamFG § 36a Rn. 4.

richt.[66] Denn für die ersten beiden Rechtszüge finden sich Bezugnahmen auf § 54a ArbGG (§§ 64, VII, 87 II ArbGG), nicht aber für den dritten Rechtszug (§§ 72ff., 92ff. ArbGG). Den Vorschlag unterbreitet – je nach Verfahrensfortgang – entweder der Vorsitzende oder, soweit bereits eine mündliche Verhandlung stattfindet, das Gericht.

Eine bestimmte **Form** für den Vorschlag ist nicht vorgesehen, im Rahmen der 54 gerichtlichen Prozessleitung wird es aber angezeigt sein, diesen Vorschlag ausführlich zu erörtern. Das Gericht hat die Möglichkeit entweder ein **Güterichterverfahren** nach § 54 ArbGG (B Rn. 151ff.) oder eine **außergerichtliche Mediation** anzuregen. Welchem Verfahren seitens des Gerichtes der Vorrang zu gegeben ist, steht im pflichtgemäßen Ermessen des Gerichts.

Ein Vorschlag für eine außergerichtliche Mediation oder auch ein Güterichter- 55 verfahren sind insbesondere dann angezeigt, wenn dem Rechtsstreit Konflikte zugrunde liegen, die im Prozess nicht oder nur unzureichend beigelegt werden können, etwa weil dauerhafte persönliche oder geschäftliche **Störungen auf der Beziehungsebene** der Parteien eine nachhaltige Konfliktlösung indizieren.[67] In Arbeitsrechtsstreitigkeiten sind die Parteien regelmäßig in solche Konfliktkonstellationen verstrickt, wenn die Parteien weiterhin zusammen in einem Unternehmen tätig sind.

Dies betrifft alle **innerbetrieblichen Konflikte** etwa zwischen Mitarbeitern, Mitarbeiter und Führungskraft, Geschäftsführung und Betriebsrat. Soweit eine oder mehrere der Konfliktparteien nicht das Unternehmen verlassen und die Betroffenen weiterhin miteinander zusammenarbeiten müssen, reicht eine rechtliche Entscheidung regelmäßig nicht aus, die Konflikthintergründe zu lösen.[68] Oft konterkarieren rechtliche Interventionen sogar den Weg zu einer nachhaltigen Lösung. Rechtliche Maßnahmen wirken konfrontativ und **konflikteskalierend.**[69] So kann der **Betriebsrat** gegen zahlreiche innerbetriebliche Maßnahme durch Ausübung von Betriebsverfassungsrechten mit rechtlichen Mitteln intervenieren und damit die Umsetzung von Maßnahmen verzögern oder gar blockieren (wie Verweigerung der Zustimmung für eine Maßnahme (§ 99 Abs. 2 bis 4 BetrVG), Widerspruch §§ 98 Abs. 2 BetrVG, 102 Abs. 3 BetrVG, Anrufung der Einigungsstelle § 76 BetrVG, Streikmaßnahmen etc.).

Auch konfliktbetroffene **Mitarbeiter**, die nur noch „Dienst nach Vorschrift" 56 leisten, krankheitsbedingt ausfallen oder gar aus Rache den Ablauf subtil stören,

---

66 Auch *Fritz/Pielsticker* § 54a ArbGG Rn. 11.
67 BR-Drs. 60/11, S. 30.
68 *Hinrichs* Perspektive Mediation 2/2007, 73ff.
69 Zu Eskalationsstufen: *Glasl* S. 215ff.

schaden dem Unternehmen.[70] **Mobbingfälle** sind mit rechtlichen Interventionen oft gar nicht zu lösen. Sie schaden nicht nur den Betroffenen, sondern können einen nachhaltigen Schaden für das gesamte Unternehmen nach sich ziehen.[71]

57 Je komplexer und umfangreicher der Konflikt sich auf der **Beziehungsebene** gestaltet, desto eher dürfte daher eine außergerichtliche Mediation angezeigt sein. Denn eine außergerichtliche Mediation bietet zeitlich wie inhaltlich mehr Spielraum als ein Güterichterverfahren.

58 Allerdings spielen bei der Entscheidung für eines der Verfahren auch **Kostenerwägungen** eine Rolle.[72] Bei einem Güterichterverfahren entstehen den Parteien anders als bei der außergerichtlichen Mediation keine zusätzlichen Kosten zum Prozess (zu den Kosten des Güterrichterverfahrens B Rn. 189, zur Mediationskostenhilfe J Rn. 2ff.). Die h.M. lehnt auch eine Kostenübernahme im Rahmen der **Verfahrens- bzw. Prozesskostenhilfe** für ein außergerichtliches Mediationsverfahren ab (dazu unter J Rn. 12).[73]

59 Wenn sich die Parteien für ein vorgeschlagenes Verfahren entscheiden, ordnet das Gericht das **Ruhen des Verfahrens** an (§ 54a II S. 1 ArbGG). Die Entscheidung der Parteien den Vorschlag des Gerichts anzunehmen (oder auch abzulehnen) unterliegt keinen Formvorschriften. Sie kann mündlich, schriftlich oder zu Protokoll erfolgen.[74] Die Erklärung muss allerding gegenüber dem erkennenden Gericht zum Ausdruck gebracht werden, damit das Gericht das Verfahren zum Ruhen bringen kann.

60 Die Ruhendstellung geschieht durch **Beschluss** (§§ 54a II, 55 I Nr. 8 ArbGG, § 251 ZPO). Soweit das Verfahren ruht, fällt es in einen tatsächlichen nicht aber rechtlichen Stillstand.

61 Im arbeitsgerichtlichen Verfahren ist darauf zu achten, dass etwaige gesetzliche, tarifvertragliche und vertragliche **Ausschlussfristen** weiterlaufen, auch wenn das Verfahren ruht. Sie werden durch die Verhandlungen über den Anspruch anders als bei der Verjährung (F Rn. 1ff.) nicht gehemmt. Nach der durch eine Entscheidung des Bundesverfassungsgerichtes geänderten Rechtsprechung des Bundesarbeitsgerichtes wird auch ohne eine konkrete Bezifferung des Zahlungsanspruches zwar durch eine Kündigungsschutzklage, die erste Stufe einer tariflichen Ausschlussfrist für *alle* vom Ausgang dieses Rechtsstreits abhängigen Ansprüche

70 Zu den verdeckten Kosten von Konflikten in Unternehmen: Konfliktkostenstudie 2008 von KPMG abzurufen auf der Webseite des Unternehmens http://www.kpmg.de.

71 Siehe auch: *Hinrichs* Perspektive Mediation 2/2007, 73ff.

72 Siehe auch *Greger/Unberath* Teil 4. Rn. 61f.

73 Siehe ausführlich: OLG Dresden NJW-RR 2007, 80–81; auch *Greger/Unberath* § 7 Rn. 17; *Koch* ZKM 2007, 71–75; *Hoffmann*, jurisPR-FamR 26/2006, Anm. 5 (juris).

74 Auch: *Fritz/Pielsticker* § 54a ArbGG Rn. 43.

gewahrt.[75] Soweit aber noch nicht gerichtlich geltend gemachte Ansprüche im Raum stehen, laufen die Fristen fort.

Zu beachten ist, dass die Wirkung der Hemmung der **Verjährung** durch Klageerhebung (§ 204 I Nr. 1 BGB) nach Ablauf von sechs Monaten nach der letzen Verfahrenshandlung (§ 204 II BGB) – hier der Anordnung des Ruhens des Verfahrens – endet. Allerdings können die Parteien Vereinbarungen zur weiteren Verjährungshemmung treffen. Zudem wirkt nach § 203 BGB – solange die Mediationsverhandlungen schweben – die Hemmung der Verjährung fort. 62

Auch die **Parteien selbst** können im Rahmen eines Arbeitsgerichtsverfahrens einen Vorschlag für ein außergerichtliches Mediationsverfahren unterbreiten. Im Arbeitsrecht sind allerdings besonders Fristen zu beachten. Die im arbeitsgerichtlichen Verfahren vorgegebene Dreiwochenfrist nach Zugang der schriftlichen Kündigung für eine **Kündigungsschutzklage** (§ 4 KSchG) muss bei einem bereits laufenden oder geplanten Mediationsverfahren unbedingt gewahrt werden. Insoweit können die Parteien die Klageerhebung mit einem entsprechenden Hinweis auf ein Mediationsverfahren verbinden. 63

Wenn die Parteien nicht zu einer anberaumten Güteverhandlung erscheinen und übereinstimmend das Ruhen des Verfahrens wegen laufender Vergleichsverhandlungen beantragen, ergibt sich die Anordnung für das Ruhen des Verfahrens nicht aus § 54 V S. 1 ArbGG, sondern aus § 251 ZPO.[76] Diese Wertung ist insoweit maßgeblich, als nach einer Anordnung gemäß § 54 V S. 1 ArbGG der Antrag zur Fortsetzung des Verfahrens nur innerhalb von sechs Monaten nach der Güteverhandlung gestellt werden kann; danach gilt eine Klage als zurückgenommen § 54 V S. 3 ArbGG. Dies gilt auch, soweit von den Parteien ein außergerichtliches Mediationsverfahren vor einer anberaumten Güteverhandlung schriftsätzlich angekündigt und das Ruhen des Verfahrens beantragt wird. Die Anordnung folgt sodann aus § 54a II S. 1 ArbGG, § 251 ZPO, mit der Folge des § 54a II S. 3 ArbGG. Insofern ist durchaus zu empfehlen, dem Gericht gegenüber im Antrag auf Ruhendstellung die **Art der Vergleichsverhandlungen** zu konkretisieren, nämlich ob es sich dabei um reine rechtlich ausgerichtete Vergleichsverhandlungen oder um ein außergerichtliches Mediationsverfahren oder ein anderes Verfahren der außergerichtlichen Konfliktvermittlung handelt (dann § 54a II ArbGG). 64

Während im Zivilverfahren der Prozess nur auf Antrag der Parteien fortgeführt wird, findet im Rahmen des arbeitsgerichtlichen Verfahrens nach spätestens 3 Monaten gemäß § 54a II ArbGG ein gerichtlich angeordneter **Verfahrensfortgang** statt, es sei denn, die Parteien legen übereinstimmend dar, dass eine Mediation oder ein anderes Verfahren zur außergerichtlichen Konfliktbeilegung noch betrieben wird. 65

75 BAG NZA 2013, 156–158; BVerfG 1.12.2010, 1 BvR 1682/07 (juris).

76 Landesarbeitsgericht Schleswig-Holstein, Beschluss vom 18.7.2011, 6 Ta 100/11 (juris).

Diese Abweichung des § 54a II ArbGG zu § 278a ZPO dient dem im Arbeitsgerichtsverfahren geltenden Beschleunigungsgrundsatz.[77]

66 Die Anordnung der Ruhendstellung des Verfahrens kann nach § 55 I Nr. 8 ArbGG vom Vorsitzenden getroffen werden.

67 Eine der oder beide Parteien können **vor Ablauf von drei Monaten** nach § 54a II S. 2 ArbGG Termin zur mündlichen Verhandlung beantragen und damit das Verfahren wiederaufzunehmen.

Eine Fortsetzung des Verfahrens wird nötig, wenn entweder

- die Mediation gescheitert ist und die Parteien den Rechtsstreit fortsetzen wollen oder
- die Parteien eine Einigung gefunden haben.

68 Eine **Begründung** für den Wunsch nach Fortsetzung des Verfahrens ist nicht notwendig, kann aber sinnvoll sein, damit das Gericht über den Sachstand in Kenntnis gesetzt ist. Zudem können mit dem Antrag weitere Erklärungen abgegeben werden, wie etwa zu protokollierende Vergleichswünsche der Parteien, Erklärungen zur Klagerücknahme, Erledigung oder auch ein Anerkenntnis. Ebenso können aber auch anstehende Erklärungen und Prozesshandlungen im anschließenden Verfahren vorgebracht werden.

69 Soweit den Parteien innerhalb von drei Monaten nicht gelungen ist, die Mediation zu beenden, können sie übereinstimmend darlegen, dass diese noch fortbetrieben wird (§ 54a II ArbGG), so dass die Ruhendstellung auch über die Dreimonatsfrist hinaus angeordnet werden kann. Maßgeblich ist also, dass beide Parteien des Rechtsstreites erklären noch weiter zu verhandeln.

70 Soweit im außergerichtlichen Mediationsverfahren eine **Einigung gefunden** wurde, ist der Rechtsstreit im Sinne der Einigung ebenfalls zu beenden. Dies geschieht – je nach Vereinbarung der Parteien in der Mediation – in der Regel durch Klagerücknahme, Erledigungserklärung oder insbesondere durch einen Vergleich, der das Mediationsergebnis festhält. Im Arbeitsgerichtlichen Verfahren entfallen die Gerichtskosten bei einem Vergleich. Soweit die Klage spätestens nach der Güteverhandlung aber vor der mündlichen Verhandlung zurückgenommen wird, entfallen die Gerichtskosten ebenfalls. Bei einer Klagerücknahme in oder nach der mündlichen Verhandlung entsteht nur eine 0,4 Gerichtsgebühren[78]. Über die bekannte Gerichtskostenreduzierung hinaus, werden nach § 69b GKG die Landesregierungen ermächtigt, durch Rechtsverordnung zu bestimmen, dass die von den Gerichten der Länder zu erhebenden Verfahrensgebühren noch weiter ermäßigt werden oder entfallen.

---

77 Auch: *Fritz/Pielsticker* § 54a ArbGG, Rn. 4.

78 Nr. 8211 Nr. 1 der Anlage 1 zu § 3 Abs. 2 GKG.

Mit dem Antrag der Parteien zur Wiederaufnahme des Verfahrens wird Termin zur mündlichen Verhandlung anberaumt. Soweit das außergerichtliche Mediationsverfahren bereits vor einer Güteverhandlung stattgefunden hat, wird es sinnvoll sein zunächst eine Güteverhandlung durchzuführen.[79] Die Parteien können ihr gefundenes Mediationsergebnis auch in einem **gerichtlichen Vergleich** protokollieren lassen oder diesen schriftsätzlich dem Gericht zukommen lassen. 71

Weitere mit dem MediationsG bzw. der Einführung des Güterichterverfahrens im Zusammenhang stehende Änderungen finden sich in §§ 54 VI, 64, 83a, 87 ArbGG. 72

Checkliste: Ruhen des arbeitsgerichtlichen Verfahrens !

Ruhen des Verfahrens 73
auf
- **Vorschlag des Gerichts** gem. § 54a ArbGG
- **Antrag der Parteien**, § 251 ZPO

durch
- **förmlichen Gerichtsbeschluss** §§ 54a II, 55 I Nr. 8 ArbGG, § 251 ZPO

Wirkung bei Ruhen des Verfahrens:
Fristen hören auf zu laufen.
Ausnahme
- Notfristen (§ 224 I ZPO),
- Rechtsmittelbegründungsfristen (§ 234 I ZPO),
- Wiedereinsetzungsfrist (§ 234 I ZPO).

Die Wirkung der Hemmung der **Verjährung durch Klageerhebung** (§ 204 I Nr. 1 BGB) endet nach Ablauf von sechs Monaten nach der letzten Verfahrenshandlung (§ 204 II BGB), hier die Anordnung des Ruhens des Verfahrens. Aber § 203 BGB gilt fort.

Ausschlussfristen werden durch außergerichtliche Mediation nicht gehemmt.

Fortsetzung des Verfahrens auf Antrag der Parteien,
spätestens auf Anordnung des Gerichts nach drei Monaten durch Gericht (§ 54a II ArbGG), es sei denn Parteien legen übereinstimmen dar, dass die Verhandlungen noch andauern.

IV. Sozialgerichtliche Verfahren, § 202 I SGG

Die zentrale Vorschrift für das Sozialgerichtsverfahren zur Verweisung auf Vorschriften des Gerichtsverfassungsgesetzes und der Zivilprozessordnung einschließlich **§ 278 V ZPO** (Güterrichterverfahren, B Rn. 151ff.) und **§ 278a ZPO** (außerge- 74

79 BT-Drs. 17/5335 S. 36.

richtliche Mediation oder ein anderes Verfahren zur außergerichtlichen Konfliktbeilegung, K Rn. 18ff.) bildet § 202 SGG. Diese subsidiär geltende Regelung deckt sich mit der des § 173 S. 1 VwGO für das Verwaltungsgerichtsverfahren. Wenn das SGG keine Regelungen für das Sozialgerichtsverfahren bereit hält, gelten die ZPO und das GVG, soweit dies nicht durch die grundsätzlichen Unterschiede im Verfahren ausgeschlossen ist.

75 Dies betrifft namentlich die Regelungen zum **Güterichterverfahren** (§ 278 V ZPO). Auch in den Sozialgerichtsverfahren hatten sich bereits vor Geltung des Mediationsgesetzes gerichtliche und gerichtsnahe Mediationen etabliert. Mit der neu gefassten Vorschrift des § 202 SGG finden die Vorschriften zum Güterichterverfahren unmittelbar im sozialrechtlichen Verfahren Anwendung.

76 Anders als das zivilrechtliche Verfahren (§ 278 II ZPO) und das arbeitsrechtliche Verfahren mit seiner obligatorischen Güteverhandlung (§ 54 I ArbGG), kennt das sozialgerichtliche Verfahren zwar **keine Güteverhandlung.**[80] Dennoch hat der Gesetzgeber die Anwendbarkeit des Güterichterverfahrens mit der in § 202 SGG genannten Verweisung auf § 278 V ZPO ausdrücklich gewollt. Damit erhält die Möglichkeit zur gütlichen Einigung auch im sozialgerichtlichen Verfahren einen konkreten rechtlichen Rahmen. Wegen der im Sozialgerichtsverfahren fehlenden Güteverhandlung ist ausschließlich der Güterichter zu gütlichen Verhandlungen befugt.

77 Bei einem rechtshängigen Sozialrechtsstreit kann das Gericht nach § 202 SGG i.V.m. § 278a ZPO den Parteien eine Mediation oder ein anderes Verfahren der außergerichtlichen Konfliktbeilegung vorschlagen. Das Vorschlagsrecht besteht in jedem Stadium des Verfahrens (Eingangs-, Berufungs-, Revisionsinstanz). Die Verweisungsmöglichkeit des Gerichts liegt im pflichtgemäßen Ermessen. Unabhängig vom Vorschlagsrecht des Gerichts können auch die Parteien selbst einen Antrag auf Ruhen des Verfahrens stellen (§ 251 ZPO). Wie auch im zivilrechtlichen Verfahren, ordnet das Gericht per Beschluss das Ruhen des Verfahrens an, §§ 202, 278a II, 2. HS ZPO. Anders als im zivilrechtlichen Verfahren kann im sozialgerichtlichen Verfahren **von Amts wegen** das Verfahren wieder aufgenommen werden. Dies kann auch wegen des **Amtsermittlungsgrundsatzes** indiziert sein, wenn einer Partei ein Rechtsverlust droht.[81] Den Parteien steht gegen eine Entscheidung zur Aufhebung der Ruhendstellung die Beschwerde zu (§§ 202, 172 SGG, 252 ZPO).

78 Eine von den Parteien im außergerichtlichen Mediationsverfahren gefundene Lösung kann auch im sozialgerichtlichen Verfahren als Vergleich protokolliert werden (§§ 202, 278 VI ZPO).

---

80 Siehe auch *Fritz/Pielsticker* § 202 SGG Rn. 29.

81 Siehe auch *Fritz/Pielsticker* § 202 SGG Rn. 121.

Für das Vorschlagsrecht im Sozialgerichtsverfahren gelten entsprechend:
- Entscheidung der Parteien für ein außergerichtliches Verfahren nach Vorschlag des Gerichts oder auf eigenen Antrag, §§ 202 SGG, 278a II, 1. HS ZPO (K Rn. 20).
- Gerichtlicher Beschluss für Ruhendstellung, §§ 202 SGG, 278a II, 2. HS ZPO, (K Rn. 22).
- Fristenaufhebung, §§ 202 SGG, 251 S. 2 ZPO.
- Hemmung der Verjährung.

Inwieweit § 253 III Nr. 1 ZPO zu den **Angaben in der Klageschrift** (K Rn. 10) im 79
Sozialgerichtsverfahren stattfindet, ist wegen §§ 92, 93 SGG streitig.[82] Nach § 253 III Nr. 1 ZPO sind vom Kläger in der Klageschrift Angaben darüber zu machen (K Rn. 11 ff.), ob der Klageerhebung der Versuch einer Mediation oder eines anderen Verfahrens der außergerichtlichen Konfliktbeilegung vorausgegangen ist, sowie eine Äußerung dazu, ob einem solchen Verfahren Gründe entgegenstehen. Da § 253 III Nr. 1 ZPO allerdings nur eine Soll-Vorschrift ist, deren Versäumnis keine Konsequenzen für eine ordnungsgemäße Klageerhebung hat, sind die Bedenken nicht nachvollziehbar. Ein Hinweis in der Klageschrift gibt dem Gericht zu erkennen, ob die Parteien grundsätzlich einigungsbereit und für andere Verfahren offen sind. Das Gericht erhält mithin eine Einschätzungsmöglichkeit für einen Vorschlag nach § 278a ZPO oder der Verweisung für ein Güterichterverfahren. Damit dient ein Hinweis nach § 253 ZPO allein dem Interesse der Parteien.

V. Verwaltungsgerichtliche Verfahren, § 173 VwGO

Die zentrale Vorschrift für das Verwaltungsgerichtsverfahren zur Verweisung auf 80
Vorschriften des Gerichtsverfassungsgesetzes und der Zivilprozessordnung einschließlich **§ 278 V ZPO** (Güterrichterverfahren, B Rn. 151) und **§ 278a ZPO** (außergerichtliche Mediation oder ein anderes Verfahren zur außergerichtlichen Konfliktbeilegung) bildet § 173 VwGO. Diese subsidiär geltende Regelung deckt sich mit der des § 202 SGG für das Sozialgerichtsverfahren. Wenn die Verwaltungsgerichtsordnung keine Regelungen für das Verfahren bereit hält, gelten die ZPO und das GVG, soweit dies nicht durch die grundsätzlichen Unterschiede im Verfahren ausgeschlossen ist.

Dies betrifft namentlich die Regelungen zum **Güterichterverfahren** (§ 278 V 81
ZPO). Auch in den Verwaltungsgerichtsverfahren hatten sich bereits vor Geltung des Mediationsgesetzes gerichtliche und gerichtsnahe Mediationen etabliert. Mit der

---

82 Siehe eingehend *Fritz/Pielsticker* § 202 SGG Rn. 23.

neu gefassten Vorschrift des § 173 VwGO finden die Vorschriften zum Güterichterverfahren unmittelbar im sozialrechtlichen Verfahren Anwendung.

82 Anders als das zivilrechtliche Verfahren (§ 278 II ZPO) und das arbeitsrechtliche Verfahren mit seiner obligatorischen Güteverhandlung (§ 54 I ArbGG), kennt das verwaltungsgerichtliche Verfahren zwar **keine Güteverhandlung**. Dennoch hat der Gesetzgeber die Anwendbarkeit des Güterichterverfahrens mit der in § 173 VwGO genannten Verweisung auf § 278 V ZPO ausdrücklich gewollt. Damit erhält die Möglichkeit zur gütlichen Einigung auch im sozialgerichtlichen Verfahren einen konkreten rechtlichen Rahmen. Wegen der im Sozialgerichtsverfahren fehlenden Güteverhandlung ist ausschließlich der Güterichter zu gütlichen Verhandlungen befugt.

83 Bei einem rechtshängigen Verwaltungsrechtsstreit kann das Gericht nach § 173 VwGO i.V.m. § 278a ZPO den Parteien eine Mediation oder ein anderes Verfahren der außergerichtlichen Konfliktbeilegung vorschlagen. Das Vorschlagsrecht besteht in jedem Stadium des Verfahrens (Eingangs-, Berufungs-, Revisionsinstanz).[83]

84 Unabhängig vom Vorschlagsrecht des Gerichts können auch die **Parteien** selbst einen Antrag auf Ruhen des Verfahrens stellen (§ 251 ZPO). Wie auch im zivilrechtlichen Verfahren, ordnet das Gericht per Beschluss das Ruhen des Verfahrens an, §§ 173 VwGO, 278a II, 2. HS ZPO (K Rn. 18). Anders als im zivilrechtlichen Verfahren kann im Verwaltungsverfahren **von Amts wegen** das Verfahren wieder aufgenommen werden. Dies kann auch wegen des Amtsermittlungsgrundsatzes indiziert sein, wenn einer Partei ein Rechtsverlust droht.[84] Den Parteien steht gegen eine Entscheidung zur Aufhebung der Ruhendstellung die Beschwerde zu (§§ 173 VwGO, 252 ZPO). Eine von den Parteien im außergerichtlichen Mediationsverfahren gefundene Lösung kann auch im sozialgerichtlichen Verfahren als Vergleich protokolliert werden (§§ 173 VwGO, 278 VI ZPO).

Für das Vorschlagsrecht im Verwaltungsgerichtsverfahren gelten entsprechend:
- Entscheidung der Parteien für ein außergerichtliches Verfahren nach Vorschlag des Gerichts oder auf eigenen Antrag, §§ 173 VwGO, 278a II, 1. HS ZPO.
- Gerichtlicher Beschluss für Ruhendstellung, §§ 202 VwGO, 278a II, 2. HS ZPO, (K Rn. 23).
- Fristenaufhebung, §§ 173 VwGO, 251 S. 2 ZPO.
- Hemmung der Verjährung.

85 Inwieweit § 253 III Nr. 1 ZPO zu den **Angaben in der Klageschrift** (K Rn. 10) im Verwaltungsverfahren stattfindet, ist wegen §§ 82, 81 VwGO streitig.[85] Nach § 253 III Nr. 1 ZPO sind vom Kläger in der Klageschrift Angaben darüber zu machen, ob der Klageerhebung der Versuch einer Mediation oder eines anderen Verfahrens der au-

83 Siehe auch *Fritz/Pielsticker* § 173 VwGO Rn. 114.
84 Siehe auch *Fritz/Pielsticker* § 173 VwGO Rn. 119.
85 Siehe eingehend *Fritz/Pielsticker* § 173 VwGO Rn. 22.

ßergerichtlichen Konfliktbeilegung vorausgegangen ist, sowie eine Äußerung dazu, ob einem solchen Verfahren Gründe entgegenstehen. Da § 253 III Nr. 1 ZPO allerdings nur eine Soll-Vorschrift ist, deren Versäumnis keine Konsequenzen für eine ordnungsgemäße Klageerhebung hat, sind die Bedenken nicht nachvollziehbar. Ein Hinweis in der Klageschrift gibt dem Gericht zu erkennen, ob die Parteien grundsätzlich einigungsbereit und für andere Verfahren offen sind. Das Gericht erhält mithin eine Einschätzungsmöglichkeit für einen Vorschlag nach § 278a ZPO oder der Verweisung für ein Güterichterverfahren. Damit dient ein Hinweis nach § 253 ZPO allein dem Interesse der Parteien.

VI. Gerichtskostengesetz

Den Bundesländern ist nach § 69b GKG sowie § 61a FamGKG über eine Verordnungsermächtigung unter den in den Vorschriften näher formulierten Voraussetzungen die Möglichkeit verschafft worden, über die zu erhebenden Verfahrensgebühren des Kostenverzeichnisses[86] (insbesondere Klagerückname, Erledigung, Vergleich) hinaus weitere Ermäßigungen zu schaffen, wenn das gesamte Verfahren nach einer Mediation oder nach einem anderen Verfahren der außergerichtlichen Konfliktbeilegung durch Zurücknahme der Klage beendet wird. 86

Der Gesetzgeber regelt die Gebührenermäßigungstatbestände in § 69b GKG, § 61a FamGKG nicht selbst, sondern ermächtigt die Länder zur Gebührenermäßigung. Diese haben selbst zu entscheiden, *ob* sie überhaupt solche Gebührenermäßigungen schaffen und *wie* diese ausgestaltet werden. Soweit die Länder von der Ermächtigung Gebrauch machen, müssen sie sich innerhalb der Vorgaben des § 69b GKG, § 61a FamGKG halten. 87

Über die bestehenden Kostenreduzierung hinaus, kann nach § 69b GKG sowie § 61a FamGKG von den Gerichten der Länder zu erhebenden Verfahrensgebühren **noch weiter ermäßigt werden oder entfallen**, wenn das gesamte Verfahren nach einer Mediation oder nach einem anderen Verfahren der außergerichtlichen Konfliktbeilegung 88
- durch Zurücknahme der Klage oder des Antrags beendet wird
- und in der Klage- oder Antragsschrift mitgeteilt worden ist, dass
- eine Mediation oder ein anderes Verfahren der außergerichtlichen Konfliktbeilegung unternommen wird oder beabsichtigt ist,
- oder wenn das Gericht den Parteien die Durchführung einer Mediation oder eines anderen Verfahrens der außergerichtlichen Konfliktbeilegung vorgeschlagen hat.

86 Kostenverzeichnis GKG Nr. 1211, 1411, 5111, 5113, 5211, 5221, 6111, 6211, 7111, 7113 und 8211.

89 Die Möglichkeit der Kostenreduzierung besteht mithin, wenn entweder bereits in der Klage- oder Antragsschrift mitgeteilt wurde, dass eine Mediation unternommen wurde oder beabsichtig ist oder wenn ein Gericht eine solche vorschlägt. So ermöglicht etwa § 278a ZPO dem Gericht den Parteien eine Mediation oder ein anderes Verfahren der außergerichtlichen Konfliktbeilegung anzudienen. Entscheiden sich die Parteien dazu, ordnet das Gericht das Ruhen des Verfahrens an.

90 Keine weitere Ermäßigungsmöglichkeit besteht bei Erledigung des Rechtsstreites. Denn die zur Kostenreduzierung zur Verfügung stehenden Nummern des **Kostenverzeichnisses** sind **abschließend** geregelt[87]:

- 1211, zivilrechtliche Verfahren vor den **ordentlichen Gerichten** im ersten Rechtszug vor den Amts- und Landgerichten für Verfahren im Allgemeinen, Reduzierung der Gerichtskostengebühr von 3,0, auf 1,0 bei Beendigung des gesamten Verfahrens durch Klagerücknahme.
- 1411, Verfahren des einstweiligen Rechtsschutzes im ersten Rechtszug vor den **ordentlichen Gerichten**, Reduzierung der Gerichtskostengebühr von 1,5 auf 1,0 bei Beendigung des gesamten Verfahrens durch Antragsrücknahme.
- 5111, Verfahren vor den **Verwaltungsgerichten** im ersten Rechtszug für Verfahren im Allgemeinen, Reduzierung der Gerichtskostengebühr von 3,0, auf 1,0 bei Beendigung des gesamten Verfahrens u.a. durch Klagerücknahme.
- 5113, Verfahren vor den **Oberverwaltungsgerichten und Verwaltungsgerichtshöfen** im ersten Rechtszug nach §§ 47, 48 VwGO, Reduzierung der Gerichtskostengebühr von 4,0, auf 2,0 bei Beendigung des gesamten Verfahrens u.a. durch Klagerücknahme.
- 5211, Verfahren des vorläufigen Rechtsschutzes im ersten Rechtszug vor den **Verwaltungs- und Oberverwaltungsgerichten sowie Verwaltungsgerichtshöfen**, Reduzierung der Gerichtskostengebühr von 1,5 auf 0,5 bei Beendigung des gesamten Verfahrens durch Antragsrücknahme.
- 5221, bei gleichzeitiger erstinstanzlicher Zuständigkeit des **Oberverwaltungsgerichts** oder **Verwaltungsgerichtshofs** bei Verfahren des vorläufigen Rechtsschutzes, Reduzierung der Gebühr von 2,0 auf 0,75.
- 6111, Verfahren vor den **Finanzgerichten** im ersten Rechtszug für Verfahren im Allgemeinen, Reduzierung der Gerichtskostengebühr von 4,0, auf 2,0 bei Beendigung des gesamten Verfahrens u.a. durch Klagerücknahme.
- 6211, Verfahren des einstweiligen Rechtsschutzes vor den **Finanzgerichten** im ersten Rechtszug vor den, Reduzierung der Gerichtskostengebühr von 2,0 auf 0,75 bei Beendigung des gesamten Verfahrens durch Antragsrücknahme.

87 BT-Drs. 17/8058, S. 20.

- 7111, Verfahren vor den **Sozialgerichten** im ersten Rechtszug für Verfahren im Allgemeinen, Reduzierung der Gerichtskostengebühr von 3,0, auf 1,0 bei Beendigung des gesamten Verfahrens u.a. durch Klagerücknahme.
- 7113, Verfahren vor den **Landessozialgerichten** im ersten Rechtszug für Verfahren im Allgemeinen, Reduzierung der Gerichtskostengebühr von 4,0, auf 2,0 bei Beendigung des gesamten Verfahrens u.a. durch Klagerücknahme.
- 8211, Verfahren vor den **Arbeitsgerichten** im ersten Rechtszug für Urteilsverfahren, Reduzierung der Gerichtskostengebühr von 2,0, auf 0,4 bei Beendigung des gesamten Verfahrens nach streitiger Verhandlung durch Klagerücknahme.

Die kostenrechtlichen Länderöffnungsklauseln der § 69b GKG und § 61a FamGKG 91
sind nach § 8 MediationsG einer **Evaluierung** unterzogen (J Rn. 21). Ein maßgeblicher Grund für die finanzielle Förderung der Mediation durch diese Kostenerleichterung ist eine Reduzierung bzw. vorzeitigen Erledigung von Gerichtsverfahren.[88] Auch die Akzeptanz der Mediation in der Bevölkerung und die Verbreitung des Verfahrens soll durch die finanzielle Förderung gestärkt werden.

VII. Verfahren in patentrechtlichen und markenrechtlichen Streitigkeiten

Im Verfahren vor dem Patentgericht sind die Vorschriften der Zivilprozessordnung 92
gemäß § 99 I des PatentG und § 82 I MarkenG anwendbar, soweit die Besonderheiten des patentgerichtliche Verfahrens nicht dagegen stehen. Insofern gelten die Regelungen des § 278 V ZPO (Güterichterverfahren, B Rn. 151) und § 278a ZPO (Vorschlag für eine außergerichtliche Mediation oder ein anderes Verfahren zur außergerichtlichen Konfliktbeilegung entsprechend, wenn die Besonderheiten des Verfahrens vor dem Patentgericht bzw. Markengericht dies nicht ausschließen.

Dass etwaige Besonderheiten im Verfahren der Anwendung der Vorschriften 93
über das Güterichterverfahren oder die der außergerichtlichen Konfliktbeilegung entgegenstehen, ist nicht ersichtlich, wie auch die Gesetzesbegründung konstatiert.[89] Ein Verfahren vor dem Patentgericht entspricht in den wesentlichen Grundzügen dem Verfahren vor den Zivilgerichten. Streitigkeiten vor dem Patentgericht sind daher ebenso geeignet für eine außergerichtliche gütliche Konfliktbeilegung oder einem Verfahren vor dem Güterichter wie Streitigkeiten vor den Zivilgerichten.[90]

88 BT-Drs. 17/8058, S. 20.
89 BT-Drs. 17/8058, S. 23.
90 BT-Drs. 17/8058, S. 23.

VIII. Finanzgerichtsordnung

94 Im Verfahren vor den Finanzgerichten verweist § 155 FGO auf die Vorschriften der §§ 278 ZPO (K Rn. 15) sowie 278 a ZPO (K Rn. 18), „soweit die grundsätzlichen Unterschiede der beiden Verfahrensarten es nicht ausschließen“.

Durch diese Vorschrift wird auch für die finanzgerichtlichen Verfahren die Option geschaffen, den bei Gericht anhängigen Streit durch eine außergerichtlichen Mediation bzw. ein anderes außergerichtliches Verfahren zur Konfliktbeilegung oder auch durch einen Verweis an einen Güterichter einvernehmlich zu lösen.

95 Dass etwaige Unterschiede im Verfahren der Anwendung der Vorschriften über das Güterichterverfahren oder die der außergerichtlichen Konfliktbeilegung entgegenstehen, ist nicht ersichtlich. Ein finanzgerichtliches Verfahren entspricht in den wesentlichen Grundzügen dem Verfahren vor den Zivilgerichten. Streitigkeiten vor dem Finanzgericht sind daher ebenso geeignet für eine außergerichtliche gütliche Konfliktbeilegung oder einem Verfahren vor dem Güterichter wie Streitigkeiten vor den Zivilgerichten.

Anhang

Mediationsgesetz
vom 21. Juli 2012 (BGBl. I S. 1577)

§ 1 Begriffsbestimmungen

(1) Mediation ist ein vertrauliches und strukturiertes Verfahren, bei dem Parteien mithilfe eines oder mehrerer Mediatoren freiwillig und eigenverantwortlich eine einvernehmliche Beilegung ihres Konflikts anstreben.

(2) Ein Mediator ist eine unabhängige und neutrale Person ohne Entscheidungsbefugnis, die die Parteien durch die Mediation führt.

§ 2 Verfahren; Aufgaben des Mediators

(1) Die Parteien wählen den Mediator aus.

(2) Der Mediator vergewissert sich, dass die Parteien die Grundsätze und den Ablauf des Mediationsverfahrens verstanden haben und freiwillig an der Mediation teilnehmen.

(3) Der Mediator ist allen Parteien gleichermaßen verpflichtet. Er fördert die Kommunikation der Parteien und gewährleistet, dass die Parteien in angemessener und fairer Weise in die Mediation eingebunden sind. Er kann im allseitigen Einverständnis getrennte Gespräche mit den Parteien führen.

(4) Dritte können nur mit Zustimmung aller Parteien in die Mediation einbezogen werden.

(5) Die Parteien können die Mediation jederzeit beenden. Der Mediator kann die Mediation beenden, insbesondere wenn er der Auffassung ist, dass eine eigenverantwortliche Kommunikation oder eine Einigung der Parteien nicht zu erwarten ist.

(6) Der Mediator wirkt im Falle einer Einigung darauf hin, dass die Parteien die Vereinbarung in Kenntnis der Sachlage treffen und ihren Inhalt verstehen. Er hat die Parteien, die ohne fachliche Beratung an der Mediation teilnehmen, auf die Möglichkeit hinzuweisen, die Vereinbarung bei Bedarf durch externe Berater überprüfen zu lassen. Mit Zustimmung der Parteien kann die erzielte Einigung in einer Abschlussvereinbarung dokumentiert werden.

§ 3 Offenbarungspflichten; Tätigkeitsbeschränkungen

(1) Der Mediator hat den Parteien alle Umstände offenzulegen, die seine Unabhängigkeit und Neutralität beeinträchtigen können. Er darf bei Vorliegen solcher Umstände nur als Mediator tätig werden, wenn die Parteien dem ausdrücklich zustimmen.

(2) Als Mediator darf nicht tätig werden, wer vor der Mediation in derselben Sache für eine Partei tätig gewesen ist. Der Mediator darf auch nicht während oder nach der Mediation für eine Partei in derselben Sache tätig werden.

(3) Eine Person darf nicht als Mediator tätig werden, wenn eine mit ihr in derselben Berufsausübungs- oder Bürogemeinschaft verbundene andere Person vor der Mediation in derselben Sache für eine Partei tätig gewesen ist. Eine solche andere Person darf auch nicht während oder nach der Mediation für eine Partei in derselben Sache tätig werden.

(4) Die Beschränkungen des Absatzes 3 gelten nicht, wenn sich die betroffenen Parteien im Einzelfall nach umfassender Information damit einverstanden erklärt haben und Belange der Rechtspflege dem nicht entgegenstehen.

(5) Der Mediator ist verpflichtet, die Parteien auf deren Verlangen über seinen fachlichen Hintergrund, seine Ausbildung und seine Erfahrung auf dem Gebiet der Mediation zu informieren.

§ 4 Verschwiegenheitspflicht

Der Mediator und die in die Durchführung des Mediationsverfahrens eingebundenen Personen sind zur Verschwiegenheit verpflichtet, soweit gesetzlich nichts anderes geregelt ist. Diese Pflicht bezieht sich auf alles, was ihnen in Ausübung ihrer Tätigkeit bekannt geworden ist. Ungeachtet anderer gesetzlicher Regelungen über die Verschwiegenheitspflicht gilt sie nicht, soweit

1. die Offenlegung des Inhalts der im Mediationsverfahren erzielten Vereinbarung zur Umsetzung oder Vollstreckung dieser Vereinbarung erforderlich ist,
2. die Offenlegung aus vorrangigen Gründen der öffentlichen Ordnung (ordre public) geboten ist, insbesondere um eine Gefährdung des Wohles eines Kindes oder eine schwerwiegende Beeinträchtigung der physischen oder psychischen Integrität einer Person abzuwenden, oder
3. es sich um Tatsachen handelt, die offenkundig sind oder ihrer Bedeutung nach keiner Geheimhaltung bedürfen.

Der Mediator hat die Parteien über den Umfang seiner Verschwiegenheitspflicht zu informieren.

§ 5 Aus- und Fortbildung des Mediators; zertifizierter Mediator

(1) Der Mediator stellt in eigener Verantwortung durch eine geeignete Ausbildung und eine regelmäßige Fortbildung sicher, dass er über theoretische Kenntnisse sowie praktische Erfahrungen verfügt, um die Parteien in sachkundiger Weise durch die Mediation führen zu können. Eine geeignete Ausbildung soll insbesondere vermitteln:

1. Kenntnisse über Grundlagen der Mediation sowie deren Ablauf und Rahmenbedingungen,
2. Verhandlungs- und Kommunikationstechniken,
3. Konfliktkompetenz,
4. Kenntnisse über das Recht der Mediation sowie über die Rolle des Rechts in der Mediation sowie
5. praktische Übungen, Rollenspiele und Supervision.

(2) Als zertifizierter Mediator darf sich bezeichnen, wer eine Ausbildung zum Mediator abgeschlossen hat, die den Anforderungen der Rechtsverordnung nach § 6 entspricht.

(3) Der zertifizierte Mediator hat sich entsprechend den Anforderungen der Rechtsverordnung nach § 6 fortzubilden.

§ 6 Verordnungsermächtigung

Das Bundesministerium der Justiz wird ermächtigt, durch Rechtsverordnung ohne Zustimmung des Bundesrates nähere Bestimmungen über die Ausbildung zum zertifizierten Mediator und über die Fortbildung des zertifizierten Mediators sowie Anforderungen an Aus- und Fortbildungseinrichtungen zu erlassen. In der Rechtsverordnung nach Satz 1 können insbesondere festgelegt werden:

1. nähere Bestimmungen über die Inhalte der Ausbildung, wobei eine Ausbildung zum zertifizierten Mediator die in § 5 Absatz 1 Satz 2 aufgeführten Ausbildungsinhalte zu vermitteln hat, und über die erforderliche Praxiserfahrung;
2. nähere Bestimmungen über die Inhalte der Fortbildung;
3. Mindeststundenzahlen für die Aus- und Fortbildung;
4. zeitliche Abstände, in denen eine Fortbildung zu erfolgen hat;
5. Anforderungen an die in den Aus- und Fortbildungseinrichtungen eingesetzten Lehrkräfte;
6. Bestimmungen darüber, dass und in welcher Weise eine Aus- und Fortbildungseinrichtung die Teilnahme an einer Aus- und Fortbildungsveranstaltung zu zertifizieren hat;
7. Regelungen über den Abschluss der Ausbildung;
8. Übergangsbestimmungen für Personen, die bereits vor Inkrafttreten dieses Gesetzes als Mediatoren tätig sind.

§ 7 Wissenschaftliche Forschungsvorhaben; finanzielle Förderung der Mediation

(1) Bund und Länder können wissenschaftliche Forschungsvorhaben vereinbaren, um die Folgen einer finanziellen Förderung der Mediation für die Länder zu ermitteln.

(2) Die Förderung kann im Rahmen der Forschungsvorhaben auf Antrag einer rechtsuchenden Person bewilligt werden, wenn diese nach ihren persönlichen und wirtschaftlichen Verhältnissen die Kosten einer Mediation nicht, nur zum Teil oder nur in Raten aufbringen kann und die beabsichtigte Rechtsverfolgung oder Rechtsverteidigung nicht mutwillig erscheint. Über den Antrag entscheidet das für das Verfahren zuständige Gericht, sofern an diesem Gericht ein Forschungsvorhaben durchgeführt wird. Die Entscheidung ist unanfechtbar. Die Einzelheiten regeln die nach Absatz 1 zustande gekommenen Vereinbarungen zwischen Bund und Ländern.

(3) Die Bundesregierung unterrichtet den Deutschen Bundestag nach Abschluss der wissenschaftlichen Forschungsvorhaben über die gesammelten Erfahrungen und die gewonnenen Erkenntnisse.

§ 8 Evaluierung

(1) Die Bundesregierung berichtet dem Deutschen Bundestag bis zum 26. Juli 2017, auch unter Berücksichtigung der kostenrechtlichen Länderöffnungsklauseln, über die Auswirkungen dieses Gesetzes auf die Entwicklung der Mediation in Deutschland und über die Situation der Aus- und Fortbildung der Mediatoren. In dem Bericht ist insbesondere zu untersuchen und zu bewerten, ob aus Gründen der Qualitätssicherung und des Verbraucherschutzes weitere gesetzgeberische Maßnahmen auf dem Gebiet der Aus- und Fortbildung von Mediatoren notwendig sind.

(2) Sofern sich aus dem Bericht die Notwendigkeit gesetzgeberischer Maßnahmen ergibt, soll die Bundesregierung diese vorschlagen.

§ 9 Übergangsbestimmung

(1) Die Mediation in Zivilsachen durch einen nicht entscheidungsbefugten Richter während eines Gerichtsverfahrens, die vor dem 26. Juli 2012 an einem Gericht angeboten wird, kann unter Fortführung der bisher verwendeten Bezeichnung (gerichtlicher Mediator) bis zum 1. August 2013 weiterhin durchgeführt werden.

(2) Absatz 1 gilt entsprechend für die Mediation in der Verwaltungsgerichtsbarkeit, der Sozialgerichtsbarkeit, der Finanzgerichtsbarkeit und der Arbeitsgerichtsbarkeit.

Sachregister

www.ingramcontent.com/pod-product-compliance
Lightning Source LLC
LaVergne TN
LVHW080745300926
849162LV00008BA/1754
* 9 7 8 3 1 1 0 2 9 8 7 5 8 *